[法]克里斯托弗·A.劳伦斯 著   赵玮 译

库尔斯克

决胜普罗霍罗夫卡
史上最大规模的
坦克战

民主与建设出版社

·北京·

© 民主与建设出版社,2022

图书在版编目(CIP)数据

库尔斯克:决胜普罗霍罗夫卡,史上最大规模的坦克战 /(法)克里斯托弗·A.劳伦斯著;赵玮译. -- 北京:民主与建设出版社,2022.3
书名原文:The Battle of Prokhorovka: The Tank Battle at Kursk, the Largest Clash of Armor in History
ISBN 978-7-5139-3809-9

Ⅰ.①库… Ⅱ.①克… ②赵… Ⅲ.①库尔斯克会战(1943)—史料 Ⅳ.① E512.9

中国版本图书馆 CIP 数据核字 (2022) 第 086748 号

THE BATTLE OF PROKHOROVKA: THE TANK BATTLE AT KURSK, THE LARGEST CLASH OF ARMOR IN HISTORY by CHRISTOPHER LAWRENCE
Copyright: © 2019 Rowman & Littlefield Publishing Group, Inc.
This edition arranged with Stackpole Books
through Big Apple Agency, Inc., Labuan, Malaysia.
Simplified Chinese edition copyright:
2022 ChongQing Vertical Culture communication Co., Ltd.
All rights reserved.

著作权登记合同图字:01-2022-3093

库尔斯克:决胜普罗霍罗夫卡,史上最大规模的坦克战
KU'ERSIKE JUESHENG PULUOHUOLUOFUKA SHISHANG ZUIDA GUIMO DE TANKEZHAN

著 者	[法]克里斯托弗·A.劳伦斯	
译 者	赵 玮	
责任编辑	胡 萍	
封面设计	杨静思	
出版发行	民主与建设出版社有限责任公司	
电 话	(010)59417747 59419778	
社 址	北京市海淀区西三环中路 10 号望海楼 E 座 7 层	
邮 编	100142	
印 刷	重庆长虹印务有限公司	
版 次	2022 年 3 月第 1 版	
印 次	2022 年 8 月第 1 次印刷	
开 本	787 毫米 ×1092 毫米 1/16	
印 张	51	
字 数	900 千字	
书 号	ISBN 978-7-5139-3809-9	
定 价	259.80 元	

注:如有印、装质量问题,请与出版社联系。

作者简介

　　克里斯托弗·A.劳伦斯是一名专业的历史学家和军事分析家，也是迪普伊研究院的执行董事兼院长。迪普伊研究院是一个致力于对与武装冲突和解决武装冲突相关的历史数据进行学术研究和客观分析的非营利组织。该研究院根据现代军事战局的教训，进行独立的、以历史为基础的分析。

　　劳伦斯先生是阿登战局模拟数据库、库尔斯克会战数据库、现代暴动数据表，以及大量其他小规模作战数据库的项目经理。他参与了美国陆军、国防部、参谋长联席会议和美国空军对伤亡估算（含波黑和伊拉克之战）、空军作战建模、敌方战俘捕获率、中等规模装甲战、城市战、态势感知、反暴动等课题的研究。在一些与禁止反步兵地雷军事公约相关的研究中，他还为参谋长联席会议、洛斯阿拉莫斯国家实验室和美国越战老兵基金会提供了指导。

　　劳伦斯先生曾为国会技术评估办公室和美国越战老兵基金会撰写过文章和论文，为内参写了 40 多篇文章，给国防部写过 60 多份分析报告。他还著有《美国的现代战争：理解伊拉克、阿富汗和越南战争》（炮台出版社，费城和牛津，2015 年）、《库尔斯克：普罗霍罗夫卡之战》（阿伯丁图书，科罗拉多州，谢里登，2015 年）和《依靠数量优势的战争：理解常规作战》（波托马克图书，内布拉斯加州，林肯，2017 年）。

作者序

本书是我根据《库尔斯克：普罗霍罗夫卡之战》（*Kursk: The Battle of Prokhorovka*）编写而成。我在那部 1662 页的作品中逐日介绍了南线德军于 1943 年 7 月 4—24 日所发动的别尔哥罗德攻势，包括德军 2 个步兵军和 3 个装甲军对苏军沃罗涅日方面军主力及其增援部队的进攻，并详细分析到了师一级的部队的情况。而在本书中，我则是重点介绍了 7 月 9—18 日党卫军装甲军和为其提供支援的第 3 装甲军的战斗行动——这一部分包含了传奇的普罗霍罗夫卡之战。

另外，本书也多多少少给出了其他师每日的情况。虽然这样做会让读者的注意力被无关大局的次要行动的细枝末节所分散，但是于战争全景而言，这些战况（行动）是不可或缺的。本书不是一部好莱坞电影的剧本，没有直奔高潮的主角和大反派（可以想见，有很多著作就是这样描写党卫军和罗特米斯特罗夫的近卫坦克第 5 集团军如何在 7 月 12 日的普罗霍罗夫卡坦克战场上决一雌雄的）。

实际上，关于要不要删除 7 月 12 日之后的绝大部分材料，以便降低本书的篇幅这一问题，也是经过了一番探讨的。鉴于如果这样做了就会"让历史为讲一个好故事让路"，我便没有如此去做。

1993—1996 年间，我和另外十多人在迪普伊研究院为美国陆军概念分析局（CAA，即今陆军分析中心）建立了一个大型数据库（课题就是库尔斯克会战）——我是负责这个大型研究和数据库项目的项目经理。我们从德国方面收集了部队记录，而且有权查阅位于莫斯科郊外的波多利斯克（Podolsk）的俄罗斯军事档案馆 [1] 中的苏军文件，这在当时是独一无二的。建立起来的数据库被送往概念分析局用于模型验证——此前概念分析局从未进行过类似工作。

鉴于我们坐拥大量独一无二的材料，我觉得有必要利用这些东西来写一本书。《库尔斯克：普罗霍罗夫卡之战》的原稿是从 1999 年后期到大概 2003 年中期写作的，当时几乎已经完本了。由于我们搜集了大量材料，导致其字数远远超出我最初的设想。因为当时我在迪普伊研究院还有工作要完成，所以无法将之完成。因此，我只能在 2009 年晚些时候重新提笔——这部巨著终于在 2015 年得以出版。

我在《库尔斯克：普罗霍罗夫卡之战》和此后的文章中已经详细介绍了这一工作。[1] 很多人为此做出了重要贡献，其中的关键人物有：特雷弗·N.迪普伊（Trevor N. Dupuy）上校（美国）、陆军分析中心主任 E. G. 范迪弗（E.G.Vandiver）、费奥多尔·达维多维奇·斯维尔德洛夫（Свердлов, Фёдор Давыдович）上校（苏联）、阿纳托利·瓦伊涅尔（Anatolii Vainer）上校（苏联）、G.G. 涅松诺夫（G.G.Nessonov）少将（苏联）、瓦列里·阿基莫夫（Valerii Akimov）上校（俄罗斯）、维亚切斯拉夫·维克多罗维奇·斯捷帕什金（Vyacheslav Viktorovich Stepashkin）、理查德·哈里森（Richard Harrison）博士、约翰·斯隆（John Sloan）上校（美国，已退役）、理查德·C. 安德森（Richard C. Anderson）、迪特尔·布兰德（Dieter Brand）少将（联邦德国国防军，已退役）、L. 杰伊·卡拉马莱斯（L. Jay Karamales）、尼古拉·克拉夫措夫（Nicholas Krawciw）少将（美国，已退役），以及阿图尔·福尔茨（Arthur Volz）博士。他们在我建立库尔斯克会战数据库或写作《库尔斯克：普罗霍罗夫卡之战》时对我的助益颇多。其他为我提供了帮助，并在《库尔斯克：普罗霍罗夫卡之战》中得到致谢的人还有：沃尔特·鲍门（Walter Baumen）、罗纳德·贝拉米（Ronald Bellamy）博士（美国上校，已退役）、克里斯特·贝里斯特伦（Christer Bergstrom）、伍尔夫 - 迪特里希·布兰德（Wulf-Dietrich Brand）、弗里德里克·L. 克莱门斯（Frederick L. Clemens）、杰夫·克里斯曼（Jeff Chrisman）、乔治·达乌斯特（George Daoust）博士（美国上校）、亚历山大·丁斯莫尔（Alexander Dinsmoor）、加里·迪克森（Gary Dickson）、安德

---

① 译者注：指俄罗斯联邦国防部中央档案馆。

斯·弗兰克森（Anders Frankson）、卡尔-海因茨·弗里泽尔（Karl-Heinz Frieser）博士（联邦德国国防军）、戴维·M.格兰斯（David M. Glantz）上校（美国，已退役）、哈维·高夫（Harvey Gough）、亚历克斯·黑尔蒙德（Alex Hellmund）、尤卡·尤蒂宁（Jukka Juutinen）、格里戈里·A.库尔托诺夫（Grigori A. Kultonov）上校（苏联）、保罗·克拉夫措夫（Paul Krawciw）、托马斯·彼得斯（Thomas Peters）、汤姆·佩蒂斯（Tom Petteys）、延·曼（Yan Mann）博士、爱德华·米利根（Edward Milligan）中校（美国）、德米特里·梅斯利夫先科（Dmitri Myslivschenko）、赖纳·普里尔中校（联邦德国国防军，已退役）、德米特里·里亚布什金（Dmitri Ryabushkin）博士、琼纳·施瓦茨（Jonna Schwarz）、苏珊·西姆斯（Susan Sims）、米哈伊尔·谢雷赫（Mikhail Serykh）、阿里亚纳·C.斯米特（Ariane C. Smith）、霍华德·惠特利（Howard Whitley）、尼克拉斯·塞特林（Niklas Zetterling）、张云（Yun Zhang），以及塔季扬娜·萨姆索诺娃·劳伦斯（Tatiana Samsonova Lawrence）。所有这些人都为库尔斯克会战数据库或《库尔斯克：普罗霍罗夫卡之战》的完成做出了贡献。

我曾将《库尔斯克：普罗霍罗夫卡之战》搁置数年，专心于写作其他书籍。[2] 当我在 2002 年想起那已经完成了大部分的手稿时，决定再写一本面向普通读者的体量小一些的书，即这本《库尔斯克：决胜普罗霍罗夫卡，史上最大规模的坦克战》（本书更多地关注了普罗霍罗夫卡之战本身）。不过，现在仍然没有一本很好的面向普通读者的书来介绍别尔哥罗德攻势，也许我以后会努力写一本。

对本书起到核心作用的是斯塔克波尔图书出版社（Stackpole Books）的戴维·赖施（David Reisch）和《库尔斯克：普罗霍罗夫卡之战》最初的编辑阿里亚纳·C.斯米特（Ariane C. Smith）。我也要感谢阿伯丁图书（Aberdeen Books）的汤姆·佩蒂斯（Tom Petteys），他大方地允许我们使用《库尔斯克：普罗霍罗夫卡之战》的电子文档。在研究和审阅本书的过程中提供过帮助的还有弗里德里克·L.克莱门斯（Frederick L. Clemens）、L.杰伊·卡拉马莱斯（L. Jay Karamales）、托马斯·彼得斯（Thomas Peters）、肖恩·伍德福德博士（Dr. Shawn Woodford）和尼克拉斯·塞特林（Niklas Zetterling）。此外，我还要感谢英国电影导演凯文·康纳（Kevin Connor），他曾在我着手多个与库尔斯克相关的项目时为我加油鼓劲。

注释

1. 见克里斯托弗·A. 劳伦斯著《库尔斯克：普罗霍罗夫卡之战》(*Kursk: The Battle of Prokhorovka*, 阿伯丁图书，科罗拉多州，谢里登，2015 年）第 19—24 页(前言：库尔斯克数据库)和第 25—26 页(致谢)。另见克里斯托弗·A. 劳伦斯著《我是不是刚写了史上最厚的一本历史书？》(*Did I Just Write the Largest History Book Ever?*), 网址为 http://www.aberdeenbookstore.com/thelargest-history-book-ever，该文精简版请见于 2016 年 1 月出版的《历史新闻网络》(*History News Network*), 网址为 https://historynewsnetwork.org/article/161443 。

2. 《美国的现代战争：理解伊拉克、阿富汗和越南战争》(*America's Modern Wars: Understanding Iraq, Afghanistan and Vietnam*, 炮台出版社，费城和牛津，2015 年）和《依靠数量优势的战争：理解常规作战》(*War by Numbers: Understanding Conventional Combat*, 波托马克图书，内布拉斯加州，林肯，2017 年）。

译者说明

关于在翻译本书的过程中遇到的一些问题，本人特在此作出说明：

1. 对于作者在人名、地名、部队番号、军衔等方面的疏忽，本人一般不做特别说明，会直接同步译文进行更正（部分苏军指挥员也会给出全名）。由于本书原文是作者在长达10年的时间里零零散散完成的，再加上其他因素的影响，所以不可避免会有一些不符合通常习惯和疏漏的地方，因此本人在不影响原意的前提下对译文进行了一定的调整。

2. 作者习惯将坦克、突击炮、坦克歼击车等装甲战斗车辆统称为坦克（Tank，这显然是为了方便指代可以与坦克正面交手的战车），而将标准的坦克称为"真坦克"（Real tank）。本人尽可能以"装甲战斗车辆"或"战车"来代替原文中的一些描述，以免造成误解。不过，由于工作量太大，难免挂一漏万，敬请读者谅解。

3. 作者在原文中并未将时间统一为当地时间（即莫斯科时间），当资料来源为德方材料时他使用了柏林时间，当资料来源为苏方材料时他使用了莫斯科时间。本人尽可能参考手头的德军战史和苏方材料，为原文备注了莫斯科时间。在当时，莫斯科时间与柏林时间相差约两小时，如莫斯科时间为12:00，柏林时间为10:00。

4. 火焰爆炸地雷（мино-огнефугасы，缩写为 МОФ），是二战中苏联使用的一种防坦克障碍物——在箱子中装有燃烧瓶和炸药等东西，起爆后可形成火焰障碍。

5. 破片杀伤拦阻地雷（Осколочно-Заградительная Мина，缩写为 ОЗМ-152）是鲍里斯·米哈伊洛维奇·乌里扬诺夫（Б.М. Ульянов）在 1939 年设计的一种防步兵跳雷。ОЗМ-152 装有 6.7 千克的 TNT 炸药、全重 50.5 千克，其高为 61.3 厘米，直径为 18 厘米，有效杀伤半径达 40—60 米。

6. 应用地雷（фугасы，法文 fougasse，源自拉丁文 focus——火炉）是一种设置在土内、目标内或水下的炸药装药。有的应用地雷里除炸药外，还装有燃烧剂、金属破片和石块等东西。

7. 德语中的"Gefechtsstaffel"一词在被用来描述德军的作战单位时，其大意为"作战梯队"，可能会指三种单位——临时组建的作战指挥组、部队的一线战斗梯队、为作战部队提供油料弹药和饭食的车队（有可能是装甲车车队）。该词在本书中所指的均为最后一种单位，为了表意清晰，本人将其译为了"作战保障队"。

8. 二战时德军的最高级诸军兵种合成战略战役军团被称为"Heeresgruppe"，其字面意思是"陆军集群"。法国人早在 1913 年就将由多个集团军组成的更大军事单位称为"Groupe d'armées"，其直译为"多集团军组成的集群"。可能是出于这个原因，再加上英美俄等国家的"Army"或者"армий"等词确实兼有陆军和集团军之意，所以国内译者习惯将德军的这一单位也译为"集团军群"。为了保持一致性，本人在本书中仍约定俗成地将其译为"集团军群"。但需要了解的是，二战时德国本就有可以被直译为"集团军群"的"Armeegruppe"（即"集团军级集群"）一词。

9. 德文"Panzer"的原意为"盔甲、铠甲"，在二战期间指坦克。为便于区分苏德部队，本人仍按原意将其译为"装甲"。德军的坦克兵被称为"装甲兵"（Panzertruppe），装甲步兵（Panzer-Infanterie）、装甲兵和反坦克兵（Panzerjäger）等被合称为"快速兵种"（schnelle Truppen）。和其他国家一样，二战期间的所有"装甲部队"都是指坦克部队。

10. 德国的"Panzerkampfwagen V"坦克的绰号为"Panther"，后者在德语中指豹，但日常一般指黑豹。所以，译为"豹"式坦克或者"黑豹"坦克均可。本人在本书中采用了"豹"式坦克这一译法。

11. 本书多次使用了近卫坦克第 2 军作战处长、近卫军少校卡连·阿尔乔莫维奇·奥加涅西扬茨（Карен Артемович Оганесьянц，1918—1944 年）绘制的态势图。1944 年 1 月 22 日，时任近卫坦克第 25 旅参谋长的奥加涅西扬茨因伤牺牲了。

12. 本书中提到的德军战斗序列可参考 http://www.lexikon-der-wehrmacht.de 网站上提供的资料，以及德国官方出版的《1939—1945 年第二次世界大战中德国国防军和党卫军的编成》(*Verbände und Truppen der deutschen Wehrmacht und Waffen-SS im Zweiten Weltkrieg 1939-45*)。至于苏联红军战斗序列则可参考《苏军的战斗编成》(*Боевой состав Советской Армии*) 第 1—5 卷。此外，我们在 http://pamyat-naroda.ru 网站上也可以找到苏联红军的人事和部队档案文件；在 http://www.warheroes.ru 网站上可以找到所有苏联英雄称号获得者的介绍。

本人要感谢在翻译本书的过程中给我提供过巨大帮助的瓦列里·尼古拉耶维奇·扎穆林、吴畋、孙渤、陈星波、蒙创波和张啸等人，以及给我提过宝贵意见的编辑。没有你们的热情鼓励和帮助，以及细致而认真的工作，本书是不可能完成的。

赵玮

2021 年 9 月 16 日

目　录

CONTENTS

CONTENTS

序章

我感觉好像自己正在推开一个从未造访过的黑暗房间的门，全然不知道门后有何物。

——阿道夫·希特勒，1941 年 6 月 21 日 [1]

1942 年 11 月 19 日，苏联出动三个方面军（相当于集团军群），穿过俄罗斯寒冷的积雪地域，对斯大林格勒附近的德军阵地的两翼发起了大规模进攻。进攻北翼的是康斯坦丁·康斯坦丁诺维奇·罗科索夫斯基中将率领的顿河方面军，以及尼古拉·费奥多罗维奇·瓦图京中将的新组建的西南方面军。

1942 年 11 月 23 日，苏联方面的这次进攻完成了对斯大林格勒地域内的德国和罗马尼亚防御部队的合围。德军在此期间通过空军进行补给，但却收效甚微，而且其在 12 月中旬发起的解围也失败了。这次解围行动由陆军元帅埃里希·冯·曼施泰因指挥，打头阵的是赫尔曼·霍特上将的第 4 装甲集团军。德国陆军被苏军从斯大林格勒发起的攻势打退，这导致了德军第 6 集团军只能忍饥挨饿，坐以待毙。

参加了这次战斗的很多部队和指挥官都将在库尔斯克再次交手。曼施泰因后来会指挥南方集团军群，而霍特将在库尔斯克会战期间继续指挥第 4 装甲集团军。瓦图京后来会指挥防守库尔斯克突出部南面的沃罗涅日方面军——这里的战斗是本书的研究重点。罗科索夫斯基将在库尔斯克会战期间指挥防守库尔斯克突出部北面的中央方面军。

瓦图京的先头部队是强大的坦克第5集团军（在斯大林格勒之战的反攻阶段，坦克第5集团军先后由普罗科菲·洛格维诺维奇·罗曼年科中将、马尔基安·米哈伊洛维奇·波波夫中将和伊万·季莫费耶维奇·什廖明少将指挥）。参加这次进攻的还有伊万·米哈伊洛维奇·奇斯佳科夫中将指挥的第21集团军——该集团军后来会在库尔斯克参战，并被更名为近卫第6集团军——在其编成内的6个步兵师中，有2个师（步兵第63师和第76师）会在库尔斯克会战期间仍在建制内，彼时这2个师的番号会被变更为近卫步兵第52师和第51师。第21集团军编成内的坦克第4军也会出现在库尔斯克，而其番号则会被变更为近卫坦克第5军。

在北面策应进攻的还有顿河方面军的3个集团军，其中包括阿列克谢·谢苗诺维奇·扎多夫中将的第66集团军（后改编为近卫第5集团军）——该部会在库尔斯克会战中被作为增援力量使用。第66集团军编成内的3个师（步兵第293师、第226师和第343师）将继续在该集团军建制内参加库尔斯克会战，但其番号会被分别变更为近卫步兵第66师、第95师和第97师。

这些集团军还得到了4个空军集团军的支援，其中包括空军第17集团军和第2集团军——这两个集团军都隶属西南方面军，用于支援主要进攻——他们将来也会出现在库尔斯克。与之对峙的德军空军部队是第4航空舰队的第8航空军，该部在将来也会参加库尔斯克会战，但彼时会更换一位军长。

1943年7月，苏军在别尔哥罗德地域共有3个近卫集团军，下辖21个步兵师——其中有12个步兵师曾在八个月前参加了合围斯大林格勒地域里的德军第6集团军的战斗。

发生在斯大林格勒的战斗让德国损失了30万名官兵。德军共有22个师被彻底歼灭，另有6个师被重创。此外，德军还有10.78万人被俘，其中只有7000人最终可以从战俘营离开。

苏联的损失也同样惊人。俄罗斯研究员格里戈里·费多托维奇·克里沃舍耶夫的报告指出，从11月19日至次年2月2日，苏军的不可归队减员共154885人，卫生减员共330892人。苏军在防御阶段（7月17日至11月18日）的减员情况为不可归队减员323856人，卫生减员319986人。[2] 不过对于苏联方面来说，发生在斯大林格勒的战斗仍然是一场决定性的胜利，基于此胜利的一连串攻势更是打得德国陆军一路"滚回了"1942年夏的出发点。

在1942年到1943年之间的冬季，苏联的各个集团军不断越过俄罗斯南半部分向前挺进，反复冲击德军战线上的薄弱位置——他们打击的往往是德国的罗马尼亚和意大利盟友。在2月中旬，这些集团军拿下了哈尔科夫，并向西南挺进，直扑陆军元帅曼施泰因在扎波罗热（Zaparorzhye）的南方集团军群司令部。在这场前史无前例的战争中，德国的独裁者阿道夫·希特勒于2月中旬飞往了曼施泰因的司令部。而曼施泰因自认可以打退苏军的进攻，并且已经在考虑苏军停止进攻后德军该如何开展行动。

曼施泰因试图为希特勒简要介绍春季解冻（Распутица，一般译为"泥泞季节"，字面意思为"道路消失的时期"，指因解冻或降雨导致泥土路面过于泥泞而无法行车的春秋两季——大约从3月中旬到4月下旬，以及从10月中旬到11月下旬）后德军将如何开展行动。在不到30天的时间之内（也许还要更短），"解冻"就将降临，并在大约两个月的时间里有力阻止一切重大军事行动。在"解冻"之后，曼施泰因仍然要用大约32个师来把守750千米长的战线，即每个师都要把守超过20千米长的战线。希特勒暂时没有对泥泞季节后的作战行动下定决心，并于2月19日下午飞往了位于乌克兰文尼察的前进指挥所[代号"狼人"（Werwolf）]，在那里一直停留到3月13日。

2月20日，曼施泰因对四处分兵、已经精疲力竭却仍在继续推进的苏联各集团军发起了反攻。党卫军装甲军以编成内的？个党卫师（帝国师和髑髅师）首先向东南方向推进，打击瓦图京的前进部队。与此同时，第4装甲集团军以第48装甲军（下辖第6装甲师和第17装甲师）为前锋，向西北方向出击。此次进攻得到了位于右翼的第40装甲军[下辖第7装甲师和第11装甲师，以及党卫军维京装甲掷弹兵师（以下简称"维京师"）]的支援，该军隶属于第1装甲集团军，当时他们正在自己的战线上与马尔基安·米哈伊洛维奇·波波夫中将的装甲集群① 交战。在遥远的东面，第3装甲军（下辖第3装甲师和第19装甲师）仍然以防御为主——该军是从A集团军群转隶过来的部队之一，后面会成为在库尔斯克南翼发起攻击的3个装甲军之一。波波夫装甲集群的这场战斗让苏军的坦克第10军和第18军陷入了与德军第7装甲

---

① 译者注：苏联红军称其为 Подвижная группа，即"快速集群"。

师、第 11 装甲师以及维京师的激战之中。在战斗结束时，苏军的这两个坦克军损失很大。因此，当库尔斯克会战于 7 月爆发时，他们正位于后方预备阵地上。

2 月 28 日，曼施泰因发布命令，要求继续向哈尔科夫和沃罗涅日方面军进攻。截至 3 月 5 日，第 4 装甲集团军打退了苏军坦克第 3 集团军，但却没抓到多少俘虏。然后，该集团军继续以两个装甲军向北推进。此时，在西面为其提供支援的是临时编成的肯普夫集团军级支队，该部下辖劳斯军和大德意志师。随着地面开始化冻，顿涅茨河的冰面破裂，机动变得越来越困难，第 4 装甲集团军不得不向北推进。与此同时，党卫军阿道夫·希特勒警卫旗队师也加入了战团，而在东面的则是新加入的第 57 装甲军（该军编成内新增了第 17 装甲师，而第 6 装甲师和第 11 装甲师则被分配给了第 48 装甲军）。临时编成的肯普夫集团军级支队和第 4 装甲集团军以 7 个装甲师和装甲掷弹兵师为前锋向前进攻。[3]

与此同时，苏联陆军开始调兵遣将以应对德军的进攻，这减轻了肯普夫集团军级支队的压力。苏联人增派了近卫坦克第 2 军，并开始调动 3 个新的集团军——第 21 集团军、第 64 集团军和坦克第 1 集团军——前往作战地域巩固防御。

现在，曼施泰因的反击不仅开始越过德军的南方战线滚滚向前，还减轻了整个德军战线的压力。在 3 月 10 日，希特勒对曼施泰因的司令部进行了短暂的回访，而曼施泰因则再次谈起了春季解冻后的计划。

3 月 9 日，德军已经推进到了哈尔科夫以西。第 4 装甲集团军司令霍特上将命令党卫军装甲军包围哈尔科夫，然后看一看该部能否将其占领。第 4 装甲集团军的主要目标不仅仅是夺回哈尔科夫，还有消灭哈尔科夫周边的苏军。党卫队中级地区总队长兼党卫军将军保罗·豪塞尔违抗了霍特的直接命令，在 11 日派遣帝国师和阿道夫·希特勒警卫旗队师进入哈尔科夫，另以髑髅师在北面掩护进攻。经过三天的战斗，德军拿下了该城，且未遭受重大损失。与此同时，髑髅师和帝国师的部分兵力机动到哈尔科夫后面，几乎完全封闭了合围圈，而大德意志师为迎战苏军强大的装甲部队，正在向别尔哥罗德前进。霍特最终未将豪塞尔送上军事法庭。

内斯特·德米特里耶维奇·科津（Козин, Нестер Дмитриевич）少将的近卫步兵第 52 师就位于德军通往别尔哥罗德的道路上。加夫里尔·格里戈里耶维奇·潘秋霍夫（Пантюхов, Гавриил Григорьевич）中校的近卫步兵第 155 团向别尔哥罗德派出了一支先遣支队，其任务是与敌人接触并抓几个俘虏。该支队在绍皮诺（Shopino）

附近成功抓住了几个党卫军髑髅师的士兵。[4] 近卫步兵第 52 师在城北站稳了脚跟，使德军无法向城外继续推进。到 3 月 20—21 日，第 21 集团军主力已经在别尔哥罗德以北建立起了强大的防御，坦克第 1 集团军的部分兵力也即将赶到奥博扬（Oboyan）以南，以备不时之需。

曼施泰因一定希望在中央集团军群的协助下铲除苏军占据的巨大突出部，以缩短德军战线。但由于中央集团军群宣布自己无能为力，他的这个念头只能被打消。集团军群司令京特·冯·克卢格（Günther von Kluge）声称自己麾下的第 2 集团军和第 2 装甲集团军在经过一番苦战并稳定战线之后，已无法发起攻击。结果库尔斯克突出部被留了下来——之前的各次战役"勾勒"出了其南部的分界线。我们将会看到，中央集团军群的各个弱点会对德军围绕库尔斯克展开的行动产生不良影响。

截至 3 月 23 和 24 日，曼施泰因的这次反攻到达了最北面，大德意志师、劳斯军的第 167 步兵师和第 320 步兵师，以及党卫军装甲军所属部队停止了前进，就这样在别尔哥罗德以西地域建立了防线。在 7 月 4 日之前，这里一直是前线。德军参加进攻的所有部队（第 52 步兵军、劳斯军、党卫军装甲军、第 48 装甲军和第 57 装甲军）最终在 25 日停止了行动，肯普夫集团军级支队和第 4 装甲集团军转入了防御。

春季解冻已经来临，路面变成了烂泥塘，部队无法向前推进。库尔斯克仍在苏联人的手里。沃罗涅日方面军的所有主要部队均已在 3 月中旬部署到位。苏联的第 40、第 21 和第 64 集团军在一线展开，而坦克第 1 集团军和坦克第 69 集团军则部署在后方。其中两支身经百战的部队（第 21 集团军和第 64 集团军）刚在斯大林格勒打了胜仗，此时已经休整完毕。坦克第 1 集团军刚完成组建工作，坦克第 69 集团军在德军的反击中遭到重创，而第 40 集团军也曾陷入苦战。第 40 集团军的司令基里尔·谢苗诺维奇·莫斯卡连科（K.S.Moskalenko）中将指出，在 2 月中旬，他麾下的师平均只有 3500—4000 人，而据说坦克第 69 集团军的某些师只有 1000—1500 人，并且只能得到 20 门火炮和 50 门迫击炮的支援。

在北线，由于罗科索夫斯基失去增援，攻势陷入停顿。德军在 3 月 7 日发起反击，将推进的苏军打退——中央方面军的这次主要行动在 3 月 21 日停了下来。这样，库尔斯克突出部的北部分界线也就确定下来了。

德军在二战中取得胜利的最后一次重大进攻就这样结束了。在别尔哥罗德以南，德国人的战线几乎回到了 1942 年夏季之前的状态。在别尔哥罗德以北，苏联陆军控制着以库尔斯克地域为中心的巨大而又明显的突出部。这个突出部大约纵深 150 千米、宽 200 千米，它使整条战线延长了 330 千米。显然这是一个进攻重点，并且它也确实成了库尔斯克会战的焦点。

至此，苏联的冬季攻势也结束了。虽然苏军雄心勃勃的进攻被曼施泰因的反击所打断，但他们从 11 月 19 日开始的连续四个月的进攻却让德国人尝到了自拿破仑战争以来最惨痛的失败的滋味，并且收复了自 1942 年夏季以来丢失的所有国土。苏联的攻势成功围歼了德国人的一个集团军，并且正如曼施泰因所言，有力地将德国盟友的四个集团军"从地图上抹去"。

苏联的冬季攻势让德军及其盟友损失了大约 100 万人。[5] 苏联几乎完全收复了夏季丢失的土地。苏联红军打败了德国陆军，并为库尔斯克会战搭好了舞台。不过，苏联人付出的代价也是很高的。按照克里沃舍耶夫的统计，苏联在 1943 年第一季度（1—3 月）的不可归队减员为 656403 人，卫生减员为 1421140 人。

这两个"巨人"现在都处于僵局之中。春季解冻和降雨的到来让整个南方战线变成泥泞一片。此时，敌对两军都停了下来以事休整，并静待夏季到来。4 月 1 日，东线的德国陆军共有 273.2 万人（被编为 147 个步兵师和 22 个装甲师）和 1336 辆坦克。苏联红军的作战方面军和集团军在 4 月 3 日的兵力为 579.2 万人。[①] 根据德国情报机关的报告，苏联红军共有不下 500 个师，还得到了超过 6000 辆坦克的支援。[6]

阿道夫·希特勒在乌克兰文尼察的前进指挥所中度过了这一时期的大部分时光（2 月 19 日至 3 月 13 日）。他在文尼察接见了曾在 1941 年 12 月被解除职务的海因茨·古德里安上将。2 月 20 日，希特勒任命古德里安担任装甲兵总监。应古德里安的强烈要求，他任职之后将直接向希特勒汇报。自从被解职后已经 14 个月没有见过希特勒的古德里安发现希特勒衰老得特别严重，他的左手会哆嗦，他的举止不如以前那样坚定，他的发言也变得犹犹豫豫。然而按照瓦尔特·瓦利蒙特（Walter Warlimont）中将的说法，当希特勒在 3 月 13 日返回东普鲁士的时候，那气氛就好像是军阀得胜归来——希特勒显然觉得是自己和自己的领导能力在斯大林格勒之战后再次挽狂澜于既倒。

[①] 译者注：作者在书中给出的数字为 5792999 人，属于笔误（他在注释中给出了正确的数字）。戴维·M.格兰斯和乔纳森·M.豪斯在 1995 年的初版《巨人的碰撞：红军何以战胜希特勒》中并无此笔误。

这位得胜的元首差点没能回家，因为在希特勒座机的货物中有克卢格手下的两名军官——参谋长亨宁·冯·特雷斯科（Henning von Tresckow）上校和法比安·冯·施拉布伦多夫（Fabian von Schlabrendorff）少校——制作的一颗炸弹。他们将一个小包裹交给希特勒的一名参谋军官，并告诉他这"两瓶干邑白兰地"是给冯·施拉布伦多夫在拉斯滕堡（Rastenburg）的一位朋友的礼物。炸弹设定在半小时后起爆，但最后却失灵了。冯·施拉布伦多夫去拉斯滕堡取回了这颗哑弹，而希特勒到死都不知道这件事情。

这不是这个月内唯一的一次刺杀。早些时候，"兰茨"集团军级支队司令、山地兵将军胡贝特·兰茨（Hubert Lanz）也曾密谋绑架和刺杀希特勒。参与该计划的还有他的参谋长、少将汉斯·施派德尔（Hans Speidel）博士，以及一位非常优秀的军人——上校许亚钦特·冯·施特拉赫维茨伯爵（Hyacinth Graf von Strachwitz）。他们于1943年2月9日在波尔塔瓦（Poltava）等待着希特勒的造访。但希特勒如往常一样，在最后一刻改变了主意，飞往了扎波罗热，使这次刺杀行动以失败而告终。不过，汉斯·施派德尔少将后来又参与了1944年刺杀希特勒的行动。尽管他因此而被捕并坐了七个月的牢，但他还是熬过了战争且在北约谋得了一个高位。至于施特拉赫维茨伯爵，则将在库尔斯克会战中指挥大德意志装甲团。

从1943年3月下旬到6月，苏德双方都在为战争的第三个夏天而恢复实力和整军备战。德国陆军在1943年3月缺员约47万人，1月23日，整个东线德军只有495辆可以出动的坦克（1941年6月时有3300辆）。5月，德军在北非被打得土崩瓦解，又损失了约10万人，这些情况让德国面对的局势变得更加严峻。

德国人有能力通过继续征召兵员来弥补损失，并使各集团军恢复到之前的实力。1941年6月22日，德军在东线有330万人，到1942年7月1日下降为2734448人，但从10月到1943年1月又恢复到了290万人。冬季战局之后，德军仍然有2719293人，到1943年7月1日又恢复到了3005398人，而武装力量的总人数为10132898人。[7]

苏联人也重建了部队（详见本章末尾的附录）。他们还终于看到了租借和援助物资源源不断地涌入进来。英国船队从1941年秋季就定期驶往北方的摩尔曼斯克（Murmansk）和阿尔汉格尔斯克（Arkhangelsk），而美国则从1942年春天开始通过波斯（今伊朗）大量输送援助物资。库尔斯克会战的舞台已经搭好。

注释

1. V. E. 塔兰特（V. E. Tarrant）著《斯大林格勒：剖析苦难》（*Stalingrad, Anatomy of an Agony*，利奥·库珀，伦敦，1992 年）第 37—38 页。

2. 格里戈里·费多托维奇·克里沃舍耶夫主编《解密：苏联武装力量在历次战争、战斗行动和军事冲突中的损失》（*Гриф секретности снят: Потери Вооружённых Сил СССР в войнах, боевых действиях и военных конфликтах*，莫斯科，军事出版社，1993 年）。

3. 尽管编成内有装甲部队，但大德意志师的正式名称仍然是"步兵师"。

4. 根据髑髅师报告，该师在 1943 年 1 月 25 日至 3 月 31 日之间有 72 人失踪。

5. 根据报告显示，德军在东线的损失为：11 月 128900 人、12 月 200690 人，次年 1 月 152465 人、2 月 212152 人、3 月 111525 人。以上数字统计的是野战集团军的情况（阵亡、失踪和因伤病后送）。此外，意大利、罗马尼亚和匈牙利也有一定人员损失。详见历史评估和研究组织（HERO）的《德国和苏联在二战中的补充体系》（*German and Soviet Replacement Systems in World War II*，弗吉尼亚州，邓恩洛林，1975 年 7 月）第 55 页。

6. 戴维·M. 格兰斯和乔纳森·M. 豪斯著《巨人的碰撞：红军何以战胜希特勒》（*When Titans Clashed: How the Red Army Stopped Hitler*，堪萨斯大学出版社，堪萨斯州，劳伦斯，1995 年）第 151 和第 349—350 页，注释 7。德军的兵力数字出自陆军总司令部的报告，苏军的兵力数字出自中央党务档案馆（马列主义研究院中央党务档案馆，文件为"国防委员会 1943 年 4 月 3 日决议"，该文件认为"作战方面军和集团军"的总兵力为 579.2 万人）。奇怪的是，格兰斯和豪斯给出的苏联坦克的数量却出自德国陆军总司令部的情报。陆军总司令部组织局（1 局）1943 年 9 月 18 日的报告中给出的数据显示，1943 年 4 月 1 日东线的德军兵力为 2719293 人（T78, R411）——括号内为美国国家档案馆微缩胶片（NAM）中的德军档案的编号。

7. 上述数据均出自陆军总司令部组织局（1 局）1943 年 9 月 18 日的报告（T78, R411）。与某些说法相反，此时并不是德国武装力量最强大的时期，因为有报道称德军在 1944 年 1 月 1 日共有 1059.7 万人。戴维·M. 格兰斯和乔纳森·M. 豪斯著《库尔斯克会战》（*The Battle of Kursk*，堪萨斯大学出版社，堪萨斯州，劳伦斯，1999 年）的第 16 页指出"德国武装力量在 1943 年 5 月 30 日有 950 万人，这是德国总兵力数字最高的时间"，这一说法和上文的数据并不符。

附录
战争周期

苏联红军和红军空军各季度兵力、减员和总兵力情况

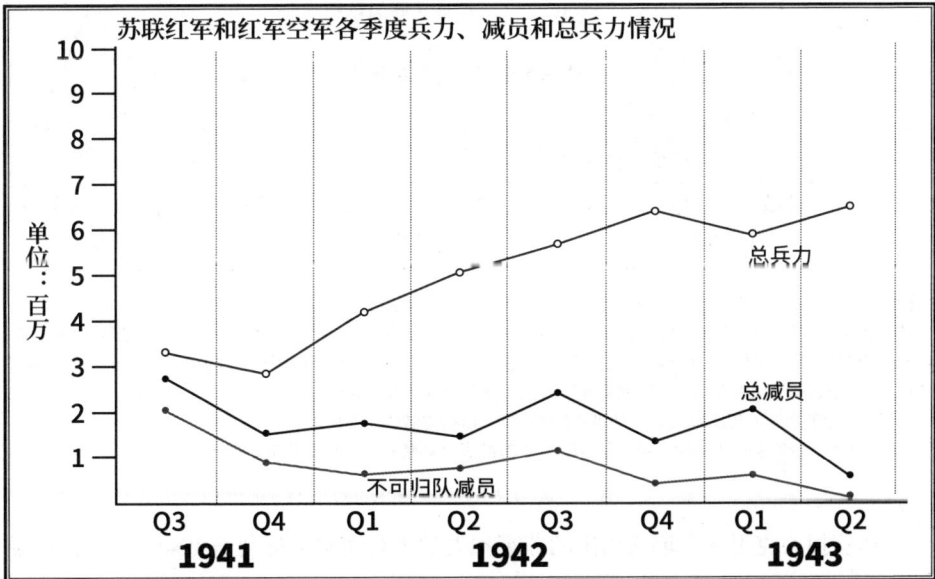

这张图表根据克里沃舍耶夫书中的数据制作。[1] 这些数据是前线各方面军损失的总数。虽然少于苏联的总损失，但仍清晰展示了变化情况。战争期间最血腥的两个时期是德军于 1941 年和 1942 年发动的两次夏季攻势。排在第三和第四位

的是苏军于 1942 年第一季度和 1943 年第一季度发动的两次冬季攻势。1943 年第二季度是整个战争期间最平静的时期，人员损失数字甚至少于 1945 年第二季度[①]，那时德国打了不到半个季度就投降了。

损失对比

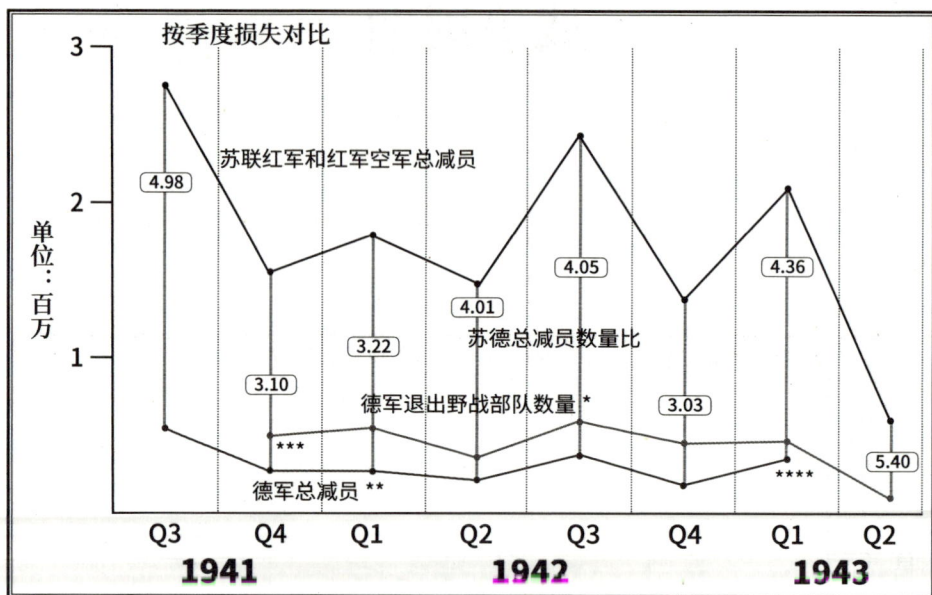

按季度损失对比

单位：百万

- 苏联红军和红军空军总减员
- 4.98
- 3.10
- 3.22
- 4.01
- 苏德总减员数量比
- 4.05
- 德军退出野战部队数量*
- 3.03
- 4.36
- 5.40
- 德军总减员**

Q3 Q4 Q1 Q2 Q3 Q4 Q1 Q2

1941　　**1942**　　**1943**

* 含死亡、失踪和因伤病后送人员。这只是退出野战部队的人员数量，而非总减员。
** 数据出自 BA-MA RW 6/v.552 和 v.553 中的德军 1941 年减员统计，涵盖了 1941 年 6 月 22 日至 1942 年年末时的情况。6 月减员的 41084 人，也被计入本表（克里沃舍耶夫的数据似乎不含战争前九天）——如果将其减去，则苏德总减员比为 5.38：1。感谢尼克拉斯·塞特林慷慨提供数据。
*** 只有 12 月的数据（168000 人）。笔者将其乘以 3，以粗略估算季度损失。
**** 只含 1 月（260080 人）和 2 月（90815 人）的数据。笔者没有估算 3 月减员情况。

　　尽管担心克里沃舍耶夫给出的苏军损失数字有缩水（特别是 1941 年），但仍足以按季度对比德国[2]和苏联的损失。

---

① 译者注：原文为 1945 年第三季度，实误。

注释

1. 格里戈里·费多托维奇·克里沃舍耶夫主编《解密：苏联武装力量在历次战争、战斗行动和军事冲突中的损失》的第152—153页，表72。
2. 德国方面的数字出自历史评估和研究组织的《德国和苏联在二战中的补充体系》第55页。来源为"T78，R415，H1/182"。

德国的准备

......总结：6月26日，代表团在哈尔科夫以南观摩了一个装甲师（下辖一个"虎"式坦克营）的实弹演习。6月27日，代表团在下雨泥泞的前线参观了某步兵师。他们观察到西线防御并未完工，并在返回德国后见到了希特勒。希特勒表示西线防御将于8—10个月内完工，而在此之前盟军不会发动攻击。希特勒看上去有些紧张和心事重重，健康状况也欠佳。此时，虽然德国平民垂头丧气，但军队的士气还不错。

——1943年7月23日，美国驻土耳其武官理查德·G.廷德尔（Richard G. Tindall）准将的情报报告[1]

1943 年 2 月，当德军仍在发起进攻试图恢复战线时，曼施泰因和南方集团军群向希特勒提交了一份夏季战略防御的草案。其内容是等到苏联人发起进攻后，待战机出现即"反手"予以痛击。草案预想，如果苏军从南北两面向顿涅茨地域（Donets）发起钳形攻势，他们很有可能还会在哈尔科夫也发起一次进攻。那么德军在顿涅茨河和米乌斯河一线的战线必须按照预定时间表及时放弃，并将敌人引向西面的第聂伯河下游。与此同时，将绝大多数坦克在内的全部可用预备队集中到哈尔科夫以西，以粉碎在哈尔科夫地域展开进攻的敌军，并突入这些沿第聂伯河下游方向推进之敌的侧翼。这样就能合围亚速海沿岸的苏军，并使曼施泰因可以让前者大量减员，尤其是通过抓获大批战俘的方式。

实现这样一个计划需要两个重要前提。首先，实施退却的军队要足够遵守军纪，可以实现有秩序撤退——德国陆军应该可以做到这一点。其次，进攻之敌会随着推进变得混乱无序且被削弱——自然，这几乎发生在每次进攻中。一支部队远离出发点后，补给会跟不上、人员会疲惫、装备会消耗，空中支援也会跟不上。在苏军的进攻中，这种情况会变得更加严重。因为先头部队总是会被迫向前突进，直到人员装备和补给耗尽——苏军进攻的装甲前锋耗尽油料是家常便饭。正如曼施泰因在1943 年 2 月的反击中所展示的那样，在到达能力范围的边界之时，苏联人的进攻可以被轻易击退，且损失惨重——尤其是德军能保留并集中装甲部队的话。不过，由于需要在苏军猛烈进攻之时进行有组织撤退，这样的方案总是有些冒险。

这个计划还将德国陆军的弱点暴露了出来，即根本没有足够的兵力来把守整个东线。由于平均每个师要防御 10 千米宽的正面，德国人很难避免被突破防线。因此，这个计划有些强人所难。

希特勒对这个计划并不感兴趣，他心里想着的是顿涅茨盆地的经济价值，以及如果暂时撤离土耳其和罗马尼亚会产生怎样的政治影响。更重要的是，希特勒有一个信条，即必须为每一寸土地而战——1941 年苏联冬季攻势时的经历让他更加笃信这一点。他认为自己在 1941 年命令不得后退，"使德国陆军避免了和'拿破仑撤退'一样的命运"。当然，实施这样一场战役的风险也是显而易见的——需要适当放弃部分土地，并通过这样一种退让的方式形成新战线，而这种风气一旦形成就难免会变得一发不可收拾。此外，实施这一计划还需要等待苏联人先发起进攻，这意味着如果苏联人并不着急的话，德军就得把大量兵力捂很长时间。德国判断盟军很快就会在地中海某处发起攻击，并且非常有必要去支援已经在苏联丢了一个集团军，又将在突尼斯再丢一个集团军的意大利盟友。坐等苏军进攻，等于放弃了战略弹性。德国也许可以在东线手握预备队坐等对方进攻，但与此同时，盟军会在西线发起进攻，并让意大利陷入崩溃。

因此，希特勒决定先发制人。围绕库尔斯克的突出部是一个很明显的目标，"挖掉"这个突出部不仅能缩短战线，还能抽掉苏联人进攻奥廖尔和哈尔科夫的跳板。

虽然"反手一击"常常被说成是曼施泰因本人的主意（尽管曼施泰因将其归功于"南方集团军群"），但根据曼施泰因的参谋长特奥多尔·布塞（Theodor Busse）少将的说法，这一方案是陆军总参谋长（库尔特·蔡茨勒上将）、作战部部长（阿道夫·豪辛格中将）、中央集团军群的指挥官（克卢格），以及南方集团军群的指挥官（曼施泰因）共同倡导的。

德国人被斯大林格勒的惨败惊呆了。他们损失了大约 30 万人。尽管这还不至于让德国陆军一蹶不振（因为春季征兵使其恢复了斯大林格勒惨败之前的兵力水平），但战争已经变成消耗战，一系列惨败造成的损失不言而喻。德国盟友受到的打击尤其严重，而他们参战力量的缩水只能让德军更加不堪重负。尽管已经过大力重建，但德军仍然只能集结一支战略预备队在一个地域发起攻击。在斯大林格勒损失的人员、部队和装备如同在苏军冬季攻势中的其他损失一样，是德军的刻骨之痛。

毫无疑问，德国人被打得一败涂地，希特勒俯首认输，而且在历史上第一次有一名德国元帅屈膝投降。德国陆军被赶出斯大林格勒 400 千米之外。现在是时候再次出击了——无论从军事、政治，还是从心理因素上来看这都是很有必要的。德国陆军立即开始讨论下一轮夏季攻势。就连国防军统帅部（OKW，主管东线以外全部战区的指挥机关）指挥参谋部参谋长阿尔弗雷德·约德尔（Alfred Jodl）也在 1942 年 11 月 29 日编写了一份总体形势评估报告，他指出："我们必须在东线最终建立起一道坚固的防线，以便来年春可以至少在一个地域发起进攻。"[2]

从军事的角度来看，德军发起进攻是合理的选择。因为这样可以缩短战线、杀伤苏军有生力量、夺回主动权，并为德国人重新建立信心。

在排除芬兰和卡累利阿之后，整个东线长约 2000 千米。1943 年 4 月，除在芬兰和卡累利阿的部队以外，德国共有 177 个德国师和 17 个仆从师把守战线，平均每个师要防守宽约 10 千米的正面。如果将库尔斯克突出部"切掉",德军的战线就能缩短 330 千米,约占整条战线的六分之一。战线缩短后更易于防守,而德军也能抽调出 30 个师的兵力用于其他地域。这种观点意味着德国人现在在面对消耗战时,更倾向于采取防御策略。

对库尔斯克突出部进行两面夹击还有一个明显的好处,那就是可以围歼突出部内的苏军。这就为德军提供了另一个可大量杀伤苏军有生力量的机会。

另外,德军还有必要夺回主动权。德军在流动进攻态势下可以给对手最大杀伤。也就是说,他们有必要建立这样一种流动态势——德军对此游刃有余,而苏军则很不习惯。实际上,德军需要掌握战役节奏和方向,以便战斗对己方有利。

最后,虽然德国陆军仍然对自己的战斗力非常自信,但 1942 年 11 月后的一系列事件却动摇了其对领导人和战争走向的信心。除了东线的失败外,德国陆军还在北非被英军打退,而美军也登陆了北非。德军与盟军将会在那里打一场大战,以此决定地中海沿岸的控制权。此外,德国的城市正不分昼夜地遭受着美英空军的空袭。1 月,美国陆军航空兵的飞行堡垒(B-17 轰炸机)首次对德国实施昼间轰炸。3 月,英国开始使用四发轰炸机继续夜间轰炸。战火降临到了德国本土。

战争和政治与精神因素从来都是密不可分的。轴心国之中,罗马尼亚损失了两个集团军,意大利损失了一个集团军。在斯大林格勒的战斗和接下来的苏军攻势之后,德国人显然需要让这些盟友坚信德军还如过去一样强大。如果德军能再取得一系列夏季攻势的胜利,那效果是再好不过了。此外,保持进攻态势还有很重要的政治意义——因为这些盟友对德国将战争持续下去的作用很大。正如希特勒在战前向部队所说的那样——"库尔斯克的胜利必将像灯塔一样为全世界所瞩目。"

最后,德军发起攻击还有几个最重要的精神上的理由。在斯大林格勒的惨败是德军自拿破仑战争以来首次经历大败,实际上也是其历史上最惨重的失败。而且,德军似乎即将在突尼斯面临类似的失败。显然,德军带着一种强烈的情绪,要恢复对苏联人的优势。他们有必要修复受伤的自尊心、恢复自信,并动摇苏联人的信心。因此,德国人用新一轮进攻来"给夏季开个头"也就几乎势在必行了。

综上所述,德国人有强有力的军事理由支持进攻,有强有力的内外政治理由支持进攻,而精神上也有理由和需要去发起进攻。虽然在军事上也另有一些维持防御态势的理由,但政治上和精神上的理由显然将压倒一切。

1943 年必将成为德军统帅部无须担心大规模第二战场威胁，而随心所欲行动的最后一个年头。也就是说，德军就更有必要在多个地段出击并夺取战争主动权

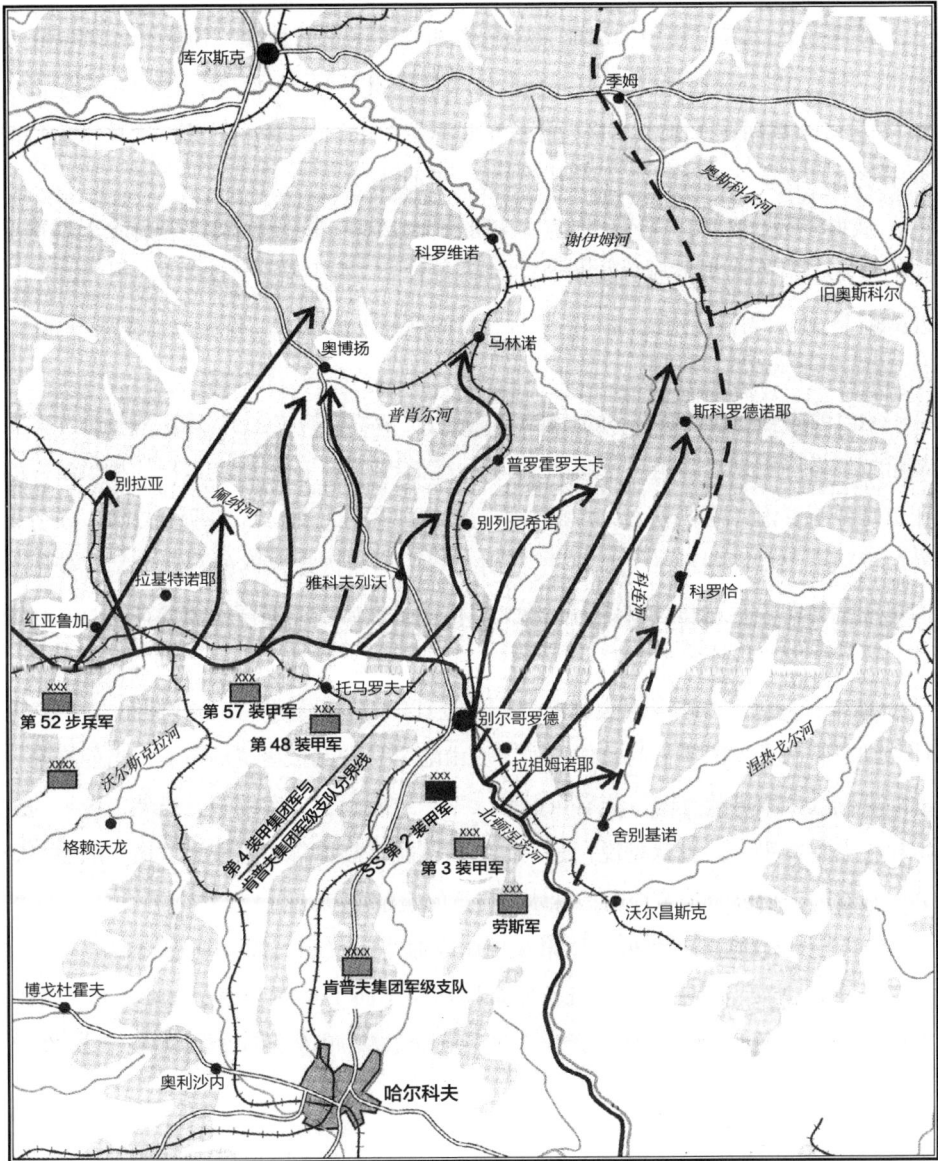

"堡垒"行动最初方案，南方集团军群地段

了——他们选定的第一个地段就是库尔斯克突出部。这显然是最明显的目标，苏联的计划制订人员对此也心知肚明。该突出部约有 200 千米宽，伸入德军战线约 150 千米，将整条战线拉长了 330 千米，将其"削平"可以让整条东线的长度缩短 15% 有余，并减轻兵力已经捉襟见肘的德军的防御负担。

德国为这次战役集中的战略预备队有两个集团军的规模。1941 年，德国在发起进攻时有 17 个集团军（其中 4 个为仆从军集团军）；1942 年，德国在发起进攻时只有 10 个集团军（其中 4 个为仆从军集团军）。现在，他们为第三次夏季攻势搜罗出来的只有 4 个集团军（包括观战的第 2 集团军）。[①]

从很多角度来看，在库尔斯克突出部南面发起的攻击简直就是曼施泰因春季反攻的延续。绝大部分参战部队与对面防御的苏军一样，早就在此驻扎了。实际上，此战就是 3 月 24 日暂停的战斗在 7 月 5 日的继续，大部分"玩家"还是同一批人，只是武器装备丰富了不少。

和 1944 年的阿登攻势不同（那一次显然是希特勒的主意），这次战役似乎并不是希特勒做好规划后强迫手下将领执行的。综合来看，库尔斯克这样的战役给人的印象是曼施泰因、蔡茨勒、克卢格与希特勒探讨后的结果。库尔斯克攻势，或者如曼施泰因在书中所说的"先手打击"，并不是曼施泰因最倾向的行动方案。曼施泰因仍然觉得在 5 月发起进攻更为有效，但古德里安后来让他声称需要在 4 月发起进攻——尽管这多少不太现实。

如果有人应当为这个想法负责，那大概应该是曼施泰因和南方集团军群司令部。计划细节和两个集团军群的动作协同，应由陆军总参谋长蔡茨勒负责。当曼施泰因的后发制人方案被放弃时，极有可能是大家一致敲定了方案细节。当然，选择的决定权在希特勒手上。也就是说，这一计划很可能是集体合作的成果：最初的建议者为曼施泰因，拍板的是希特勒，具体做方案的是蔡茨勒。

1943 年 3 月 13 日发布的"第 5 号作战命令"宣布了库尔斯克会战计划。这一天，希特勒乘坐容克 -52 飞机从斯摩棱斯克飞回了拉斯滕堡，飞机上的一个包裹内有一枚炸弹，但未能引爆。这次失败的刺杀，是中央集团军群参谋长亨宁·冯·特

---

① 译者注：作者说的战略预备队应该是第 4 装甲集团军和第 9 集团军。另外，肯普夫集团军级支队也是主要参战力量。

雷斯科上校的"一点小意思"。"第 5 号作战命令"发布之时，德军仍在为夺回哈尔科夫而战。

"第 5 号作战命令"详细阐述了代号为"堡垒"（德文为 Zitadelle）行动的新一轮作战行动，德军会以一个强大的装甲集团军从哈尔科夫向北攻击，并且会得到中央集团军群的配合。南线最初的准备完成日期被定为一个装甲集团军集结完毕的时间，即 4 月中旬。不过，这并不是进攻日期。真正的行动日期将是泥泞季节结束后，预期的苏军攻势得以开展之前。这样看来，行动日期最早也得是 4 月 15 日了。

于 4 月 15 日发布的"第 6 号作战命令"宣布了希特勒的"最终决定"，即"堡垒"行动的具体发起日期待定，但不会早于 5 月 3 日。该命令告诫部队，"鉴于部队还肩负其他任务，所以行动必须迅速。"此外，该命令还告诫中央集团军群和南方集团军群，要小心苏军在库尔斯克突出部某侧的某些地段发起的进攻——这个问题在北部地区尤其严峻，因为克卢格的部队将从自己盘踞的奥廖尔突出部出击，切断库尔斯克突出部。因此，德军必须防止苏军也如法炮制。而且，即使在南面，哈尔科夫下方的顿涅茨河一线也向西凸起，这里也很有可能会出现危机。

南方集团军群已经做好了进攻准备，而中央集团军群所在的北线还全是"残兵败将"。负责为中央集团军群打头阵的是瓦尔特·莫德尔上将的第 9 集团军。上将指出，第 9 集团军无法在 5 月 3 日前部署完毕，并认为应当取消其任务，或者将行动日期推迟为不早于 5 月 15 日。

与此同时，国防军统帅部指挥参谋部参谋长约德尔对库尔斯克攻势提出反对意见，理由是东线的行动抢走了大量预备队，而目前地中海地区危机四伏。希特勒现在对计划细节产生了疑虑。在签署"第 6 号作战命令"几天后，希特勒和蔡茨勒通了电话，建议取消敌人一定做好了防备的钳形攻势，而由中央集团军群和南方集团军群联手对库尔斯克突出部的中央部分实施正面突击。这个建议让蔡茨勒有些措手不及，于是他在 4 月 21 日飞往贝希特斯加登 [Berchtesgaden，位于德国巴伐利亚州，希特勒的克尔施泰因别墅（Kehlsteinhaus，即俗称的"鹰巢"）就在这里]，用地图和统计数据表明这样调整部署会让"堡垒"行动拖得特别久。

德国人越来越明显地感觉到苏联人已经意识到进攻即将到来，并一直在为此做准备了。南方集团军群估计苏军目前已经有 8 个坦克军、5 个机械化军和 5 个骑兵军的预备队，可以在进攻的头六天用于抗击第 4 装甲集团军。4 月 18 日，德军的空中侦察报告发现了长长的卡车纵队从莫斯科驶往库尔斯克，以及从斯大林格勒驶往哈尔科夫东面的瓦卢伊基（Valuiki）。

接下来就是一连串短暂延期。4月26日，陆军总司令部同意将行动推迟至5月5日。4月30日上午，由于大雨，行动又被推迟至5月9日（这一次推迟，是应第9集团军司令瓦尔特·莫德尔上将的请求）。即便如此，莫德尔仍然表示他无法如期展开行动。当天下午，陆军总司令部命令撤销并销毁所有为"堡垒"行动设定日期的指令，待希特勒与各指挥官磋商后再确定新日期。这最后一个决定，是第9集团军司令瓦尔特·莫德尔上将对此次行动表示了严重担忧的结果——他一直在研究关于苏军防御体系的航空侦察报告。莫德尔原计划用两天时间来突破苏军防御，但现在他却犹豫了起来。他发现要在苏军坚固的阵地上强行打开突破口困难重重——对手拥有火炮优势，更重要的是苏军的反坦克防御非常强大。莫德尔认为在这种情况下发起进攻会将时间拖得很长，使敌人有充足的时间调集预备队。因此，能否取胜就很难说了。4月27日，莫德尔飞往慕尼黑，于28日与希特勒会面并表示了他的担忧。在贝格霍夫（Berghof，靠近巴伐利亚州的贝希特斯加登）的希特勒寓所，希特勒和莫德尔在大厅全面审视了后者提供的侦察照片。12个月后，希特勒声称莫德尔的担忧以及进攻可能会导致突击部队的额外严重损失，让他对"堡垒"行动失去了信心。

关于库尔斯克攻势的会议于5月4日召开。此前一天，古德里安和希特勒当面探讨了坦克的生产问题。装甲兵总监文件摘录显示了为这次攻势准备的坦克的生产状况。[3] 见表1.1。

德军在南线有699辆坦克（含胡蜂坦克歼击车）、在北线有306辆坦克，北线的坦克的数量是南线的44%左右。如果将行动推迟到5月9日后，南线可能会有745辆坦克（约多了6.6%）参战，而北线会有335辆坦克（约多了9.5%）参战。将行动推迟到6月1日对南线而言意义不大（共790辆坦克，比5月3日多了约13%），但对北线的意义很大（共501辆坦克，增加了约64%）。而如果将行动推迟到6月10日，更会使北线的实力大大增强——现在南线将有878辆坦克（比5月3日增加了约25.6%），而北线的坦克数量则将达到881辆（增加了约188%）。[①] 以上

---

① 译者注：作者可能是笔误，将给南方集团军群的200辆"豹"式坦克算到了北方集团军群头上。实际上与5月3日相比，6月10日南线的坦克数量将达到1078辆，增加了54.2%；北线的坦克数量将达到681辆，增加了122.5%。

表 1.1 装甲兵总监文件摘录
(单位：辆)

	坦克数	"虎"式	"豹"式	胡蜂坦克歼击车	突击坦克	费迪南坦克歼击车
南方集团军群	616	53		30		
至 5 月 9 日在途	30	16				
至 6 月 1 日在途	30			15	40	
至 6 月 10 日在途	20	28				
总计	696	97		45	40	
中央集团军群	286	20				
至 5 月 9 日在途	29					
至 6 月 1 日在途	121			45		
至 6 月 10 日在途	63	31	200			86
总计	499	51	200	45		86

表 1.1 胡蜂坦克歼击车后更名为犀牛坦克歼击车，它装备了 71 倍径的 88 毫米炮；原表格有误，200 辆"豹"式坦克应该是分配给了南方集团军群的大德意志师（另有 4 辆"豹"式抢修坦克）；表格中的突击坦克是指Ⅳ号突击坦克。

数字不含Ⅲ号、Ⅳ号突击坦克和黄鼠狼坦克歼击车，而这些装甲车辆的数量占德国装甲力量的很大一部分。

　　由于进攻时间至少被推迟到了 6 月 10 日（毕竟这时那些战车仍然"在途"），北线的装甲力量几乎增加了两倍，与南线的实力持平，而不是如一开始那样不到南线装甲力量的一半。现在已经有 75% 以上的战车就位，显然这就是接下来几天会议讨论推迟进攻的基础。推迟的理由自然是要加强中央集团军群的装甲力量——按原计划，有 200 辆新型"豹"式坦克将被送往这里。而事实上，无论是"豹"式坦克还是胡蜂坦克歼击车都尚未形成真正的战斗力。虽然这个问题尚在其次，但也可以从中看出德军将攻势推迟到 6 月初的根本原因。当面对是在北线攻击集群没有足够数量或装甲足够厚重的战车去达成突破时就发起进攻，还是干脆取消进攻的两难选择时，希特勒选择了第三条路——推迟进攻。不过，我们并不清楚这是不是古德里安的想法。[4]

　　接着，希特勒在 5 月 4 日召集高级将领在慕尼黑召开了三个小时的会议，讨论此次会战。与会人员有：

阿道夫·希特勒，国防军最高统帅（Oberbefehlshaber der Deutschen Wehrmacht）兼陆军总司令

陆军元帅威廉·凯特尔，国防军统帅部参谋长

阿尔弗雷德·约德尔上将，国防军统帅部指挥参谋部参谋长

陆军总参谋长库尔特·蔡茨勒上将，及其参谋人员（含国防军统帅部指挥参谋部第1总参军官）

陆军元帅冯·曼施泰因，南方集团军群司令

中央集团军群司令冯·克卢格陆军元帅，及其总军需长

古德里安上将，装甲兵总监（最后担任野战指挥职务是在克卢格手下，并拜其所赐被解职）

汉斯·耶顺内克（Hans Jeschonnek）上将，空军参谋长

步兵将军鲁道夫·施蒙特（Rudolf Schmundt），希特勒的军事副官

总参上校（Oberst Im Generalstabdienst）瓦尔特·舍夫（Walter Scherff）

古德里安在回忆录中声称，第9集团军司令瓦尔特·莫德尔上将与装备和弹药部部长阿尔贝特·施佩尔（Albert Speer）当时在场，而沃尔夫冈·托马勒（Wolfgang Thomale）上校也出现在5月4日的会议上（5月3日会议未出席）。这在一些历史著作中受到了质疑，如恩斯特·冯·克林克（Ernst von Klink）在其著作中宣称他们并未参加会议。因此，莫德尔的反对意见很可能是以信件的形式出现在会议上的。[5]

会议一开始，希特勒就进行了45分钟的演说。他在介绍了东线的局势之后，就开始描述作战方案和建议，以及莫德尔的反对意见。莫德尔主要以航拍照片为依据，判断苏军就在两个集团军群计划进攻的地域构筑坚固的纵深防御阵地。而且，苏联人已经将机动部队主力从突出部的前沿地域撤出，并在突出部两侧部署了特别强大的炮兵和反坦克部队。莫德尔尤其相信，德国的主力中型坦克——IV号坦克——扛不住苏联的新型反坦克炮。莫德尔的结论是，敌人正在坐等德军进攻，因此需要采用全新的战术——实际上就是完全放弃这次进攻。在古德里安看来，希特勒这样说出莫德尔的意见，表明他深受触动，并且仍未决定赞同进攻。

根据古德里安的说法，希特勒让将领们各抒己见。第一个发言的是曼施泰因。曼施泰因认为如果在4月就发起进攻的话尚有很大胜率，但现在就很难说了，他

还需要增加两个齐装满员的步兵师才能展开行动。希特勒表示拿不出两个师来，曼施泰因只能用现有的兵力作战。据古德里安所说，曼施泰因没有给出明确答复。

曼施泰因在回忆录中声称他要求立即发起进攻。因为德国和意大利在突尼斯的抵抗随时可能土崩瓦解，所以美英军队接下来会在几周内于地中海沿岸登陆。这会让事态变得更加复杂，因此立即出击方为上策。曼施泰因认为自己和克卢格都不希望进攻被推迟。

根据古德里安的说法，希特勒接着让克卢格发言，后者毫不含糊地支持库尔斯克行动——他宣称第9集团军并不像莫德尔想的那么糟糕。耶顺内克补充说，延期对空军也没什么帮助。古德里安请求表达自己的意见，并指出进攻毫无意义。德国陆军在东线刚完成编制和装备的补充，一旦发起进攻，必定会损失大量坦克，而这些损失是无法在1943年弥补的。古德里安还认为，德国需要将生产出的坦克投入到西线，以便有机动预备队来应对必然会在1944年到来的盟军的登陆行动。古德里安还指出，蔡茨勒依赖的新型"豹"式坦克同所有新装备一样，仍存在很多需要磨合的问题。而且，这些问题不一定可以在进攻前全部得到解决。古德里安宣称，施佩尔也支持这些意见。根据古德里安的叙述，与会人员中仅有他自己、施佩尔和莫德尔三人明确反对进攻（施佩尔和莫德尔是否在场，目前还存疑）。至于莫德尔的直接领导克卢格，则赞成进攻。虽然当天并没有讨论出结果，但希特勒私下向莫德尔表示进攻会延期。

不过，也有一些资料与古德里安和曼施泰因的说法相反。根据有争议的历史学家戴维·欧文（David Irving）的说法，陆军元帅沃尔夫拉姆·冯·里希特霍芬男爵（Wolfram Freiherr von Richthofen）在日记中也描述了这次会议。由于里希特霍芬没能与会，所以他的意见是由耶顺内克将军转述的。欧文引用里希特霍芬的日记如下：

（4月27日）莫德尔将军声称他没有足够的实力，很可能会陷入困境或花费很长时间。元首也认可进攻必须在最短的时间内顺利达成突破。（5月初）古德里安将军提出要在六个星期内给足够多的坦克部队提供装备以确保这一点。因此，元首决定延期六周。为了让各方面就此达成一致，他（在5月4日）与陆军元帅冯·克卢格和冯·曼施泰因召开了会议。起初克卢格和曼施泰因同意延期，但当他们听说元首已经做出相同的决定时，又大肆声称应当立即开战——这显然是为了避免自己为延期"背锅"。[6]

由于没有此次会议的速记记录，人们只能依靠两位将军的回忆录和一名缺席人员的日记来了解当时的情况。此外，能够辅助佐证的似乎还有装甲兵总监关于 5 月 3 日会议的笔记。这些笔记表明延期六个星期对于增强坦克部队的实力而言很有帮助。古德里安在回忆录里清楚表述了会议情况，但却搞错了与会人员和日期；而曼施泰因只是大略提了一下会议和议题。里希特霍芬的说法与其他两人的回忆录有所不同，他声称是古德里安导致进攻延期了六周。按照古德里安的说法，他可能是完全反对发起这次进攻的。不过，他可能也推动了延期。如果这是真的，那么这样一种危险的官僚主义政治手段对德国陆军而言并没什么好处。

希特勒对这些担忧的回答是，只能用更多装甲兵大大加强进攻的两个集团军，才能克服这些困难——特别是要投入新研制的"豹"式、"虎"式和新式重型突击炮。希特勒最后提议将"堡垒"行动推迟到 6 月 10 日，这样新式坦克和更重型的坦克的数量就更充足了。有些（即便不是绝大部分）主要的指挥官仍然认为延期对苏联人更有利。德国人知道苏联坦克的产量更大，担心延期会抵消新式坦克带来的优势。德国陆军总参谋长蔡茨勒、中央集团军群司令克卢格和南方集团军群司令曼施泰因大体上支持进攻，但希望早一点实施。大大延迟进攻时间且无论如何也要继续进攻，似乎主要是希特勒的主意。

在争论的过程中，克卢格和古德里安的不和也让会议气氛逐渐凝重。5 月，克卢格在会后写信给希特勒，提出要与古德里安决斗，请求希特勒担任他的助手。不用说，希特勒拒绝了这个荒谬的请求，并要求两位将军和衷共济。但这是不可能的事情。

在参加会议的 11 个主要人物中（包括可能没参加这次会议，却与之密切相关的施佩尔和莫德尔），只有 4 人（古德里安、曼施泰因、施佩尔和蔡茨勒）熬过了战争。这 11 人中有 2 人（曼施泰因和施佩尔）因为战时的所作所为而被判处监禁；1 人（蔡茨勒）含冤被赶出了德国陆军，并被禁止身着军装；4 人（希特勒、克卢格、耶顺内克和莫德尔）出于不同原因自杀身亡；2 人（凯特尔和约德尔）因战争罪被处决；1 人（施蒙特）在 1944 年 7 月对希特勒的刺杀事件中被杀（施蒙特在 7·20 事件中受重伤,并于 10 月 1 日不治身死,被追授纳粹党的"德意志勋章");5 人（古德里安、凯特尔、曼施泰因、施佩尔和蔡茨勒）留下了对战争的记述。

5 月 6 日,陆军总司令部宣布"堡垒"行动推迟到 6 月 12 日进行。次日,在与蔡茨勒的电话会议中,肯普夫集团军级支队司令、装甲兵将军维尔纳·肯普夫（Werner Kempf）抗议说,无论从精神还是从作战角度来看都不应当推迟进攻,并认为推迟进攻对防御者更有利。蔡茨勒同意他的意见,并表示愿意将一线的看法转达给希特勒。蔡茨勒显然不想延期（似乎只有古德里安赞成取消行动）。

5 月 10 日,希特勒返回柏林后,便让古德里安到总理府讨论"豹"式坦克的生产问题。会后,古德里安声称他攥住希特勒的手,询问自己是否可以直言不讳。古德里安恳求希特勒放弃在东线的进攻。他最后问道:"为什么你今年一定要在东线发起进攻？"在场的凯特尔说:"出于政治原因,我们必须进攻。"古德里安答道:"你觉得有几个人知道库尔斯克在哪里？我们是否占领库尔斯克对全世界来说意义不大。我再问一遍,为什么我们今年要在东线发起进攻？"希特勒回复说:"你说得很有道理。只要一想到这次进攻,我就反胃。"古德里安说:"既然如此,你对这一问题的反应就是正确的了。别管这事了。"古德里安声称希特勒向他保证,他还没有想好,然后谈话就结束了。[7]

5 月 15 日,希特勒又主持召开了一次会议。在会上,他认为意大利和匈牙利是两个关键地域,并强调了阻止开辟第二战场的重要性。他最担心的是意大利的危机,需要从东线抽调 8 个装甲师和 4 个步兵师去确保意大利半岛（亚平宁半岛）的安全。他可能还想占领动摇不定的匈牙利。在这种情况下,希特勒已经做好了在东线实施收缩策略的准备,包括撤出奥廖尔弯曲部和顿涅茨地区。实际上,他还在考虑缩短战线,以便将部队调往西线。这与他之前的做法大为不同,也符合约德尔将军的想法。

蔡茨勒不得不与更高等级的国防军统帅部领导解决政治问题,后者指望将部队划到自己的战线上来以解决自己地盘上的问题。虽然国防军统帅部在名义上负责整场战争,而陆军总司令部是其下属机构,但这两个官僚机构之间俨然在进行一场东西方对立的争执。两个"司令部"都向希特勒直接汇报,造成了指挥权的分裂和官僚主义的明争暗斗。瓦利蒙特在自己关于国防军统帅部的书中强烈谴责了蔡茨勒——后者在 5 月和 6 月拒绝向国防军统帅部提供东线部队的详细部署情况及调动计划。因此，蔡茨勒非常倾向于在东线发起进攻也就不足为怪了。从官僚主义的角度上来看，他也很有必要发起进攻——这样他的部队就不会被抽调到西线。

在此有必要指出，库尔斯克计划的问题，有一部分在于没有一个切实可行的方案，并以对德国有利的方式来应对战争。希特勒1939年的目标是打垮波兰，1940年的目标是击败法国并迫使英国求和，1941年的目标是打败苏联（并迫使英国求和），1942年的目标仍是打败苏联。1943年，希特勒的目标不再是打败苏联，而是设法让对手"大出血"，在使其无力再战的同时设法解决西方盟军。此时德国并不是为任何明确的目标而战，也没有一个得到一致认可的计划来指出如何在政治和军事上结束战争。因此，是否发起进攻、何时发起进攻、于何地发起进攻已经不再那么重要了。也就是说，当没有人知道大战略计划是什么的时候，也就很难制定出一套明确的战役计划来了。

在春季解冻期间，曼施泰因的副官施塔尔贝格（Stahlberg）中尉打印出了曼施泰因致"元首兼国防军最高统帅"的备忘录手稿。该备忘录全面评估了当前的形势，其结论是想要在东线取得绝对胜利已经无望。因此，应当寻求停战。而在军事上不下决断，应该可以为政治领导人的谈判争创造条件。

在发出备忘录后，施塔尔贝格与曼施泰因就此话题进行了探讨（曼施泰因觉得应当通过谈判来结束战争）。施塔尔贝格指出，他并不认为希特勒可以在将盟国领导人羞辱一番、撕毁条约，以及"战争爆发后德国方面在占领区做出的一系列违反国际法的行为"之后，还能够与盟军进行谈判。施塔尔贝格继续说道：

曼施泰因没有打断我的发言，但是当我停顿时，他说尽管他不和我争论，但我的想法错了。在政治上，最后分析出的那些结论并不重要，而且不管怎么说，评判政治道德并不是军人的事情。德国手中仍然还有很多王牌没有打出。比如现在仍没有一个盟军士兵踏上欧洲大陆。当然，他现在判断美军和英军会在意大利或巴尔干登陆，或者在可以预见的将来登上大西洋海岸。到时候有必要的话，我们可以退到只用有限兵力即可防守的阿尔卑斯山。虽然我们还有预备队，但只有适时制订战略计划才能发挥其作用。[8]

即便已经确定如何去做（进攻）和在何处（库尔斯克）进攻，何时进攻仍是未知数。实际上，战役推迟的时间要比某些人在著作中所推断的更短。古德里安引用曼施泰因的话，认为应该在 4 月发起进攻。不过，其他人并不认为这个日期是可行的。即便是曼施泰因也声称，南方集团军群无法在 4 月中旬前做好进攻准备。此外，顿涅茨河直到 4 月下旬才进入汛期。由于要发动钳形攻势，北面莫德尔的第 9 集团军必须做好准备。而莫德尔的后勤补给线并不安全，并且北线的春季解冻时间也要迟一些，显然不可能在 4 月发起有效的钳形攻势。德军也许可以在 4 月下旬从南面发动"单钳突击"，但似乎没人去推动这件事。

德军第一次设定的进攻发起日为 5 月 3 日，这也许是可能发起进攻的最早日期。4 月 30 日时，延期的理由是大雨，那么 5 月 3 日就不可能再用这一个理由了——即便在那时，莫德尔也明确反对，要求至少推迟到 15 日才发起进攻。既然莫德尔不是一个害怕进攻的将军，那么这应该是一个合理的评估。无论曼施泰因多么不耐烦，德军都不可能在 15 日之前发起进攻。曼施泰因的参谋长布塞将军甚至声称无法在 25 日之前前进。

不过，5 月 15 日之后的延期就存在问题了。此时，无论原始计划的策划者是谁，这个延期的决定显然应该是希特勒做的，而这个决定的正确性是值得怀疑的。要想确定早一点进攻（5 月 15 日或 6 月 12 日）会不会比等到 7 月 5 日才发起进攻更好，就不能只看参战德军将领们的战后记述了。我们需要审视 7 月 4 日、6 月 12 日或 5 月 15 日的兵力、装备和攻防力量对比。而且，还要考虑天气变化和苏军防御工作的改善。南线部分可参见《库尔斯克：普罗霍罗夫卡之战》的附录 2——看来德军在 5 月没有任何优势。[9]

德军想要发起这样一场进攻的部分原因，在于他们想要"吃掉"进攻前就已经被部署在那里的苏军中央方面军的大批机动部队。在春季解冻时期，这些部队都集中在库尔斯克突出部的西北角，对该突出部发动钳形突击必定可以合围大量苏军机动部队。德国陆军总司令部 3 月 20 日的情报地图显示，苏军坦克第 2 集团军（下辖坦克第 16 军、坦克第 11 军和近卫骑兵第 2 军）就在西北角（实际上当时近卫骑兵第 2 军直属于中央方面军）。4 月的情报地图显示坦克第 2 集团军仍然在西北角，而坦克军和骑兵军则出现在中央方面军预备队的位置。合围大量苏军机动部队的时机已经被错过了。

这不是失去的机会，而更像是一个从来就不现实的可能。既然这些苏军就靠近北面铁钳的预定进攻地域，那么为了将其合围，莫德尔的进攻速度就要远比曼施泰因的进攻速度快才行。如果莫德尔没有足够的兵力和足够快的速度来达成突破，那么这些可能被合围的部队就变成了巩固防御的力量——既可以挡住莫德尔的进攻，也可以自行逃脱。整个4月，无论是天气状况，还是莫德尔的兵力都不利于开战。也许曼施泰因的进攻可以很顺利地完成，但如果北线战事不利，就无法合围苏军的机动部队。而等莫德尔在5月做好准备后，这些苏军又已经调整了部署。

在库尔斯克突出部等着被合围的只剩苏军的第40集团军、第38集团军、第60集团军、第65集团军和第70集团军，其中第40集团军和第70集团军必然要参与防御德军攻势西侧的战斗，而其他3个集团军则与此战完全无关。这5个集团军合计有多达36个步兵师（不下30万人），但装甲力量不多。

6月上旬,古德里安仍然在建议推迟进攻。戈培尔在6月6日的日记中写道(2003年的德文版《约瑟夫·戈培尔日记》中并没有下述内容)：

晚上我们与莱博士一道前往"力量来自欢乐"组织大楼去会见骑士十字（ Ritterkreuz des Eisernen Kreuzes ）、战功十字（ Kriegsverdienstkreuz ）获得者及其他优秀军人。期间，我与古德里安上将进行了深入交谈。他对元首取消5月进攻感到很高兴。当然，古德里安只是从装甲兵的角度来看待军事形势——然而他说每推迟一个月就让我们的优势多一分的说法是对的。

元首没有像其他人所顾虑的那样，让古德里安觉得现在不发起进攻就是胆小鬼……今年夏天是否有机会给敌人以沉重打击还是个问题——只要英美军队来得足够晚，我们就会有足够多的预备队来做成这件事。[10]

根据第48装甲军参谋长弗里德里希·威廉·冯·梅伦廷（ Friedrich Wilhelm von Mellenthin ）的说法，到6月中旬，曼施泰因元帅及其手下所有高级指挥官都觉得继续进攻是不智之举。曼施泰因强烈要求放弃进攻。

第7装甲师炮兵团的下级军官格尔德·施穆克勒（ Gerd Schmuckle ）在回忆录中说，他受邀参加了第7装甲师师长、中将汉斯·冯·丰克（ Hans von Funck ）男爵迎接汉斯·施派德尔（ Hans Speidel ）少将的晚宴，后者和施穆克勒一样也是斯瓦比亚（德文 Schwaben，英文 Swabia，斯瓦比亚在德国西南部，有独特的历史、文化和方言）人。席间，施派德尔批评了希特勒不断推迟"堡垒"行动发起时间的做法。[11]

第 6 装甲师师长瓦尔特·冯·许纳斯多夫（Walther von Hünersdorff）少将也表示了疑虑。5 月 22 日，他在哈尔科夫与其麾下的高级军官举行了盛大晚宴。席间，他直言兵力不足以突破苏军在库尔斯克的防御，而整个行动也违反了"领导的基本准则"。至少有一名连长听到许纳斯多夫在提到库尔斯克时用了"白痴"这样一个字眼。注意，许纳斯多夫的这一观点是在 5 月下旬表达的。由此可以推断，也许"堡垒"行动从来就不是一个好主意，无论进攻时间的早晚。[12]

在这些"历史公案"之外，德国人还要担心西方盟军的下一次行动将在何时何地展开。显然，西方盟军正在为进一步行动做准备。自 5 月 8 日开始空袭后，他们于 6 月 11 日登上了位于突尼斯与西西里中点上的潘泰莱里亚（Pantelleria）小岛。

与此同时，希特勒开始指望以"豹"式坦克的就位来证明推迟行动是正确的决定。希特勒对新式坦克和更重型的坦克的期待，必然是对莫德尔担心Ⅳ号坦克无法与苏联的反坦克防御相抗衡的回应。也许，希特勒并不是解决这些问题的合适人选。与许多军事艺术的门外汉一样，希特勒总是执迷于武器技术的发展，并严重高估了提升武器性能所带来的优势。他真诚地相信技术可以为他赢得战争，并已经荒谬地高估了"虎"式坦克对战争所作的贡献。

此时，德国的"虎"式坦克数量有限（常被称为虎 I 坦克，与后来的虎 II 坦克有所不同）。1942 年 8 月，它们在列宁格勒附近首次参战，结果是竹篮打水一场空。1943 年 1 月 1 日，"虎"式坦克在南方首次参战 [济莫夫尼基（Zimovniki）]。[13] 到 4 月 1 日，德国共有约 134 辆"虎"式坦克——其产量还在不断增加，到 7 月 1 日就已经有 262 辆[14] 了，其中有 102 辆（约 40%）被投入到了库尔斯克攻势的南线，45 辆被放到了北线（只有 31 辆投入进攻）。"虎"式坦克很不错，而且无疑是当时世界上最好的重型坦克。相比苏联同类型的 KV-1 坦克^①，"虎"式坦克的武器更强（尽管其装甲防护力算不上优秀）。最终，德军在库尔斯克的南线有 7 个"虎"式坦克连，

---

① 译者注：俄文为 K B-1，K B 是苏联元帅克利缅特·伏罗希洛夫的姓名缩写。

北线有 4 个"虎"式坦克连。

德国还生产了体型巨大的新型突击炮——"费迪南"("象"式)。这种怪物战车的设计者是以设计"大众汽车"（Volkswagen）、汽车联盟后驱一级方程式赛车而著称的费迪南·波尔舍（Ferdinand Porsche）博士，战后有很多运动汽车和赛车都被冠以他的姓氏。[①] 波尔舍在正常的军事渠道以外，靠关系从希特勒手里直接拿到了项目许可。"费迪南"这一巨兽重达 65 吨，其固定战斗室上配备了一门 88 毫米高初速火炮（没有装备防备步兵的机枪）。到 5 月底，德军一共生产了 90 辆"费迪南"。它们全部都被分配给了第 9 集团军，并在 6 月上旬做好了战斗准备。

接下来，我们要说的是德国新式中型坦克——"豹"式。它的诞生，让德国人有了一种比苏联所有坦克都优秀的中型坦克。"豹"式坦克的生产从 1943 年 1 月就开始了，但如往常一样还是存在磨合问题。一直到 6 月 16 日，古德里安还在对希特勒说，"豹"式坦克并没有为东线作战做好准备。而当古德里安于 18 日在格拉芬沃尔（Grafenwöhr）参观完两个"豹"式装甲营的训练后，与希特勒会面时应该也是这样说的。[15]

最后，德国还在生产新型突击炮和坦克歼击车，"胡蜂"（Hornisse，1944 年希特勒将其更名为 Nashorn ——"犀牛"）便是其中之一。"胡蜂"在轻型敞篷装甲底盘上安装了一门大威力的 88 毫米炮，在防御行动中是极为有效的武器。6 月中旬，第一批 45 辆"胡蜂"被分配给了第 560 重型坦克歼击营，这是第一个装备"胡蜂"的作战单位。不过，这种本可以表现出色的反坦克炮却并没有做好战斗准备。6 月 17 日，集团军司令部的一名军官在造访第 560 重型坦克歼击营后报告说，由于车辆运动时所产生的震动会传导到零件和炮架上并损坏瞄准镜，所以第 560 重型坦克歼击营无法参与战斗——他们需要新的火炮固定架。此外，很多"胡蜂"的转向连杆和刹车失灵，如果强行使用就会导致发动机过热。该营报告说，所有车辆都处于无法维修的状态，需要重新返厂。因此，第 560 重型坦克歼击营被转隶给肯普夫集团

---

① 译者注：德国劳工阵线（Deutsche Arbeitsfront）在 1937 年 5 月 28 日成立了国有的"德国大众汽车筹备有限公司"，以实现希特勒"家家有车开"的承诺，并采用了波尔舍博士的"甲壳虫"（Käfer）设计方案；"汽车联盟"（Auto Union）是德国四家汽车公司在 1932 年合并而成的产物，主要生产跑车，其 Logo 中有四个圈，后演变成现在的奥迪公司（Audi）；波尔舍博士创立的公司的中文商标为"保时捷"。此外，参与"虎"式坦克选型失败的波尔舍方案车都被改装为坦克歼击车，以波尔舍博士的名字"费迪南"命名，并于 1944 年 2 月起开始使用绰号"'象'式"。

军级支队南翼的第 42 步兵军，没有参加库尔斯克会战。

还有一种新型突击炮是Ⅳ号突击坦克（绰号"怒汉"①），它在重装甲的Ⅳ号坦克底盘上安装了一门 150 毫米的低初速火炮。此外，德国还生产了其他一些型号的自行火炮，比如在Ⅱ号坦克底盘上安装 105 毫米野战榴弹炮的"黄蜂"（德文 Wespe，英文 Wasp），在 38t 坦克底盘上安装 150 毫米重型步兵炮的"蟋蟀"（德文 Grille），在Ⅲ号或Ⅳ号坦克底盘上安装 150 毫米野战榴弹炮的"熊蜂"（Hummel）。这些自行火炮被分配给各装甲部队，让这些部队拥有了首批真正的机械化炮兵。

上述这些新式武器的绝大部分，原定于 5 月 12 日前准备完毕。其中包括计划生产 250 辆"豹"式坦克、100 辆"胡蜂"、40 辆"施图帕"、100 辆"熊蜂"、285 辆"虎"式坦克、90 辆"费迪南"和 90 辆"蟋蟀"。200 辆"豹"式坦克、45 辆"胡蜂"（"犀牛"）和 102 辆"虎"式坦克被分配给南方集团军群，45 辆"施图帕"、89 辆"象"和 45 辆"虎"被分配给中央集团军群。至于其他自行火炮，则两个集团军都有分配。库尔斯克之战不仅仅是"豹"式坦克的第一次实战，也是"黄蜂""施图帕"和"熊蜂"的首战。

值得一提的是，最新装备部队但却不是专为库尔斯克会战设计的坦克，还有Ⅲ号喷火坦克（南线的大德意志师和第 11 装甲师、第 6 装甲师都有装备）。另外，德国人还给一些坦克安装了 5—8 毫米厚装甲裙板，以加强这些坦克对空心装药战斗部和步兵便携反坦克武器的防御力。

也就是说，德国人将进攻日期从 5 月中旬推迟到 6 月 12 日之后，就有更多时间来部署装甲力量了。到 6 月 12 日，德军已经装备了"虎"式坦克、"费迪南"、"胡蜂"和"施图帕"（尽管"胡蜂"无法正常运转，而"费迪南"营也刚到达前线）。至于"豹"式坦克和大量自行火炮，目前尚未做好战斗准备。现在，德军基本上就是在等一个装甲团（配备了"豹"式坦克）准备到位了。这就更加令人迷惑不解了，因为最初抱怨自己的Ⅳ号坦克不足以迅速突破苏军防御阵地的那个人（第 9 集团军的莫德尔）

① 译者注：其实，德军士兵给Ⅳ号突击坦克取的绰号是"施图帕"（Stupa），这是突击坦克（Sturmpanzer）的缩写。而"怒汉"（Brummbär）是盟军士兵取的绰号——因为这一绰号用的是德文，所以它被后人误以为是德国官方为Ⅳ号突击坦克取的绰号，并常被英文世界误译为"吼叫熊"（Grizzly Bear），被国内译者误译为"灰熊"。

✤ 霍特的修订计划

5月上旬，第4装甲集团军司令赫尔曼·霍特（Hermann Hoth）上将开始担心集团军行动的细节。他收到的情报表明，苏军坦克第10军正集结在奥博扬（Oboyan）地域，而奥斯科尔（Oskol）河一线也集中了大量苏军。他汇总后发现，苏军可以在第4装甲集团军向普罗霍罗夫卡前进的路上投入数个坦克军。这让他开始重新审视第4装甲集团军的作战方案。他不再用两个装甲军向前推进［即让第48装甲军冲向奥博扬；让SS第2装甲军向北渡过普肖尔（Psel）河，杀到普罗霍罗夫卡以西］，而是在最初的4月方案中稍微调整了SS第2装甲军的行军路线。根据霍特的参谋长弗里德里希·凡戈尔（Friedrich Fangohr）在1947年编写的报告显示，前者担心增援的苏军装甲部队会在7月7—9日左右抵达普罗霍罗夫卡地域，并在右翼对推进中的第4装甲集团军发起反击。因此，霍特计划让SS第2装甲军向东北方向推进，在渡过普肖尔河之后，前往普罗霍罗夫卡。这样第4装甲集团军的右侧分界线，就可以围绕着普罗霍罗夫卡。霍特需要肯普夫集团军级支队向北推进，用左翼的第6装甲师来掩护其侧翼。第4装甲集团军于6月28日发布的命令是要求第6装甲师从别尔哥罗德（Belgorod）经萨贝尼诺（Sabyinino）冲向普罗霍罗夫卡。

自5月10日起，霍特多次在会议上向曼施泰因元帅提及上述想法—后者同意调整进攻方案。因此，第4装甲集团军于6月28日发布命令时，就调整了SS第2装甲军的左右分界线，并将中间目标改为普肖尔河和普罗霍罗夫卡。第48装甲军的任务仍然是拿下奥博扬，但霍特加了一条命令，即让该军绕过奥博扬向东。这就是7月开战时第4装甲集团军的真正方案。[16]

却分不到"豹"式坦克。等到6月中旬,"豹"式坦克被送往南方集团军群,去支援"一个月前就说自己已做好了准备"的曼施泰因。

6月18日,国防军统帅部指挥参谋部向希特勒提交了一份评估报告,其结论是"应在形势明朗之前取消'堡垒'行动"——他们担心西线盟军有可能会在意大利或巴尔干登陆。中央集团军群和南方集团军群也提到了苏军正在加强兵力,并认为他们会发起进攻。6月19日,中央集团军群提交评估报告,认为苏联人会发起进攻,而德国则应率先执行"堡垒"行动。面对这些莫衷一是的建议,希特勒在6月21日确定于7月3日发起进攻。在知晓了莫德尔的担忧并与克卢格和曼施泰因磋商后,希特勒在6月25日将进攻日期改为7月5日。就这样,"堡垒"行动的发起时间比最初建议的5月3日推迟了约两个多月。

6月24日,希特勒在和戈培尔会谈时承认,作为自己"1942年东线战略基础"的那些宏伟蓝图业已化为泡影——从高加索、埃及和巴尔干出击,以钳形攻势攻占中东油田的想法已经无法实现了。现在,德军的主要任务就是守住意大利本土。东线德军在1944年前要保存实力,以确保不再发生前两个冬天那样的危机。现在,"堡垒"行动的目标仅仅是"稍微调整一下战线"了。希特勒还坦陈,库尔斯克的胜利不足以改变"重整旗鼓、继续获胜的德国"背后的那些墙头草的态度。[17] 所谓"像灯塔一样为全世界所瞩目",也不过如此。

"742号作者"认为,第4装甲集团军司令部在6月27日收到了最后的进攻命令。7月1日,希特勒在东普鲁士的拉斯滕堡 [Rastenburg,即今波兰肯琴(Kętrzyn),这里有希特勒的指挥部——"狼穴"(Wolfsschanze)] 召集指挥官召开最后一次战前会议。[18] 与会者有曼施泰因、克卢格、霍特、莫德尔及其手下大部分军长,还有两名空军指挥官——上将罗伯特·冯·格赖姆(Robert Ritter von Greim)骑士和航空兵将军奥托·德斯洛赫(Otto Deßloch)。第9集团军第23步兵军军长、步兵将军约翰内斯·弗里斯纳(Johannes Friessner)留下了会议手稿。

希特勒简要评述了所有战线的形势,指责意大利人是导致德国时运不佳的罪魁祸首。此外,他还提到匈牙利人和罗马尼亚人靠不住,而芬兰人也已经没有一战之力了。希特勒认为,德国不仅不能在东线不战而退,还不能让苏联人利用冬季来休养生息,否则危机将接踵而至。他既反对中央集团军群撤出奥廖尔突出部以组建战役预备队的设想,也反对后发制人。

接下来，希特勒谈到了获得一场压倒性胜利的政治必要性——这不仅可以让德国的盟友吃一颗定心丸，还可以打乱西方盟军开辟第二战场的计划。希特勒认为有必要集结预备队并完成"虎"式坦克、"豹"式坦克和"费迪南"的列装，所以迟迟不发起进攻是合理的。他还指出，需要在可靠的地点花时间来解决新式坦克试验时所遇到的麻烦。希特勒给出的结论是，进攻是一场赌博，但他觉得德国能够取胜——理由是当他对军事高参们的建议置之不理时，曾取得了奥地利、捷克斯洛伐克、波兰和苏联战局的胜利。

最后，希特勒宣布针对英国的复仇武器即将完工：德国人重新设计了潜艇，也采取了针对英美定位器材的反制措施。因此，一两个月后德国就可以继续实施潜艇战。希特勒的结束语是这样的："骰子已经掷出，进攻命令已下达，胜利的所有先决条件都已具备。"[19]

布赖特（指肯普夫麾下第3装甲军的军长赫尔曼·布赖特）在战后叙述中补充道："希特勒也谈到了需要守住顿涅茨盆地和尼科波尔（Nikopol）有价值的锰矿资源，并表示推迟进攻对于巩固意大利的防御而言是有必要的。"[20]

这就是希特勒的作风。经过一段时间的质疑后，他终于下定了决心。而一旦规划好路线，他就会坚定地执行下去。在战争剩下的时间里，拒绝撤退、过度依赖技术、为自己的错误迁怒他人和"复仇武器"的运用等问题还会不断出现。现在，库尔斯克之战是希特勒"自己的攻势"了。

莫德尔在这次会议上再次向希特勒陈述了自己的疑虑。曼施泰因也利用这个机会建议让第4航空舰队①的前任司令里希特霍芬重归东线，这让戈林和现在的代理司令德斯洛赫非常不爽。

此外，与会者还讨论了苏军是否会在北面进攻第2装甲集团军的问题。因为第2装甲集团军掩护着奥廖尔突出部的西面和北面，却没什么装甲力量。一切顺利的话，苏军可以轻易踏平奥廖尔突出部，并迫使第9集团军放弃进攻库尔斯克。希特勒建议可以用德军一切可用的飞机来掩护撤退。此时，在奥廖尔的第6航空舰队第1航空师手中有700多架飞机可用于支援北线，而南线的第4航空舰队第8航空军

---

① 译者注：Luftflotte，字面上的意思为"空中舰队"，相当于空军集团军，下辖航空军。旧译"航空队"，也有人译为"航空军团"。

有 1100 多架飞机可用于支援进攻。[21]

当天，希特勒还发布了"堡垒"行动命令——一份交给指挥官，一份发给参战部队。不过，给部队的每日命令应当在进攻开始前才对其宣布。

至 1943 年 7 月 1 日，德军在东线共有 310 万人。经过重建，德军在东线的兵力已恢复到 1941 年时的实力。此外，德军在其他战线（含芬兰）还有 130 万人。也就是说，德国陆军有约 29.5% 的人员在面对"也许只存在于想象中"的威胁。德国在东线共有 168 个国防军师、7 个党卫师、12 个其他类型的师，共装备有 2269 辆坦克、997 辆突击炮和 500 辆老式坦克（合计有 3766 辆"坦克"）。至于投入库尔斯克攻势的部队，总计有 45 个师（含第 2 集团军、第 24 装甲军）和 2700 辆各种类型的"坦克"。[22]

此时，德国在芬兰还有 7 个师（含 1 个党卫师）和 20 门突击炮。防御西线的有 69 个国防军师、4 个党卫师、10 个其他类型的师，共装备 873 辆坦克、405 辆突击炮和 100 辆老式坦克（合计有 1378 辆"坦克"）。也就是说，德军有约 37% 的装甲力量被部署在西线。1943 年 6 月，德军有 5003 架"前线飞机"。7 月时，只有约 2500 架"前线飞机"被部署在东线——西方盟军现在已经吸引了德国空军（Luftwaffe）一半的注意力。轴心国在地中海中部有 960 架德国"前线飞机"和约 300 架意大利飞机，德国本土还有约 800 架"前线飞机"，以及 600 架夜间战斗机。虽然部署在西部的德国部队还没有与盟军的陆军交手，但却一直枕戈待旦。在两年的东线战争后，西方盟军终于开始大量吸引德国陆军的注意力了。

❈ "豹子"出没

德国在1941年入侵苏联时共装备了九种"类坦克"的装甲车辆：

1. Ⅰ号坦克，重5.8吨，装备2挺7.92毫米机枪，乘员2人，前装甲厚13毫米，于1934年列装。德国陆军在1941年7月1日时共有843辆Ⅰ号坦克，而1943年7月1日时该坦克的数量屈指可数（此时多用作指挥坦克）。

2. Ⅱ号坦克，重8.9吨，装备1门20毫米炮和1挺7.92毫米机枪，乘员3人，前装甲厚14.5毫米，于1936年列装（该型坦克还有喷火版）。德国陆军在1941年7月1日时共有1067辆Ⅱ号坦克和85辆Ⅱ号喷火坦克，而1943年7月1日时有236辆Ⅱ号坦克和少量Ⅱ号喷火坦克。

3. Ⅲ号坦克，重19.8—21.8吨，装备1门37毫米或50毫米炮、2—3挺7.92毫米机枪，乘员5人，前装甲厚30毫米，于1937年列装。该坦克最初是德国陆军的主力中型坦克。德国陆军在1941年7月1日时共有1501辆Ⅲ号坦克，在1943年7月1日时有1423辆Ⅲ号坦克。

4. Ⅳ号坦克，重20—22.3吨，装备1门短管75毫米炮和2挺7.92毫米机枪，乘员5人，前装甲厚50毫米（F型），于1938年列装。该坦克原被定位为支援坦克，后成为德国主力中型坦克。德国陆军在1941年7月1日时共有531辆Ⅳ号坦克，在1943年7月1日时有1472辆Ⅳ号坦克。

5. 捷克35t坦克，重10.5吨，装备1门37毫米炮和2挺7.92毫米机枪，乘员4人，前装甲厚25毫米，于1935年开始生产，于1939年列装德军。德国陆军在1941年7月1日时共有189辆捷克35t坦克，在1943年7月1日时该坦克的数量屈指可数。

6. 捷克38t坦克，重9.4吨，装备1门37毫米炮和2挺7.92毫米机枪，乘员4人，前装甲厚25毫米，1939年开始生产，并于同年列装德军。德国陆军在1941年7月1日时共有763辆捷克35t坦克，1943年7月1日时还有该型号的坦克204辆。

7. Ⅲ号突击炮（Sturmgeschütz Ⅲ，缩写为StuG Ⅲ），重20.2吨，使用Ⅲ号坦克底盘，装备1门短管75毫米炮（无机枪、无旋转炮塔），乘员4人，前装甲厚50毫米，于1940年列装。德国陆军在1941年7月1日时共有416辆Ⅲ号突击炮，在1943年7月1日时则有1594辆。

8. Ⅰ号坦克歼击车（Panzerjäger Ⅰ），重6.4吨，使用Ⅰ号坦克底盘，装备1门47毫米反坦克炮(无旋转炮塔，战斗室顶部和后部敞开)，乘员3人，前装甲厚13毫米，于1940年列装。此外，德国陆军还装备有利用缴获的法国坦克底盘改装的坦克歼击车，这种歼击车的重量更重（10.5吨）、装甲更厚（32毫米）。虽然德国缴获的法国坦克的数量相当多，但却从未将它们用于东线。法国战局[①]前，德国共改装了202辆坦克歼击车，虽然至1943年时仍在继续使用，但数量却越来越少。

9. sIG 33自行火炮，重8.5吨，使用Ⅰ号坦克底盘，装备1门150毫米重型步兵炮（无旋转炮塔，战斗室顶部和后部敞开），乘员4人，前装甲厚13毫米，于1940年列装。只生产了38辆。

德军还装备了各种型号的指挥坦克（Ⅰ号、Ⅲ号、Ⅴ号和Ⅵ号），这些指挥坦克大多只装备机枪（不过最新的Ⅲ号和所有Ⅴ号、Ⅵ号指挥坦克都采用了正常装备）。1941年7月1日时德国陆军共有331辆指挥坦克，而1943年7月1日时的数量则为412辆。

在两年的战争中，Ⅲ号坦克、Ⅳ号坦克和Ⅲ号突击炮成了德国陆军主力的、相当于坦克的车辆。这三种"坦克"在以后的两年里基本上都被升级了火炮和装甲，而其他坦克则随着自然消耗逐渐退出现役。

在开始入侵苏联时，Ⅲ号坦克正在逐步换装50毫米炮，然后又换装了高初速50毫米炮（指从5cm KwK 38 L/42升级为更长的5cm KwK 39 L/60）。该坦克还有一种装备低初速短管75毫米炮的支援型——其前装甲从30毫米加强到了50毫米，甚至更厚。此外，该坦克还有一种喷火型号（只有41辆被投入了库尔斯克会战）。

Ⅳ号坦克升级了高初速长管75毫米炮（指43倍径和48倍径的7.5 cm KwK 40）。库尔斯克会战时很多Ⅳ号坦克的前装甲都从50毫米加强到80毫米，不过炮塔装甲仍然只有50毫米厚。

Ⅲ号突击炮也换装了高初速长管75毫米炮，且前装甲加强到80毫米。此外，

---

① 译者注：原文如此，疑应为苏联战局。

还有一种装备 105 毫米榴弹炮的型号 [突击榴弹炮（Sturmhaubitze 42，缩写为 StuH 42）]。Ⅲ 号突击炮很常见，但突击榴弹炮的数量很少，在库尔斯克南北两面合计只有 68 辆。

与此同时，德国人还在继续研制新型装甲战斗车辆。他们在 Ⅱ 号坦克和捷克 38t 坦克的基础上研制出了大量自行反坦克炮（分别为"黄鼠狼 Ⅱ"和"黄鼠狼 Ⅲ"），装备德制 75 毫米炮和缴获的苏制 76.2 毫米炮（改进了炮口制退器，提高了炮弹初速）。

1943 年 2 月上旬，希特勒下令利用现有坦克底盘研发一系列自行火炮，并理顺其生产计划。其中包括在 Ⅲ 和 Ⅳ 号坦克底盘上安装 150 毫米榴弹炮的"熊蜂"、在 Ⅱ 号坦克底盘上安装 105 毫米轻型野战榴弹炮的"黄蜂"、在捷克 38t 坦克底盘上安装 150 毫米重型步兵炮的"蟋蟀"、在 Ⅳ 号坦克底盘上安装 150 毫米"突击"榴弹炮（类似于重型步兵炮）的"施图帕"，以及在 Ⅲ 和 Ⅳ 号坦克底盘上安装 88 毫米反坦克炮的"胡蜂"。"蟋蟀"和"胡蜂"在库尔斯克是首次亮相——前者在库尔斯克会战前列装，而后者由于没有做好战斗准备，被部署到了肯普夫集团军级支队的第 42 步兵军。与此同时，为了防御苏军的反坦克枪，德国人还在坦克和突击炮的侧面安装了 5—8 毫米厚的装甲"围裙"。

此外，德国还生产一种新型中型坦克以替代 Ⅳ 号坦克，这就是被大肆吹嘘的 Ⅴ 号"豹"式坦克。这种坦克重 43 吨，适当倾斜的前装甲厚 80 毫米、炮塔前装甲厚 100 毫米，装备 75 毫米高初速火炮，是二战中的优秀坦克之一。

德国还在 1942 年下半年开始生产第一种成功的重型坦克——Ⅵ 号"虎"式坦克。该坦克重 57 吨，炮弹初速低于"胡蜂"和"费迪南"。"虎"式坦克首次在东线部署的时间为 1942 年 8 月，相比德军之前的坦克，该坦克的性能有显著提升。

最后，元首放手让德国设计师们自由研制坦克。战前投入生产并可以参战的型号之一就是"费迪南"（得名于"大众汽车"的设计师费迪南·波尔舍博士，他也曾为汽车联盟工作，后以设计"保时捷"运动汽车而著称）。这种重 65 吨的"巨兽"的前装甲厚达 200 毫米，战斗室（非旋转炮塔）上安装了一门 88 毫米高初速火炮。不过，这种行动迟缓（最高时速 30 千米）的战车没有装备任何机枪。

这些新式装甲战斗车辆的产量相当有限。德国只生产了 90 辆"费迪南"、100 辆 Ⅲ 号喷火坦克、200 辆"蟋蟀"和 60 辆"施图帕"（后两者在首次批量生产后，又重开了生产线）。而截至 7 月 1 日，德国只生产了 484 辆"豹"式坦克（1943 年 7 月 1 日有 428 辆可用）、347 辆"虎"式坦克（1943 年 7 月 1 日有 428 辆可用）、119 辆 StuH 42 突击榴弹炮（据称 1943 年 7 月 1 日有 136 辆可用）和 155 辆"胡蜂"（1943 年 7 月 1 日有 131 辆可用）。另外，德国在 1943 年 7 月 1 日时还有 971 辆各种型号的黄鼠狼 II 和黄鼠狼 III 等自行反坦克炮。

希特勒指望这些新式战车（"虎"式坦克、"豹"式坦克和"费迪南"）可以扭转战局。莫德尔抱怨 IV 号坦克无法对抗苏联的新式反坦克炮，让希特勒更加执迷于用技术手段来解决问题。希特勒不是去寻找新方案或新战略，而是给莫德尔找新式坦克。这些新式坦克一下生产线就被匆忙运抵战场。

注释

1. 战争部总参军事情报处；武官报告德国情况；主题：土耳其代表团访问德国；I. G. 编号 5840；来自于驻土耳其武官；第 7844 号报告；1943 年 7 月 23 日。这份美国驻土耳其武官报告出自理查德·G. 廷德尔准将的手笔。报告的根据是与近期去过苏联、法国和德国的多名土耳其军官的私下交谈。

2. 瓦尔特·瓦利蒙特（Walter Warlimont）将军著《走进希特勒大本营，1939—1945 年》（*Inside Hitler's Headquarters 1939–1945*，加利福尼亚州，诺瓦托，普雷西迪奥出版社，1964 年）第 282 页。[①]

3. 档案编号为"T78, R6232, Fuehrervortrag, Zufurung Stand: 3 Mai 1943."。感谢弗雷德里克·L. 克莱门斯（Frederick L. Clemens）的慷慨分享，他的研究帮我理清了"豹"式坦克的部署情况。

4. 尼古劳斯·冯·贝洛明确指出古德里安在 4 月支持希特勒推迟"堡垒"行动，因为这样可以加强装甲兵的力量。见尼古劳斯·冯·贝洛（Nicolaus von Below）著《在希特勒身边：希特勒的空军副官回忆录，1937—1945》（*At Hitler's Side: The Memoirs of Hitler's Luftwaffe Adjutant 1937–1945*，伦敦，绿山图书，2001 年）。

5. 恩斯特·冯·克林克著《行动准则：1943 年"堡垒"行动》（*Das Gesertz Des Handelns, Die Operation "Zitadelle" 1943*，斯图加特，德意志出版社，1966 年）第 140 页脚注第 184 指出，根据时任南方集团军群参谋长的步兵将军布塞在 1958 年 4 月 12 日的一份备忘录显示，与会人员有：陆军元帅冯·曼施泰因、陆军和空军总参谋长、陆军元帅冯·克卢格及中央集团军群总军需长、古德里安上将、步兵将军施蒙特、国防军统帅部指挥参谋部第 1 总参军官、总参上校舍夫。莫德尔上将并未出席，并且与古德里安上将说法相反，施佩尔部长和托马勒上校亦未出席。

    尼古劳斯·冯·贝洛在《在希特勒身边：希特勒的空军副官回忆录，1937—1945》中明确指出莫德尔不在现场，并表示正是莫德尔建议希特勒将攻势再推后一个月直至当年 7 月，让第 9 集团军可以有最大数量的坦克参加行动。见《在希特勒身边：希特勒的空军副官回忆录，1937—1945》的第 171 页。

    另见艾伯特·西顿（Albert Seaton）著《苏德战争，1941—1945》（*The Russo-German War 1941–1945*，加利福尼亚州，诺瓦托，普雷西迪奥出版社，1993 年版，1971 年首次出版）第 356 页。大部分的历史著作，包括一向严谨的厄尔·弗雷德里克·齐姆克（Earl F. Ziemke）所著的《斯大林格勒到柏林：德国在东线的失败》（*From Stalingrad to Berlin:The German Defeat in the East*，华盛顿哥伦比亚特区，美国陆军军事历史中心，1907 年版，1968 年首次出版）第 129 页，都认为莫德尔和施佩尔在场。

6. 戴维·欧文的著作的第 514 页（或该著作 2001 版第 583—584 页，该版在网上有资源）。[②]

7. 海因茨·古德里安著《装甲指挥官》（*Panzer Leader, The Noontide Press*，加州，科斯塔梅萨，1990 年）第 308—309 页。

8. 亚历山大·施塔尔贝格（Alexander Stahlberg）著《责无旁贷：一名德国军官的回忆，1932—1945》（*Bounden Duty: The Memoirs of a German Officer, 1932–1945*，伦敦，布拉西，1990 年）第 294 页。

9. 见克里斯托弗·A. 劳伦斯著《库尔斯克：普罗霍罗夫卡之战》第 1263—1289 页。

10. 约瑟夫·戈培尔（Joseph Goebbels）著《约瑟夫·戈培尔日记》（*Die Tagebücher von Joseph Goebbels*，慕尼黑，K.G.Saur 出版社，1993 年）第 2 卷第 8 册第 431 和 432 页。KdF 是 Kraft durch Freude 的缩写，意为"通过欢乐获得力量"。罗伯特·莱（Robert Ley）博士创立的这个纳粹休假组织旨在利用娱乐活动来培养国家共同意识。

[①] 译者注：这本著作的 1978 年德文版本有中文版，即《德国国防军大本营（1939—1945）》。

[②] 译者注：作者没有给出书名，我推断应为《希特勒的战争》（*Hitler's War*），1977 年第一次出版，1991 年、2002 年和 2019 年的修订版将介绍战前部分的《战争道路：希特勒的德国，1933—1939》（*The War Path: Hitler's Germany 1933–1939*）也合并了进来，并增加了大量图片，页码多达 1000 多页。

11. 罗宾·克罗斯（Robin Cross）著《堡垒：库尔斯克会战》（*Citadel: The Battle of Kursk*，伦敦，迈克尔·奥玛拉图书有限公司，1993 年）第 117 页。

12. 罗宾·克罗斯著《堡垒：库尔斯克会战》第 117 页。

13. 厄尔·弗雷德里克·齐姆克著《斯大林格勒到柏林：德国在东线的失败》第 74 页。

14. 托马斯·L. 延茨（Thomas L. Jentz）著《装甲兵：德国坦克兵创建和作战运用完全指南，1933—1945》（*Panzertruppen: The Complete Guide to the Creation & Combat Employment of Germany's Tank Force, 1933-1945*，阿特格伦，宾夕法尼亚州，希弗军事历史，1996 年）第 286 页。

15. 海因茨·古德里安著《装甲指挥官》第 310 页。

16. "第 4 装甲集团军 6 月 28 日命令"副本见恩斯特·冯·克林克著《行动准则：1943 年"堡垒"行动》第 308—317 页。另外牛顿（Steven H. Newton）著《库尔斯克：德军视角》（*Kursk: The German View*，波士顿，达卡波出版社，2003 年）第 77—79 页和 357—370 页也对计划调整进行了深入探讨。

17. 罗宾·克罗斯著《堡垒：库尔斯克会战》第 143 页。

18. 参加会议的亚历山大·施塔尔贝格在《责无旁贷：一名德国军官的回忆，1932—1945》一书的第 303—304 页中表示，会议是在慕尼黑国王广场（Königsplatz）的纳粹党建筑中召开的，并为此做了详细描述。"742 号作者"等人认为会议地址是在拉斯滕堡。

19. 恩斯特·冯·克林克著《行动准则：1943 年"堡垒"行动》第 197—198 页。

20. 装甲兵将领赫尔曼·布赖特（Hermann Breith）著《1943 年 7 月哈尔科夫会战期间装甲军突破俄军纵深梯次防御》（*Breakthrough of a Panzer Corps Through Deeply Echeloned Russian Defense During the Battle of Kharkov in July 1943*）第 1—2 页。布赖特将军的这篇文章非常有趣，文中提到第 7 装甲师在 7 月 6 日晚遇到了装备有 120 毫米炮的斯大林坦克。

21. 卡尤斯·贝克尔（Cajus Bekker）著《德国空军战争日志》（*The Luftwaffe War Diaries*，纽约，巴兰坦图书，1966 年）第 432 页。

22. 尼克拉斯·塞特林（Niklas Zetterling）和安德斯·弗兰克森（Anders Frankson）合著的《库尔斯克 1943：统计分析》（*Kursk 1943: A Statistical analysis*，伦敦，弗兰克·卡斯，2000 年）第 18 页给出的数字为 2451 辆"坦克"。这个数字包含了所有可用或不可用的坦克及突击炮，但既不含炮兵观察坦克（Panzerbeobachtungswagen）、自行火炮、自行反坦克炮和 I 号坦克，也不含第 17 装甲师、第 23 装甲师和维京师的坦克（共有 181 辆坦克，见该书第 31 页）。

    除非特别说明，本书的大部分表格在计算"坦克"时都是特指可以投入战斗的坦克、突击炮和自行反坦克炮（"黄鼠狼"），而不含炮兵观察坦克、弹药输送坦克、抢修坦克和自行火炮。在南线，仅 7 月 4 日和 5 日就有 113 辆"黄鼠狼"可以投入战斗。

苏联的准备

我们希望以强有力的防御手段来抗击德军的进攻，消耗敌人，然后转入反攻，彻底粉碎敌人……如果预判中的敌军进攻被长时间推迟了，我方无须等待敌军进攻，应立即开始行动。

因此，我军进行防御不是被迫的，而是有相关预案的。最高统帅部对转入进攻的时机，也是根据实际情况来选定的。既不"失之过早"，也不"失之过迟"。

——苏联元帅格奥尔基·康斯坦丁诺维奇·朱可夫，1971 年[1]

1943 年，苏联人在面对即将到来的夏天时，也有些恐慌。尽管苏联人在斯大林格勒取得了胜利，但他们还得担心德军的下一次夏季攻势。此前，德军攻势的一些数据如下：

	时长（日）	推进距离（千米）	每日推进距离（千米）
波兰，1939 年	35	350	10
挪威，1940 年	62	550	8.9
法国，1940 年	43	800	18.6
南斯拉夫，1941 年	12	525	43.8
希腊，1941 年	24	525	21.9
北非，1941 年	50	520	10.4
克里特，1941 年	12	250	20.8
苏联，1941 年（第一阶段）	28	580	20.72[2]
苏联，1941 年（第二阶段）	70	260	3.7
苏联，1942 年	57	500	8.8

任何一个有理智的人，在看到这样的战绩时都要感到不安。夏季就要到来了，德国人即将展开进攻——其夏季攻势总是能够以极小的代价杀伤大量敌军。此前的夏季战局状况如下：

	德军减员（人）	防御方减员（人）	交换比
波兰，1939 年	44303	266000	1：6
挪威，1940 年	2921[3]	3737	1：1.3
法国，1940 年	156492	424840	1：2.7
南斯拉夫，1941 年	558	55123	1：98.8
希腊，1941 年	10571[4]	73840	1：7.0
北非，1941 年	1884	8440	1：4.5
克里特，1941 年	5678	3479	1.6：1
苏联，1941 年（初期）	54592	747870	1：13.7[5]
苏联，1941 年（第一阶段）	534000	2571205	1：4.8[6]
苏联，1941 年（第二阶段）	241078	1037169	1：4.3
苏联，1942 年	206350	568347	1：2.8

1943 年夏，苏军也面临和德军类似的抉择——这就是是否应当发起进攻，或者说是否应该先防御后进攻。自然，苏联人在夏天防御德军进攻的体验一直都不怎么好。虽然苏联人在 1941 年成功保卫了列宁格勒和莫斯科，但那是在当年晚些时候，而且他们面对的是战线已经过度延伸了的德军——此前苏军并没打过多少胜仗。在乌克兰的苏军于基辅城下顽强抵抗，却未料到古德里安从斯摩棱斯克南下将自己包围。1941 年后期苏军还发起过反击，并成功收复罗斯托夫。除此之外，直到当年年末，苏联拼死抵抗、艰苦奋战却没取得什么成果。

1942 年，苏军的防御行动效果更好。1942 年，苏军成功守住了一半战线（列宁格勒和莫斯科当面地域），但却在整个南线却节节败退。经过在斯大林格勒城内的激烈巷战和高加索山麓的苦战之后，苏军直到年末才迫使德军停止进攻。

虽然苏军对德军实施了大量非常顺利的冬季进攻战役，但却从没在夏季打赢过进攻战役。因此，给人的感觉是"德军控制着夏天，而苏军主宰着冬天"。

根据苏联总参谋部 1944 年的一份研究文件显示，先防御后反击的决定是在 3 月下旬做出的。他们计划让中央方面军和沃罗涅日方面军转入"坚定顽强的防御，使敌人精疲力竭、流血殆尽"[7]，接着在投入新锐预备队后，让两个方面军主力与西方面军、布良斯克方面军一起发动总攻，击败德国人的主要集团军。

4 月 21 日，沃罗涅日方面军司令尼古拉·费奥多罗维奇·瓦图京（N. F. Vatutin）大将向斯大林提交了一份关于部队防御准备的报告，并深入探讨了防御阶段之后，进入乌克兰的进攻战役准备。瓦图京期望用两个半月的时间来实施这些进攻战役，并希望在 6 月展开行动。[8]

此时，瓦图京将要在 7 月用到的绝大部分兵力都已经就位了，正在补充装备和人员，准备进入战斗状态。瓦图京的目标是让所有部队在 5 月 5 日前做好战斗准备，让步兵师的兵力充实到 7000—8000 人，让装甲部队恢复实力。此外，防御工作也在进行当中，他完全相信德军会于 5 月上旬在主要突击方向上以 10 个装甲师和不下 6 个步兵师展开进攻。不过，他在报告中特别提到，自己没有"关于德军企图"的文件情报。这就让人感觉方面军司令并不知道瑞士的露西谍报网（Lucy）发来的情报，因此判断德军会以部分兵力沿旧奥斯科尔（Staryii Oskol）方向向奥博扬和库尔斯克推进。此外，上述报告还认为德军会使用装备了 37 毫米炮的飞机，以及装备了 88 毫米炮的"虎"式重型坦克。[9]

最高统帅部大本营在 4 月 25 日批准了瓦图京计划的开头部分（签署人是苏联红军总参谋长亚历山大·米哈伊洛维奇·华西列夫斯基），并在 4 月 28 日将坦克第 1 集团军转隶沃罗涅日方面军。也就是说，瓦图京应当在 5 月 10 日前全力准备防御，并准备最晚在 6 月 1 日发起进攻。[10]

此时，华西列夫斯基领导的苏联红军总参谋部已经完成了夏季战局的初步方案。不过，最高统帅部大本营怀疑德军即将在几天内发起进攻。5 月 8 日，各方面军得到警报，预计德军将在 10 日发起进攻（其实各方面军在 5 日就已经得到过一次告警）。[11] 这份警报所提及的日期，与德军因大雨第二次延期四天后定下的进攻日期（5 月 9 日）基本一致。这是德军推翻全部计划并召开 5 月 4 日会议前，所确定的最终日期。中央方面军报告说全军将在 5 月 10 日清晨进入战斗状态。看来野战部队并不清楚德军的全部想法和计划。

预想中的德军进攻并未在 5 月上旬展开，而苏联人也不知道攻势会再次推迟。漫长的等待让瓦图京将军坐不住了。一向冲动的瓦图京和他的军事委员会委员尼基塔·谢尔盖耶维奇·赫鲁晓夫（N. S. Khrushchev）在 5 月 26 日向斯大林提交了一份报告，建议对别尔哥罗德和哈尔科夫一带的德军发起预防性打击。[12] 朱可夫、华西列夫斯基和阿列克谢·因诺肯季耶维奇·安东诺夫（A. I. Antonov，此时他担任副总参谋长兼作战局局长，军衔为上将）并不支持这个想法，并告诉了斯大林。按照华西列夫斯基的说法，瓦图京说："亚历山大·米哈伊洛维奇（华西列夫斯基的名和父名，表示尊敬）！咱们会睡过头的，会错过时机。敌人不进攻，秋天转眼就到了，咱们的一切计划就都落空了。别再坐等了，还是主动进攻吧！我们的力量是足够的。"[13]

华西列夫斯基在与斯大林的每日通话中，发现后者也感到不安。斯大林告诉他，瓦图京给他打过电话，坚持要求最晚于 7 月初发起进攻。斯大林还说这个建议应当得到最认真的对待，他已经命令瓦图京将其设想上报最高统帅部大本营。[14]

朱可夫指出，斯大林在认真思考是等待敌人先进攻还是先发制人。朱可夫声称："斯大林担心像 1941 年和 1942 年不止一次地发生过的情况那样，我军的防线经受不住德军的突击。"反过来，斯大林也不确定苏军是否能够突破德军的防御。根据朱可夫的说法，斯大林的疑虑几乎一直持续到 5 月中旬。

将斯大林和希特勒放到一起进行对比很有意思。此时希特勒严重怀疑是否应该

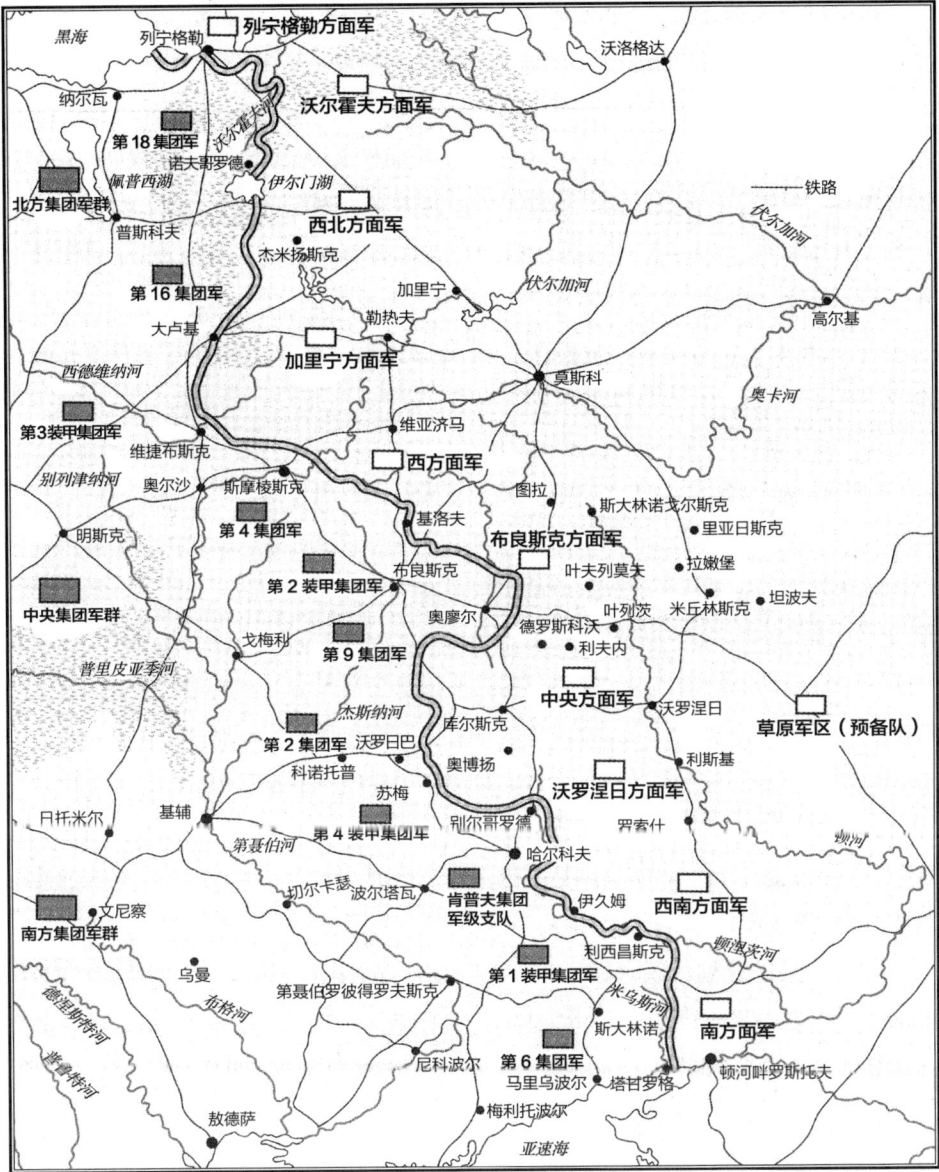

1943 年 7 月 4 日东线态势

展开进攻，而斯大林在严重怀疑防御或反击是否能取胜。如果两位领导人都就此罢手，那么 1943 年的夏天就会静悄悄……

根据朱可夫的说法，经过反复讨论，加上手下提供了相关证据，斯大林最终"坚定决定"[①]先防御德军的进攻，随后再展开反击。然而考虑到 1941 年和 1942 年的经验教训，人们不能对斯大林如此担忧而横加指责。不过，近卫第 6 集团军司令伊万·米哈伊洛维奇·奇斯佳科夫（I. M. Chistiakov）在回忆录中说，他从瓦图京处得到了展开进攻的初步指示，因此对部队进行了攻防两方面的训练。

　　5 月中下旬，朱可夫再次前往库尔斯克准备指挥战斗。在 5 月 21 日的报告中，他表示，根据中央方面军当面德军坦克部队的配置、步兵兵团不够密集、没有重炮集团，以及预备队分散等情况进行分析，可知德军不可能在 5 月底之前发起进攻。这份报告清晰地反映了德军的计划，即此时德军将进攻日期推迟到了 6 月 12 日。

　　朱可夫表示，到 6 月初，他们已经得知敌人计划使用包括"虎"式重型坦克和"费迪南"在内的大量装甲兵的"几乎所有细节"。这份评估报告显然得到了露西谍报网的优秀情报的帮助。不过，苏联的情报还有一个很大的问题。朱可夫认为，最高统帅部大本营推断敌人将最强大的兵力集中在了中央方面军当面的奥廖尔一带。正如朱可夫在以后所说的那样，他们后来才知道沃罗涅日方面军当面的敌军的实力更强大。可是苏军自 1942 年 11 月以来就一直在南线作战，犯下这种错误实在令人有些难以置信。他们应该预料到，南线之敌除了少量增派的步兵师以外，几乎全都是他们在 3 月时的老对手，也应该明白在南线发起进攻的敌军应该是很强大的。在这里，我们只能推测苏军可能没有正确估计出德军装甲师的实力——特别是 4 个超编装甲掷弹兵师的实力。[②]

　　到 5 月底，计划已经明确，即在沃罗涅日方面军、中央方面军、西南方面军和布良斯克方面军地域挫败德军的进攻，然后转入反攻。按照朱可夫的说法，最高统帅部大本营预备队集中在利夫内（Livnyii）、旧奥斯科尔和科罗恰（Korocha）一带，

---

　　① 译者注：在《回忆与思考》2002 年版的原文中为"наконец решил"，即"最终决定"。
　　② 译者注：实际上瓦图京已在 4 月 12 日报告了德军在南线有大德意志师、阿道夫·希特勒警卫旗队师、帝国师、髑髅师，以及第 6 装甲师和第 11 装甲师。此外，德军可能还会继续加强兵力，组建拥有 10 个装甲师和不下 6 个步兵师的突击集团（共有 1500 辆坦克）。而罗科索夫斯基的参谋长马利宁中将在 4 月 10 日的报告中认为当面德军会有不下 37 个师，其中有 3 个装甲师和 2 个装甲掷弹兵师。朱可夫在 5 月 22 日的报告中认为中央方面军当面的德军可能会出动 33 个师——其中有 6 个装甲师。所以，苏联人更重视的是总兵力而非装甲部队的数量。此外，马利宁也曾建议先消灭德军位于奥廖尔的部队。

"做好建立防线的准备，以防敌人成功突破库尔斯克突出部"。①苏军的反攻规模庞大——防御阶段他们只动用两个方面军的部分兵力，而反攻却还要动用西方面军左翼、西南方面军右翼、布良斯克方面军、中央方面军、沃罗涅日方面军，以及增援的草原方面军。与此同时，最高统帅部大本营还研究了"一旦敌军推迟进攻就发起进攻"的方案。所以不管德军如何打算，当年夏天苏联必定要在此地域发起攻击。

苏联红军知道什么？

苏联人在于1944年编写的"总参研究"中指出，3月下旬和4月上旬，德军在中央方面军、沃罗涅日方面军和西南方面军当面集结了59个师。其中，中央方面军当面有23—26个师，分别为15—17个步兵师、6—7个装甲师、1个骑兵师和1个装甲掷弹兵师；在沃罗涅日方面军当面有16—17个师，分别为12—13个步兵师、4个装甲师（党卫军装甲军）；在西南方面军当面有18个师，分别为9个步兵师和9个装甲师。[15]

这些判断非常准确，而这就很有意思了。德军在沃罗涅日方面军南侧有7个步兵师，在其西面还有第2集团军的7个师。党卫军的3个装甲掷弹兵师和国防军的大德意志师正在调入后方预备队。虽然第6装甲师、第11装甲师和第17装甲师尚在一线，但不久后他们就被调到了后方——就在西南方面军当面。而在东南面的是第1装甲集团军，下辖维京师、第7装甲师、第3装甲师和第19装甲师。

看完这份评估报告后，战后苏联人宣称他们对于南线德军的进攻规模感到有些吃惊就不太合理了。苏联人在4月上旬就已经确认德军的绝大部分兵力都有能力转入进攻。如果说苏联人感到吃惊，那也不是因为缺乏德军兵力的情报所致的。

苏联人的数字估计也很有意思。为了便于说明，我们尽可能查证了实际数字，见下表。[16]

---

① 译者注：朱可夫在回忆录中提到了"早在4月中旬，最高统帅部即已准备实施预定的防御计划……到6月初才最终下定决心"和"华西列夫斯基和安东诺夫奉命拟制已经定下来的计划的全套文书，以便在5月初再次进行讨论"。而根据谢尔盖·马特维耶维奇·什捷缅科（Штеменко, Сергей Матвеевич）所著的《战争年代的总参谋部》（Генеральный штаб в годы войны）的记载，作为最高统帅部大本营预备队的草原军区（在7月9日被改称为草原方面军）在4月23日就接到命令要掩护利夫内、沃罗涅日、瓦卢伊基、罗索什、坎捷米罗夫卡和米列罗沃等地域。

	3 月 27 日估计	7 月 4 日估计	实际实力
兵员（人）	76000	168000	338335
坦克和突击炮（辆）	375	1700	1709
各种口径的火炮（门）	500	2500	3498
各种口径的迫击炮（门）	500	1100	3539

到 6 月底，已经可以明显看出德军即将在几天内发起进攻了。6 月 30 日，朱可夫在中央方面军接到斯大林的电话，后者指示他留在奥廖尔地域协调中央方面军、布良斯克方面军和西方方面军的行动。此外，斯大林还委托华西列夫斯基负责沃罗涅日方面军和西南方面军。很显然，他们在 3 月 27 日低估了德军的兵力，而又在 7 月 4 日要么低估要么算错了德军的兵力——部分原因在于他们没有准确判断出德军师的确切实力。苏联红军在分析情报时，会计算敌我的双方兵力对比。作为司令部计划的一部分，苏联红军指挥员会列出敌我双方兵力兵器的对比情况。尽管敌军兵力的数据来源于情报，但这种方法让苏联红军指挥员不得不在战前再三思量。

"总参研究"中提供的兵力对比数据如下：[17]

	整个战线	主要突击地段
兵员	1：2.5	1：1.5
坦克	1.1：1	1.6：1
火炮	1：1.5	1.5：1
迫击炮	1：3.9	1：3.8

上述兵力对比数据的第一个数字为德军实力，第二个数字为苏军实力。可以看出，苏联人认为己方兵员数量占优，而德军则在主要突击地段上拥有坦克和火炮上的优势。这个兵力对比数据计算了苏军近卫第 6 集团军全部师、近卫第 7 集团军右翼的两个师、第 69 集团军右翼的两个师、坦克第 1 集团军、近卫坦克第 5 军和第 2 军。不过，近卫第 7 集团军和第 69 集团军均只被计算了两个师这一点，颇有些令人不解。因为，最后这两个集团军有 7 个师投入了与德军各装甲军的战斗。

7 月 4 日的实际兵力对比如下：

沃洛格达

波罗的海
列宁格勒
突2集
8集
54集
沃尔霍夫方面军
4集
纳尔瓦
59集
52集
佩普西湖
诺夫哥罗德
伊尔门湖
34集
27集
西北方面军
普斯科夫
11集
53集
突1集 杰米扬斯克

加里宁方面军
加里宁
伏尔加河
高尔基

铁路
苏军的集团军
苏军的军

位置不明
或尚待核
实的战役
预备队

22集
大卢基
机1军、机3军 勒热夫
突3集
41集
20集
莫斯科
奥卡河
坦4集
（坦30军、
机6军）

西德维纳河
别列津纳河
奥尔沙

突4集
43集
39集
维捷布斯克
30集
31集
5集
33集 49集
坦1军
维亚济马
西方面军
斯摩棱斯克
明斯克
50集
10集
16集（近11集）
61集
3集
图拉
斯大林诺戈尔斯克
里亚日斯克
坦25军
近4集

近7军
坦15军

基洛夫
坦20军

布良斯克
坦16军
48集 叶列茨
布良斯克方面军
拉嫩堡
米丘林斯克

戈梅利
近骑2军
65集
坦19军
德罗斯科沃
63集
利夫内
坦9军
近坦8军

杰斯纳河
坦2军
70集
13集
中央方面军
库尔斯克
沃罗涅日

坦1集
（坦6军、
坦31军）
64集

科诺托普
60集
奥博扬
沃罗日巴
38集
21集
苏梅
40集
69集
沃罗涅日方面军
近坦5军
利斯基
近机5军
近坦5军 坦18军、坦29军
近坦5军
近2军 近3集
日托米尔
基辅
第聂伯河
近坦3军
别尔哥罗德
坦12军、近骑6军
近坦1军
波波夫装甲集群

57集

切尔卡瑟
波尔塔瓦
哈尔科夫
6集
近坦4军、坦3军、坦10军
近坦1军 近1集
西南方面军
伊久姆
坦23军
近机1军 近3集
文尼察
乌曼
布格河
利西昌斯克
顿涅茨河
骑7军

普鲁特河
德涅斯特河
第聂伯罗彼得罗夫斯克
米乌斯河
坦5军
51集
近骑3军、骑4军、近骑4军、
近骑5军、近2军、近机3军

斯大林诺
近2集
28集
44集
南方面军
近机4军

尼科波尔
马里乌波尔
顿河畔罗斯托夫

本示意图根据恩斯特·冯·克林克著
《行动准则：1943年"堡垒"行动》制作

敖德萨
梅利托波尔
塔甘罗格
亚速海

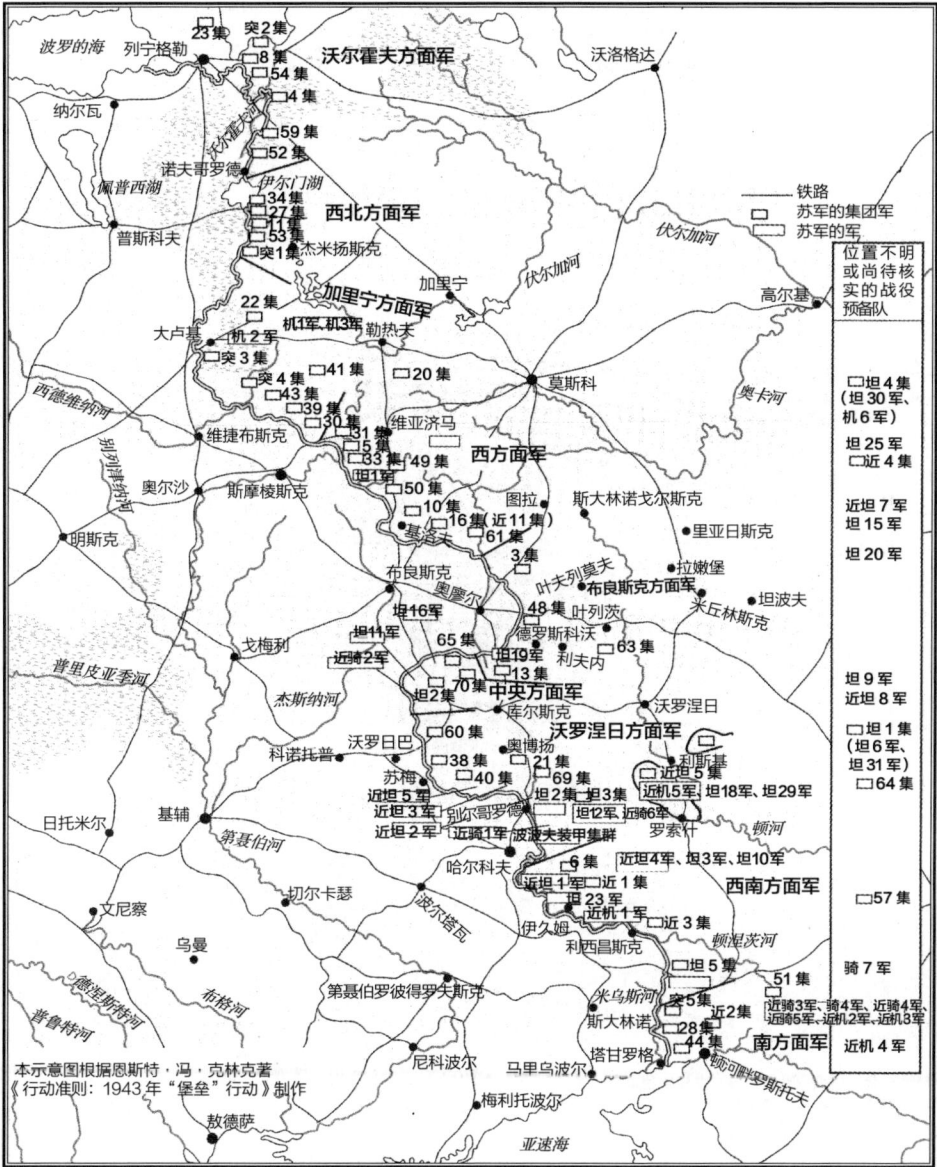

1943 年 3 月 20 日，德军对苏军情况预估示意图

51

波罗的海
列宁格勒
□23集
□8集 沃尔霍夫方面军 沃洛格达
□54集
纳尔瓦 □4集
佩普西湖 □59集
诺夫哥罗德 □52集 西北方面军
伊尔门湖 □34集 伏尔加河
普斯科夫 □11集
突1集 高尔基
●杰米扬斯克
加里宁 铁路 ——
□ 苏军的集团军
□22集 勒热夫 □ 苏军的军
大卢基 加里宁方 □20集 奥卡河
突3集 面军 □41集 位置不明或
西德维纳河 突4集 □43集 □39集 西方面军 莫斯科 尚待核实的
□30集（近10集） 机5军 战役预备队
维捷布斯克 □81集 维亚济马
奥尔沙 □5集
斯摩棱斯克 □33集 图拉 斯大林诺戈尔斯克 □坦4集
□49集 □61集 （坦30军、
明斯克 □50集 布良斯克方面军 里亚日斯克 机6军）
□10集
基洛夫 □近11集 拉嫩堡 坦25军
□3集 叶夫列莫夫 米丘林斯克 □近4集
布良斯克 □63集 坦波夫
□70集 叶列茨 坦12军
戈梅利 奥廖尔 □48集 德罗斯科沃 坦15军
普里皮亚季河 □13集 利夫内 中央方面军 坦20军
杰斯纳河 □65集 坦11军 坦16军 机1军 近坦4军 坦9军
□坦2集 19军、近骑2军 近坦8军
科诺托普 □60集 库尔斯克 坦10军 沃罗涅日 □坦1集
沃罗日巴 □近5集 （坦6军、坦
近坦3军 □38集 沃罗涅日方面军 草原军区 31军机3军）
基辅 □21集 奥博扬 69集 利斯基 新组建部队：
近坦5军 芦梅 □近5集 近6集
第聂伯河 □4集 近机5军 坦18军、坦29军 □57集
日托米尔 别尔哥罗德 罗索什
□3集 坦23军、近骑1军
近坦2军、近骑6军 □坦1军 坦2军 顿河
哈尔科夫 □6集 近机1军
文尼察 □近1集 西南方面军
切尔卡瑟 伊久姆
乌曼 波尔塔瓦 □3 近骑4军 近骑7军
德涅斯特河 近机4军
布格河 第聂伯罗彼得罗夫斯克 利西昌斯克 顿涅茨河
普鲁特河 米乌斯河 南方面军
尼科波尔 斯大林诺 □51集 □近2集
梅利托波尔 马里乌波尔 □5集 近骑3军、近骑4军、近骑
敖德萨 塔甘罗格 □28集 5军、近机2军、近骑3军
□44集 顿河畔罗斯托夫
本示意图根据恩斯特·冯·克林克著《行
动准则：1943年"堡垒"行动》制作 亚速海

1943 年 4 月中旬，德军对苏军情况预估示意图

	德军总数	苏军总数	兵力对比
兵员(人)	338167	391111	1：1.16
坦克(辆)	1711	1537	1.11：1
火炮(门)[18]	2477	4083	1：1.65
迫击炮(门)	1586	5439	1：3.43

由此可见，此战苏军的数量基本上占优，而且他们还构筑了防御工事，处于防御态势。此外，苏军在情报上也应该占优势。德军唯一有较大优势是105毫米口径以上的野战炮的数量——德军有809门，而苏军只有502门。

德军知道什么？

很多关于库尔斯克之战的讨论，都强调德军并没有意识到苏军防御的范围或强度，或者说苏联人的伪装工作做得非常出色（梅伦廷和格兰斯的观点）。然而，这似乎有些夸大其词。德军的情报地图准确查明了他们即将面对的大部分苏军主要部队。看看德国陆军总司令部1943年3月20日的敌军部署地图（见恩斯特·冯·克林克著《行动准则：1943年"堡垒"行动》的库尔斯克突出部南线部分——他们报告称沃罗涅日方面军下辖第60集团军（后转隶中央方面军）、第38集团军、第40集团军、第21集团军和第69集团军。在地图中，第40集团军和第21集团军（后改编为近卫第6集团军）的位置标注准确，而第69集团军则在近卫第7集团军最终所处的位置上。此外，在哈尔科夫一带的前线上可以看到近卫坦克第5军、第3军、第2军和近卫骑兵第1军，在别尔哥罗德以北至哈尔科夫以东的战线上还有"波波夫装甲集群"，在哈尔科夫以东还有坦克第3集团军的坦克第12军和近卫骑兵第6军。在更东面的地方还有近卫坦克第5集团军的近卫机械化第5军、坦克第18军和第29军。此外，在东面还有第66集团军——德国人正确查明了其番号，但该部已更名为近卫第5集团军。最后，他们还在该地图后方注明了坦克第1集团军（下辖坦克第6军和坦克第31军），以及第64集团军（后改编为近卫第7集团军）——这些部队已经抵达或正在赶来的路上。

在库尔斯克南线，德军最初面对的是4个步兵集团军（第40集团军、近卫第6集团军、近卫第7集团军、第69集团军），以及后面的近卫第5集团军。所有这些部队都已经在3月20日被查明。按照一个集团军有7个师计算，德军当面共有

28 个步兵师。但在实际的战斗中，他们面对的是 37 个步兵师，其中 29 个步兵师属于沃罗涅日方面军。此外,德军还将面对坦克第 1 集团军和近卫坦克第 5 集团军——二者也已被查明。也就是说，德军总共要面对总计 10 个的坦克军和机械化军，其中 5 个军在开战时属于沃罗涅日方面军，而另外 5 个军属于援兵。3 月 20 日的德国情报地图显示该地域有 4 个坦克军和 1 个骑兵军，在后方有 4 个机械化军和坦克军，以及 1 个骑兵军，而在大后方的坦克第 1 集团军麾下有 2 个坦克军。这 10 个军中有 8 个真正参战了，未查明的只有坦克军和机械化军各 1 个。其中 1 个军是机械化第 3 军，它可能在别尔哥罗德以北被错认为是近卫坦克第 3 军了。不过，德军在罗斯托夫附近也标出了近卫坦克第 3 军。还有 1 个未查明的军是坦克第 10 军，它被放在了哈尔科夫东南的西南方面军下面。至于德军未查明的唯一一个兵团，则是下辖 3 个师的近卫步兵第 35 军。很明显，截至 3 月 20 日，德军已经查明了苏军即将部署或有可能部署在库尔斯克地域的 80% 的兵团。

苏军兵力集结

按照科涅夫的说法，在会战的准备过程中，中央方面军、沃罗涅日方面军和草原方面军补充了 68.3 万人、1.1 万门火炮和迫击炮、3800 辆坦克和自行火炮，以及 1900 架飞机。这样三个方面军在 7 月 1 日共有 1910361 人、28304 门火炮和迫击炮、5128 辆坦克和自行火炮，以及大约 2650 架飞机。[19]

这样看起来似乎三个方面军的兵力和战斗力在主攻前增强了不下三分之一（36%），而火炮的数量也增加了超过三分一（39%）。也就是说，苏军在三个月的时间内补充了大量兵力和兵器。其中，绝大部分装甲战斗车辆（74%）和飞机（72%）都是新补充的。相比之下，按照华西列夫斯基的说法，1943 年夏季苏联红军作战军队的总兵力为 640 万人，装备有 9.9 万门野战炮和迫击炮、2200 门火箭炮、9850 辆坦克和自行火炮，以及 8300 架作战飞机。算上草原方面军，苏联红军将在库尔斯克突出部的防御中投入 30% 的兵员、29% 的炮兵、52% 的坦克和自行火炮，以及 32% 的飞机。

苏联人在组建会战部队的时候，并不是给沃罗涅日方面军增派新部队。几乎所有参战兵团都已经于 3 月底在这一地域集结了。苏联人的做法是给这些部队补充人员装备，并加强了大量独立装甲旅、反坦克旅和炮兵旅、炮兵团及炮兵营。

沃罗涅日方面军恢复实力的办法不是利用后方后备人员来进行补充，而是像"总参研究"中所说的那样，动用自己的"内部资源"。根据总参研究显示，沃罗涅日方面军的补充兵力中，有27%来自于在被解放的领土上动员到的适合服役的人员、9%是集团军或方面军医院的归队人员、约33%是后方机关单位适合服役的人员，剩下约31%是正规后备人员。这样的话，沃罗涅日方面军对后备体系的要求就降低了不少。

苏联的防御工作

按照苏联资料的普遍说法，苏联红军在库尔斯克会战中的防御阵地也许是史上最宏伟的野战防御工事，而西方军事著作也不假思索地认可了这一点。然而，种种迹象表明这一观点有些夸大其词。苏联人布设的地雷数量很多，但其密度不足以严重阻碍德军推进；他们也设置了包括防坦克壕在内的其他障碍物，但其密度同样有限；野战防御工事的数量充足，但只有堑壕体系才可称得上"宏伟"。最后，尽管苏联红军做了三个月的准备，但也只完成了计划中不到75%的工事。有迹象表明，即便是将计划中的工事全部完成，它们也不足以挡住德军的进攻。而且，已完成的工事的规模和强度也不如之前一些会战中的工事。

苏联人的防御纵深深达300千米。根据预判的德军攻击发起日，他们尽力在4月15日之前完成了初步防御工作，而这比德军最早的攻击日期还要早两个星期。在各方面军构筑防线的同时，还有大量当地人也在加紧建设后方防线。

苏联人还在库尔斯克突出部后方建立了大规模的预备队，这就是伊万·斯捷潘诺维奇·科涅夫（I. S. Konev）上将的预备队方面军（4月15日改称草原军区，7月10日改称草原方面军）。7月初，该部下辖谢尔盖·格奥尔吉耶维奇·特罗菲缅科（S. G. Trofimenko）中将的第27集团军、亚历山大·伊万诺维奇·雷若夫（A. I. Ryzhov）少将[后改为彼得·米哈伊洛维奇·科兹洛夫（P. M. Kozlov）少将]的第47集团军、伊万·梅福季耶维奇·马纳加罗夫（I. M. Managarov）中将的第53集团军、格里戈里·伊万诺维奇·库利克（G. I. Kulik）中将的近卫第4集团军、阿列克谢·谢苗诺维奇·扎多夫（A. S. Zhadov）中将的近卫第5集团军、帕维尔·阿列克谢耶维奇·罗特米斯特罗夫（P. A. Rotmistrov）中将的近卫坦克第5集团军、谢尔盖·康德拉季耶维奇·戈留诺夫（S. K. Goryunov）中将的空军第5集团军、近卫坦克第4军和坦克第10军、

聪河　　　奥廖尔　　　　　上斯克沃尔切耶（戈罗季谢）　　第3集团军　　　顿河
　　斯季希　　　　　　　第63集团军　　第27集团军
　　戈罗季谢（尼科利斯科耶）　　第48集团军　　索斯纳河
卢布林诺　　　奥卡河　　上格尼卢沙　　德罗斯科沃
　　　　　　　　　　　祖巴廖夫卡　　第13集团军
拉兹韦季耶　第70集团军　　　　　季姆河
米哈伊洛夫卡　达建日　坦克第2集团军　索斯纳河
斯瓦帕河　第65集团军
谢林诺　什马尔诺耶　斯沃博达
杰斯纳河　拉什科维奇　大戈罗季科瓦　　　　　　第53集团军　沃罗涅日
　　　　　　库尔斯克
　　　　　　中央方面军　　普里列佩
第60集团军　　库西金诺　奥斯科尔河　下杰斯涅克
　　　　　　　　　　　　　　旧奥斯科尔
布鲁斯基　　　　上列乌杰茨　奥博扬　　　　近卫第5集团军
加波诺沃　大索尔达茨科耶　坦克第1集团军
　　　　　帕夫洛夫卡　　普普霍罗夫卡　第69集团军
第38集团军　　　　沃罗涅日方面军　奥斯特罗戈日斯克
第40集团军　　　佩纳河　米哈伊洛夫卡　新奥斯科尔
苏梅　　　　　　　　近卫第6集团军　涅恰耶沃　　近卫坦克
红波利耶　　　　　　　　　　　　　　　　第5集团军
苏拉河　　　　　　　　　　　　　近卫第1集团军
普肖尔河　别尔哥罗德　沃尔斯克拉河　　　　瓦卢伊基
　　　　　　　　　　　　　　沃尔昌斯克　　第47集团军
　　　　　　　　　　　　　第57集团军
第一防御地带　　　　　哈尔科夫
第二防御地带
第三（集团军后方）防御地带
方面军第一防御地区
方面军第二防御地区
方面军第三防御地区
草原军区防御地区
国家防御地区

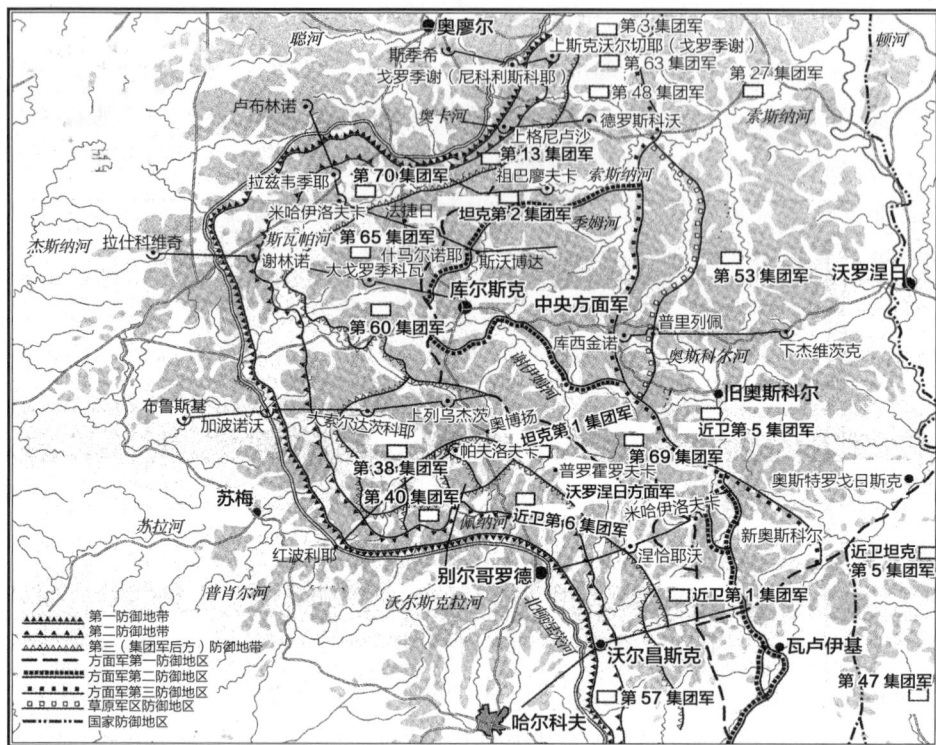

苏联时期的资料中的苏军防御情况图

近卫机械化第 1 军、近卫骑兵第 5 军和第 7 军。[1]

　　作为防御工作的一部分，各方面军奉命在最重要的方向建立不少于 5—6 道防御带。此外，苏联人还准备在顿河东岸（即所谓的国家防御地区）建立防御。后来草原方面军在克申（Кшень）河与奥斯科尔河东岸，建立了一条从利夫内到新奥斯科尔（Novyii Oskol）的防线。这一工作从 4 月开始，一直持续到 7 月 5 日为止。

　　工程兵和当地部队构筑了前四道防御带，而平民则参与了后方防御工事的构筑。可以想象，在后方地域构筑防御工事的工作量并不大，但防御工事的防御力也是越

---

①译者注：根据苏联国防部军事出版社在 1990 年出版的《苏军的战斗编成》（*Боевой состав Советской Армии*）第 3 卷的记载，此处集团军的番号无误，但 7 月 1 日集团军直属部队为步兵第 35 军、近卫骑兵第 3 军、近卫骑兵第 5 军、近卫骑兵第 7 军、近卫坦克第 4 军、近卫机械化第 3 军、近卫机械化第 1 军和近卫机械化第 2 军等。草原方面军 7 月 10 日的编成情况可见米罗斯拉夫·爱德华多维奇·莫罗佐夫（Морозов, Мирослав Эдуардович）主编的《伟大卫国战争 1941—1945 年：从数据看战局和战略战役》（俄联邦内务部和莫斯科市总档案馆联合编写，2010 年）的第 2 卷第 24 页。

56

往后越弱。事实上，真正重要的只有前两道防御带。详情见《库尔斯克：普罗霍罗夫卡之战》第四章。[20]

接下来，我们看看防御工作的一个方面——其中一部分是在第一防御地带和第二防御地带布设大量防坦克地雷和防步兵地雷（这里说的是近卫第6集团军和第7集团军的第一防御地带和第二防御地带）。近卫第6集团军在7月4日共布设了170210枚地雷，而这一数据在6月30日时为88261枚防坦克地雷和53324枚防步兵地雷。绝大部分地雷（80%）都被布设在第一防御地带，基本上均匀分布在第一梯队4个步兵师的防线上。近卫第7集团军的情况与近卫第6集团军类似，至7月5日共布设了151954枚地雷（66814枚防坦克地雷和85140枚防步兵地雷），其中92%的地雷都布设在第一防御地带。不过，与近卫第6集团军不同的是，近卫第7集团军更倾向于将地雷布设在战线两端的师（德军第42步兵军当面的近卫步兵第36师，以及德军第6装甲师当面的近卫步兵第81师）的防线上。至于第40集团军，则布设了59032枚防坦克地雷、70994枚防步兵地雷，以及6377枚"地雷炮弹"（应该是带触发引信的炮弹）。需要说明的是，近卫第6集团军右翼的第40集团军并未遭到攻击。

因此，在库尔斯克会战的防御阶段（7月4—18日），苏联红军至少布设了291797枚防坦克地雷和294378枚防步兵地雷。也就是说，在南线每千米正面就有1666枚地雷和1624枚防步兵地雷——这个密度是很高的。[①]

总体来说，沃罗涅日方面军的第一防御地区（含防御集团军的前两道防御地带）在开战时有不下221846枚防坦克地雷和219134枚防步兵地雷（不含第38集团军）。在175.1千米长的战线上，每千米有1267枚防坦克地雷和1251枚防步兵地雷。虽然这个数字很令人印象深刻，但实际上由于要布设两排地雷，所以地雷的实际密度不到每米每排一枚。

至于第二防御地区，这里的地雷密度只有每千米100—200枚。从这一数据判断，这些地雷显然没有被布设成地雷带，而是集中在防御点周围或者用于卡住某些道路。

而第三防御地区的坦克第1集团军，在7月4日共布设了1980枚防坦克地雷

---

① 译者注：苏联方面定义的防御阶段是7月5—23日。此外，这里的"1666枚地雷"应为"1666枚防坦克地雷"的笔误。最后，作者在这里的计算有误，数字与上文不符。

和 1520 枚防步兵地雷。需要注意的是，该集团军正面只有约 25 千米长的战线——这是一道非常薄弱的防线。此外，身处第三防御地区内的还有第 69 集团军，该集团军至 7 月 4 日共布设了 17671 枚防坦克地雷和 16848 枚防步兵地雷。

当然，为了布置防御，苏联人还挖了大量土，构筑了大量堑壕体系和火炮掩体等设施。不过，布防重点同样是主要防御带，而在集团军的第二防御地带上的防御设施就要少很多了。至于"方面军的第三防御地带"就更差劲了，包括防坦克壕在内的某些工事都还尚未完工。[①]

苏德计划评论

苏联人在 1943 年夏面临的问题与德国人一样：进攻，还是先防后攻？实际上苏联人也在考虑与曼施泰因类似的后发制人方案，不过并不像后者一样打算先放弃部分土地。这样做，苏联人的计划中的风险要小很多。

在确定究竟是谁推动了德国的计划时，最主要的问题在于"失败者只是个弃儿"。因此，在战后的德国记录里充斥着"当初自己是如何不支持进攻"的辩解。只有历史学家才可能去查明谁是始作俑者，而谁又持积极支持的态度。

由于苏联历史著述有统一管理，所以各种记录中的混乱矛盾之处就少了很多。很明显，初步方案是由朱可夫推动的，而支持者和起草者是华西列夫斯基。只是朱可夫没有解决一些问题，正如他并不总是清楚国家还有什么预备队可用一样。此外，他还必须打消斯大林对莫斯科的担忧。而在整个 1942 年，苏联都在牺牲南线来全力保卫莫斯科。不过与德国的同行们相比，朱可夫此时可以更自由地制订计划。

有意思的是，尽管没有人特别说明，但双方的会战计划都不是基于地理、经济或主要政治目标的，计划的本质都是要消耗并歼灭对方的军队。显然此时已经进入了消耗战阶段，双方的战争手段就是要大量杀伤敌人的有生力量。

[①] 译者注：苏联方面的表述方式是：从前往后建立了第一防御地带、第二防御地带和第三防御地带（即集团军后方防御地带），方面军第一防御地区、第二防御地区和第三防御地区，草原军区防御地区，以及国家防御地区。作者表述的"方面军的第三防御地带"可能是指集团军的第三防御地带。此外，还有几点需要说明。首先，地雷不会沿着战线平均布设，而只会用于掩护必要地段，尤其是阵地前方、结合部和敌人的必经之路。其次，根据伏龙芝军事学院院长拉济耶夫斯基大将主编的《战术（师战例）》所述，最重要方向上的布雷平均密度为每千米 2000 枚以上。近卫步兵第 81 师在九千米长的地带上布设了 24789 枚防步兵地雷，并设立了 13.5 千米长的防坦克地雷场。而《从战例学战术——团》则认为最重要方向上的布雷平均密度为每千米正面 1700 枚防步兵地雷、1500 枚防坦克地雷。此外，在战斗中还有快速障碍设置队进行机动布雷。

❀ 苏联装甲战斗车辆

在二战前，苏联就有世界上最先进的坦克生产项目。因此苏联在战争爆发时就有大量精心设计的坦克。而这些坦克，1943年时仍在继续服役。此外，苏联还为1943年的夏季作战装备了大量新式坦克。最后，苏联红军还有一些从美国和英国租借的坦克——虽然这些坦克有时候不怎么好用，但仍可以派得上用场。库尔斯克会战期间被使用的战车有：

苏制坦克

T-60轻型坦克：重6.4吨，装备1门20毫米炮和1挺7.62毫米机枪，乘员2人，前装甲厚35毫米，最大时速为42千米。T-60轻型坦克是由T-40发展而来的，于1941年列装。第一批该型号的坦克，仅两个半星期时间就被生产了出来。

T-70轻型坦克：重9.8吨，装备1门45毫米炮和1挺7.62毫米机枪，乘员2人，前装甲厚45毫米（炮塔装甲的厚度为50毫米），最大时速45千米。该型号的坦克是由T-60发展而来的，于1942年列装，共生产了8226辆。

T-34中型坦克：重30.9吨，装备1门76.2毫米炮和2挺7.62毫米机枪，乘员4人，前装甲厚45毫米（炮塔正面和后方的装甲厚度为52毫米），最大时速55千米。T-34中型坦克采用了精心设计的倾斜装甲，防护力得到了增强，而其侧面和后方装甲的防护力也很强。T-34中型坦克了1940年列装，其面世时应该是世界上最优秀的中型坦克。

KV-1重型坦克：重47.5吨，装备1门76.2毫米炮和4挺7.62毫米机枪，乘员5人，前装甲厚75毫米（炮塔装甲的厚度为90毫米），最大时速35千米。KV-1重型坦克的侧面、后方、顶部和底部装甲的防护力都很高。KV-1重型坦克于1939年后期列装，它是以苏联元帅克利缅特·伏罗希洛夫的名字来命名的。KV-1重型坦克面世时，应该是世界上最优秀的重型坦克。苏联一共生产了3486辆KV-1坦克和1087辆KV-1s坦克。

KV-1s重型坦克：重42.5吨，装备1门76.2毫米炮和3挺7.62毫米机枪，乘员5人，前装甲厚60毫米（炮塔装甲的厚度为82毫米），最大时速43千米。KV-1s重型坦克的侧面、后方、顶部和底部装甲的防护力都很高。KV-1s重型坦克是KV-1重型坦克的"快速版"，装甲比后者薄。该型号的坦克于1942年列装，曾参与了库尔斯克会战。

KV-2重型坦克：重54吨，装备1门152毫米炮和4挺7.62毫米机枪，乘员6人，车体正面装甲厚75毫米（炮塔装甲要薄弱一些），最大时速32千米。该坦克于1940年列装，共生产了213辆。KV-2重型坦克是KV-1重型坦克换装了拥有巨大侧立面的炮塔，以便于安装152.4毫米ML-20S榴弹炮（实际上安装的是M-10的坦克版——M-10T，真正安装ML-20S榴弹炮的是SU-152和ISU-152自行火炮）。根据苏联的报告显示，坦克第203团有10辆KV-2——如果它们不是KV-1s（该型号的坦克有时会被称为KV-2）而真的是KV-2，那么它们也许就是苏联库存中最后一批KV-2的一部分了。

苏制自行火炮[①]

SU-76：重10.6吨，顶部和后部敞开，装备1门76.2毫米师属火炮，没有机枪，乘员4人，前装甲厚30毫米，最大时速45千米。和德国的黄鼠狼类似，SU-76采用的也是过时的底盘（T-70底盘），且将火炮装在了装甲战斗室内。SU-76于1942年晚期开始生产。苏联在库尔斯克会战中首次大规模使用SU-76M型。SU-76是仅次于T-34的、最常见的苏制装甲战斗车辆。

SU-122：重30.9吨，装备1门122毫米M-30榴弹炮，没有机枪，乘员5人，前装甲厚45毫米，最大时速55千米。SU-122采用了T-34的底盘，将火炮装在了装甲战斗室内。1943年1月，SU-122在列宁格勒地域首次参战。

SU-152：1943年1月，苏联人用了25天时间将1门152毫米火炮安装到了KV-1坦克的底盘上。然后，该自行火炮就立即投入生产，至同年5月就已经装备了4个团（各装备12辆SU-152）。

SU-152重45.5吨，装备1门152.4毫米ML-20S榴弹炮，没有机枪，乘员5人，前装甲厚60毫米（"炮塔"装甲厚75毫米），最大时速43千米。SU-152侧面和后方的装甲防护不错。SU-152于1943年3月1日开始生产，在库尔斯克首次参战。

---

① 译者注：原文为"突击炮"，实误。

租借坦克

斯图亚特：美制 M-3 "斯图亚特" 轻型坦克，重 10.95 吨，装备 1 门 37 毫米炮和 4 挺 7.62 毫米机枪，乘员 4 人，前装甲厚 25 毫米，最大时速 56 千米。1941 年列装。面世时是世界上比较优秀的轻型坦克。1942 和 1943 年，美国向苏联提供了 1676 辆 M3 和 M3A1 "斯图亚特" 坦克，其中 1232 辆在苏联红军中服役。

格兰特：美制 M-3 "格兰特 / 李" 中型坦克，重 27.2 吨，车体装备 1 门 75 毫米炮，炮塔装有 1 门 37 毫米炮，装有 3 挺 7.62 毫米机枪，乘员 6 人，前装甲厚 50 毫米，最大时速 40 千米。1941 年，英军首次在北非使用该型号的坦克。格兰特是美国在生产有更大炮塔的主炮的中型坦克之前的权宜之计。因为需要暴露车体来发射主炮且外形高大易受打击，所以格兰特明显不如当时苏联和德国的中型坦克先进。美国共向苏联提供了 1386 辆格兰特（加上少量 M-2A1 中型坦克），约占其提供总产量（22743 辆）的 6%，其中有 976 辆在苏联红军中服役。

玛蒂尔达：英制 2 型 "玛蒂尔达" 步兵坦克，重 27 吨，装备 1 门 40 毫米炮（2 磅炮）和 1 挺 7.92 毫米机枪，乘员 4 人，装甲很厚（前装甲厚 78 毫米），最大时速仅为 24 千米。1941 年 10 月 11 日，首批 20 辆玛蒂尔达被运达苏联的阿尔汉格尔斯克，至同年年底共到货 187 辆。英国在战争期间共输送了 1084 辆玛蒂尔达，其中 918 辆在苏联红军中服役。该坦克的援苏数量略高于其总产量（2987 辆）的二分之一。

丘吉尔：英制 4 型 "丘吉尔" 步兵坦克（实际上可以算作重型坦克），重 39.5 吨，装备 1 门 57 毫米炮（6 磅炮）和 2 挺 7.92 毫米机枪，乘员 5 人，装甲很厚（前装甲厚 102 毫米），最大时速仅为 25 千米。不同型号的丘吉尔分别装备有 57 毫米、75 毫米和 95 毫米主炮，此外还有在车体上安装了 75 毫米主炮的型号和喷火型等。战争期间，英国向苏联输送了 344 辆丘吉尔坦克，其中 253 辆为 4 型——4 型坦克很可能出现在了库尔斯克战场上。

苏制装甲汽车

BA-10：重型装甲汽车，既可用于侦察、通讯及与骑兵和摩托化步兵联合作战，也可充当机动战车。该车重 5.14 吨（BA-10M 重 5.36 吨），装备 1 门 45 毫米炮和 2 挺 7.62 毫米机枪，有 4 位乘员，其前装甲厚 14 毫米、最大时速 80 千米。该车在1932年被首次投入使用（BA–10M在1937年被首次投入使用）。

BA–20：轻型装甲汽车，主要用于侦察。该车重2.52吨，装备1挺7.62毫米机枪，有2位乘员，其前装甲厚8毫米、最大时速约90千米。

BA–64：四轮驱动的轻型装甲汽车，主要用于侦察。该车重2.60吨（BA–64B重2.67吨），装备1挺7.62毫米机枪，有2位乘员，其前装甲厚15毫米、最大时速80千米。该车在1942被首次投入使用。

租借装甲人员输送车

布伦机枪车：英制"通用"输送车，重3.5吨，装备1挺7.7毫米机枪，装甲厚7—11毫米，最大时速50千米。该车于1935年列装，共生产89595辆，其中2008辆在苏联红军中服役。

M–3侦察车：美国怀特汽车公司制造的M–3A1侦察车，四轮驱动，重5.6吨，装备1挺12.7毫米机枪和1挺7.62毫米机枪，装甲厚12毫米，乘员8人（6人可下车作战），最大时速105千米。该车于1935年列装，共生产20894辆，其中3340辆被送往苏联。

注释

1. 格奥尔基·康斯坦丁诺维奇·朱可夫著《回忆与思考》(*Воспоминания и размышления*，莫斯科，新闻出版社，1971 年版)第 440 页。在《回忆与思考》的 2002 年版第 3 卷第 23 页中，第二段被加了着重号。

2. 这里只计算了 6 月 22 日—7 月 19 日的数据。实际上，这次攻势时长 97 天。不过，德军并没怎么向前推进，且还在剩下的时间里做了不少横向机动。因此，德军的每日推进距离应为六千米。

3. 该数字含死亡的 1317 人、负伤的 1604 人，不含失踪的 2375 人（其中绝大部分人是掉进了海里）。

4. 含意大利减员的 6000 人。

5. 时间为 6 月 22 日至 7 月上旬——苏德双方的人员损失时间段不同。

6. 德军的统计时间为 6 月 22 日至 9 月 26 日，苏军所统计的时间段和德军有差异——上一行的数据也被包含在了本行之内。

7. 戴维·M.格兰斯（David M.Glantz）和哈罗德·S.奥伦斯坦（Harold S.Orenstein）著《库尔斯克会战 1943：苏联总参研究》(*The Battle for Kursk 1943: The Soviet General Staff Study*，伦敦，弗兰克·卡斯，1999 年)第 10 页。

8. 报告英文版见戴维·M.格兰斯和乔纳森·M.豪斯（Jonathan M.House）著《库尔斯克会战》的第 365—373 页。

9. 报告英文版见戴维·M.格兰斯和乔纳森·M.豪斯著《库尔斯克会战》第 365—373 页。

10. 报告英文版见戴维·M.格兰斯和乔纳森·M.豪斯著《库尔斯克会战》第 373 页。

11. 约翰·埃里克森（John Erickson）认为此事发生在 5 月 2 日，见其《柏林之路：续写斯大林的对德战争》(*The Road to Berlin: Continuing the History of Stalin's War with Germany*，伦敦，凤凰巨人，1996 年。1983 年第一次出版)第 76 页。5 月 5 日的通报可见戴维·M.格兰斯和乔纳森·M.豪斯著《库尔斯克会战》第 373 页——他们认为在 5 月 2 日、5 月 8 日和 5 月 19 日都有警告，见《库尔斯克会战》第 77 页。

12. 日期见《库尔斯克会战》第 77 页，但该书并未给出资料来源。此日期与《回忆与思考》第 11 版（1992 年）不符。据 1992 版及之前版本的《回忆与思考》记载，瓦图京和赫鲁晓夫提出的建议，导致斯大林对如何行动犹豫不决。1992 年版的《回忆与思考》中增加了一段："就我回忆，这种犹豫不决一直持续到 5 月中旬。"见《回忆与思考》第 11 版第 32 页。[①]

13. 亚历山大·米哈伊洛维奇·华西列夫斯基著《毕生的事业》(*Дело всей жизни*，莫斯科，军事出版社，1989 年第六版)第 2 卷第 24 页。

14. 同上，第 24 页。

15. 戴维·M.格兰斯和哈罗德·S.奥伦斯坦著《库尔斯克会战 1943：苏联总参研究》第 8 页。

16. 苏军估计数据出自戴维·M.格兰斯和哈罗德·S.奥伦斯坦《库尔斯克会战 1943：苏联总参研究》第 27 页，德军数据出自根据德军部队记录而建立的库尔斯克数据库。

17. 戴维·M.格兰斯和哈罗德·S.奥伦斯坦著《库尔斯克会战 1943：苏联总参研究》第 29 页。

18. 火炮数量中包含了火箭炮的数量，但不含 20 毫米高射炮、37 毫米高射炮和 40 毫米高射炮的数量。

19. 数据出自《军事历史杂志》(*Военно-исторический журнал*) 1968 年 6 月号《从数字看库尔斯克会战》(*Курская битва в цифрах*)一文。《军事历史杂志》从 1939 年创刊至 1940 年，为苏联国防人民委员部机关刊物；1941 年 1—7 月为总参机关刊物；卫国战争开始后停刊，1959 年复刊后由苏联国防部出版。此文的作者是科尔图诺夫（Г. Колтунов）。
   沃罗涅日方面军在 7 月 1 日有 625591 人、9479 门火炮、1704 辆坦克和自行火炮，以及 881 架飞机。其中，

---

① 译者注：解放军出版社曾于 2002 年翻译出版了改动和增加内容最多的 1995 年俄文第 12 版《回忆与思考》，在其中并没有这一句话，而在该书的 2002 年第 13 版中却有这一句话。

1795 门火炮为 45—57 毫米口径的反坦克炮，2327 门火炮是 76 毫米口径以上的野战炮。此外还有 4596 门 82 毫米口径和 120 毫米口径的迫击、450 门 20—37 毫米口径的高射炮、311 门 76—85 毫米口径的高射炮、272 门 BM-8 和 BM-13 火箭炮。坦克和自行火炮中有 105 辆重型坦克、1114 辆中型坦克、443 辆轻型坦克、24 辆中型自行火炮，以及 18 辆轻型自行火炮。

作为对照，据我们的库尔斯克数据库显示，在排除了我们研究地域以外的第 38 集团军之后，沃罗涅日方面军在开战时有 391111 人、1537 辆坦克和自行火炮、3836 门 45 毫米口径以上的火炮，以及 3843 门 82 毫米口径以上的迫击炮。详情见本人的《库尔斯克：普罗霍罗夫卡之战》附录 3。苏联统计的坦克、火炮和迫击炮的数量更多，极有可能统计了第 38 集团军。人数差别较大的原因在于我们所统计的数据不含大量后勤、运输和后方卫生勤务人员，空军集团军官兵，以及某些后方的高射炮部队等。

苏方的记录显示，中央方面军有 711575 人、12207 门火炮（11076 门野战炮和迫击炮）、1785 辆坦克和自行火炮、1034 架飞机；草原方面军有 573195 人、9211 门火炮（8510 门野战炮和迫击炮）、1639 辆坦克和自行火炮。西南方面军有 735 架飞机（算在总数之内）。

在这一地域还有其他一些飞机。报告注释说明这些数字不含远程航空兵的 480 架夜间轰炸机，也不含歼击航空兵第 9 军（位于国土防空军西防空方面军的沃罗涅日军级地域）、歼击航空兵第 36 师和第 101 师（前者位于西防空方面军的梁赞—坦波夫师级地域，后者则被拆散并入了歼击航空兵第 9 军）。有备注显示，苏联的二手资料提到，不计远程航空兵的飞机总数为 3130 架，还有一个说法是不计远程航空兵及友邻方面军的飞机总数为 2370 架。根据特雷弗·迪普伊和保罗·马特尔（Paul Martell）著《东线大会战：苏德战争，1941—1945》（Great Battles of the Eastern Front: The Soviet-German War, 1941–1945）第 76 页的记载显示，草原方面军报告有 550 架飞机（显然也是出自苏方资料）。

亚历山大·米哈伊洛维奇·华西列夫斯基著《毕生的事业》第 2 卷第 25 页、科涅夫的文章的第 20 页和莫斯卡连科给出的数据差不多，多数情况下四舍五入至百位或千位。鉴于苏联历史著作在本质上由中央管理，而且将军们的回忆录会交给他人代笔，所以不同记录之间的数据高度一致就不足为奇了。

见科涅夫著《库尔斯克会战及其历史意义》（The Great Battle at Kursk and its Historic Significance），出自《库尔斯克会战》（Battle of Kursk，莫斯科，进步出版社，1974 年英文版）第 20 页。

20. 见克里斯托弗·A.劳伦斯著《库尔斯克：普罗霍罗夫卡之战》第 181—215 页。

别尔哥罗德攻势：
1943年7月4—8日

◆ 第三章 ◆

污蔑我们的人总是说，我们之所以能在斯大林格勒击败保卢斯的庞大集团军，唯一的原因是俄罗斯的冬天站在我们这边。他们对1941年我们在莫斯科城下击败德军，也持同样论调。早在俄罗斯打退拿破仑的侵略之后，人们就宣称冬天是我们的主要盟友。然而，德国人无法用这个借口来解释他们在1943年库尔斯克突出部之战中的失利。他们自己主动攻击，他们选定了时间、地点和战斗方式。所有的牌尽在希特勒及其帮凶的掌握之中。那时正值盛夏。

——尼基塔·谢尔盖耶维奇·赫鲁晓夫[1]

在库尔斯克突出部南面别尔哥罗德地域准备进攻的是德军两个集团军下辖的 5 个军。在别尔哥罗德以西是第 4 装甲集团军，下辖 3 个军；在别尔哥罗德以南是肯普夫集团军级支队，下辖 3 个军，其中 2 个军参与了进攻，而第 42 步兵军（编有 3 个师）被部署在南面，该师会在 7 月 5 日实施次要的佯攻。

第 4 装甲集团军下辖 3 个军，其中第 48 装甲军和 SS 第 2 装甲军打头阵，第 52 步兵军掩护左翼。在大战开始的前几天，天气情况相对良好。7 月 1 日和 2 日断断续续下了些雨，而 7 月 3 日则有些干燥。有报告称，当时的道路条件良好。7 月 3 日，第 4 装甲集团军曾报告称前线显得尤为平静，空中行动已达到最低限度。他们还指出，其行动正在按照计划进行。7 月 4 日上午亦然如此——虽然当天有雷阵雨，但道路仍便于通过，行动也按时进行了。第 4 装甲集团军现在已经做好了进攻准备（以下为第 4 装甲集团军自西向东、自左至右的展开情况）。

第 52 步兵军负责的战线长度为 56.6 千米，该军下辖两个步兵师，即最左边（西面）的第 57 步兵师和右边的第 255 步兵师（第 52 步兵军当面是苏联红军第 40 集团军的 7 个步兵师）。接下来是强大的第 48 装甲军，该军下辖 4 个师，从左到右分别是第 332 步兵师、第 3 装甲师、大德意志装甲掷弹兵师和第 6 装甲师。其中，大德意志装甲掷弹兵师还得到了迈因拉德·冯·劳黑特（Meinrad von Lauchert）少校的一个装甲团的加强，该团装备有 200 辆新型"豹"式坦克。[①] 最后，是位于第 48 装甲军右面的 SS 第 2 装甲军——第 48 装甲军和 SS 第 2 装甲军两个装甲军当面是苏联红军近卫第 6 集团军的 7 个步兵师。

夹在第 48 装甲军和 SS 第 2 装甲军之间的是第 167 步兵师，在其右侧，SS 第 2 装甲军的 3 个装甲掷弹兵师一字排开，从左到右分别是阿道夫·希特勒警卫旗队装甲掷弹兵师（LSSAH）[②]、帝国装甲掷弹兵师（DR）和髑髅装甲掷弹兵师（T）。在这个阶段，上述 3 个师还没有数字番号，但后来它们会分别获得第 1、第 2 和第 3 的番号（这 3 个师分别在 1943 年 10 月 15 日、15 日和 21 日被更名为装甲师，并

---

① 译者注：事实上，加强给大德意志装甲掷弹兵师的是卡尔·德克尔（Karl Decker）上校的第 10 装甲旅，该旅下辖劳黑特的第 39 装甲团，编成内有第 51 装甲营和第 52 装甲营。这两个装甲营各有 96 辆"豹"式坦克和 2 辆"豹"式抢修坦克，而第 39 装甲团团部有 8 辆"豹"式坦克。

② 译者注：尽管现在很多战史喜欢用"LSSAH"这个缩写，但历史上该师不喜欢中间代表党卫军的字母"SS"，而喜欢直接简称"LAH"。

1943 年 7 月 4 日态势图

在 22 日获得了数字番号）。这些师是党卫军的核心部队，也在党卫军中历史最悠久、资历最深的师，现在它们在大约 19.5 千米长的战线上展开，做好了进攻准备。

这些师本身的规模已经相当庞大了，因此并没有多少支援部队为其提供支持。SS 第 2 装甲军里只有 2 个炮兵营（其中 1 个为火箭炮营）、2 个工兵营和 3 个工程营。不过，军里还编有大量架桥分队。警卫旗队师配属有 1 个火箭炮团和 1 个轻型野战榴弹炮营，以及第 167 步兵师的第 315 步兵团。帝国师配属有 1 个火箭炮营，髑髅师亦然。基本上每个参与进攻的装甲掷弹兵师都会得到 8 个炮兵和火箭炮营、5 个工兵和工程营的支援。在库尔斯克会战期间，这一结构没有发生较大变化。

7 月 4 日下午，第 48 装甲军和 SS 第 2 装甲军都扫清了苏联红军的前沿警戒阵地。[①] 例如第 48 装甲军在布托沃（Butovo）发起了营级进攻，并一直持续到晚上，

---

① 译者注：第 48 装甲军和 SS 第 2 装甲军发起进攻的时间并不完全相同。第 48 装甲军选择在 4 日 16:00 许发起进攻，而 SS 第 2 装甲军在 5 日凌晨 01:15 发起夜袭。

坦克第1集团军 600

近卫坦克第5军 211

沃罗涅日方面军直属 31

第38集团军 127

第40集团军 119

近卫第6集团军 150

近卫坦克第2军 187

第69集团军

第2集团军

第52步兵军 0

第48装甲军 648

SS第2装甲军 601

第3装甲军 416

239 近卫第7集团军

第4装甲集团军

劳斯军 42

德军1707辆坦克对苏军1664辆坦克
数量比为1.03：1

肯普夫集团军级支队

近卫步兵第35军

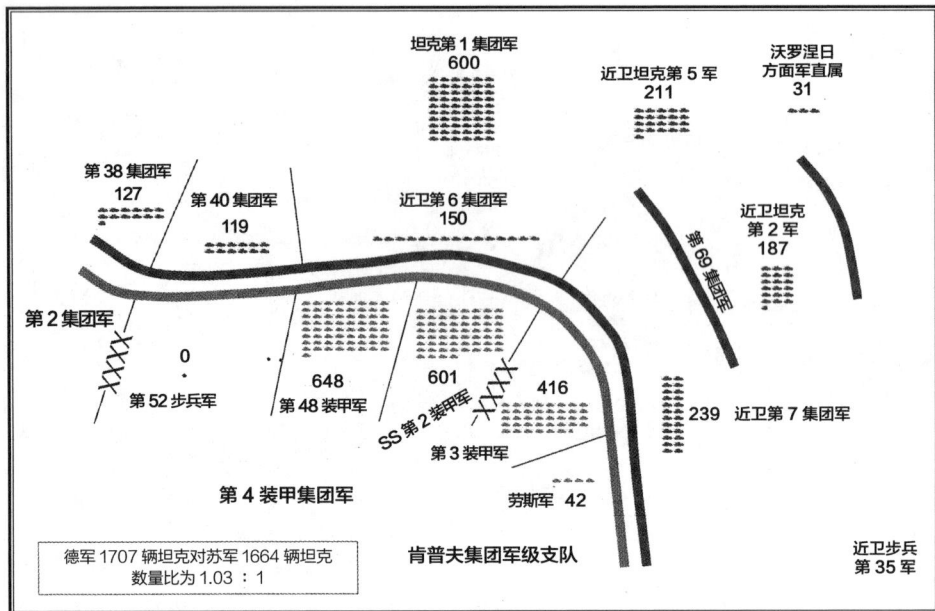

1943年7月4日晚，库尔斯克南线战车实力对比

而主攻则在次日展开。

　　肯普夫集团军级支队在别尔哥罗德一带及其南面投入了两个军。顿涅茨河从北流向南，将苏德双方的一部分战线分隔开来，东岸是苏联红军，西岸是德军。不过，第6装甲师和第168步兵师的大部分兵力位于顿涅茨河东岸、米哈伊洛夫卡（Mikhailovka）小镇一带的一处据点。南面的第19装甲师的部分兵力已经过河，而另一部分要在次日上午渡河攻击。至于第7装甲师，则计划渡河发起进攻。上述这些装甲师都隶属于第3装甲军，并都配属有第168步兵师的一个步兵团。唯一装备虎式坦克的第503重装甲营也会配合作战。在第3装甲军南面有劳斯军的两个师——第106步兵师和第320步兵师，他们沿河西岸展开，战线长度为18千米，并且也会在次日上午渡河进攻。这两个师的任务是渡过顿涅茨河，向前越过科连河（Koren），然后前出到距离顿涅茨河约18—26千米的科罗恰（Korocha）河并建立防御阵地。他们会掩护第3装甲军的一翼，为其行动创造空间和基础。而第3装甲军也会掩护第4装甲集团军及其下属SS第2装甲军的侧翼。

　　在7月4日的扫荡行动中，德军损失了约657人（129人死亡、516人受伤、12

人失踪）——约87.5%的损失发生在第48装甲军地段，这里是当日唯一战况较激烈的地段。德军在SS第2装甲军地域遭受的损失要小得多，其中髑髅师的人员伤亡数量在总损失中占比较高。虽然警卫旗队师的报告显示只有一人受伤，但该师的实际损失也许要高得多。①除了第57步兵师外，部队没有进攻苏联红军的战斗警戒阵地，也就几乎没有人员伤亡。第332步兵师有一些人员伤亡，可能是双方炮战所致。

当日苏联红军的人员损失数量很难确定。因为大部分关于战斗头几天的报告，都是将这几天的战况汇总起来描述的，可能也包含了4日晚间的数据。由于没有4日当天的准确伤亡报告，所以很难确定苏联红军的实际损失情况。因此，我们把苏联红军当天的伤亡人数定为333人很可能是偏低了。不过在最初的行动中主要是步兵对抗，没有大规模炮兵和空中支援，因此苏德双方的伤亡大体应该持平。这在战场上可是不多见的。至于当日的德军记录中损失的4辆坦克（损毁了2辆"豹"式坦克，损坏了2辆"虎"式坦克），则都是机械故障所致。

不过很显然，近卫第6集团军前方的战斗警戒阵确实起到了预警德军进攻的作用。而且正如德军次日才发现的那样，这些战斗警戒阵地也成功掩盖了苏联人的准备工作的具体情况。虽然苏联人没有迟滞德军的进攻，但却打出了更好的交换比。

突破第一道防线：1943年7月5日，星期一

4日，德军在顺利扫清了苏联红军的战斗警戒阵地后，开始准备发动主要突击。参战的有4个军，下辖14个师——其中有9个装甲师。只有第52步兵军的2个师没有参与最初的进攻。

在北面，德军从奥廖尔突出部出击，共投入了9个师，其中只有1个装甲师。不过，日终时德军又增加了3个装甲师。现在，库尔斯克会战正式拉开了帷幕。

苏联的炮兵"反准备"

7月5日清晨，苏军的炮火在大多数情况下都起到了非常好的效果。这次"反准备"火力是深夜两点于朱可夫所在的北面（中央方面军），由朱可夫或罗科索夫

---

① 译者注：按照克里斯托弗·A.劳伦斯著《库尔斯克：普罗霍罗夫卡之战》的记载，警卫旗队师当天损失了71人，苏联红军近卫步兵第52师损失了114人；帝国师损失了3人、髑髅师损失了9人，而苏联红军的损失数量不详。

斯基下令进行的。[2] 苏军在南北两面进行的这些炮击（北面于 02:20 开始炮击、南面于 03:30 开始炮击）旨在干扰和迟滞德军的进攻，并给予其一定的杀伤。

总体来说，至少南面的"反准备"火力的效果显然被苏联著作夸大了，必须算作库尔斯克会战中的众多"神话"之一。这次"反准备"火力的开火时间太早，没有于敌军暴露在开阔地时、队形密集时或身处集结地域时予以打击。第 48 装甲军遭受炮击的时候，甚至尚未确定攻击时间。此外，苏军对目标的选择也多少有些随意，只是估计了德军可能的集结地点，并不怎么了解德军会在何时出现在何地。如果能等目标开始行动，进入了开阔地且队形很密集时（最好能够准确了解目标的精确位置）再进行炮击，苏军"反准备"火力的效果就会好得多。至少在南面，苏军的炮击浪费了相当多的弹药，却没收到什么成效。

第 4 装甲集团军的进攻

7 月 5 日上午，第 4 装甲集团军从四个地点发起了进攻。第 3 装甲师从格尔措夫卡（Gertsovka）出击；大德意志师在别列佐维伊（Berezovyii）以东河谷一线的两个地点发起进攻；第 11 装甲师在布托沃发起了进攻，其重点是东面地域；SS 第 2 装甲军集中全力在别列佐夫（Berezov）达成决定性突破。苏联红军的防御部队自西向东依次为近卫步兵第 71 师、第 67 师和第 52 师。

7 月 5 日上午，德国空军的全部力量都被用于支援 SS 第 2 装甲军；当日下午，德国空军开始支援第 48 装甲军。不过，具体分配情况不详。

德国空军在 5 日共出动了 2387 架次。根据保留下来的德国空军档案记载，他们的任务是支援 SS 第 2 装甲军。然而根据第 8 航空军军长汉斯·赛德曼少将（Hans Seidemann）的战后叙述，他们支援的是 SS 第 2 装甲军和第 48 装甲军。根据第 4 装甲集团军的命令，SS 第 2 装甲军应当在上午得到全部空中支援，而第 48 装甲军会在下午得到支援——按部队的记录来看，这应该是最终的结果。

当天战斗机（Me-109）出动了 371 架次，而侦察机出动了 74 架次。轰炸机为掩护地面行动应该是出动了 536 架次，不过有部分架次似乎是被用于打击战线后方目标。斯图卡出动了 1071 架次，都用在了近距离空中支援上。Fw-190 和 Hs-123 出动了 335 架次，用于对地攻击。现存唯一一份详细的空军报告来自于某 He-111 中队，该部一直在打击党卫军地段上的苏联红军第一道防线后方，以及第二道防线。德军当天没有损失 Ju-87,只损失了一架 Fw-190,所以德国空军在提供近距离支援时所受的损失微乎其微。

7月5日上午,第48装甲军的进展非常慢。苏军近卫步兵第71师的近卫步兵第210团遭到了德军第3装甲师和大德意志师的重点进攻,而该师余部面对的则是德军第332步兵师。第3装甲师在上午仍然需要设法从格尔措夫卡村抽身出来,并且在越过别列佐维伊西面河谷时耽搁了很长时间。他们在下午才得以前出到科罗维诺(Korovino)村,并于晚上将其拿下。而在第3装甲师左翼推进的第332步兵师,则拿下了沃斯霍德(Voskhod)。

装备"虎"式、"豹"式等型号坦克和突击炮的大德意志师,在别列佐维伊以东河谷陷入了长时间的战斗。他们不得不派出工兵清扫雷区,并在开辟通道前架设桥梁。之后他们前进到了切尔卡斯科耶(Cherkasskoye)村,并在日终时将其大部肃清。不过该师最终还是让装甲车辆越过河谷,并突破了苏军的第一道防线。现在,大德意志师已经准备好向东推进,利用突破口发展胜利。

第11装甲师这天还算轻松,他们从苏军近卫步兵第67师手里夺取了布托沃,之后又前出到切尔卡斯科耶并转向东面。该师右侧的第167步兵师也击退了近卫步兵第67师,并维持着与右翼的 SS 第2装甲军之间的联系。

第 48 装甲军战果

虽然第48装甲军在一天之内就突破了苏军第一道防线的大部分,但人员伤亡数量也是很高的。各部减员情况如下:[3]

	总减员(人)	死亡(人)	负伤(人)	失踪(人)
第 332 步兵师	428	39	376	3
第 3 装甲师	170	23	145	2
大德意志师	401	64	332	5
"豹"式装甲团	4	2	2	
第 11 装甲师	178	18	159	1
第 167 步兵师	334	39	285	10
总计	1505	185	1299	21

苏联方面的损失比较难确定。近卫步兵第 71 师当日 18:00 报告有 312 人阵亡、452 人负伤；近卫步兵第 67 师在 18:00 报告其近卫步兵第 196 团有 58 人阵亡、120 人负伤；近卫步兵第 199 团报告有 95 人阵亡、123 人负伤、302 人失踪；近卫步兵第 201 团早些时候报告称只有 2 人阵亡、5 人负伤、一匹马被打死，但次日 02:00 更新后的报告指出近卫步兵第 196 团损失了 2/3 的人员装备，近卫步兵第 199 团人员装备损失过半，近卫步兵第 201 团有 5 人阵亡、10 人负伤。大量支援单位的损失并不总是会被很好地记录下来。此外，在这样激烈的战斗中，只有等部队安然撤到后方后，给出的伤亡报告才会更可靠。因此，即使我们知道部队在一场行动中的伤亡总数，也只能对某一天的伤亡情况做一个大概的估计。很多情况下，行动中的失踪数字只会出现在后来的汇总报告中。总体来说，估计当天这两个师加上其配属的部队共损失了 3730 人（其中近卫步兵第 71 师损失 994 人、近卫步兵第 67 师损失 1583 人）。

这样算起来，防御的苏联红军在混合丘陵地形的既设防御阵地中遭到约 2.8 倍之敌进攻的条件下，双方的损失比为 2.7 : 1。

德军装甲战车的损失很大。第 3 装甲师开战时有 93 辆装甲战斗车辆（含坦克、突击炮和 14 辆黄鼠狼坦克歼击车），当日就损失了 10 辆——其中有他们唯一一辆突击炮。不过，只有一辆 Ⅳ 号坦克因被击毁而报废。大德意志师开战时有 177 辆装甲战斗车辆（含坦克、突击炮和 19 辆黄鼠狼坦克歼击车），当日就损失了 30 辆 其中有 3 辆突击炮。不过，只有 2 辆 Ⅳ 号坦克因被击毁而报废。

开战时，"豹"式装甲团可投入战斗的坦克多达 198 辆。但据估计，到当日日终时只剩约 119 辆坦克可以投入战斗。可以确定的是，有 2 辆坦克被友军误击、一辆被敌方火力打坏、6 辆在上午的行军途中因机械故障而退出战斗、19 辆被地雷炸坏。剩下约 51 辆的损失原因很有可能也是机械故障。该团几乎没有参加战斗，却已然损失了约 60% 的力量。照这样的保障水平来看，进攻被推迟两个月实在是不值。

第 11 装甲师开战时有 131 辆装甲战斗车辆（含坦克、突击炮和 9 辆黄鼠狼坦克歼击车），当日损失了 12 辆，其中有 3 辆突击炮。总的来说，3 个师的突击炮的损失与有炮塔的坦克的损失率差不多（65 辆突击炮中损失了 9 辆，294 辆坦克中损失了 43 辆）。至于黄鼠狼坦克歼击车，则没有损失。

这样看来，德军的坦克和突击炮共损失了 52 辆。鉴于苏军并没有得到多少装甲部队支援，这些损失大部分都是由反坦克炮、火炮和地雷造成的。我们后面会提到，估计其中有 40 辆是被地雷毁伤的。

不过尽管有损失，但到日终时，德军还是在这一地域成功突破了第一道防线，将苏军的两个团与近卫步兵第 67 师分割开来，并准备继续冲击第二道防线。

SS 第 2 装甲军

3 个党卫军装甲掷弹兵师在第 8 航空军的支援下，全力进攻别列佐夫（Berezov）——守卫这个小镇的是近卫步兵第 52 师防线最东面的近卫步兵第 155 团。这里正好属于帝国师的地段，也是党卫军 3 个师进攻的汇聚点。

03:00（莫斯科时间 04:00），在强大的炮兵和航空兵的支援下，SS 第 2 装甲军发起了主攻。[1] 和第 48 装甲军一样，炮火准备很早就开始了——共发射了 24464 发炮弹和 9270 发迫击炮弹。德军提到，其遭遇了沃尔斯克拉（Vorskla）河东岸[2] 和茹拉夫利内（Zhuravlinyii）树林的苏军的炮火打击，加上遇到了密集雷场，因此暂停了进攻。他们指出，只有在重新集中炮火射击 220.5 高地和别列佐夫镇内，并派出斯图卡打击沃尔斯克拉河西面高地和茹拉夫利内树林的苏军炮兵阵地之后，才能开始打开关键的突破口 [从德拉贡斯科耶（Dragunskoye）到绍皮诺（Shopino）之间的地形，见资料图 M-37-37-G 和 M-37-38-V]。

近卫第 6 集团军在莫斯科时间 09:00 报告德军在 220.5 高地至格列穆奇（Gremuchii）突破了前沿阵地。16:15，帝国师的先头部队前出到 233.3 高地（别列佐夫后方约三千米处）南面两千米处。苏军坦克第 230 团的进攻被打退，德军宣称击毁了 7 辆坦克。233.3 高地（18:00 失守）和贝科夫卡方向，苏军的抵抗十分激烈。师装甲群于 14:00 从卡扎茨科耶地域出发，约 18:30 时到达别列佐夫。白天在别列佐夫、233.3 高地及其北面的战斗中，仅"虎"式坦克连就宣称打坏了 23 辆苏军坦克（很可能高估了），而自己只有 2 辆坦克被地雷炸坏，失去行动力。[4]SS 第 2 装甲军成功突破近卫步兵第 52 师的防线，迂回到了步兵第 375 师侧后，对其形成包围之势。这样，通向北面的道路就被打开了。

---

① 译者注：实误。这里的莫斯科时间应该是 05:00。除括号中的内容外，本句是直接摘引的《帝国师战史》英文版第 4 卷第 140 页。此外，德军的地面部队是在莫斯科时间 06:00 发起冲击的。作者可能搞错了时差。
② 译者注：《帝国师战史》英文版第 4 卷第 140 页记载的是西岸。

第 3 装甲军
顿涅茨河三角地带

顿涅茨河的两条支流在别尔哥罗德以北约八千米的希申诺（Shishino）周围汇合成一条更宽的河流。在希申诺以北的这两条支流的两岸几乎就是一片沼泽。西面的较小支流是利波维顿涅茨（Lipovyii Donets）河，河水由北流向南；东面的较大支流是北顿涅茨（Severnyii Donets）河，河水由东北流向西南。尽管它们"只能算是小溪"，但也很适合利用地形进行防守。被这两条"小溪"夹在中间的三角地带地势较高（有些地方明显很高），防守方不仅可以很好地观察西面不断前进的 SS 第 2 装甲军，还可以观察到南面和东面的第 3 装甲军的情况。此外，由于两岸是沼泽地带，渡河地点（尤其是靠近支流交汇点的渡口）特别适合防御。

这个三角地带的两腰是两条"小溪"，而底边的北面则是普拉沃罗季（Pravorot'）和普罗霍罗夫卡一带。因此，守住这两个地方对于在三角地带立足是非常必要的。

这样一片突出的地形对于战斗走向产生了重要影响。利波维顿涅茨河成了 SS 第 2 装甲军的右翼，他们在开战的头几天并没打算真的要渡河。两个装甲军的分界线为博尔霍韦茨（Bolkhovets）村（属第 3 装甲军）经过近伊万诺夫斯基（Blizhnii Ivanovskii，属第 3 装甲军）以北的公路三岔口，沿状况良好的公路经绍皮诺村（属 SS 第 2 装甲军），一直到涅普哈耶沃（Nepkhayevo）—卢奇基（Luchki，属 SS 第 2 装甲军）[1]教堂—奥利霍瓦特卡（Ol'khovatka，属 SS 第 2 装甲军）—萨拉耶夫卡（Sarayevka，属 SS 第 2 装甲军）—苏博京诺（Subbotino，属 SS 第 2 装甲军）—季姆（Tim，属第 3 装甲军）沿线东侧。用最直白的话说就是，利波维顿涅茨河东面（包括顿涅茨河三角地带）的所有地域均由第 3 装甲军负责。在卢奇基（南）之后，SS 第 2 装甲军的右翼就会向东北方向经普罗霍罗夫卡直至库尔斯克遥远的东面。

肃清顿涅茨河三角地带的任务就落在了肯普夫集团军级支队身上，该部将任务派给了第 6 装甲师。这样一来，该师就要平行于北顿涅茨河行动，并且在萨贝尼诺（Sabyinino）、克里夫措沃（Krivtsovo）和南面几个地点[2]的四座桥渡河，最终突向戈斯季谢沃（Gostishchevo）。如果第 6 装甲师能到达上述渡河点，顺利渡河并推进

---

① 译者注：在这片战场上有两个卢奇基，译者分别用卢奇基（北）和卢奇基（南）加以区分。比如，这里就应为卢奇基（南）。
② 译者注：应该是指萨贝尼诺南面的基谢廖沃（Kiselevo）和霍赫洛沃（Khokhlovo）。

到戈斯季谢沃及其后方，就可以很好地掩护 SS 第 2 装甲军的侧翼。而这就意味着德军希望在开始进攻的一两天后就渡过北顿涅茨河，并拿下戈斯季谢沃。显然，他们过于乐观了。

与此同时，在沿沃尔斯克拉（Vorskla）河河谷进攻的第 167 步兵师改变任务之前，暂时由髑髅师掩护 SS 第 2 装甲军的右翼。然后，党卫军的全部 3 个师就可以放手进攻了。

第 6 装甲师的任务是占领别尔哥罗德旧城（Staryii Gorod）和黑波利亚纳（Chernaya Polyana），然后继续攻占远伊古缅卡（Dalnyaya Igumenka）附近的几个高地，并夺取萨贝尼诺、克里夫措沃，以及这两处地方西面的北顿涅茨河桥梁。随后，该师将向斯科罗德诺耶（Skorodnoye）或韦尔申纳（Verschina）方向进攻。这显然是要向东北面进攻，并将利波维顿涅茨河与北顿涅茨河之间区域交给某支后续部队处理。第 6 装甲师会派出侦察分队与 SS 第 2 装甲军保持联系。第 168 步兵师会在正东面推进，并在第 106 步兵师左翼建立防御。因此，德军一开始并没有安排较多的兵力来肃清顿涅茨河三角地带。

第 6 装甲师的进攻计划的真正问题，在于其进攻地点过于显眼了。首先，德军只有在此处的顿涅茨河对岸有一个桥头堡。因此，沃罗涅日方面军可以有针对性地重兵设防。近卫步兵第 81 师在桥头堡当面的米哈伊洛夫卡（Mikhailovka，在别尔哥罗德对面）严阵以待。该师在区区 10.2 千米长的战线上展开了两个梯队，近卫第 7 集团军也在这里构筑了大量的防御工事。该师的正面宽度是苏军一线的 10 个师中最窄的。此外，该师还配属有坦克第 262 团 [5]、1 个反坦克歼击炮兵团，以及 4 个炮兵、喀秋莎火箭炮和迫击炮兵团。

近卫步兵第 81 师右侧是步兵第 375 师，黑波利亚纳实际上位于其防区内。上述两个师的结合部是顿涅茨河和一些沼泽地。此外，步兵第 375 师还有近卫第 6 集团军的近卫步兵第 89 师做后盾，并配属有近卫坦克第 96 旅（该旅布置在近卫步兵第 81 师东北面、北顿涅茨河西岸）。因此，近卫步兵第 81 师的阵地非常稳固（实际上还有一个步兵师和两支装甲部队做后盾）——其当面是德军第 417 掷弹兵团和第 429 掷弹兵团，以及第 6 装甲师 [绍皮诺至索罗米诺(Solomino) 一带的地形见我们根据相关资料制作的《苏联时期的近卫步兵第 81 师防御部署示意图》]。

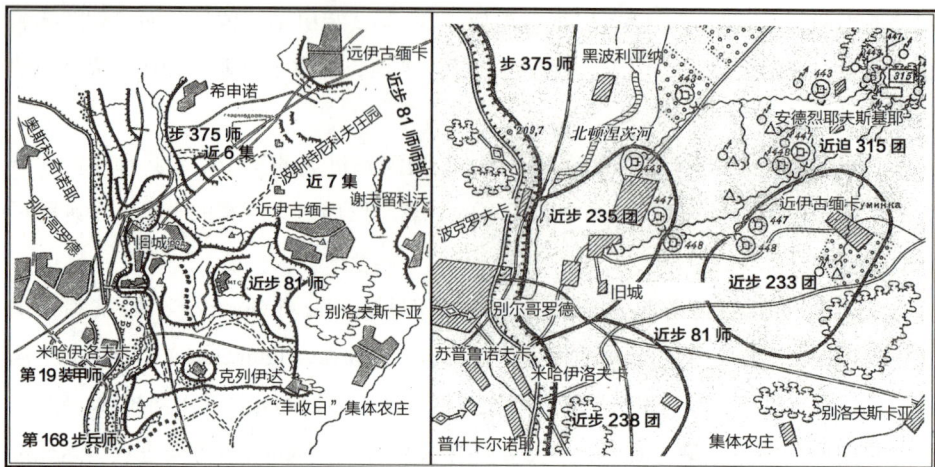

苏联时期的近卫步兵第81师防御部署示意图

　　第6装甲师当日的目标是占领旧城和黑波利亚纳。这两座城镇都有大量防御工事，守卫旧城的是近卫步兵第81师。在顿涅茨河西岸、别尔哥罗德正北，步兵第375师把守着波克罗夫卡（Pokrovka）北面的树林，以及后面的黑波利亚纳。配属给近卫步兵第81师的有4个炮兵、喀秋莎火箭炮和迫击炮兵团，1个反坦克枪营与坦克第262团。至于直到下午才在右翼遭到党卫军进攻的步兵第375师，则配属有4个炮兵和迫击炮兵团。在别尔哥罗德北面和东面，有充足的炮兵来支援防御阵地。

　　第6装甲师在04:25发起进攻，其下属的第11装甲团当天损失了约13辆坦克。[6] 12:30，第11装甲团南下前往米哈伊洛夫卡桥头堡上的另一座桥梁，但尚未赶到就停下来等待——当时该师也许在等掷弹兵团的进展。19:00，该师奉命南下跟第7装甲师一起行动。22:00，第6装甲师离开米哈伊洛夫卡，穿过别尔哥罗德南下。[7]

　　第6装甲师首日进攻失利将给德国人带来不小的麻烦。

　　在南面，虽然第19装甲师打得很苦，但却扩大了米哈伊洛夫卡南面的桥头堡。第7装甲师当天也在索罗米诺强行渡河，并突破了近卫步兵第78师的防线，可以向克鲁托伊宽沟（Krutoi Log）村地域推进了。

　　到日终时，第7装甲师主力集结在克鲁托伊宽沟村北面的几个高地上。该师当日推进了约七千米，杀入了近卫步兵第78师的第二梯队。第106步兵师会负责肃清被绕过的拉祖姆诺耶（Razumnoye）；第3装甲军的工兵正在索罗米诺构筑一座承重24吨的桥梁；第7装甲师的工兵会再建一座桥梁。防守的近卫步兵第78师沿着126.3高地—拉祖姆诺耶—克鲁托伊宽沟村一线败退。

总体来说，第3装甲军当天的进攻相当顺利。第6装甲师所属步兵的进攻被击退，且由于桥梁出问题，无法得到任何装甲支援。第19装甲师在对岸建立了米哈伊洛夫卡桥头堡，但从这里出击的部队进展有限，该师并未向突破口投入装甲群以发展胜利。当天，第7装甲师战果颇丰，他们渡过了北顿涅茨河，在拉祖姆诺耶和克鲁托伊宽沟村之间向前推进。但由于司令部的想法过于乐观了，所以这样的进展无法让他们满足。当天，他们没有投入什么精力去掩护SS第2装甲军侧翼。他们需要达成装甲突破，然后挥军北上。在7月5日下午，布赖特下令第3装甲军调整部署，准备派第6装甲师南下进入第7装甲师的桥头堡，利用已经打开的一个突破口。根据布赖特的说法，他们不确定是应该将第6装甲师北调（与第19装甲师一起以突破别尔哥罗德以东阵地），还是将该师派往东面（进一步利用第7装甲师的突破口发展胜利）。7月6日早些时候，布赖特决定将第6装甲师派往东面[8]，不直接为SS第2装甲军掩护侧翼。

劳斯军

虽然德军3个装甲军的战斗非常激烈，但劳斯军的战斗却是当天最艰难与最血腥的。他们要突破两道防线：一道是北顿涅茨河，另一道是河东岸沿线高高隆起的铁路路基。在事后看来，渡河反而会相对轻松。争夺铁路路基的战斗持续了一整天。此外，第106步兵师并未查明其前方还有一个关键的防御工事——一道10米长的防坦克壕，因此也没有做好架桥准备。

第106步兵师以全部3个掷弹兵团的兵力，于04:25在北顿涅茨河沿线渡河发起全线进攻，接着就发展为了一场激战。该师到日终时损失了不下1000人，占总兵力的近10%——减员数量超过了其北面或西面参战的其他14个师。不过，虽然损失这么大，但该师却无甚战果。该师渡过了北顿涅茨河，前进了两千米，到达了铁路路基。此外，其当面大部分苏军原本就在此处防守。[①]这样一来，第106

---

① 译者注：原文如此。

步兵师就没能为第 3 装甲军的翼侧提供掩护。至于南面的第 320 步兵师，他们比第 106 步兵师还要更惨。

第 320 步兵师于 02:25 克服微弱抵抗，渡过了北顿涅茨河。德军注意到苏军整个上午都在向其施加压力并发起反冲击。不过德军还是向前推进，到达了普里尤托夫卡（Priyutovka）东面三千米处的树林东缘。下午，苏军在坦克的支援下发起反击。集结在这里的是近卫坦克第 27 旅，据报告其在 7 月 4 日有 48 辆 T-34 和 4 辆 T-70 可以投入战斗。苏军步兵在该旅的支援下，将德军逐回勒扎韦茨（Rzhavets）和马斯洛夫码头（Maslova Pristan'）。

由于桥梁的问题，突击炮和牵引式反坦克炮无法上前支援，德军在付出很大的伤亡后被击退。近卫坦克第 27 旅当天损失了 6 辆 T-34。虽然德国空军出动了 Hs-129 和斯图卡来支援德军防御，但等这些飞机赶到时，危机已被化解。德军被迫退到了树林西缘——这样第 320 步兵师又全退回到了铁路路基处！也就是说，苏军的反冲击有力地将德军几乎打退到了北顿涅茨河岸边。

到日终时，第 320 步兵师损失了不下 1300 人（实际上可能超过了 1600 人）。[9] 也就是说，第 320 步兵师损失了超过 10% 的兵力，是当天德军最惨的一个师。该师的第 587 掷弹兵团遭到了苏军的一次反冲击，在损失惨重之后，一路退到了铁路路基后面的树林中。德军在相关记录中提到，苏军的兵力在不断增加。有鉴于此，让一个没有支援的团向前推进似乎显得有些愚蠢。苏军步兵第 213 师和近卫坦克第 27 旅的反冲击效果非常显著，劳斯军需要更多的炮兵或空中支援来掩护渡河。

总体来说，苏军近卫步兵第 72 师、步兵第 231 师与德军第 106 步兵师和第 320 步兵师之间的进行的是一场非常残酷的步兵战。估计苏军伤亡了 1220 人，而德军伤亡了 2846 人！这是此战中苏联人唯一一次取得如此有利的交换比，也是德军唯一一次损失如此惨重。

沃罗涅日方面军预备队

当天，坦克第 1 集团军的 3 个军前出至近卫第 6 集团军的第二梯队阵地，并将于次日投入激烈交战之中。16:40，瓦图京命令坦克第 1 集团军司令卡图科夫率部前出，以掩护奥博扬，并准备在次日黎明向托马罗夫卡（Tomarovka）发起反击。近卫坦克第 5 军和第 2 军也于 16:35 接到了命令：前者需要在午夜前抵达卢奇

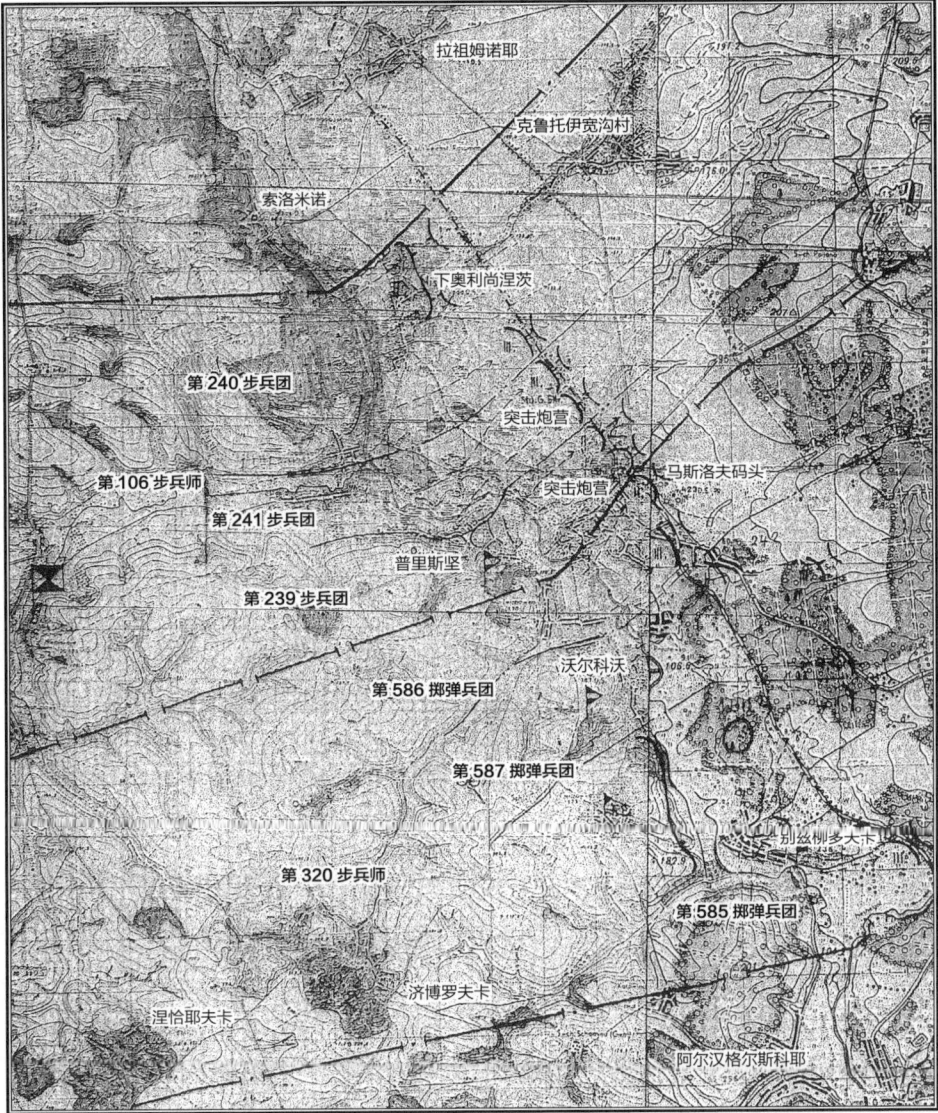

拉祖姆诺耶

克鲁托伊宽沟村

索洛米诺

下奥利尚涅茨

第 240 步兵团

突击炮营

马斯洛夫码头

突击炮营

第 106 步兵师

第 241 步兵团

普里斯坚

第 239 步兵团

沃尔科沃

第 586 掷弹兵团

第 587 掷弹兵团

别兹柳多夫卡

第 320 步兵师

第 585 掷弹兵团

涅恰耶夫卡

济博罗夫卡

阿尔汉格尔斯科耶

1943 年 7 月 5 日 16:30（莫斯科时间 18:30）时的态势，注意第 320 步兵师正穿过树林向前推进基（南）、捷捷列维诺和马利诺夫卡地域，并准备向贝科夫卡（Bykovka）方向发起突击；后者则需要在午夜前抵达萨日诺耶机器拖拉机站（Sazhnoye MTS）和新洛济（Novyiye Lozy）地域，并准备向格列穆奇发起突击。[10] 这两个军不久后，就被转隶给了近卫第6集团军。另外，在后方没有加入战斗的还有第69集团军的5个师，以及近卫步兵第35军的3个师。①

沃罗涅日方面军还开始派出小股部队加入战斗，其中坦克第192旅于22:10奉命在奥博扬地域集结，作为坦克第1集团军的预备队之一。[11]5日晚些时候，近卫第6集团军接到通知，反坦克歼击炮兵第14旅和第31旅会转隶给他们。[12]此举一定是因为近卫第6集团军已经投入了全部4支反坦克炮兵部队的缘故。

在草原军区麾下的大量部队中，此前一直在旧奥斯科尔待命的坦克第10军当天也准备开拔。如果说苏联人最初就打算用该部支援沃罗涅日方面军的防御，那么一开始就应该将其靠前一些部署。实际上，坦克第10军花了两天时间行军约100千米后才得以加入战斗。

当日总结

虽然夜幕降临时德军尚未完全突破苏军的第一道防线，但等到这一天结束时，德军全部4个军都完成了这一任务。不过，德军的进展和效率远未达到预期。第48装甲军、SS第2装甲军和第19装甲师当日上午都深陷苏联防御工事的"泥潭"，进展甚微。第6装甲师的进攻彻底失败。只有第7装甲师按照预定方案干净利落地达成了突破。在劳斯军地段，德军在河对岸站稳了脚跟，但付出的代价也很高昂。不过德军仍在继续进攻，并开始向前挺进。

---

① 译者注：根据瓦列里·尼古拉耶维奇·扎穆林著《打破神话：普罗霍罗夫卡坦克战，库尔斯克，1943年7月：作战记述》(Demolishing the Myth: The Tank Battle at Prokhorovka, Kursk, July 1943: An Operational Narrative)第105页记载，坦克第1集团军是在17:40接到的命令。而瓦列里·尼古拉耶维奇·扎穆林著《库尔斯克转折：二战决定性会战》(Курский излом: Решающая битва Отечественной войны) 第455页和理查德·哈里森编译的《库尔斯克会战：苏联红军在1943年7—8月的防御战役和反攻》(The Battle of Kursk: The Red Army's Defensive Operations and Counter-Offensive, July–August 1943)第136页指出，瓦图京在16:00亲自通过高频电话向卡图科夫下达了命令。《库尔斯克转折：二战决定性会战》还指出，在近卫坦克第5军和第2军于16:35接到的书面命令中，前者被要求前出至鲁尼诺（Lunino）、捷捷列维诺和马利诺夫卡，然后于次日清晨向捷捷列维诺、贝科夫卡乃至拉科沃方向发起反冲击（鲁尼诺疑为笔误，应为卢奇基——理查德·哈里森在编译的《库尔斯克会战：苏联红军在1943年7—8月的防御战役和反攻》中也认为是卢奇基）；要求后者前出至机器拖拉机站、萨日诺耶、洛济、萨日耶，然后于次日清晨向克留科沃、克拉皮温斯基院子（Крапивинские Дворы）乃至格列穆奇和别尔哥罗德方向发起反冲击（另有观点认为是前出至萨日耶—新洛济—戈斯季谢沃地域）；二者将在7月6日清晨向捷捷列维诺、贝科夫卡和拉科沃方向发起反冲击。

德军在这一天损失了大约 6334 人（967 人死亡、5099 人受伤、268 人失踪），其中第 52 步兵军地域（不含第 332 步兵师）占不到 0.5%、第 48 装甲军地域（含第 332 步兵师）占 22%、SS 第 2 装甲军占 19%、第 3 装甲军占 14%、劳斯军占 45%。可怜的劳斯军这一天损失惨重，第 106 步兵师和第 320 步兵师一天之内就分别损失了 8.2% 和 11.6% 的兵力。其他师的人员损失无法与这两个师同日而语，排在他们后面的警卫旗队师损失了 602 人，占其总兵力的 2.9%。[13] 事实上，这两个师也是整场会战期间人员损失最多的，在之后的 13 天内，其他师都没有遭受这么严重的损失。

作为防御方，苏军的总减员为约 8483 人（1634 人阵亡、3569 人负伤、3280 人失踪）。苏德的总减员比为 1.3:1、不可归队减员比为 4.0:1，德军占优。近卫第 6 集团军承受主要突击的 3 个师损失惨重：近卫步兵第 71 师、第 67 师和第 52 师分别减员 11.1%、18.5% 和 7.7%。[14] 近卫第 6 集团军在当天的战斗中共损失了 7.4% 的兵力，而近卫第 7 集团军只损失了 4.9% 的兵力。不过，对于他们来说，最艰难的三天刚刚开始。

装甲车辆损失方面，苏联人大大占优。据估计，苏军 5 个坦克团和坦克旅共有 100 辆坦克被毁伤。而德军当天有 250 辆坦克被毁伤，其中包括机械故障损失（"豹"式坦克普遍存在此类问题）。在日终时，双方装甲力量展开情况如图所示。

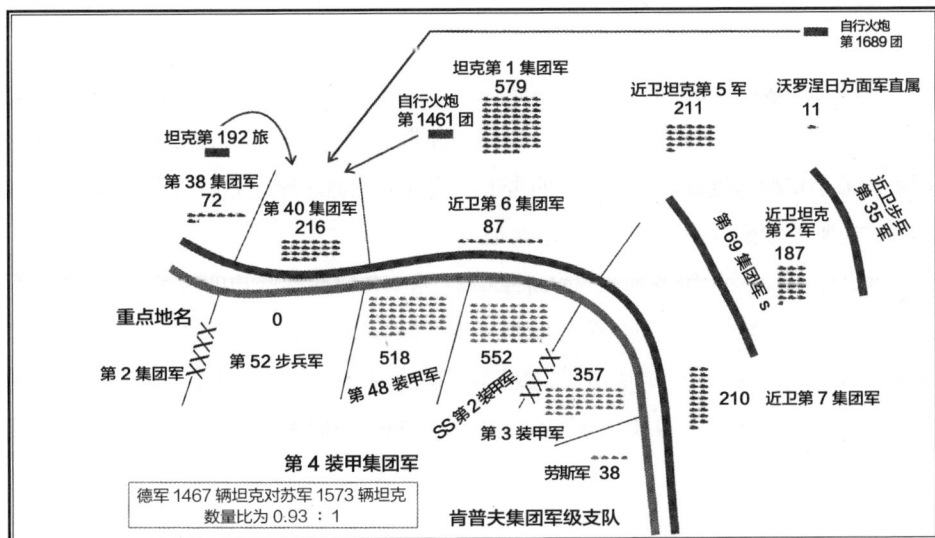

1943 年 7 月 5 日晚，库尔斯克南线双方战车实力对比

利用突破口发展胜利：1943 年 7 月 6 日

在突破第一道防线后，德军继续向前攻击第二道防线。

第 48 装甲军

11:20，第 3 装甲师的装甲群发动突袭，用部分坦克从红林垦（Krasnyii Pochinok）村以东地域向北杀入扎维多夫卡（Zavidovka）。此时，他们已经接近了佩纳河。12:45 分，他们接到命令，尽快在扎维多夫卡附近控制佩纳河渡河点，并在晚上架桥。该师随后应向拉科沃前进。五分钟后，该师报告称，佩纳河以北多个高地上的敌军火力增强，其身后的 210.3 高地也有敌侧射火力。

此时，第 3 装甲师的先头坦克已经杀进扎维多夫卡，却发现到处都是苏联火炮、反坦克炮和进入掩蔽所的坦克（德军声称是 T-34 和 KV-1 坦克）。尤其是他们还遭到了来自佩纳河北岸和波季莫夫卡（Podimovka）方向的射击，但德军炮兵够不到那里，无法实施压制。村里没有藏身之处，要想拿下它必须付出很大代价。因此当坦克弹药不足时，德军就撤了出去，他们宣称在村里击毁了 1 辆 T-34、1 辆美制坦克和 7 门反坦克炮。

当天开始作战时，第 3 装甲师共有 84 辆可以投入战斗的战车，其中最重型的就是 IV 号坦克和 III 号突击炮。该师当天损失了 7 辆战车，其中 2 辆因被彻底损毁而报废。

第 3 装甲师师长弗朗茨·韦斯特霍芬（Franz Westhoven）中将表示渡河需要进行一定的准备工作。军长奥托·冯·克诺贝尔斯多夫（Otto von Knobelsdorff）命令麾下各师不要顾虑侧翼，应以手头的全部兵力在佩纳河对岸建立桥头堡。与此同时，大德意志师的侦察营应当拿下 210.3 高地。

此时，第 3 装甲师的侦察分队报告说，苏军在拉科沃两边的阵地异常坚固。[①]这里的各种工程障碍物、进入掩体的坦克（据报告称还是 KV-1 和 T-34），以及重炮火力阻碍了德军在南岸开阔地形上的机动。佩纳河的两岸和红林垦村附近的河谷河水泛滥，宛如沼泽。该师推断苏军在佩纳河一线的防御要比前一天强大。韦斯特霍

---

① 译者注：原文如此。

82

芬认为要渡过佩纳河并夺取桥头堡，就必须在军和集团军炮兵的强大火力支援下一击制胜，否则该师会被苏军的火力严重杀伤。这个评估无疑非常符合实际，而且在付出重大损失之前就收手也是合理的为将之道。因此，第3装甲师在7月6日正午时分就已经停了下来。

16:00左右，第4装甲集团军司令赫尔曼·霍特上将也参与进来，指出在这天剩下的时间里，第3装甲师不应该闲着。军参谋长弗里德里希·威廉·冯·梅伦廷（Friedrich Wilhelm von Mellenthin）认为该师应当调整部署，沿着亚尔基（Yarki）—卢汉尼诺（Lukhanino）—瑟尔采沃（Syrtsevo）行进，并进攻上佩尼耶（Verkhopen'e）。随后该师集结在红林垦村和亚尔基地域以北，并且在19:15报告称，已经准备好跟在大德意志师后面，在卢汉尼诺或阿列克谢耶夫卡（Alekseyevka）渡过那里的一条小溪。

第3装甲师这天的进攻基本上失败了。虽然该师成功穿过了近卫步兵第67师的阵地，但却在扎维多夫卡被完全挡了下来。不过他们没有继续执行有问题的方案，去做力所不能及之事而招致惨重损失。原计划要求该师此时就渡河肯定是有问题的。显然第二道防线非常坚固，特别是地形对防守方而言非常有利，这一点从地形图上一眼便知。苏军必定在这里设防，而派第3装甲师在格尔措夫卡打开突破口最多只能让其在更远一点的地方被挡住，意义不大。也许将第3装甲师放在东面发起进攻、支援大德意志师和第11装甲师或者一开始就留作预备队，将其所负责的地段移交给第332步兵师会更合适一些。现在，第3装甲师在5日发起的进攻基本上毫无意义，实际上也在6日浪费了整整一天。第48装甲军地段上的突破实际上只是由两个装甲师实施的。

此时，第3装甲师的原定计划已经被挫败。他们和第332步兵师打退了近卫步兵第71师，可以抽身去扩张战果了。但是让第3装甲师在卢汉尼诺以西渡河的计划被对岸苏军的坦克第6军打破了。该师成为会战头两天被苏联精心构筑的防御体系所拦住的两个德军装甲师之一。

大德意志师和第11装甲师分别在04:30和05:15开始行动，他们仍然在努力肃清切尔卡斯科耶（Cherkasskoye）村，并扫除前进道路上的雷场。另外，由于这两个师共用一条公路，所以还要解决交通问题。

第11装甲师在03:15（莫斯科时间05:15）开始进攻，他们以一个加强团扫清布托沃公路至246.0高地以北，并肃清了切尔卡斯科耶。按照德方的说法，苏联人被"彻底动摇"了，几乎未作抵抗。到07:45，第11装甲师尚未肃清切尔卡斯科耶南部，还有几股被围的苏军仍然继续抵抗，拦阻德军。第11装甲师控制着从244.5高地至切尔卡斯科耶南面外围一线。德军派出几辆喷火坦克开路，之后就再也没有遇到什么激烈抵抗了。在村子的西南方，苏军再次进入林子里，让德军很难扫清布托沃至东北方向的公路上的地雷。德军工兵从东北方向往南扫雷，试图与从南面过来的大德意志师工兵会合，以便让坦克可以使用这条公路。据报告，公路扫雷工作在09:15完成，随后大德意志师的坦克开始沿公路继续前进。09:40许，两个师就公路的优先使用权问题产生了争执，需要军长来划分地段。09:50，第11装甲师报告说，师属全部工兵单位已经派到了第一梯队中。然而，后方的一些公路还需要进行更多的维修工作。军里负责工兵的军官同意肃清路上余下的地雷，并且在布托沃和切尔卡斯科耶之间修筑一条两车道的公路。

10:30，第11装甲师和大德意志师开始从246.0—232.4高地一线向前推进。第167步兵师也在同一时刻加入战斗。10:40，德军宣布第11装甲师已经彻底肃清了切尔卡斯科耶。在扫清雷场并越过防坦克壕后，第15装甲团在246.0高地东北方1.5千米处的公路三岔口遇到了苏军的反坦克炮兵。德军强行通过了此处。15:30，第11装甲师的先头分队在杜布罗瓦（Dubrova）西南方三千米处的公路上遇到了雷场，同时他们还遇到了来自241.1高地附近的顽强抵抗。

11:30，大德意志师在246.0高地的进展不错，但师长瓦尔特·赫恩莱因（Walter Hörnlein）中将判断在246.0高地与布托沃之间，苏军必定布设了大量地雷。因此，需要投入大批工兵才行。11:35，大德意志师的先头坦克（隶属于施特拉赫维茨的，已经穿过亚尔基的装甲团）在246.0高地以北两千米处遭到苏联坦克（可能来自于坦克第245团余部）的反击。由于与"豹"式装甲团失去了联系，施特拉赫维茨请求将附近本师的所有兵力都交给自己掌握，以便立即展开进攻。12:25，由于仍然联系不上迈因拉德·冯·劳黑特少校的"豹"式坦克，师部批准施特拉赫维茨发起进攻。他的先头分队遭到了来自阿列克谢耶夫卡方向的猛烈侧射炮火的打击——这些炮击显然来自苏军坦克第6军。

大德意志师将自己原来的装甲力量和临时配属的第10装甲旅编成一个装甲旅，下辖两个装甲团——一个是传奇般的"装甲伯爵"许亚钦特·冯·施特拉赫维茨上

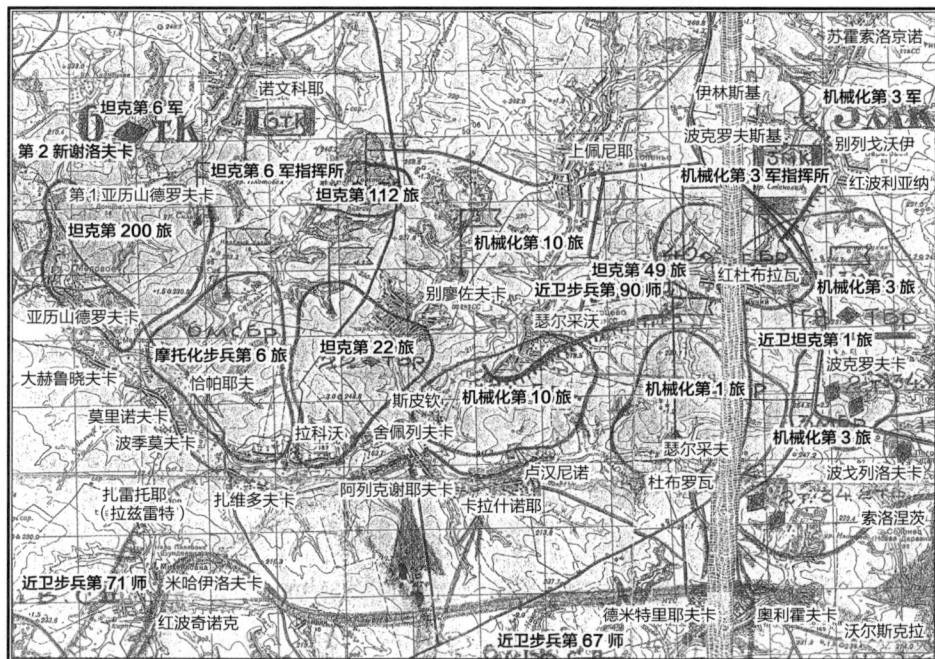

1943 年 7 月 5 日，坦克第 6 军的位置

校的大德意志装甲团，一个是冯·劳黑特少校的装备了"豹"式坦克的第 39 装甲团（下辖第 51 装甲营和第 52 装甲营）。这两个团在名义上隶属于卡尔·德克尔上校的第 10 装甲旅。德克尔在 7 月 4 日到达战场，身边没有司令部和参谋人员。从 4 日向大德意志师地域进发的路上开始，第 39 装甲团的坦克就频繁发生机械故障。这天他们只有 119 辆坦克可以投入战斗，一天下来有几十辆坦克发生故障或遭损坏。在进攻途中，该团也一直落在后面，冯·施特拉赫维茨无法与其保持联系。最后军长奥托·冯·克诺贝尔斯多夫中将在 18.25 分撤销了这一复杂的指挥体系，让冯·施特拉赫维茨统一指挥两个团，而将德克尔转入军预备队。

上午，随着时间推移，德军指挥机关争论出了最佳行动方案。由于 SS 第 2 装甲军的进展较前一天迅速得多，霍特觉得有必要让大德意志师和第 11 装甲师尽快推进到杜布罗瓦附近的 254.5 高地的三岔口，以免暴露党卫军的侧翼。这一想法在 12:05 下达，而冯·梅伦廷直至 12:25 仍在告诉大德意志师有必要先夺取阿列克谢耶夫卡，再夺取卢汉尼诺（Lukhanino）。最后，霍特和第 8 航空军军长汉斯·赛德曼（Hans

Seidemann）少将在 12:30 赶到了第 48 装甲军的指挥所。在听取了克诺贝尔斯多夫和梅伦廷的汇报后，霍特重申要突破苏军防御阵地，主要突击方向应放在杜布罗瓦以南。他还指出，大德意志师应当拿下卢汉尼诺，而暂时不动阿列克谢耶夫卡。

在上午余下的时间和下午的部分时间里，德军的两个装甲师肃清了敌方第一道防线。这两个师克服了苏联步兵、反坦克炮、地雷和防坦克壕的阻拦，在中午过后终于得以进入合适位置，可以进攻第二道防线了——这道防线现在得到了苏联红军坦克第 1 集团军机械化第 3 军的加强。莫斯科时间 14:30，近卫第 6 集团军报告说德军已经占领了卢汉尼诺。

这实际上意味着第一道防线的战斗已经结束了，苏联红军近卫步兵第 67 师被杀得七零八落，部分兵力被合围。从 7 月 4 日下午到 6 日下午，德军第 48 装甲军以减员 2640 人的代价，突破了苏联红军近卫步兵第 71 师和第 67 师把守的第一防御地带，并使其减员 6021 人。此外，德军还损失了约 219 辆坦克，其中包括出现机械故障的"豹"式坦克，而苏军损失了约 39 辆坦克。德军在 6 日下午继续攻击第二道防御带。苏军在第一防御地带的战斗使德军的计划推迟了大半天，但可怜的近卫步兵第 67 师却损失惨重。

机械化第 3 军进入战斗

此时，机械化第 3 军也加入了战斗。莫斯科时间 7 月 5 日 16:40，该军奉命前出，他们行军 20 千米，于傍晚到达指定位置。由于缺乏运输车辆，该军的步兵直到 6 日拂晓才到达新的防御阵地。[15] 按照机械化第 1 旅瓦西里·斯捷潘诺维奇·苏里科夫（Vasilii Stepanovich Surikov）上尉[16]的说法，即便是各机械化旅的摩步营也不得不徒步前进。由于没有卡车，摩步营也是在 7 月 6 日清晨才到达阵地。

根据机械化第 3 军的第一份行动报告显示，近卫坦克第 1 旅在 7 月 5 日 23:30 向雅科夫列沃东南三千米的 +1.1 岗丘上的埋石图根点（在绘制平面图时，要先在图纸上面绘制控制点。然后根据这些控制点，再进行加密测绘。这些控制点就是图根点。为了长期保存图根点，以备以后进行加密测绘时使用，通常会采用埋石标注，也就是在图根点埋置标石）方向派出了侦察分队。侦查分队遭到了德军的射击，上报有 1 辆 T-34 被烧毁、10 人牺牲、2 人负伤。这显然是 SS 第 2 装甲军所为。

1943 年 7 月 5 日 24:00，机械化第 3 军所处位置示意图

沃罗涅日方面军装甲部队奉命反击

莫斯科时间 7 月 5 日 16:40，方面军司令瓦图京亲自命令坦克第 1 集团军司令卡图科夫前出掩护奥博扬，并准备在拂晓小托马罗夫卡发动反击。方面军的另外两个坦克军——近卫坦克第 5 军和第 2 军则会在东面集结，准备向别尔哥罗德方向发起进攻。[17] 此役会动用共计 5 个坦克军和机械化军，正面攻击德军的共计 6 个装甲师和装甲掷弹兵师，本该会是一场大战。

坦克第 1 集团军司令米哈伊尔·叶菲莫维奇·卡图科夫未出版的回忆录是这样记载的：[18]

瓦图京命令坦克第 1 集团军、近卫坦克第 2 军和第 5 军向托马罗夫卡发动反击。

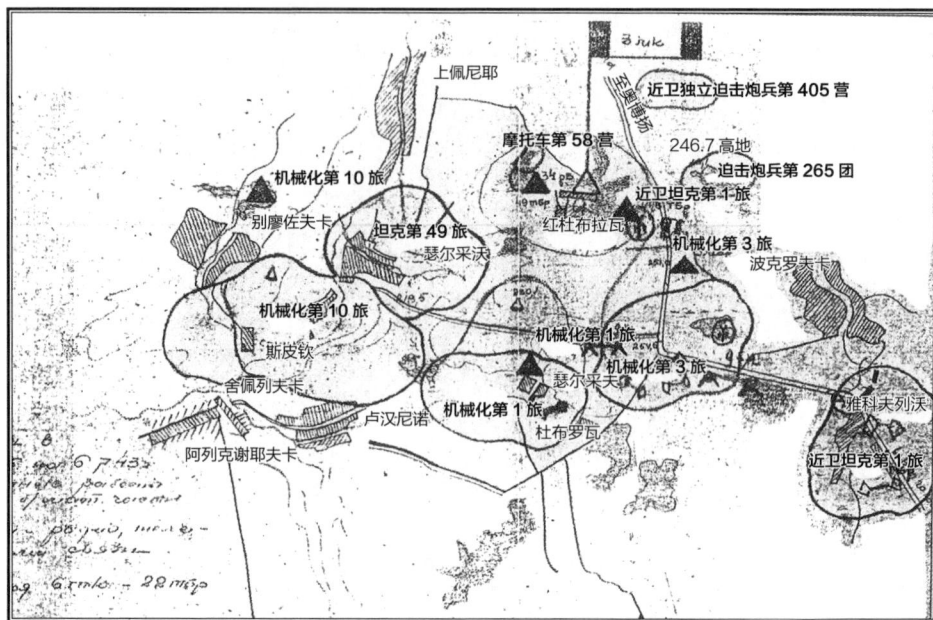

1943 年 7 月 5 日 20:00 的势态图，机械化第 3 军

我反对这一决定。为什么我们要让本来已经进入了掩体的坦克再前进两千米，暴露在可以摧毁我们的 T-34 坦克的 88 毫米炮下呢？我们的 76.2 毫米炮即便在 1.5 千米的距离上也无法够得着德国坦克！还好我很走运，7 月 6 日早晨，斯大林给我打了个电话。我告诉他，在预有准备的阵地和德国坦克作战更合理。"好吧，"斯大林说，"你不用反击了。瓦图京会给你打电话跟你说这件事的。"

向杜布罗瓦推进

到下午两点左右，大德意志师已经完全摆脱了第一防御地带上苏军有组织抵抗的干扰，前进到卢汉尼诺的渡河点，并快速穿过了切尔卡斯科耶至杜布罗瓦之间地域，开始突击第二防御地带——这需要前进 12 千米，并穿过苏军机械化第 3 军的防线。后者无力阻挡德军，甚至无法为德军的前进带来什么大的影响。因为苏军机械化第 3 军刚在白天进入新的阵地，根本来不及渡河向南，并进攻推进中的德军。而且，机械化第 3 军还缺乏炮兵。苏联的一个坦克军或机械化军的编成内有 42 门或 54 门 120 毫米迫击炮——这是他们主要的炮兵重武器，而其仅有的火炮是两用的 76 毫米师属火炮。所有坦克团、坦克旅乃至整个坦克第 31 军都没有 82 毫米口径以上的火炮。虽然与机械化第 3 军并肩作战的步兵师装备了 122 毫米炮，但近卫步兵第 90 师只有 6 门、近卫步兵第 67 师也只有 11 门（这两个步兵师分别有 24 门和 25 门 120 毫米迫击炮）。这些火炮本可以是有用的补充，但此时它们却被放在了防坦克防御工事中。因此，近卫步兵第 67 师损失了很多火炮！

现在，120 毫米迫击炮变成了绝佳的"火炮"——它很可靠，可以发射 35 磅（1磅约合 0.454 千克）重的炮弹。不过作为迫击炮，它的射程只有 5700 米。如果将120 毫米迫击炮部署在战线后方 2—3 千米处，就很难完全覆盖佩纳河南面 2—4 千米处的公路，打击不到在整条公路上行动的敌军。因此，德军可以在防御的苏军的眼皮底下几乎不受干扰地来去自如。战后，佩图霍夫（Petukhov）少校在"机械化第 3 军报告"[19] 中强调了这一问题：

敌人在 1943 年 7 月 6 日上午 10 点沿我军左翼发起进攻，其目的是冲到别尔哥罗德—奥博扬公路。我军对于敌人不断接近的纵队无能为力——原因在于我们缺乏大威力的火炮，而近卫第 6 集团军的炮兵部队正在撤出战斗……我军既没有重型火炮，也得不到其他重型火炮的支援。

德军此次推进还暴露出了近卫第 6 集团军在部署上的另一个缺陷，即他们将第一梯队部署在第二梯队（沿佩纳河及其支流部署）的正前方，且两个梯队之间的兵力有限。由于两个梯队之间是一块开阔的高地，一旦德军击退近卫步兵第 196 团，就可以在另外 2 个团身后的高地上前进，并进攻第二梯队。实际上，苏联人的防御比较"零碎"，不仅近卫步兵第 67 师会被德军 3 个师压垮，德军的主要突击方向上也只有 1 个团在防守。①

究其原因，有部分问题在于近卫第 6 集团军决定将各师展开成一个梯队，而不是让每个师都拿出一个团来作为第二梯队（当然，如果一线只放两个团，会更容易

---

① 译者注：近卫第 6 集团军的近卫步兵第 22 军和第 23 军都将步兵师前二后一分成两个梯队部署，而第一梯队的 4 个步兵师则将其下属的 12 个步兵团全部压在一线，没有任何层次。

被突破）。这就让杜布罗瓦方向的事态变得有些棘手了。但是，最根本的问题在于战线太长、当面之敌太多，近卫步兵第67师无力展开有效抵抗。这一问题应归咎于上级司令部（瓦图京和华西列夫斯基）。他们在战前本可以抽调这一地域的其他部队来加强这些阵地，例如坦克第1集团军、近卫第6集团军的第二梯队、步兵第184师和第40集团军的其他部队、第69集团军的部分兵力等（这样调整意味着不按条令要求展开三个以上的梯次防御）。不过，更简单的办法是让近卫第6集团军防御更短的战线。

17:00许，或者更早一点点，德军开始进攻杜布罗瓦。大德意志师装甲团在下午时分对杜布罗瓦附近的苏军阵地发起的进攻失败了。该师仍然受到卢汉尼诺方向侧射火力的打击和沉重压力。越过卢汉尼诺东南的第一道防坦克壕后，"豹"式装甲团引导大德意志掷弹兵团和炮兵团的四分之三的兵力冲向了第二道防坦克壕。他们遭到了激烈的抵抗和反坦克火力的攻击，只前进到了241.1高地以北1千米处。从213.6高地向卢汉尼诺和卡拉什诺耶（Kalashnoye）进攻的大德意志燧发枪兵团在19:10抵达卢汉尼诺东边和卡拉什诺耶南面500米处。大德意志装甲侦察营在到达了扎维多夫卡南面的210.3高地后，开始冲向东北面的阿列克谢耶夫卡。根据相关报告显示，19:15时大德意志装甲团正在向杜布罗瓦以西前进。在大德意志装甲团左侧，"豹"式装甲团正在和部署在北面佩纳河一线的苏军交火，以掩护大德意志装甲团的侧翼。燧发枪兵团2营最终掌卜了210.3高地，并解决了一直在打击第3装甲师的侧射火力。在经过短促的炮火准备之后，大德意志掷弹兵团1营在杜布罗瓦附近强渡了一道河谷，建立了一个桥头堡，并且在杜布罗瓦以东约500米处掘壕过夜。

与此同时，第11装甲师在杜布罗瓦村西南两千米处的堑壕、防坦克壕和该村周围的高地上进行了激烈的战斗。工兵在防坦克壕前冒着猛烈的轻武器火力和反坦克火力清除地雷。18:40，该师的先头坦克部队拿下了241.1高地。19:15，第11装甲侦察营到达德米特里耶夫卡（Dmitriyevka）西北边，并夺取了德米特里耶夫卡村（此村与西面第332步兵师旁边的村庄同名）西北面树林里的反坦克炮阵地。[20]同一时间，该师主力已经突破了苏军第二防御地带的雷场和前几道堑壕，正在向杜布罗瓦南面的树林进发。该师在越过前几道防坦克壕后要求空军为其先头分队提供空中支援。近卫第6集团军在17:00报告说，德米特里耶夫卡村和奥利霍夫卡（Ol'khovka）已经失守。

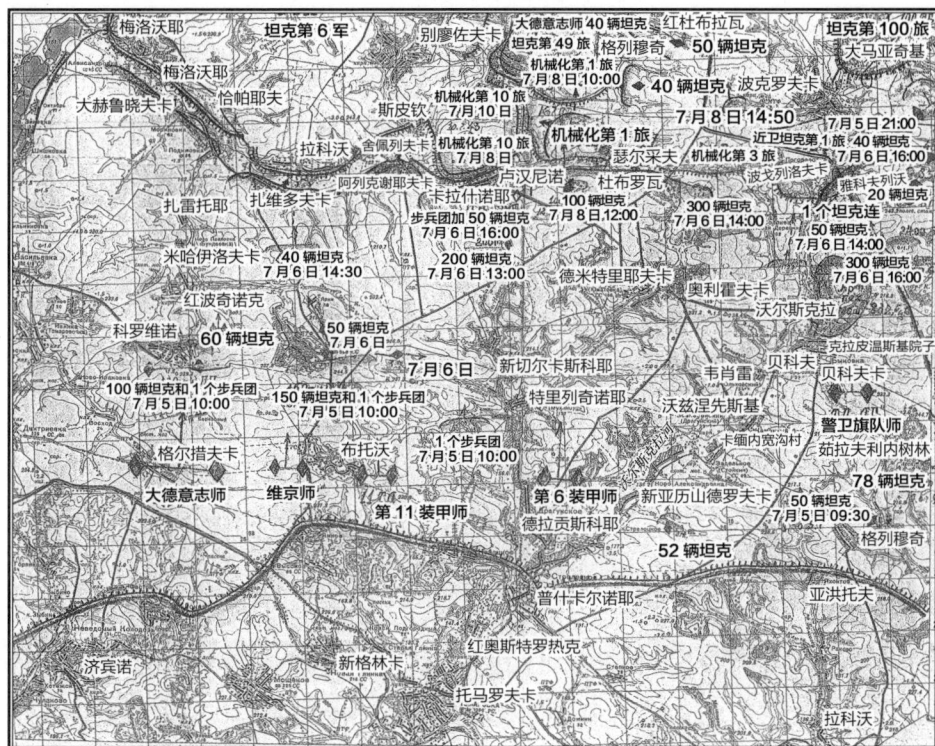

坦克第1集团军对杜布罗瓦的进攻示意图

　　20:10，大德意志师师长赫恩莱因确认了此前一些报告的真实性，这些报告认为该师已经越过了大量布设地雷、带刺铁丝网和防坦克壕的奥利霍瓦亚（Olkhovaya）与大河谷（Bol'shoi Log），正在进攻杜布罗瓦。德军的说法是：战斗"非常激烈"。20:20，空中侦察报告，位于杜布罗瓦西南一千米处的德军先头坦克分队前方出现约50—60辆苏联坦克（这一定是机械化第3旅）。21:10，有报告显示该师与瑟尔采沃南面的苏军反坦克部队进行了激烈交火，伤亡很大。23:00，该师抵达杜布罗瓦东面。据报告，杜布罗瓦东南面的森林中有48辆苏军坦克。大德意志装甲团在报告中声称其仍可以在午夜前达成突破，但却因地形原因无法合围瑟尔采沃以西的苏军（机械化第3军的两个机械化旅）。另外，大德意志装甲团还报告称其手下坦克缺乏弹药。克诺贝尔斯多夫命令大德意志燧发枪兵团在卢汉尼诺附近的佩纳河北岸建立桥头堡，以供大德意志师所属部队使用，且如果可能，位于瑟尔采沃的装甲部队也应

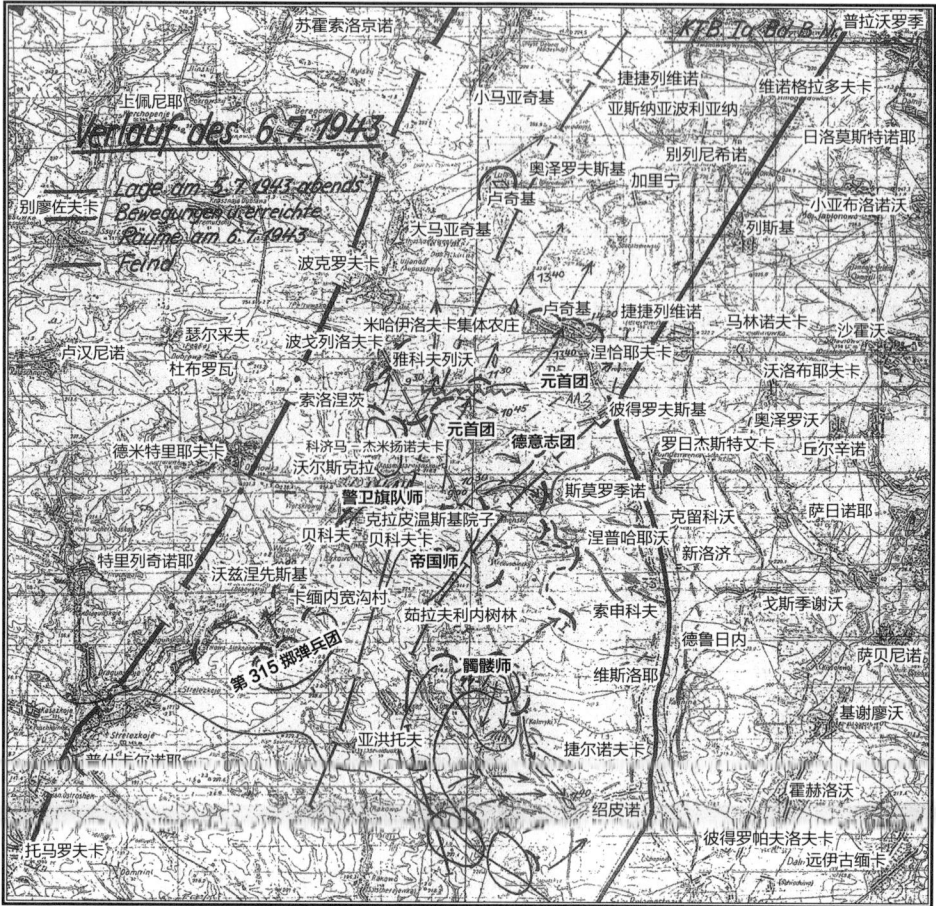

SS 第2装甲军 1943 年 7 月 6 日态势图

移动至此，至于第 3 装甲师则应跟在大德意志师身后穿过桥头堡。

克诺贝尔斯多夫的最后一道命令有些令人不解，因为大德意志装甲团还在瑟尔采沃和杜布罗瓦战斗，让他们抽身西去并不合理。由于从杜布罗瓦到 254.5 高地之间都是高地和开阔地，所以德军完全可以将苏军合围在卢汉尼诺和瑟尔采沃，或至少将其吸引住并逼退至侧翼。也就是说，继续进攻 254.5 高地并合理利用在这里打开的突破口，似乎对德军更为有利。

与此同时（20:20），第 11 装甲师的坦克正在从西南方向往杜布罗瓦进发。第110 和第 111 装甲掷弹兵团开始与装甲群并肩作战。21:10，由于苏军的反坦克火力很强，第15装甲团在241.1高地推进得很慢。第11装甲侦察营开始从南面进攻高地上的苏军阵地。23:10，第11装甲侦察营奉命从南面包抄伊佐托沃（Izotovo，杜布罗瓦东南四千米处）树林，以便从后方进攻苏军。这将有力合围在杜布罗瓦东南面的苏军装甲部队（隶属于近卫坦克第1旅）。

当日苏军损失

到日终时，近卫步兵第71师（实际上大概只能动用一个团）脱离了阵地。近卫步兵第67师也只剩一个减员很大的团在防御，余部正忙着退回到后方。德军完全肃清了第48装甲军当面的第一防御地带。

而苏军的第二防御地带也遭到了德军的冲击。第48装甲军当面的第二防御地带上有苏军坦克第6军和机械化第3军，以及近卫步兵第90师、近卫步兵第67师和第71师败退下来的兵力。值得一提的是，近卫步兵第90师的实力被严重削弱了——在其9个步兵营中有4个被抽调去加强第一防御地带，并从此在记录中消失得无影无踪。推断自7月4日德军开始进攻后，第48装甲军当面的苏军损失了6459人。

SS第2装甲军

党卫军的进展虽然远不如预期，但却依然在7月5日突破了苏军的的第一防御地带。与左翼的第48装甲军不同，SS第2装甲军在6日干净利落地突入了第二防御地带。这并非是因为党卫军的战斗力更强，而是因为其当面的抵抗更弱，并且苏军指挥部没有在第二防御地带上投入大量装甲兵。

此时，曾在7月5日不幸独力迎战3个规模庞大的党卫军装甲掷弹兵师的近卫步兵第52师已被打得支离破碎。该师试图在夜间撤退——在左翼抗击髑髅师的近卫步兵第155团退守斯莫罗季诺（Smorodino）地域、中央的近卫步兵第151团退至波克罗夫卡（Pokrovka）和大马亚奇基（Bolshie Mayachki）地域、右翼的近卫步兵第153团在原来的防线附近建立环形防御。不过，这样他们和友邻的近卫步兵第67师的部分兵力就有被合围的危险。

近卫步兵第52师已经被党卫军"切为两段"。早晨，近卫步兵第52师报告有一个步兵营在防守特里列奇诺耶（Trirechnoye）—233.6高地—沃兹涅先斯基（Voznesenskii）和韦肖雷（Veselyii）南部一线（即奥利霍夫卡西南，切尔卡斯科耶

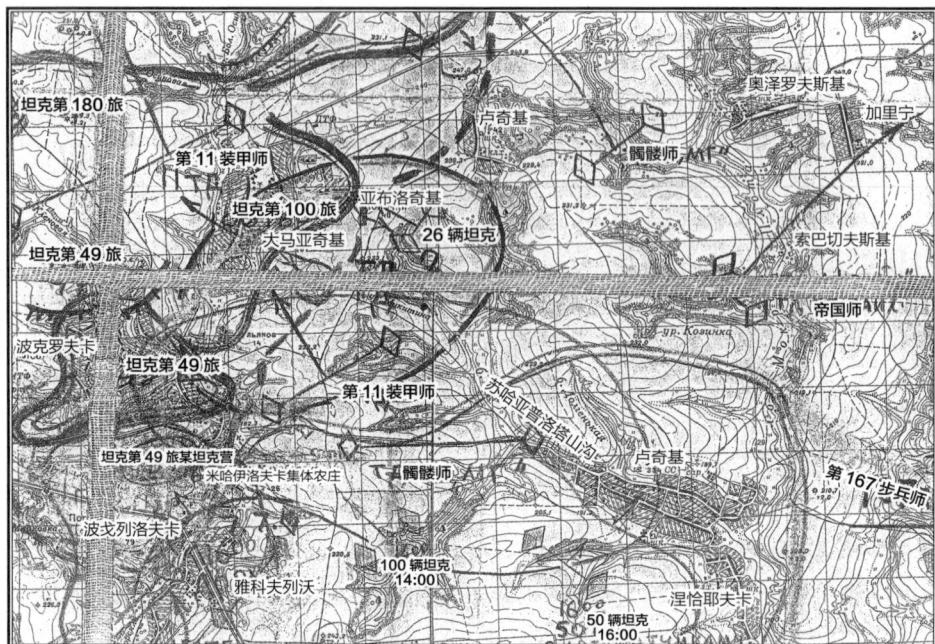

波克罗夫卡之战的示意图，1943 年 7 月 6 日

东南方向）。该步兵营被逼退到了侧翼，而德军第 167 步兵师则在其西面行进。此外，还有 4 个步兵营被压缩到了索隆涅茨（Solonets）—雅科夫列沃（Yakovlevo）附近一片比较适合防御的地域中。东面的叶里克（Yerik）以北的小树林中有 2 个苏军步兵营，他们被髑髅师逼得逐渐退向东面。至于苏军另外 2 个步兵营的位置，现在还不得而知。近卫步兵第 52 师师部从沃尔斯克拉（Vorskla）村经雅科夫列沃西边树林退到了波克罗夫卡，他们正试图将全师的兵力都集中到波克罗夫卡。虽然 7 月 5 日的报告称该师伤亡了 700 人，但考虑到当天苏军的损失总数，可以判断出该师的实际伤亡人数应该会更高——也许超过了 1000 人。[21]

在东面，步兵第 375 师右翼退守绍皮诺（Shopino）、捷尔诺夫卡（Ternovka）和叶里克地域。在这里，他们得到了近卫步兵第 51 师（原属于集团军第二梯队）一个团的增援。

近卫步兵第 51 师的另外两个团正在把守集团军第二防御地带，其右翼在 226.0 高地—雅科夫列沃南边—雅科夫列沃东南四千米处高地一线。这样第二防御地带就没有多少预备队在防守了，而且战线中央还有一个缺口。近卫第6集团军麾下7个师中有6个已经与德军接战，只有部署位置很怪的近卫步兵第89师（位于顿涅茨河三角地带，集团军最左翼后方），以及反坦克歼击炮兵第31旅尚未参战。

苏军支援第二防御地带的有3个坦克军。其中，西面的坦克第1集团军的坦克第31军正开赴波克罗夫卡和雅科夫列沃地域。虽然该军位于集团军第二梯队，但最终将迎击警卫旗队师。在中路SS第2装甲军当面，近卫坦克第5军在防守第二防御地带的近卫步兵第51师后方远处的阵地。该军最终将抗击帝国师。最后，在最东面的SS第2装甲军右翼的是近卫坦克第2军——他们主要面对的是髑髅师。

在原计划中，坦克第31军是坦克第1集团军第二梯队，但他们很快就在集团军左翼投入了战斗——抗击警卫旗队师。7月4日夜至5日凌晨，该军前出到伊夫尼亚（Ivnya）—弗拉季米罗夫卡（Vladimirovka）—阿利索夫卡（Alisovka）一线，主力集中在库拉索夫卡（Kurasovka）地域。莫斯科时间7月5日18:00，该军奉命准备进攻：一小时后要占领防御阵地。经过夜间行军，该军的坦克第237旅在6日早晨占领了240.4高地—克鲁格利克（Kruglik）外围一带的阵地，坦克第100旅在防守克鲁格利克—库林诺夫卡（Kulinovka）一线，坦克第242旅占领了232.8高地—248.3高地一线（这里位于坦克第1集团军的防线后方约20千米处）。到莫斯科时间16:00，坦克第100旅向东南运动到雅科夫列沃东北面地域，以掩护集团军左翼，并与近卫坦克第5军建立联系。莫斯科时间17:00，坦克第100旅奉卡图科夫之命前出到大马亚奇基一带，而坦克第242旅和第237旅则强行军至奥泽罗夫斯基（Ozerovkskii）地域。[22] 不过，后两个旅没来得及赶到该地域。因此，他们与近卫坦克第5军之间就留出了一个缺口。到日终时，坦克第100旅在大马亚奇基—亚布洛奇基（Yablochki）一线建立防御。[23] 随后，坦克第100旅被转隶给机械化第3军。据报告，经过上述行军，坦克第31军有15辆坦克掉队，可以投入战斗的有137辆T-34坦克、30辆T-70坦克、2辆T-60坦克和6辆BA-64装甲汽车。其中，坦克第100旅有39辆T-34坦克、11辆T-70坦克、2辆T-60坦克和3辆BA-64装甲汽车。

在坦克第1集团军面前，大德意志师和第11装甲师的战车从正面杀来、警卫旗队师的战车从东南面逼近——正有力压迫坦克第1集团军的左翼。这样来看，坦克第1集团军当前的局势就有些危险了。雪上加霜的是，沃罗涅日方面军误将近卫坦克第5军直接放在了坦克第1集团军左翼，即近卫步兵第51师的战线上。这就让 SS 第 2 装甲军可以用警卫旗队师打退坦克第 1 集团军左翼，用帝国师突破近卫步兵第 51 师的防线，并继续前进，与近卫坦克第 5 军交战。

最终，坦克第 31 军这一天并未全面参战——只有坦克第 100 旅与敌交火，而其余两个旅仍在行进途中。似乎坦克第 100 旅在莫斯科时间 16:00 或 17:00 之前并未与敌交战，我们也没有找到坦克第 31 军当天的任何伤亡报告。

近卫坦克第 5 军加入战斗

7 月 5 日，安德烈·格里戈里耶维奇·克拉夫琴科（A. G. Kravchenko）中将的近卫坦克第 5 军仍待在后方。其中，近卫坦克第 20 旅位于萨拉耶夫卡（Sarayevka），拥有 32 辆 T-34 坦克和 21 辆 T-70 坦克（另有 7 辆还在维修）；近卫坦克第 21 旅位于普洛斯科耶（Ploskoye），拥有 44 辆 T-34 坦克（另有 4 辆还在维修）和 21 辆 T-70 坦克；近卫坦克第 22 旅位于纳戈利诺耶（Nagol'noye），拥有 49 辆 T-34 坦克和 21 辆 T-70 坦克；近卫坦克第 48 团位于维亚佐沃耶（Vyazovoye）西南两千米处的树林中，拥有 21 辆丘吉尔坦克；近卫摩托化步兵第 6 旅在亚里京诺[①]；近卫坦克第 5 军的其他部队也在上述地域附近，共计 2 辆 T-34 坦克、28 辆 BA-64 装甲汽车和 20 辆装甲人员输送车（可能是英国布伦机枪车）。上述 3 个坦克旅报告有 9 个基数的油料、2—3 个基数的弹药和 7—12 天的食物。也就是说该军物资充足、装备齐整，随时可以投入战斗。

7 月 5 日下午 16:35，近卫坦克第 5 军接到瓦图京的命令，在雅科夫列沃村外至涅恰耶夫卡（Nechayevka）和捷捷列维诺（Teterevino）之间建立防线。[24] 这样该军就被放在了近卫步兵第 51 师后面，似乎他们在第二防御地带被突破之前从未上前支援过近卫第 6 集团军第二梯队。经过夜间行军，截至 7 月 6 日 06:00，近卫坦克第 5 军向前运动了 38 千米，在捷捷列维诺（北）—奥泽罗夫斯基—卢奇基（北）一线占领阵地。虽然这无法对近卫步兵第 51 师提供什么直接支持，但近卫坦克第 5 军也将自己放在了 SS 第 2 装甲军前进的道路上。根据报告显示，近卫坦克第 5 军的各坦克旅和坦克团的 125 辆 T-34 坦克中只有 106 辆抵达了集结地域 [这就是

---

① 译者注：档案地图显示为亚里京诺（Яригино），而现在的地图显示为亚雷京诺（Ярыгино），译者在这里以档案地图为准。

说，要么有 19 辆坦克坏在了路上，要么是近卫坦克第 5 军在 5 日上报的完好数量有些"乐观"（这一点的可能性更大）]；抵达指定地域的 T-70 坦克的数量比 5 日上报完好数量还要多 3 辆；21 辆丘吉尔坦克则全部顺利抵达。行军途中，近卫坦克第 20 旅的一辆 T-34 坦克翻车，造成 3 死 1 伤。6 日上午 06:00，近卫摩步第 6 旅的"摩托化"步兵仍在路上，该旅正在采取措施（据报告显示，该旅约有 148 辆"汽车"可供 2500 名官兵使用）。

近卫坦克第 5 军报告称，自己从早晨开始就陷入了艰难的防御战之中 [不过，我们手头关于该军的第一份行动报告却显示"近卫坦克第 22 旅从科津卡（Kozinka）树林边缘向 232.0 高地和卢奇基发起了一次不成功的反冲击"]。[25] 军长克拉夫琴科中将派近卫坦克第 21 旅和近卫坦克第 48 团（装备丘吉尔坦克）协助近卫坦克第 22 旅。这些部队都没能打退德军的进攻，近卫坦克第 22 旅在奥泽罗夫斯基和加里宁（Kalinin）被打垮了。莫斯科时间 16:30，近卫坦克第 5 军的两个旅和一个团被围困在科津卡树林一带。德军随后试图迅速抢占别列尼希诺（Belenikhino）车站，并攻击斯托罗热沃耶（Storozhevoye）。当时，近卫坦克第 5 军只剩一个坦克旅来填补缺口，没有足够的预备队来阻止主力被合围。[26] 克拉夫琴科中将在向瓦图京汇报时说：

敌人使用大量坦克、不下两个装甲师和摩托化步兵，在 1943 年 7 月 6 日 12:00 开始从斯莫罗季诺、科济马—杰米扬诺夫卡和东面树林地域出发，兵分两路向北面和东北面进发。现在我们很清楚，敌人主要在对付我军。这是拥有多达 300 辆坦克和一个机械化师的"坦克楔子的尖头"。敌航空兵从一开始就系统地破坏了我军阵地和集结地点。据统计，在 1943 年 7 月 6 日这天，敌机出动了不下 1500 架次。

当敌坦克集群正在前进时，步兵第 23 军军长以您的名义要求我出动两个坦克旅和丘吉尔坦克团，向 246.3 高地、243.2 高地和东北面的小树林发起反冲击。除了这份挂着您的名头的指示之外，全权代表近卫第 6 集团军司令的尼基福罗夫（Nikiforov）上校也来到我这里，并威胁我说，如果我的军不发起反冲击，他就要使用武器了。我执行了这条指示。尽管我军的防御地段遭到削弱，但所属部队直到 7 月 6 日 23:00 都还是挡住了敌主力的进攻，直到完全被围。在杀出重围后，我军在伊万诺夫斯基移民新（Ivanovskii Vyselok）村—别列尼希诺—捷捷列维诺（南）地段的铁路沿线进行防御，并在铁路西面一千米处设立警戒。7月6日这一天，我军在没有得到右翼（坦克第 1 集团军所部）和左翼（近卫坦克第 2 军所部）支援的情况下，与敌人主要的坦克兵力进行了激战，共损失 110 辆坦克。[27]

对于近卫坦克第 5 军来说，尽管损失的这 110 辆坦克包含了战斗前损失的 21 辆 T-34，但一天内损失这么多坦克依然一场惊人的失败。早晨他们还至少有 193 辆坦克，而一天之内就损失了不下 46%。人们可以苛责克拉夫琴科中将在没有炮兵、航空兵、步兵支持或侧翼掩护的情况下就对德军诸兵种合成力量（148 辆坦克、突击炮和自行反坦克炮，可能还有警卫旗队师的 157 辆坦克、突击炮和自行反坦克炮中的一部分）发起进攻，但却应该清楚这次进攻是他按上级的指示来做的。更重要的是，克拉夫琴科中将还受到了被枪毙的威胁！

到日终时，帝国师成功拿下了卢奇基、萨巴切夫斯基①、加里宁、232.0 高地、奥泽罗夫斯基及其西北面的树林。当天，帝国师损失了 30 辆坦克和突击炮。

截至日终时，近卫步兵第 52 师报告称，其两个步兵团在瑟尔采沃—波戈列洛夫卡（Pogorelovka）一带（基本上面对的是德军第 167 步兵师和警卫旗队师），两个步兵营在叶里克和北面的树林（髑髅师当面）一带。近卫步兵第 52 师开始撤出战斗：已被合围的近卫步兵第 153 团所属分队在下午两点时奉命撤到大后方的苏霍—索洛京诺（Sukho-Solotino）地域，近卫步兵第 155 团要在卢奇基（南）以北三千米处的萨巴切夫斯基地域集结，而近卫步兵第 151 团则在小普辛卡（Malaya Psinka，在普肖尔河岸边，普罗霍罗夫卡以北七千米处）地域集结。在这两天的激战中，该师承担了一个苦差事——抗击党卫军的 3 个装甲掷弹兵师。据"估计"，该师共减员 1720 人，占其总兵力的 19%。[28] 集团军在 17:00 左右与该师失去了联系，直到次日才恢复联系。

此时处于中央的近卫步兵第 51 师分布在波克罗夫卡—米哈伊洛夫卡—卢奇基（北）—捷捷列维诺（北）一线——即整个 SS 第 2 装甲军的战线上。SS 第 2 装甲军也确实在近卫步兵第 52 师的防线中央达成重大突破，并杀入了近卫步兵第 51 师

---

① 译者注：作者原文为 Sobachevskii，但档案地图显示为 Сабачевский。

的防线。现在苏军西面的战线沿沃尔斯克拉（Vorskla）河延伸至雅科夫列沃，东面的战线则被挤到了叶里克（这一地域眼看着就要被包围了）。可以说，近卫步兵第51师和近卫步兵第52师是此战中沃罗涅日方面军损失最惨重的两个师。

当帝国师和警卫旗队师正将兵力集中在狭窄正面上时，髑髅师则在扩大战线以掩护德军右翼，并打通别尔哥罗德往北的公路。虽然这样使用进攻资源有些浪费，但因为在这里没有别的步兵师，所以也只得如此。此外，这一侧的当面还有苏军一个坦克军和一个独立坦克旅。

近卫坦克第2军从科罗恰（Korocha）地域出发，进行了夜间行军。SS第2装甲军通过审讯战俘得知，近卫坦克第26旅在7月5日15:00（柏林时间？）得到警报，并开始前往彼得罗帕夫洛夫卡（Petropavlovka）地域（于次日零点到达）。苏军的报告指出，近卫坦克第2军在莫斯科时间7月6日04:00时就已到达利波维顿涅茨河一线。近卫坦克第25旅位于罗日杰斯特文卡（Rozhdestvenka）；近卫坦克第26旅在

近卫坦克第2军在1943年7月6日18:00的势态

涅普哈耶沃一带，于罗日杰斯特文卡至新洛济（Novye Lozy）一线展开，其摩步营位于涅普哈耶沃西面三千米处的树林边上；近卫坦克第4旅和近卫重型坦克第47团位于克留科沃（Kryukovo）以东一千米处的树林地域内（属于第二梯队）；近卫摩托化步兵第4旅在新洛济至戈斯季谢沃（Gostishchevo）一线掘壕防御。白天他们一直在坚守阵地——从莫斯科时间07:30开始与德军交火。

防御利波维顿涅茨河一线的还有步兵第375师。与友邻的近卫步兵第52师相比，步兵第375师上报的7月5日损失数字相对较小。报告显示，步兵第375师早晨正在防御从"自由劳动"集体农庄（Smelo k Trudu Kolkhoz）以东一千米处至绍皮诺一线。[29]另外，坦克第96旅也已赶到当地——他们自4月24日起就一直在希申诺（Shishino）和波斯特尼科夫国营农场（Postnikov Sovkhoz）地域，有42辆T-34、4辆T-70、3辆T-60坦克和1辆T-38坦克（共计1146人，编为两个坦克营、一个摩步营、一个反坦克营和一个反坦克连。7月5日，坦克第96旅开始上前防御涅普哈耶沃、维斯洛耶（Visloye）和捷尔诺夫卡的渡河点。当天，他们报告称有46辆T-34坦克和5辆T-70坦克（应该是修复了一些）。

此外，德军向前推进之后，也开始与苏军第69集团军遭遇——首当其冲的就是步兵第183师。步兵第183师最初的位置在普肖尔（Psel）河河畔的瓦西里耶夫卡（Vasil' evka）—日洛莫斯特诺耶（Zhilomostnoye）—北顿涅茨河畔的希佩（Shipy）一线，总战线长38千米。该师显然在7月6日沿利波维顿涅次河向前移动了，因为有记录显示战斗于10:50在克留科沃地域打响。而且，德军的一个步兵团和80辆坦克在白天抵达了罗日杰斯特文卡—克留科沃一线，并于15:00被挡在了这里（第69集团军司令部7月5—7日的资料显示，防御这一地段的是近卫步兵第93师）。

根据近卫第6集团军司令奇斯佳科夫的口头命令，近卫坦克第2军于莫斯科时间17:00在新洛济地域渡过了利波维顿涅茨河，然后沿克拉皮温斯基院子（Krapivinskiye Dvory）和"自由劳动"集体农庄方向进攻。该军的记录中显示："我军克服敌优势兵力抵抗，冒着猛烈的火炮和迫击炮轰炸、坦克火力和敌航空兵的攻击，于20:00将敌人从建立了环形防御的斯莫罗季诺、卡缅斯基（Kamenskii）、格鲁申斯基（Glushinskii）和'自由劳动'集体农庄逐出，并继续与其交火。"

此举揭示了帝国师和髑髅师装甲群已加入战团。最终结果是，德军估计打了坏苏军11辆坦克。而根据苏军的记录，近卫坦克第2军当天损失了28辆坦克（含9

辆丘吉尔）和 191 人、坦克第 96 旅上报无损失。

随着夜幕降临，面对德军的反击，苏军撤向了索申科夫（Soshenkov）和涅普哈耶沃。根据苏军的记录，下达撤退命令的是方面军司令瓦图京——他认为部队所处的位置没有任何掩护。近卫坦克第 2 军被击退至利波维顿涅茨河东岸；7 月 7 日06:00，近卫坦克第 25 旅退到河边，位于彼得罗夫斯基外围至罗日杰斯特文卡一线；往下到新洛济是近卫坦克第 26 旅；再往下至德鲁日内（Druzhnyi），则是近卫摩步第4 旅；近卫坦克第 4 旅被移动到近卫坦克第 2 军右翼，以在捷捷列维诺（南）切断铁路，并掩护这一侧。近卫坦克第 2 现在只剩下 86 辆可以战斗的 T-34、66 辆 T-70 和区区 7 辆丘吉尔坦克。

与此同时，德军注意到有一股"更强大"的苏联装甲力量正在捷尔诺夫卡和维斯洛耶集结——这就是坦克第 96 旅。因此，SS 第 2 装甲军右翼仍受到很大的威胁。

苏联人这一天所做的是实施钳形突击：以近卫坦克第 2 军从斯莫罗季诺向西进攻，以机械化第 3 军从雅科夫列沃向东进攻。如果进展顺利，他们就可以挫败 SS第 2 装甲军的进攻，封闭战线。虽然近卫坦克第 2 军到达了合适的位置，可以展开攻击，但机械化第 3 军却因在 6 日下午遭到了位于南面和西南面的德军第 48 装甲军的打击，可以抽调的兵力有限。因此，这就注定了苏军的进攻必将失败——分兵会让机械化第 3 军既无法全力抗击第 48 装甲军，也无法全力打击 SS 第 2 装甲军。另外，由于过早发起进攻，苏军不仅没有打击到党卫军的侧翼，反而迎头撞上了警卫旗队师和髑髅师。不过，苏军想用两个装甲军就反击并吞下党卫军 3 个庞大的装甲掷弹兵师，似乎从一开始就想错了。

第 3 装甲军

这一天，第 3 装甲军投入了装甲力量，最后的结果喜忧参半。随着时间的推移，虽然德军在突破近卫步兵第 81 师阵地时会遇到大问题，但也已经在近卫步兵第 78师的第一道防线上打开了缺口。而计划突变和当天发生的变更部署，还让军长布赖特和上司肯普夫发生了冲突。

夜间，第 6 装甲师奉命将自己的地段移交给第 168 步兵师，然后在战线后方集结，准备跟在第 7 装甲师后面进攻梅利霍沃（Melikhovo）。撤出和换防按计划进行，地段的指挥权也在午夜移交给了第 168 步兵师。期间，苏军既没有进攻，也没有注意到第 6 装甲师的动向。接着，第 6 装甲师集结到了科洛尼亚—杜博沃耶（Koloniya Dubovoye）一线，并在索洛米诺（Solomino）和多罗戈布日诺（Dorogobuzhino）越过顿涅茨河桥前往克鲁托伊宽沟（Krutoi Log）地域。阿尔弗雷德·鲁贝尔在回忆中提到，他们在河对岸通过一道防坦克壕时遇到了很大的困难——各种坦克和装甲车辆堵了一长串，遭到了苏军炮兵的集中打击。

7 月 6 日 18:45，第 6 装甲师重新投入战斗，该师的奥佩尔恩装甲战斗群[30]（以第 11 装甲团为核心组建）和第 7 装甲师的格莱塞梅战斗群[31]对格涅拉洛夫卡发起强攻。苏军的抵抗非常激烈，而且他们还有强大的炮兵和有效的近距离空中支援提供支持。

肯普夫集团军级支队唯一进展顺利的地段，是第 7 装甲师地域。第 7 装甲师于 07:00 从克鲁托伊宽沟村北面的几个高地出发，并攻击了巴特拉茨卡亚林场国营农场（Sovkhoz Batratskaya Dacha）西面的 216.1 高地。舒尔茨装甲战斗群[32]向东进攻巴特拉茨卡亚林场，并突入苏军第二道防线，到达了 209.6 高地以北 1.5 千米处。第 7 装甲师的顺利进攻，让右翼第 106 步兵师也打得很顺。随后，舒尔茨装甲群夺取了 216.1 高地，并与第 106 步兵师建立了联系。

近卫第 7 集团军近卫第 7 集团军下辖 2 个坦克旅、3 个坦克团、2 个自行火炮团，合计 246 辆坦克和自行火炮。）已经将麾下 7 支装甲部队中的 6 支投入到了突破口，并主要针对第 7 装甲师。到 7 月 6 日日终时，有 3 支装甲部队损失很大——他们在 5 日和 6 日至少损失了 58 辆坦克和自行火炮，而对面的第 7 装甲师则有 67 辆坦克被击毁、击伤或出现故障。

肯普夫的来电

这一天，第 3 装甲军文件中有一份于 19:45 手写的《战争日志备注》——这显然是布赖特在接到了其上级、装甲兵将军肯普夫后写的。备注中这样写道：

肯普夫司令亲自给我打电话（斯派德尔将军也在线上），告诉我说，他觉得第 3 装甲军在使用上是不恰当的。他最不满意的是我军推进得过于靠东了。

……

我军相信即将取得的胜利会证明决心的正确性。

集团军司令①的批评让我觉得不可思议。当集团军参谋长与我的通话结束时（详情见日志备忘录），斯派德尔将军找不出任何理由反驳我。

这份备忘录上手写了日期"7月6日"，而且很奇怪地只签了姓氏首字母。[33] 此外，布赖特还在备注中抱怨第19装甲师缺乏冲劲。

到日终时，第3装甲军已经突入较大纵深，从而可以转向北面，开始清理北面地域。不过，因为集团军级支队未能拿下旧城（Staryii Gorod）和近伊古缅卡（Blizhnyaya Igumenka），所以他们无法掩护SS第2装甲军右翼。由于第3装甲军对战役全局来说很重要的，而非单纯的牵制力量。所以，他们需要绕过上述地点，并渡过北顿涅茨河——他们要做到这一点，还需要前进12—15千米。同时，他们还面临着一个问题：在挥师北上时，其侧翼仍有近卫第7集团军第二防御地带的大量兵力在虎视眈眈。如果第3装甲军可以像第48装甲军一样在两道防御地带之间横向机动，就可以取得相当大的进展。然而近卫步兵第81师牢牢控制着旧城，而苏军在德军进攻道路上还控制着另一道东西方向的防线。第6装甲师和第74装甲掷弹兵团（隶属第19装甲师）的部分兵力从米哈伊洛夫卡桥头堡撤出，通过第19装甲师和第7装甲师建立的几个桥头堡重新投入战斗。此举虽然降低了德军的伤亡，也最大化利用了装甲兵的机动性，但却对扭转整个战局而言没有太大帮助。虽然第3装甲军是当天表现最好的一个军，但其行动方案却并不是最佳方案。也许，真正的问题在于德军希望第3装甲军不要遇到什么抵抗。因此，这一行动方案的基础就是德军有能力横扫一切，而且拥有超乎现实的推进速度。

劳斯军

第106步兵师和第320步兵师在铁路路基和顿涅茨河东岸之间挤作一团。劳斯军推进了两千米，而左侧紧挨着他们的第7装甲师已经突入苏军防线七千米。虽然劳斯军在前一天的激战中损失了2500人，但也有效击退了近卫步兵第72师第一梯队的两个团——该师的第二梯队已无力抵挡劳斯军了。早晨，劳斯军在经过激烈

---

① 译者注：英文原文如此。

交火后，已与德军其他参与进攻的师中的绝大部分进度一致了。7月6日这一天，就这么过去了。

第3装甲师的打击落在了近卫步兵第78师身上。近卫步兵第78师的报告显示，他们在7月5—6日共死伤了3293人（失踪情况未列出），还损失了12门120毫米迫击炮、60门82毫米迫击炮、39门50毫米迫击炮、15门76毫米炮、36门45毫米炮、12门122毫米炮、152支反坦克枪（原有197支）、4辆汽车和123匹马。相比之下，北面的近卫步兵第81师只死伤了347人（失踪情况未列出）；后面的近卫

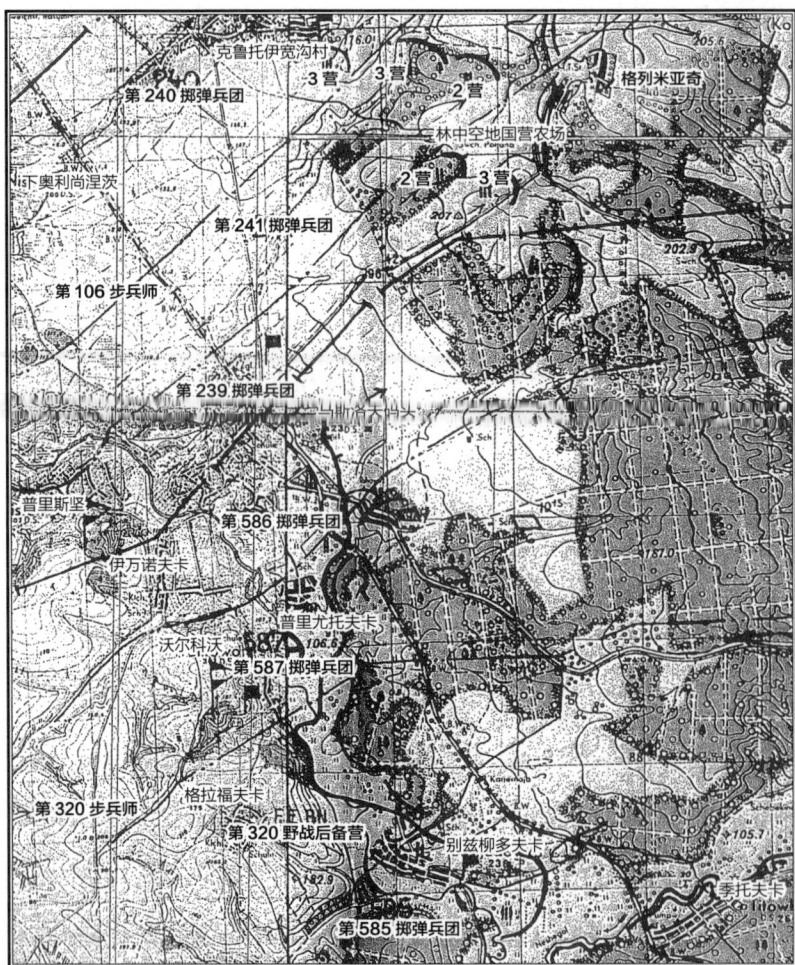

1943年7月6日15:00（莫斯科时间17:00），劳斯军态势图

步兵第 73 师死伤 1670 人（无失踪）；南面的近卫步兵第 72 师死伤和失踪了 2738 人（其中失踪 439 人），并只损失了约一半的武器装备；而步兵第 213 师则死伤和失踪了 1865 人。

草原军区和西南方面军

莫斯科时间 7 月 5 日晚 18:00，瓦图京通过电报向斯大林汇报了战况。他告诉斯大林，仅仅在近卫第 6 集团军正面，就有德军的 6 个装甲师。而且，德军还在增派新锐预备队。瓦图京请求大本营调拨 4 个坦克军和 2 个航空兵军"以备不测"。和他在一起的大本营代表华西列夫斯基也提交了报告，建议动用坦克第 10 军和第 2 军（分别前往普罗霍罗夫卡和科罗恰）。此外，华西列夫斯基还建议让帕维尔·阿列克谢耶维奇·罗特米斯特罗夫（P. A. Rotmistrov）中将的近卫坦克第 5 集团军前出到旧奥斯科尔（Staryii Oskol）以南的奥斯科尔河。[34]

至此，下辖近卫坦克第 5 集团军、近卫第 5 集团军和第 53 集团军等部的草原军区也进入警戒状态。

最靠近战场的近卫第 5 集团军在 7 月 5 日晚就得到了警报。7 月 5 日 18:00，至少一个师甚至很可能整个集团军都接到了"停止训练，占领防御阵地"的命令。7 月 6 日晚至 7 日凌晨，位于旧奥斯科尔、距离前线仅 115 千米的坦克第 10 军脱离近卫第 5 集团军，向南机动。该部在半夜接到了"前往普罗霍罗夫卡地域"的命令，并于 7 日 04:00 动身，至 19:00 时已经行军 80 千米，在指定位置完成了集结。[35]

下辖近卫机械化第 5 军和坦克第 29 军的近卫坦克第 5 集团军（坦克第 18 军也被转隶给了该集团军）也在 5 日晚间收到警报。7 月 6 日 23:30，集团军接到行动命令，并于次日 01:30 动身。8 日早晨，集团军主力到达旧奥斯科尔。

西南方面军方面，坦克第 2 军也在 6 日午夜接到警报。至 8 日 08:00，该军已经集结到了卡梅舍夫卡（Kamyshevka）和普拉沃罗季（Pravorot'）地域。[36]

就这样，除了已经加入战斗的 5 个坦克 / 机械化军外，又有 5 个坦克 / 机械化军赶来增援。

最后，又发生了一件事。虽然这件事对战局的影响有限，但却表明苏军统帅部对德军在南方攻势的重视程度。7 月 5 日午夜，斯大林在与中央方面军司令罗科索夫斯基通电话时，许诺将草原军区的第 27 集团军（司令为谢尔盖·格奥尔吉耶维奇·特罗菲缅科中将）转隶给他。这个步兵集团军实际上将放在中央方面军的东面，下辖6个步兵师和1个坦克旅。几个小时后，调令被撤销，第27集团军开始准备南下。罗科索夫斯基将只能依靠现有兵力与德军对抗。而且一旦南线被突破，他还要负责守住库尔斯克市。[37]7月6日，第27集团军开始转向南线。[38]

当日总结

现在，德军已经利用3个装甲军打开的突破口在更宽大的正面上向前推进了。在左翼第52步兵军的部分兵力的支援下，第48装甲军和SS第2装甲军正以5个装甲/装甲掷弹兵师的兵力向前进攻（第3装甲师正在变更部署）。第3装甲军也已经完全达成突破，并在右翼的劳斯军的掩护下，以3个装甲师的兵力奋力向前推进。

德军这一天的减员比前一天少一些，共损失了约3973人（556人被死亡、3200人受伤、217人失踪）。苏军估计损失了8271人（1631人死亡、32436人负伤、3204人失踪）。此外，由于大量团级规模的部队或被分割，或被重创后被赶出阵地，

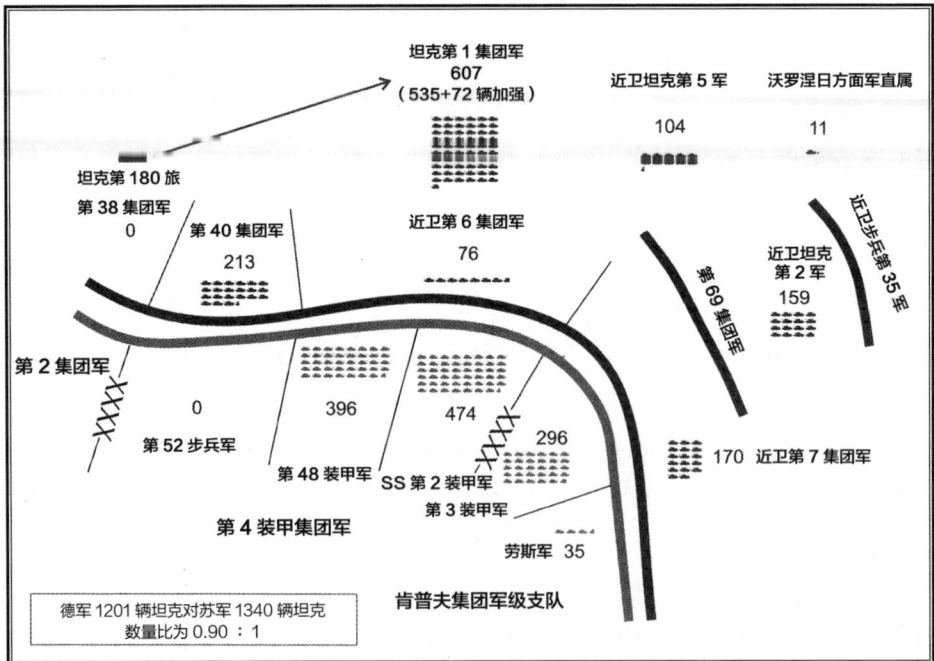

1943年7月6日晚，库尔斯克南线战车实力对比

所以苏军的战斗力量就更少了。虽然还有一些被打散的分队和部队穿过战场退回后方，但这些散兵游勇也没有什么战斗力可言。

不过，尽管第一防御地带已经被完全摧毁了，但得到了装甲力量加强的第二防御地带却尚可一用。此时，装甲力量的对比让德军的进攻变得更加困难，而在随后的几天中也确实会爆发一些艰苦的战斗。到现在为止，德军的装甲力量损失较大——这也是克服苏军防御工事和反坦克阵地所必须付出的代价。7月6日，德军在整条战线上损失了约276辆坦克，而苏军则损失了243辆坦克（含因机械故障而损坏的坦克）——其中不少来自于近卫坦克第5军。与前一天相反，交战双方的交换比近乎持平。加上5日的损失数和4日晚进攻时的少量损失，德军和苏军装甲力量的损失比为1.6:1，苏军占优（德军损失530辆坦克，苏军损失335辆坦克）。

不过，随着苏联的不断增兵，德国与苏联在整条战线上的兵力对比变为了1.5:1。不算第38集团军，沃罗涅日方面军有约40万人，却只让18万人进入一线战斗。因此，德军在一线仍有相对优势。

进攻第二防御地带：1943 年 7 月 7 日

德军在 7 月 4 日彻底肃清了苏军前沿战斗警戒阵地，并于会战第一天，即 7 月 5 日有力地突破了苏军第一防御地带。然后，在会战第二天前出到苏军第二防御地带，并开始攻击。会战第三天的主要内容就是第 48 装甲军突破第二防御地带、SS 第 2 装甲军实现突穿，而第 3 装甲军则转向北面，在第二防御地带旁实施横向机动。

第 48 装甲军

7 月 7 日上午，第 3 装甲师战线从第 332 步兵师地段延伸至卢汉尼诺；大德意志师的战线从卢汉尼诺延伸至杜布罗瓦附近；第 11 装甲师已在杜布罗瓦附近准备好继续与机械化第 3 军交战。

早晨，第 3 装甲师部队正在掩护第 48 装甲军西侧，等待被第 332 步兵师换下。由于军长克诺贝尔斯多夫决心将第 3 装甲师放在大德意志师后方的卢汉尼诺，所以部队被分成了四部分，天一亮就直奔卢汉尼诺。06:00，施密特-奥特装甲战斗群（Gustav-Albrecht Schmidt-Ott）已经抵达阿列克谢耶夫卡以南的 210.7 高地一带。09:20，师长韦斯特霍芬告诉克诺贝尔斯多夫，无法在中午之前做好进攻准备。克诺贝尔斯多夫命令必须在中午前完成渡河准备工作。

除了在下午晚些时候渡河，以及在左翼支援第 332 步兵师以外，第 3 装甲师自前一天中午以来一直没有参与较大规模的战斗。该师在 7 月 6 日损失了 73 人，而在 7 月 7 日的战斗中损失了 72 人。

11:15，集团军下达了一些似乎有些过于乐观的命令。这些命令指出，第 48 装甲军最重要的任务是与 SS 第 2 装甲军建立联系，以防止苏军从西北面对后者发起反击（坦克第 31 军正虎视眈眈）。命令还指出，第 3 装甲师最远不应越过别廖佐夫卡（Berezovka）以北五千米处的 258.5 高地——事实上，德军直到几天后才到达这里，而且还是从东北面杀回来的！也许德军以为第二防御地带已经被突破，并指望这一天能取得相当大的进展，第 3 装甲师可以穿过卢汉尼诺，从东面渡过佩纳河，然后直穿别廖佐夫卡。而我们将会看到，这些道路都得到了红军机械化第 3 军和坦克第 6 军的可靠掩护。

前一天夜间，大德意志师已经停止了前进，其装甲群（主要由装甲团、雷默的营和一些豹式坦克组成）已经在杜布罗瓦以东的 247.2 高地突入苏军阵地，而

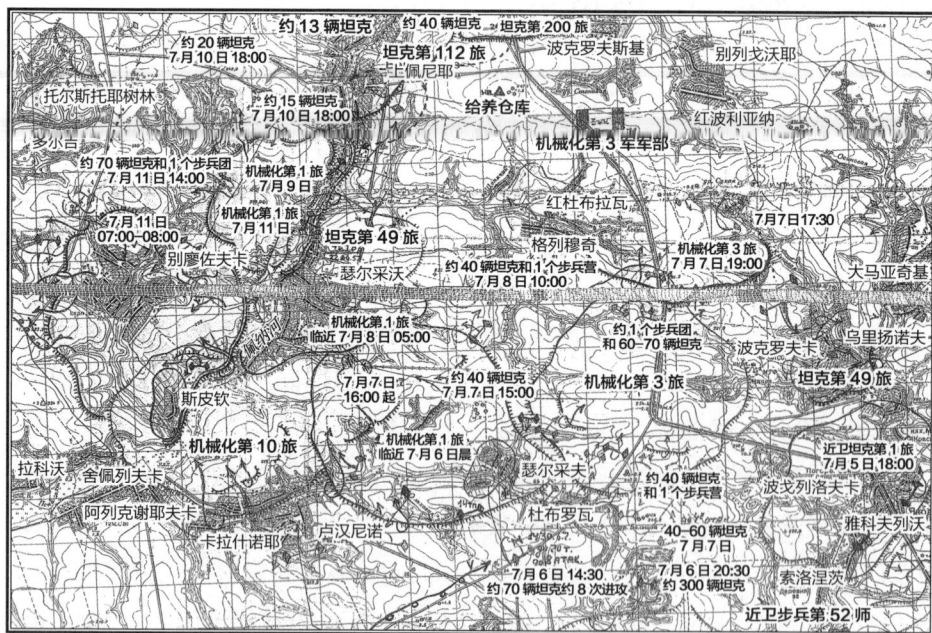

1943 年 7 月 7 日的态势示意图（来自机械化第 3 军）

燧发枪兵团也在卢汉尼诺附近的佩纳河北岸有了落脚点。晚上，从佩纳河北面的苏军阵地上传来苏联坦克发动机的轰鸣声。7月7日02:15，师长赫恩莱因在报告中说，燧发枪兵团迄今仍未在佩纳河北岸建立桥头堡，而且卢汉尼诺也只被拿下了一半（南部）。尽管如此，克诺贝尔斯多夫并未改变计划，依然让大德意志师和第3装甲师等桥头堡建好后就在此渡河。

这天上午，德军还提到了豹式坦克损失严重的问题。第48装甲军认为损失严重的根源不是苏军的炮火，而是机械故障——因为迄今为止只有2辆豹式坦克被火炮击穿。集团军每日报告中也提到现在有76辆豹式坦克在第48装甲军的军需官手里，正在修理站进行维修。另外报告中还提到，战场上还有更多的坦克遇到了一些较小的故障。7月7日上午的报告提到，只有43辆豹式坦克可以出击。

中午时分，集团军司令霍特在报告中指出态势已经发生重大改变。实际上，改变的似乎是他"对态势的理解"。苏军（坦克第31军）正在对SS第2装甲军左翼发动强大的装甲突击。由于霍特坚持认为第48装甲军应在格列穆奇（Gremuchii）两侧和上佩尼耶（Verkhopen'ye）方向发起进攻，并打击苏军装甲部队两翼，使其无法撤退。所以，第11装甲师将继续向格列穆奇东面的几个高地推进；大德意志师不得不在东北面于卢汉尼诺建立一个渡口，然后进攻格列穆奇西南面的几个高地，用两面包抄的方式夺取格列穆奇附近的苏军阵地。这样一来，大德意志师将向瑟尔采沃（Syrtsevo）方向发起进攻。[1]

强攻瑟尔采沃导致冯·施特拉赫维茨上校麾下两个装甲团之一的豹式坦克团损失巨大。机械化第3军不仅在此掘壕防守并进行了精心的伪装、在各处布置雷场，还得到了炮兵的支援。在向前推进的过程中，豹式坦克团遭到了隐蔽壕沟内的T-34坦克的攻击——有些火力还来自侧翼。根据第52装甲营副官拉恩（Rahn）少尉的说法，该团顷刻间就损失了30辆豹式坦克。

在战役发起时，德军共有200辆豹式坦克。由于至少有2辆豹式坦克在半路起火，所以4日夜间只有198辆到达前线并可以投入战斗。根据报告显示，到6日晚德军就只剩下了40辆豹式坦克。在损失的坦克中，有约40辆是在向杜布罗

---

① 译者注：请注意区分杜布罗瓦北面的村子瑟尔采夫（Syrtsev）和佩纳河畔的瑟尔采沃。

瓦推进的过程中和在杜布罗瓦的交战中被火炮和地雷毁伤的。至于其余的约120辆豹式坦克，基本可以确定是发生了机械故障。当晚的第48装甲军报告中称，由机械故障造成的豹式坦克的损失高得吓人。此外，报告中还提到，截至当时共损失了76辆豹式坦克[①]。从7月7日上午到9日晚之间，没有任何关于豹式坦克数量的报告。如拉恩少尉的说法准确，那德军仅7月7日就因敌方行动而损失了30辆豹式坦克。这样算来，整个豹式坦克团也就只有约12辆豹式坦克可用了。

此外，还有某个证据可以佐证德军确实在7月7日遭受了重大损失。第51装甲营的阵亡清单显示：7月4日有一人阵亡，5日有7人阵亡，6日有2人阵亡，7日有16人阵亡、1人失踪。[39]

在这次进攻中，豹式坦克团被用于穿过雷场、进攻苏军掘壕防御的坦克。也正是因为这次进攻，第10装甲旅旅长德克尔上校对冯·施特拉赫维茨使用豹式坦克的方法提出了批评。他后来还会就这些损失向古德里安诉苦。

第11装甲师在7日凌晨05:00出击，成功包抄并拿下了杜布罗瓦。然后，该师又夺取了严密防守的254.5高地，并推进到格列穆奇村。我们计算出第11装甲师这一天损失了46辆坦克、突击炮和黄鼠狼坦克歼击车，其中有3辆被击毁。现在在254.5高地上还有一块纪念独立反坦克歼击炮兵第14旅的牌匾，上面宣称他们毁伤了175辆法西斯坦克。

第11装甲师这一天似乎相当轻松，该师直接打穿了苏军一个机械化军的防线。但对于防御的苏军来说，这却是灾难性的一天——因为他们丢掉了第二防御地带、相当多的装甲力量，还有一个机械化军被德军分割。不过，从第38集团军抽调而来的坦克第180旅和第192旅对次日巩固防御、抗击第11装甲师发挥了至关重要的作用。

从7月7日夜间开始，除滞留在原阵地的机械化第10旅外，机械化第3军所属部队"实施了机动防御"。报告指出，敌优势兵力突破了机械化第3军的防御，迫使近卫坦克第1旅、坦克第4旅和机械化第3旅退向北面，并将机械化第1旅和第10旅丢在了后面。

---

① 译者注：德语原文为"Der Ausfall an Panthern, hauptsächlich durch Technische Schaden, ist ausserordentlich hoch. Bisher sind 76 wagen ausgefallen"。

与此同时，在第48装甲军和SS第2装甲军之间的第167步兵师也成功肃清了沃尔斯克拉河河谷。7月5—7日，该师在扫荡沃尔斯克拉河—沃尔斯克列茨（Vorskolets）河三角地带时俘虏了1437人。

晚上，第167步兵师主力（约2/3的兵力）集结在德米特里耶夫卡和奥利霍夫卡附近。肃清行动在"早晨"结束。在收到一系列让人迷惑慌乱的命令后，该师于12:00接到了新的任务：掩护利波维顿涅茨河一线、绍皮诺至卢奇基（南）之间的集团军东面侧翼，将这里的髑髅师部队换下来，然后阻止苏军渡河。在当天接下来的时间里，该师一直在准备向东前往顿涅茨河。不过，报告中没有提到有苏军发起进攻。

夜间计划

第48装甲军白天的行动就结束了。此时，德军已经突破苏军第二防御地带，正向奥博扬推进。似乎德军指挥官们在上午时，又觉得当面的苏军防御已经被打垮了。等到下午，他们知道不对劲了。21:28，集团军指出，次日没有新命令，第48装甲军应当与SS第2装甲师保持密切联系，并继续向北推进。德军的命令指出"必须打赢坦克战"，而且在未来几天内苏军可能投入预备队！

不过，德军显然不明白他们真正要面对的是什么。21:30，SS第2装甲军报告说缴获了一张苏军地图，上面显示了苏军部队的部署情况，上面有坦克第6军、机械化第3军、1个旅和5个坦克团。22:00，集团军司令部报告，苏军坦克第5军和第6军正沿奥博扬—雅科夫列沃高速公路两侧南下。此外，集团军司令部还查明近卫坦克第2军正位于利波维顿涅茨河两岸。霍特认为，不应正面攻击苏军坦克部队，而应（如往常一样）用第48装甲军和SS第2装甲军实施两面包抄。

即便是缴获了苏军地图，德国人也有些搞不清楚对手是谁、他们在哪里。这也许就是第48装甲军在22:15发布了一道奇怪的命令的原因——命令要求第11装甲师和大德意志师在波克罗夫卡外围—苏哈亚树林（Sukhaya）—红杜布拉瓦一线建立防御。这也预示着后面德军也会暂时停下来，并采取防御战术。

20:40，SS第2装甲军接到命令：立即出发，将近卫坦克第5军的进攻力量和后方梯队分割开来，然后将其击退至西面。第48装甲军接到的命令是：在瑟尔采沃附近突破苏军防御，然后向北进攻，阻止苏军退向奥博扬。而第3装甲师接到的命令是：在突破别廖佐夫卡以东的佩纳河防线后，继续向北进攻。不过，这个

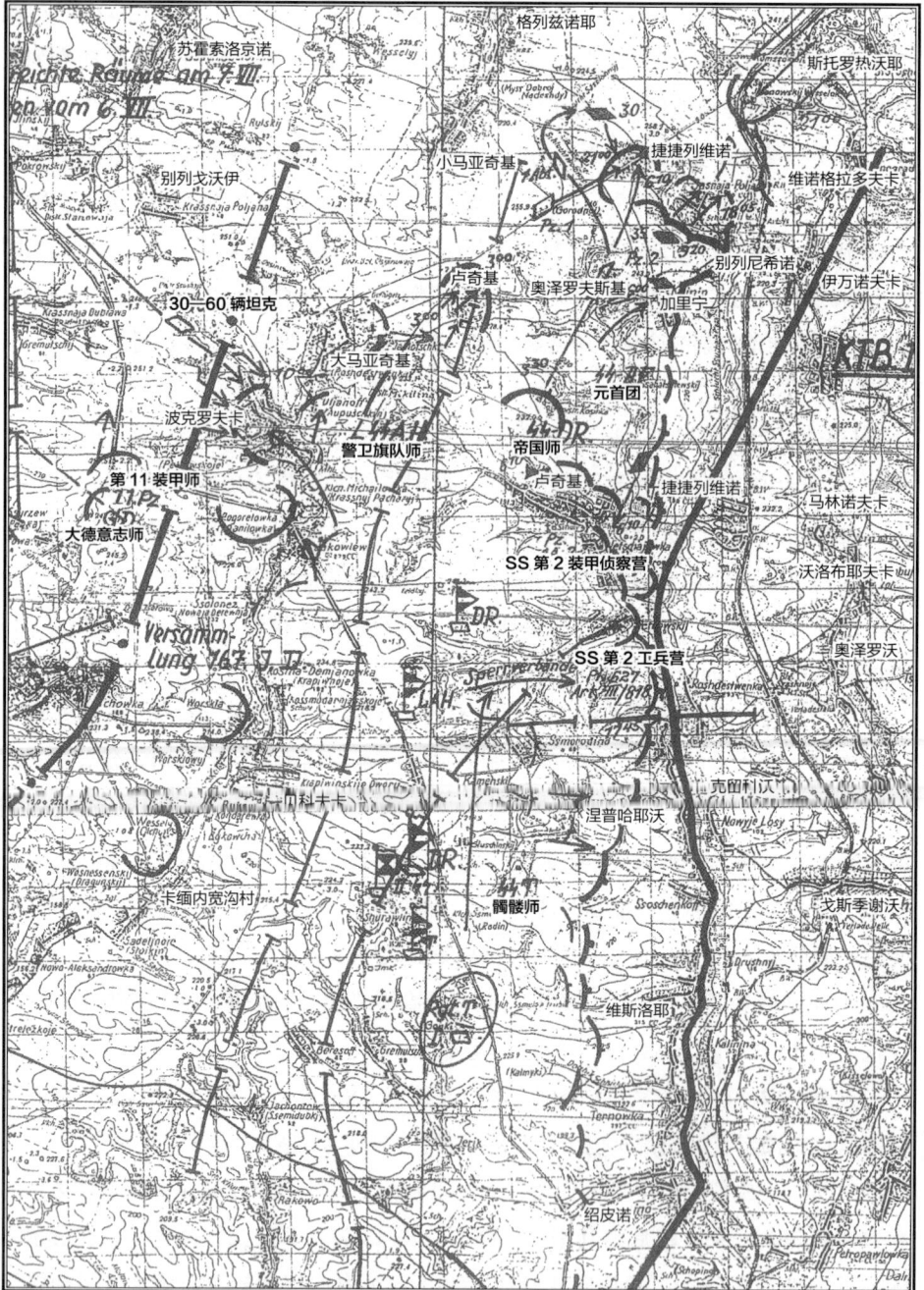

SS 第 2 装甲军 1943 年 7 月 7 日态势图

宏大的合围计划并未立即执行，因为他们在 24:00 时又收到了新的命令，要求次日再发起进攻。

第 48 装甲军于 7 月 8 日 02:00 整理的 7 月 7 日总结认为，现在苏军显然已经构筑了纵深梯次配置的防御体系并顽强死守。在普肖尔河南岸，苏军已经投入了预备队——坦克第 1 集团军。预计在明天（7 月 8 日），如果合围得手且苏军坦克集团军被消灭，那么第 48 装甲军在冲向普肖尔河并渡河过程中就不会再遇到任何强大的预备队了。也许，当时德军正在计划明天或最晚后天就渡过普肖尔河。

与此同时，苏军继续在德军的推进方向上调兵遣将。现在，近卫第 6 集团军已经得到了第 40 集团军的步兵第 309 师，以及一些反坦克和炮兵部队。

SS 第 2 装甲军

此时已是进攻的第三天，SS 第 2 装甲军还在为第一天就定下的目标而奋战。不用说，原定计划实在是过于乐观了。

警卫旗队师从拂晓开始进攻雅科夫列沃。到了晚上，通往亚布洛奇基 [在前往卢奇基（北）的半路上，也就是卢奇基（北）的西南方] 的道路被切断了，所以德军需要先解决这一问题。08:00，在斯图卡发起空袭之后，警卫旗队师和帝国师继续向北面和东北面进攻。

10:50，警卫旗队师报告称，有约 30 辆坦克已经从西北面突破苏军防线，并攻击了卢奇基（北），但目前已经被打退了。在白天余下的时间里，该师在这一方向上遭到了苏军坦克的攻击，并进行了激烈的防御战斗。这股苏军显然是德米特里·赫里桑福维奇·切尔尼延科（D. Kh. Chernienko）少将的坦克第 31 军。值得一提的是，德国空军为警卫旗队师的防御提供了很大帮助（同时也差点干掉德军坦克王牌维特曼）。

前一天已经突破第二防御地带的帝国师现在已经准备好扩大突破口，并乘胜进攻。然而，由于彼得罗夫斯基已被苏军于夜间夺回，所以帝国师不得不在早晨发动反击再将它抢回来。然后，侦察营和"元首"团将在涅恰耶夫卡—210.7 高地—加里宁一线掩护帝国师右翼。

05:30，警卫旗队师的装甲群出发攻击捷捷列维诺（北），目标是拿下该村并肃清其东面和北面地域。08:10,装甲团在加里宁和捷捷列维诺（北）陷入坦克战。而且，苏军坦克还从北面攻击了位于涅恰耶夫卡的侦察营。卢奇基(北)也遭到了猛烈轰炸。

12:30左右，位于捷捷列维诺（北）的警卫旗队师装甲团遭到了来自西北方和亚斯纳亚波利亚纳（Yasnaya Polyana）的约30辆苏军坦克（近卫坦克第5军）的攻击。经过一番苦战，苏军在14:00许退往北面。战斗中，警卫旗队师的装甲群受到了来自北面和东面的攻击。SS第2装甲军的情报军官指出，苏军在7月7日发起的攻击不如6日那样有组织——这导致苏军坦克损失惨重。

近卫坦克第5军在早晨报告称，其防线位于别列尼希诺（Belenikhino）的机器拖拉机站—列斯基（Leski）—225.0高地一线。此地域在SS第2装甲军的东侧，靠近萨日诺夫斯基顿涅茨(Sazhnovskii Donets)河一线。在SS第2装甲军的北进之路上，没有任何苏军的装甲部队。在昨天损失了110辆坦克后，近卫坦克第5军应该只剩约61辆T-34、35辆T-70和8辆丘吉尔坦克了。由于昨天的撤退，该军现在已经退到了德军进攻方向侧面比较适合防御的阵地上。这样，从别列尼希诺到小马亚奇基（Mal. Mayachki）之间出现了一个宽约八千米的口子——这里没有什么兵力可以用来阻止德国人。

到日终时，警卫旗队师的战线位于伊万诺夫斯基移民新（Ivanovskii Vyselok）村—卢奇基（北）—亚布洛奇基（不含）—波克罗夫卡（不含）之间。白天，该师和帝国师当面的苏军步兵似乎要么已经撤退了、要么被挤到了侧面、要么就干脆"消失"了。另外，似乎警卫旗队师和帝国师的进攻将近卫步兵第51师的部分兵力孤立在了捷捷列维诺（南）附近。看上去警卫旗队师从卢奇基（北）经捷捷列维诺（北）到258.2高地时遇到的抵抗十分有限，大部分战斗都是师左翼部队在与坦克第31军交手。看来帝国师上午从南向捷捷列维诺（北）的推进已经为警卫旗队师打开了前进道路。

为了掩护SS第2装甲军髑髅师和帝国师之间至日终时宽约30千米的右翼，髑髅师开始前进，并"克服了利波维顿涅茨河以西几个高地上的防御"。晚上，苏军强大的坦克部队渡过利波维顿涅茨河，进入罗日杰斯特文卡、斯莫罗季诺以东各高地和涅普哈耶沃地域。06:30，髑髅师对上述苏军部队发起了一次进攻。至12:30，德军的侧翼变安全了——苏军被赶回了利波维顿涅茨河东岸。至13:30，髑髅师在宽大的正面上前进，想要夺取河西两千米处的高地。

7月8日05:30，沃罗涅日方面军装甲坦克和机械化兵司令安德烈·德米特里

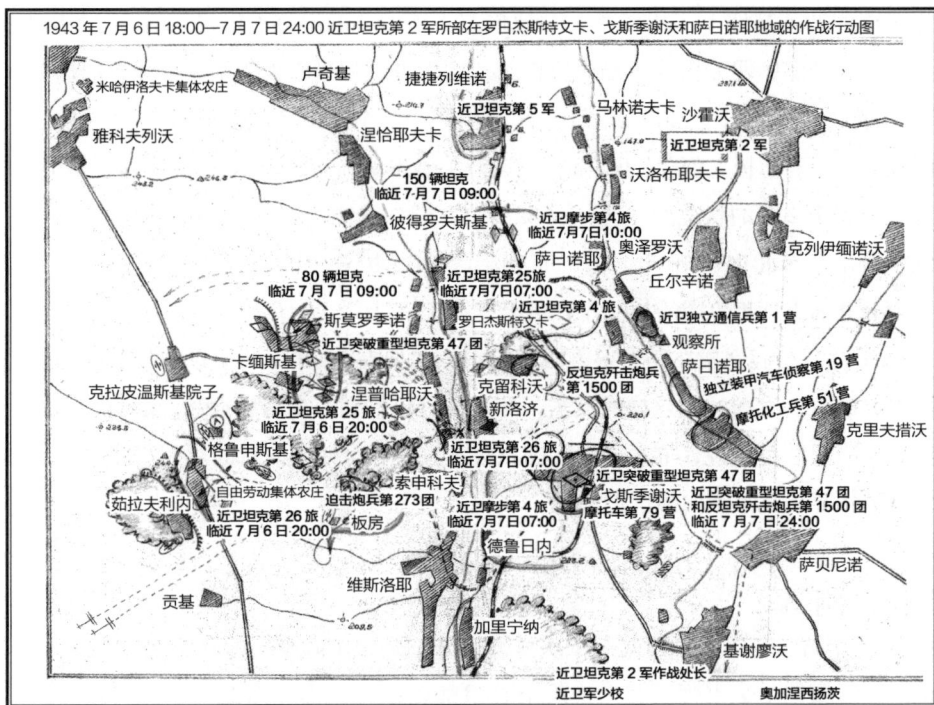

1943年7月6日18:00—7月7日24:00近卫坦克第2军所部在罗日杰斯特文卡、戈斯季谢沃和萨日诺耶地域的作战行动图

1943年7月6日18:00—7月7日24:00，近卫坦克第2军的势态图

耶维奇·什捷夫涅夫（A. D. Shtevnev）中将签发了方面军司令部命令，指示近卫坦克第2军"在卢奇基方向发起进攻，并在坦克第10军、近卫坦克第5军和坦克第2军的配合下围歼卢奇基西北面之敌，然后向卢奇基—贡基（Gonki）方向发展进攻，并前出到贡基地域"。

苏军手头仍有相当强大的兵力来实施此次进攻。近卫坦克第5军和第2军已经从一线撤出，并做好了在次日发起进攻的准备。坦克第10军刚抵达战场——尽管他们出发得很早，但直到这天才被转隶给沃罗涅日方面军。至17:00，坦克第10军已到达即将名扬天下的普罗霍罗夫卡地域。这支强大的部队拥有约99辆T-34坦克、64辆T-70坦克、12辆SU-152自行火炮和9辆SU-76自行火炮。此外，于7月7日被从西南方面军转隶给沃罗涅日方面军的坦克第2军也刚刚到达这一地域。坦克第2军集结在普拉沃罗季和克拉斯诺耶（Krasnoe）地域，然后又于7月8日前往维诺格拉多夫卡（Vinogradovka）地域。虽然该部实际上应该没有到达进攻出发位置，

115

但无论如何还是派上了用场[40]——他们有不下 168 辆坦克可以投入战斗。[41] 因此，与 7 月 6 日那软弱无力的钳形攻势相比，这次进攻相当于投入了 3 个强大的坦克军（加上近卫坦克第 2 军和机械化第 3 军拿出来的 2 个旅）。近卫坦克第 5 军在前一天的战斗中受到了极大削弱，现在估计只有 61 辆 T-34、35 辆 T-70 和 8 辆丘吉尔坦克。近卫坦克第 2 军的状况好一些，有 82 辆 T-34 和 54 辆 T-70 坦克 [未计算远在后方、别尔哥罗德东北偏东 70 千米处的布布诺沃（Bubnovo）的 30 辆后备坦克，以及与主力分开的重型坦克团的 5 辆丘吉尔坦克]。

不过，我们到现在仍然很难明白苏军为何要在 SS 第 2 装甲军的攻势尚未被挡住时，就对其发起一次这样的反击。此外，只攻打到卢奇基和贡基，说明苏军的目标相当有限。可以说，苏军的此次进攻根本没有一个明确的目的。而与此同时，SS 第 2 装甲军仍在继续向前推进。

第 3 装甲军

现在第 3 装甲军自西向东依次排开，分别是第 168 步兵师、第 19 装甲师、第 6 装甲师和第 7 装甲师。其中，两个装甲师正在向北面和东北面发起进攻（绍皮诺至巴特拉茨卡亚林场地域的情况，详见相关资料图——M-37-38-V、M-37-38-G、M-37-50-A 和 M-37-50-B）。

按照德军最初的计划，肯普夫集团军级支队在顿涅茨河东面的右翼应一直延伸至科连（Koren'）河。自然，这就需要突破近卫第 7 集团军的第二防御地带——劳斯军的很大一部分任务就在于此。这显然是不可能完成的事情，所以德军在东面侧翼（红军近卫第 7 集团军第二防御地带前方）建立了一道新的防线。苏军正在克鲁托伊宽沟村至巴特拉茨卡亚林场之间的树林里收拢部队，只有将这些部队肃清，德军才能建立一条完备的防线。因此，第 7 装甲师奉命在当天与劳斯军一起占领 216.1 高地西南的树林，并从拉祖姆纳亚（Razumnaya）河向马济金诺（Mazikino，梅利霍沃后面五千米处）进发。08:15，第 7 装甲师继续攻击克鲁托伊宽沟村东北面的树林。由于该师当日没有其他报告，所以记录不完整。

第 3 装甲军北面的苏军阵地非常薄弱。和第 48 装甲军非常类似的是，第 3 装甲军现在也在苏军的两道防御地带之间的高地上行进。这一路线的选择，受到了拉祖姆纳亚河、推进地域南侧和东侧水沟森林的限制——地形因素导致第 3 装甲军先从顿涅茨河向东北推进 10—14 千米后，再转向北面。

劳斯军

此时，苏军近卫第 7 集团军正在巴特拉茨卡亚林场及其南面地域建立稳固的防线。这样一来，双方都没有什么装甲战车参战，打的是传统的步兵战。近卫步兵第 25 军的近卫步兵第 73 师位于索洛维约夫集体农庄（Solovyev）—巴特拉茨卡亚林场—格列米亚奇 [Gremyachii，苏军地图上还在格列米亚奇（Гремячий）下标注了别名 "格列穆切耶"（Гремучее）]。该师不仅掌握着近卫步兵第 78 师的两个团、反坦克歼击炮兵第 30 旅，还加强有装备租借坦克的坦克第 201 旅（30 多辆英制玛蒂尔达和瓦伦丁坦克）、重型自行火炮第 1529 团（10 辆 SU-152）。

在格列米亚奇南面的近卫步兵第 24 军有 4 个师——近卫步兵第 36 师和第 72 师、步兵第 111 师和第 213 师。近卫步兵第 72 师位于波利亚纳—别兹柳多夫卡（Bezlyudovka），而步兵第 213 师在日终时位于科连河林场（Korenskaya Dacha）—涅热戈利（Nezhegol'）河——这两个师的部队混在一起（格列米亚奇西南 207 高地至别兹柳多夫卡之间，从北往南依次是近卫步兵第 229 团和第 222 团、步兵第 702 团、近卫步兵第 224 团）。坦克第 27 旅位于波利亚纳—勒扎韦茨（Rzhavets）—普里尤托夫卡（Priyutovka）以东的树林，此时仍有 35 辆 T-34 和 5 辆 T-70 可以参加战斗。在南面不活跃的第 42 步兵军当面，近卫步兵第 36 师和步兵第 111 师展开成两个梯队。

向上述苏军发起进攻的只有劳斯军的两个步兵师——第 106 步兵师和第 320 步兵师（该师的第 585 步兵团被撤到顿涅茨河西岸进行休整和补充）。发起进攻的德军得到了 7 个炮兵营、第 905 突击炮营和第 393 突击炮连的支援。第 905 突击炮营最初有 23 辆Ⅲ号突击炮、9 辆突击榴弹炮（即装备 105 毫米榴弹炮的 StuH 42），而第 393 突击炮连也有 10 辆Ⅲ号突击炮。

在 7 月 5—7 日期间，苏军近卫第 7 集团军上报有 12158 人死亡、负伤和失踪，损失 82 辆坦克、21 辆自行火炮、33 门 120 毫米迫击炮、81 门 45 毫米迫击炮[1]、63

---

① 译者注：应该是 45 毫米反坦克炮。

117

克鲁托伊宽沟村

格列米亚奇

索洛米诺

下奥利尚涅茨

第 239 掷弹兵团

托普林卡

第 106 侦察营

马斯洛夫码头

普里斯坚

585

第 587 掷弹兵团

第 585 掷弹兵团

沃尔科沃

320

格拉福夫卡

别兹柳多夫卡

第 320 步兵师

济博罗夫卡

阿尔汉格尔斯科耶

1943 年 7 月 7 日 18:00（莫斯科时间 20:00）劳斯军的态势

门 76 毫米炮、11 门 122 毫米炮和 4 门 152 毫米炮。集团军司令舒米洛夫最终决定调整防御部署——他的次日作战计划是在防御战中消耗德军，并等近卫步兵第 35 军到来后就转入进攻。

此时，劳斯军的进攻实际上已陷入停顿状态。第 106 步兵师进行了有限的进攻，在近卫第 7 集团军的第二防御地带上前进了约两千米，进展有限。而第 320 步兵师则完全停了下来，兵力缩水为两个团左右的规模（最南面的一个团已经退过河去）。第 3 装甲师本应掩护 SS 第 2 装甲军的侧翼，但现在两者间的距离依旧尚遥不可及。至于第 7 装甲师，正在掩护第 3 装甲军的东面侧翼。虽然两个师（劳斯军的两个步兵师）在三天内损失了 4281 人，但他们对整个进攻行动的贡献却极其有限。如果第 106 步兵师不自己渡河，而是跟在第 7 装甲师后面的话，伤亡无疑会减少一些。就算是让第 106 步兵师掩护侧翼，情况也会好一些——这样第 320 步兵师就可以从顿涅茨河西岸掩护索洛米诺南面的其他地域。如果这两个师可以按照预定计划完成任务，那么渡河可能会有所作为。但实际上，这次渡河既无意义又让德国人付

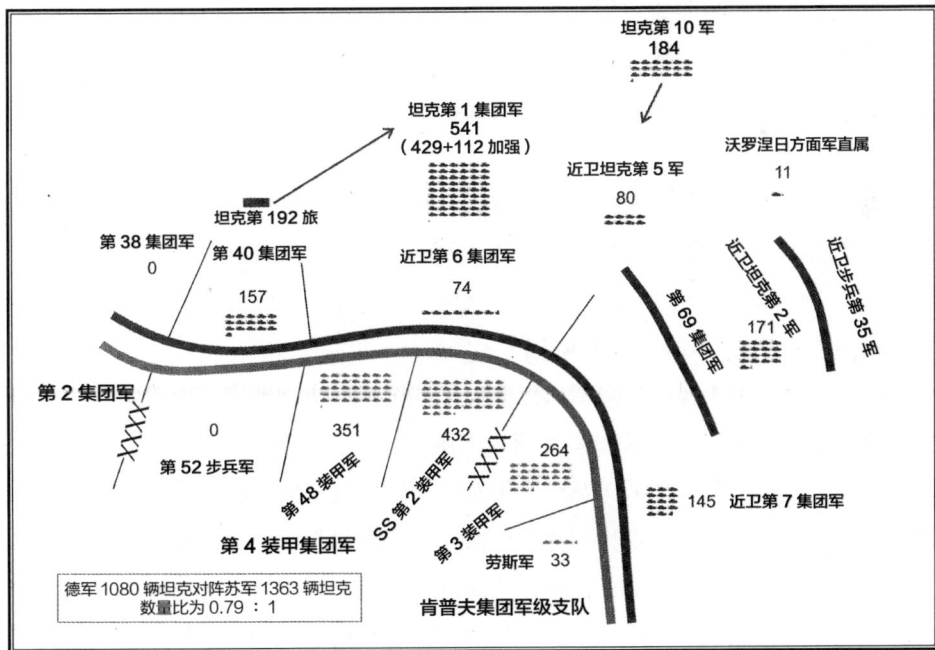

1943 年 7 月 7 日晚，库尔斯克南线战车实力对比

出了高昂的代价。

这两个师当面的苏军兵力强大、工事完备，又有装甲战斗车辆支援。此外，德军没有空中支援，而苏军却有空中支援。在这样的条件下，德军还能向前推进、大量杀伤苏军，其表现着实出色。相比之下，第 320 步兵师面临的情况更糟糕一些，所以该师实际上的损失也更大——第 587 步兵团在 7 月 5 日被苏军装甲兵赶出树林，并于次日再次遭到从树林中出击的苏军坦克的打击；南面的第 585 步兵团被重创，且一直无法避免苏军射击所有的渡河点和桥梁。不过对于一个番号较大的德军师来说，他们的表现已经好得相当出人意料了（番号较大意味着该师是在战争晚期组建的，一般主要由征召士兵组成，也没那么多经验丰富的人员）。

当日总结

现在德军实际上已经突破了苏军两道防御地带的主要部分，剩下的只有中间阵地了。德军的两个集团军已经进入开阔地，而苏军沃罗涅日方面军几乎投入了全部预备队（这些预备队要么已经加入战斗，要么即将到达战场）。

对德军来说，为突破防御地带而付出的代价很高，他们共计减员（死、伤和失踪）约 14187 人。此外，还至少有 697 辆战车被击毁或击伤。相比之下，防御的苏军损失了 28930 人，至少有 523 辆战车被击毁或击伤。苏德双方的人员损失比为 2.04:1。

尽管德军已经突破了前两道防御地带，但却比原计划晚了两天。现在，德军正在开阔地上推进，以及与沃罗涅日方面军交战。至此，会战进入了新阶段。

继续推进：1943 年 7 月 8 日

此时，德军第 4 装甲集团军已经突破了苏军两道防御地带。由于防御体系的纵深，苏军近卫第 6 集团军和坦克第 1 集团军是在有防御工事的条件下作战的。但从根本上来看，现在苏军却无法像头三天一样有筑垒体系可依托了。下一道防御地带在苏军身后。在德军第 48 装甲军发起进攻的地段上，苏军身后的防御体系由两条防线组成：一条从库拉索夫卡（Kurasovka）到科罗恰，一条则在普肖尔河一线（集团军后方防御地带，即第三防御地带）。此时，战线在苏军第二防御地带后方 16—22 千米处，而普肖尔河渡口奥博扬在 254.5 高地后方约 36 千米处。在

1943 年 7 月 8 日时的态势图（来自机械化第 3 军）

SS 第 2 装甲军地段上，苏军的下一道防御地带位于普罗霍罗夫卡前方——这里原先由第 69 集团军把守。不过，这里的防御工事无法与被德军突破的前两道防御地带相提并论。

沃罗涅日方面军眼看就要输了，他们已经丧失了防御工事，交换比也不利于己。这就意味着随着会战的进行，实力对比将逐渐有利于德军。苏军有两道天然防线：一道是最初的前沿阵地，地势较高，有一定优势；一道是位于佩纳河一线，延伸至 254.5 高地和波克罗夫卡的天然坚固防线。在普肖尔河前方再也没有明显的第三道天然防线了。虽然靠后的位置也适合防御，但却不如近卫第 6 集团军、坦克第 1 集团军及其配属部队刚刚被迫放弃的那些阵地。在第 48 装甲军前方，除了在上佩尼耶附近变窄以外，佩纳河和沃尔斯克拉河之间的战线宽度会随着向奥博扬的推进而逐渐变宽。而在党卫军地段上，在到达普肖尔河和普罗霍罗夫卡前方之前，战线的宽度基本维持不变。也就是说，苏军的防御不会随着被迫后撤、兵力收缩而变强。

苏军的优势在于他们仍然在德军东西两翼控制着大量防御阵地。也正是从这里开始，两个德国装甲军各显其能，采取了不同的策略。第 48 装甲军强渡佩纳河，在侧翼战斗。而 SS 第 2 装甲军则选择在东翼部署防御力量，并继续向前推进，最终导致在狭窄走廊内爆发普罗霍罗夫卡之战。

鉴于防御态势的恶化，瓦图京和近卫第 6 集团军计划在当天早晨发起大规模进攻，从东西两面的防御阵地出击，夹击第4装甲集团军根部，切断进攻中的德军部队。近卫步兵第23军（近卫步兵第51师和第52师、步兵第375师）、近卫坦克第5军和第2军将会同刚到达的坦克第10军和第2军一起，从东面出击[由近卫第6集团军副司令帕维尔·菲利波维奇·拉古京（P. F. Lagutin）少将统一指挥]；坦克第10军和第2军从瓦西里耶夫卡—维诺格拉多夫卡一线向雅科夫列沃—贝科夫卡方向发起进攻；近卫坦克第5军从别列尼希诺—捷捷列维诺（南）一线向奥泽罗夫斯基发起进攻；近卫坦克第2军从罗日杰斯特文卡向卢奇基（南）发起进攻；第69集团军的部队会从捷捷列维诺（北）东北方向出击，加以策应；第40集团军的两个步兵师——步兵第161步兵师和近卫步兵第71师（之前近卫步兵第71师一直隶属于近卫第6集团军的近卫步兵第22军，现在被转隶给第40集团军）也会向格尔措夫卡方向发起进攻；坦克第6军会从瑟尔采沃地域向雅科夫列沃发起进攻。[42] 瓦图京在7月7日23:00下达了进攻命令。[43] 进攻将于莫斯科时间8日10:30开始，发起进攻前会进行30分钟的炮兵火力准备，而方面军的航空兵也奉命支援进攻。[44]

第48装甲军的行动

第48装甲军的前进之路，在上佩尼耶和沃尔斯克拉河之间变得非常狭窄，随后就变得宽阔起来。很明显，德军需要夺取上佩尼耶，以免苏军在此扼守，并阻止自己继续前进。苏军在佩纳河一线的米哈伊洛夫卡—上佩尼耶一线仍然掌握着大量的防御阵地。虽然佩纳河本身算不上什么难以逾越的天险，但苏军一侧的河岸却易守难攻。此外，在这些阵地后方，村庄和树林纵横交错。这片位置可以，也确实限制了德军进攻的正面宽度，并迫使德军花费大量精力试图将其肃清。因此第48装甲军不仅要继续向北进攻，还要向西进攻。这样一来，主要突击方向上的兵力就被分散了。而且，佩纳河三角地带内的树林也将可以算得上是一马平川的地形分割成了一个个小块，不利于德军坦克纵横驰骋。

最后，与SS第2装甲军交战后损兵折将的近卫坦克第5军被沃罗涅日方面军调到了这一地段上来。该部7月8日与SS第2装甲军交战，10日晚被变更部署至第48装甲军最左翼，12日重新加入战斗并发动进攻！

原先不属于沃罗涅日方面军的部队，也为阻击第48装甲军做出了贡献。其中，贡献最大的是原近卫第5集团军的坦克第10军。该部在7月5日晚接到警报，7日开始向战场进发，于 17:00 到达普罗霍罗夫卡地域，并于 21:00 开始掩护普罗霍罗夫卡及其西面的普肖尔河。该部直到 9 日早晨才投入战斗，然后又将两个坦克旅调到西面，以增援克鲁格利克和卡林诺夫卡一线（先头分队在 9 日 16:00 许赶到）。9 日，坦克第 10 军的摩步旅和另一个坦克旅留在了普肖尔河地域，但随后这个坦克旅也一起前去迎击第 48 装甲军。

后来参与抗击第 48 装甲军的还有原属近卫第 5 集团军的近卫步兵第 13 师和第 66 师，他们在 11 日到达这一地域并于次日转入进攻。总体来说，除了坦克第 10 军外，沃罗涅日方面军还是主要以原有兵力抗击第 48 装甲军——他们大部分在 7 月 12 日就已经就位并做好了进攻准备。

不过对于沃罗涅日方面军来说，7 月 8 日早晨的态势并不乐观。在通往奥博扬的道路上抗击德军的只有 5 个旅级部队（有的已经损失惨重）。近卫第 6 集团军和坦克第 1 集团军主力已经被击退至德军侧面。第 48 装甲军手中的 3 个装甲师可以自由机动，他们完全有可能打到奥博扬。然而奇怪的是，实际上双方都犯了很多战役、战术错误。最终结果就是，双方为了争夺一些说不清有什么价值的地方而乱打一气。

虽然第 3 装甲师在当天上午继续发起了进攻，但却没有从卢汉尼诺渡河点出击，而是从其东北两千米处的 +0.8 岗丘上的埋石图根点出发。他们在夜间将部队转移过来，于拂晓时分发起进攻。与此同时，大德意志师则继续进攻瑟尔采沃。这两个师花了大半天时间来肃清上佩尼耶南面的这些地方。大德意志师所部还夺取了格列穆奇，然后从东面向上佩尼耶前进，占领了其大部。现在德军已经肃清了普肖尔河南面的绝大部分地域，坦克第 6 军和机械化第 3 军所部退至佩纳河一线（即德军侧翼）。第 11 装甲师在前一天夜里构筑了工事，至 8 日午前一直在进行防御。现在大德意志师的战线已经与其"平齐"，第 11 装甲师可以开始向北推进，并与 SS 第 2 装甲军建立联系了。

SS 第 2 装甲军

经过前两天的战斗，苏军坦克第 31 军被击退，撤往西北面（其南面正是第 11 装甲师）。第 4 装甲集团军司令霍特觉得这是一个合围苏军装甲部队的良机（这些部队——主要是坦克第 31 军——正聚集在从波克罗夫卡往北的沃尔斯克拉河沿线），

韦肖雷

KTB.10-B0.

普罗霍罗夫卡

苏霍索洛京诺

小马亚奇基

斯托罗热沃耶　普拉沃罗季

上佩尼耶

加里宁

远多尔日克

日洛莫斯特诺耶

别廖佐夫卡

卢奇基

大马亚奇基

卢奇基

小亚布洛诺沃

普洛塔

波克罗夫卡

捷捷列维诺　马林诺夫卡

沙霍沃

伦金卡

卢汉尼诺

德米特里耶夫卡

奥泽罗沃

丘尔辛诺

斯莫罗季诺

萨日诺耶

贝科夫卡

涅普哈耶沃

新洛济

戈斯季谢沃

克里夫措沃

萨贝尼诺

叶里克

绍皮诺

霍赫洛沃

梅利霍沃

托马罗夫卡

远伊古缅卡

别尔哥罗德

1943 年 7 月 8 日态势发展情况

—— 1943 年 7 月 7 日晚情况
—— 1943 年 7 月 8 日活动和到达战线
空军行动
敌军

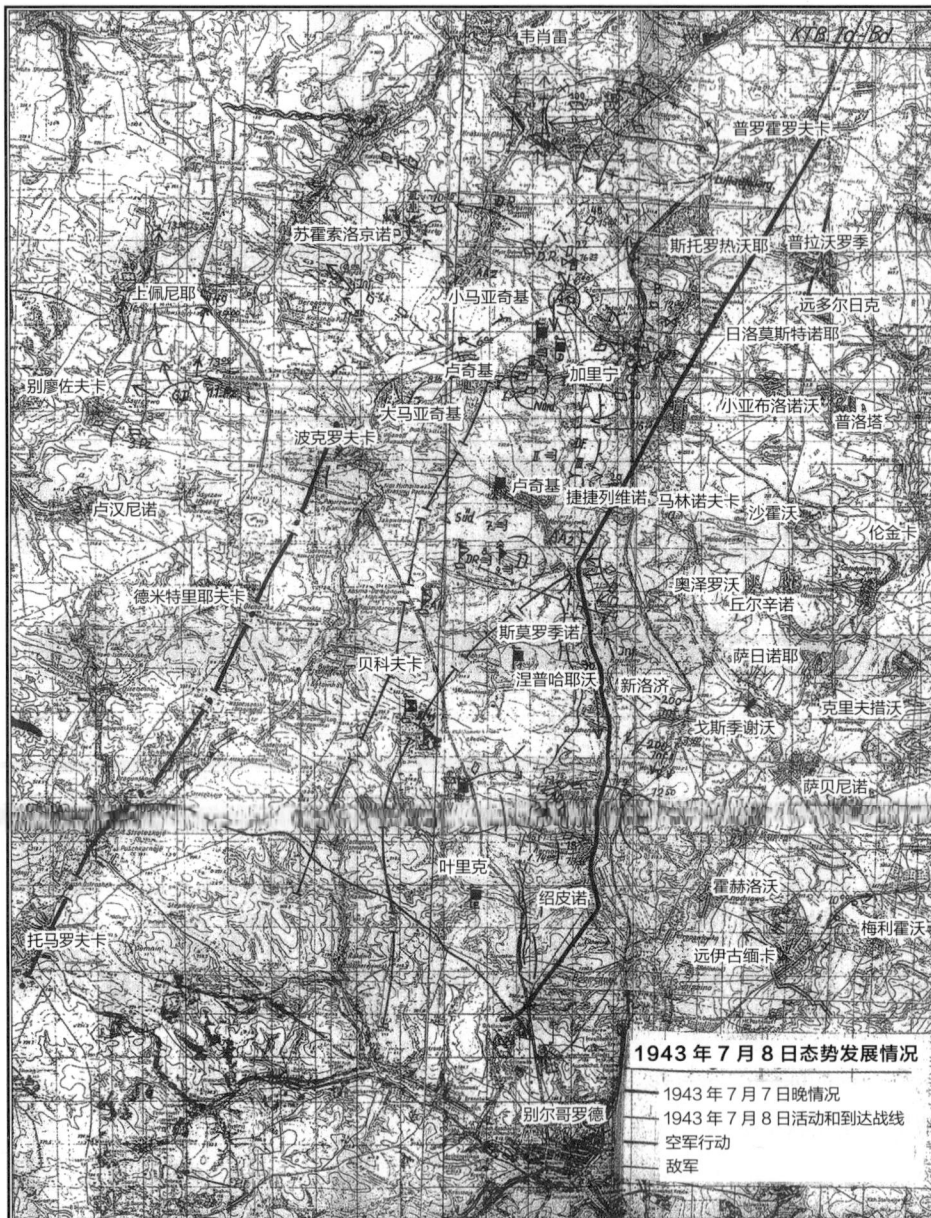

SS 第 2 装甲军 1943 年 7 月 8 日态势图

124

但需要党卫军和第 48 装甲军配合作战，两翼各出至少一支部队。SS 第 2 装甲军接到的命令是，当天"向前推进，以便切断苏军装甲兵与其后方的联系，并将其击退至西面"。但实际上，这样做的效果不佳。首先，坦克第 31 军的后方在其西面；其次，该军只有 3 个坦克旅和少量支援力量，也没什么后方可退；最后，要完成合围就需要得到第 11 装甲师的帮助，而该师仍忙着和正面的机械化第 3 军所部和前来增援的各坦克旅交战。所以，虽然 SS 第 2 装甲军看似可以随意机动，并实施包抄，但第 11 装甲师却没这闲工夫来进行配合。

最终，德军这天只是对最小的一个坦克军实施了一侧包抄，而其右翼还有 4 个坦克军。打算帮忙的第 48 装甲军实际上也准备好了投入主力向西推进，但这就意味着偏离了行动方向。因此，这一行动就变成了向西北方向推进：除了有助于清理侧翼外，也起不了别的作用，还迫使 SS 第 2 装甲军偏离了主要目标。此外，这次进攻还导致警卫旗队师和帝国师转向西北（如果霍特麾下的两个装甲军要对坦克第 31 军等实施合围，就需要第 48 装甲军向北面和东北面进攻（至少也要派第 11 装甲师向东北进攻），而 SS 第 2 装甲军则需要向西北进攻。但第 48 装甲军向西进攻、党卫军向西北进攻，就会导致整个进攻方向由正北和东北转向正西和西北，整体偏转约 90 度）。

沃罗涅日方面军对装甲兵的使用也混乱到了极点。在会战开始时，沃罗涅日方面军在后方有 5 个坦克 / 机械化军。7 月 5 日，坦克第 1 集团军的 3 个军在夜里前出至预定阵地；坦克第 10 军也在当天准备出动。7 月 5 日下午，沃罗涅日方面军又调动了 3 个军（近卫坦克第 5 军和第 2 军，以及新配属的坦克第 10 军），其中近卫坦克第 5 军和第 2 军在 6 日早晨到达指定位置。

此时，瓦图京打算投入全部 5 个坦克军大举进攻。卡图科夫直接请示斯大林，并取消了这次进攻。当天下午，沃罗涅日方面军还打算以近卫坦克第 2 军和机械化第 3 军对 SS 第 2 装甲军发动钳形攻势。进攻自然是失败了，最主要原因就在于苏军的兵力实在是不够强大。与此同时，近卫坦克第 5 军进入了由步兵把守的第二防御地带的后方位置，直到步兵防线被突破后才和敌人交战。该部在没有任何航空兵和炮兵支援，也没多少步兵协同的情况下就转入进攻。最终，近卫坦克第 5 军的主力被 SS 第 2 装甲军包抄，在败退之下暴露了坦克第 1 集团军的左翼，并迫使其投入实力不强的坦克第 31 军以掩护侧翼。

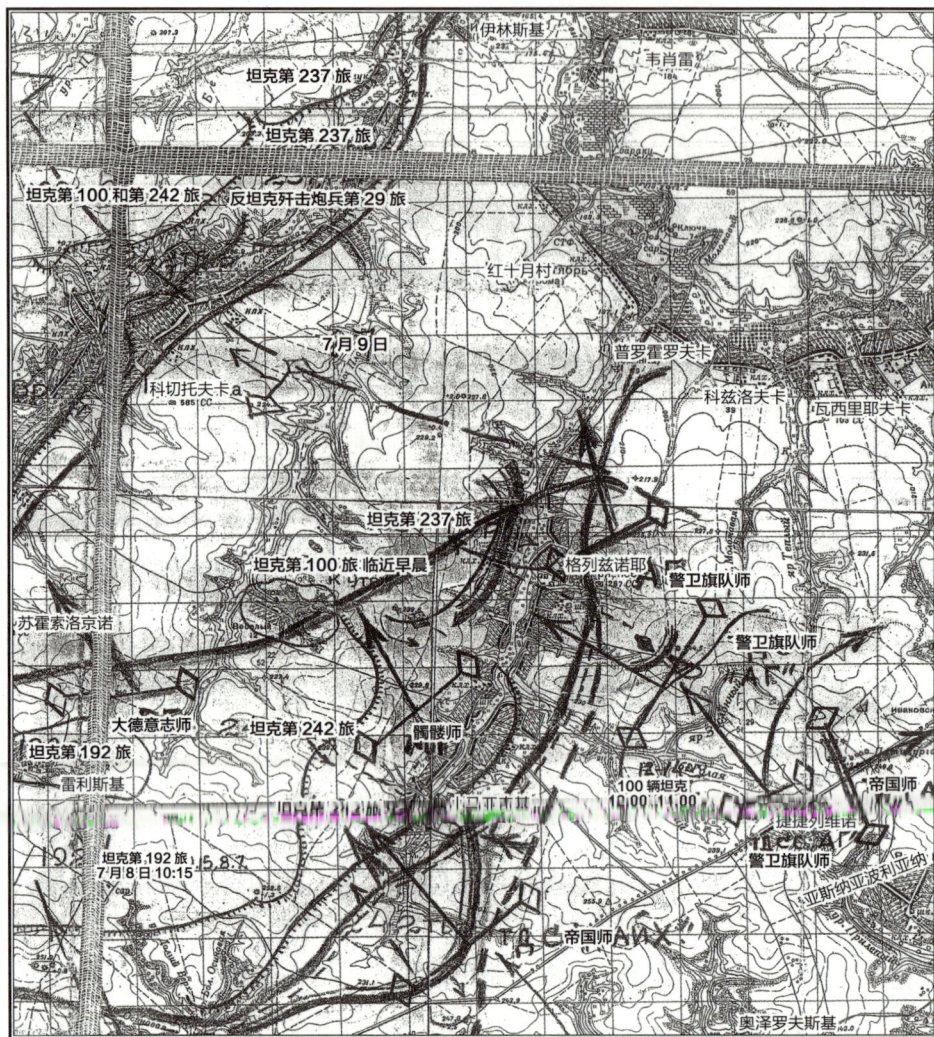

1943 年 7 月 8 日时，坦克第 31 军的位置

7 月 8 日早晨，沃罗涅日方面军打算用 4 个坦克军（含才赶到的坦克第 10 军和第 2 军）发起进攻。后来变成用 2 个军来发起进攻，最后又变成由坦克第 2 军分发起进攻。

卡图科夫请求取消 7 月 6 日发起进攻的决定是正确的。

虽然苏军在坦克第 1 集团军的使用上存在不少战术问题，但其部署和行动背后的逻辑还是有一定合理性，且符合基本原则的。然而，沃罗涅日方面军的其他装甲力量的部署和行动就不太合理了——比如错将近卫坦克第5军放在近卫第6集团军的第二防御地带内（7月6日，该军的反突击以惨败而告终）、近卫坦克第2军在7月6日下午发起的反击、近卫坦克第5军后撤暴露坦克第1集团军侧翼的行为、让坦克第10军充当"后卫"以致其直到7月10日才加入战斗，以及近卫坦克第2军和第5军在7月8日分批投入战斗、坦克第2军从行进中分批投入战斗。

上述大部分问题应归咎于瓦图京和奇斯佳科夫。7月6日发起的钳形攻势就是他们下达的命令，而那些坦克军的位置也是瓦图京敲定的。如果不是卡图科夫请斯大林撤销了7月6日的反击，事情还会变得更糟糕。奇斯佳科夫在7月8日发起的进攻也是一个"馊主意"——考虑到参战部队不止近卫第6集团军所部，所以这显

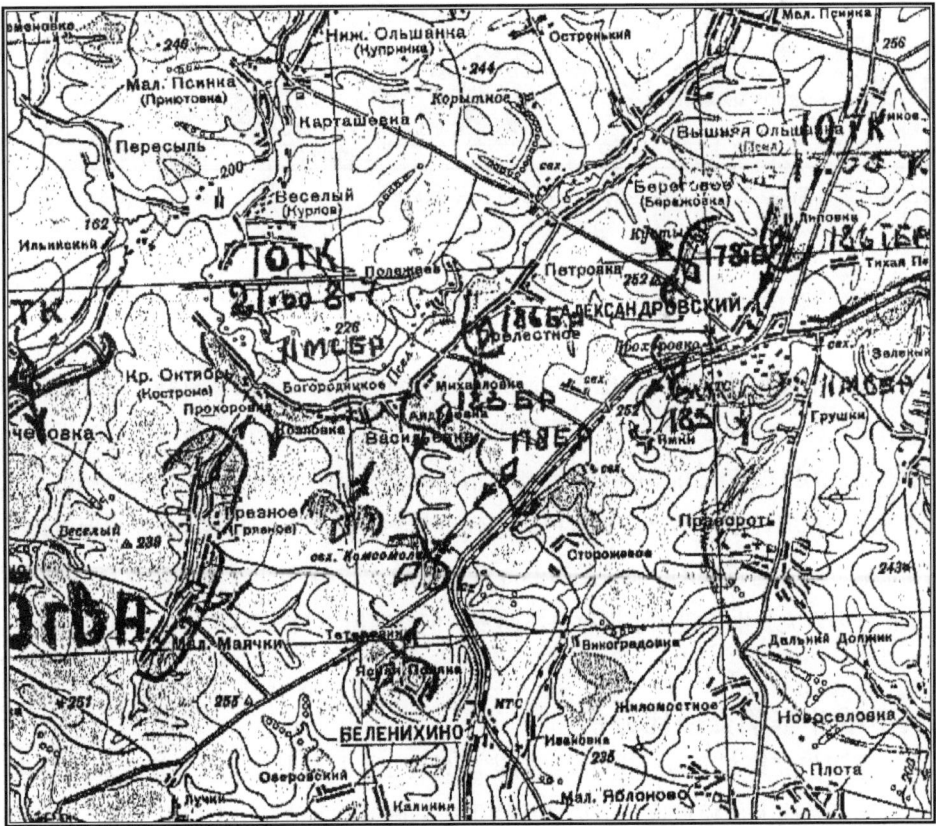

1943年7月7日17:00和7月8日21:00，坦克第10军在普罗霍夫卡周围的阵地

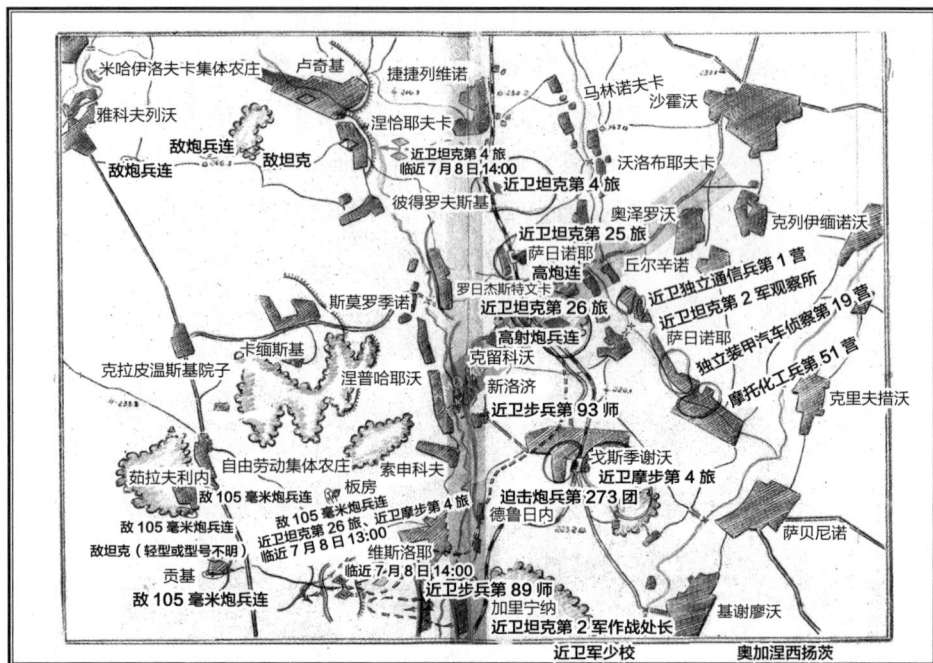

近卫坦克第 2 军作战行动图，1943 年 7 月 8 日 05:00—24:00

然也是瓦图京的指示。近卫坦克第 5 军军长克拉夫琴科是被迫发起进攻的（他被威胁 "如果不发起进攻就要被枪毙"），所以他的问题不大。笔者注意到，尽管近卫坦克第 5 军和友邻的近卫坦克第 2 军都在 6 日和 8 日发起了进攻（下文会详述近卫坦克第 2 军的进攻情况），但阿列克谢·谢苗诺维奇·布尔杰伊内（A. S. Burdeiny）上校所部的损失较少。不过，笔者也注意到布尔杰伊内的军不是在 10:30 与近卫坦克第 5 军一同发起进攻的，而是在 12:00 开始进攻。1944 年的《库尔斯克会战 1943：苏联总参研究》中也提到了进攻并不同步，但没有给出具体原因。[45]

装甲战斗车辆交换比分析

近卫坦克第 2 军的战斗行动的有趣之处在于，尽管其从 7 月 6 日就加入战斗，并发起了两次大规模进攻，但仍然保持了较强的实力。表格 3.1 列出了第 4 装甲集团军当面所有苏军装甲部队在 7 月 5—8 日的损失对比。

表格 3.1 1943 年 7 月 4 日和 8 日，第 4 装甲集团军当面苏军坦克与自行火炮数量
（单位：辆）

	7 月 4 日总数	7 月 8 日总数	占最初兵力的百分比（%）
第 40 集团军地域			
坦克第 59 团	22	22	100
坦克第 60 团	35	28	80
坦克第 1 集团军地域			
坦克第 6 军	164	87	53
自行火炮第 1461 团	21	14	67
机械化第 3 军	231	67	29
坦克第 86 旅	62	49	79
坦克第 180 旅	72	14	19
坦克第 192 旅	55**	49	89
坦克第 31 军	184	120*	65
坦克第 230 团	39**	9	23
自行火炮第 1440 团	21	4	19
沃尔斯克拉河以东			
近卫坦克第 5 军	211	43	20
近卫坦克第 2 军	187	155	83
坦克第 2 军	208	137	66
坦克第 245 团	39***	6	15
坦克第 96 旅	51	46	90
尚未大规模参战[46]			
坦克第 10 军	184	184	100
坦克第 203 团	11	11	100
反坦克歼击炮兵第 1689 团	20	17	85
总计	1817	1062	58

*7 月 8 日的准确数据不详。此数据是根据总损失报告做出的估算，可能偏高。在库尔斯克数据库中，7 月 9 日的数据为 54 辆（30%）。也许早在 7 月 9 日晚之前，坦克数量就已经是这样了。

** 装备美制"格兰特"和"斯图亚特"坦克。

*** 没有找到该团记录。此处的坦克数量和装备型号皆采用坦克第 230 团的数据，而损失数据则是根据这两个团所加强的步兵师的损失情况推算得出的。

　　德军装甲战斗车辆的损失率与苏军差不多，甚至更低——特别是在不考虑豹式坦克团的情况下。参见表格 3.2。

表格 3.2 1943 年 7 月 4 日和 8 日，第 4 装甲集团军的战车数量
（单位：辆）

	7 月 4 日总数	7 月 8 日总数	占最初兵力百分比 (%)
第 3 装甲师	93	77	83
大德意志师	177	111	63
第 39 装甲团 (豹式)	198	13	7
第 11 装甲师	131	66	50
警卫旗队师	173	98	57
帝国师	166	97	58
髑髅师	165	122	74
总计	1103	584	53

　　我们可以做一个粗略的对比。为方便起见，将坦克第 31 军算作在 SS 第 2 装甲军当面；机械化第 3 军除了两个旅（近卫坦克第 1 旅和坦克第 49 旅）在 7 月 6—7 日与警卫旗队师交手外，其他的部队都算作在第 48 装甲军当面。近卫坦克第 1 旅和坦克第 49 旅在这两天投入了 94 辆 T-34、9 辆 T-70 和 T-60，损失了大约 77 辆 T-34、5 辆 T-70 和 1 辆 T-60。参见表格 3.3。

表格 3.3 坦克第 1 集团军（不含坦克第 31 军、机械化第 3 军的两个旅）
与第 48 装甲军的战车数量
（单位：辆）

	7 月 4 日总数	7 月 8 日总数	占最初兵力百分比 (%)
坦克第 1 集团军	562	273	49
第 48 装甲军	599	267	45

　　通过表格我们可以看出，在头四天的交战中，坦克第 1 集团军和第 48 装甲军的战车损失数量差不多（双方的战车数量分别减少了 289 辆和 332 辆，约 0.87:1 ）。在排除因机械故障损坏的 115 辆（甚至更多豹式坦克）坦克后，实际战场交换比还要更高一些（双方的战车数量分别减少了 289 辆和 217 辆，约 1.33:1 ）。SS 第 2 装甲军地段情况参见表格 3.4。

表格 3.4 沃罗涅日方面军的其他部队（含坦克第 31 军、机械化第 3 军的两个旅）
与 SS 第 2 装甲军的战车数量
（单位：辆）

	7 月 4 日总数	7 月 8 日总数	占最初兵力百分比 (%)
沃罗涅日方面军	775	390	50
SS 第 2 装甲军	504	317	63

通过上述表格，我们可以清楚地看到，在会战的头四天，SS 第 2 装甲军的交换比更有利——苏军减少 385 辆坦克、德军减少 187 辆坦克，交换比约为 2.06:1。[47]

虽然 SS 第 2 装甲军的装甲战车较少，但如果排除发生机械故障的豹式坦克，该军和第 48 装甲军的实力相当。虽然第 48 装甲军地段上的地形更加复杂，但这两个德国装甲军当面的步兵、炮兵、反坦克力量和防御工事并无太大差别，空中支援也基本上都是平均分配的（当然可能党卫军受到的照顾更多）。这两个德国装甲军与当面苏军的交换比差别较大的原因，应该是苏军对近卫坦克第 5 军的使用存在问题。

在与帝国师的战斗中，德军每损失一辆战车，近卫坦克第 5 军就要损失约 2—3 辆战车。相比之下，近卫坦克第 2 军在 7 月 6—8 日损失了 46 辆坦克（在与第 3 装甲军的交战中损失了 5 辆丘吉尔坦克），当前可出动的坦克数量比三天前少了 32 辆坦克（含 5 辆丘吉尔）；近卫坦克第 2 军当面的髑髅师在三天内损失了 30 辆坦克（有 6 辆坦克被击毁），当前可出动坦克的数量比三天前少了 28 辆坦克——双方几乎打成了平手，从这也可以看出近卫坦克第 2 军和第 5 军的差异。机械化第 3 军在两天的战斗中也损失了 83 辆坦克，而警卫旗队师则损失了 70 辆坦克。坦克第 31 军在 7 月 7—8 日（主要是 8 日）损失了 64 辆坦克，而警卫旗队师在 7 月 8 日则损失了 5 辆坦克。[48]

另一方面，第 48 装甲军当面的坦克第 1 集团军部队仍在实施防御。当然，很难说损失的战车都被敌方战车毁伤的。

SS 第 2 装甲军当面的苏军装甲兵一直在发起攻击——与选择掘壕固守的坦克第 1 集团军完全不同，所以二者的伤亡差别不大就令人感到十分吃惊了。考虑到德军花费了大量精力来突破防御工事（期间肯定被地雷和反坦克炮毁伤了大量战车），所以这种交换比似乎表明德军对装甲兵的"运用"技高一筹。

可以确定的是，德军在 7 月 5 日因地雷而损失了大约 131 辆战车；7 月 6 日的数据不详，所以我们暂且估计因地雷损失了 69 辆战车。也就是说，这两天德军因地雷而损失的战车数量占总损失数的 37.95%（占 7 月 4—18 日的总损失的 13.11%）。之后，德军因地雷而损失的战车比例下降到总损失数量的 5% 左右，甚至更低。总体来说，地雷造成的战车损失可能占整个会战期间德军战车损失总数的 15—20%。[49]

这样苏德损失比就变成了 2.75:1，德军占优。而且，如果可以排除其他武器造成的损坏，那就可以得出这样一个结论：德军会在坦克战中获得 2:1 的战损比（即敌方与己方的损失比）。此外，党卫军装甲部队的战损比要比友邻的国防军更高——主要原因应该是沃尔斯克拉河东西两面的苏军装甲部队的作战方式不同（东面苏军受瓦图京和奇斯佳科夫指挥，西面苏军受卡图科夫指挥）。

改变方向

尽管苏军在对第 4 装甲集团军发起的进攻中付出了高昂的代价，却没取得什么战果。正如奇斯佳科夫所说："……然而我们对第 4 装甲集团军两翼的突击并未实现预想的目标，我们还未到达红波利亚纳就被敌人强大的坦克、炮兵和航空兵集群挡住了。为了避免不必要的损失，方面军司令要求我们在已经占领的战线上掘壕固守。"[50] 此时，沃罗涅日方面军不再发起大规模进攻，并在接下来的三天内全力头施防御。与此同时，近卫第 6 集团军司令奇斯佳科夫发现自己在科切托夫卡（Kochetovka）村外的司令部受到了威胁，需要后撤到备用指挥所。[51]

第 3 装甲军

此时，第 3 装甲军在顿涅茨河对岸于头三天的战斗中损失了 39% 的战车。[52] 该军 3 个装甲师的损失差不多。

这样的结果就是德军的进攻力量被削弱，而当面的苏军也处于不利位置。苏军已经丢失了不少阵地，德军也改变了进攻方向——不再直扑下一道防线，而是在两道防线之间做横向机动，使苏军无法充分利用防御工事。因此，尽管第 3 装甲军的损失很大，但仍然可以继续前进。不过该军现在是否有能力维持进攻势头、及时渡过北顿涅茨河并掩护 SS 第 2 装甲军右翼？这让人颇为怀疑。

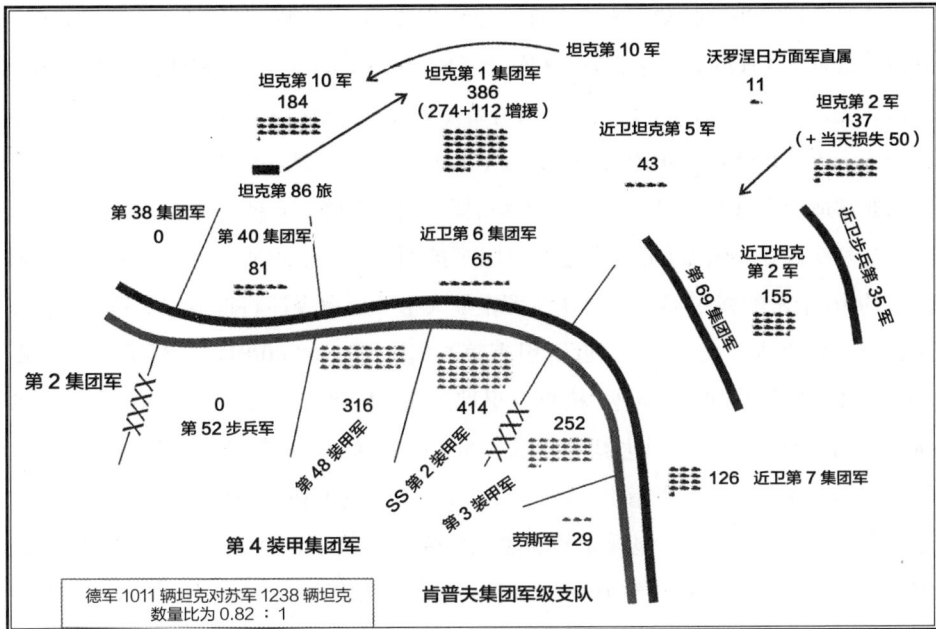

坦克第 10 军

沃罗涅日方面军直属
11

坦克第 1 集团军
386
（274+112 增援）

坦克第 10 军
184

近卫坦克第 5 军
43

坦克第 2 军
137
（+ 当天损失 50）

坦克第 86 旅

第 38 集团军
0

第 40 集团军
81

近卫第 6 集团军
65

近卫坦克
第 2 军
155

近卫步兵第 35 军

第 69 集团军

第 2 集团军

0

第 52 步兵军

316

第 48 装甲军

414

SS 第 2 装甲军

252

第 3 装甲军

劳斯军 29

126 近卫第 7 集团军

第 4 装甲集团军

德军 1011 辆坦克对苏军 1238 辆坦克
数量比为 0.82：1

肯普夫集团军级支队

1943 年 7 月 8 日晚，库尔斯克南线战车实力对比

劳斯军

当第 320 步兵师还在继续坚守南翼之时，第 106 步兵师却在格列米亚奇一带与当面之敌激烈交火。与此同时，北面的第 7 装甲师任务只是在侧翼提供了掩护——这一问题很快被解决，德军调来了第 198 步兵师，负责巴特拉茨卡亚林场前面的地段。该师在同一天被配属给了劳斯军，并开始乘坐卡车和火车进发——他们还要花几天时间才能全部到达。

草原军区

草原军区的两个集团军现在被调去支援沃罗涅日方面军。7 月 6 日 22:30，下辖 3 个坦克 / 机械化军的近卫坦克第 5 集团军接到指示 "集结到奥斯科尔河西岸、旧奥斯科尔南面和西南面"。7 月 8 日早晨，3 个坦克 / 机械化军全部到达指定地域。虽然他们最早可以在 7 月 9 日就进入沃罗涅日方面军的防御阵地，但实际上他们三天后才进入防御阵地了。

7月8日，最高统帅部大本营命令近卫坦克第5集团军在7月9日日终前集结到博布雷舍沃（Bobryshevo）、中奥利尚卡（Srednyaya Olshanka）和马林诺（Marino）地域，先遣支队则被调往奥博扬和韦肖雷（Veselyi）地段上的普肖尔河南岸。[53] 这样一来，近卫坦克第5集团军被部署了在以奥博扬为依托，位于坦克第1集团军后方的非常适合防御的位置上——因为奥博扬受到的威胁越来越大了。

7月9日01:00，近卫坦克第5集团军接到命令，要求他们在日终前从奥博扬以东约10千米的博布雷舍沃前往普罗霍罗夫卡（该命令还将近卫坦克第5集团军配属给了沃罗涅日方面军）。近卫坦克第5集团军于02:00出发，行军100千米。06:00，集团军副司令库济马·格里戈里耶维奇·特鲁凡诺夫（K. G. Trufanov）少将率领的旅级先遣支队到达奥博扬以东约30千米的马林诺南面（7月11日18:00的"集团军3号命令"中指出，特鲁凡诺夫手下有近卫独立摩托车第1团、近卫坦克第53团、反坦克歼击炮兵第689团及榴弹炮兵第678团的一个连）。到23:00，集团军"基本完全"到达集结地域。10日早晨，该集团军的部分兵力已经在奥博扬—普肖尔河北岸—普罗霍罗夫卡一线占领了防御阵地。此时，集团军已行军350千米（指从奥斯科尔河东岸到普罗霍罗夫卡的距离），分布在苏军阵地后方。他们所处的位置非常便于支援友军防御——既可就地固守，也可上前支援。不过，近卫坦克第5集团军直到12日才加入战斗。

与此同时，7月8日晚，近卫第5集团军也被转隶沃罗涅日方面军，并受命在7月11日黎明之前到达普肖尔河一线（这样苏军的防线上就会多出7个师）。该部于7月9日04:30动身。

此时，坦克第10军也离开了普肖尔河弯曲部和普罗霍罗夫卡地域，向东进发。7月9日00:35，瓦图京打电话命令军长瓦西里·格拉西莫维奇·布尔科夫（V. G. Burkov）中将将瓦西里耶夫卡和共青团员国营农场地段移交给坦克第2军，并转隶坦克第1集团军。卡图科夫肯定十分高兴，他命令布尔科夫将部队集结到弗拉季米罗夫卡地域。[54] 上述这些命令造成7月9日普肖尔河弯曲部至普罗霍罗夫卡以西一线防御空虚。

当日总结

现在我们可以暂时停下来，先探讨一下苏军装甲兵的战术。截至此时，沃罗涅日方面军已经投入了自己的全部 5 个坦克 / 机械化军，进行了 2—3 天的战斗。在这些坦克 / 机械化军中，有 3 个军被重创，损失了超过 70% 的战车（机械化第 3 军、近卫坦克第 5 军和坦克第 31 军）；另 2 个军的状态还不错（坦克第 6 军和近卫坦克第 2 军）。此外，还有 2 个军正在赶赴战场（坦克第 10 军和第 2 军）。在沃罗涅日方面军被重创的坦 / 机械化军中，有 2 个军与当面的 SS 装甲掷弹兵师进行了 2—3 天的战斗（坦克第 31 军对警卫旗队师，近卫坦克第 5 军对帝国师）——这两个军的损失都是当面之敌的三倍以上。从这两个案例来看，德军与同等规模的苏军进行单纯的装甲战时，在战损比上拥有 3:1 的优势。

出于一些我们讨论过的原因，德军在与机械化第 3 军交战时并没有打出这样的战损比。近卫坦克第 2 军的损失也明显低很多——他们一直在 SS 第 2 装甲军的侧翼，没有被击退，其指挥员的能力不言而喻。总体来说，尽管已经打了两年仗，但苏军装甲兵的整体素质尚不能与德军装甲兵同日而语（并不仅仅是缺乏经验）。苏军装甲兵的表现不佳，只能从军事理论、缺乏诸兵种配合、只知盲目进攻、不认可防御的价值、缺乏空中支援、指挥员素养差和人员良莠不齐等方面找原因。此外，我们还必须审视当时苏联的政治体系——即便是经过了两年的战争洗礼，也依然无法培养出优秀的指挥员，且不能改良苏联的军事理论。

注释

1. 英文版《赫鲁晓夫回忆录》（*Khrushchev Remembers, Little, Brown and Company*, Boston,1970 年版）第 208 页，译者为斯特罗布·塔尔博特（Strobe Talbott）。①

2. 朱可夫和罗科索夫斯基（中央方面军司令）都在回忆录中表示是自己下令开火的。

3. 损失数字来源于各师的每日报告，冯·劳黑特的装甲团除外——该部损失应计入"军直属部队"，由第 48 装甲军统计。第 332 步兵师也属例外，其损失可以从各个定期的多日减员报告中找到。至于第 167 步兵师，其第 315 步兵团被配属给了 SS 第 2 装甲军，但表格中的减员数字肯定包含了该团。因此，为了计算每一场交战的兵力和减员，第 167 步兵师减员数字的 1/3 被计入了 SS 第 2 装甲军的交战中，这样第 48 装甲军的交战减员就少了 111 人。

4. "虎"式坦克连宣称的战果出自沃尔夫冈·施奈德（Wolfgang Schneider）著《战斗中的"虎"式坦克》第 2 卷（*Tigers in Combat, Volume II*, J.J. Fedorowicz Publishing Inc., Winnipeg, Canada, 1998）第 143 页。这种说法的真实性无法确认。鉴于苏军在这一地域只有一个坦克第 230 团，而德军还有别的装甲部队，所以这说法应该有所夸大。

5. 根据戴维·M.格兰斯在《库尔斯克会战（1943 年 7—8 月）地图册》[*Atlas of the Battle of Kursk（July-August 1943*），卡莱尔，自印，2005 年] 第 13 页中的说法，该部位于旧城东北面。根据瓦列里·尼古拉耶维奇·扎穆林在 2004 年 11 月的一次会议上的说法，该部位于别尔哥罗德旧城南面约两千米处的克列伊达（Kreida）。克列伊达后来将同时遭到了第 6 装甲师和第 19 装甲师的攻击。

6. 7 月 4—8 日期间没有装甲实力报告。7 日，该师报告说，在此前三天的战斗中损失了 14 辆坦克，其中 2 辆被彻底毁坏。报告数字显然有些低，因为如果将 8 日的可用坦克数量与同一天的损失报告结合来看，5—7 日有 33 辆坦克被打坏或出现故障。虽然 7 月 5 日的伤亡数字不明，但显然战斗头三天德军的损失很惨重。
   第 6 装甲师所部的报告显示，在 7 月 5 日有 10 人被打死、58 人负伤、4 人失踪。装甲团的交战范围不明，但可以推断该师当天有坦克损失。此外，阿尔弗雷德·鲁贝尔（Alfred Rubbel）报告其配属的"虎"式坦克连当天损失了 4 辆"虎"式坦克。

7. 托马斯·L.延茨著《装甲兵：德国坦克兵创建和作战运用完全指南，1933—1945》第 88 页。

8. 布赖特著《1943 年 7 月哈尔科夫会战期间德军车系和性率概况阐明》第 8 页。

9. 据报告，第 320 步兵师在 7 月 5 日减员 1290 人（其中 100 人死亡、1100 人负伤、90 人失踪）。这份报告似乎只是粗略的估计，很可能有些保守。该师确实有这一时期的每日减员报告，而且 5—20 日的减员汇总数字（减员 3038 人，其中 472 人死亡、2140 人负伤、426 人失踪）高于每日报告数之和。因此可以推断，该师在 5 日的损失要高于最初的报告数，当日的其他报告也有类似情况。

10. 戴维·M.格兰斯和哈罗德·S.奥伦斯坦著《库尔斯克会战 1943：苏联总参研究》第 87 页、154 页和 234 页。约翰·埃里克森《柏林之路：续写斯大林的对德战争》第 101 页。

11. 戴维·M.格兰斯和哈罗德·S.奥伦斯坦著《库尔斯克会战 1943：苏联总参研究》第 154 页。

12. 见伊万·米哈伊洛维奇·奇斯佳科夫（И. M. Чистяков）著《奉祖国之命》（*По приказу Родины*，莫斯科,1971 年）第 96 页。他指出这两支部队是从第 40 集团军转隶过来的，但这显然有误。因为反坦克歼击炮兵第 31 旅在 5 日隶属于第 69 集团军，而配属给第 40 集团军的第 32 旅仍留在该部。

13. 实际上，第 19 装甲师当天战斗减员 497 人，占其总兵力的 3.6%——数量略少但所占比例更高。

14. 这些师在会战头三天的减员数字都是根据其累计减员报告和后来的每日减员报告估算的。

---

① 译者注：1988 年中国广播电视出版社将其译为中文。推荐阅读 2006 年社会科学文献出版社根据 1999 年俄文版译成的中文版第 1 卷第 610—611 页。

15. 戴维·M.格兰斯和哈罗德·S.奥伦斯坦著《库尔斯克会战 1943：苏联总参研究》第 235 页。

16. 苏里科夫上尉是机械化第 3 军机械化第 1 旅某摩步营的政治副营长，生于 1920 年。他后来一直打到了奥地利，并在被晋升为上校之后担任步兵团长。战后，他又担任教师一职。1999 年，涅松诺夫少将曾对他进行过采访。

17. 约翰·埃里克森著《柏林之路：续写斯大林的对德战争》第 101 页。罗宾·克罗斯著《堡垒：库尔斯克会战》第 177 页认为时间是 16:30。这可能是笔误，因为他的文字结构让人觉得其直接援引自埃里克森著作。

18. 出自费奥多尔·斯维里德洛夫上校在 1999 年的注释。

19. 总参派驻坦克第 1 集团军代表佩图霍夫少校在驻坦克第 1 集团军和沃罗涅日方面军司令部的高级总参代表编写的这份报告（出自波多利斯克档案馆，第 3440 全宗，第 1 目录，第 37 卷宗）汇总了 7 月 6—15 日机械化第 3 军的战况，并提出了一些相当苛刻的批评。

20. 在别尔哥罗德地域，有一些村镇的名字相同，相互间的距离也很近。例如在 SS 第 2 装甲军进攻地域内有两个卢奇基（Luchki，相距六千米）、两个普罗霍罗夫卡（Prokhorovka，相距 10 千米），在第 48 装甲军进攻地域内有两个瑟尔采沃（Syirtsevo，相距 5 千米）。这种情况不仅让历史学家们非常抓狂，也会让各种记录更加难以辨析。

21. 近卫步兵第 23 军报告指出，6 月 1 日—7 月 30 日期间共减员 4179 人，其中 739 人死亡、2140 人负伤、1198 人失踪、102 人患病或非战伤（国防部中央档案馆，第 872 全宗，第 1 目录，第 461 卷宗，第 222 页）。7 月 9 日 17:00，据报告称该师自 7 月 5 日起减员 4056 人（第 872 全宗，第 1 目录，第 25 卷宗，第 16 页）。7 月 15 日，集团军报告指出，7 月 4—15 日共减员 6583 人，其中 1689 人死亡、2320 人负伤、2574 人失踪（第 335 全宗，第 5113 目录，第 238 卷宗）。由于这些数字看起来有些高，所以我们认可较低的数字，其中部分原因在于报告中的兵力数字（7 月 1 日有 8919 人，12 日有 3880 人）。此外，我们推断 7 月 5 日报告中称该师伤亡 700 人，可能没有统计当天的失踪人数（第 872 全宗，第 1 目录，第 25 卷宗，第 11 页）。

22. 戴维·M.格兰斯和哈罗德·S.奥伦斯坦著《库尔斯克会战 1943：苏联总参研究》第 89 页。

23. 戴维·M.格兰斯和哈罗德·S.奥伦斯坦著《库尔斯克会战 1943：苏联总参研究》第 89 页。

24. 戴维·M.格兰斯和哈罗德·S.奥伦斯坦著《库尔斯克会战 1943：苏联总参研究》第 86 和 154 页。

25. 国防部中央档案馆，第 3403 全宗，第 1 目录，第 18a 卷宗，第 143—156 页

26. 瓦列里·尼古拉耶维奇·扎穆林和列夫·尼古拉耶维奇·洛普霍夫斯基（L. N. Lopukhovskii）著《普罗霍罗夫卡交战：神话和事实》(*Прохоровское сражение: мифы и реальность*),《军事历史档案》(*Военно-Исторический Архив*) 2002 年 9 月号第 77 页。

27. 瓦列里·尼古拉耶维奇·扎穆林和列夫·尼古拉耶维奇·洛普霍夫斯基著《普罗霍罗夫卡交战：神话和事实》，《军事历史档案》2002 年 9 月号第 77—79 页。加里·迪克森帮忙翻译。

28. 我们不清楚该师每天具体的损失情况。此处的减员数字，是根据部队报告线性推算得出的。如果使用其他算法，也可以认为该师在战斗的头两天损失了约 4056 人。

29. 这一线为"自由劳动"集体农庄以东一千米处—214.5 高地、叶里克以北树林西北缘—196.4 高地—叶里克—绍皮诺—211.6 高地—190.5 高地—波克罗夫卡以北树林。

30. 该装甲战斗群以第 11 装甲团团长赫尔曼·冯·奥佩尔恩 - 布罗尼科夫斯基（Hermann von Oppeln-Bronikows-ki，1899 年 1 月 2 日—1966 年 9 月 19 日）上校的名字命名。布罗尼科夫斯基上校于 1943 年 1 月 1 日获得骑士十字级铁十字勋章、1944 年 7 月 28 日加橡树叶饰、1945 年 4 月 17 日加双剑饰。他在库尔斯克会战中负伤，但随后归队继续指挥自己的团。此外，他还曾在 1936 年柏林奥运会的马术项目上获得过盛装舞步团体金牌。Ritterkreuz des Eisernen Kreuzes 的字面义为"骑士十字级铁十字勋章"，国内习惯称之为"骑士十字勋章"或"骑士铁十字勋章"。铁十字勋章是自 1813 年起，普鲁士和德国的一个基本勋章门类。1939 年，德国开始设立骑士十字级铁十字勋章，获得者被称为 Ritterkreuzträger，即"骑士十字获得者"。其后可以逐渐增加橡树叶、双剑和钻石等饰物，最终升级为金质钻石双剑橡叶饰。

31. 该战斗群以第 7 装甲师第 6 装甲掷弹兵团团长沃尔夫冈·格莱塞梅（Wolfgang Gläsemer）上校的名字命名。格莱塞梅上校于 1943 年 2 月 12 日获得骑士十字级铁十字勋章。

32. 该装甲战斗群以第 25 装甲团团长阿德尔贝特·舒尔茨（Adelbert Schulz, 1903 年 12 月 20 日—1944 年 1 月 28 日）中校的名字命名。1940 年 9 月 29 日，舒尔茨中校获得了骑士十字级铁十字勋章，他当时是一名连长。1941 年 12 月 31 日加橡树叶饰时，舒尔茨中校是一名营长。库尔斯克会战后的 8 月 6 日，舒尔茨中校获得了加双剑饰的荣誉。12 月 14 日，舒尔茨中校又被加钻石饰（他是获得这一荣誉的第九人）。一个月后，舒尔茨中校在指挥第 7 装甲师时阵亡。

33. 见美国国家档案馆微缩胶片（NAM），T314，R197，第 1103 页。

34. 戴维·M. 格兰斯和哈罗德·S. 奥伦斯坦著《库尔斯克会战 1943：苏联总参研究》第 91—92 页。

35. 戴维·M. 格兰斯和哈罗德·S. 奥伦斯坦著《库尔斯克会战 1943：苏联总参研究》第 92 页和 154 页。

36. 戴维·M. 格兰斯和哈罗德·S. 奥伦斯坦著《库尔斯克会战 1943：苏联总参研究》第 92 页和 154 页。该部在 6 日 23:45 收到警报。关于其开进的更多细节，见笔者原著《库尔斯克：普罗霍罗夫卡之战》第十一章和第十三章。

37. 约翰·埃里克森著《柏林之路：续写斯大林的对德战争》第 100 页。

38. 约翰·埃里克森著《柏林之路：续写斯大林的对德战争》第 103 页。

39. 库尔特·格茨施曼（Kurt Gätzschmann）著《从集团军群第 51 装甲营到第 9 装甲师第 33 装甲团 2 营，1943—1945 年》（*Pz.Abt.51 Heerestruppe—II./Pz.Rgt. 33/9. Pz.Div. 1943–45.*），列出了相应清单：

日期	死亡人数	其中军官人数
1943 年 2 月 27 日	1	
1943 年 4 月 14 日	1	
1943 年 4 月 17 日	4	
1943 年 7 月 4 日	1	
1943 年 7 月 5 日	7	1
1943 年 7 月 6 日	2	1
1943 年 7 月 7 日	16	2
1943 年 7 月 8 日	1	
1943 年 7 月 9 日	3	
1943 年 7 月 10 日	6	
1943 年 7 月 11 日	2	
1943 年 7 月 14 日	1	1

40. 坦克第 2 军能否在 7 月 8 日发起有力进攻，本来是一个很值得怀疑的问题。该部当时仍在向前开进，他们直到 7 月 7 日都没有开始向战场进发。后来该部经过 200 千米的行军于 7 月 8 日早晨集结到了维诺格拉多夫卡地域，并在 8 日下午发起了进攻——虽然没发挥什么作用。

41. 坦克第 2 军在 7 月 9 日有 70 辆 T-34、56 辆 T-70 和 11 辆丘吉尔坦克，以及还在维修的 21 辆坦克（12 辆 T-34、7 辆 T-70 和 2 辆丘尔）。3 个旅中的 2 个表示，在行军过程中遇到了机械故障，而剩下的一个旅应该也遇到了同样的问题。除机械故障外，该军在 7 月 8 日至少损失了 31 辆坦克（详见《库尔斯克：普罗霍罗夫卡之战》第十一章和第十三章）。因此，该军一开始至少有 189 辆坦克，甚至可能有 208 辆坦克（按照伊万诺夫斯基的说法，有 13 辆丘吉尔坦克，以及每个旅的 65 辆坦克）。如果该军齐装满员，那么应该有 218 辆坦克，即 134 辆 T-34、63 辆 T-70 和 21 辆丘吉尔。

42. 伊万·米哈伊洛维奇·奇斯佳科夫著《奉祖国之命》第 106 页，以及戴维·M. 格兰斯和哈罗德·S. 奥伦斯坦著《库尔斯克会战 1943：苏联总参研究》第 96—97 页。

43. 约翰·埃里克森著《柏林之路：续写斯大林的对德战争》第 104 页，以及戴维·M. 格兰斯和哈罗德·S. 奥伦斯坦著《库尔斯克会战 1943：苏联总参研究》第 96 页。

44. 戴维·M. 格兰斯和哈罗德·S. 奥伦斯坦著《库尔斯克会战 1943：苏联总参研究》第 97 页。

45. 戴维·M.格兰斯和哈罗德·S.奥伦斯坦著《库尔斯克会战 1943：苏联总参研究》第 98 页。

46. 依据是推测坦克第 10 军没有在 7 月 8 日参与进攻。

47. 上述损失数据计算的依据是"可出动坦克的减少值"。迪普伊研究院的库尔斯克数据库中有更详尽一些的损失统计，但到 7 月 8 日，损失数与实力减少值差别不大。例如：第 48 装甲军可出动战车数减少值为 332、损失数为 361；SS 第 2 装甲军的可出动战车数减少值为 187、损失数为 235。

    由于每天都有更多的坦克恢复可出动状态，所以这些数据的差异会变得越来越大。在会战的这个阶段，苏军的可出动战车数减少值与损失数很接近——因为苏军档案中对坦克损失的报告更有限。

48. 战车损失是根据各个型号的可出动数与前一天相比的减少值确定的。由于修复了一些战车，所以这几天的数据并非精确损失。7 月 8 日，大德意志师和警卫旗队师的损失计算方式也是一样的。

49. 迪普伊研究院在三份报告做了更进一步的研究，这三份报告分别为：2000 年春的《地雷限制的意义》（*Military Consequences of Landmine Restrictions*）、2001 年夏的《彻底禁用地雷的军事意义》（*The Military Consequences of a Complete Landmine Ban*）、2001 年 6 月 11 日的《评估混合地雷体系对现实世界的作用》（*A Measure of the Real-world Value of Mixed Mine Systems*）。关于 7 月 6 日数据的估算方法，见《彻底禁用地雷的军事意义》第 16—24 页。估计地雷造成的损失如下（单位：辆）：

	7 月 5 日	7 月 6 日
第 48 装甲军	40	18
第 39 装甲团	14	14
SS 第 2 装甲军	33	14
第 3 装甲军和劳斯军	44	9
第 19 装甲师		14
总计	131	69

排除头两天因地雷造成的损失，数据相应调整如下：

	可出动战车数减少值
坦克第 1 集团军（不含坦克第 31 军和机械化第 3 军的两个旅）	289
第 48 装甲军	332
减去豹式坦克机械故障	-115
减去 7 月 5 日地雷损失	-54
减去 7 月 6 日地雷损失	-32
总计	131

这样苏德双方的损失比就变成了 2.21:1——德军第 48 装甲军的表现更出色；SS 第 2 装甲军地段上的损失比更加夸张：

	可出动战车数减少值
沃罗涅日方面军其他部队	385
SS 第 2 装甲军	187
减去 7 月 5 日地雷损失	-33
减去 7 月 6 日地雷损失	-14
总计	140

50. 伊万·米哈伊洛维奇·奇斯佳科夫著《为祖国服务》（*Служим Отчизне*，莫斯科，1975 年）第 153 页。

51. 伊万·米哈伊洛维奇·奇斯佳科夫著《为祖国服务》第 154 页。此书第 156 页指出："7 月 8 日深夜，瓦图京通过电话告诉我，我右翼的友军第 40 集团军正在将反坦克歼击炮兵第 14 旅和第 31 旅转隶给我，另外还从方面军预备队中给我加强了近卫坦克第 2 军和第 5 军。"不过,奇斯佳科夫却于 1971 年在回忆录《奉祖国之命》中(第 96 页)声称,他在 7 月 5 日晚获悉会得到这两个反坦克歼击炮兵旅。也就是说,上述两种说法并不一致。而且,1971 年的说法也不准确,因为反坦克歼击炮兵第 31 旅最初是被配属给第 69 集团军的,而非第 40 集团军。在我的《库尔斯克:普罗霍罗夫卡之战》的第七章中有相关论述。考虑到近卫坦克第 5 军和 2 个反坦克歼击炮兵旅已经大规模参战,《为祖国服务》中所记载的"7 月 8 日"这个日期应该有误,实际上应该是 7 月 5 日晚。不过,综合两本总参研究,第 31 旅在 7 月 5 日时属于方面军预备队,位于科罗恰地域,6—9 日一直在近卫第 7 集团军地段上战斗。不过,该旅 7 月 7 日便被转隶给了在同一地域的第 69 集团军——至少一直到 7 月 12 日都归该集团军指挥。格兰斯援引 1944 年 3—4 月《伟大卫国战争经验研究材料汇编》第 11 期《库尔斯克准备地域防御中的坦克兵》第 63 页(*Сборник материалов по изучению опыта войны. № 11. март - апрель 1944. Танковые войска в обороне Курского плацдарма*)和近卫坦克第 1 旅旅长巴巴贾尼扬等编写的《在柏林打开舱盖:近卫坦克第 1 集团军的征程》(*Люки открыли: Боевой путь 1-й гвардейской танковой армии*)(莫斯科,军事出版社,1973 年)第 50—51 页指出,第 14 旅大概 7 月 8—9 日由方面军预备队加强给坦克第 1 集团军。不过,该旅的四名苏联英雄——高级中尉洛谢夫(А. П. Лосев)、沙帕尔(Г. И. Шапарь)、金扎耶夫(Х. И. Кинжаев)和叶罗欣(А. Ф. Ерохин)——从 7 月 6 日开始就在波克罗夫卡西面的 254.5 高地抗击德军坦克了。当然,奇斯佳科夫的步兵与卡图科夫的坦克兵都在该地域作战,无论第 14 旅被配属给谁,都会同时支援二者的战斗。

52. 第 6 装甲师最初有 113 辆装甲战车(含坦克和黄鼠狼坦克歼击车),现在只剩 80 辆可以出动;第 7 装甲师最初有 118 辆装甲战车(含坦克和黄鼠狼坦克歼击车),现在只剩 65 辆可以出动;第 19 装甲师最初有 93 辆装甲战车(含坦克和黄鼠狼坦克歼击车),现在只剩 52 辆可以出动;第 503 重装甲营最初有 40 辆"虎"式坦克,现在只剩 21 辆可以出动;第 228 突击炮营最初有 31 辆 III 号突击炮,现在只剩 23 辆可以出动。

53. 戴维·M. 格兰斯和哈罗德·S. 奥伦斯坦著《库尔斯克会战 1943:苏联总参研究》第 99 页。

54. 戴维·M. 格兰斯和哈罗德·S. 奥伦斯坦著《库尔斯克会战 1943:苏联总参研究》第 99 页。

第48装甲军向西冲击：1943年7月9—11日

行动时，我和师长在一辆搭载了相应的无线电台的装甲人员输送车中密切注视着进攻……在随后的几天内，我感觉师长韦斯特霍芬完全不像以往那样喜欢兵行险着。总觉得他想得更多的是"把整个师全须全尾地带回去，而非完成什么设定的目标"。他可能觉得根本完成不了那些目标。

——保罗 - 乔治·克勒费尔（Paul-George Kleffel）[1]

由于防御体系被突破和 7 月 8 日的大规模反击失败，近卫第 6 集团军和坦克第 1 集团军在随后的三天中节节败退。大量苏军位于德军主攻方向两侧的不利位置上，防御起来十分困难。因此，苏军在接下来的三天内一边等待援军，一边不断迟滞德军的推进。

此时，一路向前的德军也有自己的问题——3 个装甲军各打各的、互不相干。第 48 装甲军与 SS 第 2 装甲军之间的地域被三条流向东北的小河分割开来。这里是第 11 装甲师和 SS 第 2 装甲师的结合部，但却没有发生大规模的战斗。第 48 装甲军逐渐向西偏转，开始向北面和西面发起攻击；而 SS 第 2 装甲军则向东偏转，开始向北面和东北面发起攻击。两个军渐行渐远。

在 SS 第 2 装甲军与第 3 装甲军之间，有大量苏军被赶进了"顿涅茨河三角地带"——顿涅茨河在这里分叉，形成了一块高地。利波维顿涅茨河是 SS 第 2 装甲军的"边界"，而"顿涅茨河三角地带"另一侧的北顿涅茨河则是第 3 装甲军的"边界"。在利波维顿涅茨河和北顿涅茨河中间有大量苏军的步兵，其中部分步兵隶属于第 69 集团军。另外，在这里还有一些装甲战斗车辆——隶属于还在坚持战斗的近卫坦克第 2 军和坦克第 96 旅。

德军两个负责侧卫的步兵军已经停滞不前了——在会战剩下时间里再也没有前进一步。西侧的第 52 步兵军面对的是苏军第 40 集团军，东南侧的劳斯军面对的是近卫第 7 集团军。

第 4 装甲集团军作战行动

第 4 装甲集团军在会战的头三天（7 月 5—7 日）艰难突破前两道防御带后，于之后的几天趁势取得了较大进展，并击退了坦克第 1 集团军和沃罗涅日方面军装甲预备队（近卫坦克第 5 军和第 2 军）。现在，沃罗涅日方面军已经投入了共计 7 个坦克/机械化军（含上级加强的坦克第 10 军和第 2 军），从第 38 集团军和第 40 集团军抽调了步兵和配属装甲兵、炮兵部队，在敌进攻正面展开。可以说，沃罗涅日方面军已几乎将所属的每一个师和其他作战部队都投入到了一线，再也无兵可调。此时，德军正在不断取得进展，但第 48 装甲军和 SS 第 2 装甲军两翼还有大量苏军。

在表格 4.1 中，我们可以看到档案记录里德军每日的推进速度（由于并非直线推进，所以超出了突破纵深）。

表 4.1 每日推进速度
（单位：千米）

	第 3 装甲师	大德意志师	第 11 装甲师	警卫旗队师	帝国师	髑髅师
7 月 5 日	3.8	6.3	3.6	10.7	6.8	3.7
7 月 6 日	3.5	7.2	12.0	6.8	13.6	4.9
7 月 7 日	13.2	9.0	7.7	7.6	6.0	4.9
7 月 8 日	15.0	5.4	6.8	5.6	0.0	0.0

在随后的三天中，德军放缓了进攻速度：第 48 装甲军是因为在 7 月 9 日上午决定让大德意志装甲掷弹兵师转而攻打上佩尼耶；SS 第 2 装甲军是因为当面苏军的抵抗越来越激烈了（实际上，该军只派遣了麾下 3 个装甲掷弹兵师中的 2 个向前进攻）。

德军之所以还能继续前进，得益于苏军统帅部走错了几步棋。在开战时，苏军手里有 5 个装甲兵团，自西向东依次是坦克第 6 军、机械化第 3 军、坦克第 31 军、近卫坦克第 5 军和近卫坦克第 2 军。由于佩纳河阵地的限制，坦克第 6 军只能驻扎在德军的西侧；近卫坦克第 2 军则一直驻扎在东侧。这样一来，苏军实际上只能用 3 个坦克 / 机械化军来对抗德军 6 个装甲 / 装甲掷弹兵师。随着战事发展，近卫坦克第 5 军也被挤压到了侧翼。此时，德军仍有 4 个装甲 / 装甲掷弹兵师在从正面推进（自左至右依次为大德意志师、第 11 装甲师、警卫旗队师和帝国师）——其当面是已经消耗很大的机械化第 3 军的 3 个旅和总是缺乏步兵支援的坦克第 31 军。

沃罗涅日方面军在得到了坦克第 10 军的加强后，将该军布置在了德军进攻方向的正面。这样一来就造成了一些混乱，即该军应前往何处。起初，坦克第 10 军被放在了 SS 第 2 装甲军正面。然而双方尚未交火，坦克第 10 军就被调走，布置在了第 48 装甲军正面。于是，SS 第 2 装甲军当面就出现了一个缺口——苏军需要调遣其他部队来进行填补。

此外，苏军在战斗过程中也出现了失误。首先，沃罗涅日方面军一开始就在德军主攻方向的两翼布置了太多装甲力量，在中央部署的装甲力量却很少。其次，沃罗涅日方面军没有继续从侧翼往中路抽调兵力。再次，由于苏军指挥员坐视正面的部队被挤压到了侧面（机械化第 3 军的两个旅和近卫坦克第 5 军），所以他们没有足够兵力来阻止德军的正面推进。最后，沃罗涅日方面军不等德军被充分削弱就打算以几次钳形反击来将其挡住——这进一步削弱了苏军的装甲力量。

虽然坦克第 10 军的到来对防御方来说是一件好事，但此时苏军却有两个地域需要加强（分别在 SS 第 2 装甲军和第 48 装甲军正面）。也就是说，沃罗涅日方面军还需要 1 个坦克军。由于沃罗涅日方面军已有不下 3 个军被德军挤到了侧翼，所以他们只能依赖大本营。最终只能从罗特米斯特罗夫的近卫坦克第 5 集团军抽调 1 个军，布置在 SS 第 2 装甲军正面。

第 48 装甲军

对于第 48 装甲军来说，在 7 月 6 日下午就出现了如何继续向前进攻的问题。此时，第 3 装甲师到达了佩纳河畔，他们发现坦克第 6 军在对岸严阵以待。苏军占据了几座高地，并修建了坚固的防线——这让第 3 装甲师取消了进攻计划。接下来，第 3 装甲师又听令移动到大德意志师后方，并转向佩纳河的支流上的卢汉尼诺渡河点（这里需要等肃清另一侧后，才可使用）。随后，第 3 装甲师有部分兵力在杜布罗瓦过了河（仍位于大德意志师后方）。实际上在开战的头三天（7 月 5—7 日），第 48 装甲军只有两个装甲 / 装甲掷弹兵师在向前推进。也就是说，第 3 装甲师能够获得的助力有限——即便是在开战几天后，该师也几乎一直在全力对付军左翼的苏军。

第 48 装甲军军长冯·克诺贝尔斯多夫在战役初期认为，自己的军能够顺利向前推进——他的这种想法，让问题变得更加严重了。7 月 7 日上午的事态就证明了这一点。虽然当时只涉及局部态势，但也表明克诺贝尔斯多夫想得太过简单了。

德军次日（7 月 8 日）的作战行动进展很大，但这仍然主要是两个师（大德意志师和第 11 装甲师）的战果。第 11 装甲师多次停下来，等大德意志师和 SS 第 2 装甲军跟进掩护自己的左右两翼。不过，大德意志师的行动却并不顺利（攻击正面狭窄，当面苏军的抵抗也很顽强）。佩纳河的向东延伸，导致大德意志师越推进，攻击正面越窄。而且，该师还多次报告称遭到了来自河对岸的攻击。种种不利因素迫使大德意志师停在东面，并进一步限制了自己行动。在这种情况下，很难说德军该把第 3 装甲师放在哪个位置。

不过，随着战斗逐渐转为机动战，大德意志师和第 11 装甲师取得了较大进展，并开始经过上佩尼耶。此时，德军面临一个重大问题——夺取上佩尼耶北面并非易事。因为上佩尼耶与唯一一条通向奥博扬的主要公路之间只有三千米的距离，所以

1943年7月9日态势图（来自机械化第3军）

必须要将其拿下。从命令文件中也可以看出，大德意志师位于上佩尼耶—瑟尔采沃附近的一个"孔洞"中间——佩纳河西岸的苏军既可以看到这里，又可以朝这里射击。大德意志师提议先从上佩尼耶北面绕过，然后再杀个回马枪。在7月9日上午11:30—12:00召开的会议上，冯·克诺贝尔斯多夫批准了这一建议。

上佩尼耶是这一地域比较大的村镇之———该镇在佩纳河东岸有一排房屋（从北到南分部，长度约五千米）；在东面有一些园子和附属房屋；在南面有集体农庄的一些房屋；在镇子中间的东边，有一些房屋和一座教堂（再往东就是机器拖拉机站）；在佩纳河西岸也有一排房屋（这一排房屋长约六千米）；在部分地方的西面，还有一排房子。和这一地域的所有俄罗斯村镇差不多，上佩尼耶的建筑物和住宅后面也有园子及附属建筑（有时还有篱笆和围墙）。此外，在上佩尼耶的西面还有两个集体农庄。虽然只是一个村镇，但上佩尼耶还算得上是易守难攻。

笔者不清楚德军的这一战术机动是在何时变成"让两个装甲/装甲掷弹兵师渡过佩纳河，只留第11装甲师独力向奥博扬推进"的。德军肃清这一侧翼，有一些合理的解释。大致来说，在卡林诺夫卡、新谢洛夫卡（Novoselovka）和科切托夫卡之间，只有萨洛京卡（Salotinka，流经科切托夫卡）河与库拉索夫卡（Kurasovka）河中间有一片12千米宽的平原。而这一块平原，又被上佩尼耶和横向伸出的佩纳河进一步分割开来。此外，第48装甲军只能通过一条公路获得补给——3个装甲/装甲掷弹兵师的后勤需求可不是一个小数目，必然会让这条公路变得不堪重负。而且，一旦这条公路遭到苏军的空中打击，后果将不堪设想。如果没有这条公路，第48装甲军实际上只能同时展开两个师；若是德军可以设法突破上佩尼耶的防御，就能拓宽攻击正面，并为这条公路提供掩护。如果德军能再往西推进五千米，并控制258.5高地的三岔路口，就可以保证扎维多夫卡—克鲁格利克公路的畅通（德军原定的计划一直要求控制扎维多夫卡—克鲁格利克的公路，以供第3装甲师使用）。这样一来，德军不仅能将攻击正面拓宽到17千米，还能靠两条公路来补充给养——的确是一个更好的方案。

　　然而很可惜，德军有两个装甲/装甲掷弹兵师参与了肃清佩纳河的战斗，只有一个师向北推进。而且，随着被合围的苏军的增多，德军向西面发起的进攻也开始变得一发不可收拾（战果和战损比都对德军有利，所以他们也更愿意继续往这个方向打下去）。虽然按理说德军应该向奥博扬推进，但在后面的几天里，第48装甲军却忙着一路大肆"斩首记功"——在给当面之敌造成大量杀伤的同时，却偏离了正确的进攻方向。

　　让德军转向的潜在原因，大致有以下六个：

　　第一，第3装甲师未能在7月6日渡过佩纳河。未能渡河的原因并不是该师的兵力不足，而是进攻计划存在缺陷——让该师强攻"可能会非常强大"的防御阵地，没有办法进行迂回，且准备工作也不足以达成突破。

　　第二，苏军及时用坦克第6军加强了阵地的防御——这是最关键的因素。苏军此举打消了德军向北进攻的念头。虽然我们可以指责坦克第6军的部署和后续作战行动，但苏军将该军放到这一防御阵地上是极为合理的。

　　第三，冯·克诺贝尔斯多夫认定可以继续维持前进势头，并觉得能在不妨碍总体进攻的同时，顺利完成向侧面的突击。

第四，德军为侧面突击投入了过多兵力。既然第 48 装甲军已经顺利向北推进，那么将主力转向西面就没有任何意义了。其实，德军可以用大德意志师的部分兵力来肃清上佩尼耶，并让主力继续向前方施压。本来德军就不应花过长时间来转向，而应在完成任务后立即全力向北，冲到奥博扬。也就是说，应该只留下第 3 装甲师和第 332 步兵师来对付佩纳河西岸之敌。

第五，德军对"斩首记功"过于执着，以至大量杀伤敌有生力量变成了他们的目标之一，甚至是全部目标。但这样只会让德军在侧面突击上花费更多时间和精力——实际上，大德意志师再也没有恢复向北突击，完全陷入了"在这一地域的混战中"。

第六，第 3 装甲师师长韦斯特霍芬似乎有些懒怠，因为他从一开始就觉得自己不能获胜。各师的每日作战伤亡对比似乎也反映了这一点。

	第 3 装甲师		大德意志师		第 11 装甲师	
	减员数（人）	减员率（%）	减员数（人）	减员率（%）	减员数（人）	减员率（%）
7 月 4 日	155	1.1	36	0.17	121	0.76
7 月 5 日	170	1.22	401	1.86	178	1.12
7 月 6 日	73	0.53	175	0.83	93	0.59
7 月 7 日	72	0.52	224	1.07	136	0.87
7 月 8 日	77	0.56	375	1.8	108	0.7
合计	547	3.87	1211	5.62	636	3.97

可以看出，第 3 装甲师的减员数是 3 个师中最少的——虽然减员率和第 11 装甲师差不多。如果有人觉得第 3 装甲师减员较少的原因主要是该师一直都在忙于机动，那么可以看一下该师开始全面交战的后三天——减员情况还是一样的。

	第 3 装甲师		大德意志师		第 11 装甲师	
	减员数（人）	减员率（%）	减员数（人）	减员率（%）	减员数（人）	减员率（%）
7 月 9 日	128	0.94	442	2.16	82	0.53
7 月 10 日	57	0.42	258	1.29	147	0.96
7 月 11 日	32	0.24	165	0.83	126	0.83
合计 [2]	217	1.54	865	4.02	355	2.22

看来第 3 装甲师是想要尽可能减少伤亡，才采取了各种机动。

第48装甲军继续推进，上佩尼耶—红波利亚纳的战斗，7月9日

7月9日，第48装甲军延续了前一天的作战行动。由于之前的损失很大，所以苏军调来了新的独立坦克团和旅。苏联人打得很差，他们死守上佩尼耶和佩纳河后方的阵地——虽然成功守住了佩纳河一线，但也让德军在击退并分割了机械化第3军之后，成功绕过了佩纳河防线。德军甚至有可能从东面和东北面出击，合围佩纳河弯曲部的苏军。当天德军损失的战车并不多。

7月9日上午，第3装甲师攻击了上佩尼耶南面，大德意志师攻击了上佩尼耶北面。11:00，第3装甲师报告称"瑟尔采沃几乎完全被肃清"。此时佩纳河对岸还有苏军部队，德军在报告中声称"有30辆苏军坦克占领了射击阵地，而且他们还得到了重炮和喀秋莎火箭炮的支援"。在卢汉尼诺的西面，苏军在茂密的庄稼地里布置了只装备冲锋枪的"特种部队"（special unit）。第3装甲师在这天剩下时间里一直在清理卢汉尼诺和瑟尔采沃一带。夜幕降临后，卢汉尼诺西面和瑟尔采沃南面仍有苏军据守。战斗持续了一整夜。但第3装甲师已经开始计划次日在瑟尔采沃渡过佩纳河，向别廖佐夫卡发起进攻。

当第3装甲师慢慢发展进攻之时，大德意志师却非常活跃。早上该师花了很长时间才拿下上佩尼耶的北半部分，但他们又在09:00报告称与"从上佩尼耶向东的公路南面的苏军坦克和反坦克武器进行了激烈交火"。

第48装甲军继续在上佩尼耶和瑟尔采沃一带与苏军激战。由于苏军仍然控制着上佩尼耶的北半部分，所以第48装甲军在上午12点左右派大德意志师和第11装甲师的装甲团向西北进发，以夺取260.8高地。此时，德国空军也开始帮忙攻击据壕固守的苏军坦克。

13:30，德军的记录显示苏军在整条战线上的抵抗都在减弱。15:00，快速推进的大德意志装甲团在新谢洛夫卡突破苏军防线，摧毁了不少苏军坦克。接下来，德军在没有遇到什么抵抗的情况下，又往新谢洛夫卡的北方推进了三千米。德军有条不紊地用重武器朝几乎每间房屋射击，没有付出太大伤亡就拿下了上佩尼耶北部，而这个镇子也变成了一片残垣断壁。

冯·克诺贝尔斯多夫的决定

16:50，冯·克诺贝尔斯多夫命令大德意志师立即转向西南，朝258.5高地上的

三岔口进发——目标是拿下多尔吉（Dolgii）及其北面的几个高地，以便切断苏军退路。这就等于德军将放弃打开通向奥博扬的突破口。很难说如果冯·克诺贝尔斯多夫没有做出这个决定，德军能否打开通向奥博扬的突破口。如果德军继续向前推进，只留第3装甲师掩护侧翼，就等于坐视苏军的坦克第6军、机械化第3军的两个旅和近卫步兵第90师在侧翼虎视眈眈，甚至发起反击（当然到此时为止，苏军的反击效果并不好）。而且，苏军还有可能经伊夫尼亚（Ivnya）北撤，直接顶到德军的进攻方向上。无论苏军选择反击还是北撤，都至少会给德军留出一天的时间——德军能以两个师的兵力不受干扰地向北推进，取得"比真实历史更大的进展"。不过，德军也还是要面对一些问题。首先，德军的攻击正面仍然过窄，且只能靠一条公路来输送补给——只要不肃清上佩尼耶地域，就无法实现长期进攻。其次，如果苏军能成功实施侧翼反击，德军就将面临一场惨败。因此，冯·克诺贝尔斯多夫无法对佩纳河西岸之敌置之不理，他必须分出至少一个装甲/装甲掷弹兵师来肃清此地，以掩护侧翼。

不过，冯·克诺贝尔斯多夫挥师西进的真正原因显然是他觉得有机会合围大量苏军，并对苏军造成重大伤亡。如果能让当面之敌损失惨重，那德军完成进攻目标也就是顺理成章的事了。冯·克诺贝尔斯多夫认为这是沉重打击苏军的绝佳战机，但仅靠第3装甲师是不够的——要完成合围就要动用大德意志师和第3装甲师的全部机动力量。至于现在是不是"斩首记功"和稍稍偏离主要目标的恰当时机，就很难回答了。

当然，德军此举还是存在一定风险的。因为如果德军将"装甲矛头"转向西面，那他们的西北侧翼就得靠步兵来掩护。7月10日14:30，冯·梅伦廷在军日志中提到了这一点。他觉得有必要冒险用反坦克武器来掩护西北侧翼，用装甲部队来歼灭佩纳河西岸之敌。

不过，既然第48装甲军的目标是突破苏军的防线，直抵库尔斯克，并与第9集团军会师，那么此举就显得有些不妥了——因为此地的苏军并没有拦在德军的正面。如果德军最终能达成突破，那这些苏军必然会被包在合围圈中；如果德军无法达成突破，就会失去大量杀伤敌有生力量的机会。

那么，德军有可能达成突破吗？在这天结束时，大德意志师和第11装甲师北面的苏军装甲部队只有机械化第3军（共有30辆T-34、21辆T-70和1辆T-60）的

3 个旅——近卫坦克第 1 旅、坦克第 49 旅和机械化第 3 旅。这 3 个旅估计尚有 14 辆 T-34、5 辆 T-70 和 1 辆 T-60 可以投入战斗（当然，苏军的维修部门应该还在辛勤工作，试图让更多的 T-34 重返战场）。

此外，苏军的装甲部队还有：

独立坦克第 59 团：15 辆 T-34、5 辆 T-70。

独立突破坦克第 203 团：1 辆 KV-1、10 辆 KV-2。

独立坦克第 230 团：4 辆"格兰特"、5 辆"斯图亚特"。

坦克第 86 旅：24 辆 T-34、7 辆 T-70 和 7 辆 T-60 坦克。

独立坦克第 180 旅：10 辆 T-34、2 辆 T-70 和 2 辆 T-60 坦克。

独立坦克第 192 旅：3 辆"格兰特"、15 辆"斯图亚特"。

坦克第 31 军(7 月 9 日晚转入第二梯队)：41 辆 T-34、12 辆 T-70 和 1 辆 T-60 坦克。

上级增援的坦克第 10 军：97 辆 T-34、12 辆 SU-152、9 辆 SU-76、20 辆"斯图亚特"、64 辆 T-70。

以上合计共有 201 辆 T-34、11 辆 KV、7 辆"格兰特"、12 辆 SU-152、9 辆 SU-76、20 辆"斯图亚特"、95 辆 T-70 和 11 辆 T-60。[3] 其中有 240 辆中重型坦克和自行火炮，126 辆轻型坦克，实力颇为可观。当日日终时，德军的两个装甲 / 装甲掷弹兵师大约有 184 辆中重型坦克、自行坦克歼击车、突击炮，以及 25 辆轻型坦克和喷火坦克。所以，这绝不会是一场轻松的战斗。从另一方面来说，如果没有坦克第 10 军的增援，防守的苏军就会面临更艰难的局面。

到 20:00，大德意志师已经拿下新谢洛夫卡和 235.9 高地（科切托夫卡以西）。但装甲团在 20:15 时仍未转向西南——因为有报告称，有 200 辆苏军坦克正从北方杀向公路交叉口北面的 244.8 高地，其先头部队已在 19:45 攻击了该高地（这里的公路交叉口和 244.8 高地均位于新谢洛夫卡以北）。这些苏军坦克很可能属于包括坦克第 10 军在内的增援部队。与此同时，还有报告称，侦察营也遭到了来自 232.8 高地的 15 辆苏军坦克的攻击，双方陷入了激战。这时大德意志师所属部队还在等第 11 装甲师赶来替换自己的右翼部队，以便向西南进发。不过，换防部队到日终时仍未抵达。

到日终时，大德意志师已经以装甲团、协同的步兵、侦察营和突击炮营转向西面和西南面。两个步兵团被留下掩护北面和西北面。其中燧发枪兵团负责掩护公路——

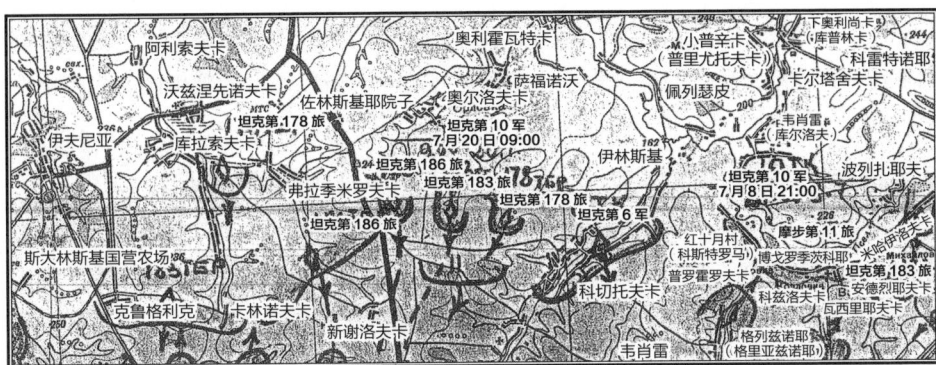

图上显示坦克第 10 军在 7 月 8 日 21:00 位于普肖尔河一带，正转向西面（各旅的位置也很清楚）。该图还显示了坦克第 10 军各旅在 7 月 8 日 21:00 和 7 月 20 日 09:00（图中央标注了"9.00 20.7"）时的位置

新谢洛夫卡—251.4 高地一线（251.4 高地在新谢洛夫卡村西南面），他们应当控制 244.8 高地，直到第 11 装甲师上来换防；掷弹兵团在卡林诺夫卡以东的几个高地建立防御，其左翼位于 +1.8 岗丘上的埋石图根点（位于上佩尼耶以北的树林的西北方），全团的防线面向西方和西南方。

与此同时，第 11 装甲师继续向前推进，在大德意志师的配合下夺取了 260.8 高地。配属第 167 步兵师的第 339 步兵团拿下了红波利亚纳和别列戈沃伊（Beregovoi），而第 11 装甲师则占领了部分西特诺耶树林（Sitnoye，在新谢洛夫卡的东北方）和部分苏霍索洛京诺（Sukho-Solotino）。第 11 装甲师在 18:00 左右停止了前进，此时他们已经提前完成了当日的任务。随后该师向侧面运动，换下了大德意志师的部分兵力。由于种种原因，这次换防的速度很慢，导致大德意志师推迟了几个小时才开始动身。

迂回上佩尼耶和强渡佩纳河的早期尝试，7 月 10 日

第 48 装甲军在 6—9 日的顺利行动之后，开始向两个方向突击。大德意志师和第 3 装甲师向西清理佩纳河西岸，而第 11 装甲师继续向位于北方的奥博扬推进。

7 月 9 日，由于第 11 装甲师所部换防不及时，大德意志师推迟了很长时间才转向西南面。20:15，因为发现有 200 辆苏军坦克（也许是来自坦克第 10 军）从北方杀向公路交叉口以北的 244.8 高地，所以大德意志装甲团没有动身向西南方进发。

7月10日05:30，大德意志师向258.5高地方向发起进攻。由于各步兵团 [1] 遭到了苏军步兵和坦克的攻击，只能老老实实地待在工事中，所以德军的装甲团就先行出发了。苏军攻击德军面向北方和西北方的两个步兵团（Panzer grenadier regiments）以及第11装甲师的时间是05:55，即德军开始向258.5高地方向发起进攻后不久。

在这种情况下，德军只有装甲团可以向西南方发起攻击。不过，他们的先头坦克部队出发没多久，就在243.0高地遇到了苏军强大的坦克部队。起初，由于降雨使地面变软，所以奉命搭乘卡车去支援坦克的燧发枪兵团无法跟进。后来，燧发枪兵团又被装甲团后方出现的苏军拦住了去路，并遭到了火炮和火箭炮的狂轰滥炸。

在早晨的战斗中，指挥第10装甲旅（其实是就是装甲团加上十几辆豹式坦克）的冯·施特拉赫维茨上校被后坐的坦克炮挤伤了手臂（实际上，他的肩膀也受了伤），并被送往后方。因此，指挥权被移交给了曾在5—6日指挥该旅的冯·德克尔上校。

这一天，大德意志师逐渐肃清了上佩尼耶位于佩纳河西岸的部分，而第3装甲师则在上佩尼耶南面推进。15:00，大德意志装甲团在结束了243.0高地的激战后，再次向258.5高地进发。德军报告称，"苏军坦克从下午早些时候起就不断出现在北面和西北面"——这些苏军部队应该隶属于坦克第10军。

经过沿途激战，大德意志装甲团摧毁了5辆苏联坦克，于20:45占领258.5高地——该装甲团立即在高地正北面建立环形防御。到此时，大德意志师宣称仅在这一地域就击毁了49辆苏军坦克，而第3装甲师也打瘫了5辆苏军坦克。虽然以上数据无法得到苏军档案的证实（我们也无法确定坦克第10军当日的损失情况），但应该还是比较准确的。大德意志师报告称，此战之后该师"只剩6辆豹式、3辆虎式，以及约11辆Ⅲ号和Ⅳ号长管型坦克可以参见战斗" [2]！7月11日02:00，"师坦克状况报告"记载的可用坦克数要多得多：3辆Ⅱ号、8辆Ⅲ号长管型、13辆Ⅲ号喷火坦克、1辆Ⅲ号指挥坦克、2辆装备50毫米长管火炮的Ⅲ号指挥坦克、5辆Ⅲ号观察坦克、2辆Ⅲ号弹药车、5辆Ⅳ号短管型、31辆Ⅳ号长管型、10辆Ⅵ号、1辆Ⅵ号指挥坦克、26辆Ⅲ号突击炮、17辆黄鼠狼2号坦克歼击车。

---

① 译者注：原文是"rifle regiments"，容易给普通读者造成误解。
② 译者注：原文如此，可能是作者的笔误。这里也许是"大德意志装甲团"的报告。

集团军司令部的决定

当天的作战行动远远超出了第48装甲军的预期。尽管有3个师参与了侧翼行动，但主攻却是由大德意志师完成的（该师早在天亮前就已经开始行动了）。第3装甲师和第332步兵师的部分兵力，只是在"苏军的抵抗被削弱且开始撤退"后才跟了上来。德军的进展，比预想中艰难得多。16:00，第48装甲军报告称，"大德意志师正在进行的战斗，要比最初预想的困难得多。"

19:00，冯·克诺贝尔斯多夫和霍特开了个会。冯·克诺贝尔斯多夫指出，为了"可以冲过普肖尔河（在北面），第48装甲军应尽早抽身"。霍特认为，"第332步兵师和第52步兵军余部最多只能推进到258.5高地"，而且"第52步兵军的战线拉得太长了"；"必须用第3装甲师替下大德意志师，让大德意志师和第11装甲师继续向北推进"，届时"第3装甲师需要留在普肖尔河南面"。霍特还指出，"一旦转攻西南，再掉头往北就不那么容易了"。

21:30，第48装甲军表示打算仅留第3装甲师清理佩纳河突出部，改由第52步兵军开辟佩纳河渡河点，而第11装甲师和"被换防的大德意志师所部"将突向普肖尔河。即是说，大德意志师所部仍必须待在卡林诺夫卡地域。霍特觉得，"让第11装甲师在7月11日推进到奥尔洛夫卡（Orlovka）附近的高地即可。"此时，奥尔洛夫卡离第11装甲师的战线还有约6—7千米远的距离，两者中间还有苏军的几个坦克/机械化军和步兵师。正如即将看到的那样，第11装甲师无法快速抵达奥尔洛夫卡。

7月11日，第48装甲军的任务是在拉科沃两侧开辟佩纳河渡口，并以"大德意志师已被换防的所有兵力"准备突破普肖尔河。此外，第3装甲师应在第332步兵师接手防线后就准备进攻沃兹涅先诺夫卡（Voznesenovka）地域，以便掩护第48装甲军的西侧（这里位于258.5高地以北约13千米，与奥尔洛夫卡处于同一纬度）。显然，冯·克诺贝尔斯多夫和霍特真的以为自己即将突破苏军防御了。

23:30前后，德军终于认清了现实。第48装甲军在日志中提到，"第3装甲师次日无法独自控制佩纳河突出部"。然而，冯·克诺贝尔斯多夫和霍特仍然认为当晚的形势可能会有所改变（也就是说，苏军可能会大规模撤退）。因此，第48装甲军现在有两个选择：将大德意志师的可用部队集中到新谢洛夫卡，准备向北突击；继续向南，沿别廖佐夫卡至243.8高地（拉科沃以北）一线两侧推进。霍特比较倾向于第二个选择。

第 11 装甲师向 244.8 高地—科切托夫卡推进，7 月 10 日

就在大德意志师和第 3 装甲师掉头向西之时，第 11 装甲师独自遂行"装甲军向北突击"的任务。

7 月 9 日相对平静的下午过后，第 11 装甲师于 20:15 奉命换下大德意志装甲团的防线。换防开始于 20:45，但在 23:00 又被拖延了——因为师长约翰·米克尔（Johann Mickl）少将命令第 15 装甲团转向东侧，前往苏霍索洛京诺（苏军正在赶往那里，并显然是被 SS 第 2 装甲军击退后撤过去的）。军参谋长冯·梅伦廷表示，他"不明白为什么对付这股敌人需要投入整个装甲团，是不是传达命令时出现了误会"。也就是说，"就在军里想用第 15 装甲团协助大德意志师撤下部分兵力，以便在左翼大量杀伤敌有生力量之时"，米克尔却将该团用于在右翼杀伤敌军。

该师在 7 月 10 日的战果有限。苏军在整条战线上都进行了有力的防御，特别是在 244.8 高地——德军报告中的说法是处于"绝对有利位置"。12:00，该师虽然在右翼遭到一些抵抗，但还是到达了索洛京卡河。此时，苏霍索洛京诺北面部分仍有苏军，而且该师依旧无法与 SS 第 2 装甲军建立联系。

到 14:00，第 11 装甲师替下了第 339 步兵团，并克服了苏军的微弱抵抗，在科切托夫卡教堂、227.0 高地、235.9 高地和 248.3 高地占领阵地。现在第 339 步兵团终于抽出身来，回归了第 167 步兵师的建制。该团在 12:00 接到命令，要立即前往大马亚奇基和加里丁以京地域，接替 SS 第 2 装甲军右翼的帝国师所部。

与此同时，苏军正在投入兵力，加强第 11 装甲师左翼当面、高速公路两侧、马林诺沃耶树林和 232.8 高地（马林诺沃耶树林和 232.8 高地均位于新谢洛夫卡的西北方向）的部队。15:30 左右，第 11 装甲师对 232.8 高地发起了一次进攻——他们直到 18:00 才到达高地南坡。尽管如此，第 11 装甲师还是接到命令，只要形势允许就出动坦克向前推进，拿下 244.8 高地和 248.3 高地，"以便为军后续向普肖尔河推进占领出发阵地"。19:05，第 11 装甲师推断当日已经无法完成对 244.8 高地的进攻。

总体来说，第 11 装甲师当天将战线向西挪了三千米，向前推进了 1.4 千米。该师当天并没有取得较大战果，且进攻也显然开始陷入停顿。

不过从地形条件可以看出，该地实际上是奥博扬南面河谷前的最后一道天然屏障。在到这里之前，地势是由南向北逐渐隆起的，易守难攻。一旦越过 244.3 高地至梅洛沃耶树林一线，前方就变得豁然开朗，地势也逐渐下降（一直到奥博扬）。

实际上，人们站在山脊线上就可以清楚看到整个河谷的对面。占领这一线很可能会打开通往奥博扬的道路，并迫使苏军沿普肖尔河一线布防。从244.3高地到奥博扬南面的各个村庄之间，是"13千米长的不断下降的地形"。

从另一方面来说，奥博扬所处的位置还是非常好的。在普肖尔河流域的南岸有不少沿河建设的、方圆1—2千米的村庄，而且河边两千米之内土质湿软。至于奥博扬本身，不仅方圆数千米、周围有果园和其他村庄，在其后方还有一排海拔240米左右的高地。这样一来，在普肖尔河以南的湿地与城北的山脊线之间就是绝佳的防御阵地，尤其是在普肖尔河及其支流扎普谢列茨（Zapselets）河之间——这里的防御阵地非常开阔。而且，苏军还在此处构筑了防御工事（属于第三防御地带的一部分，再往后还有防御阵地。奥博扬地域地形见地形示意图4，M-37-25B，1∶50万）。

别廖佐夫卡合围，7月11日

德军现在从三个方向对位于别廖佐夫卡的坦克第6军等苏军部队形成了合围之势。不过，苏军的应对有些令人不解。坦克第6军军长安德烈·拉夫连季耶维奇·格特曼（A. L. Getman）少将在回忆录中声称，他的"军在7月10日晚至11日凌晨撤了出来"。这很可能是实情。显然近卫步兵第90师和机械化第3军的两个旅没有接到这样的命令，因此他们在11日白天死伤惨重。不用说，让半数守卫士兵撤出合围圈，而让实力更差的另一半士兵在被敌人层层包围后仓皇逃跑，让德军的进攻造成了最恶劣的结果。为何苏军的应对混乱如斯？作者不得而知。

在前一天晚上（记录显示为柏林时间22:45分，即莫斯科时间7月11日00:45），第48装甲军安排第8航空军于07:45—08:00之间打击了别廖佐夫卡北面地域。最后一颗炸弹大概是在08:00左右扔下的，大德意志师和第3装甲师也应该是在08:00左右向南面的243.8高地推进的。此外，炮兵也炮击了258.5高地南面、西南面，以及别廖佐夫卡地域的树林。

7月11日05:40（莫斯科时间07:40），大德意志师先头部队攻占了托尔斯托耶树林东南方的237.6高地。师主力按计划在06:00向南进攻；装甲团从258.5高地向南出击，给了从别廖佐夫卡向西退却的苏军以重大杀伤。苏军几乎立即就从北面对装甲军发起了反击，并撕开一道口子，从后方进行迂回包抄，摸到了大德意志掷弹兵团的右翼。大德意志师和第11装甲师所部发起反击，封闭了突破口。不过，苏军仍然持续对位于卡林诺夫卡的大德意志师正面施加巨大压力。

11:20 左右，装甲军的日志中有一条记录，表明此时尽管该军"已经在别廖佐夫卡地域消灭了大量敌人，但无法完成预期的合围"。似乎绝大部分苏军已经撤往西面和西北面。合围需要耗费大量兵力，以德军现有的实力无法封堵苏军"通往西方的大门"——也就是说，德军无法实现预期效果。

此时，大德意志师进行了一整天规模巨大、错综复杂却又相当平静的战斗。直到 18:10，第 3 装甲师和大德意志师才报告称已肃清了别廖佐夫卡。他们利用豹式坦克和燧发枪兵团的突击队夺取了镇子南边的碉堡——防御的苏军进行了"激烈的抵抗，战至最后一人"。此外，德军还拿下了高速公路两侧的碉堡。第 3 装甲师和大德意志师在村子西面进行了"艰难的逐屋巷战"。在同一时间，大德意志装甲团已经占领了 243.8 高地、勉强扫清了南面的雷场，并对恰帕耶夫村进行了一次侦察。

第 3 装甲师的报告声称，"苏军这天在某些地方进行的抵抗，比攻势发起后的任何一天都要顽强"。该师还指出，在别廖佐夫卡还多次出现守军宁可掏枪自杀也不投降的情况！面对大炮和坦克的攻击，苏军损失惨重。到晚上，第 3 装甲师清点发现苏军有 500 人死亡、1700 人被俘。此外，苏军还抛弃了大量武器装备和弹药。

夜幕刚刚降临时（20:30），苏军仍然控制着 258.5 高地和 237.6 高地附近公路两侧的树林——尤其托尔斯托耶树林。德军遭到了来自四面八方的射击，其中甚至还有来自迫击炮和反坦克炮的攻击。但多苏军坦克还在继续进攻 247.0 高地（位于克鲁格利克南面）上的大德意志侦察营；大德意志掷弹兵团也在卡林诺夫卡面对苏军强大兵力的攻击。上述这些进攻一直持续到当天晚上。

第 332 步兵师也将第 678 步兵团投入了战斗。由于该团未能在 7 月 10 日渡过佩纳河，所以他们当晚只能在扎维多夫卡防守。次日 12:30—13:00，第 332 步兵师的第 332 侦察营开始在东面的阿列克谢耶夫卡渡过佩纳河。此时，第 3 装甲师已经从北面迂回阿列克谢耶夫卡和扎维多夫卡，并占领了 243.8 高地。第 332 侦察营在 17:00 左右成功穿过密集布雷的地域，与位于 243.8 高地的第 3 装甲师建立了联系。接着，第 332 侦察营转向西面，攻击了河边的苏军阵地，并占领了拉科沃（战斗一直持续到晚上 22:00）。第 678 步兵团于 18:15 左右开始在扎维多夫卡渡过佩纳河。

在这两天的作战行动中，德军战果斐然，以损失 897 人和 50 辆坦克为代价杀伤了苏军约 4973 人（俘虏了不下 2778 人）。此外，苏军还至少损失了 74 辆坦克。[4]

德军的这次战术合围非常成功，但现在苏军仍死守在托尔斯托耶树林一带，给前者带来了很大的麻烦。

7月11日别廖佐夫卡和佩纳河一带的苏军撤退的情况

坦克第 22 旅旅部

坦克第 200 旅旅部

博利绍耶特征地

坦克第 112 旅旅部

坦克第 6 军集群

克鲁格利克

卡林诺夫卡

第 6 装甲团

7 月 11 日 06:00
约 100 辆敌坦克和步兵

7 月 10 日
击退敌坦克 5 次进攻

7 月 11 日 10:00 时停止进攻

诺文科耶

7 月 11 日 06:00

摩步 6 旅 2 营

坦克第 200 旅

托尔斯托耶树林

多尔吉

红乌兹利夫

坦克第 22 旅

别廖佐夫卡

坦克第 112 旅

梅洛沃耶

步兵第 184 师

恰帕耶夫

斯皮钦

摩步 6 旅 (缺摩步 2 营) 和机械化第 10 旅
7 月 11 日 09:00, 临近 11:00

莫里诺夫卡

波季莫夫卡

拉科沃

舍佩列夫卡

阿列克谢耶夫卡

卡拉什诺耶

卢汉尼诺

近卫步兵第 71 师

扎雷托耶
(拉兹雷特)

扎维多夫卡

7 月 11 日 09:00

7 月 10 日 18:00 时击退敌火进攻

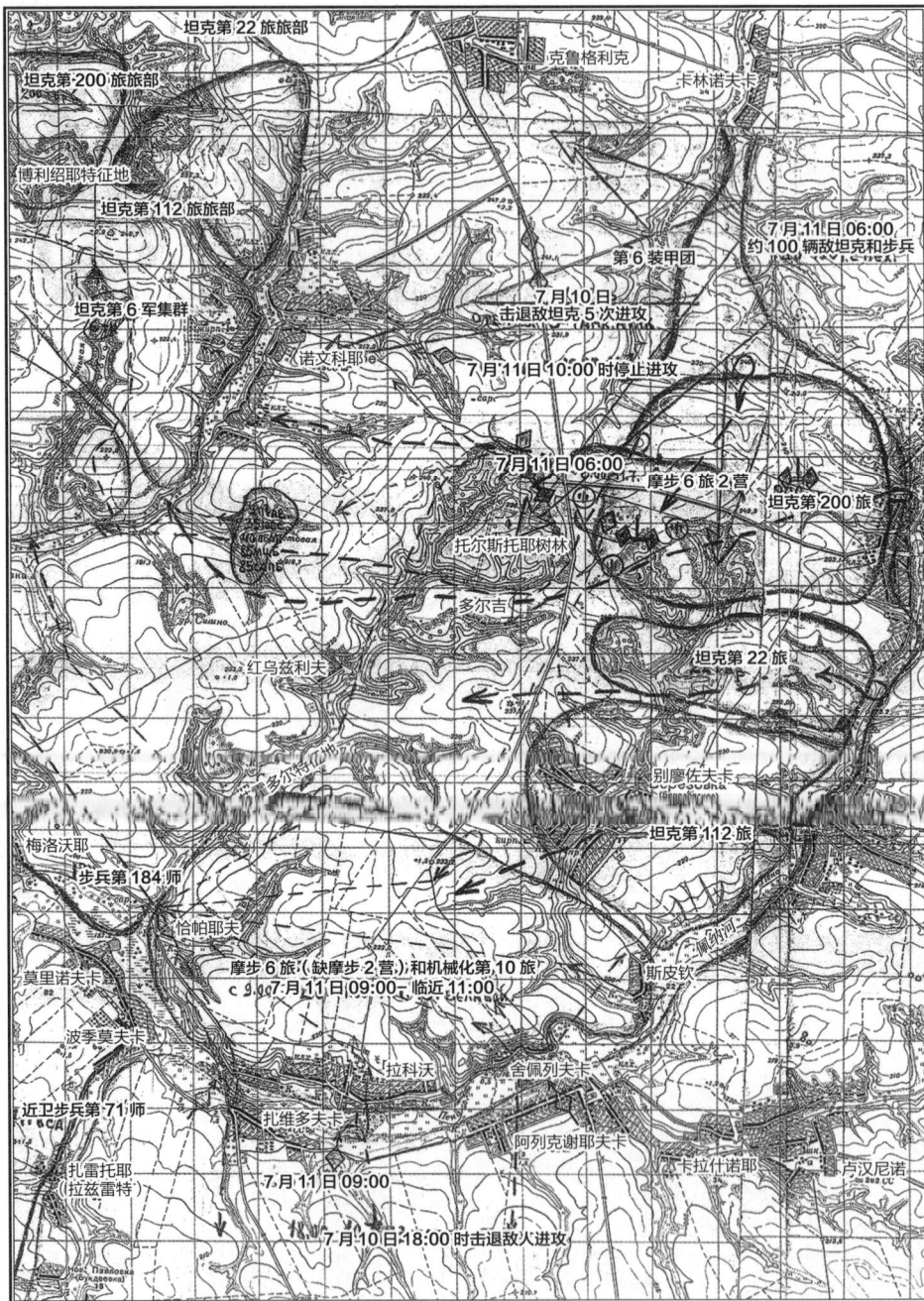

坦克第 6 军 1943 年 7 月 11 日态势图

进攻 244.8 高地，7 月 11 日

第 11 装甲师在之前的六天内打得非常不错，常常出奇制胜。该师不仅推进速度比更有名气的友邻部队（大德意志师和警卫旗队师）快，还一直保持着战斗力；士兵也显示出了很强的主动性，总体表现一直很出色。不过，此时该师的冲劲似乎有些不足——7 月 10 日这天，他们的进展不大，在替换大德意志师时也多次延误。这一天发生的事情让师长有些面上无光（该师的进攻最终惨淡收场）。

该师按计划从 08:00 开始向普肖尔河进发，但师长米克尔少将却决定等天气转好后再动身，以便出动空军打击 244.8 高地上的苏军坦克和反坦克炮。此外，第 110 装甲掷弹兵团应当从公路两侧向 244.8 高地发起进攻，然后继续冲向 244.3 高地；而第 111 装甲掷弹兵团和第 15 装甲团的首要目标则是 239.6 高地。

苏军不等德军开始发起进攻，就于 09:00 左右以营级兵力从北面和卡林诺夫卡地域对第 11 装甲师左翼的 232.8 高地发起了一次进攻。起初，苏军达成突破，并从后方迂回攻击了大德意志掷弹兵团的右翼。遗憾的是，这些苏军最终被德军的反击消灭了。10:00，苏军在用火炮和火箭炮狂轰滥炸一番后，又出动坦克和步兵夺回了 207.3 高地——德军第 111 装甲掷弹兵团 2 营在损失惨重后被击退。第 111 装甲掷弹兵团 2 营在 209.3 高地以西三千米处建立了新的防线，第 11 装甲师侦察营也打退了苏军从卡林诺夫卡发起的营级进攻。第 48 装甲军的报告称，"同时，被安排在此处掩护坦克的突击炮极其不负责任地撤向后方补充弹药，而苏军的步兵和坦克将德军步兵从高地赶了下来。德军付出了很大代价才在高地正南面的公路上占领了一块阵地。"

最终苏军的进攻都以失败告终，而第 11 装甲师也开始继续前进。到 11:30，该师在一片泥地里陷入停顿。此时，坦克的侧倾角度高达 10 度。因此，师长米克尔将进攻的发起时间推迟到 13:00，以等待天气转晴。13:00，德军对 244.8 高地的进攻正式打响。由于云层很厚，俯冲轰炸机无法按计划提供支援。按照第 48 装甲军的报告的说法，进攻一开始就"犹豫不决且缺乏冲劲，炮兵的火力准备也极为不足"。由于苏军的反坦克火力很强，所以德军的坦克在 244.8 高地两侧没有取得任何进展，只能远远与苏军对射。

赶到一线观察进攻情况的第 48 装甲军参谋长冯·梅伦廷，就进攻准备不足的问题向米克尔表达了自己的不满。他要求集中第 11 装甲师的全部炮兵和装甲兵再

机械化第 3 军 1943 年 7 月 11 日态势图

发起一次进攻。但米克尔觉得没有俯冲轰炸机的充分支援就无法取胜，他建议在 7 月 12 日和大德意志师一起发起进攻，夺取公路附近的这些高地。最后，第 11 装甲师的新一轮进攻被推迟到了当日 19:00。

18:30，第 11 装甲师侦察营击毁了苏军 3 辆侦察车——他们显然是迷路了。德军宣称车上有几名苏军高级军官，其中就有坦克第 10 军的副军长[①] 德军从这几名苏军高级军官的随身物品中缴获了几份重要的地图。缴获文件和对俘虏的审讯结果表

[①] 译者注：实际上是坦克第 10 军的政治副军长费奥多尔·费奥多罗维奇·马利宁上校，和他一起牺牲的应该还有侦察处长阿列克谢·费奥多罗维奇·科尼亚济科夫少校。另外，坦克第 10 军军长布尔科夫中将于 7 月 9 日在奥尔洛夫卡地域遭到德军空袭——显然腿部和肩部负伤，但仍坚持指挥。此外，由于参谋长斯维里多夫（А.Г.Свиридов）和技术副军长舍卢欣（Е.Н.Шелухин）也负伤住院，所以坦克第 10 军的指挥体系已经乱套了。

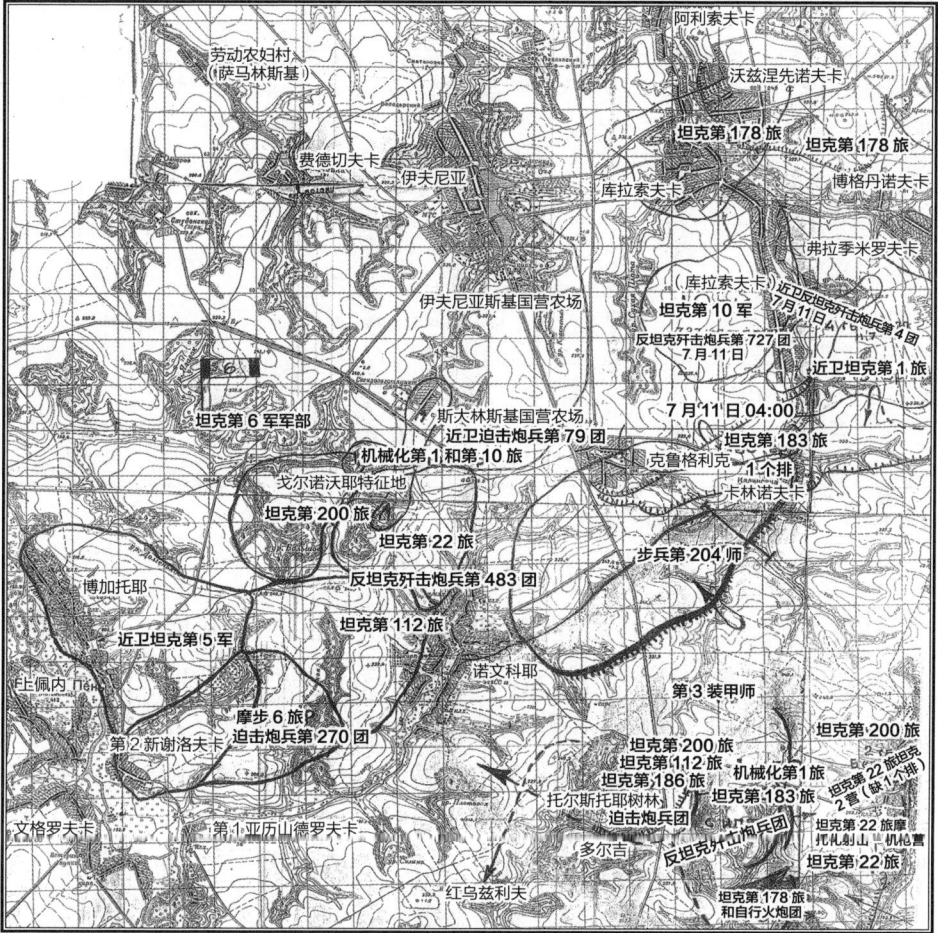

坦克第 1 集团军 1943 年 7 月 10—12 日的态势图显示了博加托耶（Bogatoe）—库拉索夫卡一线的防御情况

明，坦克第 10 军的 3 个坦克旅和 1 个机械化旅正从高速公路西侧逼近，其任务是打击德军进攻上佩尼耶的部队的侧翼。

19:00，第 110 装甲掷弹兵团、第 111 装甲掷弹兵团、第 15 装甲团和第 911 突击炮营主力按计划发起进攻，迅速前出到 235.9 高地正北的树林和 248.3 高地北面的树林之间。这次进攻的任务是：为第 11 装甲师占领 239.6 高地及其东面地域做准备。

总体来说，这天的战斗既无用又杂乱无章。出于某些原因，处于防御状态的苏军，在上午发起了一系列组织混乱的反击，徒然消耗了自己的实力（不过由于德军

7月10—12日期间库拉索夫卡—佩列瑟皮一线的防御情况

第 911 突击炮营撤出战场补充弹药，这些进攻还是取得了一定成果）。之后，就是第 11 装甲师组织不力的一次进攻。最后在日终时，第 11 装甲师再次发起"有限进攻"，但已经没时间取得更大战果了。德军向奥博扬的突击就这样终结了。

不久之后终结的还有德军两位装甲指挥官的"装甲生涯"，师长米克尔少将很快就结第 15 装甲团团长、上校特奥多尔·席梅尔曼·冯·林登堡（Theodor Graf Schimmelmann von Lindenburg）伯爵写了一份严厉的评价报告——他此后就再也没有指挥过装甲部队了。7 月 30 日，第 48 装甲军军长冯·克诺贝尔斯多夫也给了米尔克很差的评价——不久后，这位师长就被派去指挥步兵师[1]。

至此，我们对第 48 装甲军的讨论就结束了。该部在 7 月 12—15 日继续西面的作战行动——笔者称之为托尔斯托耶树林之战。深陷第 4 装甲集团军左翼的这场大规模战斗的部队有：德军的第 332 步兵师、第 3 装甲师、大德意志师，以及苏军的坦克第 6 军、近卫坦克第 5 军、坦克第 10 军、机械化第 3 军和 4 个步兵师的部分兵力。与此同时，德军第 11 装甲师试图突破"有苏军机械化第 3 军和坦克第 31 军部分兵

---

[1] 译者注：米克尔从 8 月 17 日开始指挥以德军为骨干、克罗地亚士兵为主要兵源组建的第 392 克罗地亚步兵师，该师的主要任务是在南斯拉夫扫荡游击队。1944 年 4 月，米克尔晋升中将。1945 年 4 月 9 日，米克尔被游击队击中头部，于次日死在医院。

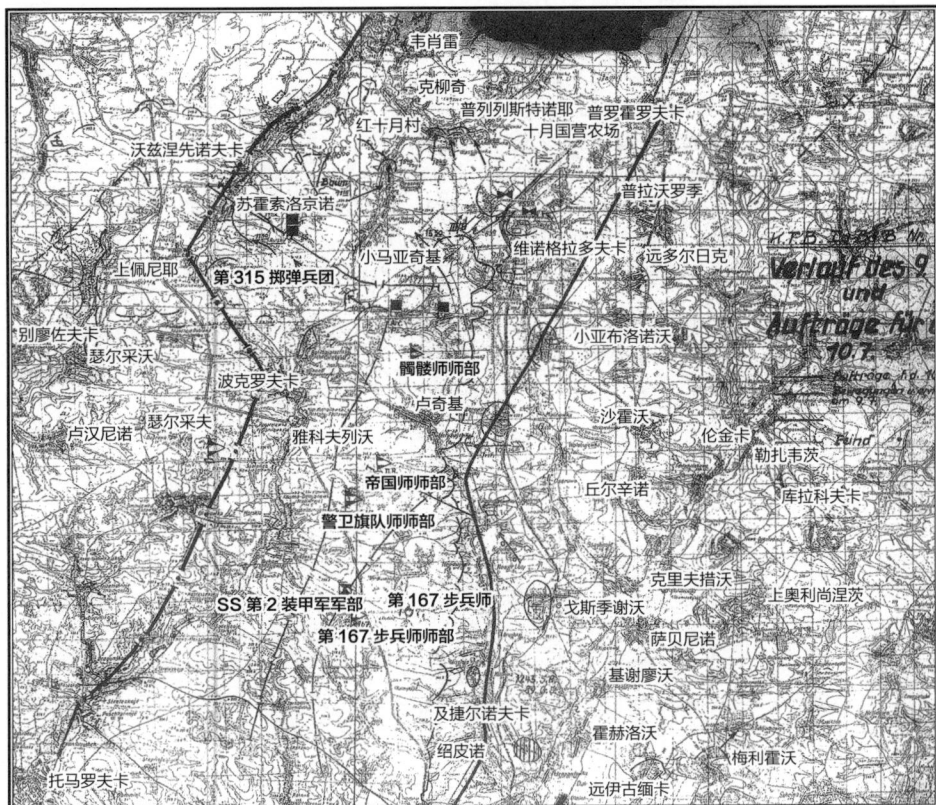

SS 第 2 装甲军 1943 年 7 月 9 日态势图

力提供支援的 3 个步兵师（其中两个来自近卫第 5 集团军）的防线"。由于笔者已在《库尔斯克：普罗霍罗夫卡之战》的第十五章和第二十章中对这些战斗进行了深度探讨，所以只在本书中重点介绍即将到来的普罗霍罗夫卡之战。

另外，我们也不再研究第 52 步兵军左翼和劳斯军右翼的战斗行动。在接下来的时间里，这两个军一直在两翼裹足不前，几乎没怎么参加后续战斗——笔者在《库尔斯克：普罗霍罗夫卡之战》一书中也有详细介绍。

下面，我们重点介绍普罗霍罗夫卡之战的前奏、高潮和尾声。

注释

1. 迪特尔·布兰德少将（联邦德国国防军，退役）于 1999 年 8 月 21 日在汉堡采访了克勒费尔中将（退役）。克勒费尔自 1956 年起就在西德陆军服役，退役前为第 3 军军长。
2. 总减员率为减员数 / 进攻前各师兵力，每日减员率为当日减员数 / 前一日总兵力。
3. 需要事先声明的是，这些数字并不是绝对准确的（特别是机械化第 3 军和坦克第 31 军的数据）。因为以上数据的来源，是各种直接报告或综合零散的不完整报告而做出的汇报。
4. 苏军的人员伤亡数据是德军估计的，而苏军的坦克损失数据则来自库尔斯克数据库（来源为苏军各部队的记录）。

冲向普罗霍罗夫卡：
1943 年 7 月 9—11 日

在宣读完元首的命令后，营长开始对我们讲话。他刚讲完，队列（里的人）就开始齐声狂喊，有些人的嗓门特别大。某个人起了个头，其他人就立刻加入进来。整个森林中都回荡着我们的歌声，没有一个人想过未来的日子会充满艰辛和牺牲。那些年轻而又没有经过历练的军人（我也是其中一员）尤其亢奋，他们觉得能在即将到来的战斗中证明自己的价值，并因此欢欣鼓舞。然而，那帮打过好几场大仗的老狐狸们却明显"持保留意见"。

——库尔特·A. 考夫曼（Kurt A. Kaufmann）对 1943 年 7 月 4 日的描述[1]

在接下来的三天内，SS 第 2 装甲军将冲向普罗霍罗夫卡。7 月 9 日，该军主要还是在向西北方推进，直到当天下午晚些时候才将兵力调往北方。7 月 8 日和 9 日向西北方的推进，让 SS 第 2 装甲军无法利用苏军"还没有进入有利阵地"的良机强渡普肖尔河。

7 月 9 日，SS 第 2 装甲军决定让帝国师停止前进，以掩护东面侧翼；让髑髅师机动到左翼，并向北进攻，以便在红十月村强渡普肖尔河、建立桥头堡；而警卫旗队师的任务则仅限于支援髑髅师的进攻。随后，SS 第 2 装甲军向西北方推进，与第 11 装甲师建立联系。

突向科切托夫卡和普肖尔河

前一天（7 月 8 日），警卫旗队师在右翼卢奇基（北）的北面——帝国师左翼的捷捷列维诺集体农庄北面留下了一个缺口。不过，当晚 21:30 他们就发现了这个缺口。次日（7 月 9 日）凌晨 04:00，SS 第 2 装甲掷弹兵团（The 2nd SS Regiment）堵上了这一缺口。

此时，在 SS 第 2 装甲军北方和东北方"拦路"的苏军装甲部队是坦克第 10 军。7 月 8 日 21:00，坦克第 10 军麾下的摩托化步兵第 11 旅在普肖尔河一线建立了防御；3 个坦克旅编成两个梯队拦住了德军通往普罗霍罗夫卡的道路。坦克第 10 军的位置和部署时机都恰到好处，但遗憾的是他们居然被调走了——变更部署发生在 7 月 8 日夜间至 9 日早晨，该军被调到克鲁格利克和卡林诺夫卡地域（阻击第 48 装甲军）。此时，坦克第 6 军及其配属部队正面临着德军合围的危险，所以苏联方面将坦克第 10 军调去支援也无可厚非——但这样做就等于在 SS 第 2 装甲军当面的苏军战线上"敞开了大门"。此时，防守 SS 第 2 装甲军的就只剩精疲力竭的近卫步兵第 52 师，以及坦克第 10 军留下的摩步第 11 旅、迫击炮兵第 287 团、坦克第 178 旅（可能还有反坦克歼击炮兵第 727 团）。[2]

7 月 9 日上午，德军的进攻计划是：由髑髅师和警卫旗队师出动一个团级战斗群，再次向西北进发，肃清至科切托夫卡。当地时间 10:00，SS 第 1 装甲掷弹兵团已经准备好从大马亚奇基北面的两个出口前往苏霍索洛京诺。12:00，这个加强团（至少有一个装甲营）与右翼的髑髅师战斗群一起出发。13:00，该团到达了雷利斯基（Ryl'skii）—苏霍索洛京诺一线（道路？）以北一千米处，一路没有遇到任何值得一提的抵抗。德军未经战斗就拿下了雷利斯基。[3] 而且，前方的侦察分队也表示没有在苏霍索洛京诺的南部发现苏军。此时，苏军已经炸掉了城中心的索洛京卡河渡口（《警卫旗队师战史》英文版第 3 卷第 223 页指出，SS 第 1 装甲掷弹兵团在 14:10 报告了雷利斯基、苏霍索洛京诺南部和渡口情况）。

守卫苏霍索洛京诺的是近卫步兵第 51 师，其左右两翼分别是坦克第 31 军的坦克第 242 旅和坦克第 100 旅。在苏霍索洛京诺—188.1 高地（在普肖尔河畔的村庄伊林斯基的西面）的索洛京卡河一线，还有坦克第 31 军（加强有独立坦克第 59 团）布防。当地时间 12:10（柏林时间 11:10），近卫步兵第 51 师表示下属的两个步兵团正在与突入苏霍索洛京诺之敌交火。随后，该村被德军占领，近卫步兵第 51 师退了出去。次日（7 月 10 日）晨 07:00，有报告显示近卫步兵第 51 师正在防守后方很远处的 211.9 高地—奥尔洛夫卡东南—188.1 高地—伊林斯基（Il'inskii）一线。此时，该师的第 3 个步兵团正在列斯基（Leski）以南的 225.0 高地附近的萨日诺夫斯基顿涅茨河一线设防，没有和师主力在一起。

14:20，警卫旗队师投入进攻的团在雷利斯基—苏霍索洛京诺以北一千米处停止了前进。

与此同时，髑髅师再次活跃了起来。该师在 07:00 整将阵地移交给了第 167 步兵师，比预期的时间稍晚。接着，该师于 10:10 将加强的髑髅装甲掷弹兵团 [即鲍姆战斗群，指挥官为髑髅团团长奥托·鲍姆（Otto Baum）] 集中到了捷捷列维诺（北）和卢奇基（北）。髑髅师的战线的最右端位于捷捷列维诺（北）东北两千米处。此时，苏军步兵和 30 辆坦克从位于共青团员国营农场正西的狭长树林里出击，攻击德军。这些可能隶属于坦克第 2 军的苏军，被帝国师击败。

12:00，鲍姆战斗群向西北方的科切托夫卡进发。同时，警卫旗队师开始进攻苏霍索洛京诺。鲍姆战斗群派两个营级战斗群分别前往北方和东北方，而加强装甲营则前往科切托夫卡方向上的 224.5 高地。先遣分队于 11:15 到达韦肖雷（位于波尔塔瓦树林河谷附近），并在一小时后占领了此地。11:50，髑髅师侦察分队与第 11 装甲师在苏霍索洛京诺西南约一千米处建立了联系。

13:00，坦克第 31 军报告称其遭到了"100 辆德国坦克和步兵"的攻击；13:10，30 辆德国坦克到达了苏霍索洛京诺北边。坦克第 31 军在报告中声称，"德军还同时从红十月村向苏霍索洛京诺发起了攻击"（这支德军可能就是鲍姆战斗群）。苏军的

20—30 辆坦克在位于科切托夫卡东南方的 224.5 高地与德军展开了激战。髑髅师宣称击毁 14 辆苏军坦克、缴获一辆苏军坦克。随即，德军沿着索洛京卡河东岸行进，开始扫荡这一带的居民点。

苏军的报告中提到，"德军派坦克（100 辆）和步兵在 16:30 于多个地点渡过了索洛京卡河"。坦克第 31 军开始实施"牵制行动"，并且在当天再次蒙受很大的损失（损失了 57—70 辆坦克）。[4] 相比之下，髑髅师在 7 月 8 日晚有 122 辆完好的战车（其中有 6 辆"虎"式），在 9 日损失了约 19 辆（其中有 3 辆"虎"式、1 辆Ⅲ号突击炮）；警卫旗队师在 8 日晚有 98 辆完好的战车（其中有 1 辆"虎"式），在 9 日损失了大约 10 辆。

苏军的反坦克歼击炮兵第 29 旅报告称，其在 227.8 高地—韦肖雷—雷利斯基一线进行了一整天的激烈战斗。坦克第 31 军败退后，该旅也于 19:00 退至科切托夫卡以西。该旅的报告显示，他们损失了 10 门 76 毫米炮、15 门 45 毫米炮和 15 辆汽车。7 月 10 日 04:00，该旅报告又损失了 6 门 76 毫米炮、1 门 45 毫米炮和 15 辆"史蒂倍克"卡车（Studebaker）——现在，他们只剩下 2 门 76 毫米炮、5 门 45 毫米炮和 40 辆汽车。

到 18:40，鲍姆战斗群的装甲前锋已到达科切托夫卡东面，以及北面约两千米处的河谷。日终时，德军拿下了科切托夫卡。而坦克第 31 军也在日终时退至 244.3 高地—211.9 高地—奥利霍瓦特卡南边一线，加入了步兵第 309 师战线。在这里，坦克第 31 军完全与 SS 第 2 装甲军脱离了接触，而处于第 48 装甲军当面。坦克第 237 旅某坦克连连长、高级中尉叶甫根尼·米哈伊洛维奇·斯克沃尔措夫 [5] 描述了战斗情况：

7 月 9 日下午，至少有 10 辆"虎"式坦克突入了我旅阵地。我们击毁了几辆坦克，但自身也伤亡惨重。德军炮兵持续炸了我们两个小时。敌航空兵只击伤我连 1 辆坦克。包括我的坦克在内，我们还剩 4 辆坦克。晚上，大约 40—50 辆德国坦克开始从西面绕过我旅，20 辆德国坦克从东面绕过我旅。根据旅长普罗岑科（Protsenko）少校的命令，我们向西北方撤退，在奥博扬公路旁一个村庄（我不记得叫什么名字了）附近建立了防御阵地。最后，我们的士兵们自 7 月 6 日以来第一次好好吃了一顿饭。

对坦克第 31 军来说,最近三天的战斗非常艰难。该军在 7 月 6 日晚些时候投入战斗,并在随后的三天内承担了抗击警卫旗队师的任务。期间,该军得到的支援不多:除了反坦克歼击炮兵第 27 旅外,就只有坦克第 192 旅提供了增援(7 月 8 日)。而且,该军还不得不在大部分时间里支援和配合近卫步兵第 51 师的部分兵力(基本上是一个团)。坦克第 31 军的建制内缺乏步兵,火炮数量也有限(只有 12 门 76 毫米炮和 18 门 82 毫米迫击炮)。7 月 6 日,坦克第 31 军出发时共有 152 辆 T-34、30 辆 T-70、2 辆 T-60、6 辆 BA-64 装甲汽车和 6 辆装甲人员输送车。到 9 日日终时,坦克第 31 军还剩 41 辆 T-34、12 辆 T-70、1 辆 T-60、2 辆 BA-64 和 3 辆装甲人员输送车——合计损失了至少 130 辆坦克(根据我们的计算,至少 134 辆),占总数的 70% 以上。而警卫旗队师则在 7 月 7—9 日间损失了 47 辆坦克(5 辆被击毁)。也就是说,苏德双方坦克的损失比为 2.85:1(算上髑髅师在 7 月 9 日损失的 19 辆坦克,损失比为 2.03:1)。此外,警卫旗队师的大部分损失都发生在 7 月 7 日——当时该师仍在努力突破步兵阵地。在防御战中,坦克第 31 军有诸多劣势(其炮兵和步兵数量都不足),而德军却是诸兵种齐全,甚至有航空兵的掩护。

虽然苏德双方的这两支装甲部队几乎势均力敌(苏军有 184 辆坦克,德军有 120 辆坦克),但结果却是一边倒。苏军统帅部制订的编制就很有问题,再加上苏联方面不仅没有为坦克第 31 军提供适当的支援,还部署不当,所以该军无法发挥出最大的战斗力(虽然他们打得很英勇)也就在情理之中了。此外,坦克第 31 军所遭受的这些损失,也表明该军军长德米特里·赫里桑福维奇·切尔尼延科(D. Kh. Chernienko)少将乃至其上级都并不称职。就连近卫第 6 集团军司令奇斯佳科夫也表示,德军当天成功"摧毁了(坦克第 31 军和近卫步兵第 51 师的)抵抗",幸亏步兵第 309 师及时赶到。[6] 此时,SS 第 2 装甲军已经与苏军的 4 个坦克军交手,并重创了其中的上个(近卫坦克第 5 军和坦克第 31 军)。

攻陷苏霍索洛京诺后,警卫旗队师撤出了战斗,并转向东北方。由于需要抽调一个团填补帝国师背后的缺口,并将装甲团撤出一线对坦克进行维护保养,所以该师这一天没有进行较大规模战斗。随后,该师组建了一支快速反应摩托化力量,并将其部署到卢奇基(北),没有命令不得擅离。实际上,警卫旗队师在等待髑髅师(部分兵力)来接管军西侧地域的同时,也获得了一个"喘息之机"。

髑髅师加强的艾克团 [即贝克尔战斗群,指挥官是"特奥多尔·艾克"(Theodor

Eicke）装甲掷弹兵团团长、党卫队旗队长赫尔穆特·贝克尔（Hellmuth Becker）]在前往普肖尔河的路上几乎未遇抵抗。该团于16:15到达位于奥泽罗夫斯基（Ozerovskii）的集结地域，并于17:50向瓦西里耶夫卡—红十月村发起进攻——这里的苏军实力相当薄弱。髑髅师显然找到了坦克第1集团军和东面装甲部队之间的缺口，然后在20:45拿下了科兹洛夫卡（Kozlovka）。不过，德军在普肖尔河对岸建立桥头堡的企图却被苏军挫败了。到日终时，德军占领了普罗霍罗夫卡（位于普肖尔河畔，不是那个著名的"普罗霍罗夫卡"）、科兹洛夫卡和红十月村的西南部分。保卫此地的苏军只有消耗很大的近卫步兵第52师和摩步第11旅（可能还有坦克第178旅）——这些部队在普肖尔河北岸展开，他们报告称在莫斯科时间13:00遭到了攻击。[7]

此时，德军又可以展开两个师同时进攻了。不过，"缺乏步兵掩护侧翼"让德军再次失去了冲劲。以鲍姆战斗群为先锋的髑髅师在科切托夫卡以西与第11装甲师建立了联系。同时，艾克团确保了东北侧翼的安全，并进抵普肖尔河。SS第2装甲军正在向苏军留下的缺口投入更多的兵力。之所以出现这一缺口，是因为苏军犯了几个错误：第一，坐视德军当面的坦克第31军和近卫坦克第5军分别被挤压到德军的左右两侧。第二，增援的坦克第2军和坦克第10军被布置在侧翼或从战场撤离。第三，中央战线没有得到加强。

帝国师转入防御

这一天，帝国师一直在防御北面的近卫坦克第5军和坦克第2军，以及南面的近卫坦克第2军。08:45，德军发现在加里宁东面，从伊万诺夫斯基移民新村到共青团员国营农场之间的几道山沟里有大量坦克和步兵正在集结。10:40，苏军坦克和步兵进攻了位于伊万诺夫斯基移民新村—捷捷列维诺（南）公路一线的"元首"团第3营的阵地。德军综合运用各兵种（尤其是炮兵），将苏军击退。

虽然坦克第2军也参与了这一天的战斗，但却没有留下多少活动情况报告。7月10日07:00，有报告称：坦克第99旅正位于瓦西里耶夫卡—安德烈耶夫卡—米哈伊洛夫卡地域外围，有15辆T-34和16辆T-70可以投入战斗；坦克第26旅正位于米哈伊洛夫卡东南河谷—241.6高地一线，有11辆T-34和14辆T-70可以投入战斗；坦克第169旅正位于斯托罗热沃耶（Storozhevoye）以西两千米处

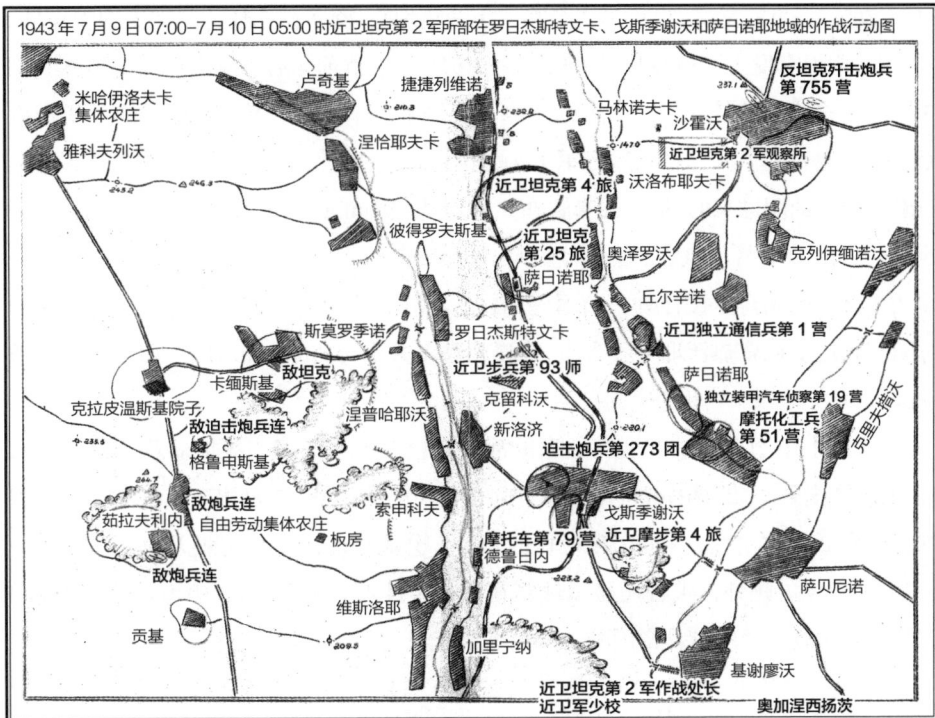

1943 年 7 月 9 日 07:00—7 月 10 日 05:00 时近卫坦克第 2 军所部在罗日杰斯特文卡、戈斯季谢沃和萨日诺耶地域的作战行动图

反坦克歼击炮兵第 755 营
米哈伊洛夫卡集体农庄
雅科夫列沃
卢奇基
捷捷列维诺
马林诺夫卡
沙霍沃
涅恰耶夫卡
彼得罗夫斯基
近卫坦克第 4 旅
沃洛布耶夫卡
近卫坦克第 2 军观察所
近卫坦克第 25 旅
萨日诺耶
奥泽罗沃
克列伊缅诺沃
丘尔辛诺
斯莫罗季诺
罗日杰斯特文卡
近卫步兵第 93 师
近卫独立通信兵第 1 营
卡缅斯基
敌坦克
克留科沃
萨日诺耶
独立装甲汽车侦察第 19 营
摩托化工兵第 51 营
克拉皮温斯基院子
敌迫击炮兵连
涅普哈耶沃
新洛济
迫击炮兵第 273 团
克里夫佐沃
格鲁申斯基
敌炮兵连
茹拉夫利内
自由劳动集体农庄
索申科夫
板房
戈斯季谢沃
近卫摩步第 4 旅
敌炮兵连
维斯洛耶
摩托车第 79 营
德鲁日内
贡基
加里宁纳
萨贝尼诺
基谢廖沃
近卫坦克第 2 军作战处长
近卫军少校
奥加涅西扬茨

近卫坦克第 2 军势态图, 1943 年 7 月 9 日 07:00—7 月 10 日 05:00

的树林的西南方—别列尼希诺（Belenikhino）以北两千米处的树林北方，有 23 辆 T-34 和 18 辆 T-70 可以投入战斗 [不过，《坦克第 2 军司令部 1943 年 7 月 10 日 07:00 作战总结》（*ЦАМО, Фонд: 426, Опись: 10753, Дело: 424*）显示该旅此时有 31 辆 T-34 和 19 辆 T-70 可以投入战斗]；近卫重型坦克第 15 团正位于斯托罗热沃耶西北两千米处的树林边缘，有 11 辆丘吉尔坦克可以参战。此时，坦克第 2 军的摩托化步兵第 58 旅仍集结在位于遥远后方的克拉斯诺耶（Krasnoye）。

　　《坦克第 2 军司令部 1943 年 7 月 10 日 07:00 作战总结》记录了坦克的毁伤情况。在 7 月 8 日损失了超过 30 辆坦克之后，此时坦克第 2 军还有 57 辆 T-34 可用（该军共有 90 辆 T-34）——除被击伤（击毁）21 辆外，还有 12 辆发生了机械故障（比例为 13.33%）；在全部 61 辆 T-70 中，还有 49 辆可用，另有 4 辆发生了机械故障（比例为 6.56%）；在全部 17 辆丘吉尔中有 13 辆可用，另有 2 辆发生了机械故障（比为 11.76%）。也就是说，坦克第 2 军共有 168 辆坦克，除了被击伤（击毁）的坦克外，还有 18 辆坦克发生了机械故障（比例为 10.71%），目前只有 119 辆可用。虽然我们并不清楚这些坦克是在何时发生的故障，但想来应该是在开赴战场的途中。机械故障率清楚地表明了该军在长途行军（200 多千米）时损失了多少战斗力。[8] 该军是从西南方面军抽调过来的，最初被布置在瓦卢伊基（Valuiki）南面的乌拉佐沃（Urazovo）地域，之前两个月一直在进行休整。[9]7 月 6 日夜至 7 日凌晨，该军接到调动命令，并在 7 日开始动身。按计划，该军应当在 7 月 8 日黎明前（也许是先头分队到达的时间）到达斯托罗热沃耶（不含）、维诺格拉多夫卡（Vinogradovka）和普拉沃罗季（Pravorot'）地域。[10]

到 7 月 10 日早晨，坦克第 2 军的战斗力已经严重下降。战报显示，该军 T-34 有 21 辆被击毁、12 辆出现机械故障；T-70 有 8 辆被击毁、7 辆出现机械故障；丘吉尔坦克有 2 辆被击毁、2 辆出现机械故障。[11] 也就是说该军在前两天的行军中损失了 21 辆坦克。此外，报告还显示该军在 7 月 8 日损失了不下 30 辆坦克。坦克第 2 军的主要作战对手应该是帝国师，但后者当天只损失了 6 辆坦克！

11:00，苏军出动坦克对加里宁以东的元首团第 1 营的阵地发起了一次进攻，但却被德军击退。13:25，帝国师又击退了苏军在捷捷列维诺（南）以南的铁路路基处发起的进攻（有 10—15 辆坦克和一些步兵）。德军宣称苏军步兵的损失很大。近卫坦克第 2 军的近卫坦克第 4 旅应该参与了上述进攻。

虽然参与上述进攻的应该还有近卫坦克第 5 军，但该军既没在报告中提到什么作战行动，也没损失多少坦克。此时，近卫坦克第 20 旅将部分坦克移交给了近卫坦克第 21 旅，剩下的 18 辆 T-34 和 13 辆 T-70 转入防御；独立近卫重型坦克第 48 团原有 21 辆丘吉尔坦克，现在还剩 4 辆可以参加战斗；近卫摩托化步兵第 6 旅原有 2500 人，现在只剩 902 人，但 12 门 76 毫米炮还剩 10 门。[①]

---

① 译者注：《打破神话：普罗霍罗夫卡坦克战，库尔斯克，1943 年 7 月：作战记述》第 182 页记载，近卫坦克第 20 旅将全部技术装备（共 10 辆 T-34 和 9 辆 T-70，其中有 2 辆 T-34 和 3 辆 T-70 是完好的）移交给了第 21 旅。《近卫坦克第 5 军司令部 1943 年 7 月 9 日 18:00 的作战总结》显示，近卫坦克第 20 旅和近卫重型坦克第 48 团也将剩余的坦克交给了第 21 旅。此时，全军共有 20 辆 T-34、12 辆 T-70 和 4 辆丘吉尔 Mk Ⅳ坦克可以出战。而近卫摩步第 6 旅尚有 902 名可以出战的步兵，技术装备情况不明。《近卫坦克第 5 军 1943 年 7 月 6—9 日状况报告》显示，该军在 7 月 8 日日终时有 18 辆 T-34、18 辆 T-70 和 5 辆丘吉尔 Mk Ⅳ可以出动，近卫摩步第 6 旅有 902 名可以出战的步兵。《近卫坦克第 5 军 1943 年 7 月 5—25 日作战行动报告》显示，7 月 5 日时全军共有 216 辆坦克（125 辆 T-34、70 辆 T-70 和 21 辆丘吉尔 Mk Ⅳ），近卫摩步第 6 旅还有 3262 人和 12 门 76 毫米炮。

7月10日，德意志团发现伊万诺夫斯基移民新村正东的树林内有大量坦克集结。16:00许，德军发现了50辆苏军坦克（这天共有约100辆坦克进入树林）和约一个营的苏军步兵。此外，德意志团还发现在伊万诺夫斯基移民新村以东的树林的南方约两千米处的小树林内有23辆苏军坦克。17:30，德军出动斯图卡等对地攻击机轰炸了铁路和其他可能的集结地点。

虽然笔者难以确定具体有哪些部队参与了上述行动，但其中肯定有坦克第2军。该军当天损失了21辆T-34、8辆T-70和2辆丘吉尔坦克。

近卫坦克第2军在夜间调整了部署。7月9日07:00，近卫坦克第4旅仍在捷捷列维诺（南）以南——主力与敌脱离接触，退至顿涅茨河三角地带的戈斯季谢沃（Gostishchevo）—沙霍沃（Shakhovo）一线，以打击SS第2装甲军和国防军第3装甲军的结合部（即二者的侧翼）。近卫坦克第26旅和反坦克歼击炮兵第755营位于沙霍沃，近卫坦克第25旅位于萨日诺耶机器拖拉机站及其北面两千米处。迫击炮兵第273团位于戈斯季谢沃地域——近卫摩步第4旅也位于此处和其东南面树林中。至于南面的独立近卫重型坦克第47团和反坦克歼击炮兵第1500团，则已经和德军第3装甲军交上了火。

位于顿涅茨河三角地带内的苏军部队这天几乎无所事事，估计也没有遭受任何损失，而南面的独立近卫重型坦克第47团却进行了激烈的战斗。日终时，近卫坦克第2军还剩80辆T-34和50辆T-70，坦克数量比前一天少了25辆。该军备用的20辆T-34和10辆T-70已经下发到了各旅。[12]此外，该军还有三天的食物、1.5个弹药基数、1.2—1.5个油料基数。

夜间，第69集团军的步兵第183师继续派步兵第285团进攻258.2高地，派其余部队进攻捷捷列维诺。由于该师这天的损失并不大（共死伤31人），所以这些进攻似乎"并不坚决"。

空中支援

警卫旗队师报告称苏联空军没有什么活动，而己方的误伤却很严重；帝国师也确认苏联空军的活动不如前几天频繁了。09:34，大约25架苏军歼击机打击了帝国师元首团在加里宁以南的指挥所。11:00，又有30架苏军歼击机攻击了奥泽罗夫斯基以南的侦察营。至于髑髅师，则报告称双方的空军都很活跃。莫斯科时间17:00，

✳ 1943 年 7 月 9 日，向科切托夫卡和普肖尔河推进

时长：一天　　　正面宽度：20.4 千米　　　地形：丘陵

天气：晴转多云

	进攻方	防御方
部队番号	髑髅师	近卫步兵第 52 师、坦克第 31 军等
配属兵力	见下文	见下文
总兵力	19416	17690
装甲车辆(辆)	109	133（含 36 辆轻型坦克）
火炮(门)	145	131
空军(架次)	181	50
减员(人)	93（19 人阵亡、60 人负伤、5 人失踪）	244（78 人阵亡、124 人负伤、42 人失踪）
战车损失(辆)	18	47
火炮损失(门)	1	20
俘虏(人)	不详	3

德军配属兵力

第 1 教导火箭炮团 2 营

第 55 火箭炮团 3 营（7 月 9 日配属）

SS 第 2 装甲军属火箭炮营（7 月 9 日被调走，此处不计）

德军调走的兵力

髑髅师突击炮营（表格内战车数需减去该营的 13 辆突击炮）

苏军兵力

近卫步兵第 52 师（全部兵力）

坦克第 230 团（7 月 9 日被调走，此处不计）

反坦克歼击炮兵第 1008 团（7 月 9 日被调走，此处不计）

反坦克枪第 133 营

近卫迫击炮兵第 5 团 1 营

喷火第 75 连

喷火第 95 连

近卫步兵第 51 师近卫步兵第 156 团某营（不含）

反坦克歼击炮兵第 28 旅（不含，此时他们在迎击第 48 装甲军）

坦克第 10 军（部分）

摩步第 11 旅 [14]

迫击炮兵第 287 团 [15]

坦克第 178 旅 [16]

反坦克歼击炮兵第 727 团 [17]

坦克第 31 军 2/3 的兵力（坦克第 237 旅和第 100 旅）

反坦克枪第 210 营

反坦克歼击炮兵第 1244 团

坦克第 192 旅（7 月 9 日被调去迎击第 48 装甲军，此处不计）

坦克第 59 团（7 月 9 日配属，此处不计）

近卫反坦克歼击炮兵第 4 团（7 月 9 日配属，此处不计）

反坦克歼击炮兵第 29 旅（独立）

❀ 1943 年 7 月 9 日，警卫旗队师休整

时长：一天　　　正面宽度：18.9 千米　　　地形：丘陵

天气：上午晴，下午闷而有雨

	进攻方	防御方
部队番号	警卫旗队师	近卫步兵第 51 师、坦克第 31 军余部
配属兵力	见下文	见下文
总兵力	21037	6145
装甲车辆（辆）	98（含 6 辆轻型坦克）	40（含 8 辆轻型坦克）
火炮（门）	159	24
空军（架次）	182	昼间 14、夜间 17
减员（人）	48（12 人阵亡、34 人负伤、2 人失踪）	37（9 人阵亡、14 人负伤、14 人失踪）
战车损失（辆）	10	23
火炮损失（门）	4	3
俘虏（人）	不详	0

德军配属兵力

第 55 火箭炮团

第 861 轻型野战榴弹炮营

德军调走的兵力

第 55 火箭炮团 3 营

苏军兵力

近卫步兵第 51 师 2/3 的兵力（近卫步兵第 154 团和第 156 团。此时近卫步兵第 158 团在捷捷列维诺）

反坦克歼击炮兵第 14 旅（7 月 8 日配属，此处不计）

榴弹炮兵第 111 团（7 月 9 日配属，此处不计）

坦克第 31 军 1/3 的兵力（坦克第 242 旅）

❋ 1943 年 7 月 9 日，帝国师防守

时长：一天　　正面宽度：27.0 千米　　地形：丘陵，混合地形

天气：晴，很热

	进攻方	防御方
部队番号	坦克第 2 军、近卫坦克第 5 军、步兵第 183 师等	帝国师
配属兵力	见下文	见下文
总兵力	29776	20392
装甲车辆（辆）	233（含 94 辆轻型坦克）	97（含 1 辆轻型坦克）
火炮（门）	193	147
空军（架次）	36	218
减员（人）	1098（321 人阵亡、618 人负伤、159 人失踪）	174（23 人阵亡、149 人负伤、2 人失踪）
战车损失（辆）	65	6
火炮损失（门）	8	3
俘虏（人）	2	不详

德军配属兵力

第 1 教导火箭炮团 3 营

SS 高炮排（此处不计）

SS 高炮排（此处不计）

第 627 工兵营

第 818 炮兵团 3 营

苏军兵力

坦克第 2 军

近卫坦克第 5 军

步兵第 183 师

近卫步兵第 51 师 1/3 的兵力（近卫步兵第 158 团）

近卫坦克第 2 军近卫坦克第 4 旅[18]

两架 Me-109 扫射了位于萨日诺耶的近卫坦克第 2 军司令部。

苏军的报告中提到了空军的两次误击事件：60 架伊尔 -2 攻击了步兵第 183 师、58 架伊尔 2 攻击了坦克第 2 军。[13]

对形势的评估

与第 48 装甲军的情况类似，SS 第 2 装甲军也觉得自己即将赢得胜利。他们报告称，自己右翼的苏军在前一天损失了大量坦克，已被严重削弱。虽然当面的苏军要强大一些，但由于在前一天遭到了德军多次猛烈打击，此时仍没缓过劲来。虽然索洛京卡河一线（SS 第 2 装甲军左翼）的苏军坦克兵在实施牵制计划，但却没有足够的步兵提供支援。SS 第 2 装甲军的情报军官觉得苏军打算从东面实施侧翼打击，以抗击德军在南北两面实施的突击（北面指奥廖尔突出部）——他认为库尔斯克以西（即突出部正面战线）的苏军步兵有可能撤出阵地。

一份德军审讯战俘的报告指出，"有德国和罗马尼亚俘房在库尔斯克机场干活"。如果这份报告属实，那这些俘房很可能是斯大林格勒之战的幸存者——这自然会让德军想起上一个冬天的惨败。

第 167 步兵师换下髑髅师

7 月 9 日 07:00 许，德军第 167 步兵师（缺一个步兵团）完全进入了利波维顿涅茨河一线的新防区。该师花了一天时间向东行军 13 千米，建立了新的防线。该师编制内的第 339 步兵团被配属给了第 11 装甲师，以掩护其右翼。当第 167 步兵师在夜间进入新阵地时，苏军出动坦克和步兵从维斯洛耶（Visloye）登陆场对前者所在的 229.5 高地和 209.5 高地（维斯洛耶以西）发起了进攻。德军依靠炮兵将苏军击退。第 167 步兵师在报告中称苏联空军出动大量飞机进行了扫射和轰炸。

07:00，第 167 步兵师换下髑髅师后，被交给第 4 装甲集团军直接控制。在换防期间，该师临时得到了 SS 第 2 装甲军的火箭炮营（缺两个连）和髑髅师的突击炮营的加强。[19] 日终时，第 167 步兵师回归 SS 第 2 装甲军。

10:20，苏军从涅普哈耶沃（Nepkhayevo）发起了一些不太猛烈的进攻，被得到了加强的第 315 步兵团击退。由于"对靠近帝国师的左翼负责地段存在争议"，第 238 侦察营未能很好地进入防御状态。

苏军在坦克和炮兵火力的掩护下，于罗日杰斯特文卡建了一座临时桥梁（德军发现桥上有大量步兵）。苏军派人试探了帝国师第 627 工兵营所在的斯莫罗季诺—罗日杰斯特文卡公路以北的山谷，但被德军的综合防御火力击退；德军炮兵也对修桥的苏军进行火力袭扰。下午早些时候，德军发现苏军用卡车从东南面向罗日杰斯特文卡运来了援兵——这些部队应该属于近卫步兵第 93 师。该师的近卫步兵第 278 团和第 285 团仍和前一天一样，被部署在罗日杰斯特文卡以北的河谷至克留科沃（Kryukovo）之间；近卫步兵第 281 团则把守戈斯季谢沃北面的工厂——位于新洛济（Novye Lozy）与德鲁日内（Druzhnyi）之间的公路交叉口之间。

在中午之前，苏军出动步兵进攻了罗日杰斯特文卡—斯莫罗季诺公路两边的河谷。此外，苏军还对加里宁（南）以西的树林和戈斯季谢沃地域提供了炮兵火力支援。此时，新洛济、维斯洛耶和捷尔诺夫卡三处的桥梁，以及罗日杰斯特文卡的临时桥梁均可通行。14:15 许，帝国师向上汇报称"右翼有危险"。几分钟后，上级通知第 167 步兵师控制住斯莫罗季诺—顿涅茨河桥—罗日杰斯特文卡公路。德军的战报中没有提及具体的战况如何，但既然第 167 步兵师当天守住了阵地，那么最终结果应该对德国人有利。近卫步兵第 93 师当天有 13 人阵亡、96 人负伤；近卫步兵第 89 师的修订报告称当天有 75 人阵亡、205 人负伤。这两个师都没有上报失踪人数，但肯定有人失踪。[20] 德军的第 167 步兵师当天死 17 人、伤 62 人、失踪 1 人，但其中应该还包含了配属给第 11 装甲师的第 339 步兵团的损失。

19:50，德国炮兵观察员发现基谢廖沃（Kiselevo）方向有己方坦克赶来（应该属于第 3 装甲军）——他们已经出现第 167 步兵师右翼当面的苏军阵地后方。

最终，到当天的 11:30[21]，只剩步兵第 48 军可用的苏联第 69 集团军进行了调整。刚刚投入交战的步兵第 107 师和第 305 师被转隶给了近卫步兵第 35 军。原属近卫第 6 集团军的近卫步兵第 89 师、原属近卫步兵第 35 军的近卫步兵第 93 师，被转隶给了步兵第 48 军。步兵第 48 军的所有部队都顶在瓦西里耶夫卡—捷捷列维诺—戈斯季谢沃—霍赫洛沃外围之间的第一线。得到 2 个坦克军支援的 3 个步兵师，把守着 40 多千米长的战线（此时，增援的两个师还没怎么参战）。近卫步兵第 93 师共有 8000 人和编制数 90% 的技术装备，在彼得罗夫斯基—新洛济一线建立防御（战线长约六千米，主要面对的是德军第 167 步兵师）；近卫步兵第 89 师共有 8000 人和编制数 95% 的技术装备，控制着德鲁日内—彼

步兵第375师

彼得罗夫斯基

罗日杰斯特文卡

3营

奥泽罗沃

近卫炮兵第198团团部

萨日诺耶

机器拖拉机站

近卫步兵第278团团部

2营

1营

斯莫罗季诺

近卫步兵第93师师部

克留科沃

萨日诺耶

涅普哈耶沃

2营

近卫步兵第285团团部

新洛济

3营

60

1营

近卫步兵第281团团部

索申科夫

2营

戈斯季谢沃

德鲁日内

3营

60

自由劳动集体农庄

维斯洛耶

加里宁纳

近卫步兵第89师

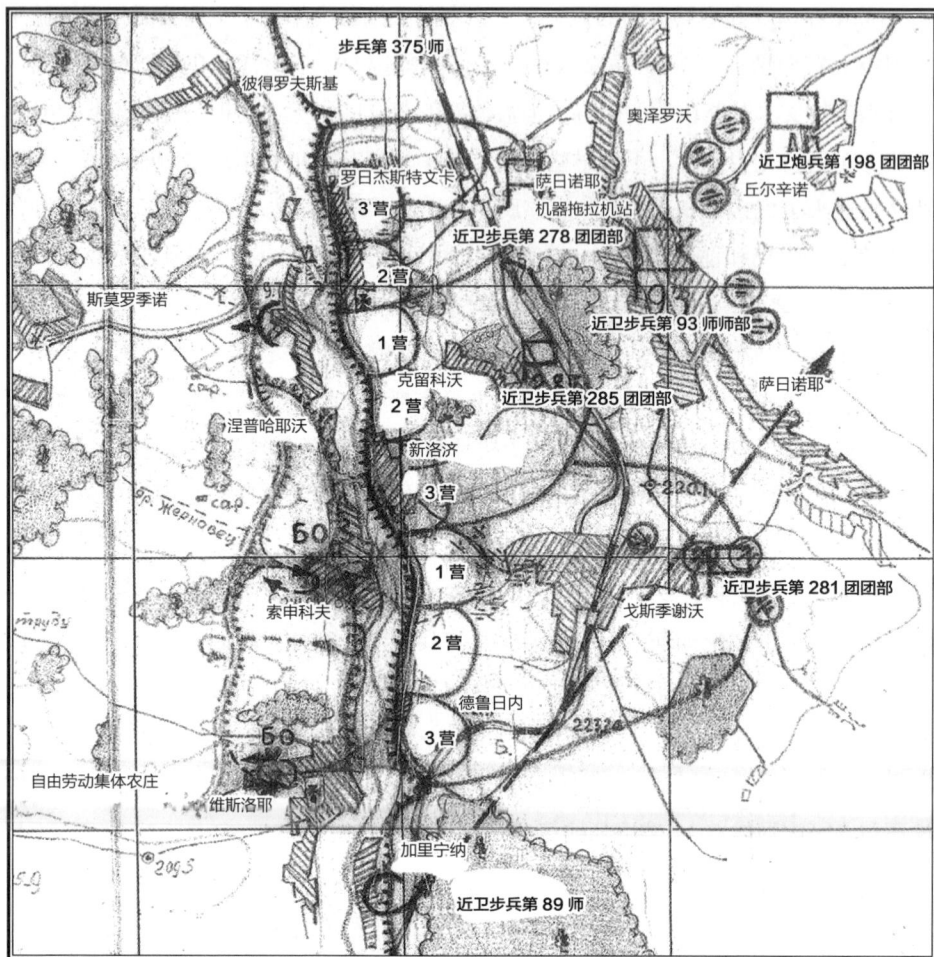

近卫步兵第93军防御阵地编成，1943年7月9—11日

得罗帕夫洛夫卡村外的河流一线（长约八千米）；步兵第183师的战线则相对较
长，其步兵第285团位于瓦西里耶夫卡—258.2高地—捷捷列维诺集体农庄一线
（恰好挡在德军通往普罗霍罗夫卡的道路上），其左翼步兵第295团位于伊万诺
夫斯基移民新村—捷捷列维诺一线，步兵第227团则在遥远南面的沃洛布耶夫卡
（Volobuyevka）—萨日诺耶—克里夫措沃村外一线（充当第二梯队）。[22] 也就是说，
加上第二梯队，步兵第183师的战线长达20千米。值得一提的是，上述3个师这
一天都没有进行大规模战斗。

1943 年 7 月 9 日，第 167 步兵师替换髑髅师

时长：一天   正面宽度：19.8 千米   地形：丘陵，混合地形

天气：多云、夜间有雷雨

	进攻方	防御方
部队番号	近卫步兵第 89 和第 93 师等	第 167 步兵师
配属兵力	见下文	见下文
总兵力	18637	11440
装甲车辆（辆）	0	13
火炮（门）	159	130
空军（架次）	夜间 17	0
减员（人）	559（88 人阵亡、301 人负伤、170 人失踪）	82（18 人阵亡、63 人负伤、1 人失踪）
俘虏（人）	0	不详

德军配属兵力

第 1 教导火箭炮团 1 营

髑髅师突击炮营（7 月 8 日配属）

SS 第 2 装甲军火箭炮营（7 月 9 日配属）

德军调走的兵力

第 339 步兵团 3 营（7 月 8 日调离）

苏军兵力

近卫步兵第 93 师

近卫步兵第 89 师

　加农炮兵第 27 旅（7 月 9 日配属）

近卫步兵第 35 军现在下辖步兵第 107 师和第 305 师，原步兵第 375 师已经被转隶给第 69 集团军，并向东开拔以抗击德国第 3 装甲军。[23] 这样一来，苏军步兵部队的指挥体系就更加合理了：第 40 集团军指挥步兵对阵西面的德军步兵；近卫第 6 集团军指挥步兵抗击第 48 装甲军和 SS 第 2 装甲军；第 69 集团军指挥顿涅茨河三角地带的步兵和近卫坦克第 2 军；近卫第 7 集团军则指挥顿涅茨河以东的步兵。

近卫步兵第 35 军负责防御彼得罗帕夫洛夫卡—别尔哥罗德旧城，以及米亚索耶多沃（Myasoyedovo）地域，防止德军冲向科罗恰。受第 3 装甲军转向东面的影响，苏军统帅部并不清楚德军无意向科罗恰推进。

SS 第 2 装甲军继续向东北进攻，7 月 10 日

最后，SS 第 2 装甲军再次向普罗霍罗夫卡进发。此时，SS 第 2 装甲军的左翼是髑髅师、中央是警卫旗队师、右翼是帝国师。不过，实际上只有两个师在向前突击——帝国师正在防御侧翼苏军的大量坦克部队，只抽调了一个团参与进攻。至于第 167 步兵师，则负责再往南至别尔哥罗德的地域。

现在德军面临一个很大的问题，即顿涅茨河三角地带像一个巨大的楔子"嵌入" SS 第 2 装甲军和国防军第 3 装甲军之间，将二者分隔开来。这样一来，国防军第 3 装甲军就无法掩护 SS 第 2 装甲军的右翼——后者和第 4 装甲集团军被迫投入两个师（其中一个还是党卫军的装甲掷弹兵）来掩护侧翼。考虑到别尔哥罗德东北面的地形和防御工事情况，国防军第 3 装甲军的进攻路径非常合理。不过，对他们合理却不意味着对 SS 第 2 装甲军有利。只要看一下国防军第 3 装甲军的作战行动，尤其是坦克的损失，就很难认同"让他们直接正面冲击苏军阵地"的观点。现在国防军第 3 装甲军达成了突破，正在面对苏军的 8 个步兵师、1 个坦克旅和 2 个坦克团，极大减轻了党卫军的压力——不过，依然没有掩护到其侧翼。人们不禁会设想，德军如果缩小国防军第 3 装甲军的进攻规模，并抽调其 1—2 个师（尤其是第 6 装甲师）参与 SS 第 2 装甲军的进攻，结果可能会好一些。

由于发现苏军的战线在格列兹诺耶附近有一个缺口，所以髑髅师已经到达了红十月村至科兹洛夫卡一线的普肖尔河畔。7 月 9 日夜（具体时间未知），该师在科兹洛夫卡对岸建立了一个桥头堡，并派出侦察分队试图夺取 226.6 高地。7 月 10 日 04:15，德军被 226.6 高地上坚固的防御工事挡住了去路，而韦肖雷（普肖尔河畔的

SS 第 2 装甲军 1943 年 7 月 10 日态势图

村庄）东南地域也有不下 7 个苏军炮兵连在朝这里猛烈开火。进攻受阻的髑髅师打算于次日 12:00 在精心组织的航空兵的掩护下再次发起进攻。为免遭苏军炮兵的集中打击，警卫旗队师也会同时展开攻击。

次日上午的天气状况比较恶劣，有雨，云层也很厚，德国空军无法升空支援。不过，SS 第 2 装甲军仍然决定发起进攻。12:00，髑髅师强渡普肖尔河。鲍姆战斗群（髑髅团）和贝克尔战斗群（"特奥多尔·艾克"团）一左一右在科兹洛夫卡至红十月村一线发起攻击。该师的全部炮兵外加一个半火箭炮营实施了火力准备。11:00，髑髅师错误地报告称其在克柳奇（Klyuchi）东南的小树林内成功建立了桥头堡，但却在科兹洛夫卡以北的河谷遇到了激烈抵抗。13:25，髑髅师又报告称，"由于遭到苏军火炮和迫击炮的火力打击，进展缓慢，仍未渡过普肖尔河"。也就是说，虽然德军进行了炮火准备，但进攻还是失败了。第一波渡河的部队实力不足，被赶了回来。苏军第 69 集团军报告称，"坦克第 2 军的坦克第 99 旅和坦克第 10 军的摩步第 11 旅在普肖尔河一线参与了战斗，后者将德军步兵和坦克从普罗霍罗夫卡（普肖尔河畔）和科兹洛夫卡赶了出去，并于莫斯科时间 7 月 10 日 13:00 收复上述村庄"。[24]

最后，在柏林时间 17:15 分，艾克团左翼报告称其突破苏军的坚固防御，强渡了普肖尔河，并于 17:42 分突入了苏军的第一道防线。德军的此次进攻有炮兵提供火力支援。19:00 许，在经过激烈的战斗之后，德军从河岸向北推进了 800 米，开始向 226.6 高地进发。与此同时，鲍姆战斗群也渡河到达了克柳奇附近的树林。髑髅师最终还是得到了航空兵支援，并声称"俄国人被斯图卡打跑了"。下午天气转好后，苏军的俯冲轰炸机被赶走了，德军完成主要任务——髑髅师在 21:15 分拿下 226.6 高地。

当天晚上，髑髅师的桥头堡已经扩大到了克柳奇以东—226.6 高地—米哈伊洛夫卡西北一千米处的桥梁（桥梁名字未知）一线。而德军的侦察营已经到达韦肖雷以南 1.5 千米处，并开始发起试探性攻击。此时，久经苦战的近卫步兵第 52 师正处于德军的突击方向上。根据报告显示，莫斯科时间 17:00 整，近卫步兵第 52 师的阵地位于克柳奇—226.6 高地—波列扎耶夫（Polezhayev）一线。苏军报告称德军在 18:30 占领了克柳奇、韦肖雷的南半部分，以及博戈罗季茨科耶（Bogoroditskoye，位于普肖尔河南岸、瓦西里耶夫卡正西，一般的地图上都没有标注。不过，苏军集团军司令部日常使用的 1:10 万地图、方面军司令部的 1:20 万和 1:50 万地图都清楚地标注了这个村庄）。[25]

7 月 10 日，近卫步兵第 52 师的兄弟部队——近卫步兵第 51 师开始逐渐后撤，并在日终时与敌人脱离了接触。近卫步兵第 51 师有两个近卫步兵团（近卫步兵第 154 团和近卫步兵第 156 团）位于 211.9 高地—188.1 高地—伊林斯基（普肖尔河畔）——当天他们有 47 人阵亡、76 人负伤（可能是与第 11 装甲师交火造成的）。近卫步兵第 156 团报告称，该团还有 420 人。后面几天里，近卫步兵第 51 师继续后撤，直至完全撤出战斗。虽然近卫步兵第 158 团和近卫步兵第 156 团余部仍在帝国师的侧翼战斗，但他们此时已经被转隶给了第 69 集团军。

因为普肖尔河北岸的地形比较适合防御，所以德军在下午的成功渡河说明沃罗涅日方面军对此地并未加以重视。虽然人们可以批评坦克第 1 集团军在作战行动中一些小瑕疵，但该部在面对德军第 48 装甲军的攻击时，却未退一步——在上佩尼耶被迂回之前一直控制着佩纳河南岸。

防御普肖尔河的任务，是由近卫第 5 集团军承担的。虽然该集团军下辖 7 个步兵师，但这些师直到 7 月 11 日才开始陆续赶到。因此，这时德军面对的，主要是近卫步兵第 52 师的久战疲兵和摩步第 11 旅。坦克第 10 军的 3 个坦克旅远在西边；

❋ 德军转向普罗霍罗夫卡

很多苏联历史著作都有一些奇怪的论调，比如："敌人明白自己到不了奥博扬和库尔斯克，在 7 月 9 日晚就已经开始将部队撤下来，调往另一个方向。他们现在将矛头指向普罗霍罗夫卡，打算从东面迂回，并拿下库尔斯克。"[26]

类似说法多次出现在很多苏联历史著作和一些西方历史著作中。究其根源，应该是战时产生的误判在重复太多次以后，被当成了真相。至于为什么会产生误判，可能是因为第 48 装甲军在攻击上佩尼耶的过程中转向了西方；SS 第 2 装甲军于 7 月 8—9 日向北方和西北方推进（以消灭普肖尔河南岸之敌），并于 7 月 10 日转向东北方。以上两支德军"给人一种感觉"，即继续向奥博扬推进已没有什么太大的阻碍和威胁了。

事实上，SS 第 2 装甲军的进攻计划一直是"穿过普罗霍罗夫卡"——只要看一下第 4 装甲集团军或 SS 第 2 装甲军自 6 月 30 日起的作战方案和计划图就能明白这一点。霍特在 7 月 8 日和 9 日转向北方和西北方，只是为了消灭苏军的装甲部队——看上去像是调整了推进方向或改变了作战重点。

在最近的俄罗斯著作中，仍可以看到对普罗霍罗夫卡的关注。例如在最近出版的某本书中，作者认为德军做出"向普罗霍罗夫卡推进"的决定是经过了深思熟虑的。然后，该书的作者就开始用大量的篇幅来讨论德军如何将计划调整为"以第 4 装甲集团军的 6 个装甲师转向普罗霍罗夫卡"——虽然我们可以从一份德军记录中找到相关依据，但作者的解读有误。[27] 第 48 装甲军的目标一直是奥博扬——这也是该军在 7 月 7 日和 12 日试图到达的地方。[28] 第 4 装甲集团军的司令霍特上将确实在 5 月和 6 月调整了集团军的作战方案，计划以 SS 第 2 装甲军从东北方渡过普肖尔河、穿过普罗霍罗夫卡，并指示第 48 装甲军从东面迂回奥博扬[29]——SS 第 2 装甲军 7 月 4 日和 9 日的地图上的正确分界线体现了这一点。[30] 但这显然是最初计划的一部分。有几位作者对"7 月 10 日霍特上将下令转向普罗霍罗夫卡"的说法进行了探讨。虽然霍特在 7 月 8 日下令让 SS 第 2 装甲军的两个加强装甲团（即装甲战斗群）转向西北方，但 7 月 9 日向西北方推进的却是来自髑髅师和警卫旗队师的两个加强团。[31]

坦克第2军的3个坦克旅已到达普罗霍罗夫卡当面，其中1个旅正在普肖尔河一线发起反击。虽然近卫第5集团军的7个师早就可以向前开进，但他们直到7月9日才接到出发的命令，且直到11日才抵达前线。苏军部队"机动的空档"导致7月10日普肖尔河一线的防御十分薄弱，从而让德军成功渡河，并向北进发，穿过了通往普罗霍罗夫卡的缺口。不过，由于普肖尔河的弯曲部是一个巨大的半圆形，山头很多，所以苏军的错误谈不上有多严重——就算他们退到"半圆形的底部"也可以守住此地。当然，如果苏军能守住河岸的话，就可以更好地限制德军7月11日和12日的作战行动。

此时，德军当面的苏军防守部队包括步兵第183师的步兵第185团和第295团、坦克第2军的坦克第169旅和第26旅。坦克第169旅和装备了丘吉尔坦克的独立近卫重型坦克第15团在斯托罗热沃耶一带迎战警卫旗队师；坦克第26旅在米哈伊洛夫卡—241.1高地①一线的河谷地带占领阵地，并参与了共青团员国营农场的战斗。步兵第183师声称，"共青团员国营农场、伊万诺夫斯基移民新村和别列尼希诺地域遭到了一个步兵团和50辆坦克的攻击"。莫斯科时间09:30，步兵第183师宣称打退了德军从224.5高地发起的一次进攻。不过，在共青团员国营农场和伊万诺夫斯基移民新村进行的战斗至少从白天持续到了当晚23:00，步兵第183师在损失惨重后被迫撤退（该师当天减员颇多）。此时，坦克第2军的摩步第58旅仍在从克拉斯诺耶赶来的路上，而坦克第99旅则在普肖尔河畔的瓦西里耶夫卡迎战骷髅师。

作为师预备队的警卫旗队装甲团，在捷捷列维诺（北）西南四千米处待命。不过，因为德军在战报中提到了"苏军装甲集群出现在捷捷列维诺东面和东南面"，所以警卫旗队装甲团肯定受到了影响。

与此同时，帝国师仍在掩护SS第2装甲军的侧翼。别列尼希诺到处都有重炮和坦克在进行射击，尤其是在帝国师北部地域。苏军不断出动坦克试探性攻击元首团的阵地，然后撤回铁路线后方。在德意志团地段，苏军于12:00以一个连的步兵进攻了加里宁以北的阵地。德军各种火力全开，将苏军击退。同时，苏军还以少量

---

① 译者注：因为苏军的地图上并没有241.1高地，所以译者推断应为241.6高地。

近卫坦克第 2 军势态图，1943 年 7 月 10 日 13:00—7 月 11 日

坦克从别列尼希诺向加里宁发起攻击。上述攻击可能就是"苏军战报中在莫斯科时间 11:00 发起的那次行动"，苏军声称"德军坦克和摩托化步兵在别列尼希诺以北冲过了树林和铁路路基"。德军此举迫使苏军命令近卫坦克第 2 军的近卫坦克第 4 旅在行进间投入战斗。

在上述进攻逐渐结束后，帝国师也开始向前推进。德意志团 1 营左翼进入亚斯纳亚波利亚纳正东的洛米波洛斯河谷（Lomi Polos）。[32] 15:45，德意志团 3 营从克拉斯战斗群[33] 右翼后方向铁路弯曲部进发，并在伊万诺夫斯基移民新村一带到达铁路弯曲部。随后，德意志团 3 营继续向东南方进攻，但直至 20:00 仍在铁路沿线。该营冲到最前面的分队在某些地方成功向东边的维诺格拉多夫卡推进了 1.5 千米，但由于苏军的顽强抵抗，侦察兵无法越过铁路线。此外，元首团左翼也加入了战斗——先头分队在别列尼希诺正西推进到了铁路沿线。

18:50，苏军报告称"德军坦克和步兵进攻了伊万诺夫斯基移民新村，并在

亚斯纳亚波利亚纳附近沿铁路路基发起了进攻"。近卫坦克第4旅再次发起反击，并声称将德军赶回了出发阵地。当天晚些时候，苏军让近卫坦克第25旅投入战斗——该部在22:00到达维诺格拉多夫卡西面的铁路路基处。苏军在夜间继续进攻，但德军已有小股步兵渗透到了苏军两个坦克旅的战线之间。当天，近卫坦克第2军的损失很小。

当天，利波维顿涅茨河一线的苏军守住了自己的阵地。现在第69集团军全权负责整个顿涅茨河三角地带，并在这天得到了近卫坦克第2军的加强。虽然近卫坦克第5军和第2军的坦克在早晨与敌脱离接触，但下午早些时候近卫坦克第2军的两个旅又开始与德军交火。

在南面与第167步兵师对峙的是近卫步兵第35军所属部队：兵强马壮的近卫步兵第93师把守着罗日杰斯特文卡—新洛济—德鲁日内外围一线；实力仍然很强大的近卫步兵第89师则把守着德鲁日内—霍赫洛沃外围一线。

在近卫步兵第35军北方的是近卫坦克第2军：近卫坦克第4旅位于别列尼希诺附近，正在与敌激战；近卫坦克第25旅作为第二梯队位于远多尔日克（Dal' nii Dolzhik）—日洛莫斯特诺耶（Zhilomostnoye）一线，在当天晚些时候投入战斗；近卫坦克第26旅在后方的沙霍沃；摩托化步兵第4旅位于列斯基以西。近卫步兵第51师的近卫步兵第156团和第158团余部位于捷捷列维诺（北）—罗日杰斯特文卡外围（7月10日07:00的一份报告显示他们在225.0高地）。

在近卫坦克第2军北方的是步兵第183师和近卫坦克第5军。步兵第183师位于普肖尔河至北顿涅茨河之间，但步兵第285团和第295团在共青团员国营农场和伊万诺夫斯基移民新村一带战斗。近卫坦克第5军只有近卫摩托化步兵第6旅和迫击炮兵第454团还在一线，而其他部队（两个坦克旅）则已退到后方，开赴奥博扬公路一线（位于第48装甲军当面）。近卫坦克第5军行军25千米，前往佐林斯基耶院子（Zorinskiye Dvory）、奥尔洛夫卡和希佩（Shipyi）地域。该军在位于佐林斯基耶院子以南三千米的244.3高地设置了前哨，并封锁了通往奥博扬的道路。随后，该军开始检修装备——他们此时只剩15辆T-34、8辆T-70和4辆丘吉尔坦克，"相当于最初兵力的12.80%"（其中，T-34为11.81%、T-70为12.70%、丘吉尔坦克为19.05%）。不过，"利斯特拉坚科团"（Listratenko）已加入了近卫坦克第5军，该团有3辆T-34和5辆T-70——这些应该是坦克第20团撤退后修复的坦克。

这是苏军第二次将装甲部队从 SS 第 2 装甲军当面抽调到第 48 装甲军当面。这两次，苏军的坦克军都将摩步旅留了下来，让本就缺乏步兵的他们无法组建诸兵种合成队伍。

此时坦克第 2 军已将全部 3 个坦克旅投入战斗。虽然该军前一天的损失很大，但这天他们还是在坚持战斗。这天日终时，髑髅师当面的坦克第 99 旅位于瓦西里耶夫卡—安德烈耶夫卡—米哈伊洛夫卡一线。次日早晨（7 月 11 日 07:00），有报告称坦克第 99 旅还有 993 人（满编为 1264 人）、16 辆 T-34（T-70 无报告），死伤 69 人。当天，位于普肖尔河和 241.6 高地之间的坦克第 26 旅与警卫旗队师交火，该旅有856 人、3 辆 T-34 和 9 辆 T-70。此时，坦克第 169 旅位于别列尼希诺和斯托罗热沃耶地域，共有 878 人、16 辆 T-34 和 7 辆 T-70。在该地域的还有独立近卫重型坦克第 15 团——现有 4 辆丘吉尔坦克和 185 人（他们在 7 月 10 日损失了 4 辆坦克和 20人）。7 月 10 日 07:00 的报告显示，"在经过激烈的战斗后，这几个旅的损失很大，现在的实力很弱"（见上文对 7 月 9 日的战斗的介绍）。坦克第 2 军的摩步第 58 旅当天似乎没有参战，仍在从克拉斯诺耶（克拉斯诺耶位于普罗霍罗夫卡东南方，离一线还有 10 千米以上的距离）开赴战场的途中，其 3100 名官兵将在次日早晨加入战斗。[34]

此时，苏德双方的战斗形式开始变得越来越合理了。德军稳步推进，有条不紊地进攻；苏军不再像 7 月 6—8 日一样出动大规模装甲部队发起反击，而是专心防守。虽然苏军还是会在局部地区发起"装甲反击"，但规模和力度都远不如前。从 7 月10—11 日的损失中，也可以看出装甲战的激烈程度有所下降。SS 第 2 装甲军当面的苏德战车损失对比如下：

	SS 第 2 装甲军战车损失(辆)	苏军损失(辆)	苏德损失比
7 月 5 日	54	30	1∶0.56
7 月 6 日	79	149	1∶1.89
7 月 7 日	55	86	1∶1.56
7 月 8 日	47	164	1∶3.49
7 月 9 日	34	135	1∶3.97
7 月 10 日	3	55	1∶18.33
7 月 11 日	16	9	1∶0.56
总计	288	628	1∶2.18

在看上表的战车损失对比时，不要过于关注单日对比——德军采用的算法是"每日可出动数的下降值"，各师的每日数据都比较准确；苏军每日的记录相对没那么准确。也就是说，苏军在这一时期损失的战车总数确实如上表所示，但我们很难确定每天的具体损失。

总的来说，警卫旗队师损失了 118 辆战车，而战果可能是 255 辆苏军战车（损失比为 1:2.16）；帝国师损失了 104 辆战车，战果可能为 274 辆苏军战车（损失比

❦ 1943 年 7 月 10 日，第一次强渡普肖尔河

时长：一天　　　正面宽度：14.0 千米　　　地形：丘陵，混合地形

天气：阴转晴，但公路被雨水浸透了

	进攻方	防御方
部队番号	髑髅师	近卫步兵第 52 师等
配属兵力	见下文	见下文
总兵力	19571	11402
装甲车辆(辆)	105（行动能力有限）	31（含 16 辆轻型坦克）
火炮(门)	149	97
空军(架次)	62	昼间 17、夜间 17
减员(人)	374（77 人阵亡、292 人负伤、5 人失踪）	452（108 人阵亡、306 人负伤、38 人失踪）
战车损失(辆)	0	0
火炮损失(门)	5	3
俘虏(人)	不详	0

德军配属兵力

第 1 教导火箭炮团 2 营

SS 第 2 装甲军属火箭炮营（7 月 10 日再次配属）

第 55 火箭炮团 3 营（7 月 10 日被调走，此处不计）

第 86 工兵营 B 型架桥纵队（7 月 10 日配属）

为 1:2.63）；髑髅师虽然损失只损失 66 辆战车，但战果却也只有 99 辆苏军战车（损失比为 1:1.5）。需要说明的是，上述德国部队均得到了航空兵、炮兵和第 167 步兵师部分兵力的支援，这些支援力量为 SS 第 2 装甲军毁伤苏联坦克起到了一定作用。此外，由于部队的结合部有重叠，德军各部有时会密切协同作战，所以我们很难分清他们究竟面对的是哪支苏军部队。

苏军兵力

近卫步兵第 52 师（全部兵力）

反坦克枪第 133 营

近卫迫击炮兵第 5 团 1 营

喷火第 75 连

喷火第 95 连

近卫步兵第 51 师近卫步兵第 156 团某营（不含）

反坦克歼击炮兵第 28 旅（不含，此时他们在迎击第 48 装甲军）

坦克第 10 军（部分）

摩步第 11 旅

迫击炮兵第 287 团

坦克第 178 旅（当日应当赶到，此处不计）

反坦克歼击炮兵第 727 团（当日应当赶到，此处不计）

坦克第 99 旅（坦克第 2 军）

❋ 1943 年 7 月 10 日，向普罗霍罗夫卡推进

时长：一天　　　正面宽度：15.1 千米　　　地形：丘陵，混合地形

天气：至 16:00 偶尔有暴雨，影响机动，17:00 以后转晴

	进攻方	防御方
部队番号	警卫旗队师	坦克第 2 军部分兵力、步兵第 183 师部分兵力
配属兵力	见下文	见下文
总兵力	21543	10322
装甲车辆（辆）	94（含 6 辆轻型坦克）	75（含 32 辆轻型坦克）
火炮（门）	173	75
空军（架次）	0	17
减员（人）	55（18 人阵亡、34 人负伤、3 人失踪）	632（188 人阵亡、373 人负伤、67 人失踪）
战车损失（辆）	2	46
火炮损失（门）	4	5
俘虏（人）	不详	0

德军配属兵力

第 55 火箭炮团（3 营于 7 月 10 日回归建制）

第 861 轻型野战榴弹炮兵营

苏军兵力

步兵第 183 师 2/3 的兵力（步兵第 285 团和第 295 团）

坦克第 2 军（欠坦克第 99 旅、欠摩步第 58 旅）

反过来，我们也可以计算一下苏军各部的交换比。当然，由于一个德国师当面可能会有多个苏联坦克军，而一个苏联坦克军也可能会面对两个德国师，所以实际情况很难查明。不过，我们可以推断坦克第31军损失了93辆战车，而战果为15辆德军战车（损失比为6.2:1）；近卫坦克第5军损失了166辆战车，战果为62辆德军战车（损失比为2.68:1）；[35] 坦克第2军损失了136辆战车，战果为34辆德军战车（损失比为4.00:1）。需要注意的是，上述苏军部队和其对手都存在防区重叠的情况。总的来说，上述苏军损失了395辆战车，德军损失111辆战车，损失比为3.56:1。最后，小心保存实力的近卫坦克第2军损失了48辆战车，战果为32辆德军战车（损失比为1.50:1）。

相比之下，德军第48装甲军在7月5—11日损失了449辆战车（含机械故障的豹式），战果为471辆苏军战车——就算有120辆豹式因机械故障而退出战斗，损失比也只有1:1.43。我们可以跳过处于突破阶段且未与较多敌坦克交手的7月5日（同时也减去了7月5日因机械故障和地雷而损失的豹式），仅看一下两个装甲军7月6—11日的损失情况：SS第2装甲军损失了234辆战车，战果为598辆苏军战车，损失比为1:2.56；第48装甲军损失了317辆战车，战果为438辆苏军战车，损失比为1:1.38。

两个德国装甲军的交换比之间的差异，主要是因对手选择的作战方式不同而导致的，并非这两个装甲军的战斗力有差别——卡图科夫让坦克第1集团军采取守势，而瓦图京和奇斯佳科夫却下令对SS第2装甲军发起猛烈反击。

空中支援

这天，帝国师报告称苏军航空兵的活动比较克制。德国步兵团偶尔会遭到轰炸，卢奇基以南的道路和卢奇基村也只是偶尔会遭到低空轰炸。

近卫坦克第2军报告称，该军及其补给纵队不断遭到德军2—20架飞机的轰炸。步兵第183师也报告称自己遭到了轰炸。

情报

此时，德军已经查明了当面的全部7个坦克/机械化军，并且知道了近卫第5集团军正在赶来。现在，"苏联人留给德国人的惊喜只剩一个了"。

✹ 1943 年 7 月 10 日，帝国师恢复进攻

时长：一天　　　　正面宽度：13.0 千米　　　　地形：丘陵，混合地形

	进攻方	防御方
部队番号	帝国师	近卫坦克第 2 军等
配属兵力	见下文	见下文
总兵力	19552	6814
装甲车辆(辆)	98（含 1 辆轻型坦克）	96（含 38 辆轻型坦克）
火炮(门)	145	100
空军(架次)	20	16
减员(人)	112（16 人阵亡、94 人负伤、2 人失踪）	428（88 人阵亡、182 人负伤、158 人失踪）
战车损失(辆)	1	9
火炮损失(门)	5	3
俘虏(人)	不详	3

德军配属兵力

第 1 教导火箭炮团 3 营

SS 高炮排

SS 高炮排

第 627 工兵营（7 月 10 日调走，此处不计）

第 818 炮兵团 3 营

苏军兵力

近卫坦克第 2 军部分兵力

　　近卫坦克第 4 旅

　　近卫坦克第 25 旅

　　迫击炮兵第 273 团

近卫摩步第 6 旅（来自近卫坦克第 5 军）

　　迫击炮兵第 454 团

近卫步兵第 51 师 1/3 的兵力（近卫步兵第 158 团）

应该还有步兵第 183 师的部分兵力，但已计入之前战斗；该师步兵第 227 团应该也参与了此次战斗。

SS 第 2 装甲军 1943 年 7 月 11 日态势图

德军渡过普肖尔河，向普罗霍罗夫卡发起进攻，7 月 11 日

SS 第 2 装甲军在这天继续向"蓄势待发的风暴"挺进——这既是一种比喻（因为来自草原方面军的苏军增援部队正在向战场进发），也是实实在在的描述（因为这天大雨倾盆，严重影响了德军的作战行动）。该军的各师均报告称，所有道路的状况都很差，难于通行。第 11 装甲师也面临着同样的问题。在这种天气状况下，履带式战车和轮式车辆都会受到影响。所以这一天难得地平静了下来，SS 第 2 装甲军精心构筑了阵地。

已经强渡普肖尔河的髑髅师，于夜间在科兹洛夫卡东北—226.6 高地—克柳奇西北兵营—科切托夫卡西北一线构筑了防御阵地。05:20，他们击退了一次苏军的连级进攻。此外，该师还声称"苏联空军活动频繁"。06:15，苏军从西北方发起了营级进攻，并用坦克攻击位于克柳奇西北 800 米处的德军兵营。髑髅团击退了苏军的这次进攻，继续防守兵营。08:17，髑髅师再次遭到了苏军的攻击，该师抱怨称"桥

195

头堡右侧的苏军已经可以向德军阵地投掷手榴弹了"！另外，在韦肖雷（位于普肖尔河畔）方向还有团级规模的苏军。髑髅师报告称，自己在 09:00 击退了苏军的进攻。

10:30，苏军在坦克的支援下发起了团级进攻（德军的一份报告称"有 5 辆坦克"）。髑髅师开始抱怨炮兵的弹药不足，并在 13:15 分报告说"需要从托马罗夫卡运送 1000 发轻型野战榴弹炮的炮弹"。虽然苏军的这次进攻也被德军击退，但也让桥头堡暂时无法投入使用。参战的苏军中有近卫步兵第 52 师——根据苏方的战报显示，莫斯科时间 03:00，该部在克柳奇地域作战，至中午时将德军逐出该村；15:00，该师被转隶给近卫第 5 集团军的近卫步兵第 33 军，开始实施防御。

因为装甲团仍在南岸，所以髑髅师打算在 7 月 10 日晚至 11 日凌晨架桥渡河。另外，该师还计划在 7 月 11 日清晨 06:15 从桥头堡出击。不过，由于架桥器材迟迟未到，所以行动的发起时间先是被推迟到 09:00，后又推迟到 10:00，最后才确定为 13:15。为防止被苏军炮击，架桥车队在一道山沟里躲着，直到 7 月 11 日上午才赶到指定位置。这样一来，德军的坦克就无法及时渡河，髑髅师也要等很长时间才能扩大桥头堡。而同一天，苏军的增援部队却在源源不断地赶来。

桥头堡东面和东南面的几个小村庄也有苏军严密把守。髑髅师继续扩大桥头堡并肃清周边苏军阵地，艾克团于 15:25 突入了瓦西里耶夫卡村在普肖尔河北岸的部分，并在 16:40 打退了苏军坦克对该村的反击。16:20，德军已经在博戈罗季茨科耶以西架好了两座桥。16.45，装甲群接到渡河进入桥头堡的命令。17.45，德军第 8 航空军开始重点支援髑髅师。不过，髑髅师还是在 18:15 报告称，"因路况不佳，最早也要次日才能从桥头堡出击"。降雨导致道路和地面变得松软（已经有很多积水的河岸更是如此），常常会让坦克动弹不得。这样一来，德军自然就无法让重武器通过陡峭的北岸。此外，由于天气状况不好，空军也无法提供有效支援。所以，髑髅师当天的"进攻"就此结束了。

扎多夫中将的近卫第 5 集团军已经赶来支援此地防守的苏军。近卫第 5 集团军的近卫步兵第 23 军负责谢苗诺夫卡（Semenovka）—韦肖雷—252.2 高地—莫尔多夫卡（Mordovka）一线：右翼的近卫步兵第 97 师位于谢苗诺夫卡—韦肖雷，中央的近卫步兵第 95 师位于韦肖雷—252.2 高地，左翼的近卫空降兵第 9 师位于 252.2 高地—莫尔多夫卡。[36] 这几个师都是新锐力量，仍在逐渐进入阵地，并从行进间转入战斗。不过，近卫步兵第 97 师当天似乎并未参战。

当天晚些时候，近卫步兵第 95 师也加入了战斗。该师在 7 月 10 日 20:00 开始夜间行军，于 11 日 04:00 开始陆续到达战场，并在韦肖雷—共青团员国营农场一线展开。7 月 11 日 04:00 到达战场的是近卫步兵第 290 团（有一个营与主力部队走散了），该团被放在了普罗霍罗夫卡附近。紧随近卫步兵第 290 团到达战场的是近卫步兵第 284 团——03:00 时该团还在 236.7 高地—236.7 高地以南一千米处的河谷北坡—伏罗希洛夫国营农场以东一千米的树林一线。此时，近卫步兵第 287 团和该师的其余部队正在路上。虽然德军飞机轰炸了该师，但只有近卫步兵第 284 团报告称有 11 人负伤。

7 月 11 日 21:30，近卫步兵第 95 师开始发起进攻，并前进了 300—400 米。11 日，该师有 34 人阵亡、79 人负伤，还损失了 5 匹马。时任步兵排长的伊利亚·尼古拉耶维奇·科兹洛夫（Ilya Nikolayevich Kozlov）回忆了当时的情况：

我在苏沃洛夫步兵学校结束了四个月的速成班后，成为一名中尉。从 1943 年 1 月起，我开始担任步兵排长。1943 年 5—6 月，我们师隶属于草原军区。由于我们应该也要参与此次进攻，所以政委（当时已经改称政治副师长）试图给我们打气。我们花了两个月的时间来演练进攻技巧。我们在 6 月中旬进行了几次连营演习和一次团演习。1943 年 7 月 5 日，我们发现大量敌人从南北两面向库尔斯克发起进攻。政治指导员们跟我们讲了会战进程。我们还从师和集团军的报纸上得知了情况。报纸主要讲述了士兵、下级步兵军官、炮手和坦克手的英雄事迹。我不记得具体在什么时间，大约是在 7 月 10 日或 11 日，我们师从奥利尚卡往南行军。我们应该进入已经构筑好的两道堑壕内，不让南面来的敌坦克通过——在我们前面已经有一个师在进行防御战斗了。我们突然接到营长的命令，不转入防御，而是向突破我们前方那个师的阵地的德军发起进攻。我们前进了一点距离，接着就遭到了敌人的坦克和步兵的攻击。营长布格罗夫（Bugrov）上尉是一名非常有经验的指挥员，他曾参加过斯大林格勒会战。他让我们营在火炮和迫击炮的掩护下掉头，炮兵在我们的身后朝敌人射击。我的排在第一梯队，我们设法尽快挖好了掩体。此举非常及时，因为德军的航空兵来了——他们轰炸了我们一个小时。之后，德军坦克和步兵出现了。我收到了两挺额外的机枪。我们身后有两个营的 45 毫米炮在射击，但在我看来，他们打不到敌人的坦克。我们的任务是向德军步兵射击，切断他们与坦克的联系，并让他们趴在地上，以便使用迫击炮攻击他们。我们完成了任务，不过我手下也有6人阵亡、10—12人负伤——这是我的排一半的兵力。我们旁边有一个连的阵地被12辆德军坦克突入了。我军的炮兵在我们身后射击——我们再也没有看到这些坦克，也许它们都被击毁了。此时，我们的航空兵也开始发起攻击。这提升了我军士兵的士气，我的排没有一个战士逃跑。我给我们的迫击炮兵和步兵下命令，告诉他们应该朝敌人哪些部队射击。不过，营长在下午让我们后撤了约1—1.5千米。[37]

沃罗涅日方面军的战线上开了一个口子，让敌人可以轻松强渡普肖尔河。不过，德军第4装甲集团军及其下属的SS第2装甲军却没有抓住战机。虽然帝国师侦察营在7月8日中午就到达了普肖尔河，但他们不可能在坦克第10军当面渡河。7月9日，髑髅师也有机会强渡肖尔河，但他们很晚才出发，至20:45也只有一个团就位。仅靠这些兵力，显然无法渡河。既然该师当天的任务就是强渡普肖尔河，那人们不禁怀疑"为什么只有一个团奉命北上，而另一个团和装甲团却被派往西北"。如果当天髑髅师坚决向普肖尔河推进，进攻时间本可以提前一些。鲍姆战斗群于12:00开始向西北方向发起进攻，而很晚才达到普肖尔河畔的贝克尔战斗群直到17:50才开始进攻。而且，当天德国空军也可以协助陆军渡河。虽然渡河肯定会与坦克第10军发生大规模交战，但德军确实错失了战机。

第二个渡河的机会出现在7月10日下午。虽然德军抓住了这次机会，但却没预先准备好让坦克渡河——他们打算在夜间让坦克过河，可架桥器材却没运到！因此，坦克直到7月11日晚些时候才渡河。

至于德军为什么没能及时把架桥器材运到，就有点说不清了。究其原因，显然不是德国人不知道普肖尔河的存在——他们从行动一开始就知道需要渡过这条河，并在7月8日就观察过普肖尔河支流，且计划让髑髅师在9日渡河。德军有很多架桥分队——SS第2装甲军麾下就有5个，第4装甲集团军还有2个，而7月10日髑髅师也配有第86工兵营的B型架桥纵队（德文为Brückenkolonnen B，德军的架桥纵队有B、J、K、T和重装甲这五种类型，对应装备不同型号的架桥器材）——他们本应该随髑髅师在7月9日下午晚些时候赶到普肖尔河。此外，德军还有一个失误是"没能准备好应对陡峭松软的河岸"——军长豪塞尔和师长普利斯应当为此负责。集团军司令霍特在分兵攻击坦克第31军的问题上也有一定责任。

于是，德军渡河之后，扎多夫的近卫第5集团军也赶到了。

警卫旗队师占领 252.2 高地

7月11日 06:50，警卫旗队师向普罗霍罗夫卡发起进攻，该师的左右分别是髑髅师和帝国师。由于道路状况较差，德军耽搁了一些时间才走出集结地域。SS 第 2 装甲掷弹兵团在坦克的支援下率先发起进攻——他们选择的进攻路线可以得到斯托罗热沃耶树林（亚姆基西南 1.5 千米处的大片树林）的掩护。08:25，发起进攻的德军遭到了来自 252.4 高地、普列列斯特诺耶和彼得罗夫卡的猛烈炮火的拦阻。接着，苏军出动坦克从斯托罗热沃耶树林方向发起了反击。

德军发现十月国营农场南面有一些防坦克壕。10:30，德军在苏军的坚固阵地（含 252.2 高地前的防坦克壕）前停了下来。10:50，德军越过了防坦克壕（战前由第 69 集团军把守，属于第三防御地带）。11:00，德军第 8 航空军出动斯图卡俯冲轰炸机对位于警卫旗队师前方的苏军实施了打击。

接着，警卫旗队师开始从右侧包抄苏军阵地。12:30，SS 第 2 装甲掷弹兵团开始强攻 252.2 高地的西北面——虽然侧翼遭到了来自普列列斯特诺耶的猛烈炮火打击，但德军还是在 14:00 拿下了高地。中午时分，第 8 航空军出动两队轰炸机攻击了波列扎耶夫和普列列斯特诺耶的苏军炮兵。此外，德军还派一个营前往斯托罗热沃耶树林。

苏军声称步兵第 183 师和坦克第 2 军 "在莫斯科时间 09:30 打退了德军两个团和 130 辆坦克的进攻，并给敌人造成了重大杀伤"。不过，警卫旗队师的记录显示当天没有损失坦克，只损失了约 10 辆突击炮、一辆黄鼠狼坦克歼击车和 337 人。"虎"式坦克连的连长海因茨·克林（Heinz Kling）负伤，米夏埃尔·维特曼（Michael Wittmann）接过了指挥权。[38]

把守 252.2 高地的是近卫第 5 集团军的近卫空降兵第 9 师。7月10日，该师的先遣分队距离普罗霍罗夫卡不到 15 千米。7月10日 19:00，该师开始向 "包括十月国营农场和 252.2 高地在内的新位置" 行军。莫斯科时间 7月11日 06:00，虽然该师的各团仍未就位，但近卫空降兵第 26 团的先头 3 营（近卫空降炮兵第 7 团 3 连为其提供了支援）已于 08:00 在十月国营农场—铁路路基一线与敌人交火。接下来，近卫空降兵第 26 团余部也逐渐加入了战斗。[39]

正在双方激烈交火之时，SS 第 1 装甲掷弹兵团却于 14:15 分穿过斯托罗热沃耶北面的树林，试图先消除侧翼的威胁。加强侦察营如前一天一样，在安德烈耶夫卡以南掩护警卫旗队师的北翼。不过，警卫旗队师因受彼得罗夫卡和别列戈沃耶（Beregovoye）方向的炮火的严重干扰，不得不放弃了十月国营农场。

围绕 252.2 高地进行的拉锯战持续到了 16:10，警卫旗队师的装甲团和 SS 第 2 装甲掷弹兵团 3 营（配备了半履带车）肃清并控制了高地。根据某些资料显示：当天下午或晚上，高地上大约有 33 辆坦克（这与警卫旗队师的参谋长鲁道夫·莱曼战后的说法一致）。除了党卫队上级突击队长鲁道夫·冯·里宾特洛甫（Rudolf von Ribbentrop）的第 6 装甲连外，德军所有的坦克都撤到防坦克壕后面。SS 第 2 装甲掷弹兵团 1 营和师属突击炮位于铁路另一侧，而 2 营则在高地和十月国营农场一带修建工事。此外，警卫旗队师左翼的侦察营和坦克歼击营则开始在普列列斯特诺耶、米哈伊洛夫卡和安德烈耶夫卡周围构筑工事。[40]

对德军来说，最致命的就是亚姆基和普肖尔河北岸高地的苏军侧射火力。德军当面的苏军有步兵第 183 师、坦克第 2 军，以及近卫空降兵第 9 师的一个团（近卫空降兵第 26 团）。到莫斯科时间 14:00，近卫空降兵第 26 团已经有 56 人阵亡、62 人负伤（全天共有 83 人阵亡、210 人负伤）。该团还报告称，德军在莫斯科时间 14:00 占领了十月国营农场。此时，近卫空降兵第 26 团已经弹药不足了——他们在向战场开拔时只有一个基数的弹药。

档案文件没有很好地记述 7 月 11 日下午在十月国营农场和斯托罗热沃耶树林发生的战斗。德军声称他们直到 22:15 才最终占领了十月国营农场，并表示他们在 19:00 占领了斯托罗热沃耶树林的西南部分，在次日 00:30 到达了树林的东南边和东边，且占领了斯大林斯科耶分场。[41] 此外，德军还对斯托罗热沃耶发起了一次进攻，但却被列斯基、维诺格拉多夫卡和普拉沃罗季地域的强大炮兵火力击退。[42]

7 月 10—12 日，坦克第 2 军几乎被打光了。该军 7 月 11 日的战斗范围不详——因为他们在 7 月 11 日 07:00 写了一份报告，而下一份报告则是在 7 月 12 日 19:00 书写的。虽然人们都想搞清楚坦克第 2 军在 7 月 11 日和 12 日分别损失了多少坦克，但不巧的是，就连髑髅师的档案也存在类似问题——只有 7 月 11 日和 13 日下午的报告，没有 7 月 12 日的报告。

❀ 米夏埃尔·维特曼

米夏埃尔·维特曼（Michael Wittmann，习惯上被误译为"米歇尔·魏特曼"）是第二次世界大战中最著名的坦克指挥官，1914年4月22日生于巴伐利亚州上普法尔茨（Oberpfalz）附近的福格尔塔（Vogelthal，今德国拜恩州雷根斯堡正西约39千米处）村。他是农民的儿子。他在1934年进入国家劳役团（Reichsarbeitsdienst），并于当年晚些时候在德国陆军服现役。1936年，他以下级士官军衔退役；1937年4月，他加入了"阿道夫·希特勒"警卫旗队——受过装甲车训练的他，被编入了该部的侦察连。他作为SdKfz 232装甲车的车长参加了波兰战局。1940年2月，他转入了警卫旗队突击炮连。随后，他指挥III号突击炮排参加了南斯拉夫和希腊战局。1941年，他随警卫旗队入侵苏联，并于7月12日在一次坦克战后获得了二级铁十字勋章。9月8日，他在罗斯托夫的战斗中打死6人后获得了一级铁十字勋章，并被晋升为党卫队中级小队长。他继续在苏联战斗到1942年6月，然后接受了后备军官培训。12月，维特曼被晋升为党卫队下级突击队长（相当于陆军少尉），并进入了党卫队上级突击队长海因茨·克林指挥的第13重装甲连（"虎"式坦克连）。他指挥III号坦克排支援"虎"式坦克。1943年1月，他随警卫旗队师回到东线。初春，他开始驾驶"虎"式坦克。"堡垒"战役是他指挥"虎"式坦克战斗生涯的开始。

在库尔斯克会战期间，他是警卫旗队师第13重装甲连3排排长。据说，他在7月5日击毁了8辆T-34和7门反坦克炮；在7月7—8日击毁了2辆T-34、2辆SU-122和3辆T-60/70；在7月12日"消灭"了8辆坦克、3门反坦克炮和一个加农炮兵连。到战役结束时，据称他已经击毁了30辆坦克和28门火炮。不过，上述战果无法核实。[43]

1943年7月19日，维特曼随第13连被转入新组建的SS第101重装甲营，他在这里与党卫军的其他"'虎'式王牌"——如弗朗茨·施陶德格尔（Franz Staudegge）、赫尔穆特·文多夫（Helmut Wendorff）和于尔根·勃兰特（Jürgen Brandt）等并肩作战。该营营长为海因茨·克林。1944年1月13日，由于在1943年7月至1944年1月初击毁了56辆苏军坦克（1月又击毁了32辆），维特曼被授予骑士十字级铁十字勋章。当然，上述数据都来自德国的宣传，很难核实其准确性。不过，党卫队的宣传部门还是在维特曼的坦克炮管上画上了88击杀环，并拍摄了照片。维特曼的炮手巴尔塔扎·"博比"·沃尔（Balthasar "Bobby" Woll）

也获得了骑士十字。1月20日，维特曼被晋升为党卫队中级突击队长（相当于中尉）。1月30日，他获得了橡叶饰。此时，克林的营有5名骑士十字获得者（维特曼、沃尔、施陶德格尔、文多夫和克林）。1944年春，维特曼的部队前往比利时，他也开始指挥该营的2连。1944年3月1日，维特曼与希尔德加德·布尔梅斯特（Hildegard Burmester）结婚。此时，德国宣传机器已经让其成为家喻户晓的英雄。同时，他的炮手博比·沃尔开始担任车长职务。

　　1944年6月13日，维特曼的连进入西线的诺曼底，在著名的维莱博卡日（Villers-Bocage，曾被误译为"波卡基村"）之战中与英军交手。此战后，他又获得了双剑饰。现在维特曼已经成了德国武装力量中获得的荣誉最多的坦克手，并被晋升为党卫队上级突击队长（相当于上尉）。上级给他提供了一个教学职务，但他拒绝了，并回到了部队。6月，他一直在卡昂（Caen）战斗。8月8日，他的"虎"式坦克被击毁，全体乘员都被打死了——有可能是一架英国的"台风"战斗轰炸机发射的火箭弹击中了维特曼座车的后部，并引发了弹药殉爆（有资料显示是英军第33装甲旅的"萤火虫"坦克击毁了维特曼的座车）。维特曼及其乘员被埋葬在桑托（Cintheaux）附近的戈梅尼（Gaumesnil）周围，坟墓未做标记。1983年3月，他的墓地被人发现，其遗体得到了牙医记录的确认。

　　据称，维特曼击毁了138辆（或141辆）坦克和132门反坦克炮。[44] 不过，他并不是战绩最高的"'虎'式王牌"。

　　7月11日，坦克第99旅一开始有16辆T-34和16辆T-70（预估），7月12日下午的报告称他们还有10辆T-34和10辆T-70。当天开始时，坦克第26旅只有3辆T-34和9辆T-70，但7月12日的报告称他们有6辆T-34和10辆T-70。当天开始时，坦克第169旅有16辆T-34和7辆T-70，约36小时后他们报告称还有5辆T-34和6辆T-70。独立近卫重型坦克第15团只有4辆丘吉尔坦克，之后连续几天他们都没有上报坦克的具体数量。

　　7月11日早晨，摩步第58旅到已在瓦西里耶夫卡（普肖尔河畔）—241.6高地—斯托罗热沃耶树林南缘一线建立防御。此时，该旅有3100人、13门76毫米炮、13门45毫米炮、6门120毫米迫击炮和30门82毫米迫击炮，旅部位于十月国营农场西北边。该旅[①] 反坦克歼击炮兵连的一名炮长——米哈伊尔·费奥多托维奇·斯克利亚连科（Mikhail Fedotovich Sklyarenko）高级中尉回忆道：

1943 年 7 月 11 日，我旅所在地域爆发了激烈的战斗。德军坦克和步兵在普罗霍罗夫卡方向展开进攻。他们接近了我们的炮兵连所在的十月国营农场。我们连有 4 门 76 毫米 ZIS 火炮。我们收到一条令人意外的消息："正前方有敌坦克。"与此同时，德军的炮兵开始朝我们射击。在附近有约 20 辆敌人的坦克——我用肉眼可以看清其中的 2 辆。我的火炮射程为 500—600 米。尽管周围有炮弹炸开，但我还是平静地瞄准，并击毁了这两辆坦克中靠前的那辆。然后，我又用两发炮弹击毁了第二辆坦克。接下来，德军用炮兵对我们连实施攻击。我们躲进工事内，但很快就回到自己的炮位上。坦克开始朝我们射击。我在 300 米的距离上又击毁一辆坦克。其他炮兵也击毁了几辆坦克。敌人剩余的坦克停止前进，并开始原地射击。我看到了连长和排长是如何牺牲的——在他们接替已经牺牲的炮手之后。我的火炮只剩两个炮手了。我继续开火，而战友则给我递炮弹。我们又击毁一辆坦克。突然我的炮炸了……我左臀负伤，战友在我的伤口上绑了绷带，并把我放进战壕里。然后，战友又射击了五分钟。我听到附近什么地方还有一门炮在开火。我们的坦克开始向德军的侧翼发起反冲击。战斗非常激烈，浓烟让天空变得昏暗……两名护士将我送到了卫生卡车上。

后来我又在波兰和德国人战斗过。我又击毁了 2 辆德军坦克……战争过后，我一直在汽车工厂上班。一旦天气变差，我负过伤的腿就会开始发疼。[45]

总的来说，坦克第 2 军损失惨重。该军最初有 158 辆坦克，进入战场时还有 137 辆可以出动的坦克。经过两天战斗，至 7 月 11 日 07:00，该军只剩 69 辆坦克。而且，他们还要继续抗击 SS 第 2 装甲军 36 个小时。

SS 第 2 装甲军当面有苏军 4 个坦克军。他们成功地在 7 月 6—9 日牵制住了坦克第 31 军，并使其实力下降到初始状态的 29%（184 辆坦克还剩 54 辆）；使近卫坦克第 5 军在被调到第 48 装甲军当面之前，只剩 16% 的坦克；让坦克第 10 军在被调

---

① 译者注：原文为机械化第 58 旅，实误。

到第 48 装甲军当面之前，受到了沉重打击（除步兵外），并牵制住了坦克第 2 军。也就是说，苏军方面只有一直在侧翼发起反击的近卫坦克第 2 军成功保存了实力——他们自 7 月 6 日开始参战，但此时仍保有 75% 的坦克（从一开始的 187 辆下降到 7 月 10 日和 11 日的 139—140 辆）。苏军如果再不增调兵力，很可能被德军突破阵地。因此，苏军的另外两个坦克军和一整个近卫集团军于当晚赶到了战场。

苏军声称，"德军在共青团员国营农场地域集中了 280 辆坦克，其中 130 辆就位于农场里"。这个威胁评估并不算离谱。警卫旗队师在 7 月 10 日晚有大约 103 辆坦克和突击炮（还有 29 辆自行火炮），而帝国师则有大约 102 辆坦克和突击炮。

在党卫军的记录中有提到过"警卫旗队师没有继续进攻，因为友邻的两个师'停滞不前'（德文原文为'Nachhängen'，意为'停止或放弃某项事业'）"。不过，警卫旗队师对兄弟部队的抱怨并不合理，比如髑髅师在架桥渡河之前确实做不了什么。

此外，党卫军当天的记录还表示，"由于苏军在普罗霍罗夫卡的西南面和制高点（252.4 高地）部署了火力强大的反坦克歼击炮和炮兵，所以正面进攻会带来很大的伤亡"。指挥部（应该是 SS 第 2 装甲军的指挥部）建议先派斯图卡进行轰炸，再等髑髅师拿下 252.4 高地，最后才对普罗霍罗夫卡发起进攻。

由于"面对收窄的进攻正面上的苏军有组织的抵抗"，无疑要遭受重大伤亡，所以髑髅师和帝国师不再向前猛冲的决定（无论是否正式下达了指令）应该是非常符合实际情况的。虽然德军需要向前进攻，并拿下普罗霍罗夫卡，但这并不能带来会战的胜利——毕竟普罗霍夫卡只是德军最终目的地前的一个中等规模的村镇而已，在此时于此地付出重大伤亡没有任何意义。

地形复杂、天气状况不佳、未能及时架桥和苏军的顽强抵抗等原因，让髑髅师无法向普肖尔河北岸投入坦克。该师直到 16:00 之后才架好桥，根本无法在当天下午取得太大进展。而且苏军的近卫第 5 集团军已经开始赶来，德军的进攻只会变得更加困难。以上种种，就是髑髅师未能很好地掩护警卫旗队师的侧翼的主要原因。

此时，帝国师仍在为以后的进攻调整部署——这就要求他们当天将部队撤出一线。似乎他们和几天前的警卫旗队师一样，再次建立了装甲预备队。不过，该师还是被牵制住了，暂时只能进行防守。[46] 他们的右翼需要面对苏军近卫坦克第 2 军的 136 辆坦克。在确保自己负责的漫长战线的安全之前，该师无法将大量部队集中到进攻地域。也就是说，在警卫旗队师的 SS 第 2 装甲掷弹兵团于 252.2 高地苦战之时，友邻部队也必须掩护自身的两翼，无法帮上什么忙。

当天，警卫旗队师死伤 337 人、髑髅师死伤 461 人、帝国师死伤和失踪了 211 人。如果用减员数来衡量作战意志，那自然不能对髑髅师说三道四，就连帝国师的表现也不算糟。

实际上，警卫旗队师当天对 252.2 高地的进攻已经达到了极限。警卫旗队师当天面对的主要问题是来自十月国营农场和亚尔基的连续不断的侧射火力——也就是说，在两翼的兄弟部队赶来之前，警卫旗队师无法突破当面的苏军防御并继续前进。哪怕警卫旗队师继续坚决进攻，也不可能占领普罗霍罗夫卡。而且德军此时并不知道普罗霍罗夫卡附近的苏军新锐装甲部队的规模，警卫旗队师所谓的"再加一把劲就能拿下该城"不过是一厢情愿罢了。

近卫第 5 集团军所部已经在普罗霍罗夫卡周围建立了防御阵地。当近卫空降兵第 26 团在 252.2 高地与德军激战之时，近卫空降兵第 9 师余部已经就位（保卫普罗霍罗夫卡）。掩护亚姆基—格鲁什基（Grushki）地域的近卫空降兵第 28 团的两个营面向西面，在普罗霍罗夫卡以西建立防御阵地（还得到了反坦克歼击炮兵第 301 团的支援）；一个营把守普罗霍罗夫卡的南郊。第二梯队的近卫空降兵第 23 团让一个营上前防御普罗霍罗夫卡和莫尔多夫卡的南郊，两个营守卫 252.4 高地的西南坡。此外，近卫空降兵第 95 师也将部分兵力派到了普肖尔河南岸。当晚还有更多的苏军部队会赶到这一地域，其中就有近卫步兵第 42 师、坦克第 18 和第 29 军！因此，德军不可能在一天之内就拿下这里的阵地。

当时，德军始终秉持一个信念，即自己即将突破苏军的防线（这一看法最早于 7 月 7 日出现在第 48 装甲军的日志中）。德军低估了当面苏军的实力和坚韧，他们直到 7 月 12 日还觉得即将达成突破。不过，7 月 12 日发生的事情给了他们一个当头棒喝。

7 月 11 日日终时，警卫旗队师已经到达了斯托罗热沃耶西面—斯托罗热沃耶北面树林—252.2 高地西北 500 米处的道路—十月国营农场北边—十月国营农场东边一线。[47] 虽然德军可以从这里直扑普罗霍罗夫卡，但也将暴露自己的南北两翼。一旦苏军向瓦西里耶夫卡和亚斯纳亚波利亚纳发起突击，就有可能将德军分割开来。苏军无法抗拒这一诱惑。

帝国师再次前进

7月11日，帝国师开始将部队撤出一线，以便继续前进。10:00，元首团被撤了下来；12:13，第167步兵师接管了加里宁以南的阵地。这样一来，就有两个步兵团可以在加里宁东北—亚斯纳亚波利亚纳以东—243.6高地东坡—伊万诺夫斯基移民新村以南一千米处的铁路路基—229.3高地一线掩护警卫旗队师的右翼了。15:00，苏军从维诺格拉多夫卡东北方的山谷向西北方发起攻击，但却被德意志团2营的反击打退。不过，维诺格拉多夫卡东北两千米处的几座高地和斯托罗热沃耶村的南部仍在苏军手中——苏军这天一直在坦克的支援下顽强抵抗。

当天，近卫坦克第2军一直在原地与德军交火，没遭受太大损失。日终时，该军被转隶给近卫坦克第5集团军，并奉命在次日清晨发起进攻。此时，近卫坦克第25旅和第26旅正在维诺格拉多夫卡一带；近卫坦克第4旅仍把守着别列尼希诺—伊万诺夫卡一线；摩步第4旅则在伊万诺夫卡以东的树林—列斯基一线防守。此外，近卫坦克第2军还将高射炮兵第1695团部署在了维诺格拉多夫卡和伊万诺夫卡地域，而配属的近卫迫击炮兵第16团（拥有22门喀秋莎火箭炮）则在位于伊万诺夫卡东北方的树林的南部。虽然当天日终时该军还这一地域，但我们仍对"近卫坦克第26旅当天是否参战"有所存疑。此外，我们也并不清楚配属给该军的反坦克歼击炮兵第1076团和第1510团的装备情况和战斗情况。该军报告称，"仍有84辆T-34和52辆T-70可以投入战斗"。值得一提的是，近卫坦克第5军的近卫摩步第6旅也在这一地域的别列尼希诺—捷捷列维诺外一线布防。近卫摩步第6旅本应将阵地移交给步兵第183师，但不知为何后者"拒绝接收这一地段"。

此时，帝国师的装甲团仍在奥泽罗夫斯基地域充当预备队。不过，"虎"式坦克连（8连）当天明显已经参战了——该连连长上午胳膊负伤，由党卫队上级突击队长卡尔-海因茨·洛伦茨（Karl-Heinz Lorenz）接手指挥。14:00，卡尔-海因茨·洛伦茨的"虎"式坦克被击毁，他本人也被苏军击毙。党卫队中级突击队长菲利普·泰斯（Philip Theiss）接手指挥8连。该连当天宣称击毁了10辆苏军坦克。[48]帝国师当天应该损失了2辆坦克，但报告显示"不是'虎'式坦克"。[49]

7月8日后的某天，也许就是7月11日，搭乘防空半履带车的考夫曼第一次负伤——他是在7月5日第一次参加战斗的，他后来表示：

我们被并入了师属装甲群，支援装甲人员输送车和突击炮发起的反击，并进行地对地作战。可惜，我已经记不清具体的时间和地点了。当时下了很大的雨，地面非常滑。因此，当右侧履带销断掉导致车体转向时，就出了大麻烦。我们不得不立即停车，因为主动轮可能会脱落或卡住。当驾驶员开始在送弹手们的协助下修理战车时，火炮也做好了射击准备。所幸苏联人并没有看见我们，只是用迫击炮朝这一地段盲射。对于炮手和我（装填手）而言，在这种情况下并不好过。

3.25 英寸长的履带销有一头容易断掉——这可以防止履带被严重损坏——一旦受到倾斜方向的力，履带销就会断开。驾驶员自然明白这一点，所以他们总是带着在"黑市"里淘换的东西。我们的驾驶员有充足的工具，技术也很娴熟，可以相对迅速地更换履带销。我们必须快点从这里离开，因为"空气中的铁含量在逐渐增加"。

我们刚开始出发，就有一轮迫击炮弹在附近爆炸。有两片弹片击中了我的右手——一片击中了拇指，一片击中了手掌。我疼得厉害……驾驶员在下一个掩蔽地带停了车，以便给我的手上打个临时绷带。我咬紧牙关，继续履行装填手的职责——只能勉强为之。晚上，我不得不坐一辆补给卡车回到军用列车（Battle train）上，向卫生营报到。一名卫生兵熟练地处理了我的伤口，并对我说："只是皮外伤而已，你可以回自己的连队了！"我拿着一只皮靴、带着一小块绷带离开了。我很高兴不用待在野战医院里……我搭便车回到了自己的炮位。很快我就感觉不到这些小伤口的存在了，完全恢复了战斗力……

空中支援

髑髅师的报告显示，当天双方航空兵的活动都不算频繁。该师声称己方"在08:15 击落 1 架伊尔 -2 强击机"。警卫旗队师报告称"苏军飞机活动频繁，尤其是对地攻击机"，但"己方空军的活动不算频繁"。此外，警卫旗队师还记录了己方空军对半履带车营的误击。帝国师汇报称，"己方空军的活动不算频繁……德意志团在捷捷列维诺以北击落了 1 架拉格 -3 歼击机，在伊万诺夫斯基击落了 1 架伊尔 -2 强击机。"

当天，近卫空降兵第 9 师只有 1 个团参战。该师报告"15:00 德军有 15—20 架飞机"轰炸了阵地。[50] 德军的主要攻击目标是 252.4 高地、十月国营农场和 252.2 高地。[①]

---

① 译者注：原文为 252.0 高地，应是作者笔误。

❀ 1943 年 7 月 11 日，强渡普肖尔河（2）

时长:一天　　　　正面宽度:14.0 千米　　　　地形:丘陵，混合地形

天气:大雨。公路极为泥泞，轮式和履带式车辆几乎无法通行

	进攻方	防御方
部队番号	髑髅师	近卫步兵第 52 师等
配属兵力	见下文	见下文
总兵力	19193	10948
装甲车辆(辆)	116	32（含 16 辆轻型坦克）
火炮(门)	145	94
空军(架次)	117	昼间 31、夜间 48
减员(人)	462（77 人阵亡、385 人负伤、0 人失踪）	500（123 人阵亡、338 人负伤、39 人失踪）
战车损失(辆)	3	6
火炮损失(门)	0	3
俘虏(人)	0	1
部队番号	不详	0

德军配属兵力

第 1 教导火箭炮团 2 营

SS 第 2 装甲军属火箭炮营

第 86 工兵营 B 型架桥纵队

苏军兵力

近卫步兵第 52 师（全部兵力）

反坦克枪第 133 营

近卫迫击炮兵第 5 团 1 营

喷火第 75 连

喷火第 95 连

近卫步兵第 51 师近卫步兵第 156 团某营（不含）

反坦克歼击炮兵第 28 旅（不含，当日被调离）

坦克第 10 军（部分）

摩步第 11 旅

迫击炮兵第 287 团

坦克第 99 旅（坦克第 2 军）

逐渐到达战场的部队（上表含这些部队的损失，但不含其参战兵力；以下数据为大概数据）

近卫步兵第 95 师（8845 人，71 门火炮）

迫击炮兵第 469 团（650 人，36 门迫击炮）

反坦克歼击炮兵第 301 团 3 个炮兵连，其中 1 个连（15 门火炮）在 11 日调离

在同一地域却未计入的部队

近卫步兵第 97 师（8874 人，69 门火炮）

高射炮兵第 29 师第 1372 团（401 人，16 门 37 毫米高射炮）[51]

❀ 1943 年 7 月 11 日，252.2 高地之战

时长：一天　　　　正面宽度：7.4 千米　　　　地形：丘陵，无遮蔽

天气：倾盆大雨，严重影响作战行动。公路状况很差

	进攻方	防御方
部队番号	警卫旗队师	步兵第 183 师部分兵力、坦克第 2 军 部分兵力以及近卫空降兵第 26 团
配属兵力	见下文	见下文
总兵力	21487	12521
装甲车辆（辆）	103（含 6 辆轻型坦克）	37（含 14 辆轻型坦克）
火炮（门）	171	86
空军（架次）	220	31（另有 12 架次误击）
减员（人）	337 （33 人阵亡、304 人负伤、0 人失踪）	970 （279 人阵亡、582 人负伤、109 人失踪）
战车损失（辆）	11	3
火炮损失（门）	0	8
俘虏（人）	不详	4

德军配属兵力

第 55 火箭炮团

第 861 轻型野战榴弹炮兵营

苏军兵力

步兵第 183 师 2/3 的兵力（步兵第 285 和第 295 团）

坦克第 2 军（不含坦克第 99 旅）

逐渐到达战场的部队（未计入上表）：近卫空降兵第 9 师近卫空降兵第 26 团

❀ 1943 年 7 月 11 日，帝国师再次进攻

时长：一天　　　　正面宽度：10.5 千米　　　　地形：丘陵

天气：小雨，中午时逐渐转晴。公路和小道有些泥泞

	进攻方	防御方
部队番号	帝国师	近卫坦克第 2 军等
配属兵力	见下文	见下文
总兵力	19435	13558
装甲车辆（辆）	102	136（含 52 辆轻型坦克）
火炮（门）	142	163
空军（架次）	80	30
减员（人）	211（29 人阵亡、181 人负伤、1 人失踪）	76（14 人阵亡、45 人负伤、17 人失踪）
战车损失（辆）	2	0
火炮损失（门）	1	4
俘虏（人）	0	2
部队番号	不详	0

德军配属兵力

第 1 教导火箭炮团 3 营

SS 高炮排（7 月 11 日调走，此处不计）

SS 高炮排（7 月 11 日调走，此处不计）

第 818 炮兵团 3 营

苏军兵力

近卫坦克第 2 军（无丘吉尔坦克部队）

　　反坦克歼击炮兵第 1076 团

　　反坦克歼击炮兵第 1510 团

　　反坦克歼击炮兵第 755 营

　　近卫迫击炮兵第 16 团

近卫摩步第 6 旅（来自近卫坦克第 5 军）

　　迫击炮兵第 454 团

步兵第 183 师步兵第 227 团应该也参与了此次战斗，但以上数据不含其数据。

✤ 1943 年 7 月 10 日，第 167 步兵师替换帝国师的第一阶段

时长：一天　　　正面宽度：19.8 千米　　　地形：丘陵，混合地形

天气：多云且程度有变化，夜间有雷雨

	进攻方	防御方
部队番号	第 167 步兵师	近卫步兵第 89 和第 93 师
配属兵力	见下文	见下文
总兵力	14381	18077
装甲车辆 (辆)	0	0
火炮 (门)	119	160
空军 (架次)	0	0
减员 (人)	31（9 人阵亡、22 人负伤）	179（43 人阵亡、114 人负伤、22 人失踪）[52]
火炮损失 (门)	0	1
俘虏 (人)	不详	3

德军配属兵力

第 1 教导火箭炮团 1 营

髑髅师突击炮营（7 月 10 日被调离，此处不计）

SS 第 2 装甲军火箭炮营（7 月 10 日被调离，此处不计）

第 627 工兵营（7 月 10 日配属）

第 339 步兵团（7 月 10 日调回）

苏军兵力

近卫步兵第 93 师

近卫步兵第 89 师

　　加农炮兵第 27 旅（7 月 10 日调离）

✤ 1943 年 7 月 11 日，第 167 步兵师替换帝国师的第二阶段

时长:一天　　　正面宽度: 19.8 千米　　　地形:丘陵，混合地形

天气:多雨。公路状况差

	进攻方	防御方
部队番号	第 167 步兵师	近卫步兵第 89 和第 93 师
配属兵力	见下文	见下文
总兵力	14350	18164
装甲车辆(辆)	0	0
火炮(门)	119	132
空军(架次)	0	0
减员(人)	8（1 人阵亡、7 人负伤）	286（15 人阵亡、165 人负伤、106 人失踪）[53]
火炮损失(门)	5[54]	0
俘虏(人)	不详	1

德军配属兵力

第 1 教导火箭炮团 1 营

第 627 工兵营

苏军兵力

近卫步兵第 93 师

近卫步兵第 89 师

近卫步兵第 51 师 1/3 的兵力（近卫步兵第 158 团）

第 167 步兵师接管帝国师防线，7 月 10—11 日

与此同时，第 167 步兵师的两个步兵团正在拓展自己的防区。从 7 月 9 日晚到次日凌晨，战场上都非常平静。11 日 07:00，苏军开始从绍皮诺、捷尔诺夫卡和维斯洛耶以西地域撤出。第 167 步兵师的侦察分队紧随其后，在第 331 步兵团地段上推进至利波维顿涅茨河西岸。接着，第 167 步兵师派出侦察分队渡河至铁路线——他们在索申科夫地域遭遇了苏军火力攻击，确定了苏军新防线的位置。

14:50，第 331 步兵团到达绍皮诺村，这里没有苏军把守。与此同时，第 315 步兵团一部突入了维斯洛耶的西部。苏军放弃了索申科夫，但仍控制着涅普哈耶沃和利波维顿涅茨河东面陡峭的河岸。16:00，第 167 步兵师在绍皮诺与第 168 步兵师建立了联系。德军对顿涅茨河的侦察表明，苏军仍位于铁路路基一线和顿涅茨河东岸树林边缘。鉴于苏军火力越来越密集，夜幕降临后第 331 步兵团的侦察兵被迫撤回西岸。第 167 步兵师在报告中表示对岸的敌人是苏军步兵第 375 师，不过该师的俘虏中也有近卫步兵第 93 师的士兵（近卫步兵第 93 师当日有人员失踪）。第 167 步兵师的情报显然有些滞后，因为步兵第 375 师已于 7 月 10 日前去迎击德军的第 3 装甲军了。

12:00，第 339 步兵团回归第 167 步兵师的建制，并奉命立即前往大马亚奇基和加里宁以东地域，接替那里的帝国师部队。

7 月 11 日还算比较平静。上午时分，德军侦察分队肃清了维斯洛耶东面的堑壕，打死 20 名苏军，并俘获了 14 人。此外，第 167 步兵师左翼还击退了苏军一次连级冲锋。

同时，第 168 步兵师所部也在拉长自己的战线，并于 15:50 到达了霍赫洛沃和别洛梅斯特纳亚（Belomestnaya）。这样一来，第 167 步兵师就可以将右翼兵力挪到左翼，进一步"解放"帝国师的部队了。17:50，第 331 步兵团北上替换之前被派到帝国师和第 167 步兵师之间的第 627 工兵营——别的地方需要这些工兵。不过，当天第 627 工兵营没有被替换下来。

注释

1. 迪特尔·布兰德少将于1999年7月27日在伦茨堡（Rendsburg）采访了联邦德国陆军退役上校库尔特·A.考夫曼——当时他参加了这场会战。

2. 根据相关报告显示，7月10日06:00时坦克第178旅和摩步第11旅一起待在坦克第10军原地域内。到7月12日07:00，该旅与坦克第10军的另外两个坦克旅在诺文科耶（Novenkoye）地域作战。笔者不清楚该部何时从第48装甲军当面机动至此。此外，还有报告显示反坦克歼击炮兵第727团在7月8日21:00被配属给坦克第10军。

3. 请注意，第11装甲师也宣称在7月8日19:00时占领了雷利斯基（并未遇到抵抗）——这解释了为什么SS第2装甲军可以在7月9日轻松拿下雷利斯基。总体来说，这显然是因为第48装甲军和SS第2装甲军之间的协调不好而导致的。

4. 该军当日实际上报的损失为56辆T-34和1辆T-70（《坦克第1集团军全宗》，第3070目录，第226卷宗）。因为每日报告损失之和低于该军后来上报的损失总数，所以我们推断实际损失大约为70辆坦克（其中有14辆T-70被击毁或击伤）。

5. 叶甫根尼·米哈伊洛维奇·斯克沃尔措夫上校生于1923年，后来生活在莫斯科州的纳罗福明斯克。1999年，涅松诺夫少将对他进行了采访。

6. 伊万·米哈伊洛维奇·奇斯佳科夫著《为祖国服务》（Служим Отчизне，莫斯科，1975年）第158页。

7. 瓦列里·尼古拉耶维奇·扎穆林在《打破神话：普罗霍罗夫卡坦克战，库尔斯克，1943年7月：作战记述》（Demolishing the Myth: The Tank Battle at Prokhorovka, Kursk, July 1943: An Operational Narrative）中也记述了这些作战行动。他认为摩步第11旅面对贝克尔战斗群的压力，放弃了红十月村；德军在18:45（推断为莫斯科时间）占领了科兹洛夫卡；防御普肖尔河的是近卫步兵第52师。

8. 米哈伊尔·霍达连诺克（Mikhail Khodarenok）给出的数字和我们的计算一致。他认为坦克第2军于7月6日23:45接到命令，从乌拉佐沃动身出发。该军于7月7日晚到达科罗恰地域。当晚23:00，该军接到新的命令，前往普拉罗季和维诺格拉多夫卡地域，并在7月8日08:00许到达。霍达连诺克推断说："坦克兵团在23小时内行进了200多千米。"

9. 山自叶甫根尼·菲利波维奇·伊万诺夫斯基（Е. Ф. Ивановский，时仕坦克第2军侦察处长）著《坦克手们开始冲击》（Атаку начинали танкисты，莫斯科，军事出版社，1984年）。

10. 该军7月8日的位置出自扎穆林著《普罗霍罗夫卡：大战中不为人知的战斗》[Прохоровка. Неизвестное сражение Великой войны，莫斯科，阿斯特出版社（ACT），2005年]第99页。而其他资料则显示该军在7月8日08:00时就已集结在卡梅舍夫卡（Kamyshevka，位于普罗霍罗夫卡火车站以东13千米处）和普拉沃罗季地域。见布兰斯和奥伦斯坦著《库尔斯克会战1943：苏联总参研究》的第92和154页。

11. 坦克第99旅的T-34中有12辆被击毁、4辆待修；T-70有4辆被击毁、4辆出现机械故障。坦克第26旅的T-34中有6辆被击毁、3辆出现机械故障；T-70有3辆被击毁、3辆出现机械故障。坦克第26旅的T-34中有3辆被击毁、5辆出现机械故障；有1辆T-70被击毁。

12. 7月8日07:00，"分旅坦克数量报告"显示该军还有30辆备用坦克；7月10日07:00，"分旅坦克数量报告"显示该军已经没有备用坦克了。值得注意的是，近卫坦克第4旅只减少了2辆T-34和3辆T-70；近卫坦克第25旅增加了4辆T-34、减少了1辆T-70；近卫坦克第26旅减少了4辆T-34和3辆T-70坦克。此时，已经又经过了两天的战斗——报告显示7月8日有2辆T-34和2辆T-70被烧毁、6辆T-34和1辆T-70被击伤[1]；7月9日，苏军除丘吉尔坦克外，没有其他坦克受损（见近卫坦克第2军全宗、第1目录、第32卷宗、第187—189页）。

可以相佐证的是，其他报告显示该军7月8日还有175辆坦克可以参加战斗，7月10日还有138辆坦克可以参加战斗；7月9日损失了20辆坦克（11辆T-34、4辆T-70和5辆丘吉尔坦克）。详见国防部中央档案馆，第3400全宗、第1目录、第31卷宗、第60—90页）。

13. 出自米哈伊尔·霍达连诺克著《第一普罗霍罗夫卡》（The First Prokhorovka），《独立军事评论》（Independent Military Review）2003年5月16日。他引用了坦克第2军军长阿列克谢·费奥多罗维奇·波波夫（A. F. Popov）少将在7月9日的作战报告中的说法："我要求告知瓦图京同志，我们遭到己方伊尔2飞机的轰炸……共有58架飞机。"

瓦列里·尼古拉耶维奇·扎穆林著《打破神话：普罗霍罗夫卡坦克战，库尔斯克，1943年7月：作战记述》第288—289页也提到了空军对步兵第183师的误击，其援引的第69集团军参谋长的报告指出，"位于瓦西里耶夫卡、共青团国国营农场和241.6高地的步兵第185团和第295团在07:00—09:00被误炸"。根据扎穆林的说法，上述地域均位于步兵第285团防区。扎穆林没有查明由此造成的损失，但我注意到该师当天只减员31人。

14. 该部编制兵力约为3152人，在7月7日有1500名步兵、13门76毫米炮、12门45毫米炮、6门120毫米迫击炮、30门82毫米迫击炮、110挺轻机枪和45挺重机枪。7月5—18日，该部的损失为：560人阵亡、1566人负伤。

15. 该部编制兵力约为670人，在7月7日有36门120毫米迫击炮。7月5—18日，该部的损失为：3人阵亡、33人负伤。

16. 该部编制兵力约为1264人，甚至更少，在7月7日有428名步兵、32辆T-34、21辆T-70、4门45毫米炮、6门82毫米迫击炮、20挺轻机枪和4挺重机枪。7月5—18日，该部的损失为：34人阵亡、134人负伤。

17. 该部编制兵力不到500人，在7月7日有12门76毫米炮和8门45毫米炮。7月5—18日，该部的损失为：2人阵亡、6人负伤。

18. 根据报告，近卫坦克第2军在7月9日损失了11辆T-34和4辆T-70，而可使用坦克则减少了25辆（14辆T-34和11辆T-70）。我们选择采用的是"可使用坦克减少数"——当然这个数字可能有些高，且可能包含了近卫坦克第4旅以外的部队的损失。

19. 髑髅师的突击炮营和SS第2装甲军的火箭炮营分别在7月8日和9日被配属给第167步兵师。

20. 根据近卫步兵第89师图表力报告显示，仅该师就有超过1000人的减员没有出现在笔者手上的报告中——这些减员，应该属于失踪减员。

21. 具体时间来自戴维·M.格兰茨和哈罗德·S.奥伦斯坦著《库尔斯克会战1943：苏联总参研究》第107页。

22. 请注意，这是我们掌握的、7月12日之前最晚的一份位置报告（国防部中央档案馆，第69集团军全宗，第10753目录，第133卷宗，第9页）。我们并不清楚该团的行动，甚至连他们是在7月10日还是在11日参战都不清楚。因此，只能推断他们此时尚未投入战斗。

战报中，该团在7月12日时位于加里宁村东，正准备发起进攻（国防部中央档案馆，第1433全宗，第1目录，第10卷宗）。

戴维·格兰茨著《库尔斯克会战地图册》（自印，1997年）（Atlas of the Battle of Kursk）第48页中显示，7月10日和11日时，步兵第227团位于维诺格拉多夫卡—别列尼希诺地域。这是该地图册首次提到步兵第227团——因此，该团在这两天内面对的应该就是帝国师。12日时，该团仍在同一位置。

23. 实际上我们并不清楚当天步兵第375师步兵第1243团的具体位置。7月8日时该团仍在绍皮诺抗击髑髅师，

---

① 译者注：一般来说，西方世界多用"knock out"（打瘫）来描述被击中后失去战斗力的坦克；苏军一般用"烧毁"（сгорело）来表示完全报废、用"击伤"（подбито）来表示"可修复的战斗损失"。根据国防部中央档案馆第3400全宗、第1目录、第34卷宗的《近卫坦克第2军1943年3月1日—9月30日战斗日志》第231页的记载，该军在7月8日有2辆T-34、2辆T-70和2辆丘吉尔坦克被烧毁，6辆T-34、1辆T-70和3辆丘吉尔被击伤。

7 月 10 日时则在基谢廖沃东北—211.5 高地一线抗击德军第 3 装甲军。

24. 瓦列里·尼古拉耶维奇·扎穆林著《打破神话：普罗霍罗夫卡坦克战，库尔斯克，1943 年 7 月：作战记述》的第 189 页描述了苏军当日的反击："马洛夫（L. I. Malov）中校的坦克第 99 旅在博罗德金（P. G. Borodkin）上校的摩步第 11 旅的配合下，发起了凌厉的反冲击，并取得了一些成果。到 11:00 整，德国党卫军髑髅师的坦克和装甲掷弹兵被赶出了普罗霍罗夫卡村（位于普罗霍罗夫卡火车站以西 10 千米处）、科兹洛夫卡和西瓦西里耶夫卡。这次破坏性的进攻多少迟滞了敌人对普罗霍罗夫卡火车站的突击，但敌人并未放弃其计划。"

25. 瓦列里·尼古拉耶维奇·扎穆林在《打破神话：普罗霍罗夫卡坦克战，库尔斯克，1943 年 7 月：作战记述》的第 182—183 页介绍了苏军在普肖尔河一线的防御部署（当时，苏军并没有多少时间调整部署）：

"近卫步兵第 52 师所部在普肖尔河弯曲部北岸一线掘壕防御。近卫步兵第 151 团把守从克柳奇以北 500 米处的小山包到 226.6 高地西南 1.5 千米处之间；近卫步兵第 155 团位于 226.6 高地至克柳奇东南果园之间；近卫步兵第 153 团防守从 226.6 高地以东 1.5 千米处的小路到波列扎耶夫之间；近卫炮兵第 124 团的炮兵营部署在各步兵营的堑壕后方的两个位置——波列扎耶夫西南一千米处和韦肖雷东南 400 米处；摩托化步兵第 11 旅的摩步 3 营在 226.6 高地的山顶掘壕防御。

坦克第 2 军的马洛夫（L. I. Malov）中校的坦克第 99 旅在普肖尔河左岸（南岸）、瓦西里耶夫卡和安德烈耶夫卡村实施防御。该旅得到了坦克第 2 军反坦克歼击炮兵第 1502 团的两个连的加强。此外，摩步第 11 旅的摩步 1 营和 2 营也提供了支援。"

瓦列里·尼古拉耶维奇·扎穆林在《打破神话：普罗霍罗夫卡坦克战，库尔斯克，1943 年 7 月：作战记述》的第 187 页做了进一步说明：

"……7 月 10 日早晨，苏军的两个集团军（近卫第 6 集团军和第 69 集团军）一起迎战 SS 装甲军的 3 个师。近卫第 6 集团军和第 69 集团军的结合部在普肖尔河一线。在髑髅师的进攻地段，近卫第 6 集团军的近卫步兵第 51 师把守 211.9 高地—207.8 高地—伊林斯基地段；近卫第 6 集团军的近卫步兵第 52 师把守 226.6 高地—波列扎耶夫地段（普肖尔河北岸）。步兵第 183 师步兵的第 285 团和坦克第 10 军的摩步第 11 旅的阵地在警卫旗队师和帝国师的正面，位于瓦西里耶夫卡—莫洛扎里瓦亚冲沟（Molozhavaya）—共青团员国营农场—伊万诺夫斯基移民新村—斯托罗热沃耶地段。"

此时，摩步第 11 旅应该就在瓦西里耶夫卡附近。

26. 奇斯佳科夫著《为祖国服务》第 159 页。

27. 作者认为第 4 装甲集团军的真正目标是普罗霍罗夫卡。从德军发布的命令中可以看出，第 48 装甲集团军的目标是奥博扬；SS 第 2 装甲军向右侧推进，需要渡过普肖尔河——自然也要穿过普罗霍罗夫卡。见瓦列里·尼古拉耶维奇·扎穆林著《打破神话：普罗霍罗夫卡坦克战，库尔斯克，1943 年 7 月：作战记述》第 29—33 页，他的资料来源是史蒂文·牛顿（Steven H. Newton）著《库尔斯克：德军观点》[*Kursk: The German View*（Da Capo Press, Boston, 2003）] 第 77—79 页。牛顿引用了 742 号作者 [应该是霍特的参谋长弗里德里希·凡戈尔（Friedrich Fangohr）] 的说法。

瓦列里·尼古拉耶维奇·扎穆林在《打破神话：普罗霍罗夫卡坦克战，库尔斯克，1943 年 7 月：作战记述》的第 31 页引用了凡戈尔的说法："这样的前景也让霍特上将调整了左翼第 48 装甲军的任务。在切尔卡斯科耶一侧达成最初突破后，该军不会向北推进到普肖尔河，而是在 SS 第 2 装甲军转向东北时与其齐头并进……诚然，我们现在还无法确定第 48 装甲军将会以何种方式被投入普罗霍罗夫卡附近的战斗，但我们无论如何也不能让冯·克诺贝尔斯多夫将军的军参与此目标以西的战斗。"虽然扎穆林做了正确的引述，但凡戈尔的说法与作战命令及实际战斗进程不符。

28. 德军 1943 年 4 月 1 日的命令出现了一个 "负责占领马利诺（Marino）—奥博扬一线" 的 "西部集群"，而下辖 SS 第 2 装甲军的 "东部集群" 当前的任务是占领交通要道科罗恰、斯科罗德诺耶附近的高地及其西北面。这样一来，普罗霍罗夫卡就位于 "西部集群" 的右侧。这两支装甲集群将发动钳形攻势，抵达斯科罗德诺耶—马利诺—奥博扬一线。见拙著《库尔斯克：普罗霍罗夫卡之战》第 53—57 页。

希特勒在 4 月 15 日的命令中指示南方集团军群突破普里列佩（Prilepy）—奥博扬一线，并与中央集团军群在库尔斯克或库尔斯克城东会师，在涅热戈尔—科罗恰—斯科罗德诺耶—季姆一线展开部队，掩护东面侧翼。SS 第 2 装甲军现在属于中路集群。

29. 牛顿在《库尔斯克：德军观点》的第 357—370 页有做进一步的讨论，其部分依据为霍特的参谋长凡戈尔将军在战后写的文章。但正如牛顿在第 367 页提到的那样："第 48 装甲军（无地图）进行的演习的难以辨识的手写笔记仍然保存了下来……这些笔记表明第 4 装甲集团军在进攻开始的整整一个月前，希望大德意志装甲掷弹兵师作为前锋一直北上至普肖尔河渡河点并直接威胁奥博扬。"他还提到了第 4 装甲集团军在 6 月 28 日和 7 月 3 日发布的最终进攻命令，其中提到了他们应当"……从东面绕过奥博扬，向库尔斯克及其东面地前进"（扎穆林误以为这一段的意思是穿过或绕过普罗霍罗夫卡）。看来第 48 装甲军的目标是从普肖尔河北岸运动到奥博扬以东，渡河点可能是该军右翼的佩列瑟皮（Peresyp'）。

显然第 48 装甲军的目标是向北行动并渡过普肖尔河，而且霍特和冯·克诺贝尔斯多夫在 7 月 10 日 19:00 的会议上再次商谈了此事。霍特要求位于该军右翼的第 11 装甲师在 7 月 11 日拿下距普肖尔河约四千米的高地上的奥尔洛夫卡（见 1∶5 万地图 M-37-25-G）。7 月 12 日，该军的目标是强渡普肖尔河。详见拙作《库尔斯克：普罗霍罗夫卡之战》第 699—700 页。7 月 11 日上午，冯·曼施泰因、霍特和肯普夫在多夫宾诺（Doblino，肯普夫的司令部所在地）会面。期间，霍特表示希望能撤下大德意志师，并让其在 7 月 13 日在佩列瑟皮渡过普肖尔河。这样一来，大德意志师就移动到了第 48 装甲军的右翼，详见拙作《库尔斯克：普罗霍罗夫卡之战》的第 801 和第 804 页。

我严重怀疑这些变更部署只不过是第 48 装甲军的 3 个装甲 / 装甲掷弹兵师到达奥博扬后，在这附近做的一次战术机动罢了。奥博扬以南的河谷显然难于通行，而其东面几千米处则更适合通行一些。不过我也怀疑德军想完全绕过奥博扬，将其放在侧翼。牛顿根据战后的一份访谈和文件中的一些相关资料花了好大力气来猜测霍特的想法。我不确定他猜得对不对。扎穆林似乎仅凭这点，就认定了普罗霍罗夫卡是第 4 装甲集团军的中心目标，我觉得他应该是想多了。

30. 见拙作《库尔斯克：普罗霍罗夫卡之战》的第 464 页和 724 页。7 月 9 日的地图中的上述正确分界线并未发生变化。此地图清楚地显示了两个师向东北偏北运动时的分界线，左侧（西侧）分界线穿过索罗京诺、科切托夫卡直至普肖尔河，右侧（东侧）分界线从普拉沃罗季西和普罗霍罗夫卡的正南和正东穿过。

31. 见拙作《库尔斯克：普罗霍罗夫卡之战》的第 621 页，以及第 624 页和第 724 页的地图。

32. 地图上显示为"洛米波洛斯特征地"（ур. Ломи Полос）。

33. 虽然笔者没有查明该战斗群的情况，但党卫队上级突击大队长（相当于陆军中校）胡戈·克拉斯（Hugo Kraas，1911 年 1 月 25 日—1980 年 2 月 20 日）时任警卫旗队师 SS 第 2 装甲掷弹兵团团长。

胡戈·克拉斯出生于威斯特伐利亚州（Westphalia）的维滕（Witten）地区。1934 年，他加入纳粹党，并在同年晚些时候加入冲锋队。1935 年，他进入德国陆军服役，但同年又转回了党卫队。1938 年，胡戈·克拉斯开始在阿道夫·希特勒警卫旗队服役。1943 年 3 月 28 日，胡戈·克拉斯获得了骑士十字级铁十字勋章，并在库尔斯克会战之前接手指挥 SS 第 2 装甲掷弹兵团。1944 年，他又获得了橡叶饰，战争结束时衔级为党卫队旅队长兼党卫军少将，指挥 SS 第 12 "希特勒青年团"装甲师。

34. 该旅拥有 13 门 76 毫米炮、13 门 45 毫米炮、6 门 120 毫米迫击炮和 30 门 82 毫米迫击炮（国防部中央档案馆，第 3407 全宗，第 1 目录，第 108 宗卷）。

35. 帝国师在 7 月 8 日损失了 31 辆战车，其中 16 辆是被近卫坦克第 5 军击毁的、15 辆是被坦克第 2 军击毁的。

36. 瓦列里·尼古拉耶维奇·扎穆林著《打破神话：普罗霍罗夫卡坦克血战，库尔斯克，1943 年 7 月：作战记述》的第 222 页对警卫旗队师当面的防御部署做了如下评价：

"此外，把守河流与铁路线之间的重要地段的是近卫步兵第 95 师（该师主力集中在河流的另一边）的近卫步兵第 287 团（及其配属的独立惩戒第 109 连）、阿列克谢·米哈伊洛维奇·萨宗诺夫（A. M. Sazonov）上校的近卫空降兵第 9 师（该师主力位于铁路的另一侧）的近卫空降兵第 26 团。不过，基本上没有部队负责这两个师的结合部。正如后面发生的事情所表明的一样，防御中的这一缺陷将会造成致命的后果。"

37. 费奥多尔·斯维尔德洛夫上校在 1999 年采访了科兹洛夫少校。库尔斯克会战之后，科兹洛夫参加了哈尔科夫进攻战役和第聂伯河战役。1943 年 9 月，科兹洛夫升任连长，并被晋升为高级中尉。最后，科兹洛夫以少校军衔退役，以残疾军人的身份在莫斯科州的科罗廖夫（Korolev）生活。

38. 帕特里克·阿格特（Patrick Agte）著《米夏埃尔·维特曼和警卫旗队 "虎" 式坦克指挥官》（*Michael Wittmann and the Tiger Commanders of the Leibstandarte*，宾夕法尼亚州，斯塔克波尔图书出版社，2006 年）。沃尔夫冈·施耐德（Wolfgang Schneider）著《战斗中的 "虎" 式坦克》第 2 卷（*Tigers in Combat, Volume II*）第 106 页，维特曼接替的是瓦尔德马·莱茨（Waldemar Schütz）。此外，施耐德也没说当天有 "虎" 式坦克被击毁。

39. 瓦列里·尼古拉耶维奇·扎穆林著《打破神话：普罗霍罗夫卡坦克战，库尔斯克，1943 年 7 月：作战记述》第 219—220 页对此战作了如下评论：

"需要说明的是，党卫军得以迅速通过防坦克壕及快速突破十月国营农场的最重要的原因在于——在党卫军发起进攻的前几个小时，当苏军部队仓促进入阵地并建立反坦克防御时，近卫空降兵第 9 师师长萨宗诺夫犯了很多错误。首先，萨宗诺夫违背集团军司令扎多夫的命令，没有将设置前卫屏障或将炮兵带到普罗霍罗夫卡作为第一要务。其次，师部和师本人没有仔细研究当前的态势，不仅没有意识到自己的战线前方的德军有多危险，还给近卫空降炮兵第 7 团团长瓦卢耶夫（V. K. Valuev）上校下达了一道只能用荒谬来形容的命令。两个营（近卫空降炮兵第 7 团 2 营和独立近卫反坦克歼击炮兵第 10 营）没有在十月国营农场—铁路线一线最容易遭到坦克突击的地方建立炮兵阵地，反而待在库斯特（Kusty, 252.4 高地东北）村一带充当预备队。实际上，只有斯维努欣（Svinukhin）高级中尉的近卫空降炮兵第 7 团 3 营在十月国营农场—铁路线一线展开，正面抗击威施师的主要突击……此外还需要说明的是，3 营是在夜间于陌生环境下，未经侦察就开始布置阵地的……炮手们选择的阵地也不怎么样——在 252.2 高地的反斜面，位于步兵堑壕后约 400—500 米。"

40. 根据瓦列里·尼古拉耶维奇·扎穆林著《打破神话：普罗霍罗夫卡坦克战，库尔斯克，1943 年 7 月：作战记述》第 236 页的说法，以上资料似乎是出自鲁道夫·莱曼著《警卫旗队》第 3 卷。但如果高地上有 33 辆坦克的话，就说明整个 2 营都在那里。里宾特洛甫次日报告称，他的连一开始有 7 辆坦克。

根据库尔斯克数据库显示，7 月 11 日日终时警卫旗队师装甲团共计有 69 辆坦克，包括 2 辆 I 号坦克、4 辆 II 号坦克、1 辆 III 号短身管型坦克、4 辆 III 号长身管型坦克、7 辆 III 号指挥型坦克、47 辆 IV 号长身管型坦克和 4 辆六号 "虎" 式坦克。此外，警卫旗队师还有 8 辆 III 号观察坦克、1 辆 IV 号弹药车、10 辆 III 号突击炮、20 辆黄鼠狼坦克歼击车、5 辆熊蜂自行榴弹炮、12 辆黄蜂自行榴弹炮和 12 辆蟋蟀自行重步兵炮。

41. 瓦列里·尼古拉耶维奇·扎穆林著《打破神话：普罗霍罗夫卡坦克战，库尔斯克，1943 年 7 月：作战记述》第 220—221 页做了如下评论：

（十月）国营农场几经易手。防守此地的有近卫空降兵第 26 团步兵第 3 营，以及斯维努欣高级中尉（1943 年 10 月在第聂伯河牺牲）的炮兵第 3 营和布加耶夫（Bugaev）少校的近卫步兵第 95 师近卫炮兵第 233 团……

扎穆林还引用了炮兵第 3 营侦察处处长、近卫军中尉奥比索夫（A. A. Obisov，他当时在炮兵第 7 连的射击阵地上）对德军暴行的回忆：

很久以后——那时波尔塔瓦已经解放了，我听说炮兵第 9 连连长、近卫军高级中尉克罗宁（Koronin）和有几名伤员的射击指挥排在十月国营农场被俘。法西斯分子枪杀了克罗宁。9 连射击指挥排的排长德米特里·洛巴佐夫（Dmitrıı Lobazov）中尉负伤被俘，是他告诉我这些事情——我们解放波尔塔瓦后，在一所医院里找到了他（洛巴佐夫）。

42. 罗特米斯特罗夫的说法是，莫斯科时间 19:00，苏联元帅华西列夫斯基来到了他的指挥所。他们乘坐一辆 "威利斯" 吉普去视察坦克第 18 军和第 29 军的出发阵地。路上，罗特米斯特罗夫表示，他发现有几十辆德军坦克正以战斗队形一边向前推进、一边开火。当时，罗特米斯特罗夫离共青团员国营农场仅有两千米的距离。他通过无线电命令坦克第 29 军军长基里琴科立即派两个坦克旅迎击德军坦克，阻止其前进。

以上说法出自罗特米斯特罗夫的回忆录《钢铁近卫军》。这里转引自瓦列里·尼古拉耶维奇·扎穆林著《打破神话：普罗霍罗夫卡坦克战，库尔斯克，1943 年 7 月：作战记述》第 228—229 页。我不清楚罗特米斯特罗夫的说法的可信度如何，因为我并没有找到相关佐证。

43. 至少 7 月 5 日的战绩在坦克型号上有误。当时，德军当面的坦克第 230 团装备的是格兰特和斯图亚特式坦克。

而且，当天这一地域没有装备 T-34 的苏军大部队。

机械化第 3 军的第一份战报是近卫坦克第 1 旅侦察分队在 23:30 发送的，该旅当时位于雅科夫列沃东南三千米处的 +1.1 岗丘上的埋石图根点方向。他们遭到了德军的攻击，并上报有一辆 T-34 烧毁，10 人阵亡、两人负伤。

44. 无法核实其战果的准确性。由于通常会包含炮手和车长的战绩，所以同一战果会被用来为多人授勋。维特曼的许多战果可见弗朗茨·库罗夫斯基（Franz Kurowski）和帕特里克·阿格特（Patrick Agte）的著作。我们并未花时间来核实维特曼的每个战果。

45. 费奥多尔·斯维尔德洛夫上校于 1998 年 11 月 5 日采访了斯克利亚连科。

瓦列里·尼古拉耶维奇·扎穆林在《打破神话：普罗霍罗夫卡坦克战，库尔斯克，1943 年 7 月：作战记述》的第 222 页也提供了该旅政治部主任在 1943 年 7 月 12 日作的一份记录。部分内容如下：

在经过 200 千米的行军后，我旅于 1943 年 7 月 11 日 06:00 进入战斗。根据初步统计，在 24 小时的战斗行动中，我旅的死亡、负伤和失踪情况如下：1 营有 300 人（伤亡）；2 营有 150 人（伤亡）；3 营有 24 人死亡、53 人负伤、39 人失踪，合计 116 人（伤亡和始终）；炮兵营损失了 31 人。全旅合计损失 597 人。

装备损失为：76 毫米炮 3 门，嘎斯卡车 3 辆，轻武器 200 支。

旅所属部队击毁和击伤了敌人约 40 辆坦克（其中 16 辆为"虎"式坦克）、2 辆汽车，并消灭了敌人一个连的步兵和大约 50 名冲锋枪手。

在战斗中，炮兵营的共青团小组长、党员和火炮瞄准手鲍里索夫中士的表现特别突出，他用自己的火炮打坏了 7 辆"虎"式坦克。

由于警卫旗队装甲团当天只有 4 辆"虎"式坦克可以出动，所以苏军显然夸大了自己取得的战果。

46. 似乎帝国师的装甲团在 7 月 9 日和 10 日有充足的时间将坦克撤下来，而且当时也没发生什么激烈的战斗（每日战报中提到了他们的一些活动）。该师在 9 日损失了 6 辆坦克，在 10 日损失了 2 辆坦克，在 11 日损失了 1 辆坦克和 1 辆突击炮。7 月 9 日，该师还提到所有非快速反应预备队中的坦克都需要保养。该师在 7 月 8 日晚上仍有 97 辆（7 月 11 日晚有 108 辆）坦克、突击炮和黄鼠狼坦克歼击车可以出动（不算炮兵观察坦克）。7 月 11 日，帝国师的装甲团在奥泽罗夫斯基地域充当预备队。

47. 瓦列里·尼古拉耶维奇·扎穆林著《打破神话：普罗霍罗夫卡坦克战，库尔斯克，1943 年 7 月：作战记述》第 236 页记载，"7 月 11 日黄昏时，252.2 高地上达有 33 辆德军坦克。"这一说法可能引自鲁道夫·莱曼（时任警卫旗队师参谋长）著《警卫旗队》第 3 卷。

48. 施耐德著《战斗中的"虎"式坦克》第 2 卷第 143 页。

49. 这一数字与施耐德的说法有冲突。例如该军的"军需长日志"中报告称，帝国师在 7 月 11 日有 3 辆坦克被彻底击毁，分别为 1 辆 III 号坦克、1 辆 IV 号坦克和 1 辆 III 号突击炮（美国国家档案馆微缩胶片，T354，R607，第 507 页）。德军档案显示，"7 月 10 日、11 日和 12 日分别只有 1 辆、1 辆和 2 辆"虎"式坦克可以出动"（美国国家档案馆微缩胶片，T313，R366，第 8652270 页和 8652272 页；T313，R368，第 8654360 页；T354，R605，第 626 页、650 页和 674 页）。不过，我觉得施耐德的说法可能是正确的。

50. 瓦列里·尼古拉耶维奇·扎穆林著《打破神话：普罗霍罗夫卡坦克战，库尔斯克，1943 年 7 月：作战记述》的第 229—231 页有对近卫步兵第 287 团 1 营的瓦赫拉梅耶夫（I. S. Vakhrameev）的访谈，他所属的营当时在 254.2 高地的阵地上。他看到前面的炮兵阵地正在遭受微棕黄色的意大利"卡普罗尼"（Caproni）轻型轰炸机群的低空攻击。虽然德军第 8 航空军的编成内没有意大利人，但却有一个匈牙利航空师（装备了约 90 架飞机）。匈牙利人确实买过几十架"卡普罗尼"Ca.135bis 型轰炸机，但没有迹象表明他们曾在库尔斯克参战（见《库尔斯克：普罗霍罗夫卡之战》1392 页）。

瓦赫拉梅耶夫还表示，有一群伊尔-2 强击机用火箭弹、机枪和反坦克炸弹打击了前进中的德军装甲部队，并打坏 20 辆装甲车，迫使完好的德军坦克退回十月国营农场。

扎穆林对这一段有一个注释（587—588 页，注释 66）：

"这段证词提到了苏联的 PTAB-2.5（俄文缩写为 ПТАБ-2.5，全称为 противотанковая авиационная бомба，意

为"航空反坦克炸弹"），这是苏联人首次在库尔斯克使用集束反坦克炸弹。PTAB-2.5 重 2.5 千克，成型装药战斗部内有 1.5 千克炸药。一架伊尔 -2 可以携带 200 多枚 PTAB-2.5——每一枚理论上都可以穿透 60—70 毫米厚的坦克装甲，这已经足以击穿重型坦克的顶部装甲了。然而，库尔斯克会战中的飞行员对这种武器并不熟悉，大部分情况下的投弹高度都过低了——会因雷管来不及起爆而导致炸弹失效。所以，在库尔斯克，PTAB-2.5 算不上是有效的反坦克武器。不过这种新式武器还是在库尔斯克被传得神乎其神，风传'它让数百辆德国坦克熊熊燃烧'。这份目击者证词就是其中一例。读者还是应当万分谨慎地对待当时苏军的战报和当事人的说法。我个人在这里要感谢鲍里斯·卡韦列尔奇克（Boris Kavelerchik）的提醒。"

51　该数据的提取日期为 7 月 1 日。整个高射炮兵第 29 师共有 1817 人、112 辆汽车、66 辆牵引车、48 挺高射机枪、48 门 37 毫米高射炮、16 门 85 毫米高射炮。7 月 10 日，兵力为 1839 人，机枪和火炮数量不变，汽车和牵引车数量均增加 1 辆。7 月 20 日，兵力为 1838 人，85 毫米炮数量减少 1 门，牵引车减少 2 辆。详见国防部中央档案馆，第 17701 全宗，第 20092 目录，第 9 卷宗。该师是此战中苏军全部 6 个高射炮兵师中损失较小的 2 个师之一，另一个损失较小的师为配属近卫坦克第 5 集团军的高射炮兵第 6 师。

52. 苏方的损失略大——因为这里采用了近卫步兵第 89 师的损失报告中的每日平均值。

53. 苏方的损失略大——因为采用了近卫步兵第 89 师的损失报告中的每日平均值。

54. 因为 10 日的报告的数据有变化，所以我们预估了德军火炮的损失。

从戈斯季谢沃以西的道路向西望，SS 第 2 装甲军曾经经过这里

从戈斯季谢沃以西的道路向西望（镜头拉近）

从戈斯季谢沃以西的道路向西北望

从戈斯季谢沃以西的道路向西北望（镜头拉近）

223

从科切托夫卡以西向正东的普罗霍罗夫卡纪念碑眺望（拍摄时采用了焦距为 400 毫米的镜头）。可以看出第 11 装甲师右翼与普罗霍罗夫卡坦克战场之间的距离

在普列列斯特诺耶—普罗霍罗夫卡三岔口附近的山顶，沿着雅科夫列沃—普罗霍罗夫卡公路方向朝东北面的普罗霍罗夫卡眺望（拍摄时采用了广角镜头）

向东北面的普罗霍罗夫卡纪念碑眺望（镜头拉近）

在普列列斯特诺耶沿普肖尔河向东南眺望

在普肖尔河畔的普列列斯特诺耶向北眺望山脊线（镜头拉近）

225

北望克里夫措沃和北顿涅茨河西岸

北望克里夫措沃（镜头拉近）和北顿涅茨河西岸

从位于克里夫措沃的北顿涅茨河上的桥梁，向东南偏南的别尔哥罗德方向眺望

从克里夫措沃桥向西眺望北顿涅茨河对岸

普罗霍罗夫卡西南的普罗霍罗夫卡钟楼纪念碑

从普罗霍罗夫卡西面的罗特米斯特罗夫观察所看普罗霍罗夫卡钟楼。位于252.2高地的普罗霍罗夫卡战场钟楼（胜利纪念碑）于1995年5月伟大卫国战争胜利50周年时落成揭幕，高59米

德军航空侦察相片

以下相片由西向东依次排列，建议用放大镜查看。

别尔哥罗德东北地域，利波维顿涅茨河和北顿涅茨河的交汇处，1943 年 6 月 2 日。左侧（西侧）的铁路通向普罗霍罗夫卡。南面的两个村子为旧城和近伊古缅卡，北面的三个更大的村子分别是别洛梅斯特纳亚、彼得罗帕夫洛夫卡和远伊古缅卡

别尔哥罗德东北偏北地域，我们可以清楚地看到通向戈斯季谢沃的铁路和内裤形树林，1943 年 6 月 2 日。可以看到北顿涅茨河畔的霍赫洛沃、基谢廖沃和萨贝尼诺

沿铁路出戈斯季谢沃向北，1943 年 6 月 2 日

沿铁路通向北面的普罗霍罗夫卡，1943 年 6 月 2 日

普罗霍罗夫卡，1943 年 6 月 2

沿公路出普罗霍罗夫卡，1943年6月2日。右下角光斑在原始文件中就有了

坦克战场正西，含两个卢奇基，1943 年 6 月 2 日

通往普罗霍罗夫卡的道路，1943 年 7 月 3 日

普罗霍罗夫卡，1943 年 7 月 3 日。注意主要道路两侧仍有树木

普肖尔河弯曲部以北，髑髅师和近卫第 5 集团军所部战斗的地方，1943 年 7 月 14 日

普罗霍罗夫卡坦克战场，1943 年 7 月 16 日

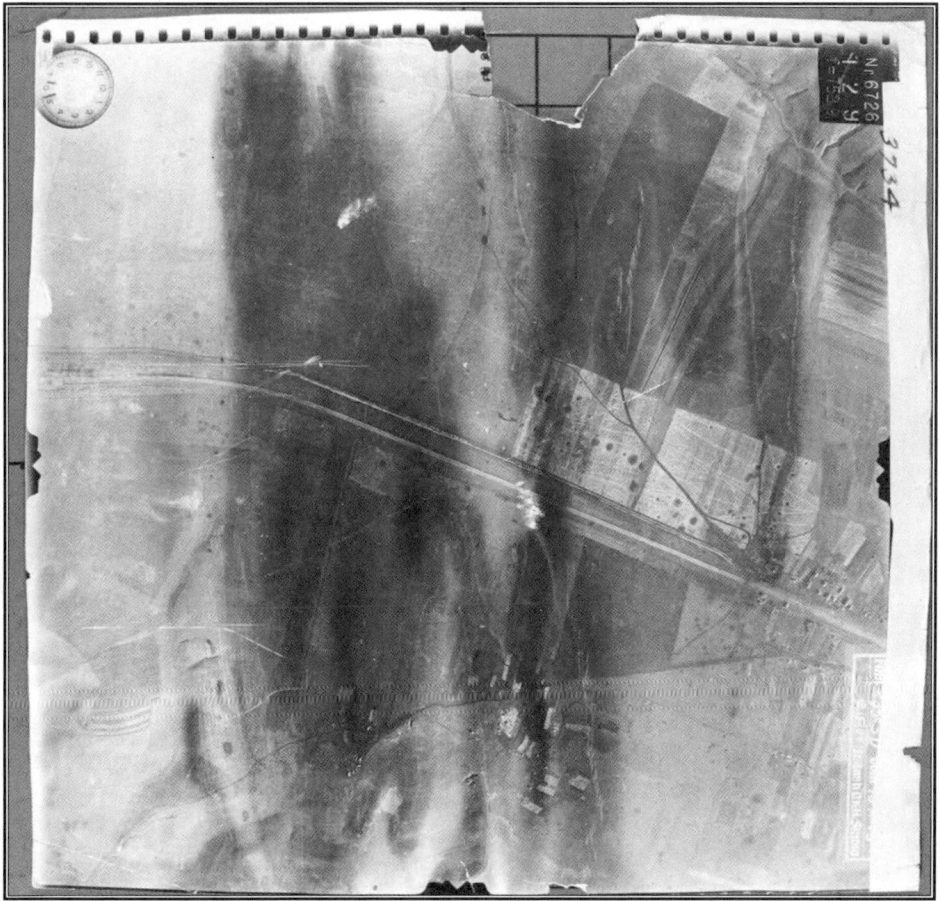

普罗霍罗夫卡以西地域的详细情况，1943 年 7 月 16 日。此照片与上一张照片是在同一次侦察中拍摄的

向北顿涅茨河推进：
1943年7月9—11日

　　有一件事情至今仍深深印刻在我的脑海中，因为这件事表明了苏联军人在防御时是何等的坚定不移。我再一次乘着"虎"式坦克向前推进……很快我就发现我们闯进了敌人堑壕阵地中间。接着我发现坦克侧面约18米处的散兵坑里有一名苏联步兵。我们双方一开始都处在对方的视线盲区。我示意他离开散兵坑，并朝他挥舞手枪。也许这位老兄没明白，但无论如何，他待在原地，一直注视着我。这时我没耐性了，抓起一枚手榴弹，拔掉保险销，朝这俄国人了扔过去。但我扔得太早，还没等手榴弹爆炸，他躲都不躲就给我扔了回来，手榴弹在离坦克炮塔很近的地方炸了。苏联军人的这一表现让我大为惊叹，所以我立即决定让这个勇敢的人活下去。

　　——里夏德·冯·罗森（Richard von Rosen）少尉，第503重装甲营[1]

第3装甲军

第3装甲军此时已经确立了东部分界线，并将注意力转移到前往并渡过北顿涅茨河上来，7月9日，第3装甲军试图前出至北顿涅茨河。同一天，其当面的苏军第69集团军在这天开始担心德军可能会使用化学武器。他们在09:00的战报中指出，根据审讯战俘结果，米亚索耶多沃（Myasoedovo）地域的德军有大量化学炮弹和迫击炮弹！实际上，双方一直担心爆发化学战，所以战斗中一直携带防毒面具或放在后方不远处。

第168步兵师

该师此时在顿涅茨河三角地带的尖端无所事事，其两个加强团此前被配属给了第19装甲师，仍没有回归建制。在9日夜间，只有该师的南面防区遭到了骚扰性的火炮和迫击炮射击。05:00，该师在克列伊达西北面铁路沿线的阵地遭到来自旧城的苏军两个连的进攻，随后成功将敌军击退。苏军宣称近卫步兵第81师分别在莫斯科时间04:00、10:00和14:00打退了来自旧城的德军的三次进攻，其中最后一次是德军以两个团兵力在10辆喷火坦克支援下从米哈伊洛夫卡向旧城发动的进攻。但这个被浮夸的数据是当地德军实际兵力的两倍。

守卫旧城的是近卫步兵第223团（238？），而近卫步兵第233团则位于旧城—米哈伊洛夫卡—克列伊达西北1千米处岔路口一线。近卫步兵第235团位于上述岔路口—130高地—机器拖拉机站—近伊古缅卡教堂一线，并在教堂处与近卫步兵第92师接触。该团主要面对德军第19装甲师。

第19装甲师继续进攻

第19装甲师（不含装甲群）从远伊古缅卡出发，前往希申诺以东约1.5千米处，包抄了整个近卫步兵第81师和近卫步兵第92师部分兵力。格拉夫普洛多沃希国营农场东北部分有3辆苏军坦克被击中起火。[①]

---

① 译者注：作者给出的英文为 Glavplodovoshch Orchard（格拉夫普洛多沃希果园），而他在《库尔斯克：普罗霍罗夫卡之战》第1580页引用的 1：50000 军用地图又显示为 свх. Главплодовощ（格拉夫普洛多沃希国营农场），可战前的 1：100000 军用地图又显示为 "свх. Глав. Пл. Овощ."（"蔬果为主"国营农场）。此外，上述两份地形图的相关符号均显示为果园。

苏军曾尝试从近伊古缅卡东南突围，但被击退。德军宣称在激战中消灭苏军一个营。据相关报告，突围失败的苏军据守在"丰收日"集体农庄（klkh. Den' Urozhaya）正东北的阵地。

此时，第19装甲师的韦斯特霍芬装甲战斗群的41辆坦克已经脱离师建制，但配属有第168步兵师的一个团，此外还有第6装甲师的5辆喷火坦克。

苏军步兵第375师正拦在德军前方，防止其向北或向西突击。该师位于绍皮诺—211.6高地—190.5高地—波克罗夫卡以北树林—黑波利亚纳（Chernaya Polyana）—格拉夫普洛多沃希国营农场—希申诺—霍赫洛沃一线。近卫步兵第81师则在旧城和近伊古缅卡之间挤作一团——他们已经被分割开，与后方失去了联系，而且这已经是该师断粮断水的第三天了，弹药基数也只剩0.2个。他们已经竭尽所能撑下去，此时又面临被包围的窘况。到日终时，近卫第7集团军司令舒米洛夫终于下令让该师撤到东北面，并转隶给第69集团军。

近卫步兵第81师的防线再往东就是近卫步兵第92师，该师的近卫步兵第276团位于近伊古缅卡西侧至安德烈耶夫斯基耶（Andreyevskiye）一线。第19装甲师主要面对的是近卫步兵第235、第276团和步兵第1245团。

加强的第6装甲师滚滚向前

德军第19和第6装甲师所部在7月8日下午晚些时候就开始进攻梅利霍沃，至柏林时间7月9日06:00（莫斯科时间08:00）时终于将其肃清。短暂停留后，奥佩尔恩战斗群继续向什利亚霍沃耶①方向进攻。德军将虎式坦克和装甲团6连放在前排以压制防御的苏军。在什利亚霍沃耶方向有猛烈的坦克火力。装甲团的另外3个连从梅利霍沃西北侧出击，沿远伊古缅卡—什利亚霍沃耶公路行进，强攻220高地，然后向什利亚霍沃耶以西进攻。第5装甲连负责屏护其左翼。约09:00时，米勒中队（Müller）前来增援装甲群。

第503重装甲营3连的里夏德·冯·罗森在战斗伊始就负伤了，从此退出库尔斯克会战。他回忆道：

---

① 译者注：Shlyakhovoye，与苏军档案地图相符，但有些资料写作 Shlyakhovo。

次日（7月9日）我接到团长命令，让我手下的"虎"式坦克进入友邻第6装甲师的进攻地段，因为"虎"式坦克营会被作为一个整体部署在那里。

不久之后我就开始动身，然后在极近距离遭遇反坦克火力。期间我方炮塔被多次命中，其中一发肯定打中了防盾耳轴。不管怎么说，火炮从炮架上脱落，炮尾打到了炮塔顶部。不幸的是，我的左臂就放在炮尾，所以肘部被挤在炮尾和炮塔顶部之间，伤势非常严重。我的驾驶员头脑非常清醒，立即全速迎向反坦克炮，朝它碾了过去。不过剩下的我就不记得了，因为疼得厉害。

我的团长舒尔茨（Schulz）中校给我签退时把我叫了过去，指着自己的一级铁十字勋章说："罗森，战斗结束了。"然后他根据我和他的团一起经历的那些战斗，推荐授予我一级铁十字勋章（等我收到时已经是很久以后了，那时我在国内的一家陆军医院中）。确实，战斗对我来说已经结束了。沿着道路走了几千米后，我遇到了我的连长舍夫（Walter Scherf）中尉，他将我送到了最近的卫生站。那里的人先在我的伤口上临时裹上了绷带。然后我走到车辆维护连，从那里又去了哈尔科夫的一家私人旅馆。然后我被转送到军医院。我的伤势非常重，后来转了多家军医院。我到1944年5月才返回部队，当时就直接去了西线的一线。[3]

在上午的推进过程中，该战斗群一直遭到炮火的猛烈打击。6连和8连的坦克已经被苏军发现，并一直被密切监视。起初该战斗群想在什利亚霍沃耶西北小树林和230.3高地周围寻找隐蔽处，但有几辆坦克进入该范围之后依然被击中起火。冯·奥佩尔恩-布罗尼科夫斯基上校赶紧让部队撤回梅利霍沃西南树林，只留安布鲁斯特（Armbruster）少尉的2排和第114装甲掷弹兵团2营的两个连作为后卫。随后装甲群主力后撤准备过夜。苏军第69集团军报告称，步兵第305师打退了德军于09:45从梅利霍沃向马济金诺（Mazikino）和于15:30向什利亚霍沃耶的进攻。

这次战斗对于第6装甲师来说一定非常要命，因为他们在当天至少损失了73辆坦克中的38辆，这还不包含之前配给的5辆喷火坦克。配属给该装甲师的"虎"式坦克营也好不到哪里去——33辆坦克中损失了19辆（当然配属给第7装甲师的那个连应该也有损失）。第228突击炮营显然也参加了此次战斗，其麾下23辆Ⅲ号突击炮损失了12辆。从第19装甲师转隶过来的韦斯特霍芬装甲群打得也很差劲，当天就损失了30辆坦克。[4]算下来，德军在一天之内就损失了将近100辆战车，这个数字非常可怕了!

第6装甲师余部被合并到所谓的"北方攻击群"中。第3装甲军已经以第19装甲师除装甲群以外的部队组建了"南方攻击群"。同时北方攻击群又下辖韦斯特霍芬战斗群（即第19装甲师的装甲群），该战斗群转向西南，以肃清威胁已方侧后且未被第168步兵师赶走的苏军。他们克服苏军坦克的猛烈抵抗，占领了203.3高地和远伊古缅卡，然后继续向南面的波斯特尼科夫车站（Postnikov）以西两千米处果园—安德烈耶夫斯基耶一线推进。苏军试图从波斯特尼科夫车站东南两千米处树林突围，但被击退。守卫远伊古缅卡的近卫坦克第2军近卫重型坦克第47团被打得只剩3辆完好的丘吉尔坦克，后撤往了霍赫洛沃东南侧。近卫坦克第2军在报告中称德军在莫斯科时间16:00占领了远伊古缅卡。

韦斯特霍芬装甲群在前一天日终时有41辆坦克可以出动，战后只剩下约18辆，即在当天就损失了20多辆，次日这个损失惨重的团只能带着不到一半的坦克回归第19装甲师!

德军从未想到这天的战斗会让第3装甲军付出损失100多辆坦克和突击炮的代价。这不是该军在战史上最惨的一天，却是德军在南线进攻中最惨痛的一天。请看下表:[①]

	战车数	损失数	损失百分比
7月4日	395	2	0.5%
7月5日	393	60	15.3%
7月6日	334	66	19.8%
7月7日	273	54	19.8%
7月8日	241	24	10.0%
7月9日	229	108	47.2%

相比之下，SS第2装甲军最惨的一天也就是在7月6日才损失了不到80辆战车，第48装甲军在7月5日和6日都损失了100辆以上（估计分别为132辆和130辆），不过这一数据包括在这两天多达80辆甚至更多趴窝的豹式坦克。德军在南线

---

① 译者注：作者原先的损失百分比的精确度或有效数字并不统一，因此本书的计算结果被统一计算到了小数点后一位。

的装甲军中没有一个在此前甚至攻势结束前在一天之内就损失超过 80 辆战车的例子。所以这很可能是德军在此战中唯一一次比较难看的损失数据。

即使在 7 月 12 日这天发生的著名的普罗霍罗夫卡之战中，SS 第 2 装甲军损失的坦克也没这么多。虽然罗特米斯特罗夫及其近卫坦克第 5 集团军因为此战而出名，但 7 月 9 日这天在安德烈耶夫斯基耶和梅利霍沃一带的战斗才是真的令人惊愕，而主流的战史著作却不曾提起，更没有指出守军是谁。那么守卫此处的苏军部队是哪一支呢？

把守梅利霍沃周围的是步兵第 305 师，以及近卫步兵第 92 师部分兵力。步兵第 305 师报告称，他们打退了德军于 09:40 以 20 辆坦克支援的一个营兵力从梅利霍沃向马济金诺的进攻，以及于 15:30 向什利亚霍沃耶的进攻，并击毁 3 辆德军坦克。

近卫步兵第 92 师近卫步兵第 282 团和坦克第 96 旅位于安德烈耶夫斯基耶—梅利霍沃北侧一线。坦克第 96 旅的坦克第 228 营损失了 8 辆坦克后退到 217.4 高地北坡。该旅的摩步营运动到了基谢廖沃地域。近卫步兵第 280 团和步兵第 305 师步兵第 1004 团把守梅利霍沃以北 500 米—马济金诺西侧一线。步兵第 1004 团的北翼为步兵第 1002 团（右翼位于萨贝尼诺），左侧为步兵第 1000 团。不过无法确定步兵第 305 师这天的战斗参与程度，因为其当天只死伤了 50 人。[5]

近卫步兵第 92 师则陷入了苦战，该师于 7 月 7 日时有 9489 人，于 7 月 9 日时有 8430 人，而在 7 月 10 日只剩 5249 人。据该师报告的 7 月 9 日减员情况为 411 人阵亡、669 人负伤以及 1104 人失踪。

近卫步兵第 35 军此时已经转隶第 69 集团军，成为集团军下属第二个军。该军现在负责彼得罗帕夫洛夫卡—旧城—米亚索耶多沃地域。其编制内有步兵第 375 师，和近卫步兵第 81 师、第 92 师、第 94 师，以及坦克第 96 旅，都在第 3 装甲军北面。步兵第 48 军接管了 SS 第 2 装甲军当面的步兵第 183 师、近卫步兵第 89 师和第 93 师，并将德军第 3 装甲军当面的步兵第 107 师和第 305 师转隶出去。

第 7 装甲师继续防守

夜间，索洛维约夫集体农庄两侧都出现了苏军的局部攻势，但均被德军击退。[6]第 7 装甲师在这一天比较平静。第 198 步兵师所部已经赶到，并在其南翼接管防线。这样第 7 装甲师就可以从巴特拉茨卡亚林场国营农场—米亚索耶多沃以南两千米处树林一线抽出身来，也就是可让防线缩短五千米。

其当面的苏军阵容没有什么变化。近卫步兵第 15 师的近卫步兵第 44 团仍然把守 202.3 高地—巴特拉茨卡亚林场一线，而在 7 月 9 日晚至次日凌晨，其近卫步兵第 47 团奉命接管位于上述地域北面的近卫步兵第 94 师近卫步兵第 283 团的阵地。近卫步兵第 283 团撤得早了一点，德军随即突入 206.9 高地东南两千米处的树林。这就导致近卫步兵第 47 团整夜都在与突入之敌进行激烈的战斗，至次日早晨才夺回预定防御阵地。近卫步兵第 15 师现在以两个团在以前，把守 206.9 高地—巴特拉茨卡亚林场一线，另一个团布置在科连河岸边作为第二梯队，此外，只剩 6 辆 KV 坦克的坦克第 262 团也退至那里。近卫步兵第 94 师的反坦克歼击炮兵第 31 旅防守加里宁纳（Kalinina）—米亚索耶多沃东侧—206.9 高地—索洛维约夫集体农庄东侧树林一线。近卫步兵第 15 师现在隶属于近卫步兵第 25 军，而近卫步兵第 94 师则转回近卫步兵第 35 军，现在属于第 69 集团军。空中支援

第 3 装甲军和第 6 装甲师的报告中都指出，苏联空军在晚上只有少量活动。第 168 步兵师则报告称，别尔哥罗德—库尔斯克高速公路一线遭到了轰炸。第 19 装甲师称，苏联空军白天的活动并不常见。第 3 装甲军则认为苏联空军白天在自己地段上的活动非常频繁。

说明

到 7 月 9 日这一天结束时，第 3 装甲军尽管已经达成突破并做了很多努力，却无法迅速抵达任何一个关键地点。和都有着漫长一面侧翼需要掩护的其他两个装甲军不同，第 3 装甲军的两翼都需要掩护。此外，该军远远落在后面，根本无法完成其主要任务，即掩护 SS 第 2 装甲军的侧翼。这里的战斗渐渐出现了与其他军侧翼战斗同样的特征。苏军仍然选择在侧翼死守，直到德军最后决心通过迂回包抄将其清除，由此导致的退却和被俘导致苏军大量减员。7 月 9 日时，第 3 装甲军有大量兵力在守卫侧翼或者试图肃清或包抄苏军，只有少部分在继续向北顿涅茨河前进，实际上也只剩一个混编装甲群在向什利亚霍沃耶突进。不过德军仍然是在平行于北顿涅茨河前进，没有往河边靠近。总体来说，德军仍然可以继续前进，但根本无法完成其主要任务。第 3 装甲军的损失也非常大，进攻开始时的 394 辆坦克和突击炮至 7 月 9 日日终时只剩 144 辆可以出动。

即便如此，第3装甲军仍然在继续进攻，因为他们终于迫使近卫步兵第81师后撤，肃清了别尔哥罗德近郊，开辟了从别尔哥罗德出发的补给公路。现在德军计划全力向什利亚霍沃耶推进，他们认为那里是敌人的最后一道防线。[7]

关于第168步兵师此时在做什么仍有一些问题。该师有一个团在配合第19装甲师，而位于米哈伊洛夫卡桥头堡和其他地段的部队则非常平静。需要再次说明的是，第3装甲军的任务是掩护第4装甲集团军的侧翼。

❈ 1943年7月9日，第168师防守

时长：1天　　　　正面宽度：8.7千米　　　　地形：丘陵，混合

天气：晴朗温暖，夜间有雷雨，正午气温为31℃；公路状况达到级别4（好）

	进攻方	防御方
部队番号	第168步兵师部分兵力	步兵第375师1/3兵力、近卫步兵第81师2/3兵力
配属兵力	见下文	见下文
总兵力	8077	9343
装甲车辆（辆）	6	0
火炮（门）	48	111
航空兵出动（架次）	0	0
减员（人）	98（38人阵亡、52人负伤、8人失踪）	193（47人阵亡、62人负伤、84人失踪）
火炮损失（门）	0	4
俘虏（人）	不详	1

德军配属兵力

第228突击炮营2连

当日该师被调走的部队

第248炮兵团4营

250

苏军其他兵力（第二梯队）

近卫步兵第15师的第3个团在科连河一线作为第二梯队，也计入此战。配属给该师的部队（反坦克歼击炮兵第1669团、近卫反坦克枪第2营和第4营）和附近的坦克第262团未计入。至于反坦克歼击炮兵第1669团，于当日从该师调出。

近卫步兵第25军也将近卫迫击炮兵第97营和工兵第329营配属给该师。这些部队未计入当日任何一场战斗。

第248炮兵团5营

仍未回归建制的部队

第248工兵营（欠2个连）

第429步兵团（欠1个营）

第442步兵团

苏军兵力

步兵第375师1/3兵力（含步兵第1241团）

    迫击炮兵第263团

    反坦克歼击炮兵第1240团

    反坦克歼击炮兵第1667团

    近卫迫击炮兵第16团

近卫步兵第81师2/3兵力（不含近卫步兵第235团）

✦ 1943年7月9日，第19装甲师继续进攻

时长：1天　　　正面宽度：8.5千米　　　地形：丘陵，混合

天气：晴朗温暖，夜间有雷雨，正午气温为31℃；公路状况达到级别4（好）

	进攻方	防御方
部队番号	第19装甲师	步兵第375师，近卫步兵第81师和第92师这3个师各1/3兵力
配属兵力	见下文	见下文
总兵力	19347	10179
装甲车辆（辆）	13（含5辆轻型坦克）	0
火炮（门）	161	107
空军（架次）	0	0
减员（人）	472（85人阵亡、362人负伤、25人失踪）	935（178人阵亡、328人负伤、429人失踪）
战车损失（辆）	6	0
火炮损失（门）	0	11
俘虏（人）	不详	0

德军配属兵力

第70工兵营

第411工兵营第2B型架桥纵队

第842工兵营J型架桥纵队

第71炮兵团2营——7月9日调走

第54火箭炮团1营

第54火箭炮团2营

第54火箭炮团团部

第61高炮团1营

第503重装甲营2连——7月9日调走

第6装甲师的5辆Ⅲ号喷火坦克——7月9日配属

第429步兵团（第168步兵师），欠1个营

第 442 步兵团（第 168 步兵师）

第 248 工兵营 1 个连（第 168 步兵师）

第 248 炮兵团 4 营（第 168 步兵师）——7 月 9 日配属

第 248 炮兵团 5 营（第 168 步兵师）——7 月 9 日配属

7 月 9 日调走的部队

韦斯特霍芬装甲群

第 19 装甲炮兵团轻型炮兵营

苏军兵力

近卫步兵第 81 师 1/3 兵力（含近卫步兵第 235 团）

　　近卫迫击炮兵第 315 团

　　迫击炮兵第 290 团

近卫步兵第 92 师 1/3 兵力（含近卫步兵第 276 团）

　　近卫反坦克歼击炮兵第 114 团

步兵第 375 师 1/3 兵力（含步兵第 1245 团）

该师配属部队（只统计了一半）

　　反坦克歼击炮兵第 694 团

　　喷火第 88 连

　　喷火第 192 连

　　高射炮兵第 26 师第 1363 团

　　装甲列车第 60 营

　　反坦克枪第 137 营

未计入部队

反坦克歼击炮兵第 31 旅——7 月 6 日配属给近卫步兵第 81 师，但仍计入抗击第 7 装甲师的战斗。

✵ 1943年7月9日，加强第6装甲师滚滚向前

时长：1天   正面宽度：5.7千米   地形：丘陵，混合

天气：晴朗温暖，夜间有雷雨。正午气温为31℃。公路状况达到级别4（好）

	进攻方	防御方
部队番号	第6装甲师	近卫步兵第92师、步兵第305师
配属兵力	见下文	见下文
总兵力	22792	16241
装甲车辆（辆）	158（含17辆轻型坦克和喷火坦克）	54（含6辆轻型坦克）
火炮（门）	143	151
空军（架次）	0	0
减员（人）	177（36人阵亡、139人负伤、2人失踪）	1476（269人阵亡、471人负伤、736人失踪）
战车损失（辆）	97！！！	13
火炮损失（门）	0	16
俘虏（人）	不详	2

德军配属兵力

第71炮兵团2营——7月9日配属

第54火箭炮团3营

第49高炮团2营

第 228 突击炮营（欠第 2 连）

第 503 重装甲营 1 连

韦斯特霍芬装甲群（第 19 装甲师）——7 月 9 日配属

第 19 装甲炮兵团轻型炮兵营（第 19 装甲师）——7 月 9 日配属

调走的部队

5 辆Ⅲ号喷火坦克

苏军兵力

近卫步兵第 92 师 2/3 兵力（含近卫步兵第 280 和第 282 团）

　　近卫反坦克歼击炮兵第 114 团

步兵第 305 师

　　反坦克歼击炮兵第 1658 团

坦克第 96 旅

独立近卫重型坦克第 47 团（近卫坦克第 2 军，计入其 8 辆丘吉尔坦克）

反坦克歼击炮兵第 1500 团（近卫坦克第 2 军，有 19 门 45 毫米反坦克炮。兵力未计入。）

❖ 1943年7月9日，第7装甲师继续防守

时长：1天　　　正面宽度：9.0千米　　　地形：丘陵，混合

天气：晴朗温暖，夜间有雷雨，正午气温为31℃；公路状况达到级别4（好）

	进攻方	防御方
部队番号	第7装甲师	近卫步兵第94和第15师
配属兵力	见下文	见下文
总兵力	19355	19658
装甲车辆（辆）	52（含4辆轻型坦克）	28（含9辆轻型坦克）
火炮（门）	127	171
空军（架次）	0	昼间37+夜间41
减员（人）	367（58人阵亡、299人负伤、10人失踪）	270（49人阵亡、216人负伤、5人失踪）
战车损失（辆）	5	0
火炮损失（门）	1	16
俘虏（人）	不详	2

德军配属兵力

第9工兵营B型架桥纵队

第505工兵营第1B型架桥纵队

第843工兵营J型架桥纵队

第99高炮团团部

第38高炮团1营

第38高炮团2营

第91高炮团轻型高炮营

第62炮兵团2营

第204情报队（不含）

第503重装甲营3连

第198步兵师（只统计损失）

德军第 3 装甲军直属部队

第 601 工兵团团部

第 674 工兵团团部

第 925 架桥指挥部

第 127 工兵营（欠 1 个连）

第 531 架桥营

第 110 工兵营 B 型架桥纵队

第 602 工兵营 B 型架桥纵队

第 538 筑路营的 1 个连

第 153 高炮团团部

第 3 炮兵指挥部

第 612 炮兵团团部

第 13 轻型观测炮兵连的 1 个排

第 2 油料纵队——7 月 9 日配属

第 545 装甲抢修排

第 503 重装甲营营部

第 503 重装甲营 2 连——7 月 9 日配属

苏军兵力

近卫步兵第 94 师

  第 148 坦克团

  第 161 炮兵团（分离于第 9 师）

第 15 警卫步枪师（至少有近卫步兵第 44 和第 47 团）

  反坦克歼击炮兵第 31 旅

第 3 装甲军，7 月 10 日

在前一天试图肃清并扩大北顿涅茨河对面地域之后，第 3 装甲军在这一天肃清了近伊古缅卡和远伊古缅卡地域，并准备向北面的北顿涅茨河进攻。后来由于苏军从这一地域撤出，德军终于肃清了北翼锐利的三角地带。

第 168 步兵师

7 月 10 日上午，第 429 步兵团再次向近伊古缅卡和旧城发起进攻，至中午时已经抵达格拉夫普洛多沃希国营农场附近的主要公路处。苏军步兵要么被从阵地中赶出去，要么被俘，据第 168 步兵师报告称他们在当天俘虏了 300 人。11:30，德军在空军掩护下占领了旧城，比原计划晚了约五天。被打散的苏军扔掉武器，向北面和西面渡过顿涅茨河逃走，使得一路上德军缴获了不少辎重。近卫步兵第 81 师在被包抄前为守住这一阵地付出了很大代价，但无疑也迟滞了德军的行动。

在左侧以及顿涅茨河对岸的第 417 步兵团地段，德军在早晨对黑波利亚纳教堂西南 600 米处树林发动了一次进攻，但因苏军的抵抗非常顽强，所以无甚进展。不久，在 13:15，德军进行了一次战斗侦察，发现树林的防御非常薄弱，因此在此组织进攻并在随后占领了这片树林。该团一面留下部分兵力肃清黑波利亚纳，一面派兵穿村而过，向前进攻，占领了北面两千米处的树林。

与此同时，第 442 步兵团在早晨占领了近伊古缅卡。中午时分，该团开始在近伊古缅卡及其北面地域集结，准备回归自己的师。至此，自开战以来，第 168 步兵师的 3 个步兵团第一次全部回归建制。

南方攻击群

第 3 装甲军仍然分成南北两个攻击群进行行动，其中南方攻击群主要是除装甲群以外的第 19 装甲师，而北方攻击群实力更加强大。

夜间，第 73 装甲掷弹兵团的突击群和第 19 装甲侦察营突入近伊古缅卡以北三千米处的苏军阵地，发现敌人正在北撤，在追赶中他们抓到了俘虏，也缴获了技术装备。第 442 步兵团在早晨完全占领近伊古缅卡地域。

中午时分，第 19 装甲师开始在远伊古缅卡及其北面地域集结。在这天余下时间里，该师一直在远伊古缅卡这里调整部署。之前他们损失了大约 1728 人，实力下降到最初的 88%。和几乎所有作战部队一样，减员主要集中在一线战斗部队中。第 73 装甲掷弹兵团早在 7 月 9 日就抱怨自己只剩两个连的兵力了。现在第 74 装甲掷弹兵团也报告称自己只剩 300 可以履行职责的兵力[1]，而第 27 装甲团只有 15 辆坦克可以出动，这还是算上了补充车辆（修复的？）。这样看来，第 19 装甲师的进攻力量已经被严重削弱。

该师在报告中还提到对面出现了英国制造的丘吉尔坦克，并宣称击毁了其中 2 辆。这些丘吉尔坦克应该来自近卫重型坦克第 47 团，他们在 7 月 9 日的报告中也表明其损失了 2 辆坦克。[8] 现在第 3 装甲军的战斗开始直接影响 SS 第 2 装甲军，因为后者侧翼状态尚可的苏军近卫步兵第 89 师和步兵第 375 师现在转而去阻击第 3 装甲军了。近卫步兵第 89 师正在基谢廖沃西面树林西侧和南侧——基谢廖沃——萨贝尼诺南缘一线布防。步兵第 375 师则在基谢廖沃东北侧——211.5 高地——什利亚霍沃耶机器拖拉机站一线，步兵第 1243 团位于西北面至 11.5 高地，步兵第 1245 团位于东南面。步兵第 1241 团在萨贝尼诺地域作为第二梯队。

第 69 集团军接手防御

苏军统帅部根据战场态势对麾下的部署做了调整：由近卫第 7 集团军接管第 3 装甲军突破口以东的部队，而第 69 集团军接管 SS 第 2 装甲军以东和第 3 装甲军以北的部队。实际上第 69 集团军已经掌管了整个顿涅茨河三角地带，编成内有步兵第 48 军（步兵第 183 师、近卫步兵第 89 师和第 93 师）、近卫步兵第 35 军（步兵第 375 师、近卫步兵第 81 师、第 92 师和第 94 师以及坦克第 96 旅）。步兵第 107 师和第 305 师被转隶给近卫第 7 集团军。近卫步兵第 81 师现在被转隶给了步兵第 48 军。第 69 集团军还控制着坦克第 2 军、近卫坦克第 2 和第 5 军[2]。

已经将近卫重型坦克第 47 团投入到北顿涅茨河以南战斗的近卫坦克第 2 军，在清晨 05:00 将司令部从萨日诺耶地域（Sazhnoye）移动到了沙霍沃南面三千米处的克列伊缅诺沃（Kleimenovo）南侧。与此同时，该军被转隶给了第 69 集团军，并奉命将 SS 第 2 装甲军当面的部分防御地段移交给近卫步兵第 93 师负责。他们仍

---

① 译者注：其意思可能是说剩下 300 名步兵，因为该团不可能真的只剩 300 个人。
② 译者注：近卫坦克第 5 军此时应该正在准备离开普罗霍罗夫卡西南阵地，转隶给坦克第 1 集团军。

然守卫别列尼希诺和列斯基地域，但应在西面集结并准备对 SS 第 2 装甲军侧翼和南面的萨贝尼诺发动反击。另外命令还要求他们准备向东南和西北方向发动反击。11:00，军部撤到普洛塔（Plota），而当时近卫重型坦克第 47 团的 3 辆丘吉尔坦克仍在霍赫洛沃东南地域。

7 月 9 日晚至次日凌晨，近卫步兵第 81 师得以突围，于晨间集结在霍赫洛沃西北 1.5 千米处树林的东北部分，其师部被安置在克里夫措沃。该师虽然消耗很大并被迫撤退，但在 7 月 11 日时仍有 3500—4000 人，而且根据初步统计仍保留有40%—50% 的武器装备（师属火炮、反坦克炮和团属火炮都被摧毁了）。他们在弹药、食物和水补给不足的条件下坚持战斗了五天。值得一提的是，该师在此期间似乎并未得到补给。

近卫步兵第 89 师也深陷此战并最终后撤（此外还有近卫步兵第 92 师，步兵第375 师和坦克第 96 旅所部）。刚转到该师的高级中尉维克多·斯捷潘诺维奇·科兹洛夫（Viktor Stepanovich Kozlov）[9] 回忆道：

似乎很奇怪，但在库尔斯克会战的防御阶段，我没在任何岗位上。1943 年 7月 8 日，我和其他六名军官带着一封写着"致近卫第 6 集团军司令"的信从医院来到了人事部门。突然，司令奇斯佳科夫中将招呼我们过去。他向我们简要介绍了敌人投入大量坦克进攻和我军正在一些阵地上撤退的情况，还跟我们讲了右翼的困难形势，尤其是近卫步兵第 89 师地段。他给我们发了枪支并把我们派了过去。他说，我们的任务是禁止军人们擅自撤退，尤其是不能分成小股从东面战场逃跑。他让我们将此命令下达到所有连排长。我后来将此事转告给了师长皮金（Pigin）上校。

7 月 9 日早晨，我们已经到达该师一线各营。德军几十辆坦克在炮兵和航空兵掩护下正向我们发起进攻。由于多名连长阵亡，我不得不上去指挥。我看到我们的军人擅自撤退，于是跑了过去。我警告他们，并且朝天开了两枪，又不得不朝他们脚下开了两枪。他们已经扔下枪支，从战场上溜了。有时我也会抓住几个，送到我的指挥员那里。

次日形势更糟了。从南面出现的德军坦克冲到了师后方，但没有一个士兵逃跑。每个人都向指挥员靠拢，因为只有他了解情况，也知道该做什么。实际上期间也出现过一次逃跑事件，但被我很快控制住了。

相比之下，其他师的状况尚可。这些部队的补给状况还算不错，步兵第 305 师、近卫步兵第 92 师和第 94 师都报告说还有 5—6 天的食物和 0.8—1 个弹药基数。步兵第 305 师有 7821 人，近卫步兵第 94 师还有 8106 人（7 月 5 日时有 9385 人）。不过近卫步兵第 92 师消耗很大，此时只剩 5249 人（7 月 5 日时有 9574 人），并且损失了一半的火炮和迫击炮。他们在 7 月 10 日损失了不下 2000 人！[10]

18:00，近卫步兵第 92 师的近卫步兵第 276 团和第 280 团位于基谢廖沃—211.5 高地—机器拖拉机站外—什利亚霍沃耶一线。第二梯队的近卫步兵第 282 团位于萨贝尼诺北面园子—244.4 高地—奥比耶季涅尼耶集体农庄（Obyedineniye）。步兵第 305 师的步兵第 1004 团被德军击退到杜布罗夫树林（Dubrov）—220.1 高地一线。根据报告，该师在 18:00 时位于萨贝尼诺—什利亚霍沃耶—舍伊诺（Sheino）—乌沙科夫卡（Ushakovka）一线。近卫步兵第 94 师仍在把守加里宁纳—206.9 高地一线。步兵第 107 师现正在奥利尚涅茨（Verkhnyii Olshanets）—普洛斯科耶（Ploskoye）构筑工事，作为第二梯队。该师当天遭到德国空军轰炸，损失 8 人。

近卫步兵第 81 师在 7 月 5 日挡住第 6 装甲师、第 168 步兵师一部以及第 19 装甲师进攻后，继续与第 168 步兵师主力和第 19 装甲师一部交战。虽然期间损失了约 2296 人和一多半火炮与迫击炮，但其直属部队和最近的友邻部队面对 1.8 倍数量于己的敌人，却打出了 1 ∶ 1.8 的交换比，并消灭德军 88 辆坦克。[11] 这是该师打得最漂亮的防御战斗。

北方攻击群

冯·奥佩尔恩—布罗尼科夫斯基战斗群（第 11 装甲团）和翁赖因（Unrein）战斗群（核心为第 4 装甲掷弹兵团）[12] 当天大部分时间里都在梅利霍沃防守，因为他们已经完成了既定任务，而友邻的师却落在了后面。他们只遇到了少量骚扰炮火射击，但这些加上一些反坦克火力也足以迫使德军坦克从 230.3 高地退到更适合掩蔽的位置。与此同时，第 6 装甲师牢牢控制住了梅利霍沃以西的路口。

17:00，翁赖因战斗群从梅利霍沃北侧进入什利亚霍沃耶南面。冯·奥佩尔恩战斗群突破梅利霍沃以北 1.5 千米处交叉口以西 1 公里处的雷场后到达该交叉口。苏军立即开始撤退。冯·奥佩尔恩战斗群按照预定计划抓住战机，停止支援对什利亚霍沃耶的进攻，开始追击向东北撤退的苏军。不过翁赖因战斗群还是可以克服苏军顽强抵抗，至日终时完全占领什利亚霍沃耶，并推进到该村略往北一线。期间德国空军本应提供支援，但没有出现。德军报告称天气也妨碍了他们的进攻。

在西南面，以第114装甲掷弹兵团为核心组建的比贝尔施泰因战斗群[13]从波斯特尼科夫车站—安德烈耶夫斯基耶一线出发，试图占领格拉夫普洛多沃希国营农场和希申诺南面地域。第6装甲侦察营消灭了被包围在安德烈耶夫斯基耶以北两千米处树林内的苏军，并从北面进攻加里宁纳，成功前出到该村西北面。昆廷战斗群[14]

❧ 1943 年 7 月 10 日，第 168 师推进

时长：1 天　　　　正面宽度：8.6 千米　　　　地形：丘陵，混合

天气：上午局部多云，偶有小雨，下午渐放晴，正午气温为 19℃；公路状况好

	进攻方	防御方
部队番号	第 168 步兵师部分兵力	步兵第 375 师 1/3 兵力、近卫步兵第 81 师 2/3 兵力
配属兵力	见下文	见下文
总兵力	12421	7409
装甲车辆（辆）	0	0
火炮（门）	89	48
空军（架次）	14	0
减员（人）	118（19 人阵亡、95 人负伤、4 人失踪）	259（59 人阵亡、107 人负伤、93 人失踪）
火炮损失（门）	0	3
俘虏（人）	300[15]	0

德军配属兵力

第 228 突击炮营 2 连

当日回归该师建制的部队

第 442 步兵团

朝守卫加里宁纳西南树林和加里宁纳"Schipoffue"学校的苏军前进。在中午之前，苏军步兵从加里宁纳向德军行军纵队发起了攻击，但被德军第4装甲掷弹兵团1营和3辆"虎"式坦克打退。

苏联空军的活动不如前一天频繁。第6装甲师很高兴地看到斯图卡等近距离空中支援飞机对前方目标实施了打击。

第248炮兵团4营

第248炮兵团5营

第248工兵营1个连

仍未回归建制的部队

第429步兵团（欠1个营）

苏军兵力

步兵第375师1/3兵力（含步兵第1241团）

迫击炮兵第263团——7月10日调走（此处不计）

反坦克歼击炮兵第1240团

反坦克歼击炮兵第1667团

近卫迫击炮兵第16团——7月10日调走（此处不计）

近卫步兵第81师2/3兵力（不含近卫步兵第235团）。无配属部队（计入其他战斗）

❋ 1943 年 7 月 10 日，南方攻击群

时长：1 天　　　　正面宽度：12.7 千米　　　　地形：丘陵，混合

天气：阴而有雨，下午逐渐放晴，正午气温为 19℃；公路状况好

	进攻方	防御方
部队番号	第 19 装甲师	步兵第 375 师、近卫步兵第 81 和第 92 师 这 3 个师各 1/3 兵力（均在撤退）
配属兵力	见下文	见下文
总兵力	16420	9255
装甲车辆（辆）	26（含 5 辆轻型坦克）	0
火炮（门）	96	97
空军（架次）	0	9
减员（人）	37（5 人阵亡、30 人负伤、2 人失踪）	893（152 人阵亡、413 人负伤、328 人失踪）[16]
战车损失（辆）	3	0
火炮损失（门）	0	9
俘虏（人）	不详	0

德军配属兵力

第 70 工兵营

第 411 工兵营第 2 B 型架桥纵队

第 842 工兵营 J 型架桥纵队

第 54 火箭炮团 1 营——7 月 10 日调走（此处不计）

第 54 火箭炮团 2 营——7 月 10 日调走（此处不计）

第 54 火箭炮团团部——7 月 10 日调走（此处不计）

第 61 高炮团 1 营

第 6 装甲师的 5 辆Ⅲ号喷火坦克

第 429 步兵团（第 168 步兵师），欠 1 个营

第 442 步兵团（第 168 步兵师）——7 月 10 日调走（此处不计）

第 248 工兵营 1 个连（第 168 步兵师）——7 月 10 日调走（此处不计）

第 248 炮兵团 4 营（第 168 步兵师）——7 月 10 日调走（此处不计）

第 248 炮兵团 5 营（第 168 步兵师）——7 月 10 日调走（此处不计）

7 月 10 日调走的部队

韦斯特霍芬装甲群——7 月 10 日回归（此处不计）

第 19 装甲炮兵团轻型炮兵营——7 月 10 日回归（此处不计）

第 19 装甲炮兵团观测炮兵连——7 月 10 日回归（此处不计）

苏军兵力

近卫步兵第 81 师 1/3 兵力（含近卫步兵第 235 团）

近卫迫击炮兵第 315 团

迫击炮兵第 290 团

近卫步兵第 92 师 1/3 兵力（含近卫步兵第 276 团）

近卫反坦克歼击炮兵第 114 团——7 月 10 日调走（此处不计）

步兵第 375 师 1/3 兵力（含步兵第 1245 团）

该师配属部队（只统计了一半）

反坦克歼击炮兵第 694 团

喷火第 88 连

喷火第 192 连

高射炮兵第 26 师第 1363 团

装甲列车第 60 营

反坦克枪第 137 营

未计入部队

反坦克歼击炮兵第 31 旅——7 月 6 日配属给近卫步兵第 81 师，但计入抗击第 7 装甲师的战斗。

✤ 1943 年 7 月 10 日，北方攻击群

时长：1 天　　　　　正面宽度：6.1 千米　　　　地形：丘陵，混合

天气：午前阴而有雨，下午逐渐放晴，正午气温为 19℃；公路状况好

	进攻方	防御方
部队番号	第 6 装甲师	近卫步兵第 92 师、步兵第 305 师
配属兵力	见下文	见下文
总兵力	18596	14314
装甲车辆（辆）	50（含 5 辆轻型坦克）	41（含 6 辆轻型坦克）
火炮（门）	114	126
空军（架次）	81	8
减员（人）	158（26 人阵亡、131 人负伤、1 人失踪）	1561（248 人阵亡、755 人负伤、558 人失踪）
战车损失（辆）	3	13
火炮损失（门）	0	17
俘虏（人）	不详	1

德军配属兵力

第 71 炮兵团 2 营——7 月 10 日调走（此处不计）

第 857 重型炮兵营——7 月 10 日调走（此处不计）

第 54 火箭炮团 3 营

第 43 高炮团 2 营

此番进攻打得很艰难，形势多次发生剧变。在进攻中，德军装甲掷弹兵声称苏军以一个团兵力从南面发起突袭，但被大量杀伤。最后第 7 装甲师控制住了树林北面部分。但是进展仍不如意，米亚索耶多沃北半部分仍在苏军手中。

第 7 装甲师在这天主要面对的是苏军近卫步兵第 94 师，当然可能还有近卫步兵第 15 师部分兵力。反坦克歼击炮兵第 31 旅自 7 月 8 日至此时一直牢牢控制着206.9 高地东北 1.5 千米处树林之间的廊道。

第 228 突击炮营（缺第 2 连）

第 503 重装甲营 1 连

韦斯特霍芬装甲群（第 19 装甲师）——7 月 10 日调走（此处不计）

第 19 装甲炮兵团轻型炮兵营（第 19 装甲师）——7 月 10 日调走（此处不计）

调走的部队

5 辆Ⅲ号喷火坦克

第 76 装甲炮兵团观测炮兵连——7 月 10 日调走（此处计入）

苏军兵力

近卫步兵第 92 师 2/3 兵力（含近卫步兵第 280 和第 282 团）

    近卫反坦克歼击炮兵第 114 团——7 月 10 日调走（此处不计）

步兵第 305 师

    反坦克歼击炮兵第 1658 团

坦克第 96 旅[①]

独立近卫重型坦克第 47 团（近卫坦克第 2 军，计 2 其 8 辆后吉尔坦克）

反坦克歼击炮兵第 1500 团（近卫坦克第 2 军，有 19 门 45 毫米反坦克炮。兵力未计入）

空中支援

    第 7 装甲师的报告认为苏联空军在夜间动作非常频繁。只有第 6 装甲师提到已方空军曾在白天出现过。仍在什利亚霍沃耶坚持的坦克第 148 团报告称，他们在 18:10 遭到德军 51 架轰炸机的攻击，已方 1 人阵亡，1 人负伤。

---

    ① 译者注：作者多次写成近卫坦克第 96 旅，但红军近卫坦克旅最大番号是 68。

❀ 1943 年 7 月 10 日，第 7 装甲师试图向东推进

时长：1 天　　　　正面宽度：9.0 千米　　　　地形：丘陵，混合

天气：局部多云，偶有小雨，正午气温为 19℃；公路状况好

	进攻方	防御方
部队番号	第 7 装甲师	近卫步兵第 94 师
配属兵力	见下文	见下文
总兵力	18406	10269
装甲车辆（辆）	61（含 4 辆轻型坦克）	0
火炮（门）	119	82
空军（架次）	0	夜间 41
减员（人）	19（3 人阵亡、15 人负伤、1 人失踪）	236（40 人阵亡、191 人负伤、5 人失踪）[17]
战车损失（辆）	0	0
火炮损失（门）	0	1
俘虏（人）	不详	0

德军配属兵力

第 9 工兵营 B 型架桥纵队

第 505 工兵营第 1 B 型架桥纵队

第 843 工兵营 J 型架桥纵队

第 99 高炮团团部

第 38 高炮团 1 营

第 38 高炮团 2 营

第 91 高炮团轻型高炮营

第 62 炮兵团 2 营——7 月 10 日调走（此处不计）

第 54 火箭炮团 1 营——7 月 10 日配属（此处不计）

第 54 火箭炮团 2 营——7 月 10 日配属（此处不计）

第 54 火箭炮团团部——7 月 10 日配属（此处不计）

第 204 情报队（不含）

第 503 重装甲营 3 连

调走的部队

第 78 炮兵团观测炮兵连

德军第 3 装甲军直属部队

第 601 工兵团团部

第 674 工兵团团部

第 925 架桥指挥部

第 127 工兵营（欠 1 个连）

第 531 架桥营

第 110 工兵营 B 型架桥纵队

第 602 工兵营 B 型架桥纵队

第 538 筑路营的 1 个连

第 153 高炮团团部

第 3 炮兵指挥部

第 612 炮兵团团部

第 62 炮兵团 2 营——7 月 10 日配属

第 71 炮兵团 2 营——7 月 10 日配属

第 857 重型炮兵团——7 月 10 日配属

第 13 轻型观测炮兵连的 1 个排

第 19 装甲炮兵团观测炮兵连（第 19 装甲师）——7 月 10 日配属

第 76 装甲炮兵团观测炮兵连（第 6 装甲师）——7 月 10 日配属

第 2 油料纵队

第 545 装甲抢修排

第 503 重装甲营营部

第 503 重装甲营 2 连

苏军兵力

近卫步兵第 94 师

　　坦克第 148 团

近卫步兵第 15 师 1/3 兵力

（第一梯队的近卫步兵第 44 和第 47 团）

　　近卫反坦克枪第 2 营

　　近卫反坦克枪第 4 营

反坦克歼击炮兵第 31 旅

向北顿涅茨河推进，7月11日

在肃清北顿涅茨河前方地域后，第3装甲军经过一天休整，终于可以向北顿涅茨河一线推进。此时已是进攻发起的7天以后了。

不过布赖特军长仍然在肯普夫司令面前为自己手下的某些师长辩解。他的参谋长编写的战争日志中的另一份"正式备注"指出，肯普夫司令在10:30当着布赖特的面通过电话给第19装甲师师长发布了一道命令，要求该师等到两翼部队赶上来后再进攻萨贝尼诺，因为敌人在基谢廖沃和萨贝尼诺以东高地上有良好的防御工事。

他注意到（可能是指施密特将军在抱怨）他的师战斗力被削弱，并提到缺乏集团军部队的支援。布赖特将军说，敌人正在从别洛梅斯特纳亚地域向北退至彼得罗帕夫洛夫卡北面树木茂盛的高地，以逃脱已经在绍皮诺—维斯洛耶地域到达顿涅茨河的第3装甲军所部和第168步兵师的合围。要想尽办法牵制住萨贝尼诺南面之敌，以削弱其实力。第19装甲师不管因其他原因将晚一些发起进攻的右翼部队进展如何，都必须发动进攻并突破敌阵地，拿下萨贝尼诺和顿涅茨河上的几座桥梁。未来该军将被如何使用取决于此次战斗的胜负。必须集中师的力量和支援的炮兵发动进攻。不要再使用此前那种软弱无力的侦察攻击。

最后一句话很有意思，可以理解为他再次批评了施密特将军的用兵之道。反过来说，他在7月9日没有损失大部分坦克，而他的装甲团在第6装甲师麾下却损失惨重。

"正式备注"继续说道："军属炮兵可以承诺提供支援。第168步兵师将会掩护第19装甲师左翼和后方，并进攻霍赫洛沃一带的顿涅茨河东岸。"此外其结尾还指出："向第19装甲师师长简要介绍了计划，并下令开始向萨贝尼诺进攻。"鉴于布赖特曾在7月6日向肯普夫抱怨第19装甲师的情况，这里应该还是师长和军长二人争执的继续，至少二人意见不合。这也是布赖特在7月22日给古斯塔夫·施密特作出负面评价的起因。

10:35的日志提到，布赖特向第168步兵师参谋长简要介绍了形势，并强调该师在顿涅茨河东岸向北面霍赫洛沃以及后续进攻萨贝尼诺进攻的重要性，这样可以掩护第19装甲师的侧后方。

布赖特和肯普夫在11:20时的电话中再次产生了争执。战争日志显示："集团军级支队司令说他觉得有必要让该军停下来。装甲军指挥官（布赖特）不同意。他觉得次日的战斗（第7装甲师在靴状树林，第6装甲师在什利亚霍沃耶和上奥利尚涅茨，第19装甲师在萨贝尼诺）将会十分困难。上述战斗的损失将会导致阵地被突破，敌人有可能冲到后方。左侧部队（第167步兵师）至SS第2装甲军在普罗霍罗夫卡方向上进展不错。他们报告说，装甲军西侧之敌正在变得极为虚弱。一旦达成原定目标，装甲军就可以自己选择向北或东北行动。"[18]

这就是肯普夫和布赖特之间的第二次争执。第一次是二者在7月6日就第3装甲军如何使用上有不同意见，现在则是关于是否停止7月11日的进攻。在争执过后，布赖特决心继续前进。

第168步兵师恢复编制

第168步兵师在当时只有一个团的部分兵力没有归建，但已经可以继续向顿涅茨河推进了。第428步兵团部分兵力从希申诺地域出发，向霍赫洛沃南边推进。德军此次进攻打垮了苏军在村南边和村东南部分的抵抗，突入镇中心。德军宣称击毁1辆T-34坦克，俘虏80人。然后他们和第19装甲师在霍赫洛沃建立了联系。防御该镇的是近卫步兵第89师，按照苏军报告，霍赫洛沃是在莫斯科时间13:00陷落的。第428步兵团继续穿过基谢廖沃冲劲萨贝尼诺。北顿涅茨河东南岸已被肃清。

第417步兵团则到达了别洛梅斯特纳亚、190.5和211.6高地，在下午拿下彼得罗帕夫洛夫卡，然后在顿涅茨河三角地带的尖端渡河，打垮了彼得罗帕夫洛夫卡北面树林边上顽强抵抗的苏军，后又从南面和西面冲进"内裤"树林西南部分。[19]他们报告称，空军对树林进行了打击，效果良好。该师用相当小的代价取得了重大进展。看起来苏军已经部分撤出了这一地域。

基谢廖沃

7月10日20:30，德军第19装甲师全部可用坦克（大约22辆坦克，不含黄鼠狼坦克歼击车）组成的装甲前锋和一个装甲掷弹兵营从远伊古缅卡出发，试图夺取基谢廖沃以及萨贝尼诺城内的那座桥。根据报告，上述两地都有苏军严密把守。近卫步兵第 92 师部署在基谢廖沃—211.5 高地—什利亚霍沃耶以西机器拖拉机站一线。坦克第 96 旅也在基谢廖沃，该旅在 7 月 10 日时有 27 辆坦克，他们在 7 月 8 日首次与第 3 装甲军交手，损失了一半坦克。其左侧是步兵第 305 师，位于萨贝尼诺—什利亚霍沃耶以西机器拖拉机站外—拉祖姆诺耶铁路往马济金诺—乌沙科夫卡的侧线之间。

7 月 11 日黎明，第 19 装甲师从三面向基谢廖沃周围的苏军阵地发起猛烈进攻。11:30，该师从远伊古缅卡的集结地域出发，以 3 个战斗群向西北前进，南面、东面和从北面迂回的分别是第 73 装甲掷弹兵团和第 74 装甲掷弹兵团，以及第 19 装甲侦察营。他们遭到了东北方向和西面高地的侧射火力打击。无论是斯图卡还是德军炮兵都无法压制苏军炮兵连。

第 74 装甲掷弹兵团沿基谢廖沃东面山脊线向西北方向推进，他们在 18:30 突破了一片面积不小的雷区，冲进镇东苏军严密设防的阵地。德军直到夜间还在肃清抵抗的苏军。第 69 集团军报告称，基谢廖沃于 14:50 陷落。

第 27 装甲团余部支援第 73 装甲掷弹兵团向北面进攻，冲进了霍赫洛沃北面部分，消灭了基谢廖沃南边的苏军，冲进镇子，然后补充了坦克弹药，在日终时已经做好了进攻萨贝尼诺的准备。基谢廖沃北边的第 19 装甲侦察营撤出，和第 73 装甲掷弹兵团一道进攻。这一天工兵们也很忙碌，他们在霍赫洛沃—基谢廖沃公路上共扫除了大约 800 颗地雷。

防守霍赫洛沃西边的是独立近卫重型坦克第 47 团，现在他们还剩 6 辆丘吉尔坦克可用，外加反坦克歼击炮兵第 1500 团的一个连。该团报告称，他们于 11:30 在基谢廖沃与德军装甲部队交火。莫斯科时间 12:00，苏军在霍赫洛沃—基谢廖沃地域撤到北顿涅茨河对岸，并将桥炸毁。12:00，该团奉命前往萨贝尼诺与坦克第 96 旅会合。此时该团仍有 3 辆坦克、反坦克歼击炮兵团的一个连以及一辆被围困在霍赫洛沃地域的装甲汽车。12:30，他们和坦克的联系被打断。此后，团长决定用手头 2 辆还能动的丘吉尔坦克向基谢廖沃发动一次反击，然而结果只是徒增了损失，并被迫后撤。在霍赫洛沃地域的 3 辆坦克和 1 辆装甲汽车损失掉了，但坦克手和部分炮兵连的官兵突围了出来。只剩 2 辆丘吉尔坦克的独立近卫重型坦克第 47 团回到位于列斯基的近卫坦克第 2 军，转入预备队。当天下午，基谢廖沃陷落，但德军还需要花些时间将其完全肃清。

虽然近卫步兵第 89 师在前一天还在基谢廖沃，但主力已经在这一天退出了。根据报告，其近卫步兵第 267 团位于丘尔辛诺（Chursino）—鱼苗孵化站，而近卫步兵第 270 团位于北顿涅茨河西岸—鱼苗孵化站—舍蓬诺沃（Sheponovo）一线。该师与把守基谢廖沃南侧和东侧的近卫步兵第 273 团失去了联系。其左右两翼分别为近卫步兵第 81 和第 93 师。期间第 89 师批评第 81 师放弃了阵地，导致自己的左翼洞开。步兵第 375 师也已经撤退，其步兵第 1241 团现在日洛莫斯特诺耶（Zhilomostnoye），第 1243 团位于小亚布洛诺沃（Maloye Yablonovo），第 1245 团位于沙霍沃。实际上这些师现在属于第二梯队，而近卫步兵第 94 师和步兵第 305 师才在一线。位于基谢廖沃—萨贝尼诺的坦克第 96 旅发现，随着德军向卡扎奇耶（Kazachye）和勒扎韦茨（Rzhavets）推进，自己与应当支援的友军之间的联系被切断了，所以在又损失 15 辆坦克后（约为可用数的一半）也退向亚历山德罗夫卡（Aleksandrovka）。这次退却有些特别，因为他们本应撤入顿涅茨河三角地带，却被推到了德军第 3 装甲军的东面。

奥利霍瓦特卡

由于坦克损失很大，第 6 装甲师冯·奥佩尔恩战斗群调整了部署。上尉克莱门斯-海因里希·冯·卡格内克（Clemens Heinrich Graf von Kageneck）伯爵的一个虎式坦克连被配属给该战斗群，第 11 装甲团 2 营被编为两个装甲连，分别由瓦尔特·施皮克曼（Walter Spiekermann）中尉和罗伊特曼（Reutemann）中尉指挥。

受恶劣气候影响，在一段时间的停留后，该师于 05:00 开始向奥利霍瓦特卡发动攻击。经过加强后有 19 辆坦克的"虎"式坦克连负责打头阵，后面是第 11 装甲团的两个装甲。在越过远伊古缅卡—什利亚霍沃耶公路后，战斗群遭到 220 和 230.3 高地的坦克火力的凶猛打击。此外前方还出现了密集的雷场。在到达步兵第 305 师步兵第 1004 团把守的 230.3 高地后，德军一个装甲连转向东面，绕过奥利霍瓦特卡北面林带。经过施皮克曼中尉"有力的行动"，德军肃清了这一地域。第 69 集团军报告称，步兵第 1004 团在 18:00 被敌人突破防线，德军 60 辆坦克冲向了奥利霍瓦特卡。

自 7 月 8 日下午起就一直把守什利亚霍沃耶的坦克第 148 团报告称，德军已经低到该镇东西两边，对己方形成了半包围之势，步兵第305师部分兵力正向卡扎奇耶逃跑。该团当天虽然撤离了什利亚霍沃耶，却也损失了大部分坦克。[20]

"虎"式坦克连和其他装甲连继续直扑奥利霍瓦特卡。苏军试图用猛烈的炮火将其击退，但甚至未能迟滞其推进，而且在奥利霍瓦特卡村内没有出现什么值得一提的抵抗。冯·奥佩尔恩战斗群拿下该村后，继续拿下224.4高地，并向兹纳缅卡（Znamenka）推进。他们在兹纳缅卡没有遇到太大抵抗，很快将其占领。

到22:00，第6装甲师的坦克已经到达奥利尚涅茨以东的防坦克壕，随后占领了没有多少防御力量的村子，又于24:00许到达卡扎奇耶，也没遇到多大抵抗将其拿下。冯·奥佩尔恩-布罗尼科夫斯基上校随即决定派2营长弗朗茨·贝克（Franz Bäke）少校率领一支突击队发动夜袭，在北顿涅茨河对岸建立一座桥头堡。[21]

苏军步兵第107师已经转向北面，此时位于新奥斯科奇诺耶（Novo-Oskochnoye）—舒霍夫采沃（Shukhovtsevo）—格列米亚切（Gremyache）—伊翁诺夫卡（Ionovka）以东园子一线。这样该师部分兵力在当天本应与向卡扎奇耶推进的第6装甲师交手。不过二者没有打起来。在新奥斯科奇诺耶还有步兵第305师的步兵第1002团。近卫步兵第35军显然正在德军装甲前锋东北方向建立梯次防御。

基于以上种种，向北面的进攻和进一步扩大突破口的战斗仍无法让第6装甲师进入适合渡过北顿涅茨河的位置。

第7装甲师继续扩大侧翼

第7装甲师在7月11日上午调整了部署并补给了物资。该师于16:15在强大炮兵的火力掩护下恢复了进攻。其麾下装甲团向米亚索耶多沃以北三千米处树林发动了攻击，然后到达树林的东南角，接着他们遭到了213.7高地进入防御工事的坦克和反坦克炮的猛烈侧射火力打击。德军炮兵用密集的弹幕迫使苏军坦克撤出上述阵地。双方的坦克战一直持续到晚上。

16:45，两个装甲掷弹兵团向北推进到210.3高地和靴状树林北端。苏军开始大批撤往舍伊诺也拉祖姆纳亚河谷。两个团继续突击，冲到树林中间，然后至夜间一直在推进。苏军第69集团军报告称德军在18:00出动了46辆坦克。

到夜幕降临时，第7装甲师已经到达210.3高地（舍伊诺以南三千米处）—树林北端（米亚索耶多沃东北三千米处）一线。其当面的近卫步兵第94师（配属有坦克第148团）仍在先前的阵地上，该师声称至14:00时已打退德军8次冲锋（一天之内的？）。

至于第7装甲师为何继续向东面和东北面推进则令人颇为不解，但此举一定吸引了第69集团军的注意力。

空中支援

第19装甲师报告指出，苏联空军在夜间和早晨非常活跃。近卫步兵第94师声称遭到德军航空兵和炮兵的猛烈打击。

说明

此时，第3装甲军与原定目标相去甚远。他们并未掩护第4装甲集团军的侧翼，只能说在某种程度上将一部分苏军步兵、炮兵和航空兵吸引到了自己地段上。

到7月11日日终时，只有第19装甲师和第168步兵师到达了北顿涅茨河或利波维顿涅茨河，可以攻击顿涅茨河三角地带了。第6装甲师仍在克服苏军的抵抗向北推进，试图赶到河边，而第7装甲师则还在东面侧翼。

第3装甲军从一开始就是实力最弱的一个装甲军，此时又是损失最大的一个。第48装甲军的599辆战车到后来剩283辆（47%），SS第2装甲军的504辆到后来剩341辆（68%），而第3装甲军的394辆后来仅剩154辆（39%）。此外，其4个师的总兵力减少了8.6%，许多步兵部队（大部分减员都在这里）的战斗力量已经少得吓人了。[22]

❋ 1943 年 7 月 11 日，第 168 师推进

时长：1 天　　　　正面宽度：8.6 千米　　　　地形：丘陵，混合

天气：上午多云、温暖、有雷雨，正午气温为 22℃；路面干透可通行

	进攻方	防御方
部队番号	第 168 步兵师	近卫步兵第 89 师部分兵力 （近卫步兵第 273 团）
配属兵力	见下文	无
总兵力	12302	2429
装甲车辆（辆）	6	0（德军宣称击毁 1 辆坦克）
火炮（门）	89	19
空军（架次）	70？	0
减员（人）	115（18 人阵亡、94 人负伤、3 人失踪）	94（5 人阵亡、54 人负伤、35 人失踪）
俘虏（人）	80	0

德军配属兵力

第 228 突击炮营 2 连

仍未回归建制的部队

第 429 步兵团（欠 1 个营）

❈ 1943 年 7 月 11 日，基谢廖沃

时长：1 天　　　　正面宽度：14.8 千米　　　　地形：丘陵，混合

天气：多云，有雨，正午气温为 22℃；公路状况好

	进攻方	防御方
部队番号	第 19 装甲师	近卫步兵第 92 师部分兵力
配属兵力	见下文	坦克第 96 旅 近卫重型坦克第 47 团（近坦 2 军） 反坦克歼击炮兵第 1500 团 1 个炮兵连 （近坦 2 军）
总兵力	16039	2883
装甲车辆（辆）	28（含 5 辆轻型坦克）	33（含 7 辆轻型坦克）
火炮（门）	96	18
空军（架次）	11	夜间 22
减员（人）	34（4 人阵亡、29 人负伤、1 人失踪）	91（24 人阵亡、54 人负伤、13 人失踪）
战车损失（辆）	13	19
火炮损失（门）	0	5
俘虏（人）	不详	0

德军配属兵力

第 70 工兵营

第 111 工兵营第 J B 型架桥纵队

第 842 工兵营 J 型架桥纵队

第 61 高炮团 1 营

第 429 步兵团（第 168 步兵师），欠 1 个营

调走的部队

第 19 装甲炮兵团观测炮兵连

✿ 1943 年 7 月 11 日，奥利霍瓦特卡

时长：1 天　　　　　　正面宽度：9.0 千米　　　　　地形：丘陵，混合

天气：温暖，有小阵雨；公路状况好

	进攻方	防御方
部队番号	第 6 装甲师	近卫步兵第 92 师和步兵第 305 师各一部分兵力
配属兵力	见下文	见下文
总兵力	18692	12128
装甲车辆（辆）	59（含 4 辆轻型坦克）	27（含 8 辆轻型坦克）
火炮（门）	114	105
空军（架次）	6	0
减员（人）	107（17 人阵亡、89 人负伤、1 人失踪）	663（110 人阵亡、479 人负伤、74 人失踪）
战车损失（辆）	0	27
火炮损失（门）	0	10
俘虏（人）	不详	1

德军配属兵力

第 54 火箭炮团 3 营

第 43 高炮团 2 营

第 228 突击炮营（欠第 2 连）

第 503 重装甲营 1 连

第 503 重装甲营 2 连——7 月 11 日配属

第 503 重装甲营营部——7 月 11 日配属

调走的部队

第 76 装甲炮兵团观测炮兵连

苏军兵力

近卫步兵第 92 师 2/3 兵力

步兵第 305 师

    反坦克歼击炮兵第 1658 团

坦克第 148 团

步兵第 107 师（只计入损失）

    反坦克枪第 123 营（只计入损失）

    反坦克枪第 130 营（只计入损失）

✳ 1943 年 7 月 11 日，第 7 装甲师继续扩大侧翼

时长：1 天　　　　正面宽度：5.5 千米　　　　地形：丘陵，混合

天气：多云、有风且凉爽，正午气温为 22℃；公路状况好

	进攻方	防御方
部队番号	第 7 装甲师	近卫步兵第 94 师
配属兵力	见下文	反坦克歼击炮兵第 31 旅
总兵力	20353	9585
装甲车辆（辆）	70（含 4 辆轻型坦克）	0
火炮（门）	164	82
空军（架次）	8	夜间 22
减员（人）	21（3 人阵亡、18 人负伤）	354（116 人阵亡、150 人负伤、88 人失踪）
战车损失（辆）	23	0
火炮损失（门）	2	21
俘虏（人）	不详	0

德军配属兵力

第 9 工兵营 B 型架桥纵队

第 505 工兵营第 1 B 型架桥纵队

第 843 工兵营 J 型架桥纵队

第 99 高炮团团部

第 38 高炮团 1 营

第 38 高炮团 2 营

第 91 高炮团轻型高炮营

第 62 炮兵团 2 营——7 月 11 日配属

第 54 火箭炮团 1 营

第 54 火箭炮团 2 营

第 54 火箭炮团团部

第 204 情报队（不含）

第 503 重装甲营 3 连

调走的部队

第 78 炮兵团观测炮兵连

德军第 3 装甲军直属部队

第 601 工兵团团部

第 674 工兵团团部

第 925 架桥指挥部

第 127 工兵营（欠 1 个连）

第 531 架桥营

第 110 工兵营 B 型架桥纵队

第 602 工兵营 B 型架桥纵队

第 538 筑路营的 1 个连

第 153 高炮团团部

第 3 炮兵指挥部

第 612 炮兵团团部

第 62 炮兵团 2 营——7 月 11 日配属到下属部队

第 71 炮兵团 2 营

第 837 重型炮兵团

第 52 火箭炮团团部——7 月 11 日配属给该军

第 52 火箭炮团 1 营——7 月 11 日配属给该军

第 52 火箭炮团 2 营——7 月 11 日配属给该军

第 52 火箭炮团 3 营——7 月 11 日配属给该军

第 13 轻型观测炮兵连的 1 个排

第 19 装甲炮兵团观测炮兵连（第 19 装甲师）

第 76 装甲炮兵团观测炮兵连（第 6 装甲师）

第 2 油料纵队

第 545 装甲抢修排

第 503 重装甲营营部——7 月 11 日配属到下属部队

第 503 重装甲营 2 连——7 月 11 日配属到下属部队

注释

1. 迪特尔·布兰德少将于 2000 年 3 月 8 日采访了退役少将里夏德·冯·罗森男爵。罗森生于 1922 年 6 月 28 日，1940 年时他成了第 35 装甲团的候补军官，1941 年时他随该团在第 4 装甲师建制内加入了俄罗斯战局，1942 年时他在第 502 重装甲营 2 连（原第 503 重装甲营 3 连）内被晋升为少尉排长，1942 年时他参加了在卡尔梅克草原的作战行动（卡尔梅克草原是伏尔加河下游与库马河盆地之间、里海盆地西面的半干旱沙漠地带）。库尔斯克会战后，他继续服役直到战争结束，期间曾五次负伤，并获金质德意志十字勋章、一级和二级铁十字勋章、金质战伤章①和三级坦克战证章②。他在战后学习农业知识，又自 1952 年起担任联邦德国政府顾问，于 1956 年领上尉军衔加入联邦德国国防军陆军，于 1982 年以少将军衔退役。

2. 这里对近卫步兵第 223 团的描述有些不确定，因为该团隶属于近卫步兵第 78 师。近卫步兵第 81 师下属 3 个近卫步兵团的番号为第 233、第 235 和第 238。原因可能是原始档案中的笔误（国防部中央档案馆，第 69 集团军全宗，第 10753 目录，第 133 卷宗）。另外，此处应该是各部队在 14:00 时的位置。
   7 月 9 日 10:00，近卫步兵第 78 师报告称，近卫步兵第 223 团位于巴特拉茨卡亚林场—格列米亚奇一线（国防部中央档案馆，第 1225 全宗，第 1 目录，第 15 卷宗，第 20 页）。③

3. 里夏德·冯·罗森在其 2018 年回忆录《装甲王牌：铁十字勋章装甲指挥官从巴巴罗萨到诺曼底的回忆》（伦敦）（*Panzer Ace: Memoir of an Iron Cross Panzer Commander from Barbarossa to Normandy*）第 212—214 和第 220—222 页有更详细却略有不同的描述。他在此书中给出的负伤日期是 7 月 11 日。

4. 大部分损失数据出自美国国家档案馆微缩胶片（NAM）T.312, R58 第 004374 页的《1943 年 7 月 9 日清晨坦克状况》（*Panzerlage am 9.7.43 früh*）和《1943 年 7 月 10 日清晨坦克状况》（*Panzerlage am 10.7.43 früh*）。第 6 装甲师于 7 月 9 日清晨有 70 辆坦克可以出动，而 7 月 10 日清晨时就只有 22 辆（但没有报告 7 辆Ⅱ号坦克的情况）。第 19 装甲师在 7 月 9 日和 10 日清晨分别有 36 辆和 13 辆。这里还有该师其他几天的每日实力报告。第 503 重装甲营在 7 月 9 日和 10 日清晨分别有 33 辆和 14 辆Ⅵ号"虎"式坦克，损失 19 辆。第 228 突击炮营在 7 月 9 日和 10 日清晨分别有 23 辆和 11 辆，也就是说，有 12 辆于 7 月 9 日损毁。

5. 资料源自国防部中央档案馆，第 69 集团军全宗，第 10753 目录，第 133 卷宗，第 11 页。显然报告中的数字并不准确，实际伤亡与损失数要高得多。

6. 进攻部队应该属于近卫步兵第 15 师。当日所有报告都认为近卫步兵第 73 师位于巴特拉茨卡亚林场及其南面，而 7 月 8 日时在这里战斗的是该师近卫步兵第 214 团。

7. 赫尔曼·布赖特著《1943 年 7 月哈尔科夫会战期间装甲军突破俄军纵深梯次防御》第 8 页。

8. 7 月 10 日 07:00 的第 183 号报告指出，5 辆可以出动的丘吉尔坦克中有 2 辆在 7 月 9 日烧毁。后来又有报告称当日有 1 辆被烧毁，1 辆被击伤。报告显示有 3 辆可以出动，和次日报告情况一致。见国防部中央档案馆，近卫坦克第 2 军全宗，第 1 目录，第 32 卷宗，第 188 和 192 页。

9. 维克多·斯捷潘诺维奇·科兹洛夫上校那时候居住在莫斯科州的谢尔宾卡（Shcherbinka）。瓦列里·阿基莫夫（Valerii Akimov）上校在 1999 年采访了他。

10. 关于这天有两份不同的伤亡报告，一份显示有 303 人阵亡、2077 人负伤（合计 2380 人），另一份显示为 333 人阵亡、976 人负伤、1906 人失踪（合计 3215 人）。另外马匹还有 141 匹死亡、88 匹失踪。这些很可能是截

---

① 译者注：Verwundetenabzeichen in Gold。
② 译者注：其 2018 年英文版回忆录等资料显示，他获得的是二级坦克战证章（Panzerkampfabzeichen），即战果为 25—49 辆之间，而三级战果需要为 50—74 辆。
③ 译者注：在近卫第 7 集团军 7 月 6—11 日地图和扎穆林著《燃烧的弧形地带中被遗忘的战斗》（*Забытое сражение Огненной Дуги*）中的 7 月 9 日地图里均显示近卫步兵第 238 团在旧城一带布防。

至 7 月 10 日时多日的损失汇总。不过数字还是非常大，而且可能包括了 7 月 10 日的损失。

11. 这是我们对近卫步兵第 81 师 12 场战斗的简单统计。该师只占参战兵力的一半不到，所以其他部队也应享有部分荣誉。

12. 马丁·翁赖因（Martin Unrein）上校是第 4 装甲掷弹兵团团长。

13. 该战斗群应该是以第 6 装甲师第 114 装甲掷弹兵团团长康斯坦丁·罗加拉·冯·比贝尔施泰因（Konstantin Rogalla von Bieberstein）少校命名的，他于 7 月 14 日阵亡，因在库尔斯克会战中的表现于 7 月 24 日被追授骑士十字。

14. 弗里德里希·昆廷（Friedrich Quentin）少校是第 6 装甲侦察营营长。他在 1943 年 2 月 8 日获得骑士十字勋章。

15. 俘虏数应该包含了苏军报告的在与第 19 装甲师交战中失踪的人员，因为第 429 步兵团大部分兵力此时仍被配属给了该装甲师。

16. 该数据应该有些高。大部分损失出自近卫步兵第 92 师战报中的当日总估计损失——2141 人。该师此时明显有大量减员，7 月 9 日时该部有 8430 人（国防部中央档案馆，第 1260 全宗，第 1 目录，第 13 卷宗，第 108 页），10 日为 5249 人（国防部中央档案馆，第 906 全宗，第 1 目录，第 211 卷宗，第 204 页）。有一份报告显示该师在 7 月 10 日有 303 人阵亡、2077 人负伤，另一份报告认为这天有 333 人阵亡、976 人负伤、1906 人失踪。

17. 苏军损失看上去很大。近卫步兵第 94 师的损失是将 7 月 7—10 日阶段损失报告数字计算日平均值得出，该报告中的相关数字被平均分配到所述的四天。因此需要说明的是，以上数据中的总减员数没有问题，但不一定发生在前面归属的某一天。第 7 装甲师在前几天给苏军造成的减员相对较低。

18. 见美国国家档案馆微缩胶片（NAM）T.312，R197 第 1362 页。备注的签名为"1a"加上字迹模糊的署名，下面还有一些手写的备注。

19. 这部分记录得到第 168 步兵师老兵洛塔尔·蔡德勒（Lothar Zeidler,）访谈的佐证——作者于 2002 年在马里兰州帕克大学的国家档案馆采访了他。他回忆说，部队渡过了河，然后沿铁路线行进到"内裤"树林，一路没有遇到抵抗。洛塔尔·蔡德勒博士 1924 年 2 月生于柏林，1943 年加入德国陆军。1943—1945 年年间在第 168 步兵师在东线服役，曾两次在战斗中受伤。在库尔斯克会战期间，他隶属于师属侦察营。1949 年，在柏林空运期间于飞机失事中生还后，作为交换生前往美国。在新泽西州的罗格斯大学（Rutgers）以教授身份退休。

20. 该团 7 月 11 日报告有 9 人阵亡、9 人负伤、20 人失踪，有 14 辆 T-34 和 3 辆 T-70 被烧毁。比对之前的战报，该团现在只剩 5 辆 T-34 和 5 辆 T-70 了。不过次日他们报告说还有 3 辆 T-34（全部在修）和 1 辆 T-70（见国防部中央档案馆，独立坦克第 148 团全宗，第 661360 目录，第 3 卷宗，第 80—82 页）。近卫第 7 集团军报告指出，7 月 9 日时有 19 辆可用的 T-34 和 8 辆 T-70，另有 1 辆 T-34 在修（见国防部中央档案馆，第 341 全宗，第 5312 目录，第 104 卷宗，第 32—82 页）。因此他们在 7 月 11 日或者之前又损失了 10 辆坦克。我们在这里将其算作 7 月 11 日的损失。

21. 托马斯·L.延茨《装甲兵：德国坦克兵创建和作战运用完全指南，1933—1945》第 90 页。

22. 与初始兵力相比，第 168 步兵师、第 6、第 7 和第 19 装甲师分别下降了 10.0%、3.9%、8.5% 和 12.8%。

1943 年 7 月 11 日的态势

第七章

到 1943 年夏、库尔斯克会战之前的时候，苏联武装力量无论在数量上还是质量上都超过了德国法西斯军队。

——苏联元帅格奥尔基·康斯坦丁诺维奇·朱可夫，1967 年[1]

德军的 7 月 12 日计划

实际上德军的正在逐渐失去冲劲。第 48 装甲军在最近三天一直将 2 个装甲 / 装甲掷弹兵师用于西面和西南面,其麾下只有第 11 装甲师向北推进。7 月 11 日上午,第 11 装甲师停止了进攻,不过下午还是有一些进展。

至于 SS 第 2 装甲军,它仍有 2 个装甲掷弹兵师在向前推进,但其在侧翼的 1 个师进攻速度已经逐渐下降。警卫旗队师也停止了攻击。因此,全部 6 个装甲 / 装甲掷弹兵师中只有 3 个在向北进攻,有 2 个实际上已经停了下来。

而第 3 装甲军倒是有 2 个装甲师在向前推进,其中一个在侧翼,但其可用坦克数少得惊人。该装甲军的攻击力量已经被严重削弱,并且从未按照计划掩护第 4 装甲集团军的侧翼。该装甲军甚至尚无希望冲到一个重要到可以影响局势的位置。

德军在开战头三天进展最顺利,然后就慢了下来。表 7.1 清楚显示出了各师每日的推进距离（不考虑方向）。

表 7.1 各师每日推进距离（千米）

	第 3 装甲师	大德意志师	第 11 装甲师	警卫旗队师	帝国师	髑髅师	第 6 装甲师	第 19 装甲师	第 7 装甲师	日均值
7 月 5 日	3.8	6.3	3.6	10.7	6.8	6.7	2.7	3.7	2.3	5.2
7 月 6 日	3.5	7.2	12.0	6.8	13.6	4.9	6.5	5.9	9.0	7.7
7 月 7 日	13.2	9.0	7.7	7.6	6.0	4.9	4.9	8.1	11.4	8.1
7 月 8 日	15.0	5.4	6.8	5.6	0.0	0.0	9.0	5.5	0.0	5.3
7 月 9 日	2.4	2.7	10.6	5.1	0.0	0.0	0.0	0.0	0.0	2.3
7 月 10 日	5.1	8.1	1.4	0.0	0.0	0.0	2.6	0.0	0.0	1.9
7 月 11 日	10.8	6.8	0.0	4.1	3.3	6.9	11.1	0.0	4.2	5.2
合计	53.8	45.5	42.1	39.9	29.7	23.4	36.8	23.2	26.9	35.7

面对这些问题,7 月 11 日上午,冯·曼施泰因、霍特和肯普夫在后者位于多尔宾诺（别尔哥罗德西南 15 千米处）的司令部会面,商讨作战行动。根据会议纪要,肯普夫指出,第 7 装甲师将在当天拿下舍伊诺,然后他们将可以用 3 个装甲师（在 7 月 12 日？）突破他们判断的、位于萨贝尼诺以东的苏军最后一道防线。然后第 3 装甲师就可以向北推进,与第 4 装甲集团军会师,肯普夫还说,布赖特（第 3 装甲军军长）确信进攻会取得进展。

冯·曼施泰因指出,肯普夫集团军级支队的任务仍然是掩护第 4 装甲集团军的侧翼。也就是说，第 3 装甲军必须推进到普罗霍罗夫卡东南地域。此时他怀疑第 3 装甲军是否有能力独力向北进攻，或者说是否需要第 4 装甲集团军予以配合向南发动攻击。肯普夫认为只有拿下萨贝尼诺以东高地后（最早也要在当晚）才能见分晓。

霍特也汇报了当前态势，表示希望撤下大德意志师，让其于 7 月 13 日在佩列瑟皮渡过普肖尔河。冯·曼施泰因指出，第 4 装甲集团军必须尽快以不少于 1 个装甲师的力量向南进攻。此外现在仍可以向东北面继续推进，之后就很难了，因为苏军可能在此投入了新锐装甲部队。如果第 3 装甲军无法杀过来，冯·曼施泰因将会让其转入防御，然后要么用于右翼，要么用于奥博扬以北及以西地域。他还说，第 24 装甲军预计将于 7 月 17 日赶到，如果不将第 3 装甲军投入到西面，大概会将之部署在西方。

霍特仍然倾向于让 SS 第 2 装甲军向东北方向进攻，并建议让第 24 装甲军向南进攻，但冯·曼施泰因觉得该军到达时已经太晚，建议霍特用第 167 步兵师支援第 3 装甲军，至少先冲到萨日诺夫斯基顿涅茨河。[2]

第 856 号作者对于此次会议的说法不同。他表示，肯普夫将军考虑到部队战斗力严重下降、东面侧翼威胁增加以及缺乏预备队，不宜继续进攻。冯·曼施泰因决定等见到布赖特后再做定论。结果布赖特对形势非常乐观，原因也许是他的部队在前几天取得了一些战术胜利，因此第 3 装甲军接到命令继续进攻。[3] 布赖特在战后的文章中还提到，冯·曼施泰因曾在 7 月 11 日到过他的指挥所（别尔哥罗德以东 7 千米处，不过也在当天转移到了其他地方），并且"勉强统计继续进攻。"另外"德军总体形势变得严峻起来，部队必须准备好调到战线其他地段。"[4]

按照时任南方集团军群参谋长的布塞少将战后的说法（与布赖特、第 856 号作者的文章收录在同一本书中），霍特还建议继续进攻，即两个集团军协同作战，目标限定为消灭普肖尔河南岸苏军。布塞认为冯·曼施泰因也持相同观点，而且其在与布赖特会面后决心继续进攻也是出于与霍特同样的目的。[5] 笔者很难评判这一说法，因为它和会议纪要之间有差异，而且次日作战行动和命令都是让部队继续渡过普肖尔河。

这几位高级将领之间的商谈值得玩味，原因有以下几点：第一，第 4 装甲集团军的右翼是讨论重点；第二，既然冯·曼施泰因打算让 SS 第 2 装甲军和第 3 装甲军会合，这就预示了要实施"罗兰"行动（Roland）；第三，档案提供了第 24 装甲军预定到达的日期和地点，此时其两个师正在前往哈尔科夫，预计次日抵达；第四，有迹象表明冯·曼施泰因判断苏军会调集更多装甲部队来阻止 SS 第 2 装甲军向东北进攻；第五，笔者怀疑冯·曼施泰因是否真的已经放弃突向库尔斯克，而只将重点放在主攻方向侧翼的作战行动上。不过显然他们决心现在才去继续进攻的主要原因，在于布赖特对局势的判断。

现在的进攻正在逐渐失去力量。大部分原因在于部队转向了侧翼，而这一问题又无法被迅速解决。德军次日还在尝试重新向前推进，但这只可能是逐渐实施且精心组织的进攻，而非大胆穿插。

第 48 装甲军打算让大德意志师和第 11 装甲师一起向奥博扬突击。但大德意志师不可能在 7 月 12 日下午前进入出发阵地，换言之，实际上也不可能在当天取得重大进展。

而 SS 第 2 装甲军则打算先拿下 252.4 高地，然后警卫旗队师才能继续向普罗霍罗夫卡推进。这就意味着髑髅师应当首先向东北前进六千米，然后转向，再次渡过普肖尔河，向东南面再推进三千米，即在 7 月 12 日要推进九千米。德军全部 9 个装甲师之前 7 天的战斗中只有 12 次（共统计有 63 次）可以达到这个速度，而且大部分情况下只是利用前一天的战果发展胜利而已。面对苏军的顽强抵抗，德军显然不可能在一天之内推进这么远，也不可能在 7 月 12 日下午前拿下 252.4 高地，最快也只能在 7 月 13 日。

既然警卫旗队师准备在斯图卡周密空袭和髑髅师拿下 252.4 高地之后才进攻普罗霍罗夫卡，那么他们在 7 月 12 日的前半天只能停下来。实际上该师无论如何也不可能在 7 月 12 日晚些时候之前冲进普罗霍罗夫卡，而且这个村子非常大，即便进驻了也无法在当天就肃清。也就是说，SS 第 2 装甲军在未来两天内最多推进八千米。这还没有把苏军正在普罗霍罗夫卡村内及周边展开的 3 个新锐坦克/机械化军算进去，因为那时候德军对此一无所知。

至于第 3 装甲军，则终于在 7 月 11 日晚接到了集中全力向西北方向推进，渡过顿涅茨河并支援 SS 第 2 装甲军合围苏军第 69 集团军的命令。[6] 虽然该军应当掩护第 4 装甲集团军的侧翼，但他们还没有集中其足够的兵力来肃清顿涅茨河三角地带，更不要说冲到某个重要地点了。而且该军伤亡很大，未来难有很大作为。

第 4 装甲集团军在后面两天内也不可能突破苏军防线，最多也就是将其击退一定距离，然后双方各有损失而已。即便如此，很多德国军人觉得他们即将突破到奥博扬、普罗霍罗夫卡甚至库尔斯克。第 48 装甲军早在 7 月 7 日就有这种想法，这也是警卫旗队师抱怨无法在 7 月 11 日拿下普罗霍罗夫卡而表现得颇为沮丧的深层原因。但是，7 月 12 日的事情将会给他们当头棒喝。[7]

总结

当 7 月 11 日夜幕降临时，德军的进攻出现了一些问题。在最左侧，第 52 步兵军战线长度已经到了极限。只有 9 个作战营[8]的第 57 步兵师要负责约 40.9 千米长的战线。该军另外 2 个师也拉得很长，先头第 332 步兵师仍然无法赶到 258.5 高地以掩护第 48 装甲军左翼。

第 48 装甲军曾让 3 个师中的 2 个偏离主攻方向，现在又要继续向北推进了。不过第 3 装甲师基本上需要在 258.5 高地附近对抗苏军大量装甲部队，以掩护军的左翼。这样实际上只有大德意志师和第 11 装甲师向北进攻。前者无法在 7 月 12 日下午之前调整完部署，而后者当天的攻势已经陷入停顿，没有友军配合也无法独力顺利进攻。鉴于其当面苏军兵力仍十分可观，第 48 装甲军的攻势实际上已经停止，最多可以付出一定伤亡、慢慢取得一定进展而已。

在最右翼，菲斯军艰强把守着一道漫长的战线，问题不大，但也几能就地防守，无法参与进攻。此时第 3 装甲军损失较大，已经精疲力竭，可用坦克数只有最初的 39%。此外，该军还要克服北顿涅茨河障碍以及大量苏军的阻击，他们已经无力继续进攻，很快将停止前进。

只有中央地段的战况尚可期待，因为 SS 第 2 装甲军已经将苏军击退很远，可以通过普肖尔河桥头堡继续推进，并穿过普罗霍罗夫卡继续推进，并且有希望取得重大胜利，为另外两个装甲军创造有利条件。不过也有几个问题：首先，该军于之前几天一直在开阔地形战斗，而现在要在普肖尔河周围起伏较大的地形作战，并且穿过东北面的普罗霍罗夫卡，而且进攻正面宽度也缩小到了 6 千米；其次，党卫军的右翼战线被拉得很长，第 167 步兵师战线宽度为 20 千米左右，帝国师战线也有 10 千米，所以帝国师装甲群也无法全力向前穿插；再次，警卫旗队师现在停止了进攻，需要等待髑髅师从侧翼打击普罗霍罗夫卡之敌后才能继续前进。

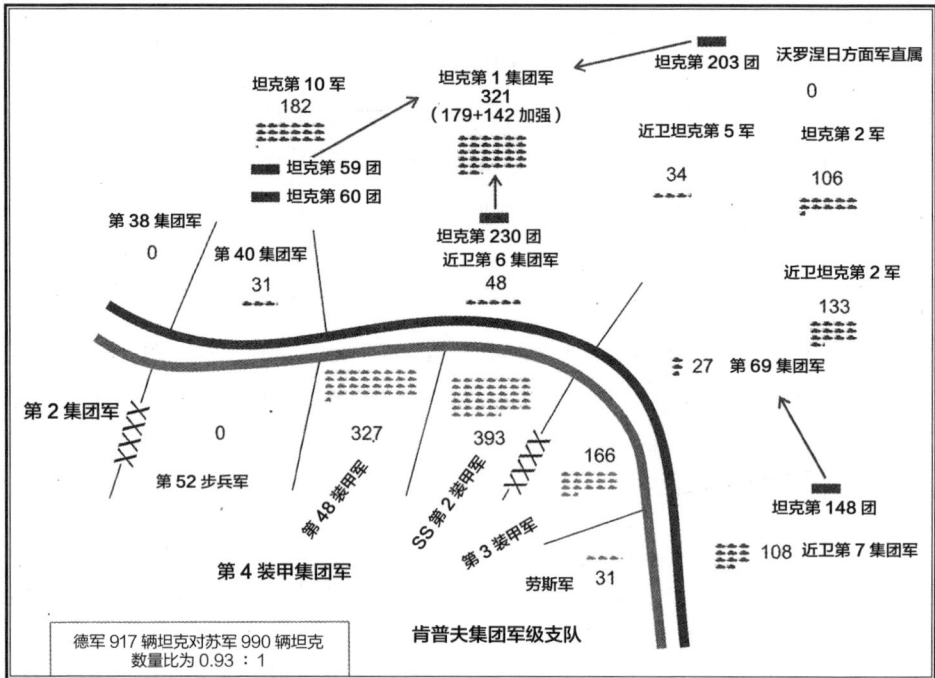

1943 年 7 月 9 日晚，库尔斯克南线战车实力对比

最后，苏军新锐的近卫第 5 和近卫坦克第 5 集团军正在向普肖尔河北岸和普罗霍罗夫卡地域赶来以阻击 SS 第 2 装甲军。实际上，德军的库尔斯克会战已经结束了，其攻势已经被遏制住了。苏军正在投入足够多的预备队，德军之后几天的推进速度越来越慢，最后只能虎头蛇尾，戛然而止。现在发生的将是另一场战斗，即史上规模最大的坦克战之一——宏大的普罗霍罗夫之战。

对比来看，德军在开战时有 1707 辆战车，而苏军有 1537 辆，二者之比为 1.1 ：1。大约 7 天之后，德军战车数下降到 978 辆，苏军仍有 804 辆（含增援的坦克第 2 军和第 10 军、坦克第 180 旅和第 192 旅，7 月 4 日时合计有 448 辆战车），约为 1.2 ：1。到 7 月 11 日时，德军只剩 731 辆，而苏军只剩 1181 辆。德军与苏军的损失之比为 1.62 ：1，德军占优势。

上述兵力不含近卫坦克第 5 集团军的 3 个军和重型自行火炮第 1549 团，这些部队合计有 677 辆坦克和自行火炮，即将赶到战场。

沃罗涅日方面军直属
0

坦克第 10 军
182

坦克第 1 集团军
277
（171+106 加强）

近卫坦克第 5 军
35

坦克第 2 军
69

第 38 集团军
0

第 40 集团军
28

近卫第 6 集团军
12

坦克第 96 旅

近卫坦克第 2 军
139

54 第 69 集团军

第 2 集团军

第 52 步兵军

第 48 装甲军
338

SS 第 2 装甲军
417

第 3 装甲军
186

123 近卫第 7 集团军

第 4 装甲集团军

劳斯军
37

肯普夫集团军级支队

德军 978 辆坦克对苏军 919 辆坦克
数量比为 1.06 : 1

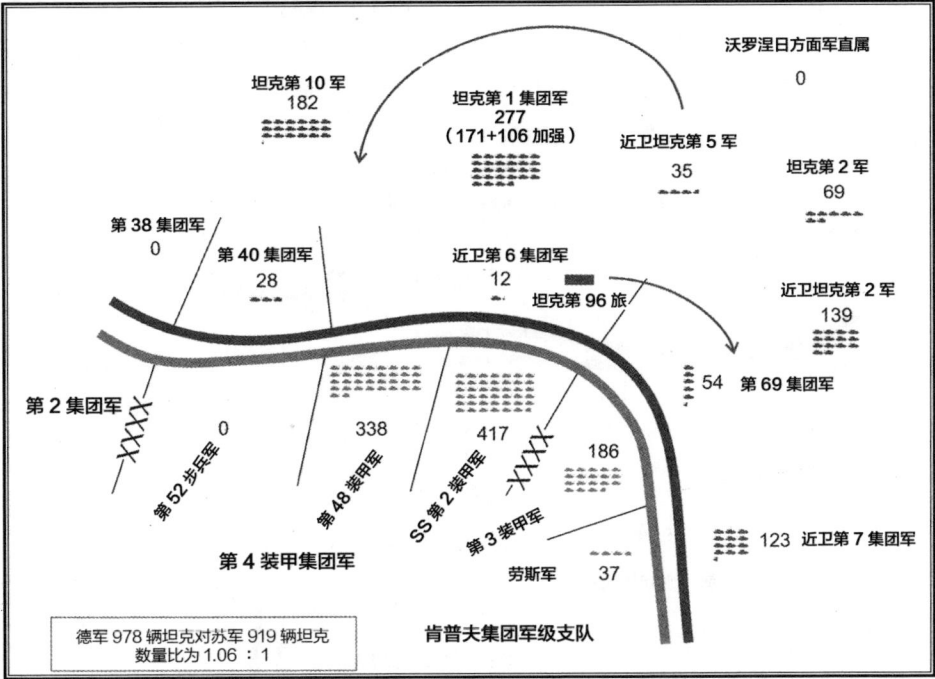

1943 年 7 月 10 日晚，库尔斯克南线战车实力对比

此时德军已经损失了 23903 人（3773 人阵亡、19273 人受伤、857 人失踪）。其当面的苏军则减员 66233 人（14191 人阵亡、32446 人负伤、19596 人失踪）。苏德损失比为 2.77 : 1，德军占优势。

再来看苏军方面的数据，在战车交换比上要比在人员交换比上好看一些。他们有 1519 辆坦克和自行火炮被击毁、击伤或失去行动力，而德军只有 1124 辆。[9] 二者交换比为 1.35:1。不过德军仍然有相当数量的战车，而且其回收和维修工作相当出色。因此，德国陆军一直维持着相当强大的进攻能力，开战时 53% 的战车此时仍可出动。然而最近 4 天的苏军坦克兵却做不到这一点。沃罗涅日方面军在这 4 天里损失了 889 辆坦克和自行火炮，其当面的德军损失了 426 辆。这种在更加开阔平坦的地形上的战斗让德军获得了 1 : 2.09 的交换比。加上调来增援的部队，苏军仍然可以在战场上维持 1.4 : 1 的战车数量优势，足以挡住德军了。

最后，德军在战役头两天有一个优势，即可以用全部 16 个师打击沃罗涅日方

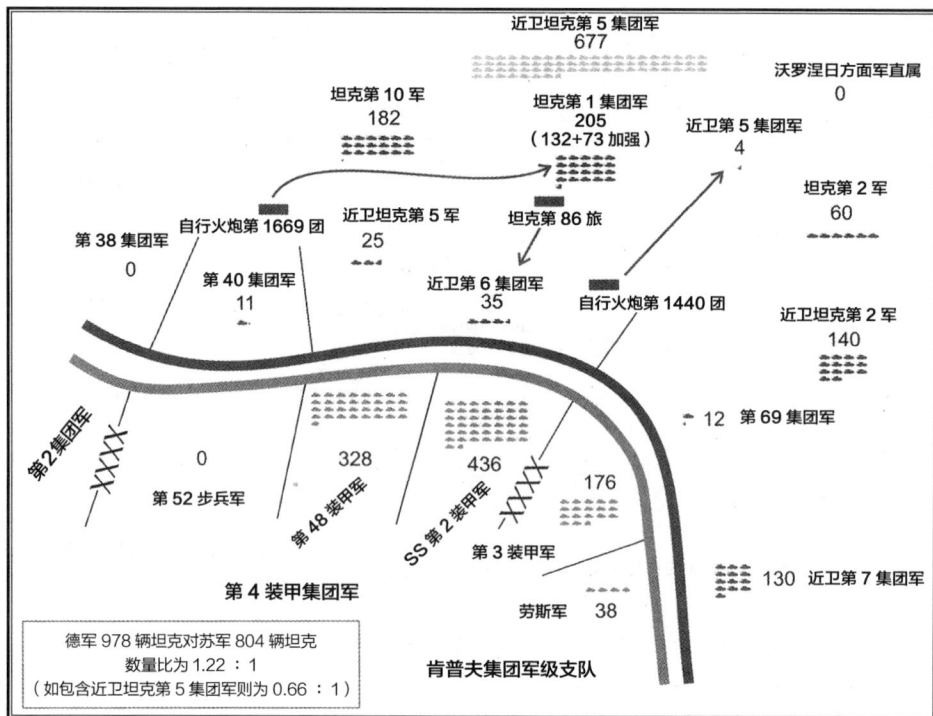

近卫坦克第5集团军
677

沃罗涅日方面军直属
0

坦克第10军
182

坦克第1集团军
205
（132+73加强）

近卫第5集团军
4

坦克第2军
60

自行火炮第1669团

近卫坦克第5军
25

坦克第86旅

第38集团军
0

第40集团军
11

近卫第6集团军
35

自行火炮第1440团

近卫坦克第2军
140

12 第69集团军

第2集团军

第52步兵军
0

第48装甲军
328

SS第2装甲军
436

第3装甲军
176

130 近卫第7集团军

第4装甲集团军

劳斯军
38

肯普夫集团军级支队

德军978辆坦克对苏军804辆坦克
数量比为1.22：1
（如包含近卫坦克第5集团军则为0.66：1）

1943年7月11日晚，库尔斯克南线战车实力对比

面军，而后者却要花上几天时间才能将所有兵力投入战斗。因此，双方每日参战兵力并非总兵力。随着战斗的进行，起初在战场上占数量优势的德军渐渐发现自己反而处于劣势了。在苏军从草原方面军抽调兵力参战之前，德军（进攻方）有1.29：1的参战兵力优势。而随着近卫第5集团军和近卫坦克第5集团军加入战团，该比值下降至0.88：1，这样德军就要面对开战以来劣势最大的兵力对比。

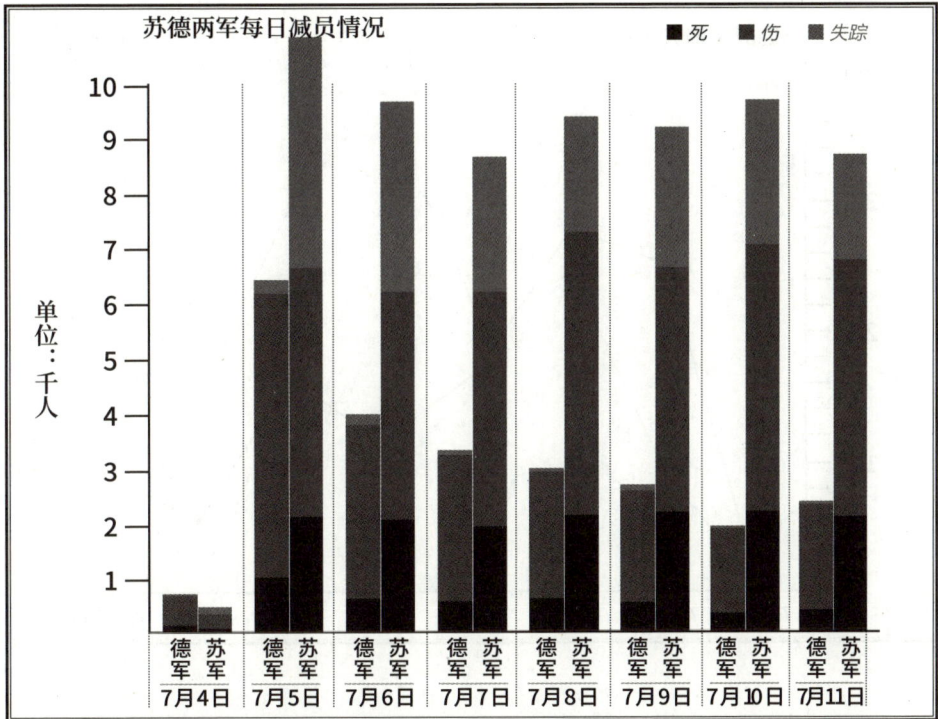

苏德两军每日减员情况

■ 死　■ 伤　■ 失踪

单位：千人

	德军	苏军	德军	苏军	德军	苏军	德军	苏军	德军	苏军	德军	苏军	德军	苏军	德军	苏军
	7月4日		7月5日		7月6日		7月7日		7月8日		7月9日		7月10日		7月11日	

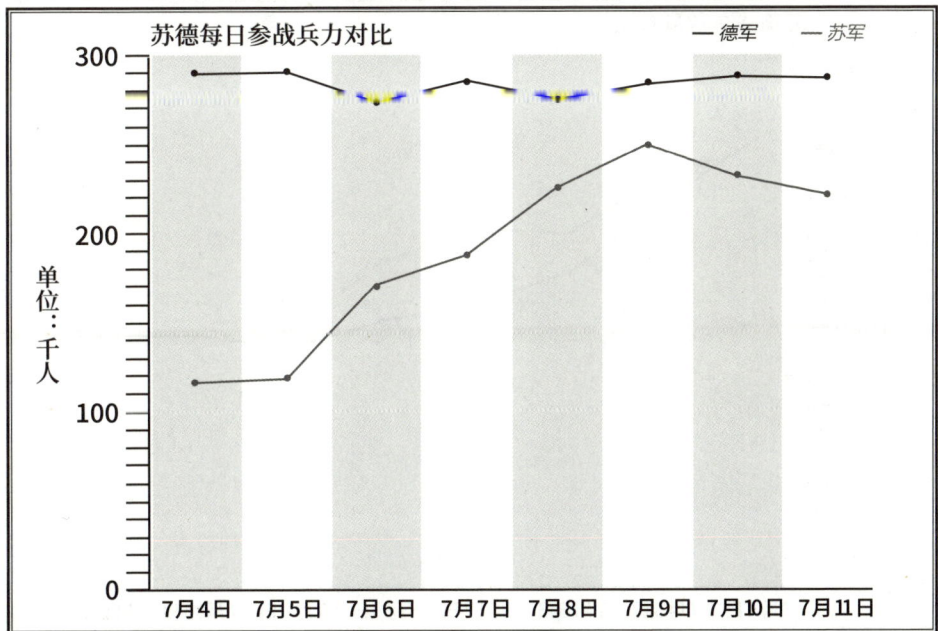

苏德每日参战兵力对比

— 德军　— 苏军

单位：千人

7月4日　7月5日　7月6日　7月7日　7月8日　7月9日　7月10日　7月11日

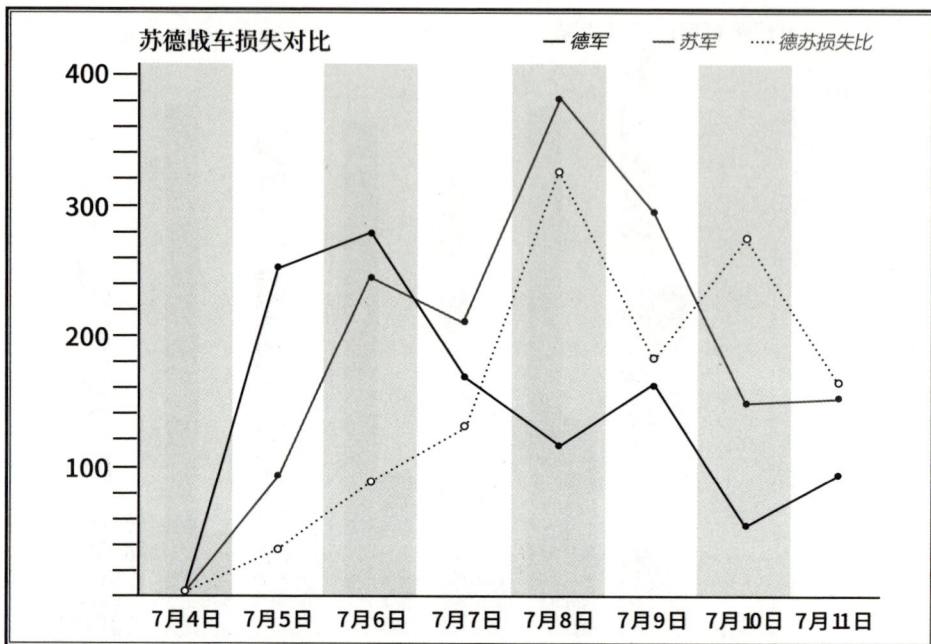

苏德战车损失对比 —德军 —苏军 ……德苏损失比

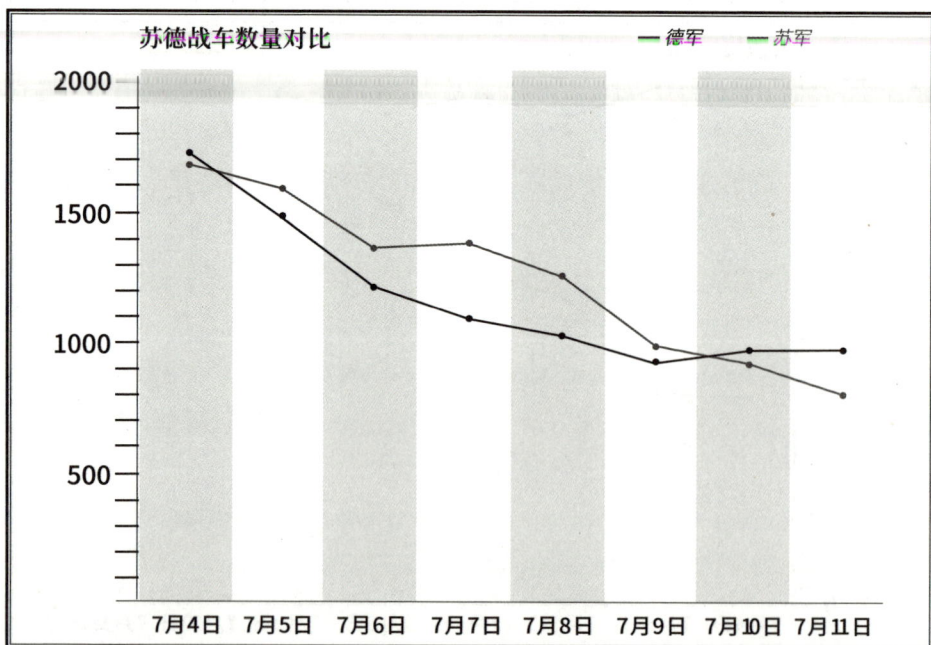

苏德战车数量对比 —德军 —苏军

294

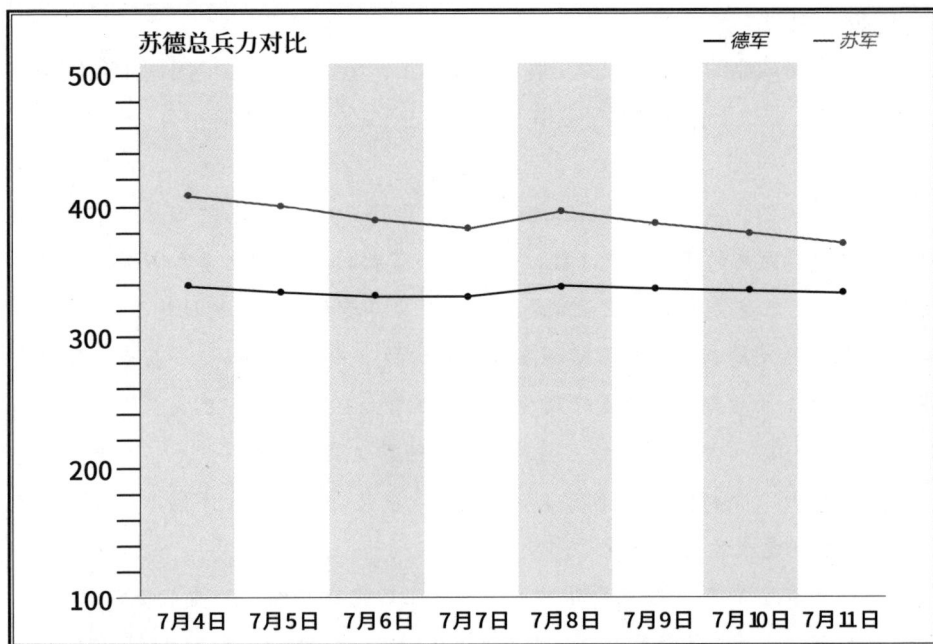

苏德总兵力对比 — 德军 — 苏军

需要注意的是，以上苏军方面数据不含近卫第5集团军和近卫坦克第5集团军，以及未参战的第38集团军部队，但自7月8日起又包含坦克第2和第10军兵力。沃罗涅日方面军其余参战兵力也计入，尽管其中部分直到几天后才积极参战。[10]

❀ 其他德军坦克王牌

大批即将成名的德军"坦克王牌"也参加了"堡垒"战役，其中就有德军坦克王牌前十名（取决于你认可哪份名单）中的第3—5名。这些王牌中有：

恩斯特·巴克曼（Ernst Barkman）：巴克曼于1919年8月25日生于石勒苏益格—荷尔斯泰因省的基斯多夫（Kisdorf）的一家农户，于1936年加入党卫队日耳曼尼亚旗队。巴克曼参加过波兰战局，当时是日耳曼旗队9连的机枪手，负过伤。1941年秋，巴克曼在第聂伯彼得罗夫斯克的战斗中再次负伤，并获得二级铁十字勋章。1941年后期，巴克曼转到荷兰担任教官。1942年初，巴克曼进入装甲团服役，又于1942年冬回到东线，并转入帝国师第2装甲连担任炮手，后升任Ⅲ号坦克车长。1943年初，巴克曼在哈尔科夫会战中获得一级铁十字勋章。库尔斯克会战中，巴克曼在帝国师服役。

库尔斯克会战后，巴克曼转入第4连，此后至战争结束一直指挥豹式坦克。1943年后期，巴克曼被晋升为党卫队三级小队副。1944年初，巴克曼随帝国师转到法国进行休整，于同年6月参加了诺曼底之战。在这里，他与美军进行了多次坦克战，为自己赢得了声誉，其中最著名的一战就在所谓的"巴克曼之角"。他也因为这些作战行动而于1944年8月27日被授予骑士十字勋章。之后在阿登攻势中，巴克曼于圣诞节当天受重伤。至1945年3月，巴克曼回到了东线战场，但于同年4月遭到友军误击而再次负伤，战争结束时，巴克曼成功跑到英军地段投降。他的战果数超过82辆。

巴克曼战后回到基斯多夫，曾担任消防队长和镇长。2009年6月27日，89岁的巴克曼去世。

于尔根·勃兰特（Jürgen Brandt）：勃兰特于1921年9月2日生于石勒苏益格—荷尔斯泰因省的伦茨堡。他在警卫旗队师"虎"式坦克连3排，接受米夏埃尔·维特曼的指挥，于战后宣称战果为47辆。1944年12月24日，勃兰特在阿登（突出部之战）被打死。1945年1月13日，勃兰特被追授金质德意志十字勋章。

保罗·埃格（Paul Egger）：埃格于1916年11月26日生于奥地利施泰尔马克州的毛特恩（Mautern）。1938年，埃格加入德国空军之前担任职员，后于波兰战局中担任斯图卡飞行员，于法国战局和不列颠之战中担任战斗机飞行员，共出动 112 次，击落 2 架敌机，被击落三次。最后一次负伤导致他转而从事文职工作。

1941 年 5 月，埃格加入党卫军，后进入帝国师担任坦克车长。埃格在基辅会战中崭露头角，到 1943 年初的哈尔科夫会战时其战绩已经达到 65 辆。他随帝国师参与了库尔斯克会战，有照片显示，1943 年 7 月 5 日时他在贝科夫卡附近。

埃格在东线一直服役到 1944 年，然后作为排长随党卫军第 102 重装甲营前往诺曼底作战。埃格于 1945 年重返东线，到战争结束时已经晋升为党卫队中级突击队长，担任连长。在战争的最后几天，也就是 1945 年 4 月 28 日，他被临时授予了骑士十字勋章。1945 年 5 月 3 日，埃格击毁了第 113 辆也是最后一辆敌战车，后逃出柏林，最后向美军投降。埃格于战争期间共九次负伤，是排名第七的坦克王牌。

埃格在战俘营被关了两年半，然后在德国从事体育记者工作。2007 年 7 月 12 日死于德国于伯林根（Überlingen，靠近德国—瑞士边境的康斯坦茨湖），死时 90 岁。

上尉克莱门斯－海因里希·冯·卡格内克（Clemens-Heinrich Graf von Kageneck）伯爵：卡格内克是少将卡尔·冯·卡格内克伯爵四个儿子中的长子，于 1913 年 10 月 17 日出生于柏林。战争初期，卡格内克在第 3 装甲师服役，1943 年 5 月开始他任职并指挥第 503 重装甲营，参加了库尔斯克会战。同年 7 月，卡格内克负伤，了 10 月叫回到了自己的部队，12 月他再次负伤，而于 1944 年 1 月回到原部队，但当月晚些时候又负伤了。1943 年 8 月 4 日，卡格内克获得骑士十字，1944 年 6 月 26 日，卡格内克获得橡叶饰。他在第 503 营的战斗都是在东线。

卡格内克的二弟弗朗茨·约瑟夫（Franz Joseph，1915—1941 年）于 1941 年 12 月在战斗中被击毙。两个星期后，三弟埃尔博（Erbo，1918 年 4 月 2 日—1942 年 1 月 12 日）——德国空军王牌（战果为 67 架，其中 47 架在东线）、橡叶骑士十字级铁十字勋章获得者——在北非空战中伤重不治。四弟奥古斯特（1922—2004 年）是一名记者和作家，没有死于战争。

卡格内克于 1944 年结婚，战后担任银行经理。他的妻子于 2003 年去世，自己于 2005 年 3 月 18 日死于德国黑森州巴特洪堡（Bad Homburg），死时 91 岁。他们育有 7 个子女、12 个孙子孙女。

海因茨·克林（Heinz Kling）：克林于 1913 年 9 月 10 日生于德国黑森州卡塞尔（Kassel）。党卫队上级突击队长克林在库尔斯克会战期间担任警卫旗队师"虎"式坦克连的连长。后担任党卫军第 101 重装甲营营长，继续指挥维特曼、文多夫、施陶德格尔和沃尔。他战绩为 67 辆或超过 51 辆。1951 年 9 月 30 日，克林淹死在康斯坦茨湖，死时 38 岁。

库尔特·克尼斯佩尔（Kurt Knispel）：德裔，克尼斯佩尔于 1921 年 9 月 20 日生于捷克斯洛伐克苏台德地区的萨利斯费尔德 [萨利索夫（Salisfeld）]。1940 年，克尼斯佩尔在汽车厂当学徒，于同年参军。1941 年 6 月，克尼斯佩尔转入战斗部队参加巴巴罗萨行动，在第 12 装甲师第 29 装甲团担任 IV 号坦克炮手。

克尼斯佩尔自 1943 年 1 月起开始驾驶"虎"式坦克，此时他已经有 12 个战果了。库尔斯克会战期间他在第 503 重装甲营 1 连。

克尼斯佩尔是战争期间战果最高的"'虎'式王牌"，其宣称战果为 168 辆。其中担任炮手时有 126 个，担任车长时有 42 个。1944 年 5 月 20 日，克尼斯佩尔获得金质德意志十字勋章。由于不守规矩，尽管四次被推荐授予骑士十字，但都未拿到。尽管身为德军第一坦克王牌，最高军衔却只是上士（Feldwebel）。1945 年 4 月 28 日在捷克斯洛伐克的兹诺伊莫（Znojmo）附近阵亡。①

鲁道夫·冯·里宾特洛甫（Rudolf von Ribbentrop）：里宾特洛甫在普罗霍罗夫卡之战时担任警卫旗队师第 6 装甲连连长，在库尔斯克会战期间至少有 14 个战果。7 月 20 日，里宾特洛甫获得骑士十字。为本书接受了采访。

少尉里夏德·冯·罗森（Richard von Rosen）男爵：罗森在库尔斯克会战期间随第 503 重装甲营参战。战果约为 30 个。他为本书接受了采访，其生平简介可见第六章相关注释。2013 年，罗森出版了自己的回忆录，在 2 年后死亡。[11]

---

① 译者注：据说他曾殴打一名虐待苏军战俘的别动总队（Einsatzgruppen）军官。他还多次与纳粹党高级官僚发生冲突，且一向无视条令，不修边幅，只是因为战绩过于骄人才没被送上军事法庭，这影响了他的官运，但克尼斯佩尔并不在乎。

阿尔弗雷德·鲁贝尔（Alfred Rubbel）：鲁贝尔于库尔斯克会战之前转入第503重装甲营。战争期间有超过60个战果。他曾写过多部关于"虎"式坦克及其部队的书，也为本书接受了采访，其生平简介可见第十一章相关注释。

弗朗茨·施陶德格尔（Franz Staudegger）：1923年2月12日生于奥地利克恩滕州（Kärnten）。库尔斯克会战期间在警卫旗队师"虎"式坦克连2排服役。7月8日，当全排出动时，他的座车失去行动力了。修复完毕去与部队会合时遭遇苏军进攻。据说他的"虎"式坦克独自遭遇了约50辆T-34。他打光了全部炮弹，击毁22辆坦克后全身而退。7月10日获得骑士十字级铁十字勋章，称为第一个拿到这一奖赏的"虎"式坦克手。后到希特勒的司令部接受召见。[12] 退役准将冈特·贝尔（Günter Baer，时任警卫旗队师第2装甲营坦克炮手和车长，笔者将在第九章注释第79介绍他的生平）在回忆中说：

"关于德军方面，我想提一下党卫队三级小队副施陶德格尔。我记得他的"虎"式坦克在252.2高地西南某个地方被敌火力击中，失去了行动力。在车组成员或死或伤的情况下，施陶德格尔独自击毁了敌人20辆坦克，这是苏军进攻部队的一部分，然后他又在近距离战斗中用磁性炸药击毁2辆。此事发生之后我就听说了，也在不久后见到了他的坦克。因为此战，施陶德格尔被授予骑士十字。"

后来施陶德格尔参加了诺曼底不打亚也呢，下战争期间获得超过36个战果

1991年3月16日，施陶德格尔死于德国法兰克福。

赫尔穆特·马克斯·恩斯特·文多夫（Helmut Max Ernst Wendorff）：文多夫于1020年10月20日生于德国勃兰登堡州的格劳温克尔（Grauwinkel）的一户农家。文多夫于1939年加入党卫队，于库尔斯克会战期间担任警卫旗队师"虎"式坦克连2排长，于战争期间有84个或95个战果，于1944年2月12日获得骑士十字勋章，于1944年8月14日在法国梅济耶尔（Mezieres）被击毙。

克拉夫特－赫尔穆特·瓦尔罗特（Kraft-Helmut Wallroth）：瓦尔罗特于1916年7月30日生于石勒苏益格－荷尔斯泰因州的弗伦斯堡（Flensburg）。库尔斯克会战期间，瓦尔罗特尚未担任大德意志师"虎"式坦克连连长，但于1943年1月13

日起就指挥该连，直到同年 8 月该连扩编为营。1944 年 2 月 3 日，瓦尔罗特被击毙。

巴尔塔扎·"博比"·沃尔（Balthasar "Bobby" Woll）：沃尔于 1922 年 3 月 1 日生于德国萨尔兰州（当时萨尔兰州由法国占领，1935 年回归德国）的韦默茨魏勒（Wemmetsweiler）。沃尔曾是电工学徒，于 1941 年 8 月 15 日加入党卫军髑髅师担任机枪手。1942 年初，沃尔受伤，后接受坦克炮手训练，并于同年后期担任维特曼的炮手，因此他早期一直在维特曼身边。沃尔在战争期间有 100 个战果，其中 81 个是在担任维特曼炮手时取得的（因此也被计算了两次）。1944 年 1 月 16 日，沃尔获得骑士十字勋章，是获得这一荣誉的唯一一名坦克炮手。诺曼底之战期间，沃尔担任车长，遭遇空袭身受重伤，至 1945 年 3 月才康复出院。战后，沃尔继续当电工。1996 年 3 月 18 日，沃尔死于北莱茵–威斯特法伦州的比勒菲尔德–森讷施塔特（Bielefeld–Sennestadt）。

备注：苏军坦克王牌没有类似的公开名单或宣称战果。

注释

1. 格奥尔基·康斯坦丁诺维奇·朱可夫著《朱可夫元帅最重大的会战》[*Marshal Zhukov's Greatest Battles (Harper and Row, New York, 1969)*] 第 219 页。

2. 美国国家档案馆微缩胶片（NAM），T313，R366 内有弗里德里克·L. 克莱门斯的记述。小乔治·M. 奈普（George M. Nipe Jr.）在《决断乌克兰：1943 年夏的党卫军第 2 装甲军和国防军第 3 装甲军》（*Decision in the Ukraine, Summer 1943 Ⅱ. SS and Ⅲ. Panzerkorps* (J. J. Fedorowicz Publishing, Inc. Winnipeg, Canada, 1996)）第 33 页对这次会议的说法颇为不同，且与这份报告相矛盾。奈普先生没有提供注释和相关文献来支持自己的说法。

3. 第 856 号作者《1943 年东线的"堡垒"攻势：肯普夫暂编集团军地段》（*The "Zitadelle" Offensive, Eastern Front, 1943, Sector of Provisional Army Kempf* (Part B, Chater I, T-26)）第 47 和 48 页。①

4. 赫尔曼·布赖特著《1943 年 7 月哈尔科夫会战期间装甲军突破俄军纵深梯次防御》第 8 页。

5. 布塞《"堡垒"攻势，1943 年东线》[*The "Zitadelle" Offensive ("Operation Citadel"), Eastern Front, 1943* (T-26)] 第 22—23 页。布塞还在第 23—24 页指出："7 月 11 日晚，南方集团军群指挥官得知了中央集团军群地段上态势的发展情况……不过还是决定继续进行对目标有限的进攻。这也是打击已经与我军接触之敌的唯一办法，而且根据各种情报来源，我们还要在接下来的几天里继续与之战斗。德军部队被寄予希望，通过这种方式可以为后面放心退至最初出发阵地（撤退无疑是后面必须要做的）创造必要条件。因此，刚发布的命令没有做任何修改。"

   不过本人认为该作者的这一说法与 7 月 12—13 日髑髅师和大德意志师等部仍在计划渡过普肖尔河后继续进攻相矛盾。

6. 赫尔曼·布赖特著《1943 年 7 月哈尔科夫会战期间装甲军突破俄军纵深梯次防御》第 9 页。

7. 不过有些作者却对警卫旗队师的抱怨信以为真，并且觉得德军还是有可能在 7 月 11 日突入普罗霍罗夫卡的。

8. 指该师的 6 个步兵营、1 个侦察营、1 个工兵营和配属的 1 个自行车警卫营。

9. 其中 105 辆坦克主要是坦克第 2 军和近卫坦克第 5 集团军在 7 月 12 日之前的损失，大部分是在行军中丧失行动力的。

10. 数据也不含配属给这些部队的单位，例如集团军和军司令部、高射炮兵第 6 师和第 29 师、迫击炮兵第 12 旅、特鲁凡诺夫的先遣支队（近卫坦克第 53 团、近卫摩托车第 1 团、反坦克歼击炮兵第 689 团）、近卫迫击炮兵第 76 团和第 308 团、迫击炮兵第 469 团、反坦克歼击炮兵第 301 团和第 1322 团、榴弹炮兵第 678 团、重型自行火炮第 1549 团、反坦克枪第 63 营、摩托化工兵第 256 营和第 377 营、第 431 工兵营，以及独立反坦克歼击第 736、第 737 营和第 747 营。此外还不含至 7 月 7 日一直在大本营预备队内的独立反坦克歼击第 753 营、第 754 营、第 755 营和第 756 营。

    7 月 4—11 日这几天的总兵力分别为 132282 人、132929 人、133411 人、134069 人、114446 人、114794、115189 人和 114687 人。

11. 里夏德·冯·罗森著《东西两线作战的坦克军官》（*Als Panzeroffizier in Ost und West*），英文版《装甲王牌：铁十字勋章装甲指挥官从巴巴罗萨到诺曼底的回忆》（*Panzer Ace: Memoir of an Iron Cross Panzer Commander from Barbarossa to Normandy*）于 2018 年出版。

12. 关于此战最详尽的著述也许是帕特里克·阿格特（Patrick Agte）《米夏埃尔·维特曼和警卫旗队"虎"式坦克指挥官》（*Michael Wittmann and the Tiger Commanders of the Leibstandarte*）第 103—105 和第 119—121 页。面对 50—60 辆敌坦克的说法出自骑士十字嘉奖令以及纳粹时代的宣传，但这件事情不可能发生在 7 月 8 日

---

① 译者注：战后美国陆军让被俘德国军官们写了一些文章，有些无法查明具体作者，所以作者在这里只列出了编号。

（或者某些说法认为的 7 月 7 日）的 252.2 高地附近。一些网上资料（来源非阿格特著作）提到此战发生在普肖尔克涅耶（Psyolknee）村，但我们没有在手头地图上找到这么一个村子。虽然我们不怀疑发生过这样的战斗，但其具体细节得不到苏德双方部队档案的证实。

我们查阅了苏军在这一地域所有坦克军的部队档案，最接近的是近卫坦克第 5 军、坦克第 10 军和第 2 军。

近卫坦克第 5 军当天损失了大量坦克，包括 28 辆 T-34 和 9 辆 T-70 坦克，其中近卫坦克第 20 旅损失了 14 辆 T-34 和 7 辆 T-70，近卫坦克第 21 旅损失了 14 辆 T-34 和 2 辆 T-70，近卫坦克第 22 旅当天没有损失（见国防部中央档案馆第 3403 全宗、第 1 目录、第 18a 卷宗第 143—156 页）。如果施陶德格尔的说法无误，也就意味着近卫坦克第 5 军 7 月 8 日损失的 28 辆 T-34 中有 22 辆是被他击毁的。该军当时在帝国师东面，于 10:30 到达萨巴切夫斯基—加里宁—别列尼希诺一线。1943 年 7 月 8 日 22:00 的第 0112 号战报显示，近卫坦克第 22 旅位于萨巴切夫斯基以南 2 千米处，而近卫坦克第 22 旅位于别列尼希诺（见国防部中央档案馆第 3403 全宗、第 1 目录、第 18 卷宗）。

坦克第 10 军也有可能参加了这次战斗，但其战报显示 7 月 7—11 日只损失了 2 辆坦克（见国防部中央档案馆第 3410 全宗、第 1 目录、第 17 卷宗第 10 页以及第 3410 全宗、第 1 目录、第 14 卷宗第 5 页）。其下属部队的兵力报告与此并不冲突。距离战场最近的坦克旅是 7 月 8 日的坦克第 178 旅，位于捷捷列维诺东北。另外两个坦克旅还在西面并向西面运动。

最有可能的是坦克第 2 军。该军在 7 月 9 日下午发动了进攻，并且损失了不下 31 辆坦克。坦克第 26 旅确实拿下了捷捷列维诺。他们报告有 6 辆 T-34 被击伤、3 辆失去行动力，3 辆 T-70 被击伤、3 辆失去行动力。坦克第 99 旅 1 营在战斗中迷路，最终向捷捷列维诺发起了攻击（见瓦列里·尼古拉耶维奇·扎穆林著《打破神话：普罗霍罗夫卡坦克战，库尔斯克，1943 年 7 月：作战记述》第 146 页）。他们在那里遇到"2 辆Ⅵ号坦克"（"虎"式）的射击。"损失坦克"之后，该部撤退了。旅其他应和坦克第 169 旅在南面与敌交火。坦克第 99 旅在 7 月 10 日 07:00 的战报中承认有 12 辆 T-34 被击伤、4 辆尚待检查，4 辆 T-70 被击伤、4 辆失去行动力。坦克第 169 旅有 3 辆 T-34 被击伤、5 辆失去行动力，1 辆 T-70 被击伤。近卫重型坦克第 15 团有 2 辆丘吉尔被击伤、2 辆失去行动力。这些报告应该是 7 月 8 日和 9 日两天的战斗汇总（见国防部中央档案馆第 3407 全宗、第 1 目录、第 108 卷宗第 195—216 页）。

最有可能与施陶德格尔交手的是坦克第 99 旅 1 营。笔者没有查清其具体编成，应该有 10 辆 T-34 和 10 辆 T-70 坦克。坦克第 26 旅确有 6 辆 T-34 被击伤。笔者核对苏军档案后的结论是，施陶德格尔宣称 1943 年 7 月 8 日击毁 22 辆 T-34，以及帝国师"德意志"团宣称击毁 2 辆 T-34 的说法大概率有所夸大。施陶德格尔"顶住了一个坦克团"的说法显然有误，因为捷捷列维诺已经被拿下，而帝国师报告称他们不久从捷捷列维诺出动 40 辆坦克进攻敌人。①

---

① 译者注：作者在这里的分析有很大问题。首先，瓦列里·尼古拉耶维奇·扎穆林著《打破神话：普罗霍罗夫卡坦克战，库尔斯克，1943 年 7 月：作战记述》第 144—148 页引用的坦克第 99 旅文件（见国防部中央档案馆近卫坦克第 59 旅全宗、第 1 目录、第 1 卷宗第 21—22 页。坦克第 99 旅在 1943 年 9 月 19 日改编为近卫坦克第 59 旅）明确说明，战斗发生在 7 月 8 日：

"进攻行动的如下几个特点决定了战斗的结果：

1. 缺乏准备时间。

2. 缺乏敌情信息和我部前方作战的友军防御前沿部署情况。

3. 1943 年 7 月 8 日 12 时才收到进攻地图，而且其中对于预定 1943 年 7 月 8 日 10 的进攻至画了一个方向，这让我们无法恰当地组织进攻。

在接到电话通知开始展开部队后，旅指挥人员回到部队执行命令，并监督和协助纵队的展开。

12 时 35 分，旅纵队先头已经……集结到（十月）国营农场的斯大林斯科夫分场的果园东侧。

……侦察了行军路线、攻击的出发点和进攻展开线（伊万诺夫斯基移民新村北面 600 米处的铁路岔口）。与此同时，坦克正在卸载多余的弹药和备用油箱，并从坦克后面卸下各件箱。

所有这一切都是仓促完成的，而且还遭受到来自上级的严厉，他们指责我旅磨磨蹭蹭。

进进攻不是在 10 时，而是在 14 时展开的。坦克第 99 旅在坦克第 169 旅和第 26 旅之后作为第二梯队，战斗队形也分为两个梯队：

第一梯队是 T-34，第二梯队为 T-70。一个摩托化步兵营和一个反坦克枪连搭乘坦克进入战斗。这样，旅在没有任何准备、没有任何正面和两翼敌情信息的情况下，在预定的 258.2 高地 – 捷捷列维诺 – 卢奇基方向投入了战斗。

随着我旅前方的坦克第 169 旅抵达共青团员国营农场一线，敌人用炮兵、迫击炮和进入掩体的Ⅵ号坦克主炮向我方坦克开火，并以容克 88 和容克 87 反坦克飞机实施密集打击。容克 87 反坦克飞机装备 3 门 37 毫米自动炮（事实上容克 87G 只装备了 2 门）。随着旅的推进，空中打击逐渐增强，大约 18 时，这些空袭没有受到任何干扰……一般来说，攻击我方坦克的容克 87 都会用火力打击发动机舱。

在 7 月 8 日 14 时至 19 时之间，敌机出动了大约 425 个架次。我方航空兵没有任何行动。

本应在坦克第 169 旅之后我旅第一梯队进攻的坦克第 1 营营长甚至在带领全营进入攻击出发线（伊万诺夫斯基移民新村北面 500 米处的铁路岗亭）时就错误地跑到了伊万诺夫斯基移民新村南面两千米处。旅部立即采取措施，指示坦克第 2 营代替坦克第 1 营作为第一梯队。坦克第 1 营停止前进，指定其从另一个方向进攻共青团员国营农场树林西南缘。这样，坦克第 1 营就进入了第 2 梯队。

在公路附近，坦克第 1 营撞上了坦克第 26 旅的纵队，尽管营长明白坦克第 26 旅应该在其右翼作战。接着坦克第 1 营营长率队沿公路路基向捷捷列维诺方向进攻。在接近 258.2 高地时，该营遭到两辆进入掩体的Ⅵ号坦克的射击，双方随即展开交火，遭受损失的 1 营退回共青团员国营农场树林西缘，并在此射击。

机动到坦克第 169 旅后方的坦克第 2 营抵达 258.2 高地（应该是德军资料中宣称的 252.5 高地）西南坡，但遭到 224.5 高地和 258.2 高地之敌的猛烈射击，在损失 2 辆 T-70 坦克后，营退却到扎斯洛内深沟（Iar Zaslonnyi），与坦克第 169 旅及近卫重突破坦克第 15 团的 10 辆坦克（这些部队剩余的部分坦克已经无法行动或其他地方被击伤，余者都在战场上损失了）占领了有利位置。

搭乘坦克第 1 和第 2 营的摩托化步兵营和反坦克枪连士兵们在遭到敌机空袭时跳下被轻伤甚至仍然可以作战的坦克，分散成小群（6—10 人），与其他部队的步兵在敌人轰炸和扫射中寻找掩蔽。带领一个迫击炮连在自己身边的摩步营营长失去了对全营的控制，他和他的营部人员一起试图集合手下。实际上，旅部也在忙着做同一件事。

遭到敌炮火打击和敌机不间断空袭的反坦克歼击炮兵旅退却至国营农场斯大林斯科耶分场果园西南 1.5 千米处的一座无名高地占领阵地，他们打算在这里打退敌人从捷捷列维诺和亚斯纳亚波利亚纳方向而来的坦克进攻。

敌我炮兵和坦克的火力战伴着敌机的猛烈空袭一直持续到深夜。到此时，通过各营营长和旅部的努力，终于将步兵重新集结起来，调整好了部署。

在当夜直到 1943 年 7 月 9 日天明前，根据军参谋长的命令，旅在 258.2 高地东南坡建立了坚固的防御，随着黎明的到来，已经准备好执行当天的任务。步兵掩体已经挖好，坦克也进入了很深的掩体中。

除了构筑坚固的防御工事外，旅部与所属部队、分队建立了通信联系。在前一天的战斗中，由旅部人员充任的传令兵成了维持通信的主要手段。

在激烈的战斗中，坦克第 99 旅损失如下：21 辆 T-34 和 2 辆 T-70 被打坏或烧毁；21 名指战员阵亡，53 人负伤。

敌人损失总计为 13 辆中型坦克、8 门反坦克炮和 6 挺机枪，大约 300 名官兵被打死。"

在德军方面，小乔治·奈普在 2011 年出版的《鲜血、钢铁和神话：党卫军第 2 装甲军和普罗霍罗夫卡之路》（Blood, Steel and Myth: The II.SS-Panzer-Korps and the Road to Prochorowka）第 199 页综合帕特里克·阿格特《约阿希姆·派佩尔：警卫旗队师装甲旗队师的"虎"式坦克》（Michael Wittmann, erfolgreichster Panzerkommandant im Zweiten Weltkrieg, und die Tiger der Leibstandarte SS Adolf Hitler）第 64 页资料并加以研究后认为，7 月 8 日，德国空军侦察机发现捷捷列维诺（北）附近有 50–60 苏联坦克，奈普认为这属于坦克第 10 军先头队。然后施陶德格尔和罗尔夫·尚普（Rolf Shamp）的两辆可行动机构被地雷损坏的"虎"式坦克经过紧急维修后前往村东北方向。施陶德格尔的座车在铁路路基后方找到一处有利射击阵地，而尚普的座车则负责掩护其侧翼。一名党卫军掷弹兵跑来告诉施陶德格尔，自己的连队正被 5 辆苏军坦克蹂躏。施陶德格尔立即率尚普驱车前去救援。等他们赶到时发现 2 辆 T-34 已经被步兵炸成一团火球。施陶德格尔的炮手海因茨·布赫纳（Heinz Buchner）连射 3 发，将 3 辆 T-34 全部击毁。突然，从附近的路基后面又冲出 2 辆 T-34。布赫纳调转炮口，将其打成火球。施陶德格尔命令驾驶员前往下一个射击位置。但坦克刚开动，从路基后面钻出一大群 T-34。布赫纳立即将第一辆坦克套进瞄准镜，然后开火，炮弹击穿了 T-34 的炮塔并引起了爆炸。几辆 T-34 向施陶德格尔扑来，并连连开火，然而炮弹多么打偏，要么被正面装甲弹开。布赫纳在"虎"式坦克 100 多毫米厚的装甲保护下将 T-34 一个接一个地击爆，施陶德格尔宣称了击毁苏军 17 辆坦克。

然而苏军还是接连不断地从路基一面涌出。布赫纳报告穿甲弹已经打光，只剩高爆弹了。但施陶德格尔并没有下令撤离战斗，他明白，在如此近的距离上，即使高爆弹也具有致命的威力。全体乘员一丝不苟地执行施陶德格尔的命令，继续击毁了 4 辆苏军坦克，并击伤数辆，迫使苏军撤退。这时"虎"式坦克的发动机出现过热现象。施陶德格尔于是下令返回捷捷列维诺。在这一番激战后，施陶德格尔宣称自己的"虎"式坦克击毁了 22 辆苏军坦克，而尚普也击毁了几辆苏军坦克。

综合看来，虽然德军的某些资料可能声称战斗发生在 252.2 高地，但实际上只是捷捷列维诺（北）东北面 258.2 高地的笔误。这场战斗主要是德军两辆"虎"式坦克和苏军第 2 坦克军第 99 旅 1 营之间的战斗，施陶德格尔基本没有夸大战绩，但也没什么可吹嘘的——因为"虎"式坦克在 500 米以上的距离交战，基本上是无敌的。尽管苏军坦克手中已经有很多人可以和最精锐的德军装甲兵抗衡，但他们还是要等到 T-34/85 大批量装备部队的 1944 年夏秋后，才可以不再打这样绝望的战斗。

空战：1943年7月9—18日

第八章

　　7月20日（刺杀希特勒事件）之后，以前我觉得不可思议的种种事情都出现了。那些反对我的小圈子恰恰在国家社会主义体制下获利最大。我纵容他们，给他们授勋。而这就是我得到的全部回报。我真应该给自己的脑袋来一枪。我没有很多坚强的战士。莫德尔和迪特里希算是，还有鲁德尔（斯图卡飞行员）。现在我后继有人了，他很有天分，不知道他对艺术和文化是怎么看的？

——阿道夫·希特勒[1]

德国和苏联空军都主要支援地面部队作战，而且从架构上看它们基本上是战术空军，因此东线很少发生战略轰炸。在两国陆军打得你死我活之时，双方空中力量也都集中全力打赢地面战。战略轰炸对于两国来说都过于奢侈了。

支援库尔斯克突出部北面的中央集团军群等部的是德国空军第 6 航空舰队，司令是上将罗伯特·冯·格赖姆（Robert von Greim）骑士。支援南面的南方集团军群的是第 4 航空舰队，司令是航空兵将军奥托·德斯洛赫（Otto Dessloch）[多数资料显示，1942 年 7 月 20 日起，第 4 航空舰队司令一直是陆军元帅沃尔弗拉姆·冯·里希特霍芬（Wolfram von Richthofen）男爵，直到 1943 年 9 月 4 日才被德斯洛赫上将接替。]。而该航空舰队直接支援突出部南面的是汉斯·赛德曼（Hans Seidemann）少将的第 8 航空军。

苏联空军自战争爆发起就一直无法夺取制空权。德军在斯大林格勒会战期间甚至可以用基本无护航的运输机实施补给行动。在随后的苏军冬季反攻和德军 3 月反击中，红军空军也一直无法掌握制空权。在当时的大部分时间里，德国空军可以控制任何觉得重要的地方的天空。

不过，红军空军的实力也在逐渐增长，从而对德军的制空权造成了越来越大的威胁。尤其是红军的歼击机在东线的数量超过了德军。其次，红军空军一直在改进自己的飞机，正在装备几乎可以与德制飞机相媲美的型号。库尔斯克会战是红军在战争打了两年后，第一次真正尝试从德军手中夺取制空权的行动。

在 1943 年 4 月—5 月，德国空军稍微限制了自己的作战行动，只是偶尔在必要时攻击和遮断苏军铁路线和铁路站场，主要还是聚集力量，为当时计划的 5 月攻势做准备。当攻势推迟后，德国空军从 6 月一开始就在东线实施了第一次真正的空中战略战役，其主要目标是库尔斯克附近的铁路站场，并对高尔基（苏联的底特律）[①]、雅罗斯拉夫尔和萨拉托夫实施有限的战略轰炸。

红军空军则在 3 月—7 月的大部分时间里主要为夏季攻势积蓄力量。不过他们还是采取各种方法打击德军铁路和机场，如对铁路的攻击主要采取的方式是夜袭，偶尔可以得手。

---

① 译者注：即下诺夫哥罗德 1932—1991 年年间的市名。

除此以外，苏军还两次发动对德军机场的攻击，以夺取制空权。这应该是沃罗涅日方面军司令部（司令瓦图京、军事委员会委员赫鲁晓夫、参谋长科尔热涅维奇少将）提议后发动的。他们曾在 4 月 21 日建议立即发动大规模空中战役，将德军飞机消灭在其机场中，这样就可以在德军进攻之前加以削弱。[2]

对德军机场的第一次攻击发生在 5 月 6—8 日，红军 6 个空军集团军（第 1、第 2、第 8、第 15、第 16 和第 17）对斯摩棱斯克至亚速海之间 1200 千米长战线上、200 千米纵深内的 17 个德军机场发起进攻。红军空军在 5 月 6 日早晨就出动了 434 架次。苏军宣称毁伤德军 500 架飞机，己方损失 125 架。[3] 这些数字没有得到核实，但其宣称战果明显大大高于德军实际损失。[4]

一个月后，苏军于 6 月 8—10 日再次出动空军第 1 集团军、第 2 集团军和第 15 集团军及远程轰炸航空兵打击了 28 个德军机场，主要目标是德军轰炸机驻扎地。这样做的主要原因可能是德军在 6 月 6 日空袭了高尔基（Gorki）。苏军宣称摧毁了 200 架德军飞机。[5] 另一方面，这三天德军第 8 航空军和第 6 航空舰队实际上只损失了 8 架。[6] 看来这两次空袭中苏联空军受到的打击更加严重，至少损失了 125 架飞机，而德军损失轻微。

苏军在 5 月和 6 月作战行动中的损失应该很大。德军统帅部的战争日志宣称其在 4 月 29 日至 6 月 30 日期间，在空中和地面工击毁 2304 架苏军飞机。另有资料显示，德军宣称在 5 月摧毁 1257 架苏联飞机，自身损失 143 架。[7] 我们会在后面讨论德军宣称战果的准确性问题。

在随后三个月内，德军实力得到很大提升。航空军军长汉斯·赛德曼少将指出，在"堡垒"行动开始时，整个第 4 航空舰队拥有约 1556 架飞机，其中绝大部分会在进攻开始前不久转隶给他的军。南方还有罗马尼亚航空军的大约 100 架飞机，以及第 1 和第 4 航空军的侦察和袭扰中队。在进攻开始前，其他所有部队都被配属给第 8 航空军。

这样第 4 航空舰队就只剩远程侦察大队的 24 架飞机，指挥部设在博戈杜霍夫（Bogodukhov）西南 20 千米处的穆拉法（Murafa）。[8] 在克里木的第 1 航空军有约 106 架飞机，外加罗马尼亚的约 80 架。第 4 航空军估计有 234 架，其中 150 架来自罗马尼亚第 1 航空军。第 8 航空军麾下投入库尔斯克攻势的约有 1112 架飞机。[9] 这样南方集团军群 70% 以上的飞机都在归第 8 航空军管辖。赛德曼估计，在任何一天内都有 75% 的飞机可以出击。

苏联各空军集团军的实力也在显著增长。空军第 2 和第 17 集团军分别有 881 和 735 架飞机，二线的空军第 5 集团军可能有 430 架飞机。在北线迎战德军第 6 航空舰队的空军第 16 集团军有 1034 架作战飞机。[10]

苏联空军已经就位达 3 个月，为即将到来的作战行动储备了大量物资，其中航空油料储备有 4 万吨，可供每架飞机出动 7.5 次。也就是说，在不进行补充的情况下可以维持 3—4 天的正常行动。夜间轰炸机油料充足，B-70 燃油有 596 吨，可供每架飞机出动 20 次。他们还准备了大量航空爆破炸弹、航空杀伤炸弹、燃烧弹、火箭弹和新的试验型反坦克炸弹等，共计 6850 吨，绰绰有余。

德军没有像往常一样首先打击苏军机场，而是等到进攻发起时才出现在战场上空，其目的是让南方集团军群多少赢得一些战术突然性，但这是徒劳的。

相反，苏联人在 7 月 5 日对库尔斯克突出部南北两面的德军机场都发动了空中打击，空军第 16 集团军在北线攻击了德军第 6 航空舰队，而空军第 2 集团军则在南线攻击了德军第 8 航空军。他们应该很好地掌握了德军部署，部分原因在于约翰·凯恩克罗斯（John Cairncross）[①] 提供了信号情报。各个空军集团军的方式方法不尽相同，其中空军第 16 集团军的反准备方式是发动一次大规模进攻，而南面的空军第 2 集团军则发动了一系列集中打击。此举可能受空军第 17 集团军影响，后者距离更远，要组织一次大规模进攻并非易事。苏军的反准备并非谋定而后动，而是仓促决定进行的。

黎明空袭

如果说德军是为了达成战术突然性才放弃先打击苏联空军，那么人们就很想知道第 4 装甲集团军在前一天就先肃清苏军前沿警戒之后，德军还想怎样保持战术突然性。在德军放弃发动突然空中打击的同时，苏联人在拂晓发动了"传统的"空袭。

在南线，苏军计划出动空军第 2 和第 17 集团军所部在清晨打击哈尔科夫附近的德军机场。他们曾在 6 月就发动过类似的进攻，但收效甚微。6 月 8 日和 10 日，德军第 6 航空舰队遭到两次进攻，但损失不大，或者说达成了不错的交换比。6 月

[①] 译者注："剑桥五杰"之一，虽然英国向苏联提供了关于"堡垒"战役的情报，但凯恩克罗斯提供的更全面，他也因此荣获"红旗勋章"。

第 8 航空军作战序列

部队番号	飞机型号	数量（架）
第 3 战斗机联队第 2 和第 3 大队	Me-109	65
第 52 战斗机联队 (-)	Me-109	80
第 1 对地攻击机联队	Fw-190	85
	Hs-123	16
	Hs-129	33
第 2 对地攻击机联队第 4 和第 8 中队	Hs-129	27
第 51 战斗机联队反坦克中队	Hs-129	15
第 2 俯冲轰炸机联队	Ju-87	111
第 77 俯冲轰炸机联队	Ju-87	120
第 3 轰炸机联队	Ju-88	73
第 27 轰炸机联队	He-111	101
第 55 轰炸机联队 (-)	He-111	97
第 100 轰炸机联队第 1 大队	He-111	38
第 6 近程侦察机大队		34
第 3 远程侦察机大队	Ju-88	35
袭扰机大队		60
第 8 航空军运输机中队	Ju-52	13
匈牙利王家航空师		90
合计		1093

备注：(–) 表示部分兵力被调走

赛德曼估计共有 1112 架飞机，可出勤率为 75%，即约有 900 架可出动。

笔者仍然不清楚第 2 对地攻击机联队第 8 中队、第 77 俯冲轰炸机联队第 3 大队、第 3 轰炸机联队第 3 大队及部分侦察机中队是否参战。

8 日，德军第 8 航空军也遭到一次规模小得多的进攻，苏联人仍然没占到便宜。德军显然组织好了通信网、前沿观察员、雷达系统和随时准备紧急升空的战斗机来应对这样的进攻。笔者难以理解当时的苏联人为何会认为过去都不成功的办法放在当时就能奏效。

苏军的空军第 2 和第 17 集团军有不下 357 架可用的伊尔 -2 强击机，还有 70 架佩 -2 和 38 架 TB-3 轰炸机，另外至少还有 526 架可用的歼击机。如果打算打击机场，那么在早晨大部分时间里重点出击会更有效。然而他们一开始却只发动了规模有限的打击。

苏军的空军第 2 集团军先出动了几个由 6—9 架强击机组成，并得到相同数量歼击机掩护的集群。强击航空兵第 1 军的 48 架伊尔 -2 在歼击机护航下攻击了哈尔科夫正北的波梅尔基（Pomerki）和索科利尼基（Sokol'niki）机场，而歼击航空兵第 4 军的 7 架歼击机负责"关闭"波梅尔基机场。强击航空兵第 291 师的 18 架伊尔 -2 在 18 架歼击机的掩护下攻击了米高扬诺夫卡（Mikoyanovka）机场，歼击航空兵第 5 军的 12 架飞机负责关闭机场。他们在莫斯科时间 04:25—04:30 轰炸了这三个地域的德军机场。这三个地点相距较远，在米高扬诺夫卡附近还有德军的 3 个战斗机联队。

苏军的计划是在德军即将发起进攻之前下手。在苏军战机临空之前，位于米高扬诺夫卡附近机场的德军第 52 战斗机联队几乎没有时间清空跑道。哈尔科夫附近的德军被迫取消轰炸机的行动，转而派第 3 战斗机联队紧急升空，这就要求战斗机占用已经准备起飞的轰炸机的跑道。不过在苏军战机到来前还有足够的时间，德军两个战斗机联队组成的强大力量已经做好了准备。

苏军的空军第 2 集团军打算通过封闭机场来掩护强击机，但等他们到达时，德军战斗机却从天而降。苏军战机在进场和返航时不断遭到攻击。按理说，歼击机应当为其返航提供掩护，歼击航空兵第 4 军执行了 50 次这样的掩护任务，第 5 军的 24 次任务中有一半也是如此。鉴于伊尔 -2 强击机损失很大，歼击机的掩护并不成功。空军第 17 集团军似乎并未进行机场封闭或此类掩护行动。

总体来说，苏军第一次共出动了 90 架伊尔 -2 和大约 131 架歼击机，当面的德军两个战斗机联队可能有约 160 架 Me-109 战斗机。在米高扬诺夫卡和哈尔科夫附近的这次空战可能是战争中最大规模的空战之一，在长约 80 千米的战场距离上，到处都是燃烧坠落的飞机。

❀ 空军第 2 集团军兵力（1943 年 7 月 1—6 日）

空军第 2 集团军司令为斯捷潘·阿基莫维奇·克拉索夫斯基（S. A. Krasovskii）中将，参谋长为费奥凡·伊万诺维奇·卡切夫（F. I. Kachev）少将，政治副司令（原名为军事委员会委员）为谢尔盖·尼古拉耶维奇·罗马扎诺夫（S. N. Romazanov）少将，政治处主任为亚历山大·伊万诺维奇·阿萨乌连科（A. I. Asaulenko）上校。

部队番号[①]	7 月 1 日飞机数量	单日最大出动数
强击航空兵第 1 军	206 架强击机	114 架伊尔 -2
	82 架歼击机	60 架雅克 -1b
轰炸航空兵第 1 军	117 架轰炸机	70 架佩 -2
歼击航空兵第 4 军	184 架歼击机	38 架雅克 -1b
		15 架雅克 -7b
		65 架拉 -5
歼击航空兵第 5 军	278 架歼击机	26 架雅克 -1b
		26 架雅克 -7b
		100 架拉 -5
强击航空兵第 291 师	100 架强击机	48 架伊尔 -2
	28 架歼击机	8 架雅克 -1
		4 架雅克 -7b
		3 架拉 -5 或 18 架歼击机
夜间轰炸航空兵第 208 师	57 架夜间轰炸机	27 架乌 -2
		4 架 R-5
校射侦察航空兵第 50 团		7 架佩 -2
轰炸航空兵第 454 团	21 架侦察机	6 架"波士顿"
独立航空通信第 372 中队		

---

① 译者注：苏联国防部军事出版社的《苏军的战斗编成》（Боевой состав Советской Армии）第 3 卷第 164 页显示，7 月 1 日时该集团军编成内有校射航空兵第 331 中队（331 КАЭ），但没有出现在空军第 2 集团军司令部每日行动总结中。

此外，译者无法在其他资料中找到所谓的"独立航空兵第 272 中队"（作者原文为 272nd Independent Army Squadron），推测实际应为"独立航空通信第 372 中队"（缩写 ОАЭС，全名为 Отдельная Авиационная Эскадрилья Связи）（依据为 1942 年 6 月 18 日空军第 2 集团军部署图（ЦАМО, Фонд: 202, Опись: 5, Дело: 714）以及网站 https://proza.ru/2019/08/28/1497 等）。7 月 1 日 22:00 的行动总结（ЦАМО, Фонд: 203, Опись: 2843, Дело: 342, Лист начала документа в деле: 102）显示，其编成内有"独立航空通信第 273 中队"（273 ОАЭС）。这些文件还显示，第 50 团的番号为"校射侦察航空兵第 50 团"（50 КРАП），而非《苏军的战斗编成》第 3 卷 1654 显示的"校射航空兵第 50 团"（50 РАП）。

空军第 17 集团军兵力（1943 年 7 月 5 日）

空军第 17 集团军司令为弗拉季米尔·亚历山德罗维奇·苏杰茨（V. A. Sudets）中将，参谋长为尼古拉·米哈伊洛维奇·科尔萨科夫（N. M. Korsakov）少将，政治副司令为维克多·尼古拉耶维奇·托尔马切夫（V. N. Tolmachev）少将，政治处主任为瓦西里·格里戈里耶维奇·托奇洛夫（V. G. Tochilov）上校。

部队番号	机场	飞机型号	可出动数（架）	不可出动数（架）	飞行员数
混合航空兵第 1 军	普罗耶兹扎亚				
歼击航空兵第 288 师	旧别利斯卡亚	雅克 -1	2		4
歼击航空兵第 866 团	佩斯基	雅克 -1	26	1	34
歼击航空兵第 897 团	佩斯基	雅克 -1	20	1	29
歼击航空兵第 659 团	波洛温基诺	雅克 -1	22	2	31
近卫强击航空兵第 5 师	雷边措沃				
近卫强击航空兵第 93 团	新普斯科夫	伊尔 -2	26	5	35
近卫强击航空兵第 94 团	马卡尔捷季诺	伊尔 -2	30	1	35
近卫强击航空兵第 95 团	别洛库拉基诺	伊尔 -2	30	2	37
混合航空兵第 3 军	新奥西诺夫卡				
独立航空通信第 404 中队	新奥西诺夫卡	乌 -2	5	1	9
歼击航空兵第 207 师	亚历山德罗夫卡				
近卫歼击航空兵第 5 团	谢尼亚奇耶	拉 -5	21	1	33
歼击航空兵第 814 团	乌切布内国营农场	雅克 -1/7b	21	3	41
歼击航空兵第 867 团	布拉采洛夫卡	雅克 -1/7b	12	3	31
强击航空兵第 290 师	库里洛夫卡	伊尔 -2	1		2
强击航空兵第 775 团	库里洛夫卡	伊尔 -2	30	2	38
强击航空兵第 625 团	扎季什诺耶	伊尔 -2	33	3	34
强击航空兵第 299 团	马尼诺	伊尔 -2	27	5	31
混合航空兵第 9 军	波克罗夫斯科耶				
独立航空通信第 418 中队	波克罗夫斯科耶	乌 -2	3		3
歼击航空兵第 295 师	奥利尚纳	拉 -5	2		2
歼击航空兵第 31 团	布琼诺夫卡	拉 -5	26	2	26
歼击航空兵第 116 团	奥利尚内	拉 -5	25	1	28
歼击航空兵第 164 团	下杜万卡	拉 -5	21	2	25

（续表）

部队番号	机场	飞机型号	可出动数（架）	不可出动数（架）	飞行员数
强击航空兵第 305 师	下杜万卡	乌 -2	1		4
强击航空兵第 175 团	奥利尚内	伊尔 -2	35		36
强击航空兵第 237 团	波克罗夫斯科耶	伊尔 -2	30	1	31
强击航空兵第 955 团	拉耶夫卡	伊尔 -2	27		29
强击航空兵第 306 师	下杜万卡	乌 -2	1		1
强击航空兵第 672 团	佩先卡	伊尔 -2	34		30
强击航空兵第 951 团	兰特拉托夫卡	伊尔 -2	29	2	32
强击航空兵第 995 团	布琼诺夫卡	伊尔 -2	28	3	33
轰炸航空兵第 244 师	罗戈沃	乌 -2	3		3
轰炸航空兵第 449 团	莫日尼亚科夫卡	TB-3	24		24
轰炸航空兵第 860 团	什拉莫夫卡	TB-3	17	1	20
轰炸航空兵第 861 团	罗戈沃	TB-3	25		32
轰炸航空兵第 260 团	波杜布诺耶	TB-3	10	1	20
夜间轰炸航空兵第 262 师	扎帕德诺耶	乌 -2	2		3
夜间轰炸航空兵第 719 团	克里尼奇内	R-5	8	1	22
夜间轰炸航空兵第 97 团	科瓦廖夫卡	乌 -2	19		24
夜间轰炸航空兵第 370 团	瓦西利采夫卡	乌 -2	19		31
夜间轰炸航空兵第 993 团	波诺马廖夫卡	乌 -2	14		29
侦察航空兵第 39 团①	维利尚内	佩 -2	18	1	14
侦察航空兵第 50 团	维利尚内	佩 -2	2	1	4
独立航空通信第 403 中队	伊万诺夫卡	乌 -2	7	3	11
运输航空兵第 371 团	斯捷普基	乌 -2	14		22
合计			750	49	963

---

① 译者注：关于独立侦察航空兵第 39 和第 50 团所在机场位置，核对《1943 年 5 月、6 月和 7 月空军第 17 集团军战斗日志》（苏联国防部中央档案馆，ЦАМО，第 370 全宗，第 0006518 目录，第 0185 卷宗，网址为 https://pamyat—naroda.ru/documents/view/?id=451001727&backurl=q%5C17%20%D0%92%D0%90::division%5C17%20%D0%92%D0%90::begin_date%5C24.06.1943::end_date%5C31.07.1943::use_main_string%5Ctrue::group%5Cjbd::types%5Cjbd&date_from=24.06.1943&date_to=31.07.1943&static_hash=12112a7771650acbf55e494a7f644261），判断应为"维利尚内"（Вильшаны），但译者没有找到其具体位置。

对于红军空军来说，这次攻击就是一场灾难。赛德曼估计苏军有 120 架飞机被击落，德军损失轻微。虽然他的估计有所夸大，但对于苏联空军来说，这仍然是灾难性一天的灾难性开端。

首日空中支援（7 月 5 日）

德军决心将所有力量集中在关键点上，最终在上午投入全部空中力量来支援 SS 第 2 装甲军，在下午时才支援第 48 装甲军。德国空军将会在两个装甲军前方发动进攻，顶着苏军强大的防空火力打击敌火力点，炮兵、高射炮兵和反坦克炮阵地，坦克集结地域和车队。He-111 和 Ju-88 会出动 536 架次，斯图卡出动 1071 架次，Fw-190 和 Hs-123 进行 335 架次对地攻击。第 55 轰炸机联队第 3 大队的 He-111 当日会出动 82 架次，其中 21 架次前往卢奇基以东，19 架次前往贝科夫卡。这些直扑后方的空袭会在 2600—4000 米高空进行（8500—13000 英尺）。空军地面观察员声称苏军人员和装备损失惨重。他们"确认"的战果有 7 辆坦克、30 门火炮、70 辆汽车以及 9 处弹药或补给存放点。

苏军空军第 2 集团军在战斗伊始也开始升空进行支援，主要前往第 48 装甲军地段。德军当日 80% 以上的架次是进行对地攻击（1942 架次），苏军只有略多于 25%（334 架次）。而且德军的对地支援效果要比苏军好得多。

苏军的空军第 17 集团军也为近卫第 7 集团军提供了支援。由于德国空军在这一地域并不活跃，实际上等于将劳斯军和第 3 装甲军头顶的制空权拱手让给了苏联人。混合航空兵第 1 军和轰炸航空兵第 244 师没有提供任何支援。混合航空兵第 3 军派出 45 架伊尔 -2（有 62 架歼击机护航）打击别兹柳多夫卡（Bezlyudovka）和伊万诺夫卡（Ivanovka）地域的德军。混合航空兵第 9 军则派出 107 架伊尔 -2（护航的拉 -5 歼击机数量应该相同）[①] 打击索洛米诺、托普林卡（Toplinka）、普里斯坚（Pristen'）、普利亚耶夫卡（Pulyaevka）和伊万诺夫卡地域的敌人。这些空袭主要进攻的是劳斯军，第 3 装甲军基本未受干扰。

这一天，德军共进行了 1942 架次的对地进攻，而苏军两个空军集团军只

---

① 译者注：笔者于此处有笔误，他在下文认为是其护航飞机是 124 架拉 -5。

有 486 架次。

对于空军第 2 集团军来说，这一天也是非常不幸的。除了清晨之外，其麾下大部分部队的损失都在逐渐增加。空军第 2 和第 17 集团军当天分别损失了 114 架和 73 架飞机。德军报告损失了 19 架，其中 12 架是 Me-109。双方交换比接近 10：1！

这个交换比一边倒的程度有些吓人。空军第 2 集团军的歼击机出动 835 架次进行护航和夺取制空权，并且当面德军只出动了 371 架次的 Me-109。德军的 Fw-190 虽然性能卓越，但在与强击航空兵第 1 军的空战中却没有发挥什么作用，当天的战果只有 1 架。苏军损失了 50 架歼击机，可能都是在空战中损失的，而德军只损失了 12 架 Me-109 和 1 架 Fw-190。双方交换比为 4：1。德军战斗机应该还击落了苏军 56 架强击机和轰炸机，其防空火力还击落了 8 架苏军飞机。那些"未返航"的飞机应该也是在空战中被击落的，如果被防空火力击落的话，应该会留下残骸或化为一笔战绩。

✤ 德军宣称战果型号情况，1943 年 7 月 5 日 [11]

型号	德军宣称战果数（架）	苏军实际损失数（架）
伊尔 -2	113	107
拉格	34	
拉格 -3	9	
拉 -5	22	7
米格 -1	2	
雅克 -1	7	12
雅克 -7		3
其他歼击机		39
歼击机总数	74	61
波士顿 Mk.III	1	1
佩 -2	15	18
总计		

空军第 17 集团军的损失相对较小。混合航空兵第 1 军当天只参加了早晨对南面克拉马托尔斯卡亚（Kramatorskaya）机场的空袭，没有损失。混合航空兵第 3 军早晨出动 12 架雅克 -1 突袭机场，然后出动 45 架伊尔 -2 攻击德军，为其护航的有 62 架雅克 -1，其中 14 架伊尔 -2 和 2 架雅克 -1 未能返航。混合航空兵第 9 军早晨出动 16 架伊尔 -2 突袭机场，然后出动 107 架伊尔 -2 攻击德军，为其护航的有 124 架拉 -5，其中 45 架伊尔 -2 和 7 架拉 -5 未返航，另有 5 架伊尔 -2 被击落。

战斗如此激烈，第 8 航空军当天居然没有报告损失一架斯图卡，但军需长报告显示损失 3 架、被击伤 3 架。第 8 航空军报告的损失为 12 架 Me-109、4 架 He-111、1 架 Ju-88、1 架 Fw-190 和 1 架 Hs-126。以上应该属于永久损失，被击伤或无法使用的数量更多。德军王牌瓦尔特·克鲁平斯基（Walter Krupinski）少尉被打伤。第 8 中队的王牌威廉·豪斯维特（Wilhelm Hauswirth）被打死，他在 7 月 4 日获得第 53 个战果，在 7 月 5 日 07:03 时获得最后一个战果，最后在两军战线上空被防空火力击落。第 52 战斗机联队第 3 大队还有 2 个王牌飞行员和 4 个其他飞行员被打死或打伤。

红军空军在黎明向严阵以待的对手发动"传统的"空袭，结果损失惨重。空军第 2 集团军宣称在索科利尼基和波梅尔基机场击毁德军 34 架飞机，但无法得到德方记录的证实。其他战果则较低，包括点燃一座吊架[1]、炸毁两个弹药堆放点、压制四个防空阵地、烧毁一个油罐。看起来对机场的突袭战果不大。

更重要的是，苏军这天一直蒙受损失。双方战斗力差异巨大，德军可以利用这种战术优势一直维持非常有利的交换比。

到日终时，苏军损失了 187 架飞机！其中 102 架为伊尔 -2 强击机，占当天升空的 337 架中的 30%。这么多飞机被仅仅标记为"未返航"表明了战斗的性质和损失的惨重。这些速度缓慢的飞机应该都被击落了。虽然德军第 8 航空军宣称在空战中击落 220 架敌机、用高炮击落 40 架的说法有所夸大，但苏军大部分战机也确实是在空战中损失的，其中 50 架是在早晨的机场突袭中损失的（大部分应该来自空军第 2 集团军）。

---

① 译者注：作者原文为"hanger"，疑为"hangar"（机库）的笔误。

总体来说，德军第 8 航空军当天出动了 2387 架次，与不列颠之战（1940 年 8 月 13 日—10 月 31 日）相比，虽然飞机数量少，出动架次却比其任何一天都高。当面的苏军两个空军集团军出动了 1778 架次，这个数字也超过了不列颠之战中英国空军单日出动数，即便德国空军也只有一天比这个数值高。在不列颠空战中最血腥的"黑色星期四"（8 月 15 日），德国和英国空军分别损失了 75 架和 34 架飞机，惨烈程度远不如 1943 年 7 月 5 日（损失数为 206 架）。库尔斯克突出部南线空战在规模上与著名得多的不列颠空战相同，但要注意的是，与此同时在北线的空战规模也相差无几。

第二日（7 月 6 日）

红军空军在经受了第一天的严重损失后，仍然努力在战场上维持存在感。空军第 2 集团军这天出动了 823 架次，是首日的 65%。空军第 17 集团军出动 462 架次，其中至少 407 架次用于攻击德军第 8 航空军所在地域的目标。苏军这天出动架次数超过了前一天。

既然苏联空军的战力减弱，德军第 8 航空军现在可以集中全力打击苏军第二防御地带，全力支援第 48 装甲军和 SS 第 2 装甲军，重点是后者。苏军二线的反坦克炮和炮兵集结点不断遭到打击。

德军战斗机和高炮部队的表现依然十分出色，苏军空军第 2 和第 17 集团军分别损失了 50 架（28 架歼击机，22 架伊尔 -2）和 30 架飞机（含 21 架伊尔 -2）。除了 1 架 R-5[①] 和 1 架拉 -5 在地面损失外，余者都是在别尔哥罗德地域损失的。德军只损失了 7 架飞机，但与前一天不同，其中没有战斗机，而是 6 架 Ju-87 和 1 架 Ju-88。[12] 其中 5 架 Ju-87 被防空火力击落。只有 2 架被敌机击落，这说明苏联空军这天算不上积极主动，也没起到什么作用。苏德战斗机损失分别为 35 架和 0 架实在令人费解。而 78:7 的总损失比耶表明德军仍然维持了 10:1 的交换比。德国空军宣称当天击落 74 架苏军飞机。

德军当天出动 1686 架次，只相当于 7 月 5 日的 70%。其中侦察机 77 架次（相

---

① 译者注：波利卡尔波夫设计局设计的双翼侦察机。

当于 7 月 5 日的 104%）、轰炸机 323 架次（60%）、斯图卡 793 架次（74%）、攻击机 240 架次（72%）、战斗机 253 架次（68%）。

德军和苏军昼间分别出动 1356 和 442 架次用于对地攻击。

第三日（7 月 7 日）

苏联空军虽然仍在争夺制空权，但收效甚微。德军第 8 航空军出动 1829 架次，轰炸机、俯冲轰炸机和对地攻击机部队像潮水一样在装甲前锋前面反复发动进攻，重点支援 SS 第 2 装甲军，以及第 48 和第 3 装甲军部分兵力。德军航空兵还掩护着党卫军的东面侧翼，并攻击苏军坦克集结地域、炮兵阵地和车队，结果就是他们声称摧毁了大量苏军坦克。

苏联空军仍在坚持抵抗，自身则继续付出惨重伤亡。空军第 2 集团军出动了839 架次，空军第 17 集团军继续英勇出击了 588 架次。德军战斗机当天出动 297 架次，苏军这两个空军集团军进行了 999 次掩护和护航任务。尽管实力悬殊，德军仍然只损失了 10 架飞机，其中 4 架是 Me-109，而空军第 2 和第 17 集团军分别损失了30 架歼击机、13 架伊尔 -2 和 28 架伊尔 -2、6 架拉 -5。双方交换比为 8 ∶ 1，战斗机损失比为 58 ∶ 4，令人费解。

德军和苏军昼间分别出动 1444 和 400 架次用于对地攻击。

对苏联空军的评价

在这三天的战斗中，红军空军损失了 342 架飞机，德军仅损失 36 架。红军损失 193 架雅克 -1、雅克 -7 和拉 -5 歼击机，德军只损失 16 架 Me-109。笔者要为苏联工程学说句好话，苏制歼击机都是好飞机，完全可以与 Me-109 抗衡。而损失了186 架的伊尔 -2 强击机并不比损失了 6 架的 Ju-87 更慢或更脆弱。问题不在于武器的质量，而在于训练水平和军事理论。德军显然是依靠优越的技能和战术才控制着俄国的天空。

在战役爆发前，苏联空军有不下 1000 架可用的飞机，现在四分之一被击落，相比有更多数量被击伤退出战斗，苏联空军已经开始无法支撑下去。这天其单机出动率有所增加，所以可以用更少的飞机维持基本相同的活动水平，但这必然导致后面的可出动率下降。经过三天的战斗，苏联空军在现有战略下已经做到了所能做的一切，他们在第一天的每架次损失率超过 11%！在 7 月 6 日和 7 日下降到 6%，此后一直维持着低于 6% 的水平，但与第一天相比，苏军战机打得也更保守了。

在赛德曼看来，7 月 5 日的"大放血"显然镇住了苏联空军，使其变得有些畏首畏尾。如他在 1947 年所说："不管怎样，俄国航空兵部队非常不愿接战。一旦德军战斗机出现，他们常常取消进攻，没什么斗志。截获的无线电通信表明俄军部队有时会下令不要交战。这样，德军在进攻第一天明显掌握着制空权。在整个"堡垒"攻势期间，这种状况基本没什么变化" [13]

看起来苏联人被第一天的高昂损失震惊了，而且他们也很清楚德军掌握着制空权，因此在会战余下时间里变得更加小心谨慎，虽然并未退场，且常常提供对地支援，但这让德军得以更加稳固地控制天空。

根据赛德曼的说法，苏联歼击机飞行员的训练水平其实比以往要强。他指出，有些苏军歼击机中队指挥得当，非常难对付。然而这也就是说苏军大部分歼击机部队不是这样的。赛德曼也不认为苏军飞机比德军的强。

他认为伊尔 -2"笨重却有强大的火力"，并指出其总是被称为梅塞施密特战斗机的猎物。少量出现在战场上的美制 P-39"空中眼镜蛇"在机动性和速度上也远超伊尔 -2。苏联的轰炸机并不常见，一般只轰炸前线或前沿机场，效果也并不好。

赛德曼还发现："事实证明俄国飞行员很勇敢，但很死板，也没有足够的技巧。给人的印象是俄国空勤人员不太熟悉飞行技术，也没受过良好的训练。但总体来说，红空军在很大程度上赶了上来，尤其是在数量方面，已经成为一个需要认真面对的对手了。" [14]

克鲁平斯基中将在 1999 年认为："俄国战斗机的战术很奇怪，我至今也想不通。如果我们遭遇了有战斗机护航的轰炸机编队，敌战斗机却仍在混合编队内行动。他们总是等我们发动进攻后才进入缠斗。他们从不主动发起攻击。然而作为一名战斗机飞行员，必须铁了心先下手为强。所以我们总是自作主张，这也助长了自己的优越感。" [15]

7 月 8 日

苏军的空军第 2 集团军仍在坚持战斗，但损失率有所下降。他们不再将重点放在第 48 装甲军地域和向奥博扬突进的部队上面，而是重点对付德军在东面侧翼打

✤ 德军第 8 航空军出动情况统计

根据德军第 2 集团军空军联络军官的记录，第 8 航空军出动架次数如下：

日期	总架次数	侦察	俯冲轰炸	轰炸（袭扰）	对地攻击	战斗机
				类型		
6 月 30 日	43					
夜间	15					
7 月 1 日	57					
夜间	57			11		
7 月 2 日	49					
夜间	21			17（11）		
7 月 3 日	78		20			
夜间	无报告					
7 月 4 日	224		132	28		
夜间	无报告					
7 月 5 日	2387	74	1071	536	335	371
夜间	无报告					
7 月 6 日	1686	77	793	323	240	253
夜间	64			61（50）		
7 月 7 日	1829	88	746	498	200	297
夜间	57			52（46）		
7 月 8 日	1606	77	701	493	186*	229
夜间	28			26（20）		
7 月 9 日	1621	97	699	384	183	258**
夜间	无报告					
7 月 10 日	682					
夜间	18			14（8）		
7 月 11 日	1039	62	447	197	157	176
夜间	61			56（49）		
7 月 12 日	654	52	150	13	248	191
夜间	无报告					

（续表）

日期	总架次数		类型			
		侦察	俯冲轰炸	轰炸（袭扰）	对地攻击	战斗机
7月13日	656	50	239	60	103	204
夜间	28			23（16）		
7月14日	1452	83	510	486	135	238
夜间	40			36（23）		
7月15日	706	33	191	282	68	132
夜间	111			105（93）		
7月16日	499	76	191	30	57	145
夜间	85			73（45）		
7月17日	138					
夜间	27			25（18）		
7月18日	79	39				40
夜间	18			17（6）		
7月19日	92	64				28
夜间	18			18（12）		
7月20日	98	84				14
夜间	21			21（15）		
7月21日	85	71				14
夜间	0					
7月22日	74	58				16
夜间	6			5		
7月23日	46	42				4
夜间	30			29（23）		
7月24日	127	68		45		14
总计	16792	1195	5890	3964	1912	2624
7月4—18日总计	15857	808	5870	3330***	1912	2534
7月4—18日夜间轰炸总计				471（368）		

* 其中，装备30毫米炮的Hs–129执行了53架次坦克猎杀任务。

** 为了不和每日出动总数和7月5—9日汇总报告冲突而进行了调整。

*** 该数字为昼间轰炸架次数。

❄ 苏军空军第 2 集团军出动情况统计

日期	总架次数	侦察	对地攻击	轰炸	类型 护航	掩护和拦截	其他
夜间	10			9			1*
7 月 4 日	149	6		143			
夜间	48		48				
7 月 5 日	1296	14	202	115	316	531	17/19/66/16**
夜间	72			72			
7 月 6 日	823	10	237		184	392	
夜间	83			83			
7 月 7 日	839	10	210		251	368	
夜间	96			96			
7 月 8 日	957	40	328		114	475	
夜间	60			60			
7 月 9 日	658	57	217		114	270	
夜间	69			68			1*
7 月 10 日	463	32	141		81	209	
夜间	57	9		48			
7 月 11 日	540	8	133		75	324	
夜间	109	8		101			

开的突破口。歼击机也为普罗霍罗夫卡接近地以及顿涅茨河三角地带的装甲部队提供掩护。看来此举是为了支援和协助掩饰近卫坦克第 2 军和坦克第 10 军当天的反击。

空军第 17 集团军的支援水平急剧下降。他们在 7 月 5—7 日分别出动 176、169和 156 架次的伊尔 -2 强击机，但 8 日只出动了 76 架次。部分原因在于之前的损失所致，因为该集团军已经损失了 118 架伊尔 -2。该部在第一天损失了 64 架伊尔 -2，但次日努力保持了差不多的出动架次（也许是使用了后备飞机和其他飞行员）。7 月 7 日，他们仍然维持了较高的出动数，而且显然每架飞机平均出动两次以上。但 7 月 8 日回落至每架飞机一次，而且此时可用飞机数量大大缩水，因此当日总出动架次降低了。经过连续三天对肯普夫集团军级支队地段每日出击 150 架次以上后，空军第 17集团军无法发挥出以往的战力了。

（续表）

日期	总架次数	类型					
		侦察	对地攻击	轰炸	护航	掩护和拦截	其他
7 月 12 日	769	35	220	82	147	285	
夜间	156	6		150			
7 月 13 日	666	21	222	86	187	150	
夜间	200	8		192			
7 月 14 日	861	14	191	145	169	241	101***
夜间	151	5		146			
7 月 15 日	328	24	122		80	102	
夜间	219	5		214			
7 月 16 日	723	15	143	159	253	145	8***
夜间	135	10		125			
7 月 17 日	486	34	159	52	154	87	
夜间	199	8		190			1*
7 月 18 日	435	9	94	93	182	57	
总计	11657	388	2619	732	2307	3779	230
夜间轰炸总计				1602			

*特别任务。

** 其中伊尔−2 出动 17 架次对桥梁进行了攻击，歼击机出动 19 架次封锁敌机场，伊尔−2 出动 66 架次打击德军机场，另外 16 架次歼击机出动情况不明。

*** 歼击机和歼击轰炸机实施对地攻击。

德国空军依然十分活跃，于当日出动 1686 架次，轰炸机、俯冲轰炸机和对地攻击机在第 4 装甲集团军战线上分批次进行了猛烈的进攻，重点支援的是苏军坦克重兵集结的 SS 第 2 装甲军侧翼。在别尔哥罗德东北面的第 3 装甲军和普罗霍罗夫卡以南的 SS 第 2 装甲军遭遇了大批苏军坦克。第 55 轰炸机联队第 3 大队同时支援第 4 装甲集团军的两个装甲军，其中 22 架次前往科切托夫卡，23 架次前往上佩尼耶。似乎 He-111 再次被用于攻击苏军第二梯队和预备队。德军昼间侦察发现在普罗霍罗夫卡附近有一支强大的俄军坦克部队。这应该就是坦克第 10 军。

空军第 2 集团军当天损失了 47 架飞机，其中 16 架为伊尔 -2，30 架为歼击机，相比前几天损失率略有下降。德军的损失也下降到 5 架，其中 1 架 Fw-190、2 架 Hs-129 和 2 架骑士十字获得者驾驶的 Ju-87！其中伯恩哈德·武特卡（Bernhard

Wutka）上尉的斯图卡在上佩尼耶以东被高炮击落，卡尔·菲茨纳（Karl Fitzner）中尉的斯图卡则被苏军战机击落。[16]

德军和苏军昼间分别出动 1380 和 404 架次用于对地攻击。

7 月 9 日

德军在 7 月 8 日晚至次日凌晨只出动了 28 架次，其中轰炸机出动 6 架次攻击了库尔斯克和卡斯托尔诺耶（Kastornoye）之间的几个火车站，20 架次袭扰和轰炸了别尔哥罗德以东的科连河地域。根据赛德曼的说法，他们还报告称，苏军有一些摩托化部队正从库尔斯克方向赶来。笔者不清楚这是苏军哪些部队。

空军第 2 和第 17 集团军的夜间活动倒是没有减弱。夜间轰炸航空兵第 208 师出动 60 架次轰炸了奥利霍瓦特卡—贝科夫卡—雅科夫列沃地域以及通往前线的公路。夜间轰炸航空兵第 262 师攻击了北顿涅茨河某渡口以及拉祖姆诺耶 - 克鲁托伊宽沟村—索洛米诺—别兹柳多夫卡地域的德军。轰炸航空兵第 244 师的 17 架 TB-3 出动 26 架次打击了罗甘（Рогань）和奥斯诺瓦（Osnova）机场，并进行了 3 架次的侦察。

强击航空兵第 1 军在昼间以可用的 54 架伊尔 -2 出动 134 架次，打击了格列兹诺耶—共青团员国营农场—红波利亚纳—雅科夫列沃—上佩尼耶地域，但损失很大，有 9 架伊尔 -2 和 1 架雅克 -1b 未返航。强击航空兵第 291 师攻击了格列兹诺耶 格列穆奇—上佩尼耶地域和克拉皮温斯基院子—斯莫罗季诺—卢奇基地域的德军人员和坦克，38 架伊尔 -2 进行了 83 次对地攻击，并得到 33 架次的护航，损失为 6 架伊尔 -2 和 1 架雅克 -1。

歼击航空兵第 4 和第 5 军继续掩护地面部队行动。前者出动 128 架次，以 6 至 10 机为一组在红十月村、科切托夫卡和别列尼希诺上空活动，另外 4 个双歼击机编队对别尔哥罗德—伊古缅卡公路实施侦察。后者出动 124 架次，以 6 至 12 机为一组在红十月村、新谢洛夫卡和格列兹诺耶上空活动，还派出双机编队对别列尼希诺、科切托夫卡和上佩尼耶的德军坦克集结点进行了 15 次侦察。显然苏军正在严密监视德军进攻态势和重点。这两个军当天共损失 17 架歼击机。

轰炸航空兵第 1 军如同 7 月 5 日之后一样没有出现在战场上。该军和轰炸航空兵第 454 团、侦察航空兵第 50 团只进行了侦察。

苏军空军第2集团军各机型出动情况统计

日期	项目	乌-2	R-5	伊尔-2	佩-2	波士顿	拉-5	雅克-1	雅克-7b	雅克-9	中型轰炸机	歼击机
7月4日	数量	6	4		3	3	36	14	38			
	出动架次	6	4		3	3	64	19	60			
7月5日	数量	25	4	161	74	6	165	142	40			
	出动架次	44	4	285	123	6	395	372	115			
7月6日	数量	27	4	110	7	3	75	88	41		1	
	出动架次	64	6	237	7	3	224	234	118		2	
7月7日	数量	26	5	125	7	3	88	78	60		1	
	出动架次	73	8	210	7	3	237	206	176		2	
7月8日	数量	28	4	143	10	3	79	89	34		3	
	出动架次	85	6	328	18	3	249	260	99		5	
7月9日	数量	26	5	92	10	8	57	78	17		2	
	出动架次	51	5	217	19	8	165	217	32		4	
7月10日	数量	24	5	66	2	3	51	51	30	10	3	
	出动架次	53	8	141	2	3	114	110	66	27	8	
7月11日	数量	24	5	71	2		67	88	33	40	3	
	出动架次	45	9	133	2		126	158	53	68	3	
7月12日	数量	40	4	102	82		19	83	42	80		
	出动架次	101	8	220	82		34	192	68	173		
7月13日	数量	47	1	94	19	3	68					171
	出动架次	150	6	222	86	3	154					201
7月14日	数量	52	3	82	99	5	56	89	22	29		
	出动架次	192	5	191	145	5	163	287	30	43		
7月15日	数量	55	5	66	0	6	37	59	7	21		
	出动架次	146	5	122	0	6	50	115	14	21		
7月16日	数量	58	3	86	103	5		34				167
	出动架次	214	5	143	159	5		102				314
7月17日	数量	56	4	67	52	7		34				89
	出动架次	125	7	159	52	7		89				179
7月18日	数量	58	6	59	84	5		48				99
	出动架次	190	9	94	93	9		98				141

✤ 苏军空军第 17 集团军出动情况统计
（只统计位于别尔哥罗德地域或参与攻击德军第 8 航空军的部队）

日期	总架次数	侦察	对地攻击	轰炸	武装侦察/打击机场	类型 护航	巡逻/掩护机场	拦截	掩护地面部队
夜间	-								
7月4日	-								
夜间	-								
7月5日	392		152		36	204			
夜间	123	24		99					
7月6日	407	24	169	36	4	174			
夜间	197	19		178					
7月7日	588	4	156	34	14	290			90
夜间	192	26		166					
7月8日	216	8	76			118			14
夜间	147			121	26				
7月9日	170	8	74			88			
夜间	183	19		164					
7月10日	61	20	17			24			
夜间	149			141					
7月11日	48	9	19			20			
夜间	183	19		164					
7月12日	118	3	52		8	55			
夜间	164	34		130					
7月13日	101	5	35			58		3	
夜间	151	32		119					
7月14日	141	4	57		10	70			
夜间	114	17		97					
7月15日	8	4	4						
夜间	146	19		127					
7月16日	171	4	38		36	87			6
夜间	144	45		34	65				
7月17日	0								
夜间	58				58				
7月18日	12				12				
总计	4384	355	849	70	269	1188	0	3	110
夜间轰炸总计				1540					

空军第 17 集团军当天只出动 187 架次。混合航空兵第 1 军的 64 架伊尔 -2 攻击了拉祖姆诺耶—克鲁托伊宽沟村—马斯洛夫码头—索洛米诺，37 架雅克 -2 进行了 68 架次的护航。德国空军在这一地段没什么活动，据报告只进行了一次交战。不过该军还是损失了 1 架伊尔 -2，还有 6 架未返航，但据推断实施了硬着陆。混合航空兵第 3 军只出动 10 架伊尔 -2 对克鲁托伊宽沟村—马斯洛夫码头—伊万诺夫卡地域进行了攻击。有 20 架歼击机为其护航，另有 8 架实施侦察。当天每架飞机只出动一次。他们损失了 1 架拉 -5 和 1 架伊尔 -2。混合航空兵第 9 军并不积极，第 3 军的活动也不值一提，和前者在前一天一样，也退出了战斗。虽然第 3 军的损失不如第 9 军，但其本身兵力就更弱一些，他们在 7 月 5 日出动了 45 架伊尔 -2 和 44 架雅克 -1，损失 14 架伊尔 -2 和 2 架雅克 -1。在随后三天的战斗中只损失了架 9 伊尔 -2、3 架拉 -5 和 3 架雅克 -1。这也是混合航空兵第 3 军最后一天在沃罗涅日方面军地段上战斗，其所属的强击机应该被转隶给了混合航空兵第 1 军。

混合航空兵第 1 军现在是最活跃的部队。总体来说，我们可以发现苏联空军的活动水平下降了，因为伤亡、战损、机械故障和疲劳削弱了他们的战斗力。空军第 17 集团军在全力实施夜袭的同时，也只能以 3 个混合航空兵军种的 1 个来为地面部队提供支援。

德军仍然可以保持之前的活动水平，当天出动 97 架次进行侦察，战斗机则出动了 258 架次，轰炸机出动 384 架次支援第 9 装甲军、髑髅师、警卫旗队师、第 11 装甲师和大德意志师，攻击苏军集结地域、炮兵阵地和坦克集结点。第 55 轰炸机联队第 3 大队向上佩尼耶 -+1.3 岗丘上埋石图根点派出 21 架次，向卡林诺夫卡派出 21 架次，向佐林斯基耶院子派出 13 架次。德军还出动 699 架次的斯图卡支援 SS 第 2 装甲军和第 11 装甲师，另派出 183 架次的对地攻击机打击两个装甲军当面撤退之敌，"效果良好"。德军当天损失很大，有 11 架被击落，其中有 1 架 Hs-129 和 7 架 Me-109，这也是 7 月 5 日以来德军首次损失这么多战斗机。苏军则有 22 架歼击机被击落。

此时的东线第一王牌京特·拉尔（Günther Rall）声称自己在 7 月 7—9 日击落 6 架拉 -5，自己则在 7 月 9 日被击落，但成功让飞机坠落在两军战线中间，随后被党卫军某装甲部队的一个坦克车组救了回来。[17]

德军和苏军昼间分别出动 1266 和 291 架次用于对地攻击。虽然德军在未来几天内仍将掌握制空权，但也是最后一天如此嚣张。

❦ 莫伊谢·利沃维奇·科罗布科夫中尉讲述的故事

科罗布科夫中尉是空军第2集团军强击航空兵第291师[①]强击航空兵第617团的一名小队长。他回忆道：

1942年3月，我应征入伍。我之前是一名体操运动员，体格良好，因此被送往著名的鲍里索格列布斯克航空兵学校（Борисоглебск，位于沃罗涅日州）学习强击机[②]。1942年9月，学校向东方疏散，此时我们即将完成学业成为飞行员。我参加了斯大林格勒反攻期间的空战，获得红旗勋章和红星勋章。

1943年3月，我们强击航空兵第219师由西南方面军空军第17集团军转隶沃罗涅日方面军的空军第2集团军。也就是在那个时候，空军中将克拉索夫斯基开始担任空军第2集团军司令。

整个战争期间，他都是我的司令。我也在这段时间里从一名中尉飞行员成长为强击航空兵团的中校团长。尽管我从1943年7月到战争结束都在参加战斗，却从未负伤。

库尔斯克会战期间，我担任小队长（4架强击机），高级中尉军衔。我在1943年7月4日—8月23日的飞行记录本显示，我作为双机编队、小队或中队的一分子进行了84次战斗出动。如果天气良好，一天可以出动2-3架次。我们小队那段时间击伤、集中和烧毁敌人15辆坦克和大约60辆搭载步兵的卡车。我们也参加空战，击落3架敌机。最艰难的战斗发生在1943年7月5-20日敌人进攻期间。我主要作为一两个小队的领头攻击坦克和卡车里的步兵。在坦克第1集团军和7月9—10日的近卫坦克第5集团军中，有两名携带无线电的我部军官。他们会联系师长维特鲁克少将，转达坦克集团军司令部的情况。之后，强击机会出现在战场上空。师长会根据我们的能力自行决定出动多少飞机。除了上述工作外，我们还根据空军第2集团军司令部的命令实施侦察，并（以2—3架飞机，不会更多）攻击火车站内运载弹药的列车。这样的管理体系有时也并非十全十美，因为我们常常接到互相冲突的命令。

我还记得一些顺利的攻击。7月8日或9日，我和中队长尼古拉耶夫（Nikolaev）

---

①译者注：原文为第219师，有误。

②译者注：当时学校正式名称为"以 В. П. 奇卡洛夫命名的鲍里索格列布斯克红旗军事航空学校"（Борисоглебская Краснознаменная военная авиационная школа имени В. П. Чкалова），即今"以 В. П. 奇卡洛夫命名的、荣获列宁勋章的鲍里索格列布斯克红旗高等军事航空飞行员学校"。

高级中尉炸掉了别尔哥罗德南面某个地方的一座铁路桥。与此同时，我们还带领7架强击机成功打击了试图突破坦克第1集团军在公路附近防线的一个敌坦克纵队。我对这次攻击印象很深，因为我们少说点了敌人4辆坦克，而且一发高射炮弹还打中了我的飞机。我们同时还遭到两架德军战斗机的攻击。但是有两名同志保护了我们，我们回到了己方机场。我没有受伤，但也是第一次冒出一个念头："玩完了，我要往下掉了。"

我还记得7月12日，那天我们团在团长克留科夫中校的带领下，对我军近卫坦克第5集团军某坦克军（我不记得番号了）前方的敌坦克发动了进攻。我们次日也在支援该军。我们的师长当时和一个坦克军的军长在一起，并下达全部命令。

这种体制非常有效，因此也被运用到其他战斗中，尤其是进攻战役的主要方向上。

我还记得我军将敌人向南逼退时候的一次飞行，那是大约7月20日的事情。我的同伴和我执行自由猎杀任务。我们发现了一长串搭载步兵的卡车，没有防空火力掩护，这很不寻常。我们在低空向该纵队发动了4—5次进攻，打光了全部弹药。大量卡车起火，德国人损失惨重。但我们通常会用一部分飞机攻击高射炮，另一部分对付主要目标。如果敌战斗机出现，而我方歼击机又不在场，我们就会排成一个圈，掩护彼此。我们的飞机上有两个人——飞行员和机枪手。机枪手会朝德军战斗机射击。我们会有损失，但也会击落德军战斗机。我的小队在7月击落3架德军战斗机。与此同时，我手下一名飞行员被击落阵亡。

我很快就取得了战斗经验和勇气（也不是自夸）。此后我一直战斗到战争结束。

战后我在强击航空兵里又服役了7年，之后去了军校任教。在20世纪50年代中期，笨蛋赫鲁晓夫命令削减航空兵。学校被撤编，我也退役了。

我在哈尔科夫的一家航空工厂工作。我结了婚，有两个儿子。我夫人的双亲在马拉霍夫卡（Malakhovka，一个"犹太区"）有一座小房子。20世纪80年代末，他们过世了，我们就搬了过去。我现在已经75岁了。儿子们在1995年移居以色列（带上他们全家）。他们俩都是航空制造业工作者。我没法下决心搬到以色列。我在这里有很多朋友，时常碰头，回忆往昔。

勋章么？太多了！我不间断地打了两年仗，获得过列宁勋章、三枚红旗勋章、一枚亚历山大·涅夫斯基勋章（在柏林获得）、三枚卫国战争勋章，还有很多奖章。就在这儿，在我的军服上。两年前我参加老战士游行的时候就穿着呢！ [18]

战斗激烈程度

从 7 月 1 日到 7 月 9 日，德军每日出动数在 2387—1621 架次之间。当面的苏联空军第 2 和第 17 集团军则每日出动 1688—828 架次。从 7 月 10 日开始，德军的出动数显著下降，这天只出动了 682 架次。在 7 月 10—16 日每个昼间平均出动 817 架次，而开战头五天平均出动 1842 架次。苏军也有同样的问题，在 7 月 10—16 日每个昼间平均出动 714 架次，而开战头五天平均出动 1269 架次。这说明空战的激烈程度显著下降。

德军活动减少的主要原因是天气恶劣。将飞机转派到奥廖尔地域直到 7 月 15 日左右才开始产生重大影响。[19] 苏军活动减少的原因则包括天气恶劣和损失巨大，以及空军第 17 集团军主力不再支援别尔哥罗德附近的战斗。至于空军第 2 集团军的出动架次数相当于此前的 2/3。前五天激烈战斗的较大战斗损失和机械故障对双方的活动都造成了影响。

此外，德军在空中支援方面也不再占优，他们不再像进攻刚开始时那样出动架次数是苏军的 1.5 倍，而是沦为与之大致相等。不过这并不意味着苏联人可以争取甚至夺回制空权。其每架次损失率从前五天的 6.81% 不断下降至随后七天[①]的 3.57%。德军的损失率却从前五天的 0.55% 上升至随后七天的 0.88%，而实际损失则分别为 52 架和 50 架，双方相差无几。苏军同时期的实际损失则从 456 架显著下降到 176 架。

苏军损失减少的主要原因似乎是其在执行任务时越来越小心谨慎，确切地说，前五天损失很大是因为打法过于鲁莽，而部队的实际能力却跟不上。前五天近乎 9:1 的交换比无疑也影响了苏联两个空军集团军的打法。等到他们变得更加小心也更注重效费比之后，双方交换比骤降至 3.5:1（德军仍然占优）。虽然这个数字很难看，但已经好了不少。不过，苏军在昼间出动架次对比上开始占优并不是其损失率下降的重要原因，因为德军战斗机每日平均出动架次数从 282 下降到了 181（64%），而苏军从 826 下降到了 435（53%）。所以实际上随着战斗的进行，德军反而在争夺制空权战斗的兵力对比上处于更加有利的位置。这也更加说明，苏军

---

① 译者注：作者原文为"随后一周"，但 7 月 10 日是星期六。

在前五天损失惨重的主要原因是其打得太鲁莽，而其人员素质和武器装备还没优越到可以这样让其如此任性的地步，如果能深思熟虑，那么伤亡是可以降下来的。显然，由于在作战经验和训练上严重落后，苏联空军无法取得有利的交换比。详见表格 8.1。

表 8.1 战斗激烈程度

日期	德军昼间架次数	苏军昼间架次数	德军昼间损失	苏军昼间损失	德军每架次损失率	苏军每架次损失率
7 月 4 日	224	149	3	4	1.34%	2.68%
7 月 5 日	2387	1688	19	187	0.80%	11.08%
7 月 6 日	1686	1230	7	77	0.42%	6.26%
7 月 7 日	1829	1427	10	86	0.55%	6.03%
7 月 8 日	1686	1173	5	60	0.30%	5.12%
7 月 9 日	1621	828	11	46	0.68%	5.56%
7 月 10 日	682	524	3	25	0.44%	4.77%
7 月 11 日	1039	588	14	19	1.35%	3.23%
7 月 12 日	654	887	11	31	1.68%	3.49%
7 月 13 日	656	767	5	27	0.76%	3.52%
7 月 14 日	1452	1002	9	30	0.62%	2.99%
7 月 15 日	706	336	5	11	0.71%	3.27%
7 月 16 日	499	894	3	33	0.60%	3.69%
7 月 17 日	138	486	5	16	3.62%	3.29%
7 月 18 日	79	447	1	6	1.27%	1.34%
合计	15338	12426	111	658	0.72%	5.30%

夜间行动仍然一如既往。德军一直保持平均每晚出动 50 架次，而苏军则从前五天的每晚 244 架次上升到后七天的每晚 297 架次。主要原因是空军第 2 集团军活动更频繁了。

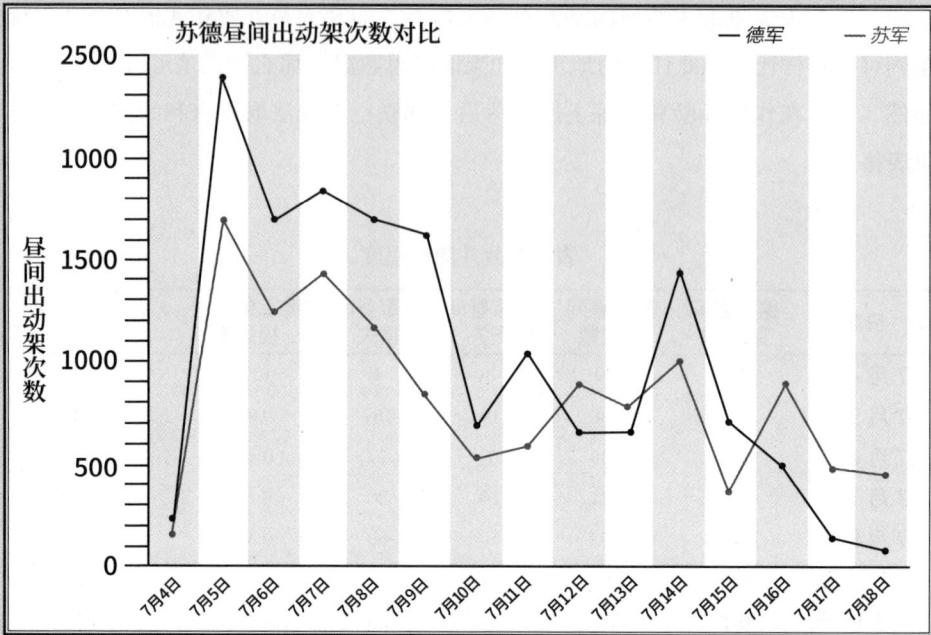

苏德昼间出动架次数对比

昼间出动架次数

德军　苏军

2500

2000

1500

1000

500

0

7月4日　7月5日　7月6日　7月7日　7月8日　7月9日　7月10日　7月11日　7月12日　7月13日　7月14日　7月15日　7月16日　7月17日　7月18日

德军总架次数：15338　　苏军总架次数：12426

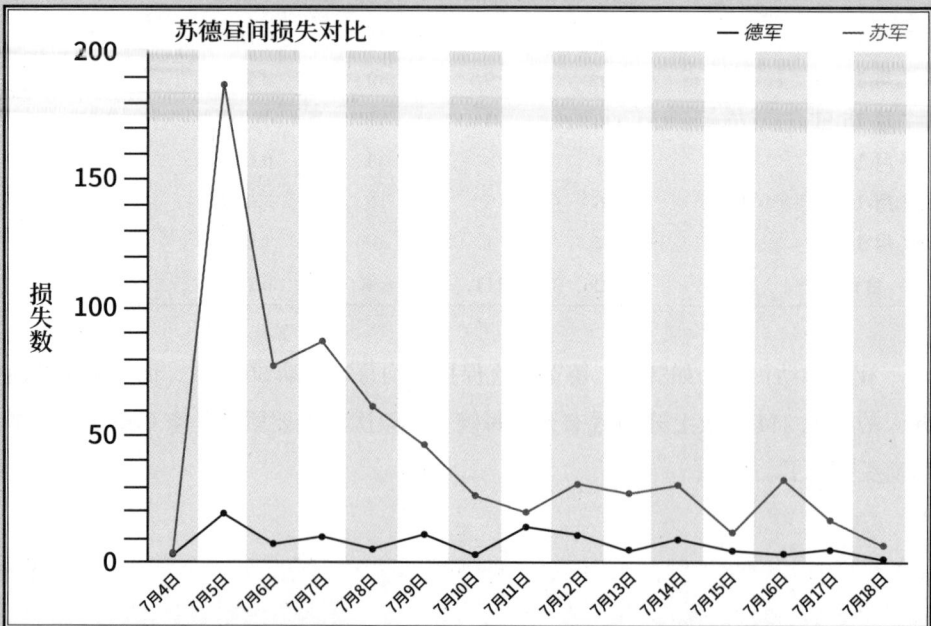

苏德昼间损失对比

损失数

德军　苏军

200

150

100

50

0

7月4日　7月5日　7月6日　7月7日　7月8日　7月9日　7月10日　7月11日　7月12日　7月13日　7月14日　7月15日　7月16日　7月17日　7月18日

德军总损失：111　　苏军总损失：658

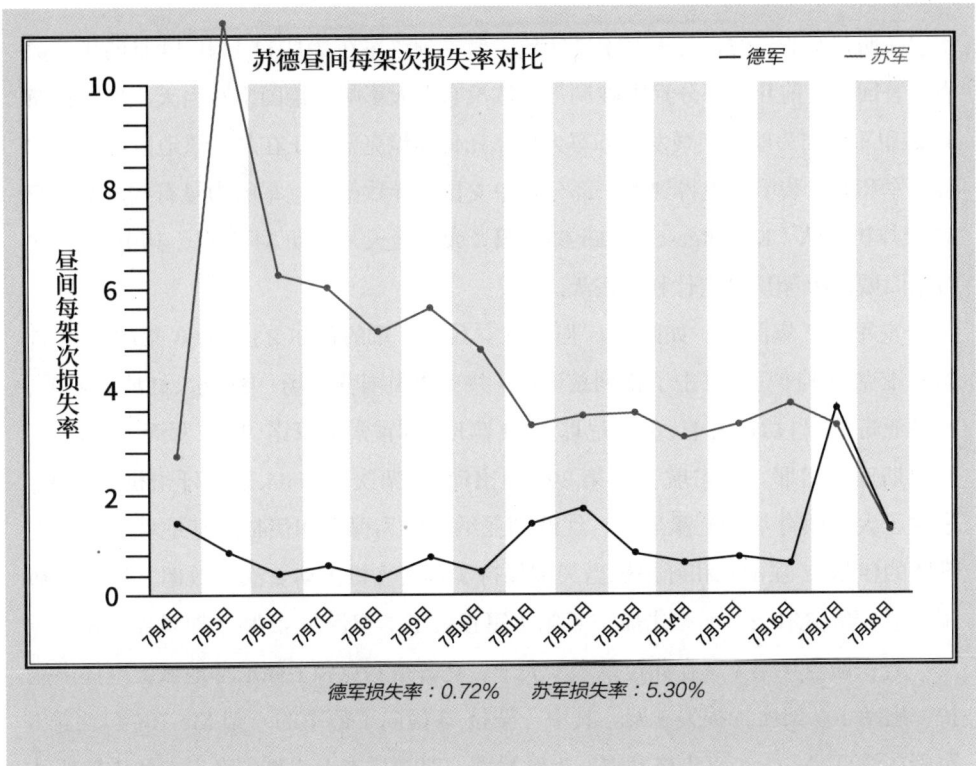

苏德昼间每架次损失率对比　　　　　—德军　　—苏军

昼间每架次损失率

0　2　4　6　8　10

7月4日　7月5日　7月6日　7月7日　7月8日　7月9日　7月10日　7月11日　7月12日　7月13日　7月14日　7月15日　7月16日　7月17日　7月18日

德军损失率：0.72%　　苏军损失率：5.30%

7月10日

从7月9日夜至10日凌晨，夜间轰炸航空兵第208师出动69架次攻击了小马亚奇基、卢奇基、波克罗夫卡、雷利斯基和红波利亚纳地域，并对别尔哥罗德—格赖沃龙（Graivoron）和穆罗姆（Murom）—哈尔科夫地域以及通往前线的公路实施了侦察。空军第17集团军继续实施积极的夜间轰炸行动，夜间轰炸航空兵第262师对顿涅茨河渡河点和拉祖姆诺耶——别洛夫斯卡亚（Belovskaya）—克鲁托伊宽沟村—马斯洛夫码头—索洛米诺—别兹柳多夫卡地段进行了156架次的轰炸。轰炸航空兵第244师的TB-3出动24架次轰炸了同一地域。德军当晚没有任何报告，而且由于天气因素没有出动飞机。

空军第2集团军报告称，夜间多云有雷雨，能见度为1—2千米，昼间多云，能见度为8—10千米，局部有雨。

今天也是德军第8航空军第一次出现出动架次严重下降的情况，暴跌至682架次。按照该军的说法，是天气不良所致。考虑到该军在 7 月 11 日和 14 日的出动数有显著回升，前几天部分兵力被调走显然没有太大影响。德国空军当天主要支援第 48 装甲军，因为航空侦察发现苏军大批摩托化和坦克部队正在赶赴该地段。SS 第 2 装甲军和第 3 装甲军也得到了一部分空中支援，导致德国空军的力量有些分散。第 55 轰炸机联队（Kampfgeschwader 55）第 3 大队当天只出动 34 架次，其中 14 架次打击旧城，20 架次打击什利亚霍沃。

空军第 2 集团军一如既往。强击航空兵第 1 军的伊尔 2 出动 83 架次，在 47 架次雅克 -1 掩护下，打击了格列兹诺耶 - 共青团员国营农场、韦肖雷、红波利亚纳、小马亚奇基、科切托夫卡、上佩尼耶、251 高地、苏霍索洛京诺、塔夫罗沃（Tavrov）和涅斯库奇诺耶。强击航空兵第 291 师出动 58 架次，在 34 架次歼击机掩护下，进攻了大马亚奇基、上佩尼耶、红波利亚纳、格列穆奇和伊林斯基地域。这两支部队的伊尔 -2 强击机和歼击机当天都保持了每架飞机出动 2 次的效率。第 291 师损失了 5 架伊尔 -2，而强击航空兵第 1 军损失了 7 架伊尔 -2 和 2 架雅克 -1b。

歼击航空兵第 4 军在弗拉季米罗夫卡、克鲁格利克和上佩尼耶地域上空提供掩护，出动 107 架次，损失 5 架。其中一架拉 -5 撞向了德军的一架 Me-109！而第 5 军则在波克罗夫卡、克鲁格利克、上佩尼耶、科切托夫卡、奥尔洛夫卡和佐林斯基耶院子上空，出动 129 架次，损失 6 架。该军也是在战斗中首次拿出新型雅克 -9 歼击机。这 10 架雅克 -9 共出动 27 架次，其中 1 架未能返航，还有 1 架在缠斗中被击落。这些新式飞机刚补充上来就被投入了战斗。

轰炸航空兵第 1 军和第 454 团继续实施侦察任务，侦察航空兵第 50 团应该也一样。歼击航空兵第 4 和第 5 军当天与空军司令部失去了联系。

空军第 17 集团军对北面的战斗已经没有任何帮助。混合航空兵第 1 军再次出动 21 架次伊尔 -2，在 32 架次歼击机掩护下打击了亚斯特列博沃（Yastrebovo）—别洛夫斯卡亚—别兹柳多沃（Bezlyudovo）地域的一个北顿涅茨河渡河口。这天的行动很不寻常，该部只进行了 17 架次对地攻击、12 架次侦察和 24 架次护航。有 4 架伊尔 -2 强击机执行了侦察或护航任务。他们每架飞机只出动一次，而且没有遇上德军战机，所以也没有任何损失。混合航空兵第 3 军的 6 架歼击机出动了 8 架次，对肯普夫集团军级支队地域实施了侦察，没有交火，这就是他们当天的全部活动。混合航空兵第 9 军也出动了 8 架次掩护大布尔卢克

（Velikii Burluk）火车站，也没有遭遇敌人。轰炸航空兵第 244 师进行了 2 架次的侦察。该集团军实际上在白天可以说并没有积极投入战斗。

德军和苏军昼间分别出动 500 左右和 158 架次用于对地攻击。

德军"实力"

7 月 10 日，苏军估计德军实力如下：

机场	总数	战斗机	轰炸机	不明类型
罗甘	50	10	40	
奥斯诺沃	100	15	85	
托洛孔诺耶（Tolokonnoye）	100	64	36	
别松诺夫卡（Bessonovka）	36	36		
波梅尔基	30			30
阿赫特尔卡（Akhtyrka）	6		6	
克拉马托尔斯卡亚	42	20	22	
索科利尼基	75	61	14	
合计	439	206	203	30

这些情报数据的来源为航空侦察，因此并不十分可靠。在会战的这一阶段，德军似乎仍然有 700 多架飞机可用。苏军的估计并未算上德军在米高扬诺夫卡—巴尔文科沃（Barvenkovo）、瓦尔瓦罗夫卡（Varvarovka）、马尔吉姆（Urgim）、杜德科沃（Dudkovo）和戈洛维诺（Golovino）机场的飞机。

7 月 11 日

7 月 10 日晚至 11 日凌晨，德军出动了 18 架次，其中 6 架次对旧奥斯科尔火车站实施了轰炸，烧毁了大量物资，8 架次对别尔哥罗德东南面实施了袭扰。苏军的夜间活动依然十分频繁，夜间轰炸航空兵第 208 师向小马亚奇基、卢奇基和雷利斯基及其附近河谷出动了 57 架次。夜间轰炸航空兵第 262 师向"林中空地"国营农场、索洛米诺、伊万诺夫卡和马斯洛夫码头一带出动了 116 架次。轰炸航空兵第 244 师出动 33 架 TB-3 打击了拉祖姆诺耶 - 克鲁托伊宽沟村—别兹柳多夫卡一带，其中两架还袭击了罗甘机场。

这一天天气状况不佳。空军第 2 集团军报告称，夜间和昼间均为多云，偶有降雨和雷电。

尽管受恶劣天气制约，德国空军还是出动了 1039 架次，主要用于支援第 4 装甲集团军。其中，大部分俯冲轰炸机都得到了地面目标指示。第 55 轰炸机联队第 3 大队在支援第 3 装甲军时向萨贝尼诺出动 11 架次，向舍伊诺出动 8 架次，向什利亚霍沃出动 6 架次，向戈斯季谢沃出动 19 架次。第 8 航空军的战斗机当天只出动 176 架次，而且付出了很大代价，损失了大约 14 架飞机，其中 3 架为 Me-109。报告称损失这么大主要是因为天气恶劣。此外，由于能见度较低，德军无法评估攻击效果。

由于天气较差，苏联空军的活动和损失也较低，空军第 2 集团军当天只出动了 539 架次，损失只有 18 架飞机，其中 13 架为歼击机。该部报告称发生了 31 次交战，比之前都少。强击航空兵第 1 军派 49 架伊尔 -2 向雅科夫列沃—卢奇基（南）—捷捷列维诺—加里宁—奥泽罗夫斯基—卢奇基（北）—大马亚奇基—波克罗夫卡—红波利亚纳地域出动了 92 架次，36 架雅克 -1 进行了 62 架次护航，损失 1 架伊尔 -2 和 1 架雅克 -1。强击航空兵第 291 师的 22 架伊尔 -2 出动 41 架次打击了瑟尔采沃—红波利亚纳—伊林斯基—上佩尼耶地域。7 架歼击机为其提供了 13 架次护航，虽然规模较小，但损失数和强击航空兵第 1 军一样。

歼击航空兵第 4 军继续出动 160 架次掩护亚历山德罗夫斯科耶（Aleksandrov-skoye）[①]—别列尼希诺—红十月村地域，损失 10 架。而第 5 军则出动 170 架次掩护奥尔洛夫卡—加里宁纳—红波利亚纳—科切托夫卡地域，损失 3 架。

轰炸航空兵第 1 军只进行了 2 架次的侦察，轰炸航空兵第 454 团由于天气不良没有升空。空军第 2 集团军司令部的有线通讯仍然存在问题，因此当天主要依靠无线电。

空军第 17 集团军依然不温不火。混合航空兵第 1 军的 19 架次伊尔 -2 在 20 架次雅克 -1 掩护下攻击了克鲁托伊宽沟村和"林中空地"国营农场地域。1 架次伊尔 -2 和 8 架次雅克 -1 还对索洛维约夫集体农庄—巴特拉茨卡亚林场和米亚索耶多沃地域实施了侦察。该集团军的其余活动都是在战场之外。

赛德曼在 1947 年认为："苏联空军在战斗中变得越来越有分量。德军的推进

---

① 译者注：推测此处是指普罗霍罗夫卡火车站附近的亚历山德罗夫斯基村。下文均按此修改。

在很大程度上缩短了苏军到达战场需行进的距离。德国战斗机再也不能能够赶走天上所有的苏军飞机。因此，第 8 航空军开始让战斗机和对地攻击机部队前出到普罗霍罗夫卡西南地域。在卢奇基以北有两座机场。然而当时没有机会将其占领。"[20]

德军和苏军昼间分别出动 801 和 152 架次用于对地攻击。

首战

近卫强击航空兵第 4 师近卫强击航空兵第 226 团的谢苗·伊萨科维奇·古尔维奇中尉[21]（Семён Исаакович Гурвич）在库尔斯克首次参加战斗：

1943 年 3 月，我从军事航空学校毕业后被派往空军第 5 集团军拜杜科夫少将的师。拜杜科夫是一名著名的飞行员，曾经和 B. 奇卡洛夫一起进行过前往美国的不着陆飞行。我第一次经历战火洗礼就是在别尔哥罗德以东的防御战斗。从 1943 年 7 月 5 日起，我每天起降 2—3 架次，有时跟随中队、有时跟随全团一起攻击试图向北冲向库尔斯克的敌坦克。我也不想吹牛皮，当时我没什么经验，有点害怕。我们每一天都在和敌战斗机作战。我很快就学会了如何用我们出色的伊尔 -2 互相帮助的战术。德国人将其称为"黑死神"。在常常遭到德军战斗机射击的我的座舱后方有装甲保护。不久，我就学会了防敌的机动，并且更有勇气飞得低一些，从更低的高度进行轰炸和射击，这样会提高准确度。我不喜欢听某些飞行员吹嘘什么"我击毁了 2 辆德军坦克"、"我干掉了 3 辆坦克"。我们会在敌坦克上方来 2—4 遍轰炸。有时整个中队或全团都会上来开火。坦克起火了，但根本搞不清楚具体是谁将其打着了。当你在一个编队里进行轰炸时，不可能说清楚谁击毁了什么。

大约是在 7 月 10 日，我作为 4 架伊尔 -2 中的一员攻击敌人一个炮兵营。我很清楚地看到我的火箭弹将敌人火炮一个接一个地击毁，但在战斗中可不会想着过早庆功。致命危险每时每刻都在等待着你。我的飞机挨了一发炮弹。两架"梅塞"正对我发起进攻，想要干掉我。勇气救了我的命。我直接朝其中一架正面飞去。德国飞行员受不了，就把飞机拉了起来。我稳稳地枪炮齐发，他像石头一样掉了下去。第二架飞机绕过来咬我的尾。我听到一发炮弹钻进了机身。我能闻到烟味。我心里想："这就完了。"我还想活命。我赶紧降低高度，飞得非常低，几乎贴着地面了，然后飞过树林，然后转了个弯。德国飞行员可能觉得已经将我击落，转身走了。我的战友们回到了机场，但没有说我被击落了。习惯上要等到最后一刻。尽管我的飞机被击伤，我还是努力飞到另一个机场降落了。他们立即联系我的指挥员，告知我的位置。指挥员派了一辆车来接我，一起的还有两名技术人员。他们几乎没有休息地干了两天才修好我的伊尔-2。我飞回了自己的团。从7月12日开始，我跟随中队至少每天出动3架次，以支援我军坦克的进攻。战斗打得很激烈。我往下可以看到一片火海，但我们的坦克一直在前进。我们很好地支援了他们。

我参加了更多的空战。成功的进攻行动一直鼓舞着我。我也取得了更多经验。一个多月后，我们到达了哈尔科夫。在此期间，我进行了100多次战斗出动，全年战斗出动200多架次。由于出动这么多架次，加上对敌人的杀伤，我在1944年7月被授予"苏联英雄"称号。在到达柏林之前，我又进行了相同数量的战斗出动。

7月12日

著名的普罗霍罗夫卡之战的前夜也没有什么特殊之处。德军出动了61架次，其中7架次的轰炸机出动攻击了铁路线。德军宣称让旧奥斯科尔火车站陷入火海，铁轨也被炸断。轰炸机还出动49架次对科连河地域的村庄和车队实施了袭扰。

苏军继续进行夜袭。轰炸航空兵第208师出动109架次乌-2双翼机对渡克罗夫卡—格列穆奇—大马亚奇基—雅科夫列沃—杜博沃耶—波戈列洛夫卡—小马亚奇基—雷利斯基—红波利亚纳—卢奇基(北)及附近河谷实施了轰炸，另派出8架次R-5进行了侦察。夜间轰炸航空兵第262师出动140架次乌-2对别洛夫斯卡亚、拉祖姆诺耶、克鲁托伊宽沟村和马斯洛夫码头一带以及索洛米诺—别兹柳多夫卡地域的渡河点进行了轰炸，同时派出16架次R-5进行了侦察。轰炸航空兵第255师出动24架次TB-3轰炸了上奥利尚涅茨—拉祖姆诺耶—卡扎奇耶地域，并和前一个晚上一样进行了3架次的侦察。

空军第2集团军报告指出，夜间多云有阵雨，能见度为6至10千米。昼间多云有雨，能见度为4至10千米。

德军在这天只出动了654架次。由于天气恶劣，轰炸机只出动了13架次，斯图卡出动了150架次，对地攻击机出动了248架次。自开战以来，德军空军支援力度达到了最低点，而恰恰这天就是战斗的高潮！此外德军战斗机也只出动了191架次，而且损失了11架飞机，不过记录并未写明型号。

尽管主要攻击战线后方，但苏联空军这天可以说十分活跃。强击航空兵第1军的72架伊尔-2出动142架次，在38架雅克-1的掩护下对雅科夫列沃—卢奇基（南）—加里宁—小马亚奇基—韦肖雷—苏霍索洛京诺—红波利亚纳—波克罗夫卡—什利亚霍沃—梅利霍沃—上奥利尚卡地域进行了猛烈进攻。虽然打得很凶，但代价也是很高的，共损失了8架伊尔-2和1架雅克-1。强击航空兵第291师的30架伊尔-2出动78架次，在16架雅克-1的掩护下对波克罗夫卡—雅科夫列沃—大马亚奇基—卢奇基—上佩尼耶—瑟尔采沃—德米特里耶夫卡—新切尔卡斯科耶—杜布罗瓦以南树林—卢汉尼诺—格列穆奇地域实施了进攻，损失4架伊尔-2。

歼击航空兵第4军出动157架次掩护亚历山德罗夫斯基—列斯基—瓦西里耶夫卡地域。歼击航空兵第5军则出动163架次掩护沃兹涅先诺夫卡—伊夫尼亚—费德切夫卡（Fedchevka）—克鲁格利克—普罗霍罗夫卡—瓦西里耶夫卡—别列尼希诺—小亚布洛诺沃地域。这两个军都在普罗霍罗夫卡坦克战场上空，而且各有40架雅克-9可以升空战斗。尽管此地的苏军没有提到任何空中支援，但髑髅师和帝国师报告都提到苏军轰炸和扫射了自己（见第九章），并且击落1架伊尔-2和1架马丁轰炸机（波士顿？）[1]。不过当天的空战激烈程度不高，歼击航空兵第4军只报告了9次交战，损失3架，其中1架还是被防空炮火击落。歼击航空兵第5军报告了11次交战，损失9架，其中包括2架雅克-9。

经过6天喘息之后，空军第2集团军终于觉得可以放心大胆地出动佩-2轰炸机了。轰炸航空兵第1军以9-26架佩-2为一组，出动82架次，在两个歼击航空兵军的掩护下发动进攻。由于天气不良，14架次没有找到护航编队，因此带弹返航。轰炸航空兵第454团也受到天气影响，当天没有出击。其余的佩-2打击了大马亚奇基—波克罗夫卡—雅科夫列沃及其东面2至4千米处树林之敌。此时战场上有大量目标，攻击后方目标对一线友军毫无意义。苏军的伊尔-2也在做类似的事情。这些被设计来实施对地攻击的强击机却不断地在攻击战线后方目标。显然苏联空军完全

---

[1] 译者注：作者想表达可能是道格拉斯A-20中型轰炸机，绰号为"浩劫"（Havoc）或"波士顿"（Boston）。至于马丁B-10轰炸机，苏联只买了一架用于评估。

没有像第 8 航空军一样提供近距离空中支援，所以其在库尔斯克会战中只不过是捣捣乱、制造点消耗而已，而德国人却懂得在关键地点上集中兵力，密切配合装甲兵和炮兵战斗，所以才能以最低代价控制战场。

空军第 2 集团军当天只得到了混合航空兵第 1 军的支援。该军的 52 架伊尔 -2 出动 52 架次打击了上奥利尚涅茨、新奥斯科奇诺耶（Novo-Oskochnoye）、卡扎奇耶、拉祖姆诺耶、克鲁托伊宽沟村一带，以及下奥利尚涅茨—索洛米诺地域的北顿涅茨河渡河点发动了进攻。54 架雅克 -1 进行了 55 架次护航、3 次武装侦察和 3 次侦察。该军损失了 3 架伊尔 -2。

空军第 2 集团军这天仍然要面对通讯不畅问题。这也是司令部与夜间轰炸航空兵第 208 师无法建立有线通讯的第二天。7 月 10 日时，歼击航空兵第 4 和第 5 军就曾与司令部失去联系。上下级之间主要靠无线电联络。他们还通过独立通信航空兵第 272 中队向空军集团军司令部传送信息。该集团军至 15 日以及在 17 日仍面临通信问题，通信在 18 日也偶有中断。

苏军当天共损失 30 架飞机，德军却只宣称击落 16 架。给人的印象是，近卫坦克第 5 集团军进攻地段上空并没有得到很好的控制。双方都出现在这一地域，近卫坦克第 5 集团军认为德军出动了大约 1500 架次。近卫第 5 集团军也直言自己没有得到良好的空中支援（见第九章）。看来苏联空军并未为地面进攻提供多少支援，而德国空军却很好地支援了己方的防御。苏军的强击航空兵第 1 军和第 291 师一心只想着轰炸德军两个装甲军的后方。

德军和苏军昼间分别出动 411 和 354 架次用于对地攻击。这是第 8 航空军自开战以来出动架次数最少的一天，远低于头五天的日均 1478 架次。另一方面，苏联空军在连续两天只提供有限支援后，终于让人们感受到了他们的存在，几乎相当于头四天的水平。但他们对地面战斗的影响仍然很小，明显低于头四天。原因主要在于天气。恶劣的天气既限制了德军也限制了红军的对地支援，还限制了空战的激烈程度。双方当日的飞机损失原因主要是天气和防空炮火，而非敌机。

雅克 -9 歼击机

7 月 12 日也是雅克 -9 首次大规模出现在库尔斯克战场上。这种座舱与 Fw-190 相仿的战机险些要了京特·拉尔的命。他回忆道：

7月12日下午，我和僚机一起起飞进行自由猎杀。西面是太阳，东面是一块巨大的积云，被炽热的红色阳光照耀着。我们在大约4500米（1.5万英尺）的空中飞行，所以我对于那天地面上的激烈战况毫不知情。接着我注意到被映红的云彩前面有两个小点。我们立即发动进攻，此时太阳就在身后。在接近的过程中，我开始怀疑它们是否确实是敌机，或许是两架刚投入战场的Fw-190战斗机。我知道有一个中队的这种新型飞机被派到前线，参加"堡垒"攻势，却从未见过。所以我转了个弯把飞机拉起来，然后发现其机翼上有红星。我立即转入进攻，并且从侧面直接扑向其中一架敌机。接着就是所谓的"空中相撞"。我的螺旋桨切掉了敌人的机翼，他的螺旋桨则从下面给我的飞机开了膛。敌机立即开始坠落，而我还可以维持飞机升力。由于螺旋桨受损、机体也出现破洞，飞机开始剧烈抖动，我甚至觉得发动机随时可能被抖出去。但我还是成功回到己方战线，并实施了硬着陆。[22]

7月13日

对于12日晚至13日凌晨的情况，德军没有提交报告。赛德曼声称，夜间侦察再次发现库尔斯克和旧奥斯科尔通往战场的道路上有大量的人员与车辆。

苏军夜间轰炸航空兵第208师出动156架次轰炸了奥利霍瓦特卡、梅利霍沃、远伊古缅卡、上奥利尚涅茨、什利亚霍沃、奥利霍瓦特卡、贝科夫卡和沃尔斯克拉之敌。夜间轰炸航空兵第263师的30架乌-2出动100架次，打击了别尔可罗德、别洛夫斯卡亚、米哈伊洛夫卡、拉祖姆诺耶、克鲁托伊宽沟村和马斯洛夫码头地域。2架乌-2和8架R-5执行了30架次的侦察。轰炸航空兵第244师的13架TB-3出动26架次，攻击了马斯洛夫码头—索洛米诺—别兹柳多夫卡，另外4架TB-3进行了8架次的侦察。

空军第2集团军报告称，当日夜间多云，但至早晨逐渐转晴，局部有雨，能见度为4至10千米。昼间多云，局部有小雨，能见度为6至10千米。

尽管天气不好，德军第8航空军当天还是出动了656架次。其中轰炸机仍然只出动60架次，包括第55轰炸机联队第3大队对韦肖雷地域22架次的打击。该部自开战以来第一次遭受损失，两架He-111轰炸机在机场上空的云团中相撞。一架飞机中的两名机组成员成功跳伞，而两架飞机和其余8人则全部摔到了地上。第8航空军在报告中提到了有两架飞机在己方战线内损失了。该军的斯图卡为第3和第

48 装甲军提供了 239 架次的支援。赛德曼提到了德国空军当天在第 48 装甲军地段上的战斗。被派到各个装甲师的空军联络军官再次展现出了自己的价值。但是德国空军无法让这些军官坐着坦克或半履带车配合每个师。特制的 3 吨欧宝"闪电"SdKfz 305 卡车非常笨重，总是跟不上进攻部队。不过要是空军联络军官可以搭乘部队指挥官的指挥坦克，还是可以引导空军打击最危险的目标。

德军对地攻击机还出动 103 架次打击了第 48 装甲军、SS 第 2 装甲军前方的苏军支撑点和攻击集群。由于云层较厚、能见度很差，只能观测到少量打击结果。不过他们还是宣称当天击毁 25 辆苏军坦克。

赛德曼报告称，此时各空勤部队的可用力量仍有早晨报告数的 2/3。他认为苏联空军主要在普罗霍罗夫卡上空和奥博扬以南地段活动。

苏军强击航空兵第 1 军继续出动 163 架次，在 112 架次雅克 -1 的掩护下攻击了一线后方的波克罗夫卡—雅科夫列沃—卢奇基—大马亚奇基—小马亚奇基—红波利亚纳以及什利亚霍沃—梅利霍沃—远伊古缅卡—上奥利尚涅茨地域。强击航空兵第 291 师的伊尔 -2 出动 59 架次在 42 架次战机护航下打击了格列兹诺耶、255 高地、小马亚奇基、卢奇基、大马亚奇基和奥泽罗夫斯基西北面。

歼击航空兵第 4 军出动 61 架次掩护亚历山德罗夫卡—别列尼希诺—瓦西里耶夫卡—小亚布洛诺沃地域，为普罗霍罗夫卡—瓦西里耶夫卡—别列尼希诺—小业布洛诺沃地域的佩 -2 提供了 41 架次护航，还进行了 6 架次侦察。歼击航空兵第 5 军出动 89 架次掩护亚历山德罗夫斯基—瓦西里耶夫卡—别列尼希诺—小亚布洛诺沃地域，并进行了 4 架次的侦察。

轰炸航空兵第 1 军出动 86 架次轰炸了上奥利尚涅茨、什利亚霍沃—梅利霍沃地域，并以单机实施了多次武装侦察。该军的两架佩 -2 在伊洛夫斯科耶机场（Ilovskoye）上空相撞并起火，乘员牺牲。苏德两军的轰炸机当天都因天气恶劣而出现类似事故。轰炸航空兵第 454 团出动 3 架"波士顿"轰炸机进行侦察，但因天气恶劣而很快结束任务，并损失了其中一架。

负责近卫第 7 集团军地段的混合航空兵第 1 军继续派出 35 架伊尔 -2 攻击新奥斯科奇诺耶、上奥利尚涅茨和卡扎奇耶地域。该军还出动 37 架歼击机进行了 58 架次护航、5 架次侦察和 3 架次截击。有一架伊尔 -2 未能返航。

德军和苏军昼间分别出动 402 和 343 架次用于对地攻击。

7月14日

在 7 月 13 日晚至 14 日凌晨，德军第 8 航空军出动 28 架次，其中出动 7 架次轰炸机打击卡斯托尔诺耶以南的火车站，16 架次骚扰科连河和科罗恰一带。

苏军继续充分利用了夜间时间，夜间轰炸航空兵第 208 师出动 102 架次乌 -2 轰炸了卡扎奇耶—什利亚霍沃—奥利霍瓦特卡—上奥利尚涅茨—新奥斯科奇诺耶—拉耶夫卡（Raevka）—远伊古缅卡—梅利霍沃地域，并进行了 5 架次的侦察。轰炸航空兵第 464 团出动 3 架"波士顿"轰炸机实施侦察，试图查明德军预备队是否到达。夜间轰炸航空兵第 262 师再次出动 107 架次乌 -2 轰炸了拉祖姆诺耶—克鲁托伊宽沟村—马斯洛夫码头地域，并实施了 30 架次侦察。该师当晚又 40 架乌 -2 和 8 架 R-5 升空。轰炸航空兵第 244 师也打击了拉祖姆诺耶—克鲁托伊宽沟村地域和马斯洛夫码头—索洛米诺地段的北顿涅茨河渡河口。12 架 TB-3 参与了轰炸，2 架其他型号飞机参与了侦察。

空军第 2 集团军报告称，夜间多云，能见度为 3 千米，后半夜别尔哥罗德东北地域多云，局部有雷雨。昼间有短时小雨，能见度为 10 千米。

德军第 8 航空军的出动力度有所加强。赛德曼提到，虽然这天他接到了不再继续攻势的命令，但这并不意味着第 8 航空军要停止行动。该军当天出动 1452 架次，是 7 月 9 日以来强度最高的一天。该军在上午晚些时候出动强大的轰炸机部队打击了大德意志师前方之敌，下午转而支援骷髅师和帝国师，当天轰炸机共出动 486 架次。第 55 轰炸机联队第 3 大队出动了 58 架次，其中 21 架次前往阿夫杰耶夫卡（Avdeyevka），37 架次前往韦肖雷附近。斯图卡俯冲轰炸机轮番上阵 510 架次，试图瓦解大德意志师、帝国师和第 3 装甲军当面苏军的抵抗。德军宣称斯图卡的进攻为地面部队开辟了道路，并让苏军损失了大批人员和物资。对地攻击机出动 135 架次不间断地支援前锋部队，并掩护地面部队。德军战斗机出动 238 架次，但实际上也没遇到太大干扰。尽管德军损失了 9 架飞机，不过其中 1 架是被高炮击落，1 架是被炸弹炸坏，损失中只有 3 架 Me-109 战斗机。德军也没有认真对付苏联空军，后者可以相对安全地出动佩 -2 实施轰炸。

北线空战

在库尔斯克突出部北面支援德军第 9 集团军的是第 6 航空舰队，下辖第 1 航空师、第12高炮师和第10高炮旅。第6航空舰队还辖有一个夜间战斗机大队和一个远程侦察大队。保罗·戴希曼（Paul Deichmann）少将的第1航空师编成内也有3个近程侦察大队。

第1航空师编成内共有10个联队，其中3个轰炸机联队各有3个大队（合计9个大队），另有2个夜间轰炸机中队，还有一个由8个大队和1个中队组成的战斗机联队。3个俯冲轰炸机联队各有5至7个大队，此外还有4个反坦克中队。最后还有1个驱逐机联队（Me-110），下辖3个大队。[23]

以上合计有730架飞机。[24]他们在库尔斯克会战首日出动了2088架次。接下来出动数有所下降，平均每天为1073.5架次。从7月5日至15日（含），该部共出动12823架次，相当于同期第8航空军的89%。但是考虑到第8航空军自7月9日后就被抽调了一些航空兵部队，对比二者空中支援最合适的方式是只看7月5日—9日出动数。这样算来，第6航空舰队和第8航空军分别出动了6848和9209架次，前者相当于后者的74%。但即便如此也不能反映二者空中支援水平的差异。第8航空军的侦察任务架次几乎是第6航空舰队的一半，而战斗机任务架次持平。如果只对比俯冲轰炸机、轰炸机和"猎杀"任务，也就是对地攻击任务的话，那么第6航空舰队和第8航空军在7月5日—9日分别出动4278和7047架次，前者相当于后者的61%。

第6航空舰队配属的高射炮部队包含下辖3个团的第12高炮师，下辖5或6个高炮营和2个探照灯连的第10高炮旅。

在其当面的是苏军空军第16集团军，隶属于中央方面军。在奥廖尔突出部其余部分还有布良斯克方面军的空军第15集团军和西方面军的空军第1集团军。如果不查阅上述部队作战行动的记录和详情，很难确定第6航空舰队要对抗苏军多少力量。可以确定的是，空军第16集团军在整个"堡垒"行动期间全力参战了。另外两个集团军的参与程度要小得多。例如，记录显示第6航空舰队在7月5日—11日这7天中损失了33架飞机，单日损失从未超过7架（第8航空军同期损失了69架）。从7月12日开始，第6航空舰队的损失骤然上升，4天内损失了61架（第8航空军同期损失30架）。这显然是因为西方面军和布良斯克方面军及其配属的航空兵开始在奥廖尔突出部北面发动了进攻。第6航空舰队不仅要支援第9集团军，还要支援第2集团军和第2装甲集团军。7月12日，第2装甲集团军遭到苏联西方面军和布良斯克方面军的反击。而南线德国空军的损失在 7 月 12 日之后反而下降了。

空军第 2 集团军当天出动架次数达到 7 月 5 日后的峰值，也达到 7 月 8 日以来昼间出动数的峰值。强击航空兵第 1 军也出动 124 架次伊尔 -2 攻击了卡扎奇耶—上奥利尚涅茨—新奥斯科奇诺耶—什利亚霍沃—梅利霍沃地域以及卢汉尼诺—别廖佐夫卡—布托沃—拉科沃—切尔卡斯科耶—瑟尔采沃地域。后一片地点显然位于敌后，对这里发动攻击丝毫无助于一线战斗。而德军斯图卡对托尔斯托耶树林的攻击也对一线部队有很大帮助。40 架雅克 -1 出动 199 架次为其护航。强击航空兵第 291 师出动 67 架次伊尔 -2 在 41 架次歼击机的护航下攻击了新奥斯科奇诺耶—上奥利尚涅茨地域和瑟尔采沃—卢汉尼诺—格列穆奇地域。

歼击航空兵第 4 军在博戈罗季茨科耶—普拉沃罗季—沙霍沃上空巡逻，并未轰炸航空兵第 1 军提供护航。他们当天出动了 209 架次。歼击航空兵第 5 军则出动 154 架次在博戈罗季茨科耶—别列尼希诺—沙霍沃—普拉沃罗季地域和弗拉季米罗夫卡—上佩尼耶—别廖佐夫卡—克鲁格利克地域巡逻。

轰炸航空兵的 99 架佩 -2 以 9 至 19 架为一组，出动 145 架次轰炸了上奥利尚涅茨—新奥斯科奇诺耶—卡扎茨科耶（Kazatskoye）地域和瑟尔采沃—卢汉尼诺—杜布罗瓦地域。此次大规模行动中有 4 架飞机被击落，其中 3 架被防空火力击落。

混合航空兵第 1 军的 47 架伊尔 -2 出动 57 架次攻击了卡扎奇耶—新奥斯科奇诺耶—上奥利尚涅茨之敌。该军可用的 47 架歼击机进行了 70 架次护航、10 架次武装侦察和 4 次侦察。当日损失为 3 架伊尔 -2 和 3 架雅克 -1。

双方活动强度增加，但损失却没有随之上升。德军当天损失了 9 架飞机，只有 5 架大概率是在空战中被击落。苏军空军第 2 集团军损失了 20 架，其中 6 架被防空火力击落。双方损失率都很低，看来他们都忙着对地攻击，无心捉对厮杀。

德军和苏军昼间分别出动 1131 和 401 架次用于对地攻击。

大调动（7 月 15 日—17 日）

大约在 7 月 14 日或其后不久，第 8 航空军再次奉命将更多部队转移到北面。此时不止第 9 集团军的进攻以失败告终，奥廖尔突出部北面的第 2 装甲集团军也不断遭到苏军进攻。大批部队被调往北面支撑危局。第 52 战斗机联队、第 1 对地攻击机联队、5 个 Hs-129 中队、第 2 俯冲轰炸机联队（7 月 12 日起？）、第 77 俯冲轰炸机联队，可能还要加上第27和第55轰炸机联队的几个轰炸机大队都离开了第8航空军。[25]如果再抽调，第6航空舰队就将无法继续战斗下去，所以其余部队继续留在了第8航空军。这样，匈牙利人就成了提供空中支援的主力。

此次德军共抽调了500多架飞机，使第8航空军只剩500架，不到最初兵力的一半。该军在7月4日—14日至少损失了91架飞机。

第8航空军当天仍然出动了1452架次，表现正常。所以我们判断大部分兵力调动发生在次日，该军出动数下降到706架次。此时第8航空军维持空中优势的能力被大打折扣。

7月15日

第8航空军在7月14日晚至次日凌晨出动了40架次，其中轰炸机出动13架次前往旧奥斯科尔车站及其西面15千米处的斯特列坚卡（Stretenka）卸货点。其报告称，列车车厢和车站建筑物起火。此外还出动23架次袭扰了科连河和科罗恰地域。

夜间轰炸航空兵第208师打击了共青团员国营农场、255高地、亚斯纳亚波利亚纳、奥泽罗夫斯基、捷捷列维诺、别列尼希诺以西树林、上奥利尚涅茨、奥利霍瓦特卡、拉耶夫卡、卡扎奇耶、勒扎韦茨、新奥斯科奇诺耶、什利亚霍沃和梅利霍沃地域的德军。夜间轰炸航空兵第262师打击了拉祖姆诺耶—克鲁托伊宽沟村—马斯洛夫码头—索洛米诺地域。40架乌2进行了77架次的轰炸，8架R-5也出动了15架次。轰炸航空兵第244师打击了拉祖姆诺耶—马斯洛夫码头—克鲁托伊宽沟村—索洛米诺地域，并实施了侦察。14架TB-3进行了20架次轰炸和2架次侦察。

空军第2集团军报告称，夜间多云，局部有雷雨，能见度为1至3千米。昼间多云有雨，能见度为2至3千米。

德军第8航空军在昼间出动了706架次，相当于前一天的一半，其中战斗机仅出动132架次。不过轰炸机出动了282架次。德军大举出动全部轰炸机和俯冲轰炸机部队重点支援帝国师和第3装甲军所在的顿涅茨河三角地带。在第3装甲军地段，第55轰炸机联队只在下午出动19架次攻击了马林诺和普罗霍罗夫卡，还有19架次完全不在别尔哥罗德地域。德国空军还被用来掩护地面部队侧翼不收北面杀来的苏军强大坦克部队（可能是近卫机械化第5军）的进攻。

自战役开始以来，德国空军第一次没有全力支援"堡垒"行动，可能原因在于全部的轰炸机部队和两个对地攻击机大队被用来打击伊久姆地域的村庄和火车站，以及苏军的准备地域。他们宣称这些空袭给苏军人员和装备造成了巨大的损失。此时德军手头还有 200 多架轰炸机，估计轰炸机至少出动 100 架次、对地攻击机出动 40 架次前往南面，应对苏军在那里的威胁。[26]

由于天气恶劣，苏军的空军第 2 集团军出动架次数明显降低（第 8 航空军应该也遇到了同样问题）。强击航空兵第 1 军受天气影响，并没有积极出击，但仍然以 46 架伊尔 -2 出动 97 架次，在 39 架雅克 -1 歼击机 65 架次护航下，攻击了波克罗夫卡—托马罗夫卡—舍佩列夫卡（Shepelevka）—列斯基—加里宁纳—卢汉尼诺地域和别列尼希诺—列斯基—加里宁纳—伊万诺夫卡—格列兹诺耶地域，损失 4 架伊尔 -2 和 2 架雅克 -1。强击航空兵第 291 师的 20 架伊尔 -2 在 10 架雅克 -1 的 18 架次护航下进行了 25 次对地攻击[①]，也损失了 4 架伊尔 -2。

歼击航空兵第 4 军在莫斯科时间 06:00—16:00 掩护亚历山德罗夫卡—普拉沃罗季地域，16:00—23:00 掩护普拉沃罗季—沙霍沃地域。37 架战机出动了 58 架次，只进行了 1 次交战，没有损失。歼击航空兵第 5 军也为地面部队提供了掩护，52 架战机出动了 59 架次，只进行 6 次交战，损失 1 架雅克 -9。

轰炸航空兵第 1 军受天气影响没有出击，但轰炸航空兵第 454 团出动 6 架"波士顿"轰炸机进行了侦察，甚至前出到了托马罗夫卡—别尔哥罗德一线，期间还投掷了炸弹。

混合航空兵第 1 军也因降雨和云层较低等恶劣气象影响而没怎么出动。他们只派出 4 架伊尔 -2 攻击了卡扎奇耶—新奥斯科奇诺耶—上奥利尚涅茨地域，还派出 4 架歼击机进行了气象侦察。该军报告提到两次交战，但没有损失。

德军和苏军昼间分别出动 541 和 126 架次用于对地攻击。不过德军有 150 架次甚至超过 300 架次发生在会战地域之外。天气也明显限制了双方的活动。

7 月 16 日

7 月 16 日的天空仍然相当平静，但地面更加平静。德军夜间活动频次明显增

---

① 译者注：原文为 320 架伊尔 -2 进行了 25 次对地攻击，显然有误。根据第 259 页表格修正。

加，共出动 111 架次，其中轰炸机出动 12 架次打击哈尔科夫东偏东南 100 多千米处的库皮扬斯克车站（Kupyansk），另外对马林诺夫卡（Malinovka）、加夫里洛夫卡（Gavrilovka）和安德烈耶夫卡进行了 93 架次的袭扰。以上全部用于对付南方的苏军，远离库尔斯克会战的战场。这也是第 8 航空军自开战以来夜间出动架次最高的一个晚上。

夜间轰炸航空兵第 208 师再次攻击了别列尼希诺、亚斯纳亚波利亚纳、加里宁、奥泽罗夫斯基、卢奇基（北）、卡扎奇耶、库拉科夫卡（Kurakovka）、新奥斯科奇诺耶、上奥利尚涅茨、维波尔佐夫卡（Vypolzovka）和勒扎韦茨地域。58 架乌 -2 出动了高达 214 架次，3 家具 R-5 也出动了 5 架次。轰炸航空兵第 262 师也很活跃，42 架乌 -2 对新奥斯科奇诺耶—上奥利尚涅茨—远伊古缅卡进行了 100 架次轰炸，7 架 R-5 实施了 16 架次侦察。轰炸航空兵第 244 师的 12 架 TB-3 出动 27 架次，轰炸了上奥利尚涅茨和近伊古缅卡地域。另有 2 架 TB-3 进行了 3 架次侦察。

这天也是德国空军最后一次强力支援地面战斗。第 8 航空军出动了 499 架次打击了第 4 装甲集团军当面的苏军坦克和集结地域。其中俯冲轰炸机出动 191 架次，战斗机出动 145 架次。该军抱怨战斗机数量大大减少，即便斯图卡只在上午和晚上出动，但仍完全无法掩护其免遭敌机攻击。德军战斗机一面为斯图卡护航，一面还要进行自由猎杀。第 8 航空军的轰炸机部队现在被投入到南面与第 4 航空军并肩作战，因此当日只进行了 30 架次的轰炸。第 55 轰炸机联队第 3 大队出动了 55 架次，其中 19 架次前往红奥斯科尔（Krasnyi Oskol），余者不在别尔哥罗德地域作战。这是该大队最后一次支援"堡垒"行动，次日即前往遥远南面的斯大林诺（Stalino）作战。

苏军强击航空兵第 1 军的 47 架伊尔 -2 出动 104 架次，在 34 架雅克 -1 的 102 架次护航下攻击了别列尼希诺、奥泽罗夫斯基、伊万诺夫卡、列斯基、沙霍沃、上佩尼耶、瑟尔采沃、别廖佐夫卡和拉科沃。强击航空兵第 291 师的伊尔 -2 出动 39 架次在 34 架次歼击机护航下攻击了列斯基以东树林、小亚布洛诺沃以西河谷[27]、小亚布洛诺沃、亚姆诺耶格里金（Yamnoye Gridin）—沙霍沃公路、沙霍沃及其西面河谷、红乌兹利夫（Krasnyi Uzliv）东南树林和河谷、恰帕耶夫东北面树林。

轰炸航空兵第 1 军闲了两天后开始大规模出动，103 架佩 -2 出动 159 架次，轰炸了别列尼希诺、加里宁、伊万诺夫卡、奥泽罗夫斯基、贝科夫卡、斯特列列茨科耶（Streletskoye）、红乌兹利夫和恰帕耶夫地域，损失 11 架佩 -2。歼击航空兵第 4 军为 12 群佩 -2 提供了护航，并在格涅兹季洛夫卡（Gnezdilovka）—普拉沃罗季—沙霍沃—晓洛科沃（Shchyolokovo）^①。一带巡逻，损失 5 架雅克 -1，可能是在护航过程中被击落。歼击航空兵第 5 军也为佩 -2 提供了护航，并在同一地域巡逻，损失 7 架战机，其中 3 架为雅克 -9。其中 5 架飞机未能返航，因此可以推断歼击机损失主要发生在护航过程中。轰炸航空兵第 454 团对托马罗夫卡—别尔哥罗德地域进行了侦察。

空军第 17 集团军开始变得活跃起来。在其 3 个混合航空兵军中的 2 个基本退出战斗七天后，该部终于可以再次出动全部 3 个军来执行任务了。其中第 1 军的 33 架伊尔 -2 出动 38 架次轰炸了上奥利尚涅茨一带。40 架雅克 -1 为其提供了 42 架次护航，还有 6 架次用于掩护地面部队，4 架次实施侦察。该军损失不大，只有 2 架伊尔 -2。

混合航空兵第 3 军出动 8 架伊尔 -2 打击了克拉马托尔斯卡亚机场。这次仍像之前一样，有 10 架歼击机负责预先封闭机场，另外 22 架负责护航。还有 11 架歼击机进行了侦察，但与库尔斯克会战本身无关。他们宣称在机场击毁 2 架德军飞机、击伤 4 架。苏军在返航途中遭遇了估计 25 架 Me-109 和 Fw-190 护航的 60 架 Ju-88、He-111 和 Me-110（？）轰炸机。双方随即交火，但打得并不激烈，只有 1 架拉 -5 未能返航。轰炸航空兵第 244 师当天出动 18 架 TB-3 攻击了罗甘机场。混合航空兵第 9 军出动 23 架歼击机为其护航，另外进行了 6 架次的侦察。1 架拉 -5 未能返航。

德军和苏军昼间分别出动 278 和 340 架次用于对地攻击。

7 月 17 日

德军在 7 月 16 日晚至 17 日凌晨出动 85 架次，其中轰炸机出动 28 架次攻击了卡斯托尔诺耶车站，据说和效果良好。另外 45 架次再次骚扰了科连河和科罗恰地域。

苏军的夜间轰炸依然十分活跃。夜间轰炸航空兵第 208 师出动 132 架次打击了

---

① 译者注：红军档案地图上写作"晓洛科沃"（Щолоково）。现在的俄罗斯地图上为 Щелоково，由于现代俄文将 ё 写作 e，因此实际要表示的为 Щёлоково）。

上佩尼耶、斯皮钦①、舍佩列夫卡、阿列克谢耶夫卡、卢汉尼诺、瑟尔采沃、别廖佐夫卡和拉科沃地域。夜间轰炸航空兵第262师将德军第8航空军的机场纳入任务范围。该军只出动34架次轰炸了拉祖姆诺耶—马斯洛夫码头—索洛米诺地域以及索洛米诺—马斯洛夫码头地段上的北顿涅茨河渡口，还进行了39架次侦察，另外对罗甘机场和克拉马托尔斯卡亚机场分别进行了16和20架次的轰炸。轰炸航空兵第244师的TB-3分别出动15和14架次打击了索科利尼基机场和奥斯诺瓦机场，另外进行了6架次侦察。对机场的夜间轰炸效果应该很差。空军第2集团军的轰炸航空兵第454团也出动3架重型轰炸机实施了夜间侦察。

空军第2集团军报告指出，夜间多云，能见度为6至10千米。昼间云层变厚，但能见度不变。

德军第8航空军当天只出动了可怜的138架次，主力都在伊久姆附近的第4航空军地域行动，只有部分对地支援飞机和战斗机支援了肯普夫集团军级支队和第4装甲集团军。填补德军兵力调动造成的缺口的是匈牙利空军，从他们占了轴心国全部5架损失中的3架也可以看得出来。德军当天没有出动俯冲轰炸机。

鉴于德军出动架次数暴跌，加上天气转好，苏联空军开始控制了天空，地面部队也感受到了他们的存在。空军第2集团军昼间出动了486架次。强击航空兵第1军的伊尔-2出动115架次，在89架次歼击机护航下，打击了上佩尼耶—别廖佐夫卡—瑟尔采沃、拉科沃、共青团员国营农场、渡克罗夫卡地域和苏霍索洛亭诺—红波利亚纳、小马亚奇基地域，不过损失也很大，主要原因可能是敌方高炮火力所致。根据报告，该军有2架伊尔-2被防空火力击落，11架伊尔-2在己方战线硬着陆。强击航空兵第291师的21架伊尔-2出动44架次，在10架歼击机36架次护航下，打击了多尔吉（Долгий）北面树林②南侧、拉科沃以东河谷、别廖佐夫卡东南和东北面、扎维多夫卡以南、切尔卡斯科耶、杜布罗瓦和布托沃。出于某些原因，该师当天还撒出了2000份传单。当然，这与一夜撒了21.4万份传单的夜间轰炸航空兵第208师相比，简直不值一提。

轰炸航空兵第1军出动52架佩-2轰炸了上佩尼耶—别廖佐夫卡—瑟尔采沃地

①译者注：作者原文为"Spitsyin"，译者根据红军多份档案地图显示的"Спицин"音译为"斯皮钦"。

②译者注：即托尔斯托耶树林。

域。歼击航空兵为其提供了护航，并在己方机场上空巡航，当天 44 架飞机出动了 58 架次。歼击航空兵第 5 军的 35 架歼击机出动 85 架次，在弗拉季米罗夫卡—克鲁格利克—诺文科耶—梅洛沃耶地域的友军上空保驾护航。

轰炸航空兵第 454 团出动 7 架"波士顿"轰炸机对沃罗日巴（Ворожба）—苏梅—阿赫特尔卡—波尔塔瓦—哈尔科夫一线进行了昼间侦察。

空军第 17 集团军除了实施夜间轰炸外，已经完全退出战斗。混合航空兵第 1 军当天没有升空作战，而第 3 和第 9 军虽然非常活跃，却已经在遥远南面的伊久姆地段支援当地苏军 7 月 17 日开始的攻势——伊久姆·巴尔文科沃进攻战役。

这一天非常平静，德军昼间只出动了 138 架次，红军的空军第 2 集团军则出动了 486 架次。后者报告了 13 次交战，只损失 6 架，其中 2 架被防空火力击落。苏军仍然没有充分利用德军拱手交出的制空权。如果可以很好地组织一次进攻，苏军显然可以建立空中优势，不过此时德军地面部队已经开始撤退了。

德军昼间可能没有提供任何对地支援，而苏军则实施了 211 架次。

7 月 18 日

7 月 17 日晚至 18 日凌晨，德军第 8 航空军至出动了 27 架次，其中出动 7 架次轰炸机攻击了卡斯托尔诺耶车站，还有 18 架次袭扰了科连河和科罗恰地域。

苏军夜间活动仍然十分频繁，共出动了 199 架次。夜间轰炸航空兵第 208 师打击了奥利霍瓦特卡—新切尔卡斯科耶—德米特里耶夫卡—特里列奇诺耶—切尔卡斯诺耶—布托沃—卡扎奇耶地域、波克罗夫卡—雅科夫列沃地域和雅科夫列沃—别尔哥罗德公路沿线，并进行了侦察和航空照相。此外，该师还出动一架 R-5 执行了一项"特殊任务"，但未能返航。7 月 3 日、9 日和 17 日晚上的单机"特殊任务"很可能是往德军战线后方安插特工或为游击队提供支援。

此时空军第 17 集团军退出了别尔哥罗德附近的夜战，转而出动 33 架次乌 -2，轰炸了克拉马托尔斯卡亚机场，出动 25 架次 TB-3，轰炸了索科利尼基和奥斯诺瓦机场。

空军第 2 集团军记录显示，夜间多云，偶尔有雨，能见度为 2 千米至 5 千米。

该集团军是当天昼间唯一活跃的空中力量。德军只出动了 79 架次，部分原因在于天气。其中战斗机出动 40 架次，执行侦察任务的飞机出动 39 架次。

强击航空兵第1军的伊尔-2出动53架次打击了雅科夫列沃、戈斯季谢沃、布托沃、斯特列列茨科耶和托马罗夫卡地域公路沿线退却的德军。为其提供掩护的47架次雅克-1没有遇上任何德军飞机，损失为零。强击航空兵第291师的伊尔-2出动41架次攻击了上佩尼耶、格列穆奇、奥利霍瓦特卡、卢汉尼诺、切尔卡斯科耶、布托沃、格列兹诺耶、苏霍索洛京诺和小马亚奇基地域。16架雅克-1b为其提供了51架次护航，只进行了一次交战，没有损失。伊尔-2的损失为3架。

轰炸航空兵第1军的84架佩-2出动93架次（其中9架次受天气影响，任务中止）攻击了波克罗夫卡、雅科夫列沃、杜布罗瓦、索隆涅茨、奥利霍瓦特卡、卢奇基、斯特列列茨科耶和戈斯季谢沃地域。歼击航空兵第4军不仅为护航，还掩护着索隆诺夫卡车站（Slonovka，新奥斯科尔西南）的燃油。歼击航空兵第5军则继续掩护地面部队。轰炸航空兵第454团的"波士顿"轰炸机进行了侦察。上述部队均未遭遇德军飞机。

空军第17集团军昼间非常活跃，编成内的3个混合航空兵军都升空作战，除了TB-3出动12架次打击克拉马托尔斯卡亚机场外，主力均支援南面的作战行动。

当日几乎没有发生空战。空军第2集团军只记录了1次空战，损失的7架飞机可能都是被防空火力击落或机械故障损失。德军损失了1架Me-109，但实际上是被SS第2装甲军的高炮击落起火。

德国空军昼间没有进行任何对地攻击，而苏军则出动了187架次。

尾声

在退兵的剩余时间里，德国空军每个昼间出动不到100架次，夜间则不到20架次。其在昼间主要实施侦察，然后才是战斗机升空作战。直到7月24日出动轰炸机之前，德军再也没有在昼间开展轰炸或对地攻击。25日，第77俯冲轰炸机联队的斯图卡杀回来提供了支援。德军倒是在夜间继续出动少量轰炸机打击旧奥斯科尔火车站并骚扰科连河和科罗恰地域。7月19日，剩下的轰炸机、斯图卡和对地攻击机部队都被转隶给了伊久姆地域的第4航空军。别尔哥罗德一带的德军只能靠自己了。第8航空军没有任何轰炸机、对地攻击机和斯图卡提供支援，只能在昼间实施侦察，另有少量战斗机提供掩护。空军第17集团军虽然得到加强，但已经将精力转移到南方，基本退出了这一地域的战斗。空军第2集团军也再次削减了出动架次。

空军第 5 集团军此时仍远在大后方。苏联空军此时本可以夺取制空权，但似乎双方对此都失去了兴趣。因此，苏军的伊尔 -2 和佩 -2 可以随意打击自己想要打击的目标，只是不像以前那样积极了。

统计

库尔斯克南线空战是 1945 年 1 月 1 日失败的"底板"（Bodenplatte）行动之前，德国空军最后一次大规模空中攻势。虽然研究空战的历史学家们有些忽视了，但此战的规模非常大。在 7 月 4 日—18 日的 15 天时间里，德国空军出动了 15857 架次，日均出动 1057 架次。苏军的两个集团军在别尔哥罗德地域或对德军第 8 航空军出动了 16041 架次（第 2 和第 17 集团军分别为 11657 和 4384 架次），日均出动 1069 架次。

而在不列颠之战中，德国空军在 1940 年 8 月只出动了 4779 架次，投掷了 4636 吨炸弹；9 月出动 7260 架次，投掷 7044 吨炸弹；10 月出动 9911 架次，投掷 9113 吨炸弹。[28] 当然库尔斯克南线战场要比不列颠之战的小，较短的距离也是对阵双方出动率如此之高的原因。

第 8 航空军投掷炸弹的吨数尚不清楚。苏军空军第 2 集团军报告显示其投掷了 1244 吨，估计德军投掷了 7000 吨。考虑到德军和苏军在 7 月 4 日—18 日间分别出动了 11641 架次和 4395 架次实施对地攻击，苏军对德军投掷量的估计比较合理。德军俯冲轰炸机出动了至少 5870 架次，轰炸机昼间出动至少 3330 架次，对地攻击机不下 1912 架次。斯图卡、He-111 和 Hs-123 的最大载弹量分别为 1.8 吨、3.25 吨和 0.45 吨，这样算来合计最大可投弹量为 22248.90 吨。当然实际上很少会以最大载弹量起飞，例如第 55 轰炸机联队第 3 大队从罗甘机场起飞 644 架次在 7 月 4 日—17 日共投弹 919.7 吨，平均每架次投弹 1428.11 千克。不过苏军的估计可能偏低，实际投弹量应该在 1 万至 1.2 万吨左右。

苏联空军的伊尔 -2 出动了 3485 架次，佩 -2 进行了 732 架次的昼间轰炸，TB-3 进行了 70 架次的昼间轰炸，歼击机和歼击轰炸机[①] 进行了 109 架次的对地攻击。伊

---

① 译者注：作者原文如此，但苏联当时并没有歼击轰炸机，故此处推断为执行对地攻击任务的拉 -5 歼击机等。

尔 -2、佩 -2、TB-3、拉 -5FN 的最大载弹量分别为 0.6 吨、1.2 吨、4 吨和 0.3 吨，算下来最大可投弹量为 3282.10 吨，相当于德军最大可投弹量的 1/7。空军第 2 集团军占了出动数的大部分，空军第 17 集团军只出动了 849 架次伊尔 -2 和 70 架次 TB-3。苏联空军夜间共出动了 3142 架次，而乌 -2 的最大载弹量为 0.25 吨，那么其最大可投弹量约为 785.5 吨，两个空军集团军在这方面基本持平。以上合计最大可投弹量为 4067.60 吨，其中空军第 2 和第 17 集团军分别为 2893.20 吨（实际只投弹 1244 吨）和 1174.40 吨（占总最大可投弹量的 28.87%）。假设二者实际投弹量占最大可投弹量的比例相同，那么其实际总投弹量约为 1748.96 吨。

在整个会战期间，德军和苏军分别损失了 111 架和 665 架飞机，交换比约为 5.95 ∶ 1。考虑到苏军的装备并不比德国人差，这个数据令人难以理解。这再清楚不过地说明苏德空军之间在训练和经验上的差距。考虑到苏联空军的惨重损失，他们的英勇无可置疑。

苏德空军的对地支援效果

德军在昼间实施了 11641 架次对地攻击，夜间实施了不下 471 次轰炸。其中作为袭扰的 368 架次因为主要投掷的是 2 千克和 4 千克的小炸弹，所以其作用应该极为有限。

苏军昼间出动 4396 架次实施对地攻击，夜间出动 3142 架次实施轰炸（袭扰）。苏军战机在执行袭扰任务时的载弹量要超过德国人，每架乌 -2 可以挂载 250 千克炸弹。

评判效果的一个简单方法是对比双方的投弹量。空军第 2 集团军投弹 1244 吨，并推断德军投弹 7000 吨。假设其对德军的推断合理，那么双方对比为 1 ∶ 5.63。由于苏德昼间出动架次数之比为 1 ∶ 2.65，那么算下来二者每架次投弹量对比为 1 ∶ 2.12，德军占优。其主要原因在于德军更多地使用了双发动机的轰炸机并拥有更大的载弹量。苏德昼间最大可投弹量之比约为 1 ∶ 6.8。如果按照上文估计，苏军两个空军集团军投弹 1750 吨，德军投弹 1 万至 1.2 万吨，那么德军投弹量约为苏军的 6 至 7 倍。

当然我们也不能忽视德国空军经验更加丰富，训练水平也更高。二者在训练和战斗力上的差异不仅体现在争夺制空权的战斗中，也体现在对地支援上。因此，德军不仅出动架次数更多、投弹量更大，而且在进攻组织、引导上更加出色，恐怕需要打击的目标也更多。反过来，苏联空军不仅没有制空权、损失很大，而且很可能在实施对地攻击行动时有更大的压力，也更加仓促。总体来说，德国陆军得到的空中支援要远多于苏联陆军。我们甚至可以说，德国空军为地面部队提供的支援要十倍于苏联空军对己方的支援。

在会战之前，仅空军第2集团军就储备了6850吨炸弹，显然做好了充分准备。然而由于无法掌握制空权、损失惨重，加上轰炸机出动架次数有限，实际只用了其中18%。主要实施对地攻击的轰炸航空兵第1军只装备了可投掷250千克炸弹的飞机。"轰炸航空兵第1军出动量较少和强击航空兵第1军出动量不足的原因在于为其护航的歼击机忙着和敌机交战。"[29]正如报告所指出的，这导致实际扔到德军头顶的炸弹数量远低于苏军自己挨的。

昼间对地攻击架次数汇总
（含俯冲轰炸机、强击机、轰炸机和对地攻击机）

日期	德军	苏军	德苏对比
7月4日	160	0	不详
7月5日	1942	486	4.00
7月6日	1356	442	3.07
7月7日	1444	400	0.61
7月8日	1380	404	3.42
7月9日	1266	291	4.35
7月10日	529*	158	3.35
7月11日	801	152	5.27
7月12日	411	354	1.16
7月13日	402	343	1.17
7月14日	1131	401	2.82
7月15日	541	126	4.29
7月16日	278	340	0.82
7月17日	?	211	不详
7月18日	0	187	不详
合计	11641	4295	2.71

* 估计值

红军显然没有得到空军的有力支援。另一方面，空军第2集团军也确实像撒胡椒面一样向战场投掷了9万枚2.5千克反坦克炸弹（合计225吨），占储备量的64%。这种炸弹的反坦克效果有限。笔者没找到任何报告显示德军坦克因此而蒙受损失，不过肯定有一些因此而失去行动力或被击伤。

空军第2集团军的战后报告列出了付出最大努力的歼击机部队。其中强击航空兵第291师的歼击航空兵第737团每架可出动的飞机都在最紧张的日子里的某几天日均出动5至6架次。歼击航空兵第5军的歼击航空兵第8师和前者一样辛劳，从战役第一天开始就全力迎击德军轰炸机。

❋ 德军第 8 航空军损失和宣称战果

日期	德军损失（架）	德军宣称战果（架）
6 月 30 日	0	5
夜间	0	0
7 月 1 日	0	0
夜间	0	0
7 月 2 日	1	1
夜间	0	0
7 月 3 日	0	5
夜间		
7 月 4 日	3	6
夜间		
7 月 5 日	19	260（空中 220，防空火力 40）
夜间		
7 月 6 日	7	74
夜间	0	0
7 月 7 日	10	96
夜间		
7 月 8 日	5	43
夜间		

（续表）

日期	德军损失（架）	德军宣称战果（架）
7月9日	11	38
夜间		
7月10日	3	14
夜间	0	0
7月11日	14	23
夜间	0	0
7月12日	11	16
夜间		
7月13日	5	21
夜间	0	0
7月14日	9	24
夜间	0	0
7月15日	5	8
夜间	0	0
7月16日	3	24
夜间	0	0
7月17日	5	10
夜间	0	0
7月18日	1	1
夜间	0	0
7月19日	0	1
夜间	0	0
7月20日	0	0
夜间	0	0
7月21日	0	0
夜间	0	0
7月22日	2架匈牙利军飞机	1
夜间	0	0
7月23日	0	0
夜间	0	0
7月24日	1	4

苏军空军第 2 集团军战斗损失，1943 年 7 月

空战中被击落

	合计(架)	佩 -2	A-20	伊尔 -2	拉 -5	雅克 -1	雅克 -7	雅克 -9
强击航空兵第 1 军	44			32		7	5*	
轰炸航空兵第 1 军	12	12						
歼击航空兵第 4 军	12				3	8	1	
歼击航空兵第 5 军	59				31	4	14	10
夜间轰炸航空兵第 208 师	-							
强击航空兵第 291 师	35			27	1	4	3	
轰炸航空兵第 454 团	2		2					
合计	164	12	2	59	35	23	23	10

* 强击航空兵第 1 军至 7 月 18 日未出动雅克 =7 歼击机，因此该数字可能是库尔斯克攻势之后的损失。

被地面防空火力击落

	合计(架)	佩 -2	A-20	伊尔 -2	拉 -5	雅克 -1	雅克 -7	雅克 -9
强击航空兵第 1 军	35			27	2	4	2*	
轰炸航空兵第 1 军	9	9						
歼击航空兵第 4 军	4				1	2	1	
歼击航空兵第 5 军	18				8	3	7	
夜间轰炸航空兵第 208 师	-							
强击航空兵第 291 师	41			36	1	2	2	
轰炸航空兵第 454 团	1		1					
合计	108	9	1	63	12	11	12	

* 强击航空兵第 1 军至 7 月 18 日未出动雅克 =7 歼击机，因此该数字可能是库尔斯克攻势之后的损失。

出击后未返回

	合计（架）	佩 -2	A-20	伊尔 -2	拉 -5	雅克 -1	雅克 -7	雅克 -9	乌 -2
强击航空兵第 1 军	20			12	1	2	5*		
轰炸航空兵第 1 军	15	15							
歼击航空兵第 4 军	45				4	28	13		
歼击航空兵第 5 军	40				14	7	12	7	
夜间轰炸航空兵第 208 师	3								3
强击航空兵第 291 师	34			28	1		5		
轰炸航空兵第 454 团	1		1						
合计	158	15	1	40	20	37	35	7	3
各种原因损失合计	430	36	4	162	67	71	70	17	3

* 强击航空兵第 1 军至 7 月 18 日未出动雅克 −7 歼击机，因此该数字可能是库尔斯克攻势之后的损失。

苏方记录有个令人吃惊的特点，就是宣称战果远远超过德军实际损失。二者对比见下图：

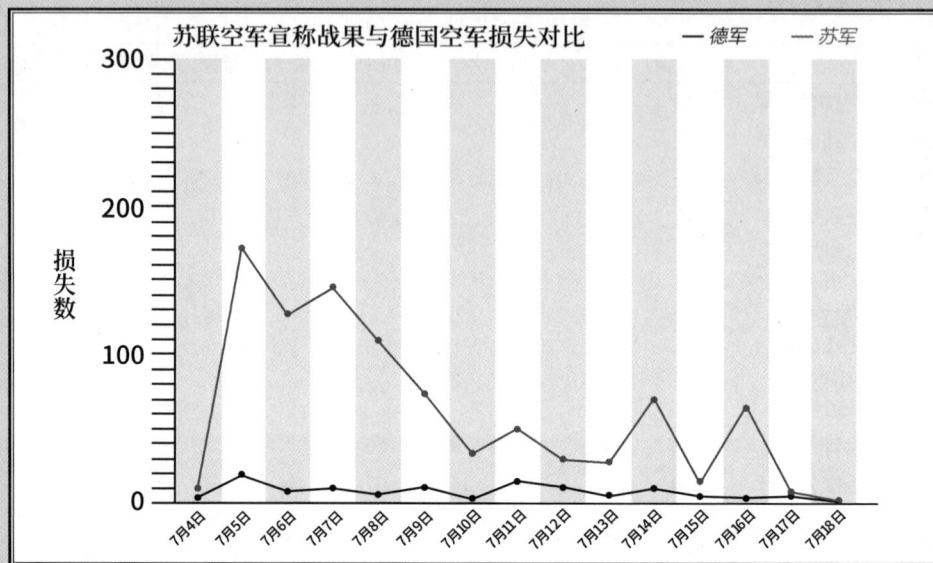

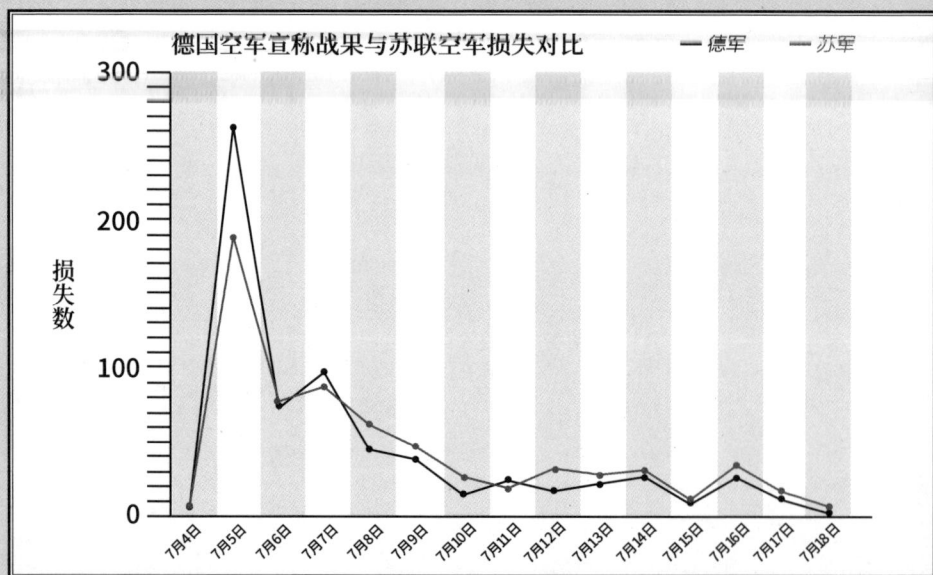

德军 7 月 5 日宣称战果中有 40 架为高炮击落

空军第 2 和第 17 集团军的合计宣称战果分别为 840 架和 88 架。此处不含苏军地面部队的宣称战果。这些数字与德军 111 架的实际损失相去甚远。苏军宣称战果是德军实际损失的 8 倍多。

德军方面却并非如此。其宣称战果和苏军实际损失对比见下图：

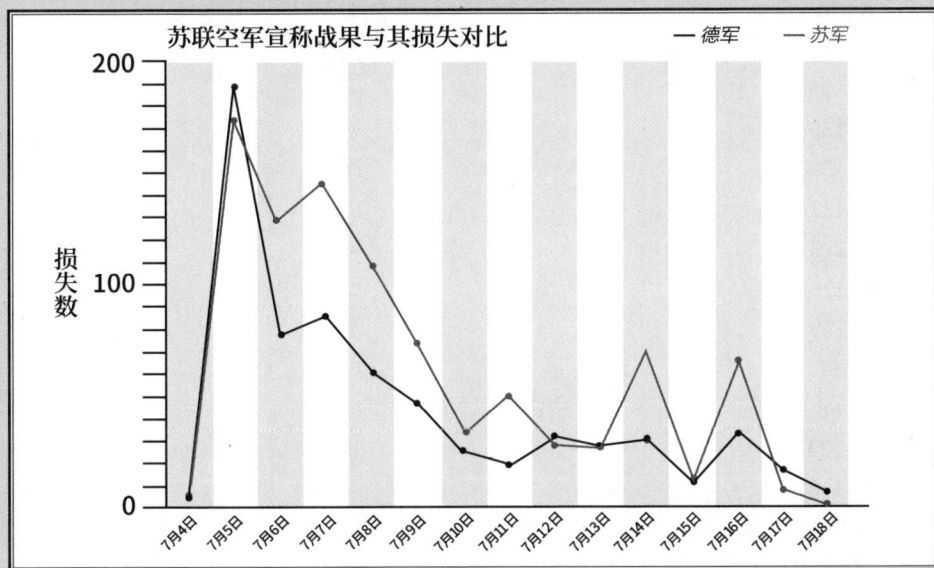

第 8 航空军宣称战果为 658 架，而空军第 2 和第 17 集团军实际损失也是 658 架。看来至少在这两个星期的时间里，德军的数字相当准确，而苏军则过于夸大。此外，麻烦还在于苏军宣称战果和德军损失没有什么相关性。但如果对比苏军损失和其宣称战果，却存在一定的关联。[30]

那么显然苏军一贯的做法是宣称战果要大于自身损失。[31] 苏军损失 658 架，宣称击落德军 928 架，所以苏军的宣称战果比其损失高 40% 左右。这种夸大战果的做法几乎日复一日，从不间断，而且和我们在其他地方看到的一样，并不算是苏联空军独有的问题。也许是因为活动并不频繁，空军第 17 集团军的宣称战果准确度要好那么一点点。

❧ 苏军其他宣称战果

1943 年 7 月 5 日—18 日空军第 2 集团军宣称在沃罗涅日方面军上空击落的德军飞机数量 [32] 和德军第 8 航空军报告损失的对比：

型号	苏军宣称战果（架）	德军实际损失（架）	宣称／实际比率
Ar-66	-	1	-
Do-215	7	-	-
菲亚特（Fiat）	5	-	-
Fw-189	3	1	3.00
Fw-190	73	11	6.64
He-111	47	15	3.13
Hs-123	5	-	-
Hs-126	36	2	18.00
Hs-129	-	3	-
Ju-87	223	17	13.12
Ju-88	77	10	7.70
Me-109	341	37	9.22
Me-110	5	-	-
不确定型号	-	14	-
合计	822	111	7.41

各部队宣称战果，1943 年 7 月 5 日—18 日 [33]

部队番号	宣称战果数（架）
强击航空兵第 1 军	121
轰炸航空兵第 1 军	16
歼击航空兵第 4 军	175
歼击航空兵第 5 军	451
强击航空兵第 291 师	48
合计	811

✤ 个人宣称战果

虽然由于德军详细日志已经不复存在，无法系统核对每个苏军空勤人员的宣称战果，但可以比对第 8 航空军每日报告损失。这可以帮助说明问题，而且不出意外地表明飞行员个人总战果也存在夸大问题。

7月4日

苏军空军第 2 集团军记录中有一份歼击航空兵第 5 军 7 月 4 日的个人战果清单，还写明了交战地点，均位于沃罗涅日方面军和第 4 装甲集团军地域内。见表 8.3。

表 8.3 1943 年 7 月 4 日歼击航空兵第 5 军宣称战果

飞行员姓名	宣称战果	地点
科热夫尼科夫高级中尉	2 架 Ju-88	奥利霍瓦特卡 - 亚历山德罗夫卡
卡尔明高级中尉	1 架 Ju-87	别尔哥罗德西南 30 千米处
奥尔洛夫斯基少尉	2 架 Me-109	斯特列列茨科耶
米哈廖夫和斯托伊科夫少尉	2 架 Me-109	谢尔科沃（Шелково），克列缅科沃
奥列伊尼科夫少尉	1 架 Me-109	斯特列列茨科耶，德米特里耶夫卡
杰尔尼克少尉	1 架 Me-109	托马罗夫卡
斯捷帕诺贝姆少尉	1 架 Me-109	己方战线

第 8 航空军报告称，他们在 7 月 4 日损失了 2 架 Ju-88 和 1 架 Me-109。

表格中的科热夫尼科夫（Kozhevnikov）可能是指歼击航空兵第 438 团的苏联英雄阿纳托利·列昂尼多维奇·科热夫尼科夫（Анатолий Леонидович Кожевников），他在整个军旅生涯中共取得 27 个战果。卡尔明可能是歼击航空兵第 27 团的亚历山大·列昂季耶维奇·卡尔明，他最终取得 19 个个人战果和 14 个集体战果。米哈廖夫应该是歼击航空兵第 508 团的瓦西里·帕夫洛维奇·米哈廖夫（Василий Павлович Михалёв），最终取得 26 个个人战果和 14 个集体战果。斯托伊科夫可能是歼击航空兵第 508 团的尼古拉·瓦西里耶维奇·斯托伊科夫（Николай Васильевич Стройков），最终取得 14 个个人战果和 21 个集体战果。奥尔洛夫斯基（Orlovskii）、奥列伊尼科夫（Oleinikov）、杰尔尼克（Dernik）和斯捷帕诺贝姆（Stepanobyim）没有查明。

7月5日

近卫歼击航空兵第8师宣称战果如下：

别利科夫（Belikov）高级中尉	4个	
达宁（Danin）高级中尉	4个	
谢苗措夫（Sementsov）高级中尉	3个	
尼卡诺罗夫（Nikanorov）中尉	3个	

歼击航空兵第205师宣称战果如下：

古拉耶夫（Gulayev）高级中尉	4个
什帕克（Shpak）少尉	4个
纳索诺夫（Nasonov）上尉	3个

这25个宣称战果（歼击航空兵第5军宣称战果共有76架）就超过了德军第8航空军当天的全部19个实际损失。

歼击航空兵第19团的苏联英雄奥列格·斯捷潘诺维奇·别利科夫（Олег Степанович Беликов）最终取得了15个个人战果和14个集体战果。上述名单中的谢苗措夫应该是歼击航空兵第40团的苏联英雄米哈伊尔·伊万诺维奇·谢苗措夫（Михаил Иванович Семенцов），他最终取得了19个个人战果和12个集体战果。尼卡诺罗夫应该是歼击航空兵第166团的苏联英雄彼得·米哈伊洛维奇·尼卡诺罗夫（Пётр Михайлович Никоноров），他最终取得了17个个人战果和5个集体战果。古拉耶夫应该是歼击航空兵第27团的两次苏联英雄尼古拉·德米特里耶维奇·古拉耶夫（Николай Дмитриевич Гулаев），他最终取得了57个个人战果和3个集体战果。达宁、什帕克和纳索诺夫没有查明。

❀ 王牌宣称战果

苏联空军王牌们的宣称战果汇总可以与表 8.4 中的德军实际损失进行对比。

表 8.4 苏联空军王牌宣称战果与德军实际损失对比

王牌姓名	可确认战果	不可确认战果
伊万·科热杜布（Ivan Kozhedub）	5	2
尼古拉·古拉耶夫（Nikolai Gulayev）	1	1
基里尔·叶夫斯季格涅耶夫（Kirill Yevstigneyev）	9	8
阿尔谢尼·沃罗热伊金（Arsenii Vorozheikin）	2	0
集体战果	1	0
伊万·瑟托夫（Ivan Syitov）	2	2
费奥多尔·阿尔希片科（Fyodor Arkhipenko）	2	1
集体战果	4	3
谢尔盖·格林金（Sergei Glinkin）	1	0
尼古拉·杜纳耶夫（Nikolai Dunayev）	1	1
伊万·格涅兹季洛夫（Ivan Gnezdilov）	2	0
伊利亚·安德里阿诺夫（Ilya Andrianov）	2	1
奥列格·斯米尔诺夫（Oleg Smirnov）	1	0
亚历山大·维博尔诺夫（Aleksandr Vyibornov）	1	1
伊万·乌利京（Ivan Ulitin）	2	2
阿纳托利·沙曼斯基（Anatolii Shamanskii）	2	1*
阿纳托利·科热夫尼科夫	9	3
合计	47	26

由此看来，他们的宣称战果中有 55% 是不准确的，或许是搞错了飞机型号。考虑到其宣称击落的都是 Me-109 或 Fw-190 战斗机，倒鸥翼的 Ju-87，亦或是双发的 Ju-88 或 He-111，型号识别错误并不是战果不准确的主要原因。笔者不清楚这是否可以代表苏联空军王牌宣称战果的普遍情况。

由于苏军每天有太多各种型号飞机被击落，所以无法对德国空军王牌宣称战果进行同样的核对。除非比对具体时间和地点，否则很难说德军那一天宣称的一个战果是假的。下表可见一些确认过的战果，但这个统计也很难说明什么问题。

德军王牌	可确认战果	不可确认战果
埃里希·哈特曼（Erich Hartmann）	22	3

　　总体来说，鉴于苏军 7 月 4 日—18 日的宣称战果是德军实际损失的 8 倍还多，很多个人宣称战果无法被核实也不足为奇。随之而来的问题就是每个苏军王牌飞行员的战果数是否可靠。另一方面，德军 7 月 4 日—18 日的宣称战果几乎与苏军实际损失吻合，这多少可以说明德军宣称战果的准确性。不过也需要指出，德国空军宣称在 7 月 5 日在空战中击落 220 架敌机，防空火力击落 40 架，而苏军上报的损失为 187 架，所以对其宣称战果也不能太当真。

　　但从这些有限的例子可以看出，德军王牌的宣称战果往往更加可信，而苏军的则明显有所夸大，甚至可能夸大了七倍之多。

注释

1. 尼古劳斯·冯·贝洛（Nicolaus von Below）《在希特勒身边：希特勒的空军副官回忆录，1937—1945》[*At Hitler's Side: The Memoirs of Hitler's Luftwaffe Adjutant 1937–1945* (Greenhill Books, London, 2001)] 第 223 页。

2. 杰弗里·朱克斯（Geoffrey Jukes）的《库尔斯克：装甲的碰撞》（*Kursk: The Clash of Armor* (Ballentine Books, New York, 1969).）第 50—51 页。

3. 进步出版社的英文版《库尔斯克会战》（*The Battle of Kursk*）中空军元帅谢尔盖·伊格纳季耶维奇·鲁坚科（Sergei Ignat'evich Rudenko）的文章《库尔斯克会战中夺取制空权和空中战役》（*The Gaining of Air Supremacy and Air Operations in the Battle of Kursk*）第 188 页。

4. 美国国家档案馆微缩胶片（NAM）T312、R1232《1943 年 5 月 7 日东线空军司令部作战概述》（*Einsatzuebersicht Luftw. Kde. Ost am 7.5.43*）显示，当天只损失了 1 架 He-111，而 NAG 的 10 日报告则如往常一样显示为 0。本人虽然没有找到第 4 航空舰队在 5 月 6 日和 8 日的损失报告，但同样没有发现有任何一本德国空军非官方战史显示其有重大损失。所以我们没有理由相信苏军 5 月的进攻会比后来的更有成果。

5. 鲁坚科所著文章《库尔斯克会战中夺取制空权和空中战役》，《库尔斯克会战》第 188 页。

6. 美国国家档案馆微缩胶片（NAM）T312、R1232。

7. 朱克斯《库尔斯克：装甲的碰撞》第 56 页。虽然上述所宣称的战果未经核实，但第 2 集团军空军联络军官的记录可以从侧面证实其损失不大。

8. 此处依据为汉斯·赛德曼《1943 年东线的"堡垒"攻势：德国空军参与部分》（T-26 手稿，第 737 号作者——赛德曼将军 1947 年 11 月 1 日写于诺伊施塔特）（*The 'Zitadelle' Offensive, Eastern Front, 1943: Luftwaffe Participation*）第 193 页。根据恩斯特·冯·克林克著《行动准则：1943 年"堡垒"行动》第 336 页，第 4 航空舰队下辖第 125 海上侦察大队（See-Aufklärungsgruppe 125）、第 76 气象侦察中队（Wettererkundungsstaffel 76）、1 个运输机中队和 1 个医护后备队（Sanitäts-Flugbereitschaft）。

9. 此处依据为赛德曼《1943 年东线的"堡垒"攻势：德国空军参与部分》第 192—193 页，未经其他一手文献资料确认。

10. "881"这个数字出自空军第 2 集团军统计的兵力对比。其他数字出自进步出版社《库尔斯克会战》第 189 页，不过虽然该作品也认为空军第 2 集团军有 881 架飞机，但其表述的空军第 17 集团军的兵力数据却只是接近我们手头的档案数字。作品第 194 页认为空军第 2 和第 5 集团军合计有 1311 架飞机，这样就可以算出空军第 5 集团军有 430 架，该数据与我们手头的档案记录一致。

11. 德军战果数字出自 C: 2032/ Ⅱ胶卷中的空军总司令部作战斗机战果。该清单最初由托尼·伍兹（Tony Woods）整理，可在《德国空军，1933-45》（*The Luftwaffe, 1933–45*）网站上查到。

12. 另一方面，德国空军军需长的报告显示，当天有 4 架 Ju-87、1 架 Fw-190 和 1 架 Me-109 彻底损失。

13. 赛德曼《1943 年东线的"堡垒"攻势：德国空军参与部分》第 202 页。

14. 赛德曼《1943 年东线的"堡垒"攻势：德国空军参与部分》第 201 页。

15 迪特尔·布兰德少将于 1999 年 4 月 20 日对其进行了采访。

16. 鲁德尔在英文版《斯图卡飞行员》（1958 年首次出版，1979 年纽约再版）（*Stuka Pilot* (Bantam Books, New York, 1979, originally published 1958)）第 96—97 页认为他在军校的朋友、第 8 中队长武特卡中尉在库尔斯克会战中阵亡。他表示，原因可能在于投弹机构短路所致，可能有人蓄意破坏。
   空军军需长在 7 月 8 日并未记录武特卡上尉[①]的死亡以及其 Ju-87 D-3 座机的损失，而是将其归入了第 9 中队。

---

① 译者注：作者对其军衔的描述有中尉和上尉，原因是作者采用的资料出处不同。

损失原因写的是"因爆炸而坠毁"。他们还将卡尔·菲茨纳中尉的死亡和 Ju-87 D-3 座机的损失归入第 77 俯冲轰炸机联队第 5 大队，原因为"在空中爆炸"。

德军第 2 集团军的空军联络军官记录（NAM、T312、R1243、第 000095 页）列出了两人的姓名，并指出他们都是骑士十字勋章获得者。记录中将武特卡称为"武卡上尉"（Wuka），这应该是笔误。伯恩哈德·武特卡在 1942 年 11 月 16 日被授予骑士十字勋章，他当时是第 2 俯冲轰炸机联队第 8 大队的一名中尉。我们手头的各种骑士十字勋章获得者名单中没有所谓的"武卡上尉"。卡尔·菲茨纳在 1942 年 11 月 27 日被授予骑士十字勋章，时为第 77 俯冲轰炸机联队第 1 大队的一名少尉。

17. 依据为退役中将京特·拉尔给布兰德少将的回信和 1999 年 7 月 9 日的电话会谈。空军军需长文件中没有记录此次被击落事件。

18. 莫伊谢·利沃维奇·科罗布科夫中校 1924 年生于莫斯科州的马拉霍夫卡，犹太人。涅松诺夫少将在 1998 年对其进行了采访。

19. 赛德曼在《1943 年东线的"堡垒"攻势：德国空军参与部分》第 204 页抱怨第 8 航空军的战斗力量已经下降到最初的 1/3 左右。这个说法非常不准确。

20. 赛德曼《1943 年东线的"堡垒"攻势：德国空军参与部分》第 205—206 页。

21. 谢苗·伊萨科维奇·古尔维奇上校在 1998 年 12 月 16 日接受了费奥多尔·斯维里多夫（Fyodor Sverdov）上校的采访。除了"苏联英雄"称号外，他还获得四枚红旗勋章、两枚一级卫国战争勋章和两枚红星勋章[1]。他的双亲、妻子和儿子均在战争期间在顿河畔罗斯托夫被杀害。

22. 出自退役中将京特·拉尔给布兰德少将的回信和 1999 年 7 月 9 日的电话会谈。空军军需长文件中还是没有记录此次被击落事件。

23. 第 6 航空舰队战斗序列出自恩斯特·冯·克林克著《行动准则：1943 年"堡垒"行动》第 335 页，未与其他资料比对。

24. 胡滕著《燃烧的鹰：德国空军的失败》第 195 页。

25. 赛德曼认为，除了 7 月 7 日就调走的第 3 战斗机联队、第 2 俯冲轰炸机联队、第 3 轰炸机联队和 Hs-129 以外，第 8 航空军还有 1 至 2 个战斗机大队、第 77 俯冲轰炸机联队[2] 的 3 个大队、鲁德尔的第 10 反坦克中队[3]、第 27 和第 55 轰炸机联队的几个轰炸机大队被调走。按照 E. R. 胡滕（E. R. Hooten）在《燃烧的鹰：德国空军的失败》（Eagle in Flames: The Fall of the Luftwaffe (Arms & Armour Press, London, 1997)）第 196 页的说法，赫尔穆特·布鲁克（Helmut Bruck）[4] 上校的第 77 俯冲轰炸机联队在 7 月 16 日被转隶给北线的第 1 航空师。第 8 航空军在 7 月 17 日—24 日未出动俯冲轰炸机，7 月 18 日—8 月 3 日未触动对地攻击机，7 月 18 日—23 日未出动轰炸机，战斗机在 7 月 19 日—24 日日均出动不到 30 架次，

26. 根据第 55 轰炸机联队第 3 大队记录（也是我们手头唯一一份部队记录），该大队出动的一半架次为支援库尔斯克战场，另一半支援伊久姆地域。显然并没有出现"全部轰炸机部队"打击伊久姆地域的情况。当天轰炸机出动 282 架次。

27. 应该就是"苏哈亚普洛塔宽沟"（лог Сухая Плота）。

28. 卡尤斯·贝克尔（Cajus Bekker）《德国空军战争日志》第 255 页。

29. 国防部中央档案馆，空军第 2 集团军全宗，第 4196 目录，第 39 卷宗，第 9 页。

30. 理查德·哈里森（Richard Harrison）博士在 1995 年向我提到了这一关联性。

31. 这一概括说法的依据是费奥多尔·斯维尔德洛夫上校在 1994 年 10 月的说法。他曾在库尔斯克会战期间担任

---

① 译者注：还有 1 枚亚历山大·涅夫斯基勋章。
② 译者注：该联队于 1943 年 10 月 18 日更名为"第 77 对地攻击机联队"。
③ 译者注：该中队隶属于第 2 俯冲轰炸机联队，后者于 1943 年 10 月更名为第 2 对地攻击机联队。
④ 译者注：当时军衔应为少校。

近卫第 11 集团军的参谋军官，后在伏龙芝军事学院担任教授。斯维尔德洛夫展示了苏军宣称战果和德军损失的表格后，他表示："敌人总是比你多损失 30%。"

32. 国防部中央档案馆第 303 全宗、第 4196 目录、第 39 卷宗第 9 页。
33. 国防部中央档案馆第 303 全宗、第 4196 目录、第 39 卷宗第 12 页。

普罗霍罗夫卡坦克战场：
1943 年 7 月 12 日

在时机尚不成熟之时就仓促发动反击就意味着要在战斗仍在进行、没有到达顶点之时过早地放弃继续战斗的全部机会。这样做经常会导致整个防御面临彻底失败的危险。

——旅级指挥员格奥尔基·伊谢尔松（Georgii S. Isserson），1938 年[1]

正是苏军决心最终造成了这戏剧性的一天，然而笔者却捉摸不透其背后的真实原因。[2] 从此前的战斗行动来看，反击是深入苏军防御理论骨髓的。我们已经看到，六天内苏军几乎所有装甲部队都在整个战线上不断发动局部反击，而且多次组织协同钳形攻势（均以失败告终）。虽然部分反击打中了德军战线的薄弱之处或侧翼，引发了德军一定程度上的恐慌，但大部分毫无意义。反击往往迫使德军暂时停止前进并调整部署，减缓其前进势头，但更多的只是白白浪费战士们的生命和装备物资，取得的战果也没什么实际意义。而且红军在反击之前也没有进行适当的侦察和准备，消耗了各集团军的力量，让防御变得更加困难。实际上，不断发动局部反击和执迷于进攻使得苏军犯下了很多战术错误，而他们也总是在战略层面犯相同的失误。

不过，反击也是防御的基本组成部分，特别是在可以接近进攻方侧翼、找到薄弱之处并在其有机会组织防御之前就出击的时候。这种手段可以破坏、干扰地方计划甚至打退进攻之敌，如果投入足够的兵力并妥善实施，可以打残进攻之敌，并扭转战场形势。德国陆军在防御时经常采取这种方法，而且习惯于抢在对手立足未稳之时就对刚被拿下的阵地发动反击，也会在被突破防线后发起反击以恢复战线。但这和苏军那些往往组织得很差劲的局部进攻是两码事。感觉苏军明白应该反击，但常常搞不清楚应该在什么时间、什么地点反击以及如何组织。

关于反击还有个精神层面的问题。他们仿佛在说："你敢动我，我就揍你。"胆量不是问题，英雄事迹数不胜数。但问题在了能合理运用手头资源产生实际效果。很简单，首要目标是阻止德军前进。要做到这一点，最好的办法仍然是将大量部队布置在敌军前方，加以消耗和迟滞。正如德国军事理论家卡尔·冯·克劳塞维茨（Carl von Clausewitz）所说："防御是更强的战斗样式。"一旦敌人在进攻中被削弱，就可以发动大规模协同反击，对于现在来说就是诸兵种协同打击德军薄弱处（通常为侧翼）。然而一个合理的防御计划就不应该包含苏军发动的那一大堆协同不力的小规模反击。

不过沃罗涅日方面军仍然决心在 7 月 12 日采取进攻，但这次不再以有限力量发动局部反击，而是在整个战线上出击。仓促之间就在进攻之敌的整个正面发动大规模攻势必须解决一些最基本的问题。

这样一场进攻的目的和意义是什么？

第一，为什么要四面出击，而实际上部分地段的防御十分稳固。为什么不打击敌人薄弱环节？

第二，为什么不集中兵力攻击最关键的地点？实际上本可以合理分配资源，取得更好的效果，也可以在达成突破后有足够的兵力发展胜利。

第三，为什么要在敌人进攻地段上发动反击？正如自学成才的美国内战将领内森·贝德福德·福里斯特（Nathan Bedford Forrest）说的那样："找没人的地方下手。"应该对敌人侧翼下手，而非在整个战线上朝其进攻部队迎面冲过去。

第四，究竟为什么要进攻？德国人的3个装甲军仍在全线进攻。为什么不等到他们失去进攻势头？应当先消耗敌人实力，再发动反击。

7月12日的进攻太早了，进攻正面太宽广，而且德军尚未精疲力竭。

7月11日晚，沃罗涅日方面军司令瓦图京决心动用一线部队发动反攻，围歼德军主要集团。其基本打算是以近卫坦克第5军和坦克第10军在近卫步兵第22军（近卫第6集团军）从西面沿雅科夫列沃方向、以刚到达的近卫坦克第5集团军和近卫步兵第33军（近卫第6集团军）从东北面沿格列兹诺耶、雅科夫列沃和贝科夫卡方向对德军第4装甲集团军发动进攻。近卫步兵第23和第32军也会加以策应，近卫第7集团军也会向拉祖姆诺耶进攻。[3]

这将会是一场有6个坦克军和远超12个步兵师同时参战的大规模进攻。在瓦图京那里担任大本营代表的苏联元帅华西列夫斯基显然对此十分清楚，而且应该批准了进攻计划。方面军军事委员会的两名委员——尼基塔·赫鲁晓夫和列昂尼德·罗曼诺维奇·科尔尼耶茨（Леонид Романович Корниец）作为政治工作人员，虽然没有指挥权，但对于是否反击有一定的话语权。这四个人加上方面军参谋长谢苗·伊万诺维奇·伊万诺夫（S. P. Ivanov, Семён Павлович Иванов）中将批准或者至少默许了这次进攻。此外，作战方案在7月11日被上报给斯大林和最高统帅部大本营，并很快得到了批准。[4] 这次进攻完全没有必要，执行得也不得章法，最后一无所获，白白浪费了将士们的生命。

不过第40集团军、近卫第6集团军和坦克第1集团军由于很多时候并未严格执行命令，受到的影响反而要小一些。正如德军某些部队会在战斗中保存实力一样，战场西面的苏军也有大量部队也谎称自己发动了进攻。[5]

在苏联体制内，尤其是斯大林治下，违抗命令的下场可不是关个禁闭、丢官下台或上军事法庭那么简单，严重时甚至会波及下级乃至家属。苏军不允许或者说不鼓励在局部发扬主动性，而更希望下级能严格执行命令。因此一旦接到进攻命令，下级——尤其是政治副职在场的时候——无法选择抗命，因为这样做也没什么用。不过，统帅这些部队的也不是笨蛋，他们知己知彼，所以很多人的糊弄办法就是声称自己发动了进攻，然而实际上只进行了武装侦察或规模有限的行动。如果你能看到苏军每日报告就会发现，几乎每个人都声称自己发动了进攻。然而要是仔细看看他们的推进距离或者减员数字，就会发现很多部队显然没有真的在进攻。因此不能单凭官方说法甚至部队记录来确定他们干了什么，而要看一下实际减员数字以及部队到底有没有前进。揭示这天的历史真相其实是在练习如何领会史料中的言外之意。

苏军的战斗命令和每日报告通常会有参谋长和高级政工人员的签字确认。这样一来，如果存在阳奉阴违的情况，那就说明指挥系统面对的情况需要部队指挥员、参谋长和政工人员之间有一定的配合和默契。命令驱动型的军队总会出现这样一种情况，即那些本应站出来发挥主观能动性的人们反而选择阳奉阴违，并合伙遮掩事实，形成了瞒报风气，在合谋的时候通常需要政工人员的参与。这种风气似乎是苏氏军队的痼疾之一（这并不意味着其他军队没有此类问题）。从苏军的侦察报告也能明显看出来。在看这些报告的时候就会发现他们抓到的俘虏远不如德军多，所以没有德军实力的准确数字。不过这些报告也在努力搞清楚真实情况并加以合理分析。苏军列出的开战时敌我兵力兵器数量对比往往对敌人实力和战斗力有相当准确的估计，己方损失一半也属实（很容易查证）。报告中提到发现的敌人数量、出现在头顶的敌机架次等都应该是合理的估计。但对于敌人伤亡数字的估计却总是有所夸大。正如曾在库尔斯克会战时担任近卫第 11 集团军参谋军官的费奥多尔·斯维尔德洛夫上校所说："敌人总是比你多损失 30%。"[6]

无疑，红军按照惯例总是夸大敌人损失，而且往往要多于自身损失。也不能说只有他们存在这样的问题，只不过这是他们的习惯而已，不夸大才是怪事。不过我们看德军的情况就会发现，其夸大程度不如苏军。[7]

此外，如果某人接到了进攻命令，就算不符合常识，自己也不认可，他也会报告照办了。所以片面依靠苏方记录、不比对双方说法，甚至不对照双方减员报告和在战场的实际运动轨迹，就无法查明 7 月 12 日的真实情况。由于没法查阅德军资料，加上官方审查，苏联时代的历史学家们没法完成上述工作，这样他们的记述就与笔者的有很多差异之处。尽管很多美英历史学家的说法和苏方记录吻合，但这丝毫不能给后者增加可信度。

近卫坦克第 5 集团军出动

这里简要介绍一下帕维尔·罗特米斯特罗夫中将的近卫坦克第 5 集团军。集团军最初下辖鲍里斯·米哈伊洛维奇·斯克沃尔措夫少将的近卫机械化第 5 军，伊万·费奥多罗维奇·基里琴科少将的坦克第 29 军，位于奥斯特罗戈日斯克（Ostrogozhsk）、卡缅卡（Kamenka）和普霍沃（Pukhovo）地域。7 月 5 日，集团军接到草原军区司令伊万·斯捷潘诺维奇·科涅夫（I. S. Konev）中将的命令，开始进行战斗准备。位于罗索什（Rossosh'）地域的鲍里斯·谢尔盖耶维奇·巴哈罗夫少将的坦克第 18 军也被配属给该集团军。7 月 6 日 22:30，草原军区命令集团军在旧奥斯科尔西南的奥斯科尔河西岸集结，还专门要求其强行军至集结地域，并做好在奥博扬和库尔斯克方向战斗的准备。

在接到命令的 3 个小时内（01:30）[1]，集团军所属部队就动身前往新的地点。集团军从近卫机械化第 5 军抽调独立近卫红旗摩托车第 1 团、近卫坦克第 53 团、反坦克歼击炮兵第 689 团和榴弹炮兵第 678 团的 1 个炮兵连组成一支先遣支队，由副司令库兹马·格里戈里耶维奇·特鲁凡诺夫少将率领（该部即所谓的"特鲁凡诺夫支队"）在前方开路，至午夜时分到达集结地域。坦克第 29 军沿同一路线紧随其后，至 7 月 7 日日终时也赶到集结地域。坦克第 18 军于 7 月 7 日 10:30 离开罗索什，次日早晨赶到。至 7 月 8 日早晨，集团军主力集结完毕，后方部队也在日终时开始逐渐赶到。[8]

7 月 9 日 01:00，集团军接到命令，要求其在日终前从奥博扬以东约 10 千米出的博布雷舍沃（Bobryshevo）赶到普罗霍罗夫卡。命令同时将该集团军配属给沃罗涅日方面军。部队在 02:00 开始动身，进行了 100 千米的行军。06:00，特鲁凡诺夫支队到达距离奥博扬约 30 千米、马林诺南面的一片树林。23:00，集团军"基本完成了"集结，7 月 10 日早晨，部分兵力已经在奥博扬至普罗霍罗夫卡一线的普肖尔河北岸建立了防御。集团军共行军 350 千米，在苏军阵地后方展开。

位于集团军最西端的是特鲁凡诺夫少将率领的先遣支队。他们前往奥博扬地域，在特鲁别日（Trubezh）、奥博扬南郊、扎普谢列茨（Zapselets）河之间普肖尔河北岸约 8 千米的正面上建立了防御。普肖尔河在这一段河面宽阔，岸边有 1 千米长的

---

① 译者注：作者原文为"2 个小时内"，属于计算错误。《打破神话：普罗霍罗夫卡坦克战，库尔斯克，1943 年 7 月：作战记述》第 166 页原文为 7 月 7 日 00:30。

❀ 坦克实力表

装备型号	坦克第29军	坦克第18军	坦克第2军	近卫坦克第2军	近卫机械化第5军	集团军直属部队	总计
1. 可出动数							
T-34	120	68	35	84	120	36	463
T-70	81	58	46	52	56	8	301
Mk- IV丘吉尔	-	18	4	3	-	-	25
坦克总数	201	144	85	139	176	44	789
SU-76	8	-	-	-	7	-	15
SU-122	12	-	-	-	10	-	22
自行火炮总数	20	-	-	-	17	-	37
坦克自行火炮总数	221	144	85	139	193	44	826
122毫米反坦克炮	-	-	-	-	-	20	20
85毫米反坦克炮	-	-	-	12*	-	-	12
76毫米反坦克炮	12	12	18		43	-	85
45毫米反坦克炮	20	12	26	19	23	12	112
2. 前往普罗霍罗夫卡车站途中							
T-34	8	26			43	3	80
T-70	4	5			4	1	14
Mk- IV丘吉尔	-	2	-	-	-	-	2
坦克总数	12	33	-		47	4	96

松软泥泞地,利于防御。支队的任务是防止德军冲到北岸,并坚守这段防线和奥博扬,直至方面军其他部队赶到。

在支队东面是近卫机械化第5军余部,他们在博布雷舍沃和纳戈利诺耶(Nagol'noe)地域集结。命令要求他们以两个旅于7月10日早晨在扎普谢列茨河至韦肖雷外围之间的普肖尔河北岸一线建立防御,战线长达30千米。军长斯克沃尔措夫少将把反坦克歼击炮兵第104团加强给近卫机械化第11旅,让他们把守扎普谢列茨河至希佩(Shipy,位于奥博扬东南14千米处)[①]。加强有自行火炮第1447

---

① 译者注:作者原文为"舍普(Shep,位于奥博扬东南17千米处)"。译者在当时的红军地图上没有找到这个地方,根据《打破神话:普罗霍罗夫卡坦克战,库尔斯克,1943年7月:作战记述》第415页推断,应该是奥博扬东南14千米处、位于普肖尔河畔的希佩(Шипы)。

装备型号	坦克 第29军	坦克 第18军	坦克 第2军	近卫坦克 第2军	近卫机械化 第5军	集团军 直属部队	总计
SU-76	1	-	-	-	2	-	3
SU-122	-	-	-	-	2	-	2
自行火炮总数	1	-	-	-	4	-	5
坦克自行火炮总数	13	33	-	-	51	4	101
76毫米反坦克炮	-	-	-	20	-	-	20
3.在修							
T-34	2	5	7		1	5	20
T-70	-	-	2			1	3
Mk-Ⅳ丘吉尔	-	1	-		-	-	1
坦克总数	2	6	9		1	6	24
4.战车总数							
坦克总数	215	183	94	139	224	54	909
自行火炮总数	21	0	0	0	21	0	42
装甲战车总数	236	183	94	139	245	54	951

《打破神话：普罗霍罗夫卡坦克战，库尔斯克，1943年7月：作战记述》第275—276页有一张坦克实力表，在我们最初的研究中没有找到此表。[9]该表的标题是"近卫坦克第5集团军1943年7月11日17:00装备和补给报告"。[10]鉴于其含有有用信息，也很有意思，特将其列出，如上表所示。

团的近卫机械化第10旅在希佩外围至韦肖雷外围之间建立防御。近卫机械化第12旅在上奥利尚卡西北树林内集结。近卫坦克第24旅和迫击炮兵第285团位于大普辛卡（Bolshaya Psinka）。军部位于纳戈利诺耶。部队于10:00占领了防御阵地。

配属有反坦克歼击炮兵第1000团的坦克第18军于7月9日23:00集结到上奥利尚卡—卡尔塔舍夫卡—亚历山德罗夫斯基—普罗霍罗夫卡—格里戈里耶夫卡一带。他们随后接到命令前往韦肖雷—+1.0岗丘上埋石图根点（在226.6高地上）和226.6高地—米哈伊洛夫卡—普罗霍罗夫卡南郊和季哈亚帕金纳（Tikhaya Padina）。榴弹炮兵第678团和近卫迫击炮兵第76团集结在普洛斯科耶—科尔巴索夫卡（Kolbasovka）地域，准备支援近卫机械化第5军和坦克第18军。

坦克第29军奉命集结在普罗霍罗夫卡西北10—20千米远的地域内。配属有反坦克歼击炮兵第108团和迫击炮兵第27团的摩托化步兵第53旅应在集结地域西南角占领防御阵地。他们的防线长度超过20千米，位于近卫机械第5军和坦克第18军防线后方约15—20千米。

至7月10日晨，近卫坦克第5集团军已在沃罗涅日方面军后方的普肖尔河一线展开，以备不测。经过三天行军，部队人员有些疲惫，还有一些人落在后面。部分失去行动力的装甲战斗车辆也在紧追慢赶。不过该集团军已及时赶到，进可攻退可守。

集团军所部在7月10—11日没有与敌人交火。敌机在7月10日08:30轰炸了坦克第18军部队，摩托化步兵第32旅有3人牺牲。当日负责掩护该军的高射炮兵第1694团未发一枪一弹。次日，摩托化步兵第32旅再遭空袭，4人牺牲。坦克第18军报告指出，由于敌机空袭，共损失8辆T-34、3辆T-70，23人阵亡、34人负伤。军长巴哈罗夫少将抱怨说："集结地域都是被深沟分割的开阔地，在居民点没有什么主要公路、树林和园子，部队在开阔地找不到掩蔽，这是7月10—11日空袭造成损失的原因。"该军在7月9日还派摩托车第78营所属兵力前往别列尼希诺地域实施侦察，损失4人和2辆摩托车。7月10日，又派出4辆装甲汽车侦察科切托夫卡和格列兹诺耶地域。[11]

近卫第5集团军正在筹划进攻。起初，他们打算从别列尼希诺向西进攻，但这里的地形不适合坦克行动。[12]7月10日，集团军司令部举行会议，与会的有坦克第29军军长基里琴科少将，应该还有其他一些高级指挥员。7月11日，基里琴科少将带领下级进行了侦察，13:00返回。随后该军于15:30向新的集结地域进发。此时该军有123辆T-34、81辆T-70、11辆SU-122和8辆SU-76。此外，坦克第25旅还有1辆KV-1和1辆SU-122。军司令部设在普罗霍罗夫卡正东的莫尔多夫卡。

7月11日，坦克第2军和近卫坦克第2军也被配属给近卫坦克第5集团军。罗特米斯特罗夫报告，他此时共有501辆T-34、261辆T-70和31辆丘吉尔，合计793辆坦克。此外还有45门122毫米炮（含2个自行火炮团）、124门76毫米炮、330门45毫米反坦克炮，另有1000支反坦克枪、495门迫击炮和39门"喀秋莎"火箭炮。

至7月11日24:00，集团军所部又行军45—60千米，到达米哈伊洛夫卡—普罗霍罗夫卡—小亚布洛诺沃—普里兹纳奇诺耶（Priznachnoye）—斯科罗夫卡（Skorovka）一线的进攻出发阵地。集团军在4天时间里总共行军400千米。[13]

近卫第 5 集团军出动

　　诸多相关著作往往忽视了近卫第 5 集团军前出至战场的动作。该集团军最初下辖 7 个步兵师和坦克第 10 军，而且至少从 5 月下半月到整个 6 月都在现在的位置。7 月 5 日 18:00，至少有 1 个师奉命停止训练，占领防御阵地（可能整个集团军亦然）。坦克第 10 军在 7 月 6 日晚至次日凌晨离开近卫第 5 集团军，于 7 月 7 日 17:00 到达普罗霍罗夫卡、亚姆基和普拉沃罗季地域，7 月 8 日 24:00 被转隶给坦克第 1 集团军。

　　根据近卫第 5 集团军司令阿列克谢·谢苗诺维奇·扎多夫（A. S. Zhadov）中将的说法，集团军所部在 7 月开始时人员数量和训练充足，做好了战斗准备。装备和物资储备也很充足。集团军已经构筑了两道防线外加前沿战斗警戒阵地。第一道防御带的前方在藻斯科利耶（Заосколье）—亚历山德罗夫卡（Александровка）—鲁桑诺夫卡（Русановка）—斯科罗德诺耶（Skorodnoye）—白井（Белый Колодезь）一线，长度超过 65 千米。第二道防御带位于其后 10—15 千米的勒扎韦茨（Rzhavets）—萨尔特科沃（Салтыково）—博戈斯洛夫卡（Богословка）—奥利尚卡（Ольшанка）一线。

　　亚历山大·伊里奇·罗季姆采夫少将（A. I. Rodimtsev）的近卫步兵第 33 军位于集团军右翼，其近卫步兵第 13 和第 66 师位于第一梯队，近卫空降兵第 6 师位于第二梯队。约瑟夫·伊万诺维奇·波波夫（I. I. Popov）少将的近卫步兵第 33 军位于集团军左翼，其近卫步兵第 97 和第 95 师位于第一梯队，近卫空降兵第 9 师位于第二梯队。集团军预备队为近卫步兵第 42 师。

　　7 月 8 日。科涅夫中将飞到集团军指挥所，通知他们，最高统帅部大本营已经将近卫第 5 集团军转隶给沃罗涅日方面军，并应于 7 月 11 日早晨赶到普肖尔河一线、其任务是防止德军向北面和东北面推进。科涅夫还告诉他们，到 7 月 9 日日终时，罗特米斯特罗夫的近卫坦克第 5 集团军也会在普罗霍罗夫卡以东集结。[14]

　　7 月 9 日 04:30，扎多夫命令近卫步兵第 32 军在 7 月 11 日黎明之前[①]集结到奥博扬、希佩和五一（Первомайск）村地域，并牢牢守住奥博扬至奥利霍瓦特卡之间的普肖尔河一线[②]。近卫步兵第 33 军应当在 7 月 11 日黎明前到谢苗诺夫卡、普罗霍

---

　　① 译者注：译者核对了几份苏军档案发现，作者引用苏军命令使用 morning 时，原文实际为俄文的 утро——"清晨、黎明"。因此全书均不再译为"上午"。

　　② 集团军司令部原件显示时间为 05:00，详见国防部中央档案馆（ЦАМО，Фонд: 897，Опись: 1，Дело: 3，Лист начала документа в деле: 4），但也有其他文件显示时间为 04:30。另外"五一村"现在可能已经是希佩城内的一条街道。

罗夫卡和上奥利尚卡地域集结。近卫步兵第 42 师接到的命令是在 7 月 11 日黎明前集结到勒扎夫奇克（Ржавчик）、共青团国营农场（svkh Komsomol'skoe）、维赫罗夫卡（Вихровка）和普洛斯科耶（Ploskoe）地域。

部队在接到命令后立即动身，其中集团军的炮兵进行强行军，以便在 7 月 10 日黎明前到达普肖尔河，"从而保障集团军主力行动的安全，并防止敌机械化部队渡河"。集团军所属工程兵将保障部队渡过顿涅茨卡亚谢伊米察（Donetskaya Seimitsa）河，他们需要修复沿途的 6 座桥梁和 60 千米道路。

行军过程中遇到了德国空军，近卫步兵第 97 师就报告说，他们的行军纵队在 7 月 9 日遭到了敌机轰炸。于是近卫第 5 集团军在 7 月 9 日晚至次日凌晨、7 月 10 日晚至次日凌晨实施了夜间行军，试图在次日 04:00—07:00 赶到目的地。7 月 10 日，近卫空降兵第 9 师报告称，一架敌机飞过该师集结地域，肯定是德国空军在实施侦察。

7 月 10 日晨有蒙蒙细雨，尽管多云和小雨天气使得行动变得更加困难，但也阻止了敌空军的活动。近卫步兵第 33 军奉命专门将一个师布置在韦肖雷至 252.2 高地一线，另一个师布置在 252.2 高地至莫尔多夫卡之间。部队以战斗队形向普肖尔河开进，强大的先遣支队在主力前方行进。

到 7 月 11 日 04:00，集团军声称已经抵达防御阵地。这天，集团军部分兵力参与了战斗，11:00，第一批部队遭到敌炮兵打击。

7 月 13 日时，近卫步兵第 32 军所属近卫步兵第 66 师位于 7606 网格内无名小溪—扎普谢列茨河—佐林诺—希佩，第二梯队的近卫空降兵第 6 师位于科托沃（Kotovo）、佩尔沃迈斯克（Pervomaisk）、普肖列茨（Pselets）和马什金（Mashkin）地域。该军的活动得到了前方防御的坦克第 10 军和第 31 军、近卫步兵第 51 师的掩护。

近卫步兵第 33 军在谢苗诺夫卡—韦肖雷—252.2 高地—莫尔多夫卡一线占领防御，从左到右依次为近卫空降兵第 9 师、近卫步兵第 95（位于韦肖雷至 252.2 高地之间）和第 97 师。在普肖尔河以北是近卫步兵第 52 师。不过这一地域"没有稳固的战线"，所以近卫步兵第 95 师和近卫空降兵第 9 师来不及占领阵地，不得不从行进间进入战斗。[15] 近卫空降兵第 9 师的近卫空降兵第 26 团战斗至 14:00 被德军突破，后者占领了 252.2 高地。德军出动多个批次飞机，最多时达 100 架 Ju-88，轰炸了近卫步兵第 33 军所部。

作为扎多夫预备队的近卫步兵第 42 师集结在格拉菲罗夫卡（Glafirovka）、斯维诺—波戈列洛夫卡（Svino -Pogorelovka）、杜姆诺耶（Dumnoye）、斯科罗夫卡（Skorovka）、第2茹拉夫卡（Zhuravka 2-ya）、谢特尼察（Setnitsa）、奥利霍瓦特卡（Olkhovatka）地域。

扎多夫总结道：

> 我必须承认，我们没有料到前线事态会变得这么快，以至于我们无法及时在奥博扬—普罗霍罗夫卡一线占领防御阵地。而且在向前线行军的过程中，我们没有建立强大的先遣支队。这导致各师主力不得不在敌人火力下展开。[16]

苏军上述部队没有携带一个完整基数的弹药，而且一时半刻也无法补充上来。原因在于部队缺少马车和马匹。因此，到日终时，近卫第5集团军就开始面临短缺问题，直到7月14日才有所缓解。[17]

部队不光缺少运输工具。近卫空降兵第6师的8916人在7月10日时只有6903支步枪、半自动步枪和冲锋枪，近卫步兵第97师的8874人则只有7465支。也许集团军其他部队并非如此，但显然很多部队缺少一些基本装备。[18]

最后，其中很多部队在动身前几天补充了不少人员。例如近卫空降兵第9师在7月8日接收了583人，近卫步兵第13师在7月4日—8日接收了736人，近卫步兵第66师在7月1日—10日接收了1109人，近卫步兵第97师在7月1日—10日接收了1555人。[19]这也是部队缺少轻武器的重要原因。不过总体来说，按照苏军编制，并不是师里的每个人都配发轻武器。

莫斯科时间7月11日13:15，扎多夫接到瓦图京的命令，左翼的近卫步兵第33军应当与近卫坦克第5集团军向大马亚奇基方向发动进攻，而右翼的近卫步兵第32军则与近卫第6集团军一起向红波利亚纳和格列穆奇方向发动进攻。[20]

近卫步兵第33军应当乘坦克突击之势，以近卫步兵第97、第95和第42师（集团军预备队加强而来）发动主要突击。近卫空降兵第9师和近卫步兵第52师（近卫第6集团军转隶过来）实施防御。近卫空降兵第6师从近卫步兵第32军抽调出来，转入集团军预备队，部署在中奥利尚卡、243.5高地和奥斯特列尼基（Ostren'kii）一带，准备跟在近卫步兵第33军后发展胜利。这里也适合阻挡德军从西南方向渡过普肖尔河发动的突击。因此该师在接下来的七天内在此按兵不动。

近卫步兵第 33 军所部阵地，1943 年 7 月 11 日 20:00—7 月 12 日

这样近卫步兵第 32 军就只剩 2 个师，但也在日终时得到了自行火炮第 1440 团的加强。该团有 14 辆 SU-76 和 8 辆 SU-122，但只有 2 辆 SU-76 和 7 辆 SU-122 可以立即投入战斗。

7 月 11 日下午，近卫第 5 集团军报告称，因形势尚不明朗，故对敌情一无所知。15:25，两个步兵军的军长和近卫步兵第 42 师的师长接到命令，被要求在天黑以后立即实施全面侦察，以便巩固阵地、捕俘和查明德军位置，而且需要在 7 月 12 日 03:00 之前完成这项工作。

20:40，上级宣布进攻将在 7 月 12 日 05:00 发动，最初会进行 20 分钟的炮火准备。与此同时，集团军继续巩固反坦克防御。50% 的 76 毫米师属火炮，以及 45 毫米炮和 76 毫米团属火炮被布置在支撑点内。整个反坦克防御成纵深梯次配置，并配有机动反坦克预备队。集团军的反坦克预备队为反坦克歼击炮兵第 29 旅。

✵ 掉队士兵

普通行军都会有人掉队，更何况近卫第 5 集团军行军了大约 120—140 千米，出现这种问题很正常。近卫步兵第 97 师在 7 月 10 日早晨提供了 2 日行军（7 月 9 日 07:00—14:00、7 月 9 日 20:00—7 月 10 日 05:00）的掉队情况报告。近卫步兵第 289 团"掉队损失"为 63 人、25 支步枪、30 挺冲锋枪和 8 挺轻机枪。近卫步兵第 292 团损失了 7 人、3 支步枪和 4 挺冲锋枪。近卫步兵第 294 团损失了 24 人、18 支步枪和 6 挺冲锋枪。近卫步兵第 13 师在 7 月 9 日报告称，有 130 人中暑。近卫步兵第 97 师也在报告中提到交通工具尤为短缺。部队无法在运动时带齐必需的军需品。该师截至 7 月 10 日 12:00 的军需品状况可见"表 9.1"。

该师声称，由于采取了各种措施（未写明），弹药基数提高到了 1.5 个。不过有些部队投入战斗的时候并没有得到应有的补给。到 7 月 11 日 14:00，近卫空降兵第 9 师已经受弹药短缺困扰。近卫步兵第 95 师报告提到了类似的问题，他们在 7 月 11 日 04:00 时有 1.5 个弹药基数，在 7 月 11 日和 12 日的战斗中消耗掉了 1 个。由于没有运输车辆，他们直到 7 月 12 日 22:00 才得到补充。总体来说，即便在动身之前，近卫第 5 集团军的补给状况也谈不上充裕。各师状况可见"表 9.2"。

显然在德军发起攻势至部队启程之前的日子里（7 月 5—8 日），部队接收了一些弹药和给养。近卫空降兵第 9 师在 7 月 6 日的报告中提到了此事。

各部队出发前的最后一刻还补充了兵员。近卫空降兵第 9 师在 7 月 8 日补充了 583 人。近卫步兵第 13 师在 7 月 4—8 日补充了 736 人。近卫步兵第 95 师在 7 月 7 日接收了古里耶夫步兵军校和古比雪夫步兵军校的 995 名学员，7 月 14 日又接收了斯摩棱斯克机枪学校的 100 名学员。这些补充人员中应该大部分是刚入伍的年轻人。时年 18 岁的纳乌姆·阿龙诺维奇·奥尔洛夫（Naum Aronovich Orlov）刚于 1943 年 6 月从弗拉基米尔步兵军校毕业，被分配到近卫步兵第 95 师担任排长。他回忆道："我当上了近卫军！"随后他们进行了 2 个星期的训练，然后开赴战场。[21] 近卫步兵第 66 师近卫步兵第 192 团 2 营营长、上尉谢苗·德米特里耶维奇·克拉夫丘克（Semen Dmitriyevich Kravchuk）也指出，他的营有一半是 5 月才到的年轻士兵。[22]

总体来说，各师大约有 10% 的人是在最后一刻补充进来的，而且很可能被分配去当步兵，因为步兵缺额应该是最大的。补充人员肯定无法很好地融入部队，这无疑削弱了其战斗力，并增加了伤亡。

表 9.1 近卫步兵第 97 师弹药基数，1943 年 7 月 10 日 12:00

装备类型	近卫步兵第 289 团	近卫步兵第 292 团	近卫步兵第 294 团
步枪	1.0	1.5	0.7
冲锋枪	0.8	1.5	0.8
50 毫米迫击炮	1.0	0.3	0.3
82 毫米迫击炮	1.0	0.3	0.3
120 毫米迫击炮	1.2	0.3	0.2
45 毫米炮	1.0	0.3	0.2
76 毫米炮	1.1	0.3	0.3

表 9.2 近卫第 5 集团军补给状况，1943 年 7 月初

部队	日期	弹药基数	给养（日份）	油料基数
近卫空降兵第 9 师	7 月 4 日	1.3	3	0.30
	7 月 8 日	1.0	5	2.28
近卫步兵第 13 师	7 月 8 日	1.0		
近卫步兵第 42 师	7 月 6 日	1.0		
近卫步兵第 66 师	7 月 6 日	0.9—1.2		
	7 月 8 日	1.0—1.2		
近卫步兵第 95 师	7 月 11 日	1.5		

其他苏军部队

为了确保阵地有足够的纵深，苏联人还让第27、第47和第53集团军进入了更适合防御的阵地，以防被突破。下辖6个师和1个坦克旅的第27集团军在7月6日开始详细运动，其最初任务是参加库尔斯克突出部北线战斗。待其到达小阿尔汉格尔斯克后，于7月9日接到命令前往库尔斯克地区，在库尔斯克筑垒地域建立防御。近卫坦克第4军也在此地，该部最初位于库尔斯克遥远东面的旧韦杜加（Staraya Veduga），并已经向北穿过第27集团军阵地，至7月9日结束时到达小阿尔汉格尔斯克地域。该军随后南下库尔斯克，7月11日时位于奥博扬和库尔斯克之间。而第27集团军则沿着差不多的路径行动，在7月14日到达库尔斯克。[23]

下辖6个师的第47集团军最初位于西南方面军后方的奥利霍瓦特卡、克里沃诺索夫卡（Krivonosovka）和卡缅卡（Kamenka）地域，7月8日晚开始向西北方向行动，至7月14日晚到次日凌晨已经集结在科罗恰地域。近卫机械化第3军于7月10日14:00开始行动，最终与第47集团军一起集结在科罗恰一带。[24]

在近卫第5集团军和第27集团军之间是下辖7个师的第53集团军。该部在克申河一线把守草原方面军的防线。7月9日早晨，集团军接到命令，以3个师前出到谢伊姆河一线的防线。到7月12日23:00，他们已经在涅恰耶沃（Nechayevo）—布基诺（Bukino）之间的谢伊姆河沿线建立了防御，战线长约40千米。他们还得到了机械化第1军的支援。后者于7月7日09:00从库尔斯克遥远东面的下杰维茨克（Нижнедевицк）穿过第53集团军阵地后南下至谢伊姆河。[25]这支强大的兵力距离现在前线不到40千米。

实际上苏联人还有一长串部队在组建中，其中包括3个集团军，各有1个坦克/机械化军支援。而此时第27集团军位于奥博扬以北，掩护库尔斯克；第53集团军掩护普罗霍罗夫卡后方的谢伊姆河；第47集团军掩护科罗恰。既然连近卫第5集团军各师在开战前的几天里仍在补充数百名人员，且缺乏运输工具，有时还缺轻武器，这些部队的状况也不见得会好到哪里去。

近卫第4集团军也于7月12日左右开始在库尔斯克东面的卡斯托尔诺耶（Kastornoye）地域下火车，在上面那些新组建的部队后方又增加了一支潜在的预备队。[26]此外，苏联人还有其他兵力可用，包括西南方面军后方地域的近卫骑兵第7、第 3 和第 5 军。中央方面军也刚在北线投入了坦克第 3、第 9、第 16 和第 19 军，这些部队本来也可以用在南线。

SS 第 2 装甲军的任务

有的人会认为此次交战是一场遭遇战，德军本打算在黎明发动进攻。实际上在"普罗霍罗夫卡坦克战场"（252.2 高地所在的普罗霍罗夫卡西南开阔地），警卫旗队师在 7 月 12 日凌晨 00:50 得到的命令是左翼守住现有战线，右翼推进至亚姆基以东。髑髅师应当以左翼推进至别列戈沃耶——卡尔塔舍夫卡公路，然后从南北两面卷击普肖尔河河谷。随后，两个师在消除普肖尔河河谷的侧翼威胁后，应当向普罗霍罗夫卡进攻。帝国师营以右翼防守，而"德意志"团则在警卫旗队师进攻部队右翼之后拿下维诺格拉多夫卡和伊万诺夫卡，然后推进到普拉沃罗季西南高地。

当日首要任务是保障髑髅师的进攻顺利进行。

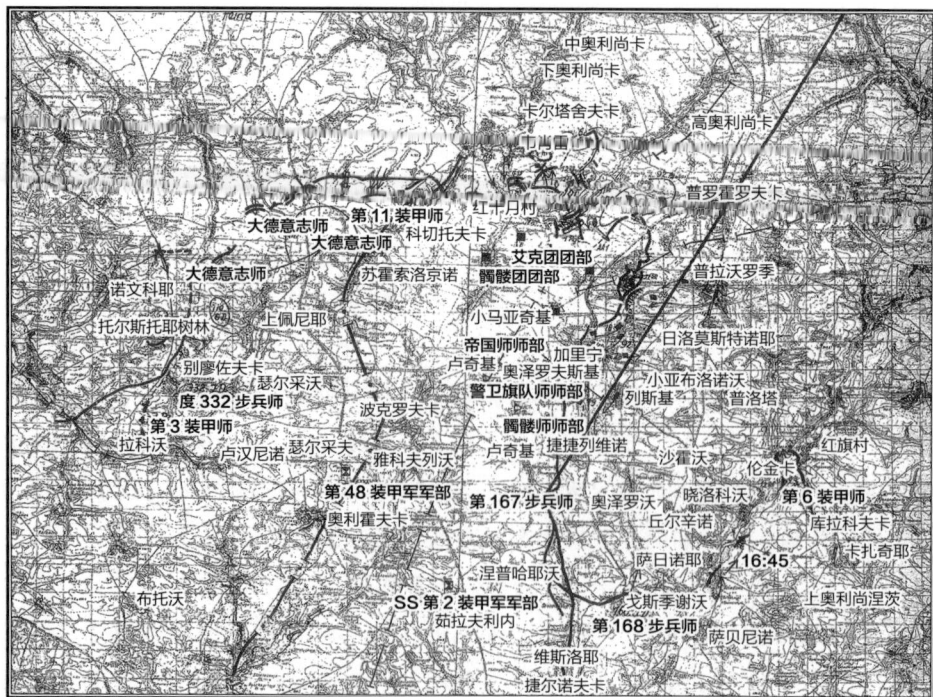

SS 第 2 装甲军 1943 年 7 月 12 日态势图

资料的本质

有原总参军官冯·梅伦廷上校这样一位参谋长的第48装甲军对于整场行动有很详细的记录，其中每日行动总结很有价值。而SS第2装甲军的记录则随着战斗渐渐激烈也出现了问题。他们的报告保存得很好，然而战斗最激烈时的每日活动报告却几乎消失了。这造成在战斗最有戏剧性的一天，主角之一的记录却几乎不见了。

我们可以利用访谈材料恢复部分记录。在纳粹时期也有一些宣传材料描述了这次战斗。虽然很多时候可能是准确的，但既然是拿来宣传的，那么其本身就变得非常值得怀疑。[27] 因此，我们这里对普罗霍罗夫卡之战的描述除了一个例外，都只记录那些被清楚记录的事件，并只用我们亲自采访得到的材料。虽然这样会放弃多年来大量的个人回忆，但我们的目的是揭开真相，而不是添油加醋。因此，虽然能找到更详细、更生动的记述，但我们提请读者谨慎对待。

近卫步兵第97师向科切托夫卡进攻

扎多夫的近卫第5集团军右翼近卫步兵第97师开始前出，而左翼近卫步兵第95师则按兵不动。7月11日13:00，近卫步兵第97师在佩列瑟皮（Peresyp'）北边至韦肖雷南边的普肖尔河一线直到韦肖雷东侧展开，第一梯队的近卫步兵第289和第294团位于佩列瑟皮至韦肖雷一线，近卫步兵第292团则留作第二梯队。

7月12日08:30，经过炮火准备后，近卫步兵第97师冲破了德军前沿阵地，至09:00已经推进到183.1高地—伊林斯基一线。09:30，右翼的近卫步兵第289团拿下了209.3高地，至12:00已经到达科切托夫卡南边。此时，近卫步兵第294团也到达了红十月村。友邻近卫步兵第66师也到达了227.0高地附近公路—235.9高地一线（并一路冲进了科切托夫卡），而近卫步兵第95师仍留在原地。

柏林时间15:15（莫斯科时间17:15）时，苏军再次从伊林斯基向科切托大卡发动进攻。近卫步兵第97师止步于科切托夫卡，但仍战斗至莫斯科时间19:00。他们的战线从209.3高地东南无名高地至166.6高地东北，然后"向东南一直到表示'红十月村'的字母'K'处"。至20:00，近卫步兵第294团到达"MUK"—"MUK"以东河谷北坡—表示"红十月村"的字母"K"处。到日终时，近卫步兵第289团止步于209.8高地以西200米处—"MUK"，而近卫步兵第292团则在189.1高地作预备队。[28] 看来他们当天主要打击的是德军第11装甲师。

普肖尔河北岸的战斗

尽管近卫第5集团军没什么装甲力量，但仍在早晨以部分兵力对普肖尔河桥头堡的德军髑髅师发动了进攻。

近卫步兵第95师在夜间变更了部署，将近卫步兵第290团布置在韦肖雷—接近226.6高地一线，第284团与近卫步兵第52师一起把守226.6高地西南坡、南坡和东南坡，第287团位于米哈伊洛夫卡—普列斯特诺耶—彼得罗夫卡一线。坦克第10军的摩托化步兵第11旅也在这一地域，他的两个营位于226.6高地，并得到了炮兵营的支援。[29]

髑髅师报告称，苏军分别在05:30和09:30对克柳奇（Klyuchi）西北军营发动了两次进攻。苏军步兵的这两次进攻均被击退，其中第一次为营级兵力，没有坦克支援，第二次有坦克。[30]08:30，髑髅师抱怨苏军在猛烈炮兵和喀秋莎火力支援下渐渐渗透进克柳奇以西军营的侧翼阵地中。该师向东北面的推进仍未开始。

柏林时间04:00（莫斯科时间06:00）时，髑髅师出动前一天渡河的装甲营，开始向军营（位于克柳奇？）进发。他们声称在07:15（莫斯科时间09:15）时将其占领。近卫步兵第52师在报告中提到德军在早晨05:00发动了进攻。此时该师只有3380人，不过他们还有一些分队滞留在顿涅茨河三角地带，所以这个人数统计并不完整。他们弹药不多，但食物充足。他们接到的命令是从226.6高地一带向波列扎耶夫发动进攻，拿下博戈罗李茨科耶、科兹洛夫卡和瓦西里耶夫卡，然后向裕列兹诺耶推进。近卫步兵第95师也应展开进攻，但显然出了问题。正如近卫第5集团军所说：

在头两天的战斗中，我们注意到该军缺乏行动配合、侦察和协调。

集团军司令部作战处指出，基本缺陷为炮兵未能很好地配合近卫步兵第95师。该部没有及时赶到出发阵地。各团长没有充分理解命令。例如谢列茨基（Seletskii）中校和卡克莫夫采夫（Kakmovtsev）少校在08:00时被叫到师部接受指示，但此时战斗已经打响了。[31]

就在近卫步兵第95师上来与近卫步兵第52师换防之时，髑髅师于莫斯科时间05:25从克柳奇向韦肖雷发动了进攻，打了苏军一个措手不及。整个炮兵团指挥机关及其下属炮兵连长都出去进行侦察了。德军的进攻眼看就要合围近卫步兵第290

团及其配属的第 108 惩戒连。[32] 团长擅离职守，然后向上级谎报了部队位置。[33]

被坦克第 10 军留下的摩托化步兵第 11 旅在德军占领 226.6 高地后继续坚守山顶 2 个小时，直至德军撤退。[34]

08:30，近卫步兵第 52 师的近卫步兵第 153 团向波列扎耶夫方向推进，但被击退，撤到了波列扎耶夫以东地域。近卫步兵第 155 团也试图推进，但最后撤往北面，与在韦肖雷、克柳奇之间地域及向西至道路岔口的近卫步兵第 151 团会合。似乎近卫步兵第 95 师并未策应此次进攻。总体来说，在普肖尔河北岸各部的进攻没有多少协同可言。

与此同时，就在右翼即将遭到坦克第 18 军的猛烈攻击之时，髑髅师继续准备向东北面发动进攻。最后一支参战部队终于在 11:00 时渡河成功，装甲群在 11:30 从 226.6 高地向东北面进攻。近卫第 5 集团军报告称，德军在莫斯科时间 12:15 以 100 辆坦克从 226.6 高地方向发动了进攻，然后向北成功打到了韦肖雷东侧和 236.7 高地。近卫第 5 集团军司令扎多夫中将当时就在制高点 236.7 高地上的近卫步兵第 95 师炮兵指挥员的指挥所里。炮兵团和反坦克歼击炮兵营都过来参与防御。[35] 结果，近卫步兵第 95 师遭受了"惨重的伤亡"，被击退至 226.6 高地东坡，然后继续战斗。近卫步兵第 95 师的记录显示当天只有 62 人牺牲, 53 人负伤。[36] 这个数字明显过低，实际减员数应该不下 1000 人。[37] 近卫空降兵第 6 师迅速在中奥利尚卡—243.5 高地—奥斯特列尼基至其东面高地一线占领防御，以防德军向北面或东北面进攻。所有火炮都被拖进阵地内，用于直瞄射击。

不过，苏军仍然试图对髑髅师北翼施加压力，于柏林时间 11:10（莫斯科时间 13:10）时在韦肖雷以南和伊林斯基发动了多次进攻。白天从北面发动的进攻中至少有一次得到了大约 40 辆坦克的支援。髑髅师临时转向东北面的原因在于其于柏林时间 11:15（莫斯科时间 13:15）时决定让坦克部队南线，在米哈伊洛夫卡渡过普肖尔河，杀到南岸苏军背后。这次进攻半途而废，但当天部分坦克确实进入了南岸，很可能位于博戈罗季茨科耶。这样他们就要直面红军坦克第 18 军的进攻。后者对髑髅师和警卫旗队师的结合部展开冲击，并与髑髅师进行了激烈的交战。我们会在后文分析坦克第 18 军的进攻。髑髅师装甲群在日终前再次可以向东北面推进。

在下午早些时候被调到米哈伊洛夫卡方向（见后文）后，髑髅师装甲群于柏林时间 15:00（莫斯科时间 17:00）时位于波列扎耶夫西北 2 千米处，打算继续奔向原定目标。苏军报告称，莫斯科时间 16:30，德军攻势被阻止，但显然战斗仍在继续，因为 SS 第 2 装甲军在柏林时间 18:35（莫斯科时间 20:35）时报告称，髑髅师装甲群在波列扎耶夫西北约 1 千米处正在进行激烈的坦克战。与此同时，苏军向髑髅师北翼发动了多次进攻，其中柏林时间 17:25（莫斯科时间 19:25）时，700 名没有坦克支援的红军官兵从伊林斯基向南进行了一次进攻。

在普肖尔河北岸极为活跃的战斗行动中，苏方记录中出现了一种奇怪的说法，他们声称德军于莫斯科时间 16:00 出动 36 辆坦克从 226.6 高地上下到北面的洼地，然后穿过波列扎耶夫以西河谷，冲向约 4 千米远处的 236.7 高地。德军坦克到达高地后来来回回转了一个小时，然后转头进入西面洼地。[38] 这些行动没有出现在德方记录中，而且苏军对此可能有所夸大。德军不可能不大战一场就冲到 236.7 高地。髑髅师的坦克在下午的主要战斗发生在东北面的波列扎耶夫和 236.7 高地之间，一直到 235.3 高地，从这里可以切断卡尔塔舍夫卡至普罗霍夫卡之间的公路。

最终在莫斯科时间 19:00，近卫第 5 集团军报告称，其麾下部队的弹药补充遇到了很大困难，有些部队只剩 0.5 个基数的弹药、油料和食物。[39]

近卫机械化第 5 军迎击髑髅师

德军正在突入波列扎耶夫农场地域。近卫第 5 集团军在东面已无兵可调，那里只有司令部、后勤和集团军直属单位。这对近卫坦克第 5 集团军侧翼造成威胁，迫使罗特米斯特罗夫抽调近卫坦克第 24 旅和近卫机械化第 10 旅前往普肖尔河北岸。[40]

由于特鲁凡诺夫支队以及近卫机械化第 10 和第 11 旅当天被调往南面，这些部队实际上已经是近卫坦克第 5 集团军最后的预备队。到 7 月 12 日 19:00，近卫坦克第 24 旅和近卫机械化第 10 旅已经集结在巴肖恩科夫（Basyonkov）、巴赫捷耶夫卡（Bakhteyevka）、古肖克—波戈列洛夫卡（Gusyok -Pogorelovka）地域，并接到命令，于 20:00 在韦肖雷以西河谷地域进攻德军。莫斯科时间 20:30，集团军报告称，德军（髑髅师）突破防线，到达波列扎耶夫北边和 236.7 高地一线。随后，罗特米斯特罗夫将近卫机械化第 10 旅投入奥斯特列尼基（Ostren'kii）地域，以防德军冲向东面和东北面。近卫坦克第 24 旅则赶赴伏罗希洛夫国营农场，以攻击国营农场以西一千米处树林方向的德军，并防止向东面和东北面推进。不过上述旅当日并未上报任何减员。[41]

阻击髑髅师向东北面推进的主要是近卫步兵第 95 师的近卫步兵第 284 团部分

兵力，加上近卫炮兵第233团主力。德军的进攻构成了相当大的威胁，因为235.3高地几乎就在卡尔塔舍夫卡—普罗霍罗夫卡公路上。如果高地被德军占领，那么公路就会被切断，坦克第18军的侧翼也就暴露了。防御战的主力是实施直瞄射击的苏军炮兵和反坦克歼击炮兵。[42] 战斗中，近卫炮兵第233团团长在观察所牺牲。[43]

夜幕降临时，髑髅师装甲群已经克服两道强大的"反坦克炮防线"（原文为"pakfront"），与师正面和翼侧的苏军坦克部队交上了火。22:45（莫斯科时间7月13日00:45）时，髑髅师装甲群报告称，他们已经到达别列戈沃耶—卡尔塔舍夫卡公路。他们的目标是在夜间将其切断。到日终时，髑髅师报告称，他们已经沿安德烈耶夫卡西边—228.3高地—兵营—红十月村北边—科切托夫卡东北边，将战线又向前推进了三千米。[44] 由于苏军在科切托夫卡达成突破，髑髅师已经与左翼的第11装甲师失去了联系。

髑髅师当天也确实见证了传奇的坦克"死亡冲锋"，我们会在后文研究其在阻击坦克第18军时所起到的作用。[45] 尽管坦克第18军在造成了发起了进攻，该师仍然有能力在下午向东北面稳步推进，以期迂回普罗霍罗夫卡。不过，德军无法冲到252.4高地，苏军另外2个坦克旅已经在半路严阵以待。

很难确定髑髅师当天损失了多少坦克。其装甲群部分兵力曾在普肖尔河南岸防御红军坦克第18军。该师也确实提供过一份当日可出动战车数的报告，但应该不准确，因为与前一天相比只少了一辆III号长身管型坦克（从54辆下降到53辆），而VI号坦克则多了一辆（从9辆增加到10辆）。考虑到该师当天战斗十分激烈，这份报告明显没有反映最新情况。7月11日18:35（莫斯科时间20:35）时，该师上报的次日可出动数如下：

型号	数量
III号长身管	54
IV号短身管	4
IV号长身管	26
VI号	9
指挥坦克	7
III号突击炮	21（不变）
坦克歼击车	11（不变）

经过 2 天进攻后，该师在 7 月 13 日 19:35（莫斯科时间 21:35）时上报了新的次日可出动战车数：

型号	数量
III 号长身管	32
IV 号短身管	3
IV 号长身管	14
VI 号	0
指挥坦克	5
III 号突击炮	20（不变）
坦克歼击车	2（不变）

经过两天时间，该师可出动战车数下降了 56 辆。该师这两天都在进攻，没理由认为其中大部分都是在 7 月 12 日损失的。实际上，7 月 13 日的战斗规模更大。不过要让人相信 7 月 12 日没有一点儿损失也是很难的，尤其是装甲群这天一直在进攻，还与坦克第 18 军进行了装甲战。因此，唯一可以确定的是这两天的总损失（57 辆）。[46] 估计在 12 日这天可能损失了 20—30 辆，而且几乎全部属于被击伤，其中还包含了发生机械故障且到 7 月 13 日还没修好的战车。显然，我们统计不到 7 月 12 日被打瘫或失去行动力、却又在 13 日夜间报告之前修复的战车（7 月 12 日报告倒是提到有 辆 VI 号坦克修复后可以出动）。他们在进攻时遇到的主要是苏军步兵、反坦克炮兵和炮兵，而在安德烈耶夫卡一带面对的主要是苏军坦克。很难确定德军损失的战车中哪些是防御的苏军的战果，哪些是苏军装甲部队的战果。

波波夫将军的夜间反击（7 月 11 日晚—12 日凌晨）

红军近卫步兵第 33 军军长约瑟夫·伊万诺维奇·波波夫少将为了恢复左翼态势，命令近卫步兵第 95 师和近卫空降兵第 9 师分别以近卫步兵第 287 团和近卫空降兵第 26 团发动夜间进攻，恢复十月国营农场和 252.2 高地的态势。这些进攻看来收效甚微，部队可能根本就没有卖力气执行命令。德军警卫旗队师指出，那是一个"相当平静的夜晚"。红军的主要成果是让近卫步兵第 287 团进入了米哈伊洛夫卡—彼得罗夫卡之间的小河谷地域。这个位置并不怎么样，该团无法在即将到来的战斗中支援师的其他部队。近卫步兵第 42 师所属部队和坦克第 18 军的坦克将在 7 月 12

日早晨穿过近卫步兵第 287 团发起进攻。

罗特米斯特罗夫的攻击

7 月 12 日这天，罗特米斯特罗夫发动了战争中最著名也是被人误解最深的坦克进攻。他将在 252.4 高地上的前沿指挥所观察战斗。

近卫坦克第 5 集团军的进攻计划

在开进的路上，罗特米斯特罗夫实际上得到了 5 个坦克 / 机械化军的指挥权。其中 3 个属于集团军建制，另外 2 个属于临时加强，即位于顿涅茨河三角地带的坦克第 2 军和近卫坦克第 2 军。集团军建制内的坦克第 18 和第 29 军已于半夜穿过普罗霍罗夫卡，到达了指定地域。庞大的近卫机械化第 5 军则位于第二梯队，落在后面。集团军所属的这 3 个军一路行军，差点就到奥博扬，现在又掉头来到普罗霍罗夫卡地域发动进攻。集团军司令部设在普罗霍罗夫卡东北七千米处的斯科罗夫卡（Skorovka），观察所设在普罗霍罗夫卡西北 2 千米处的 252.4 高地上。

在近卫坦克第 5 集团军进攻之前会有 30 分钟的炮击。这次炮兵火力准备虽然据说持续了 30 分钟，但恐怕没太大作用。唯一值得一提的间瞄射击炮兵是装备 20 门 122 毫米榴弹炮的榴弹炮兵第 678 团，其主力被配属给坦克第 29 军，只有一个连被加强给了坦克第 18 军。

近卫坦克第 5 集团军自身简直内也有炮兵，但看来尚未就位展开。他们组建的远程炮兵群有 4 个榴弹炮兵团和加农炮兵团，共计 56 门 122 毫米和 203 毫米火炮。[47] 集团军还有 3 个近卫迫击炮兵团和 2 个近卫迫击炮兵营，共有 88 门火箭炮。[48] 此外，迫击炮兵第 285 和第 271 团各有 36 门 120 毫米迫击炮。7 月 11 日时，这些 120 毫米迫击炮有 2.2 个弹药基数，122 毫米榴弹炮有 2.1 个，火箭炮有 2.0 个。尽管有上述火炮，集团军在 7 月 12 日仍然只发射了 1800 发 120 毫米迫击炮弹、400 发 122 毫米榴弹炮弹。换言之，榴弹炮兵第 678 团每门炮只发射了 20 发炮弹，两种火炮的炮弹合计 40 吨多一点。[49] 相比之下，德军 SS 第 2 装甲军当天大约发射了 500 吨炮弹。[50] 看来近卫坦克第 5 集团军当天没有充分利用手头的火炮，其炮兵对防守的德军也没有造成太大影响。

罗特米斯特罗夫出动 3 个坦克军发动了这次著名的进攻。其中坦克第 18 和第

29 军会在普罗霍罗夫卡坦克战场发起进攻，近卫坦克第 2 军会在坦克第 2 军的一定支援下在稍远一些的南面打击 SS 第 2 装甲军侧翼。集团军接到的命令是会同坦克第 1 集团军和近卫第 5 集团军，沿着普罗霍罗夫卡—亚历山德罗夫斯基总方向进攻，一直朝向波克罗夫卡和托马罗夫卡。最初计划是让部队从别列尼希诺向西出击。然而这里的地形不利于坦克活动，因此进攻方向选定为从普罗霍罗夫卡向小马亚奇基和波克罗夫卡。

近卫坦克第 5 集团军在 7 月 12 日 10:00 进攻的地域右侧分界线为别列戈沃耶—安德烈耶夫卡—红波利亚纳外围—红杜布拉瓦，左侧分界线为普拉沃罗季—别列尼希诺—232.0 高地—+1.1 岗丘上埋石图根点—雅科夫列沃西南三千米处。3 个军的进攻正面只有 9 至 10 千米，朝着进攻的德军队形迎头撞了上去。其右侧分界线为普肖尔河，左侧却没有明显的地形分隔。在他们的进攻地段中央是从普罗霍罗夫卡向西南延伸的公路和铁路。

进攻出发阵地位于普列列斯特诺耶—斯托罗热沃耶—小亚布洛诺沃一线，部队将于 7 月 11 日 24:00 占领这里。各军到 7 月 12 日日终时应当推进至红杜布拉瓦—254.5 高地—雅科夫列沃一线，并尽可能向西南推进。换言之，部队要从出发阵地向前推进 20 至 26 千米。鉴于交战双方在过去七天从未取得这样的成果，只能说目标定得有些乐观。

坦克第 18 军要在安德烈耶夫卡—共青团员国营农场西北面树林一线突破德军防线。这里位于普肖尔河与铁路之间，是一片开阔丘陵地带，进攻正面仅有约四千米。他们的任务是前进 20 千米，歼灭红杜布拉瓦—大马亚奇基—红波利亚纳地域之敌，然后转向北面，掩护集团军在南面的进攻行动。左侧分界线位于 252.4 高地（不含）—共青团员国营农场以北一千米处树林西北缘（不含）—大马亚奇基北边机器拖拉机站（不含）[①]。

坦克第 29 军应当在共青团员国营农场以北一千米处树林—共青团员国营农场一线突破德军抵抗，基本上是沿着公路进攻。该军随后应当歼灭卢奇基—大马亚奇基—波克罗夫卡地域的德军，至日终时到达波克罗夫卡及其西面和南面树林一

[①] 译者注：原文有误，作者将资料和地图上的缩写 ＭＴФ 误认为是 poultry farm（家禽养殖场）。

线，然后准备好继续向南推进。左侧分界线位于格鲁什基—斯托罗热沃耶—亚斯纳亚波利亚纳（不含）—228.4 高地—波戈列洛夫卡北侧磨坊。该军进攻正面宽度约四千米。榴弹炮兵第 678 团会在进攻发起前为其提供支援。

近卫坦克第 2 军的任务是突破亚斯纳亚波利亚纳—别列尼希诺一线之敌。进攻正面宽度约为两千米。该军随后应当歼灭雅科夫列沃地域及其东面树林之敌，然后为继续向南进攻做准备。

坦克第 2 军则留在现有防御阵地，并掩护集团军在出发地域的集结，防止敌人突向东面。该军应当以火力支援发起进攻的其他各军，让其穿过自己的战斗队形，并准备进攻苏霍索洛京诺方向之敌。

近卫机械化第 5 军得到的命令是要在 7 月 11 日 24:00 之前赶到索科洛夫卡（Sokolovka）—德拉内（Dranyi）—克拉斯诺耶（Krasnoe）—维瑟普诺伊（Vysypnoi）—萨盖达奇诺耶（Sagaidachnoe）—卡梅舍夫卡（Kamyshevka）地域集结，并准备在普罗霍罗夫卡、卢奇基和斯莫罗季诺总方向上扩大坦克第 29 军和近卫坦克第 2 军的战果。特鲁法诺夫少将的支队则会离开位于奥博扬附近的防御阵地，集结到普拉沃罗季附近，作为预备队掩护集团军左翼。①

苏军实际上打算用 3 个坦克军正面攻击德军 SS 第 2 装甲军。瓦图京为何觉得这次的效果会比 7 月 6 日 1 个军和 2 个旅、7 月 8 日 2 个军的进攻好，已经不得而知。计划将在 7 月 12 日 10:00 发起进攻。

德军第 3 装甲军引起关注

在南面不断推进的第 3 装甲军逐渐引起了苏军统帅部的担忧。7 月 12 日 05:00，瓦图京命令罗特米斯特罗夫向伦金卡（Ryndinka）、阿夫杰耶夫卡（Avdeyevka）和大波季亚鲁吉（Bolshiye Pod"yarugi）地域派出一支强大的机动集群，阻击德军，并将其从伦金卡和勒扎韦茨桥头堡赶出去。[47] 近卫坦克第 5 集团军司令部在 08:00接到报告，德军大队人马在约 80 辆坦克支援下在西南面达成突破，占领了勒扎韦茨和维波尔佐夫卡（Vypolzovka），正扑向阿夫杰耶夫卡。这将威胁集团军的左翼

---

① 译者注：作者这里对各军任务的描述基本上援引的是近卫坦克第 5 集团军 18:00 发布的"7 月 11 日 3 号作战命令"。其描述近卫机械化第 5 发展胜利的方向时误加上了亚历山德罗夫卡。译者根据扎穆林提供的俄文原文进行了修正。

和后方。因此，集团军决定抽调部分预备队——特鲁凡诺夫支队、近卫机械化第11和第12旅——南下解决这一问题。特鲁凡诺夫少将受命指挥这一集群，麾下有步兵第375师的1个团、近卫步兵第92师、近卫坦克第2军的近卫坦克第26旅，其任务是歼灭伦金卡和勒扎韦茨地域之敌（步兵第375师实际并未向分兵南下）。

这样能为原计划10:00发起的进攻做增援的只剩下近卫机械化第10旅和近卫坦克第24旅。沃罗涅日方面军早晨担心第3装甲军的威胁，决定将进攻时间提前到08:30！为了应对侧翼威胁就这样做实在令人费解。

现在苏军的进攻就变得更加仓促，而且大部分预备队（也是最庞大的一支力量）正南下解决另一个威胁。08:30，在短暂的炮火准备后，集团军转入进攻。

普罗霍罗夫卡坦克战场

红军近卫坦克第5集团军的坦克第29和第18军一左一右，在格鲁什基—斯托罗热沃耶一线与普肖尔河之间主要打击的是德国党卫军阿道夫·希特勒警卫旗队装甲掷弹兵师（战线位于普肖尔河与斯托罗热沃耶之间）。该师当天分别得到了左翼位于瓦西里耶夫卡的髑髅师和右翼位于斯托罗热沃耶的帝国师的支援。

05:00（莫斯科时间07:00）时，警卫旗队师报告称，经过一个相当平静的夜晚后，在整个战线上都听到大量坦克的噪声，敌机活动也很频繁。苏军随即在柏林时间05:15（莫斯科时间07:15）时出动40辆坦克从亚姆基向斯大林斯科耶国营农场发动攻击。这应该是坦克第29军坦克第25旅。红军随后又以35辆坦克从普罗霍罗夫卡沿普罗霍罗夫卡—捷捷列维诺公路两侧发起了一次进攻，这应该是坦克第29军的坦克第32和第25旅。警卫旗队师还报告称，苏军有40辆坦克从彼得罗夫卡沿十月国营农场东南偏南一千米处道路发起了第三次进攻。这应该是坦克第18军。德军报告中说，苏军的进攻得到了炮兵的良好支援，而且"推进速度相当快"。他们还说，苏军于06:00（莫斯科时间08:00）时以一个团的兵力在普罗霍罗夫卡—彼得罗夫卡一线发起进攻，但还没到达德军战线就被炮兵联合集中射击打退。此次进攻应该也是坦克第18军发起的。

近卫步兵第95师的近卫步兵第287团位于米哈伊洛夫卡—普列列斯特诺耶—彼得罗夫卡一线。该团报告称，莫斯科时间10:00，近卫步兵第42师所部和近卫坦克第5集团军的坦克穿过自己的战线向前进攻。看来他们当天应该没有大规模参战。

坦克第 18 军展开进攻

坦克第 18 军展开成 3 个梯队。第一梯队为坦克第 170 和第 181 旅，各有约 40 辆坦克，其中一半为 T-34，一半为 T-70。第二梯队有摩托化步兵第 32 旅和一个装备 82 毫米和 120 毫米迫击炮的迫击炮兵营，他们将在日终时替下一线进攻的两个旅。第三梯队为装备与其他两个坦克旅类似的坦克第 110 旅，以及一个装备约 15 辆装甲汽车和 20 辆装甲人员输送车的侦察营，他们的任务是掩护军的后方和指挥机关，并一路跟随进攻部队至波克罗夫卡西北偏北两千米处的 251.2 高地。装备 18 辆丘吉尔坦克的独立近卫突破重型坦克第 36 团会在第二梯队坦克第 170 旅的后方进攻，他们会在全军推进一段距离后掩护右翼。[51] 在进攻开始前，一发德军炸弹落在该团团长伊万·斯捷潘诺维奇·米特罗申科（I. S. Mitroshenko）中校乘坐的威利斯吉普边上，导致其身负重伤。[52]

该军的进攻会得到扎多夫的近卫第 5 集团军下属近卫步兵第 42 师的支援。这个新锐步兵师经过夜间行军，在黎明前到达出发阵地。其左翼将从十月国营农场边上经过，右翼穿过安德烈耶夫卡。该师和坦克第 18 军一样，进攻正面十分狭窄。只有近卫步兵第 127 和第 136 团会参与进攻。射击阵地位于上奥利尚卡附近的近卫炮兵第 91 团会为其提供支援。[53]

坦克第 18 军的进攻也许是苏军当天最怪异的一个。进攻时需要先头 2 个坦克旅沿着普肖尔河向西南行进。坦克第 170 旅最后会攻击限制了进攻地域的十月国营农场，实际上是在佯攻 252.2 高地。与此同时，坦克第 181 旅继续沿着普肖尔河向西南冲到两个党卫师的结合部。上述进攻部队不仅会遭到南面和西面的火力打击，还会遭到普肖尔河北岸髑髅师所部的射击。实际上，坦克第 18 军等于冲进了敌人环绕的狭窄河谷。这不能不让人想起克里木战争时期英国轻骑兵旅的那次著名的冲锋①，而且二者的结局也类似。

坦克第 18 军的进攻过程中报告称，德军开始撤向 217.9 高地和共青团员国营农场，而德军炮兵则从格列兹诺耶—共青团员国营农场地域向军所属部队"倾泻"密集火力。德军控制的 252.2 高地—共青团员国营农场—217.9 高地一线形成了一

---

① 译者注：指克里木战争期间，英军轻骑兵旅于 1854 年 10 月 25 日在巴拉克拉瓦发动的冲锋，参战的 673 名官兵和 643 匹马中共折损 303 人和 460 匹马。

个地势较高的弧形，便于观察和射击，而坦克第18军一头扎了进去。该军这样描述了进攻情况：

……缺少我方歼击航空兵的必要支援，面对敌炮兵火力和轰炸（至12:00，敌机出动了1200架次）伤亡惨重，进展缓慢。

军进攻地段的地形被三道从普肖尔河左岸延伸至别列尼希诺——普罗霍罗夫卡铁路之间的很深的河谷分割，因此第一梯队的坦克第181和第170旅不得不在军左翼、靠近敌位于十月国营农场的坚固支撑点展开进攻。左翼的坦克第170旅至12:00损失了自身60%的装备。

尽管遭到这些损失，军所部还是克服敌人火力抵抗，拿下了十月国营农场，至12:00，坦克第181旅在安德烈耶夫卡和到241.6高地之间战斗，坦克第170旅在米哈伊洛夫卡东南河谷战斗；摩托化步兵第32旅正在争夺安德烈耶夫卡。[54]

到莫斯科时间中午时分，坦克第18军的攻势停滞了下来。坦克第170旅被重创，损失了60%的坦克，旅长在自己的坦克中被烧死，还有1名营长身负重伤。[55] 罗特米斯特罗夫的参谋长——弗拉季米尔·尼古拉耶维奇·巴斯卡科夫（V. N. Baskakov）少将此时就在坦克第18军司令部。他听到军长巴哈罗夫请求集团军司令罗特米斯特罗夫将命令说得更明白一些，并请求空军支援。罗特米斯特罗夫回答说，"基里钦科（坦克第29军军长）损失更大，但他仍在坚持进攻；你也必须进攻，你的任务不变——进攻！"[56]

位于普肖尔河北岸较高地势上的党卫军髑髅师可以看到苏军的进攻情况。他们提到，敌人早在柏林时间07:05（莫斯科时间09:05）时就开始聚集。07:45（莫斯科时间09:45）时，他们又发现苏军两个团和大约40辆坦克从西北面进入米哈伊洛夫卡及其东南面的几个高地。09:10（莫斯科时间11:10）时，德军第8航空军通知党卫军，他们已经派出两个俯冲轰炸机大队打击从彼得罗夫卡向西南行进之敌。

髑髅师报告中提到苏军在柏林时间09:50—11:00（莫斯科时间11:50—13:00）时向瓦西里耶夫卡发动了一次进攻。苏军展开激烈的逐屋巷战，突入村中心。与此同时，警卫旗队师的坦克正在与从彼得罗夫卡向西南挺进之敌展开对决。髑髅师发动反击，将苏军从瓦西里耶夫卡赶了出去。11:10（莫斯科时间13:10）时，他们再次报告苏军从瓦西里耶夫卡向西南展开进攻。这些苏军坦克应该是从普肖尔河河谷转向南面，成功突破警卫旗队师薄弱侧翼警戒，并冲过了其炮兵阵地。不过绝大部分都被步兵在近距离上以及被火炮直射击毁。

坦克第 18 军最初的进攻在上午晚些时候已经停顿下来。也许是受罗特米斯特罗夫鼓动，巴哈罗夫将军重整旗鼓，再次发动进攻。这次他再次投入了坦克第 181 旅和独立近卫重型坦克第 36 团。他的第三梯队——坦克第 110 旅也奉命上前，以掩护军的右翼（防止髑髅师攻击？）。该旅在从普列列斯特诺耶前往米哈伊洛夫卡的路上遭到敌机空袭，耽误了时间。[57] 这次进攻确实帮助坦克第 29 军在莫斯科时间 13:00 突入十月国营农场北半部分。

与此同时，装甲群仍在普肖尔河北岸的髑髅师于 13:15 通知军里，他们打算在

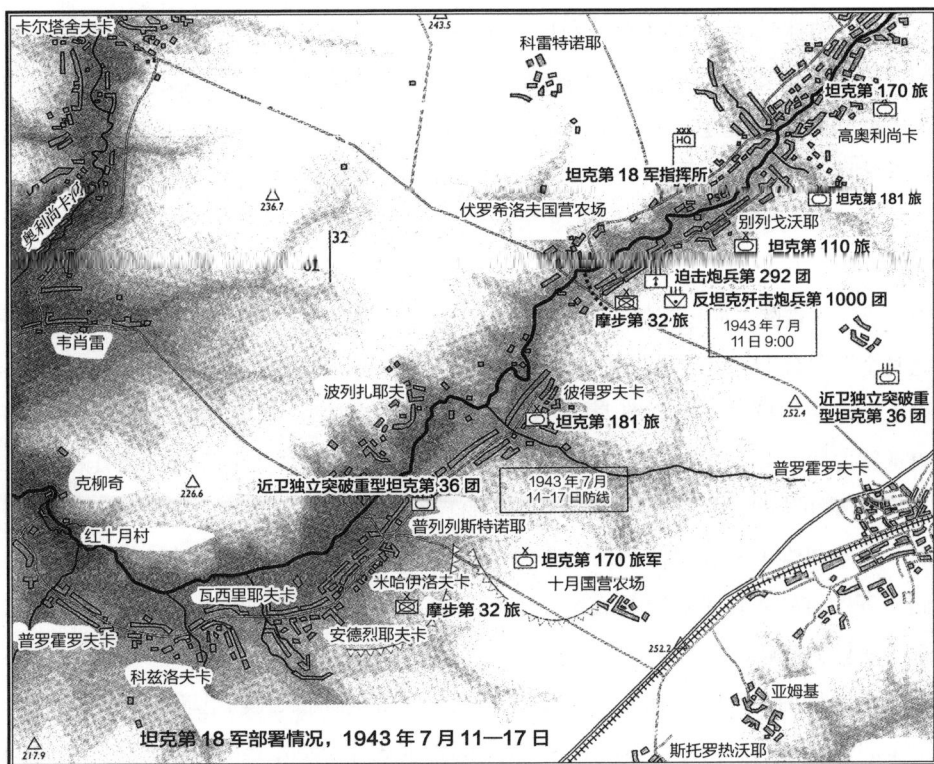

坦克第 18 军部署情况，1943 年 7 月 11 日—17 日

米哈伊洛夫卡渡河，然后在南岸苏军后方行动。罗特米斯特罗夫报告称，第一梯队旅于莫斯科时间 13:15 遭到 226.6 高地地域 13 辆"虎"式坦克的射击，这些敌坦克当时正在米哈伊洛夫卡西北面方向活动。这显然是正面推进的髑髅师装甲部队攻击了右侧的坦克第 18 军。他还报告称，作为第二梯队一部分的独立近卫重型坦克第 36 团在米哈伊洛夫卡以南两千米处河谷遭到"虎"式坦克和反坦克炮的猛烈射击，损失惨重。这应该是警卫旗队师所部。莫斯科时间 14:00，近卫第 5 集团军宣称拿下了米哈伊洛夫卡（也许在 14:00 之前很久就拿下了），同时还打退了德军 50 辆坦克从博戈罗季茨科耶地域（普肖尔河南岸，瓦西里耶夫卡正西）以及 13 辆"虎"式坦克从 226.6 高地（普肖尔河北岸）发动的反击。罗特米斯特罗夫在 14:30 报告称，经过激烈战斗，他们夺取了十月国营农场，并到达安德烈耶夫卡和瓦西里耶夫卡，共推进六至七千米。坦克第 181 旅在安德烈耶夫卡遭遇一支庞大的德军坦克纵队。他们声称德军在战斗中损失惨重，被打退至科兹洛夫卡。这些应该是髑髅师的战车。[58] 柏林时间 13:30（莫斯科时间 15:30），德军航空侦察报告称，髑髅师正朝河谷推进。柏林时间 14:45（莫斯科时间 16:45），髑髅师报告称其发动进攻，占领了安德烈耶夫卡西边。近卫第 5 集团军报告指出，该军进一步的推进被德军格列兹诺耶地域强大的炮兵和迫击炮火力和博戈罗季茨科耶地域的坦克火力挡住了。

莫斯科时间 14:00，坦克第 18 军报告称，坦克第 181 旅已经占领了十月国营农场，正在安德烈耶夫卡—241.6 高地一线战斗。坦克第 170 旅正在米哈伊洛夫卡东南河谷一线奋战，而坦克第 110 旅已经赶了上来，到达米哈伊洛夫卡以东 500 米处。此时全军共有 11 辆丘吉尔、6 辆 T-34 和 4 辆 T-70 被击伤和烧毁，不过他们也指出，以上数字尚待核实。巴哈罗夫少将请求歼击机提供支援。支援的近卫步兵第 42 师表示其占领了米哈伊洛夫卡，打算以右翼占领安德烈耶夫卡，以左翼拿下 241.6 高地。

德军报告指出，苏军上午以 2 个团的兵力在 40 辆坦克支援下沿普列列斯特诺耶、米哈伊洛夫卡和安德烈耶夫卡发动进攻，在瓦西里耶夫卡以东突破防线后转而南下，前往共青团员国营农场。德军随后从东北面发动进攻，切断了进攻的苏军，恢复了态势。

与此同时，髑髅师在 14:55（莫斯科时间 16:55）时从瓦西里耶夫卡向东进攻，至 15:30（莫斯科时间 17:30）时突入安德烈耶夫卡西部，至 16:45（莫斯科时间 18:45）时进抵安德烈耶夫卡东北侧。

坦克第 29 军的进攻

坦克第 29 军沿着普罗霍罗夫卡通往伊万诺夫斯基移民新（Ivanovskii Vyselok）村的铁路公路线展开进攻。铁路线两侧当年应该不像现在一样长满了树木和植物。不过微微隆起的铁路路基还是将战场分隔开来。坦克第 29 军各旅将在铁路两侧向西南进攻。

坦克第 32 旅装备了大约 60 辆 T-34，其后的坦克第 31 旅有大约 29 辆 T-34 和 38 辆 T-70 坦克。其左侧为铁路路基。在路基南侧的坦克第 25 旅有大约 31 辆 T-34 和 36 辆 T-70 坦克。摩托化步兵第 53 旅在第二梯队。军预备队为反坦克歼击炮兵第 108 团和近卫迫击炮兵第 76 团。[59]

坦克第 32 旅及其配属的重型自行火炮第 1529 团和自行火炮第 1446 团的 3 个连正面进攻十月国营农场和 252.2 高地上的德军。[60]坦克第 32 旅的坦克 2 营攻击的应该是十月国营农场外围和 252.2 高地，而 1 营越过铁路路基，绕过了国营农场。1 营在林带掩护下的 15 辆 T-34 发现德军防线上有个漏洞。他们随即高速冲过 242.5 和 241.6 高地，从后方插进了德军纵深 5 千米内的共青团员国营农场南部。摩托化步兵第 53 旅的摩托化步兵也沿同一条路径进入共青团员国营农场。[61]他们中的很多人将一直坚持到下午。

与此同时，旅其他分队碾过 252.2 高地上的德军防御阵地，继续向前推进。德军 SS 第 2 装甲掷弹兵团利用前一天占领的高地西坡（反斜面）上的苏军散兵坑、堑壕和地堡建立防御，并在面向普罗霍罗夫卡一侧派出警戒。苏军的坦克冲锋横扫其警戒线，突破了反斜面的步兵阵地，迫使包括装备半履带车的 3 营在内的德军步兵只能各自为战。指挥 3 营的是骑士十字获得者、党卫队突击大队长（相当于陆军少校）约阿希姆·派佩尔（Jochim Peiper）。一年半后，他将因为自己的旅在突出部之战中实施了杀害美军士兵的马尔梅迪（Malmedy）惨案而声名狼藉。[①]

此时，苏军坦克继续快速越过高地，打垮了赶来增援高地的 SS 第 1 装甲团

---

① 译者注：派佩尔时任 SS 第 1 阿道夫·希特勒警卫旗队装甲师 SS 第 1 装甲团团长，指挥所谓的"派佩尔战斗群"参与阿登攻势。12 月 17 日，他的部队击溃了美军第 7 装甲师第 285 野战炮兵观测营 B 连的车队，抓获 113 名美军士兵，杀害了其中 71 人。至 12 月 20 日，在警卫旗队师行军路线上发现了 12 个屠杀地点，共有约 350 名美军俘虏和 100 名比利时平民被杀害。派佩尔战后在达豪集中营受审，于 1946 年 7 月 16 日被判处绞刑，后逐渐改为终身监禁和有期徒刑，1956 年 12 月底被释放。1972 年在法国被烧死。尽管没有证据表明他直接下令或默许屠杀了美军俘虏和比利时平民，但他在东线杀起战俘来毫不手软。

第 2 装甲营第 6 装甲连,接着遭到 2 营余部的火力打击。由于突然遇到己方的防坦克壕,苏军的进攻彻底停了下来(详见下文)。德军炮兵、坦克和航空兵合力挡住了苏军的攻势。

德军报告称,他们发动了一次装甲反击,于柏林时间 11:15(莫斯科时间 13:15)消除了一个"不大的局部突破口"。德军 SS 第 1 装甲团第 2 装甲营部分兵力等发动反击,重新控制了高地,并救出了困守于此的友军。根据德军的报告,仅在此一处就有 40 辆苏军坦克被德军近战击毁。

坦克第 32 旅损失惨重,被迫于莫斯科时间 13:00 在十月国营农场转入防御。他们还和友邻的坦克第 170 旅在 13:00 遭到了友军强击机的打击。又是一起"误伤"!

在坦克第 32 旅后方进攻的坦克第 31 旅至莫斯科时间 14:00 到达十月国营农场东北 1 千米处。该旅在到达十月国营农场东北边时被德军炮兵。迫击炮火力和"不间断"的空袭迟滞。

坦克第 32 旅是苏军当天损失最大的一个坦克旅,共有 54 辆 T-34 烧毁、被击伤或需要维修,只剩 6 辆 T-34 可用。这些损失中包含了杀进共青团员国营农场的全部 15 辆 T-34。截至日终时,全旅有 100 人牺牲,130 人负伤。造成如此之大损失的原因不仅仅在于德军顽抗,主要可能如原第 6 装甲连连长鲁道夫·冯·里宾特洛甫(Rudolph von Ribbentrop)1989 年的文章描述,我们在此长篇引用:

在进攻期间,经过 7 天的激烈战斗,我累得睡了过去,还做着怪梦。有人一边摇着我的肩膀一边喊:"中级突击队长,中级突击队长!"我猛地一起,脑袋撞在了车体上。当时我不停教导连里士兵们要避免被夜间炮火或在带降落伞的美国造镁照明弹的闪光下投掷的炸弹造成不必要的伤亡,而作为连长要率先垂范,所以也睡在坦克底下挖的散兵坑里。随着神志慢慢恢复清醒,我听见 DKW 摩托车那二冲程发动机传来的断断续续的咔咔声,不用问,得去趟营部,因为开这摩托的是连里派到营部的通信兵。也就是那时,我在车底的散兵坑听到他喊:"中级突击队长,你得去见营长!"在去营长指挥车的短暂路程中,直觉告诉我战线有些异样的声音。当时应该已经是早晨五点半了。营长从指挥车(加装了无线电台)里探出脑袋跟我说,步兵已经发现了一些情况,恐怕得跟敌坦克交手了。

不过确切的报告还没有,所以我得和步兵联系上,一旦需要就得准备交战。感觉营长在屈尊降旨，说的时候有些慵懒，给人的感觉是此次攻势已经演变成一场真正的坦克战，坦克到处乱窜，根本没必要强调这个事实。对于我们这些坦克手来说，俄罗斯的 T-34 和散兵坑里的步兵看到的完全不是一回事。对于这份不寻常的明确命令，我起初有些不爽，因为头天晚上营长还命令我连留作预备队——而现在有任务了。虽说在诸兵种合同作战中与其他兵种的配合十分默契，但坦克兵们一般不爱这么干。我坐在摩托车后座上回到了连里，下令做好战斗准备，开始热车，准备好各种武器装备等等，然后让连队士官——中级小队长格鲍尔（Gebauer）开一辆边三轮摩托过来。我想亲自去与步兵建立联系，了解真实情况，如有必要就立即应对。所幸我当时不归步兵指挥，而更应该算是"互相配合"，但指挥官也没用这个字眼。换句话说，指挥官的"马鞍命令"①——我们给的尊称——有个好处就是我可以灵活掌握，在一定程度上自行安排。

关于态势有几点要说：……等到 7 月 11 日晚上，我们 7 月 5 日早晨出动的 22 辆坦克中只剩 7 辆可以出动并做好了战斗准备。所幸损失的坦克并非彻底损失，所以会有Ⅳ号坦克不断从修理厂返回连队。

我们在前一天的战斗中穿过了一道俄罗斯防坦克壕，另外两个连（第 5 和第 7 坦克连）沿此排成一线占领阵地，而我们此时作为预备队连位于后面。这条实际横跨整个战线的防坦克壕只有一个地方可以通过，以便前往普罗霍罗夫卡，但这座桥既没有被摧毁也没有被修复。防坦克壕就是在一个"松软的"洼地上修建的。按照我的记忆，这里是一个大约 800 米长的斜坡，宽约 300—400 米，一直向普罗霍罗夫卡方向延伸，在顶部某处就是步兵的阵地。斜坡右侧边界是通往普罗霍罗夫卡的公路，公路后面是隆起的铁路路基。可以说这个路基多少可以阻碍坦克机动。

战线向后沿着铁路路基延伸到防坦克壕的位置，然后折向东面，与帝国师相连接。我们有一个营的掷弹兵在铁路路基和直角弯处布防，另一个营在上述高地（252.2 高地）占领阵地。我们左侧是一片空白，没有友军。我驱车沿着路基去一线，到达了掩护左翼的掷弹兵营的指挥所。营长的指挥所位于穿过路基上的一条通道内（很可能位于收费站，即"BW"，因为通道时至今日仍保留着。），他正打算讯问一名被

---

① 译者注：Sattlebefehl 字面义为"在马鞍上下达的命令"。

俘的俄罗斯中尉①。此人(看上去就像是最后一批条顿人,高大、金发蓝眼)非常沉着,只回答了我的问题,最后抽了几支烟、喝了点小酒后放松了下来,接着语出惊人:"俄罗斯军人吃得差、士气高;德国军人吃得好、士气低。"我们都觉得说得有一定道理,但我们自己的部队不像他说的那样。

我从步兵指挥官那里没有得到更多信息,他只是证实,如报告中一样可以听到坦克的噪声,但也没有具体的情况报告。我们说好让我的连队士官和摩托车留在这里,一旦查明情况就可以立即告知我。

由于洼地防坦克壕处的我连坦克就在目视范围内,我决定徒步返回。坡上的就是所谓的"装甲群",编成内还有师的自行火炮营②、著名的约阿希姆·派佩尔的装甲人员输送车营③。山坡上挤满了各种车辆和武器装备,但俄国人看不到这些。所有这些部队都静得出奇……因为所有人都觉得友邻还没靠拢的话就不会继续向普罗霍罗夫卡进攻,所以就都累得睡着了,毕竟如上所述,我们这七天连续苦战,基本上没怎么睡过。我个人觉得,在整个战争期间最折磨人的莫过于缺乏睡眠,什么饥渴、挨冻、淋雨、潮湿都没这么难受。

如上所述,全连此时共有7辆坦克。迄今为止战斗最精彩的部分莫过于和派佩尔营一起进攻一个反坦克炮阵地,我们像骑兵一样高速碾了过去,将其消灭。我当时和全连一起沿着地平线进行大范围迂回,以便打垮我军进攻队形中间的俄军的一些坦克和反坦克炮。执行进攻任务的是所谓的"装甲群",可惜我身为连长,却无法通过无线电联系上装甲车营。而就当我和派佩尔营一起开始发动进攻,以消灭反坦克炮阵地之时,我的营长却给我下了一道相反的命令,以当时的情况,这实在令人不解。但我很清楚,决不能让半履带车独自进攻敌反坦克炮阵地,所以尽管营长在无线电里发火,我还是继续进攻。

等我们摧毁整个反坦克炮阵地并轰掉俄军最后一门反坦克炮后集合到一起,我收到了整个战争期间个人觉得最有意义的赞扬。受到我们所有人尊敬的派佩尔说:"我们随时欢迎你(你的连队)加入我们。"后来等回到自己的营里,我的营长嘟囔

---

① 译者注:作者给出的是 lieutenant,由于此军衔在德军中为少尉,在红军中为中尉,即便能查到德文原文,也很难确定冯·里宾特洛甫所理解的军衔对应关系,因此无法确认具体级别。

② 译者注:即警卫旗队炮兵团第2自行火炮营。

③ 译者注:即SS第2装甲掷弹兵团3营。

说他也理解当时不可能突然取消正在进行的进攻，也不能让半履带车在没有坦克掩护的情况下暴露在反坦克炮火力之下。

我一边用军用饭盒下半部分喝着麦芽咖啡（德文为"Muckefuck"，一种不含咖啡因的咖啡替代品。），一边转身观察着原以为会饱受幻觉和消沉折磨的前线方向。不大一会儿，前方出现信号弹拉出的紫烟，这个信号在这天的意思是"注意有坦克"！由于在我们前方山坡整个山脊线都能看到这一信号，以及右侧路基一线也出现了更多紫烟，无须通知和命令，我立即明白了情况，俄罗斯人已经发动了大规模坦克进攻。

我赶紧扔下饭盒，下达命令："发动引擎，跟我来！"我对连里的军官马尔肖（Malchow）喊道："我们排成一线朝山坡上开一段距离。如果被包抄，你和你的排就前往左侧，我和其他3辆坦克位于中央和右侧。我们在反斜面占领阵地，然后杀俄国人。"

此时我看到我留在步兵指挥官身边的军士一边开着摩托车卷起滚滚烟尘从山坡冲下来，一边挥拳——"赶紧上来！"全连此时开始行动，就如同演习一样在山坡上展开，这让我22岁的强壮心脏跳动得更快了。我毫不怀疑地认为，要带领这些年轻却已身经百战的士兵们去战斗非常令人振奋。当到达山脊线上时，我发现大约200米远处的平缓洼地后面还有另一道山脊，我们的步兵显然就在那里占领了阵地。我通过无线电下令以最快速度赶往我们前面的反斜面，在那里开打。那片洼地向左延伸，我们在驱车下坡时发现800米处有一些T-34正打算包抄我们。我们立即停在坡上开火。我们打瘫一些俄国坦克，看见其起火了。对于一名优秀的炮手来说，800米是很理想的射击距离！在等待更多坦克出现的同时，我习惯性地环视四方，然后就像那句话说的一样，我大吃一惊，无法呼吸，因为在前方平顺的洼地里接连出现15辆、20辆、30辆、40辆然后数不胜数的俄国T-34坦克，上面搭载着步兵，正在全速向我们冲锋。

驾驶员许勒尔在车内通话器里喊："中级突击队长，右边，右边，他们来了，你看见没？"我看得再清楚不过了。我对自己说："原来如此！"（Now it is out）结果装填手听成了"弃车"（go out），然后想打开舱门。我一把把他拽了回来。我已经踹了一下炮手右侧，意思是让他将炮塔转向右边，因为那边的目标最危险。此时我们开了第一炮，在我们正前方约50米的第一辆T-34立即起火。与此同时，我边上的坦克重重挨了一发，立即起火燃烧。我看到副小队长帕普克跳出了坦克，但之后再也没有听到他的声音。他右边的坦克也被重创，立即开始燃烧。

现在敌坦克如墙一般朝我们压过来。坦克挨着坦克，一波接着一波，密集得令人难以置信，而且都是高速驰来。我一直对军事历史颇感兴趣，觉得18/19世纪的大会战中那些看着骑兵冲来却别无选择、只能接连齐射迎击、最终枪上刺刀对抗战马、指望能将其吓跑、不要突入方针的步兵应该也是同样感受。

我们没法结成方阵防御，只能射击。在这个距离上可说弹无虚发，直到自己被命中，被烧去另一个世界。我在潜意识里觉得幸存的机会不大，而当时的形势又要求继续下一个动作。结果我们在最短距离上（不到 30 米）又击毁 3-4 辆 T-34。接着装填手喊道："没有坦克弹药了！"要知道的是，在Ⅳ号坦克里，装填手手边有 18 至 20 发炮弹，其中一半乃至更多是高爆弹，余者可以反坦克。现在我们已经打光了所有可以反坦克的炮弹。待在此地肯定会被一辆路过的俄国坦克发现，然后一炮轰死。所以首先应当退到下一道山脊后，虽然俄国坦克已经翻了过去，但被发现的概率就小了很多。所以我们掉头夹在一群俄国坦克之中，后退了大约 50 米，然后在之前翻越的山脊反斜面再次转向，找了个多少可以提供掩蔽的位置。突然一辆 T-34 在我们右侧 30 米处横着停了下来。我现在还能想起这辆坦克的悬挂系统弹了几下，然后将炮塔转向我们。我脑海中再次闪过一句话："你在地球上看到的最后一样东西就是一个火球，然后就结束了"，因为我已经可以从火炮炮口往里看了。我们当时无法开火，因为炮手正在将穿甲弹重新装填了，但与此同时我在话筒喊了起来。"坦克！开车！"驾驶员许勒尔（作为连长，我的驾驶员总是营里最优秀的之一）自然也挂上了挡，Ⅳ号坦克慢慢动了起来。我们朝俄国坦克边上挪动了五米，这辆 T-34 正在拼命转动炮塔、无奈过于落后，转得没那么快。等到我们移动到其后方十米后，我们再次转向，其他搭载步兵的俄国坦克一直在旁边经过。然后我们在大约十米距离上朝其炮塔打了一发穿甲弹，立即将其打爆，炮塔飞到三米的空中，差点掉下来砸到我们的火炮。我咬着牙说了一句："这哥们再也不用费劲来击毁我们了！"

我拼命试图扯掉固定在车外一个盒子上的反万字旗（用于向己方飞机表明自己是德国坦克），拉回坦克里。但我只成功了一部分，结果旗子随风飘动。这应该很快就会吸引到一个俄国炮手的注意——在极近距离被一炮送上天只不过是个时间问题。

现在只剩一个办法，就是继续移动，因为俄国坦克都在全速飞驰，不动的话会被立刻认出是敌坦克……我们别无他法，只能混在俄国坦克堆里行动。这样一来有两个风险。首先，早晚会有一辆 T-34 认出我们。我们苟活到现在完全是因为 T-34 没有车长，指挥全车的是炮手。他自然只能看到火炮指向的地方。若非如此，我们恐怕早就完蛋了。其次，我们会遭到山坡下防坦克壕一线大喇喇排开的己方坦克的射击。此时他们已经醒了过来，当务之急就是朝冲下山坡的俄国坦克射击。由于战场上烟尘弥漫，爆炸四起，加上阳光迎面射来，要将我们和俄国坦克区分开来是十分困难的。因此我不断通过无线电呼叫自己略显可笑的假名，然后加上一句："我们正混在俄国坦克堆里行驶，不要朝我们开火！"，但毫无回应。与此同时，俄国人已经冲过半履带车营一级炮兵营，身后是一些起火的车辆。但现在，另外两个坦克连开火还击了。

装备自行火炮的炮兵营和派佩尔营的掷弹兵们也打瘫了越来越多的坦克，并一

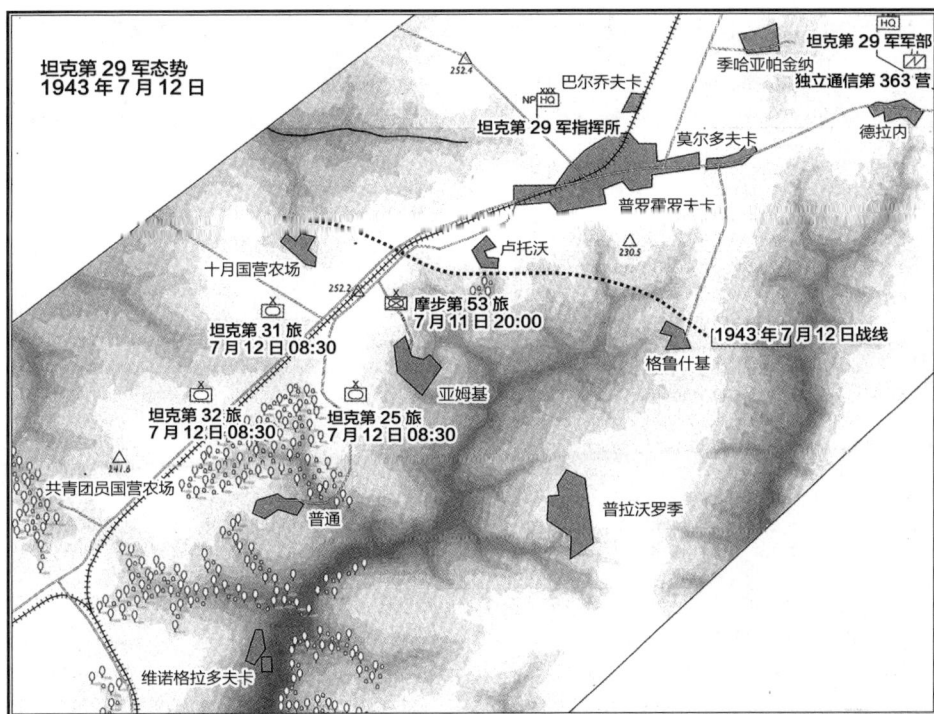

坦克第 29 军态势，1943 年 7 月 12 日

直拦着跳车躲避火力的俄国步兵。整个战场笼罩在一团烟尘中，而一波接一波的俄国坦克不断涌现，但随即就在长长的山坡上被我方坦克像猎杀兔子一样干掉。这种这些难以形容的混乱、烟尘、燃烧的坦克和车辆应该也为我们逃命起到了一定的帮助，因为我们没有被俄国人认出来。突然，我发现前方有一群俄国步兵，然后通过喉头送话器对驾驶员说："往左转一点！"但他已经看到他们了，然后我们就从这些可怜人的后面碾了过去。在这地狱般的噪音中，他们并没有意识到一辆德国坦克正从他们身上碾过去。

我现在发现一个机会，可以转向左边，朝公路方向开，我们肯定会遇上己方步兵，而且会渐渐脱离密集的俄国集群。与此同时，乘员们正忙着将放在驾驶员、无线电员和炮手等处的炮弹递给装填手。一旦穿甲弹装填完毕，我们就停车开炮，击毁身边最近距离上的一辆T-34。我们到现在还没被俄国人盯上完全不可思议。

然而，俄国人也在转向左面以便越过防坦克壕。他们的进攻方向令人费解。既然我们缴获的所有地图上都标注了这道防坦克壕，那么他们肯定也知道这样密集的大规模进攻（后来我得知这是整个战争期间在一个狭窄地段上坦克密度最高的一次）只冲一千米就会被己方防坦克壕挡住。其实完全可以预见到坦克冲击的势头会荡然无存。现在这些T-34显然发现了防坦克壕，打算转向左面，从重修的桥梁上通过。

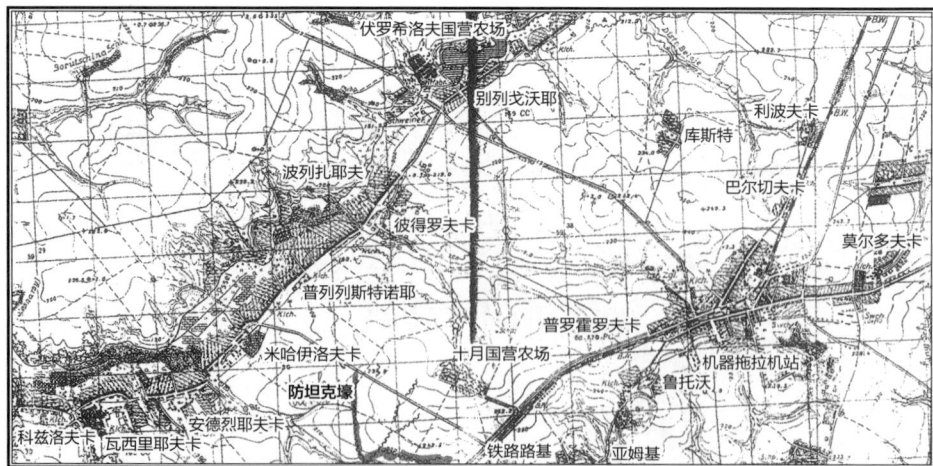

防坦克壕（城墙状的线）位置示意图

接着出现了无法形容的一幕。我躲在一辆被击毁的 T-34 后面，用我们手头剩下的炮弹参与"射击移动靶"——T-34。由于俄国人挤在桥边上，将侧翼暴露出来，我们打起来就轻松多了。起火燃烧的 T-34 朝另一辆开去，撞在一起。现场就是一片烈焰滚滚、浓烟四起、T-34 到处燃烧、死伤枕籍的地狱。随着时间流逝，我们的生存概率也在增加，因为我之前提到的山坡上到处是燃烧的 T-34，而我们就在其中一辆残骸后面。此时我听到装填手说没有穿甲弹了。除了打不动装甲完备的 T-34 的高爆弹外，我们用光了其他类型的坦克炮弹。

我们还要跟俄国步兵战斗，然而还是要倍加小心。因为如上所述，装甲掷弹兵营和自行火炮营已经被打垮了，如果发射高爆弹，肯定会误伤友军。所以我暂时停止了射击。但与此同时，炮手双手捂脸叫道："我的眼睛，我的眼睛！"我们的炮塔装甲上安装瞄准镜的小孔被直接重创。弹头没完全穿进来，但猛推了一下瞄准镜，使其后坐，结果玻璃和金属通过眼睛对炮手头部造成了严重伤害。现在我们的坦克失去了战斗力，我决定撤出战斗，即通过防坦克壕上的桥梁开回后方，先让自己恢复一下，再去收拢连里其他幸存下来的坦克。现在我们开回了后方地域，以便停在一道小山脊的反斜面，然后将炮手送出坦克，将其移交给卫勤人员。但连里负责维修的士官带着一辆修复的Ⅳ号坦克出现了，所以我只得和车组加上一名新的炮手返回战斗。

对于刚从后方归来的修复坦克的车组（除了炮手）来说，搜牛是件非常沮丧的事。但作为连队领导，我需要一个配合默契的车组，毕竟要一边完成多种必需事项，一边要与营里保持无线电联系、指挥全连、操控自己的坦克、指挥自己的炮手射击。我们再次越过防坦克壕，回到战斗中。俄国人的进攻势头已经消散。与此同时，战场上到处是燃烧的 T-34。营传令官步行走到我的坦克边上，通知我营长打算发动反击，夺回山脊线。所以我们沿着刚才混在俄国坦克堆里开下来的山坡飞驰。等到正午时分，我们再次控制了山脊。

我连的损失小得惊人。被击毁的只有我边上 2 辆被击中起火的坦克，另有 2 辆被重创，而其他两个连没有坦克被彻底击毁。而且装甲掷弹兵营和自行火炮营的损失也有限。

根据停虏供述，我们得知俄国人已经准备了第三波攻势，但在相当短时间内两波攻势被挫败后没有发动。在我们的战线内有不下 100 辆被击毁的俄国坦克。

指挥官、党卫队中级集团长豪塞尔亲自证实了警卫旗队的防御是何等成功。据说他自己用一支粉笔在被击毁的坦克上画记号并进行了清点……

俄国人的进攻规模庞大，成群结队，但不知为何却只是一味蛮干。如果他们在指挥和控制上动点脑子，那么俄国坦克利用突然性即便不能彻底消灭装甲群（装甲营、装甲掷弹兵营、自行火炮营），也可以造成重大杀伤。他们在策划进攻时就应该知道己方防坦克壕会严重影响其进攻和能否达成决定性突破。[62]

根据鲁道夫·冯·里宾特洛甫的说法，只有他的连的 7 辆坦克驰往 252.2 高地，而营里另外两个坦克连则在防坦克壕后面。传说中的普罗霍罗夫卡"旋风般的坦克战"因此而起，红军坦克第 29 军的一至两个旅打垮了德军区区一个坦克连。[63]现场没有一辆"虎"式坦克！[64]里宾特洛甫当天击毁 14 辆坦克，于 7 月 20 日获得骑士十字勋章。[65]

第 7 装甲连的党卫队突击队员威廉·勒斯（Wilhelm Roes）对于防坦克壕的情况也有一番描述。对他访谈表明他在防坦克壕另一侧。勒斯指出防坦克壕在苏军一侧为 4.5 米高，在德军一侧只有 1.2 米高。他声称苏军数辆坦克全速开进了防坦克壕（请注意，冯·里宾特洛甫没有提到这一情况）。这些 T-34 之后仍然可以继续行动，但下落造成的冲击肯定会把车组人员震得七荤八素。勒斯接着说，等这些坦克开出防坦克壕来到另一侧时，底部部分暴露出来，成为很容易击毁的靶了。[66]

坦克第 29 军声称德军利用强大的火炮和迫击炮火力，加上"虎"式坦克从隐蔽阵地射击和轰炸机的打击，将苏军部队的进攻扼制在十月国营农场—树林北侧—斯托罗热沃耶东南一千米处洼地一线，并发动了反击。从坦克第 29 军和 SS 第 2 装甲军的记录中看不出任何"遭遇交战"或"旋风般的坦克战"的迹象。罗特米斯特罗夫表示，坦克第 29 军的进攻导致在通往十月国营农场南面道路途中与德国坦克发生了"激烈的遭遇交战"。他认为德军坦克和反坦克火力加上航空兵的轰炸导致苏军进攻受阻。

根据最近的一份俄罗斯资料，苏军的进攻于 10:30—10:45 之间在 252.2 高地和十月国营农场被挡住了。罗特米斯特罗夫随即命令两名军长同时对国营农场两侧实施打击。但以当时的情况无法组织这样的进攻。坦克第 32 旅 1 营部分兵力刚开打不久就到了共青团员国营农场。罗特米斯特罗夫在 10:45 发出的指示声称坦克第 29

和第 18 军在 09:30 就到达了共青团员国营农场一线。[67] 这完全是夸大了战果。

到 13:00，坦克第 32 和第 31 旅已经沿上述战线转入防御，罗特米斯特罗夫声称他们打退了德军坦克四次强大的反冲击，"并给予敌人重大杀伤"。从部队报告和损失以及德军在日终时重新占领十月国营农场来看，他的说法有误。

上述交战应该就是普罗霍罗夫卡"旋风般坦克战"神话的起源。虽然苏联人冲垮了德军半履带车营和自行火炮营，却没能将其歼灭。他们的快速推进打了德军一个不满编的坦克连一个措手不及，后者恰好处于高地正斜面，不在合适的防御阵地——反斜面上。最终其进攻被己方挖掘的防坦克壕里的德军另外两个坦克连的火力挡住了。最初横扫 252.2 高地附近德军真阵地的苏军进攻部队应该有一至两个坦克营外加配属兵力。[68] 这还不是一个坦克军的全部兵力。

根据一份针对此战的记述，苏军先头的坦克第 362 营在一开始遭到了警卫旗队师坦克歼击营的"黄鼠狼"坦克歼击车的火力打击。装备 T-34 坦克的先头营在穿过斯大林斯科耶分场的农田时遭到了炮兵火力打击。德军的坦克歼击车在隐蔽阵地室内对开阔地的苏军坦克开火。苏军得到了自行火炮和装备 T-70 的坦克第 25 营的增援。这股部队扛住巨大损失，继续向树林推进。坦克第 362 营损失了 32 辆 T-34 中的 26 辆，两个自行火炮连被"彻底消灭"。坦克第 362 营营长牺牲，旅长和一个摩托化步兵营营长负伤。党卫队中级小队长库尔特·萨梅特莱特（Kurt Sametreiter）因此战获得骑士十字。坦克第 25 营营长接受指挥所有坦克，随后混编坦克营撤到步兵阵地后面、斯托罗热沃耶东南 500 米处建立防御。[69] 根据报告，警卫旗队师当天应该有大约 20 辆"黄鼠狼"坦克歼击车，其中 2 辆被击毁。[70] 中午时分，主要由 T-70 坦克组成的混编坦克营残余部队打算进攻伊万诺夫斯基移民新村，但没什么效果。[71]

在铁轨的另一侧，坦克第 25 旅和自行火炮第 1446 团的两个连取得了更大的进展。他们穿过斯大林斯科耶分场发动进攻，至莫斯科时间 14:00 已经夺取斯托罗热沃耶，并克服了德军在伊万诺夫斯基移民新村和亚斯纳亚波利亚纳东北 1.5 千米处树林的火力抵抗。据报告，他们在敌航空兵和炮兵火力打击下伤亡很大（罗特米斯特罗夫的说法），但没有提到敌坦克火力造成损失。他们的进攻随即在斯托罗热沃耶附近被挡住，陷入了与帝国师的交战。

帝国师报告称，在当天早晨，苏军出动 18 至 20 辆坦克对伊万诺夫斯基移民新村以东小树林、出动步兵和坦克对斯托罗热沃耶以西防线发动了进攻。报告指出，苏军在柏林时间 11:40（莫斯科时间 13:40）时出动坦克和步兵对"德意志"团 2 营发动了进攻。该营打退进攻后，于 12:55（莫斯科时间 14:55）时进攻斯托罗热沃耶，击毁 9 辆苏军坦克。13:40（莫斯科时间 15:40）时，2 营占领了斯托罗热沃耶南面部分及其南面的小树林。他们在 15:05（莫斯科时间 17:05）时已经进入北半部分，正在向东进攻。

与此同时，加强有迫击炮兵第 271 团的苏军摩托化步兵第 53 旅已经冲进斯托罗热沃耶以北树林，顺利到达"林中空地"。该旅部分兵力与坦克第 32 旅坦克 1 营的至少 15 辆 T-34 坦克已经一开始就冲进了共青团员国营农场。尽管苏军两个坦克旅止步于 252.2 高地德军阵地前方，但该军部分兵力成功迂回过去，夺取了共青团员国营农场。铁路路基和斯托罗热沃耶以北的树林应该在该旅前进时很好地掩护了其右翼。经过"激烈战斗"，到莫斯科时间 14:00[72]，他们成功夺取了共青团员国营农场。不过坦克第 29 军再无装甲力量跟上来，他们也处于不利于防守的阵地上，同时德军帝国师也在其后方进攻斯托罗热沃耶。

✵ 坦克无线电问题

所有德国坦克均装备了双向通信的无线电台。而苏军只有连级和更高级别的指挥员座车上才有完整的无线电通信能力。至于近卫坦克第 5 集团军，带无线电的指挥坦克装备到排一级。甚至某些非指挥坦克也有无线电接收机，这让他们可以接收指挥员的命令。[73] 所以，至少 1/3 的苏联坦克有无线电，余者通过手势指挥，在战斗中只能跟随指挥坦克行动。苏军飞机也存在类似问题。

更麻烦的是，苏军指挥坦克有非常显眼的天线，余者则没有。这让德军可以在一大堆目标中挑出指挥坦克。只要命中，即便不能击穿，也往往会导致无线电停止工作。而 SU-152 打上 5—8 发炮弹就能让无线电不工作。[74]

由于乘员只有 4 人，炮塔中只有 2 人，指挥 T-34 变得更加困难。德军坦克有 5 名乘员，除了车长以外有 2 人操纵主炮。而苏军车长还要兼任炮手。

现在摩托化步兵第 53 旅面对德军地面部队和空中打击的压力，不得不放弃国营农场。苏军报告称，德军在 200 辆坦克支援下从扎斯洛内山谷（Yar Zaslonnyi）发动了一次进攻。摩托化步兵第 53 旅退至斯大林斯科耶分场，与坦克第 25 旅一起占领防御阵地，然后打退了德军"疯狂的"坦克和摩托化步兵冲锋。坦克第 32 旅坦克 1 营的 15 辆 T-34 全部被击毁。营长伊万诺夫少校牺牲。7 月 18 日，友军在伊万诺夫被烧毁的座车附近找到了他的遗体，并将其安葬在国营农场。[75]

近卫空降兵第 9 师为坦克第 29 军提供支援。该师一开始位于彼得罗夫卡以东 1.5 千米处洼地只格鲁什基一线，掩护着普罗霍罗夫卡。近卫空降兵第 28 团向前推进，和友军一起在铁路南面展开进攻，至莫斯科时间 14:00，1 营和 2 营到达斯托罗热沃耶西北树林中间。近卫空降兵第 23 团则在铁路北侧推进，至莫斯科时间 18:00 进入安德烈耶夫卡东南河谷，3 营战线一直延伸到铁路（241.1 高地前方）[①]，2 营位于第二梯队（报告实际描述的可能是上午的活动）。前一天被赶下 252.2 高地的近卫空降兵第 26 团此时在其后方，但没参战。

他们报告称打垮敌顽抗后拿下了十月国营农场、252.2 高地、亚姆基和斯大林斯科耶分场，并为占领 241.6 高地东北坡和斯托罗热沃耶而奋战。

警卫旗队师每日报告称："多亏防御扛住了大规模的坦克冲锋，敌人没有取得什么进展，当天只在斯托罗热沃耶以东打开了一个很小的突破口。"德军于柏林时间 13:30（莫斯科时间 15:30）恢复了该地段的态势。之后该师没有发动任何反击。

罗特米斯特罗夫总结当天的战斗时认为："在集团军主攻方向同时也是敌主攻方向进攻的坦克第 29 军承受了打击的主要力量，取得了很小的战术战果，人员和装备损失很大；然而仰赖再次前所未有大规模坦克战中表现出来的英雄主义，该部也给予敌人重创，使其再也无法沿此方向发动大规模攻势。"[76] 如下文显示，德军坦克的损失与苏军相比是非常小的。

从清晨开始，苏军两个坦克军对警卫旗队师以及髑髅师和帝国师部分兵力展开了进攻，至下午早些时候被击退，转入防御，实际上遭到了重创。此次进攻代价不小，却毫无进展。

[①] 译者注：可能是 241.6 高地，因为苏军地图上没有 241.1 高地。

下午的战斗

至柏林时间 14:00（莫斯科时间 16:00）时，苏军的攻势显然已经失败。坦克第 18 军没有完全占领瓦西里耶夫卡即停了下来。十月国营农场重回敌手。德军阵地在普肖尔河北岸的 226.6 高地—瓦西里耶夫卡—217.9 高地—241.6 高地—252.2 高地之间围绕该军形成了一个巨大的半圆形。他们在这些高地上居高临下，俯视苏军阵地。

与此同时，坦克第 29 军也在付出惨痛损失后停止了对 252.2 高地的进攻。在铁路南面进攻的装甲部队停了下来，支援的步兵虽然一度冲进共青团员国营农场，但最终还是退回斯大林斯科耶分场。

苏军当天绝大部分损失发生在上午，但战斗实际上一直持续到夜幕降临。14:01（莫斯科时间 16:01）时，德军报告称，苏军沿亚姆基东边—普罗霍罗夫卡以西一千米处公路弯曲部一线发动了一次进攻。进攻部队由步兵组成，有强大炮兵的支援，也有坦克支援。按照德军的报告，这些坦克待在距离进攻部队前锋很远的后面。苏军还没摸到德军防线就被各种口径火炮击退。进攻部队可能是摩托化步兵第 53 旅和被重创的坦克第 25 旅。此时坦克第 25 旅应该已经没有一辆可用的 T-34 了，所以残余的 T-70 轻型坦克不敢上前。

德军还报告称，在彼得罗夫卡正东河谷内有 60 辆苏军坦克，此外在十月国营农场西北 1 千米处还有步兵出没。德军炮兵自 16:00（莫斯科时间 18:00）时开始对其进行了轰击。

已经没有多少实力的坦克第 2 军上午并未参战，只展开成两个梯队掩护坦克第 29 军和近卫坦克第 2 军之间地带。经过前几天的战斗，该军只剩 55 辆坦克可以出动。[77] 当然他们也部分参与了下午的交战。其中两个坦克旅远在后方的克拉斯诺耶和格鲁什基，整天没有参战。不过坦克第 169 旅曾在斯托罗热沃耶以西 700 米处试图保卫该村，但苏军报告显示，莫斯科时间 16:00，该部被击退至斯托罗热沃耶东南一千米处。[78] 报告显示，该旅只剩 65 把"活跃的刺刀"①、5 辆 T-34 和 6 辆 T-70，当天有 79 人伤亡。

---

① 译者注：苏俄军队中用"刺刀"（штык）或"活跃的刺刀"（активный штык）表示"随时可以出战的步兵"，而"像刺刀一样"（Как штык 或 Будь как штык）表示"好得很、没问题"。

坦克第 2 军的摩托化步兵第 56 旅在某坦克旅后方，作为第二梯队在普罗霍罗夫卡—亚姆基一线防守。根据报告，该旅有 1200 把 "积极的刺刀"，伤亡 150 人。

至日终时，坦克第 18 军止步于瓦西里耶夫卡。受瓦西里耶夫卡西侧炮兵和坦克火力的影响，该军无法继续前进。他们到达博戈罗季茨科耶教堂以东 200 米—瓦西里耶夫卡南侧—普列列斯特诺耶的两座风力磨坊—延伸至安德烈耶夫卡东南河谷北坡—十月国营农场一线。罗特米斯特罗夫声称，由于德军突击炮、进入掩体的坦克和 "猛烈的" 空军轰炸导致自己无法继续前进。坦克第 18 军指出，他们在 217.9 高地—241.6 高地一线 "意外地" 遭遇了 "精心组织且强大" 的反坦克防御，其中还有进入掩体的坦克和突击炮。"在遭受重大伤亡后，军艰难地想目标前进，但无法完成任务。"[79] 看来苏军当天没有拿下 241.6 高地。坦克第 18 军在当天 14:00（莫斯科时间 16:00）之后停止了前进。现在整整一个坦克军的战线位于瓦西里耶夫卡—别列戈沃耶之间 10 千米普肖尔河畔低洼河谷间的村庄一线，部署并不得当。

坦克第 18 军指出，德军在日终前出动 "虎" 式坦克和自行火炮，并以航空兵对苏军战线实施密集轰炸，打算从科兹洛夫卡—格列兹诺耶地域发动正面突击，另以部分兵力从科兹洛夫卡—波列扎耶夫方向迂回军所属部队。这明显是髑髅师在普肖尔河北岸继续进攻。

坦克第 18 军军长巴哈罗夫少将表示，为了避免人员装备损失过大，他命令军所属部队在新的战线占领防御阵地。他的部队巩固和建立了环形防御。摩托化步兵第 32 旅和坦克第 170 旅，以及独立近卫重型坦克第 36 团余部位于普肖尔河岸边下列村庄一线：瓦西里耶夫卡、米哈伊洛夫卡、普列列斯特诺耶。坦克第 181 旅位于彼得罗夫卡（显然已经撤退），坦克第 110 旅位于彼得罗夫卡外围—别列戈沃耶一线，实际上也与敌人脱离了接触。

根据不完全统计，截至 17:00，坦克第 18 军报告击毁了 13 辆德军坦克。次日 07:00 数字上升到 15 辆 "'虎' 式坦克" 和 300 名德寇。关于坦克第 18 军当天有 4 份不同的损失报告，越往后越糟糕。其中一份报告宣称部队 20% 的摩托化步兵和 8 名高级军官退出战斗，其中 3 人牺牲。当天数字最高的报告指出该军损失了 43 辆 T-34、24 辆 T-70 和 11 辆丘吉尔坦克。报告还指出，坦克部队损失了 218 人，摩托化步兵旅损失了 46 人。最后一个数字有点低，因为某个地方指出该旅只剩 260 人。

该军的实际损失要比上述报告还高。日终时的报告显示坦克第 110 旅有 15 辆

T-34 和 18 辆 T-70,而坦克第 170 旅只剩 5 辆 T-34 和 9 辆 T-70,坦克第 181 旅有 6 辆 T-34 和 8 辆 T-70,独立近卫重型坦克第 36 团有 8 辆丘吉尔。看来该军当天因为各种因素共损失 81 辆坦克。[80]

虽然想看明白官方报告的弦外之音要加倍小心,但坦克第 18 军的 7 月 7 日—24 日战斗行动报告确实表明巴哈罗夫少将对这次摧毁了自己的军的进攻并不十分满意。

坦克第 29 军的损失比坦克第 18 军大得多。在开阔地展开冲击的坦克第 32 旅被彻底打垮。笔者怀疑其绝大部分损失都发生在上午的进攻中。为其提供支援的坦克第 31 旅也同样付出了不小的代价。

坦克第 32 旅宣称当天遭到十月国营农场之敌的多次攻击,击毁德军 12 辆中型和轻型坦克,外加 3 辆"虎"式坦克,并消灭 400 名德寇。该旅到日终时有 100 人牺牲、130 人负伤,共有 54 辆坦克烧毁、被击伤或需要维修,这是其坦克总数的 90%,该旅最后只剩 6 辆 T-34!

坦克第 31 旅宣称其在十月国营农场打退了德军坦克和炮兵的 4 次反冲击。到日终时,该旅有 20 辆 T-34 和 18 辆 T-70 被击毁或烧毁。这样该旅只剩 9 辆 T-34 和 20 辆 T-70。当然还有一些坦克被击伤,因为该旅日终时报告称只剩 3 辆坦克在一线,其余坦克的位置和状况待核实。他们宣称击毁击伤 12 辆德军中型和轻型坦克、3 辆"虎"式坦克,击毙 400 名德寇。该旅在 7 月 12 日有 14 人牺牲、27 人负伤、13 人失踪。他们指出,德军当天对其实施了 240 架次空袭。

坦克第 25 旅报告指出,他们在斯大林斯科耶分场方向进攻时遭到德军航空兵和炮兵火力打击,人员和装备损失惨重,至日终时在斯托罗热沃耶东南一千米处洼地一线集结并占领防御阵地。该旅认为德军当天对其实施了 400 架次的空袭。他们宣称到 24:00 时击毙 800 名德军,击毁 4 辆"虎"式坦克、9 辆Ⅲ号坦克,自身有 140 人牺牲、180 人负伤,有 13 辆 T-34 和 10 辆 T-70 为不可恢复损失,11 辆 T-34 和 10 辆 T-70 被击伤或踩雷,7 辆 T-34 和 4 辆 T-70 因机械故障失去行动力。这样该旅没有一辆完好的 T-34,只剩 12 辆 T-70。实际上该旅损失了 82% 的坦克,其中包括全部 T-34。

在其后展开进攻的摩托化步兵第 53 旅退至斯大林斯科耶分场—亚尔基以东洼地一线。当天约有 300 名伤员被后送至旅卫生站,按旅长的报告,减员近 50%。[81]

坦克第 29 军在 19:00 报告称，德军在十月国营农场西南一千米处道路—斯托罗热沃耶以北树林东南半部分—斯托罗热沃耶西南树林一线进行了激烈的抵抗。他们指出，德军多次出动大量轰炸机轰炸自己。坦克第 29 军声称正在抵抗德军从十月国营农场发动的装甲突击。

坦克第 29 军在 7 月 13 日 07:00 的报告中宣称击毁德军 26 辆坦克，其中 11 辆为"虎"式坦克，消灭 1800 名德军。在 19:00 的报告中改为击毁德军 41 辆坦克，其中 12 辆为"虎"式，消灭 1500 名德军。07:00 的报告指出该军损失了 95 辆 T-34、38 辆 T-70、8 辆自行火炮，有 240 人牺牲、610 人负伤。然而各旅上报数字之和却是损失了 105 辆 T-34、42 辆 T-70，二者并不吻合，估计军的报告不包含机械故障损失。[82] 这是别尔哥罗德附近战斗中最惨烈的一次单日坦克进攻。

坦克第 29 军还出动 3 辆无炮塔的 T-34 和 M-3"格兰特"回收被打瘫的坦克。他们在夜间只修复了 3 辆 T-34 和 1 辆 SU-122。苏军当天出动两个军，共 6 个坦克旅，其中 4 个被打残，1 个被重创。

近卫坦克第 2 军态势图，1943 年 7 月 12 日到日终时，警卫旗队师战线仍然位于斯托罗热沃耶西面部分及其北面树林—252.2 高地东北 500 米处道路方向—十月国营农场北面和东面边缘一线。德军控制了战场。

警卫旗队师第 2 装甲营的一名车长冈特·贝尔（Günter Baer）回忆了当天的情形：

根据我的回忆，我的部队在 7 月 11 日与 SS 第 1 装甲掷弹兵团一起部署在斯大林斯科耶分场附近通往普罗霍罗夫卡铁路的东面。那天我们在那里看到敌人用了一种特别的交战方式。敌步兵藏身于大片林地的树顶上，我觉得那应该是一些高大的山毛榉。其数量不说有一个营，怎么也有一个连。我们的步兵在进攻这些树林的时候遭受了严重的损失。我们接着用机枪和高爆弹对付敌人，停虏了很多人。

我们在 11 日得知要做好 12 日会很艰难的准备。我的级别只是一个坦克车长，我不记得有人告诉我们，敌人整整一个坦克集团军打算发动攻击。但敌人从后方抽调了预备队却是众所周知。

我们在 12 日先是打退了铁路东面一次 30 至 40 辆坦克的进攻。敌人如往常一样损失惨重。然而整天之中特别激烈的交战发生在有"虎"式坦克的铁路西侧。因此随着时间流逝，我们被安排在铁路西侧向米哈伊洛夫卡发动反击。我们战斗了一整天，敌人不仅从普罗霍罗夫卡出击，还沿着两翼——右翼的亚尔基地域和左翼的米哈伊洛夫卡地域——发动进攻。

我们再次对他们乱七八糟的进攻方式感到迷惑不解。我还能想起排长说过的话："如果苏联人不再让大量坦克分批投入战斗，而是组织有序、一体进攻，那我们就被他们的数量优势轻松打垮。"但他们总是发动小规模突击，每次出动 30 至 40 辆坦克，有时冲正面，有时打左面，有时打右面。他们的进攻一次接一次地被击溃——而且常常被近距离作战打败，但可以看到步兵用磁性反坦克雷炸毁不少坦克。

我们当天守住了我们的阵地，没有撤退。[83]

手下有 130 至 140 人的帝国师"德意志"团工兵连长海因茨·马赫尔（Heinz Macher）回忆道：

7 月 12 日，我和我的连参加了对斯托罗热沃耶（普罗霍罗夫卡以南）的进攻。

只有经过激烈的近距离战斗才能拿下这里。敌坦克也在村里参与防御。我们用磁性反坦克雷和地雷对付它们。苏联人那天不断出动坦克进攻。整整一天总是有装甲进攻在进行。那天我们防御的重担主要由坦克和突击炮承担，而我们则与德意志团2营并肩战斗，以夺取斯托罗热沃耶。那天我的连有5死10伤。[84]

近卫坦克第2军的进攻

近卫坦克第2军在别列尼希诺和亚斯纳亚波利亚纳地域进攻帝国师。该军的3个坦克旅于莫斯科时间11日24:00集结到维诺格拉多夫卡和伊万诺夫卡。其摩托化步兵旅和大部分其他单位则集结在伊万诺夫卡和列斯基以东树林。只剩2辆丘吉尔坦克的独立近卫重型坦克第47团撤出霍赫洛沃一带的战斗，在列斯基以北与该军会合。步兵第48军军长向近卫坦克第2军传达了瓦图京的进攻命令。

为了掩护军的东南面和东面，军长布尔杰伊内少将让位于小亚布洛诺沃的近卫坦克第26旅越过公路，前往普洛塔，并面向南方。他在莫斯科时间09:00又命令该旅南下至沙霍沃。这可是他手头装甲力量的三分之一。从这一不寻常的防御措施来看，布尔杰伊内担心南面的友军恐怕靠不住，或者说他希望一旦德军达成突破，自己能及时知晓。[85]

然后他以另外两个旅发动了进攻。苏军从南面绕过别列尼希诺，拿下了别列尼希诺以西树林、加里宁以东树林和苏哈亚普洛塔河谷（Sukhaya Plota，靠近普洛塔）以西无名高地。帝国师报告称在上午发现有30至40辆坦克对亚斯纳亚波利亚纳发动了进攻，12:00（莫斯科时间14:00）时又有大约70辆坦克和步兵对位于亚斯纳亚波利亚纳的"元首"团1营发动了进攻。13:50（莫斯科时间15:50）时，苏军的进攻被击退。

12:05（莫斯科时间14:05），苏军从别列尼希诺出动40辆坦克进攻了加里宁正北的元首团2营左翼，同时以10辆坦克攻击其右翼。他们达成了突破，但德军发动反击，封闭了突破口。

第167步兵师第339步兵团的侧翼也延伸至加里宁，他们当天的战果要比帝国师更好。该师报告称苏军步兵和"不少"坦克在约01:30（莫斯科时间03:30）时攻击了加里宁西南面的该团阵地。在帝国师突击炮营的帮助下，该团打退了苏军的进攻。德军声称击毁8辆苏联坦克。

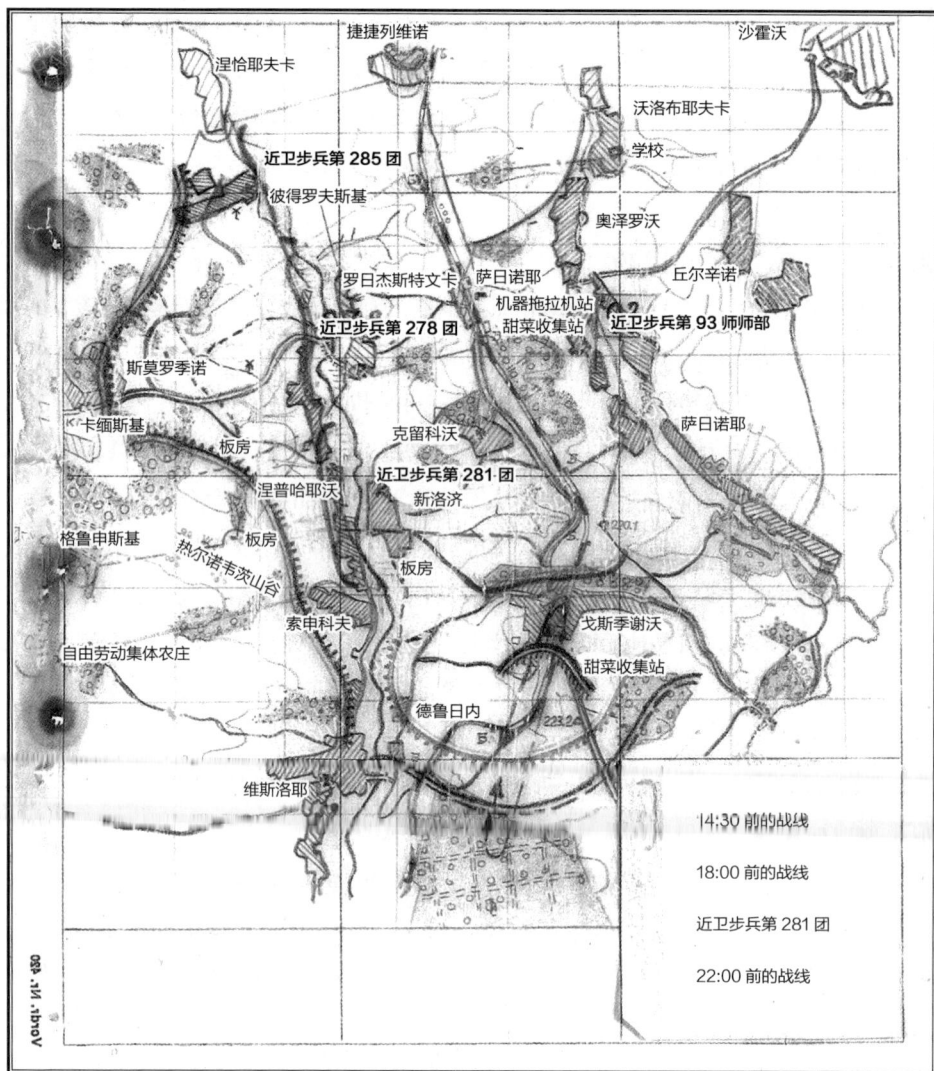

近卫步兵第 93 师的防御编成示意图，1943 年 7 月 12 日

上午时分，这一地段非常平静。10:15（莫斯科时间12:15）时，第167步兵师指挥所得知警卫旗队师和帝国师遭到大量俄国坦克的进攻。这也是少量明确提到"俄国大规模坦克进攻"的德军档案之一。[86]11:55（莫斯科时间13:55）时，加里宁以南的该师第339步兵团左翼遭到坦克进攻。该师炮兵开火，却无法将其击退。该师在12:20（莫斯科时间14:20）时请求实施近距离空中支援，打击向其进攻的大约25辆苏军坦克。德军的空中支援和帝国师坦克反击迫使苏军转向南面。到13:20（莫斯科时间15:20）时，第339步兵团报告称，在其左翼有很多苏军坦克被击毁，但苏军仍在继续进攻，到14:45（莫斯科时间16:45）时在彼得罗夫斯基突破了该团3营的阵地。第238侦察营被加强给3营，然后对苏军侧翼发动反击，消除了突破口。到14:50（莫斯科时间16:50）时，该师报告称，已经将北翼突破口的苏军逐出，位于罗日杰斯特文卡附近各高地的突破口也被肃清。不过，苏军仍在施加压力，迫使该师请求帝国师突击炮营继续支援第339步兵团。

近卫坦克第2军在莫斯科时间14:30报告称，近卫坦克第25旅已经抵达加里宁东北一千米处树林西边，对243.0高地发起了进攻。德军以火炮和迫击炮猛烈还击，进入掩体的坦克也纷纷开火。德军还得到了大量飞机的支援。近卫坦克第25旅被拦住了去路。在军左翼进攻的近卫坦克第4旅也越过铁路，到莫斯科时间14:30开始争夺加里宁，但没有成功。他们到达了加里宁以南道路，随即遭到加里宁西南树林东边德军的猛烈火力。情时间15:40（莫斯科时间17:40）时，显然待在后方作预备队的帝国师装甲团报告称，已经粉碎苏军坦克在加里宁两侧的两次进攻，击毁21辆坦克和1架马丁（波士顿？）轰炸机。

显然近卫坦克第2军所部当天遭到了苏德双方航空兵的打击。近卫摩托化步兵第4旅在掩护近卫坦克第4旅从加里宁地域撤退时遭到德军坦克的攻击，随后遭到德国空军打击，他们声称德军出动了"28架Ju-87、12架意大利马基（Macchi）MC.200战斗轰炸机和12架Ju-87 G-1斯图卡坦克攻击机"。他们可能把德军的Fw-190当成了意大利MC.200。我们还认为库尔斯克会战期间汉斯·鲁德尔麾下只有一架Ju-87 G-1。在莫斯科时间17:00—18:00之间，近卫摩托化步兵第4旅的战斗警戒阵地和近卫坦克第4旅阵地遭到"苏军伊尔-2和轰炸机"的打击。据说两次空袭导致近卫摩托化步兵第4旅减员272人，其中1营死伤141人。[87]

此时苏军第69集团军的步兵第48军此时尚有近卫步兵第93师、步兵第183

和第375师。他们也一同进攻了德军帝国师和第339步兵团。12:30，该军从原防御阵地出击，至14:00已经拿下亚斯纳亚波利亚纳以东一千米处路口和210.7高地，正在进攻加里宁、涅恰耶夫卡、彼得罗夫斯基和斯莫罗季诺东南树林。

步兵第183师的任务是消灭加里宁、奥泽罗夫斯基和232.0高地地域之敌，与近卫坦克第2军并肩战斗。其步兵第296团在243.0高地一带战斗，而近卫步兵第51师的近卫步兵第158团在加里宁以南高地的220米等高线处战斗。据报告，该师在19:00位于243.0高地东面山坡—加里宁东侧—萨巴切夫斯基一线。

在步兵第183师南面的步兵第375师于夜间前出到列斯基东南1.5千米处，一直到捷捷列维诺，并于莫斯科时间12:00发起进攻。档案中可能并未记录此次战斗，但该师当天有406人牺牲，603人负伤。报告显示该师在19:00位于萨巴切夫斯基正南—+2.0岗丘上埋石图根点—彼得罗夫斯基一线。

再往南是近卫步兵第93师。该师前进道进攻出发阵地，其中近卫步兵第285团位于捷捷列维诺正南，另外两个团位于彼得罗夫斯基和索申科夫之间。他们当天的进攻损失很小（11人牺牲、33人负伤），然后于莫斯科时间19:00在彼得罗夫斯基以南—斯莫罗季诺以东2.5千米处—涅普哈耶沃北半部分—戈斯季谢沃一线巩固防御。该师南面被德军第167步兵师的第315步兵团和第168步兵师的第417步兵团迂回。

接着出于某种原因，当大一直在后方的坦克第2军被投入了战斗。凌晨时分，该军一直在彼得罗夫卡—别列尼希诺一线，掩护集团军部队进入进攻出发阵地。莫斯科时间16:00，他们接到命令沿普拉沃罗季—加里宁一线展开进攻。鉴于近卫坦克第2军在同一地段的进攻已经失败，派一个更弱的军再来一次毫无意义。军下属的摩托化步兵第58旅（一直在第二梯队，位于普罗霍罗夫卡—亚姆基前方）被派往伊万诺夫卡，担任两个进攻坦克旅的第二梯队。坦克第169旅仍在斯托罗热沃耶以东高地防守，被安排守在此地掩护侧翼。从克拉斯诺耶出发的坦克第99旅（10辆T-34、10辆T-70）和赖在格鲁什基的坦克第26旅（6辆T-34、10辆T-70和45把"活跃的刺刀"）被派去展开进攻。[88]到21:30，这两个旅集结在伊万诺夫卡，摩托化步兵第58旅则位于第二梯队。坦克第2军的报告显示，估计当天损失了10辆坦克（不过只是其坦克总数的15%）。[89]

苏军的进攻被击退了，但某些地段的战斗一直持续到夜里。德军至夜幕降临后仍在肃清局部突破口，其中包括第167步兵师左翼的口子。该师判断苏军坦克会在加里宁—斯托罗热沃耶一带发动进攻。他们没有收到突击炮营和高炮营的报告。

到日终时，鉴于摩托化步兵第53旅撤出了共青团员国营农场，右翼暴露，近卫坦克第2军退至维诺格拉多夫卡—别列尼希诺一线，巩固防御，收拢部队。该军在7月13日07:00报告称，他们在12日击毁德军21辆坦克，其中9辆"虎"式。19:00的报告又改为击毁31辆德军坦克，消灭10000人。该军至13日07:00损失了10辆T-34、1辆丘吉尔和8辆T-70。但他们当天的损失更可能是39辆T-34、1辆丘吉尔和19辆T-70。[90] 报告显示他们还有47辆T-34和28辆T-70可以出动，绝大部分属于未出击的近卫坦克第26旅（30辆T-34和9辆T-70）。

此时正指挥一辆"虎"式坦克的帝国师候补军官阿尔弗雷德·肯齐奥拉（Alfred Kendziora）回忆道：

7月12日那天我经历了苏军对我们前锋的几次进攻。那天的战斗经常发生在极近距离上，因为根据我的记忆，战场上很快遍布被击毁的T-34。这些燃烧坦克的浓烟严重限制了我们的视野。

跟我印象特别深的是苏军进攻一如既往冲得很猛而又毫不留情——不过协同得打得很差，时时几个团、甚至一小股力量只能攻破。苏联人的损失非常大，但这并不能削弱苏联军人的战斗精神。他们真的是以极大的牺牲精神在战斗。

我还记得我亲眼见证的一个例子。一辆T-34在距离我们阵地大约300米的地方熊熊燃烧起来。车组弃车了。接着我注意到一个明显已经负伤的士兵吃力地返回燃烧的坦克，钻进去，然后开着坦克朝我们的一辆冲了过去。我记得我们那辆应该是一辆装甲人员输送车。碰撞导致苏联坦克炸了起来。这很好地体现了苏联军人在战斗中是何等顽强。他们显然想在那个战场上痛揍我们。然而我们在这天和随后的日子里面对数量优势很大之敌守住了阵地。[91]

最后，我们还有帝国师的库尔特·考夫曼的记述，此时他已经跟随高炮连打了一个星期的仗：

在帐篷里不受打扰地过了一个平静的雨夜后，再次传来召唤："起来，准备进攻。"这道命令虽然粗枝大叶，但在我们这种最低指挥层级里却很常见，我们SS"元首"团第14连就根据这道命令参加了二战中规模最大的坦克战。此时帝国师位于敌筑垒体系原边界内40千米处。再推进就是向东北面冲向普罗霍罗夫卡。在该城南面，我们军的坦克和俄国T-34已经不停进行了几个昼夜的战斗。

出于很多原因，我在这些交战开始之前只能零零散散地往日记里写点东西……

当7月11日阿道夫·希特勒警卫旗队师的进攻在普罗霍罗夫卡前面陷入停顿之时，我们师的突击（以"元首"团为前锋）却让我们可以推进得更远——尽管敌人抵抗很激烈。我们成功肃清了一座森林，还有一条峡谷和村镇东南面的一个突出部一样的斜坡。敌人在坦克支援下发动多次反击（我们第一次看到美制坦克投入战斗），迫使我们一直在极近距离上交火（第48装甲军在7月5日及之后都遇到过美制坦克；这一地域没有美制坦克，只有坦克第235团装备了）。不过敌人每次冲锋都被消灭了，或者还能抓到苏联俘虏。在敌人在斯托罗热沃耶地域的一次进攻中，我们的进攻队形成功推进并拿下了该村。时机恰到好处，因为敌坦克已经发起进攻，朝我们冲了过来。我们简直不敢相信自己的眼睛，大约40辆T-34成半圆形朝我们狂奔而来。那阵势就好像是骑兵冲击。几乎所有敌坦克都被我们的反坦克炮或我方坦克击毁。有些坦克冲进装甲掷弹兵的阵地，在近战中被空心装药战斗部磁性反坦克雷消灭。至于我们的20毫米高射炮很难既对空又对地。敌机出动架次增加到了我们只能全力对空的地步。在地对地战斗中，高射炮打坦克没什么效果，但对伴随的步兵却是毁灭性的。我们深陷交战，以至于担心敌坦克会从我们身上碾过去，所以准备好了放弃火炮。在随后的一次空袭中差点发生这样的事情。大量T-34再次从远处的林地全速冲出来，朝我们的阵地发起进攻。我方坦克立即开火。他们就这样消灭了所有立即会对我们产生威胁的敌坦克，但其中一辆距离我们仅有45米左右。到这时，我们已经朝这辆坦克打了两个40发弹匣的炮弹。我们的坦克将其击中，俄国坦克手在坦克爆炸前跑了出来。他们举起手来，弯腰朝我们的炮位跑过来。不过我们正忙着，没空搭理俘虏。结果他们就在我们炮位边上的隐蔽处站着。几辆敌坦克从我们左右两侧飞驰而过，冲进我们阵地后方。他们要么被侧翼的我方反坦克火力命中，要么在近战中被摧毁。这场战斗中有时就如同地狱一般！T-34坦克和我方 IV 号坦克的发动机在嚎叫，敌我双方的飞机在上面怒吼，坦克炮在狂吠，穿甲弹飞速射出，被击中的坦克炸了开来，轻型自动武器在哒哒哒地射击，尘土漫天，起火的坦克浓烟滚滚——我们全都落入这一末世景象之中！

我们在夜里就给自己的半履带车挖好了很深的掩体，只有炮管从坑里露出来。这一绝佳的掩护加上我们制作了伪装和遵守开火纪律保证了我们打了几个小时的仗，却连皮都没被擦破。一辆距离我们大约 27 米的 T-34 正在倒车，其行动装置被我们打成了碎片。在他发现我们之前，我方坦克的几发炮弹已经将其集中。其炮塔被炸飞，掉在一旁。车组人员一点机会都没有了。

总体来说，我们师在 1943 年 7 月 12 日共击毁了敌人 120 辆坦克。

普罗霍罗夫卡坦克战场战后分析

7 月 11 日 18:35（莫斯科时间 20:35），警卫旗队师上报的可出动战车数如下：

型号	数量（辆）
II 号	4
III 号长身管	5
IV 号长身管	47
VI 号	4
指挥坦克	6
III 号突击炮	10
坦克歼击车	20

7 月 12 日没有报告。7 月 13 日日终时，该师上报的可出动战车数如下：

型号	数量（辆）
II 号	4
III 号长身管	5
IV 号长身管	31
VI 号	3
指挥坦克	7
III 号突击炮	20
坦克歼击车	20

考虑到 7 月 12 日的装甲战非常激烈,而 7 月 13 日没怎么打,我们可以假定期间所有损失均发生在 12 日。这意味着 7 月 12 日当天损失了大约 17 辆。此外根据报告,还有 2 辆"黄鼠狼"被击毁,不过 11 日和 13 日的可出动数量并未发生变化。[92] 我们估计仅有 6 辆由于被彻底击毁而报废。[93] 余者均被从战场回收送修。

至于帝国师的数据则更令人吃惊:

	7 月 11 日（辆）	7 月 12 日（辆）	7 月 13 日（辆）
III 号长身管	34	42	43
IV 号长身管	18	18	20
VI 号	1	2	1
T-34	8	8	11
指挥坦克	7	6	8
III 号突击炮	27	27	24
坦克歼击车	12	12	12

这么看来该师当天只损失了一辆坦克。警卫旗队师和帝国师的战车数在接下来几天内没有显著减少,所以应该也不存在推迟报告的问题。因此这些报告可以用来合理推断其损失,而且军需官报告和其他战车状态报告情况与其吻合。如前所述,我们推断髑髅师当天损失了 20 至 30 辆战车。至于是与坦克第 18 军还是近卫第 5 集团军作战损失,不得而知。

无疑,苏军坦克部队损失更加严重。参战的 4 个坦克军在次日没有进行大规模交战。7 月 12 日上报的可出动坦克数如下:

	T-34（辆）	T-70（辆）	丘吉尔（辆）
坦克第 18 军	15	18	
坦克第 29 军	无报告		
坦克第 2 军	22	20	
近卫坦克第 2 军	45	33	2

推断各军损失情况如下：

	7月11日实力（辆）	7月12日实力（辆）	损失（辆）
坦克第18军			
T-34	68	26	45
T-70	58	35	25
丘吉尔	18	8	11
坦克第29军			
T-34	123	20	105
T-70	81	39	42
KV-1	1	1	0
SU-122	12	3	9
SU-76	8	5	3
重型自行火炮第1529团			
SU-122	11	11	0
KV-1	1	1	0
坦克第2军			
T-34	28	21	7
T-70	28	26	3
丘吉尔	4	4	0
近卫坦克第2军			
T-34	86	47	39
T-70	52	33	19
丘吉尔	2	2	1
合计	581	282	309[94]

当天，无论警卫旗队师还是帝国师都无法向前推进。警卫旗队师宣称遭到不下115辆坦克的攻击，而帝国师宣称遭到110辆坦克的进攻。整个SS第2装甲军当天迎战的是大约581辆战车。

警卫旗队师当天宣称击毁185或192辆坦克，髑髅师宣称击毁61辆，整个SS第2装甲军宣称击毁249辆。[95]根据苏方记录，当天他们在对战SS第2装甲军时损失了大约309辆战车。

❖ 德军的敌情示意图，1943 年 7 月 12 日

坦克第 31 军　　机械化第 3 军　　　　　　　60 辆坦克 12:30

2360

步兵第 95 师

摩步第 11 旅

反坦克炮第 121 营

波列扎耶夫

普罗霍罗夫卡

109 辆坦克 18:30

普罗霍罗夫卡

坦克第 2 军

步兵第 183 师　　坦克第 169 旅　　坦克第 29 军

坦克第 99 旅　　　　　　　　　　坦克第 32 旅

十月国营农场　　摩步第 32 旅

坦克第 18 军

100 辆坦克

坦 31 旅（第 1 装甲轻
步兵团）（坦 29 军）

近卫步兵第 23 师

共青团员国营农场　　坦 25 旅（坦 29 军）　炮兵第 9 师

坦 170 旅（坦 18 军）　炮兵第 7 团

斯托罗热沃耶

近卫步兵第 136 团

近卫步兵第 42 师

30 辆汽车

维诺格拉多夫卡

60 辆坦克

敌情图

日期：1943 年 7 月 12 日

- - - - - - 敌人行动
———— 敌部队

亚斯纳亚波利亚纳

炮兵第 623 团　步兵第 183 师

25 辆坦克 11:40

20 辆坦克 18:15

近卫坦克第 2 军

伊万诺夫卡　　空中侦察 45 辆敌坦克
（地面侦察 75 辆敌坦克）

加里宁

？辆坦克和步兵　　20 辆坦克 17:00

11:40　　　　　步兵第 375 师（部分兵力）

30 辆坦克　　　近卫步兵第 51 师（1 个团）

17:00

1 个步兵营　　近卫步兵第 89 师

11:45

本图应结合施塔德勒《1943 年对库尔斯克的进攻》第 105—
106 页，《SS 第 2 装甲军情报处长 7 月 12 日 21:00（柏林时间）
时敌情报告》使用。

译者在翻译本示意图度时仍使用原文的柏林时间。

另外，本图作为德军的敌情示意图，表示的是他们根据己方侦察和
俘虏供词得到的信息，并不完全准确。

由于原文没有备注，加之译者能力有限，图上括号内的"部分兵力"
（Tle）、"1 个团"（R.）、"第 1 装甲轻步兵团"（1. Pz. L. R.，实际
上这里应该是红军摩步第 32 旅部分兵力）均为推断，可能有误。

捷捷列维诺

近卫步兵第 93 师

普肖尔河

德军的敌情示意图，1943 年 7 月 12 日

　　这张示意图非常著名，曾以各种形式出现在多部著作中，它表明战斗非常混乱，而且德军摸不透苏军参战部队具体情况。

　　首先，苏军突向瓦西里耶夫卡，被德军反击挡住，SS 第 2 装甲军的情报军官还标注了苏军坦克第 31 旅（坦克第 29 军）从瓦西里耶夫卡突向共青团员国营农场。这并不符合事实。坦克第 99 和第 169 旅（坦克第 2 军）的位置和活动也不准确。

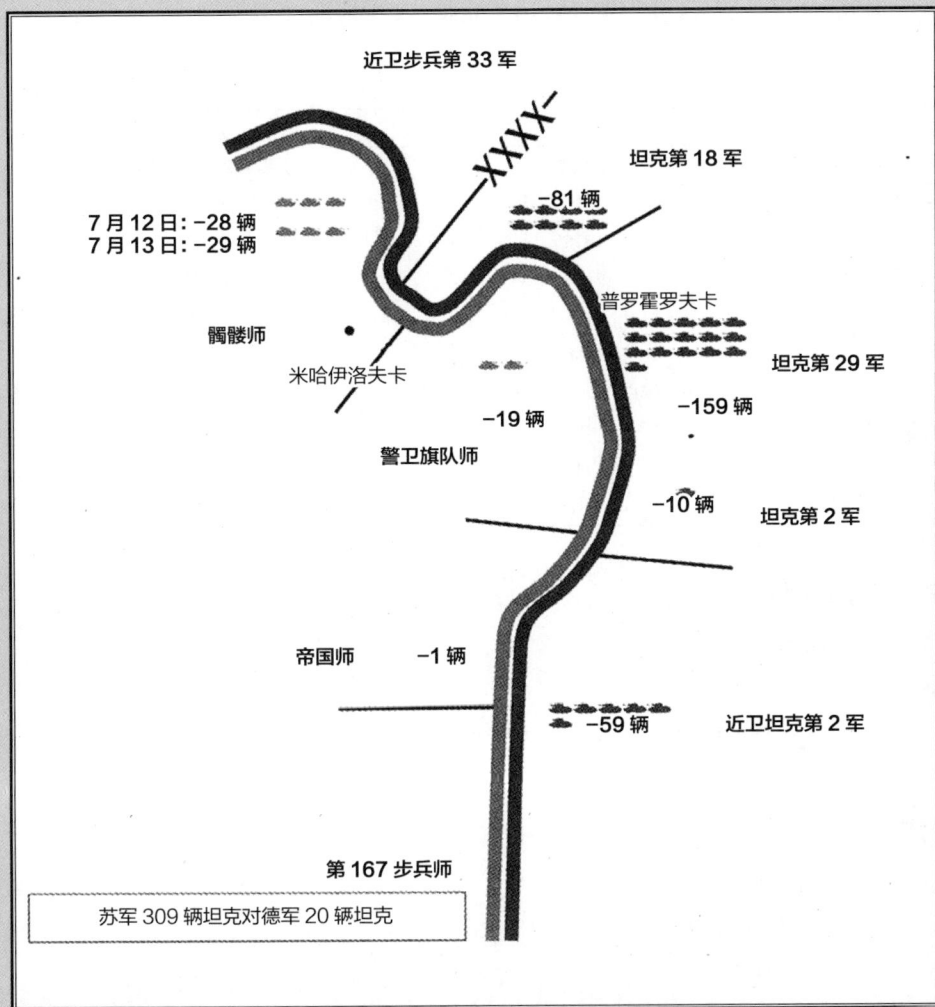

近卫步兵第 33 军

坦克第 18 军

−81 辆

7 月 12 日：−28 辆
7 月 13 日：−29 辆

髑髅师

米哈伊洛夫卡

普罗霍罗夫卡

坦克第 29 军

−19 辆

−159 辆

警卫旗队师

−10 辆

坦克第 2 军

帝国师　−1 辆

−59 辆

近卫坦克第 2 军

第 167 步兵师

苏军 309 辆坦克对德军 20 辆坦克

1943 年 7 月 12 日，普罗霍罗夫卡一带的战车损失情况

示意图上只显示坦克第 18 军的一个旅（坦克第 170 旅），位置也不对。而且也没有显示出摩托化步兵第 53 旅夺取了共青团员国营农场等事件。虽然德军的情报地图和坦克第 29 军的一幅地图都显示德军丢掉了 252.2 高地，但德国步兵一直在高地上作战 [至少他们还在固守 252.2 高地的反斜面（即南坡）]。

❉ 1943 年 7 月 12 日，普肖尔河北岸的战斗

时长：1 天　　　　　正面宽度：10.3 千米　　　　地形：丘陵

天气：阴有阵雨。道路和地面状况差。

	进攻方	防御方
部队番号	髑髅师	近卫步兵第 52 和第 95 师
配属兵力	见下文	见下文
总兵力	18727	20672
装甲车辆（辆）	134	70（含 33 辆轻型坦克）
火炮（门）	151	199
空军（架次）	94	昼间 24 以及夜间 21
减员（人）	320（69 人阵亡、235 人负伤、16 人失踪）	598（200 人阵亡、359 人负伤、39 人失踪）
战车损失（辆）	28	33
火炮损失（门）	1	5
俘虏（人）	不详	2

德军配属兵力

第 1 教导火箭炮团 2 营

SS 第 2 装甲军属火箭炮营

第 86 工兵营 B 型架桥纵队（不含）

苏军兵力

近卫步兵第 52 师

反坦克枪第 133 营

喷火第 75 连

喷火第 95 连

近卫步兵第 51 师近卫步兵第 156 团某营（不含）

来自坦克第 10 军

摩托化步兵第 11 旅

迫击炮兵第 287 团

坦克第 99 旅（坦克第 2 军）

坦克第 181 旅（坦克第 18 军）

近卫步兵第 95 师

迫击炮兵第 469 团

反坦克歼击炮兵第 301 团 2 个炮兵连

在同一地域却未计入的部队

近卫步兵第 97 师

高射炮兵第 29 师第 1372 团

迫击炮兵第 12 旅

❋ 1943 年 7 月 12 日，普罗霍罗夫卡坦克战场

时长: 1 天　　　　正面宽度: 11.0 千米　　　地形: 丘陵

天气:大暴雨，严重影响作战行动。

	进攻方	防御方
部队番号	坦克第 18 和第 29 军	警卫旗队师
配属兵力	见下文	见下文
总兵力	34664	21149
装甲车辆（辆）	260（含 83 辆轻型坦克）	99（含 6 辆轻型坦克）
火炮（门）	339	181
空军（架次）	夜间 20	131，以及苏军误击 24
减员（人）	2894（661 人阵亡、1856 人负伤、377 人失踪）	374（48 人阵亡、321 人负伤、5 人失踪）
战车损失（辆）	155	19
火炮损失（门）	14	10
俘虏（人）	7[96]	不详

德军配属兵力

第 55 火箭炮团

第 861 轻型野战榴弹炮兵营

苏军兵力

坦克第 18 军（不含坦克第 181 旅）

    反坦克歼击炮兵第 736 营

    近卫迫击炮兵第 80 团

坦克第 29 军（不含坦克第 25 旅、自行火炮第 1446 团 2 个连）[①]

    近卫迫击炮兵第 76 团

    重型自行火炮第 1529 团 [97]

榴弹炮兵第 678 团

近卫步兵第 42 师 2/3 的兵力（计入全师减员）

近卫空降兵第 9 师

    反坦克歼击炮兵第 301 团 2 个炮兵连

❋ 1943 年 7 月 12 日，近卫坦克第 2 军的进攻

时长：1 天　　　　正面宽度：8.5 千米　　　　地形：丘陵

天气：多云，闷而凉，有阵雨。道路有些泥泞。

	进攻方	防御方
部队番号	近卫坦克第 2 军等	帝国师
配属兵力	见下文	见下文
总兵力	27124	19220
装甲车辆（辆）	251（含 103 辆轻型坦克）	108
火炮（门）	212	144
空军（架次）	昼间 24+ 夜间 21	57
减员（人）	1559（495 人阵亡、900 人负伤、164 人失踪）	243（41 人阵亡、190 人负伤、12 人失踪）
战车损失（辆）	121	1
火炮损失（门）	39	1
飞机损失（架）	2	0
俘虏（人）	2	不详

---

① 译者注：作者原文写的是 2 bty，根据正文译为"2 个连"。

432

德军配属兵力

第 1 教导火箭炮团 3 营

第 818 炮兵团 3 营

苏军兵力

近卫坦克第 2 军

  反坦克歼击炮兵第 1076 团

  反坦克歼击炮兵第 1510 团

  反坦克歼击炮兵第 755 营

  近卫迫击炮兵第 16 团

步兵第 183 师

坦克第 2 军（不含坦克第 99 旅）

坦克第 25 旅（坦克第 29 军）

自行火炮第 1446 团 2 个连

推断已撤退（不计）[98]

  近卫摩托化步兵第 6 旅（来自近卫坦克第 5 军）

   迫击炮兵第 454 团

空中支援

在传奇般的普罗霍罗夫卡之战中，不仅有地面上旋风般的坦克战，在阴沉的天空中，双方战机也在雷雨云和闪电中间进行着激烈的空战。别尔哥罗德博物馆的透景画就展示了这样的场景，这很符合当时的天气情况。

SS 第 2 装甲军的每日报告提到，敌机在 18:35（莫斯科时间 20:35）时活动十分频繁，但由于天气恶劣，己方飞机只能以微弱兵力加以拦截。髑髅师报告认为双方空军活动（轰炸和扫射）均很频繁。警卫旗队师认为敌空军在上午活动频繁。帝国师报告称，07:10（莫斯科时间 09:10）时，苏军 34 架轰炸机打击了卢奇基（北）以北地域。14:10（莫斯科时间 16:10）时，又有几架轰炸机轰炸和扫射了位于卢奇基（北）的公路。他们声称当天击落了 1 架马丁轰炸机（波士顿？）和 1 架伊尔 -2 强击机。

红军坦克第 18 军认为德军对自己战线出动 1500 架次。坦克第 29 军和近卫坦克第 2 军报告指出，在他们进攻期间，德军航空兵对其进行了猛烈的轰炸。近卫坦克第 5 集团军报告指出，德军飞机自莫斯科时间 05:30 开始就以 25—50 架为一组，不断轰炸集团军所属部队。集团军认为德军在 05:30—17:00 之间共出动了 1500 架次。德军实际上当天只出动了 654 架次。笔者不清楚有多少用于上述战斗，只在红军空军总局的一份汇总报告中看到"第航空兵在昼间以 9—30 架轰炸机为一组，对我军战斗队形实施打击，主要集中在普罗霍罗夫卡方向，敌人 546 架次中有多达 400 架次在这里作战"。95 德军报告显示他们当天出动 398 架次实施对地攻击，其中 150 架次为俯冲轰炸机。考虑到德军有 2 个俯冲轰炸机大队支援了上午的防御，可以认为他们当天只有一次大规模出动。战场其他地段的双方报告均认为德国空军活动不多。这样看来，SS 第 2 装甲军应该拿到了德国空军的大部分支援。不过考虑到苏军很多人抱怨德国空军活动频繁，而苏联空军统计的出动架次数相当高，所以很可能德军第 8 航空军当天记录的出动架次数不全。

近卫第 5 集团军报告称，有一队飞机于 05:30 轰炸了近卫步兵第 95 师和近卫空降兵第 9 师的阵地。近卫空降兵第 9 师说得更详细，05:40，有 28 架轰炸机轰炸了位于彼得罗夫卡地域的近卫空降兵第 23 团（近卫步兵第 95 师部分兵力也位于同一地域）。近卫第 5 集团军指出："我方歼击航空兵没有可靠掩护我方地面部队。"

德军第 167 步兵师

关于这天的战斗，整个 SS 第 2 装甲军中只有第 167 步兵师留下了详细的报告。他们位于最右侧，把守着 27.2 千米长的难以防守的战线。除此以外，德军只有 2 个师分布在如此之长的战线上，却不需要面对苏军任何一个坦克 / 机械化军。

该师北面和南面分别是第 339 和第 315 步兵团。7 月 11 日晚至 12 日凌晨，上级决定将该师配属给 SS 第 2 装甲军，去占领卢奇基（南）以东高地。但与 SS 第 2 装甲军的通讯时断时续，而且关于部队具体部署位置还非常混乱。第 167 步兵师师长沃尔夫 - 京特·特里恩贝格（Wolf-Günther Trierenberg）中将决定在夜间将第 331 步兵团撤出防线，让其在列金（Redin）以西集结。这样，第 627 工兵营的防线会在 7 月 12 日早些时候转由第 315 步兵团接管。

该师的侦察分队在夜间发现防线中央和左翼出现大批苏军。左翼的两支苏军侦察分队和涅普哈耶沃方向的连级进攻被火力击退。该师声称苏联空军在夜间活动十分频繁。

前文已经介绍过该师第 339 步兵团当天的战斗情况。该师在参与普罗霍罗夫卡防御战的同时，其第 315 步兵团则正与南翼的第 168 步兵师一起前进。等到第 168 步兵师上报拿下萨贝尼诺和彼得罗帕夫洛夫卡北面树林后，第 315 步兵团奉命延伸师右翼，以便与该师建立联系。该团于 13:00（莫斯科时间 15:00）时出发，但很快遭到苏军进攻，并于 14:35（莫斯科时间 16:35）时被突破左翼。

苏军突破了第 339 步兵团右翼和从彼得罗夫斯基向东南进发的第 315 步兵团左翼之间的结合部。根据苏军叛徒的说法，苏军出动了整整一个团（应该来自近卫步兵第 93 师）。为了应对这一威胁，还在行军中的第 331 步兵团奉命将一个营派回库托夫卡树林（Kutovka，位于彼得罗夫斯基西北河谷中），而第 627 工兵营则在彼得罗夫斯基以西河谷阻击，防止苏军向西推进。此外师属工兵营 3 连和坦克歼击营 3 连（高炮连）也被调到彼得罗夫斯基以西高地上。

等到第 339 步兵团左翼态势于 16:30（莫斯科时间 18:30）时许恢复正常后，师属侦察营第 2 中队奉命南下突破苏军防线，再次与第 315 步兵团左翼建立联系。与此同时，第 315 步兵团右翼继续推进，并于 16:00（莫斯科时间 18:00）时渡过顿涅茨河，正向克留科沃（Kryukovo）推进。莫斯科时间 14:00，苏军报告称克留科沃及其西北一千米处树林遭到猛烈的炮击。

16:30（莫斯科时间18:30）时，第4装甲集团军命令该师和第168步兵师一起前进，师的南翼向北前进，以卷击师中央和北翼的苏军。然而该师刚击退苏军进攻，仍在收拢部队，恢复阵型。到21:00（莫斯科时间23:00）时，侦察营的第2中队和第627工兵营肃清了彼得罗夫斯基。然而半小时后，苏军再次进入该村，将这个弹药打光的侦察中队轰了出去。第2中队在撤退时有2人阵亡、10人受伤。天黑了下来，这天的战斗就此结束。

总体来说，第167步兵师仍然打得不错。他们在左翼和中央遭到攻击的情况下仍可以将第331步兵团主力转向北面，而以南翼继续推进。不过当天晚些时候丢掉的彼得罗夫斯基将在未来几天内成为一个很大的麻烦，也会让该师付出更多伤亡。该师抱怨当天一直存在通讯问题，这影响了部队之间的协同和作战。到日终时，俄国人仍在以大量步兵进攻该师正面，而帝国师在加里宁还与该师保持着接触。

与此同时，第168步兵师第417步兵团已经在前一天渡过了利波维顿涅茨河和北顿涅茨河，进入了顿涅茨河三角地带。现在，他们已经到达彼得罗帕夫洛夫卡以北"内裤"树林的西南部分，正穿过树林继续进攻。在树林某些地方早打苏军猛烈抵抗，但经过激烈的肉搏战还是将其肃清了。该团1营到达树林北边后开始向东北面、戈斯季谢沃东南两千米处小树林展开进攻，成功夺取了树林边上的筑垒防线。部分俄国人从树林北边逃进戈斯季谢沃。德军立即继续进攻，没遇到什么抵抗就拿下了戈斯季谢沃。"德军宣称在"内裤"树林战斗中俘虏200人，击毙无数，全7月12日13:00（莫斯科时间15:00）时全部结束。[100]

没有装甲支援的团级进攻成功肃清了SS第2装甲军侧翼数千米长的战线，这是肯普夫集团军级支队几天里一直想做却没有做到的。红军第69集团军显然不想放弃这一片地区，因为其下属近卫步兵第93师当天还在进攻，其南翼就在涅普哈耶沃以西一千米处。近卫步兵第89师需要掩护这一侧翼，但近卫步兵第93师当天却报告称，前者正在"擅自撤退"。此举可能并未得到上级批准，显然在苏军防线上开了一道口子。德军一个没有装甲支援的团本应该很容易被挡住。然而第417步兵团当天推进了将近八千米，近卫步兵第89师没有太大伤亡。这就让近卫步兵第93师侧翼洞开。

❊ 1943 年 7 月 12 日，第 167 步兵师

时长：1 天　　　　正面宽度：27.2 千米　　　　地形：丘陵，混合地形

天气：第 168 步兵师：凉爽，多云；正午温度为 17℃；道路状况好

	进攻方	防御方
部队番号	步兵第 375 师和近卫步兵第 93 师	第 167 步兵师和第 168 步兵师 1/3 兵力（第 417 步兵团）
配属兵力	见下文	见下文
总兵力	18777	19107
装甲车辆（辆）	0	0
火炮（门）	126	151
空军（架次）	夜间 20	92
减员（人）	1445（457 人阵亡、841 人负伤 /147 人失踪）	522（112 人阵亡、401 人负伤、9 人失踪）
火炮损失（门）	6	0
俘虏（人）	3	200

德军配属兵力

第 1 教导火箭炮团 1 营

第 627 工兵营（7 月 12 日调离，此处计入）

第 168 步兵师 1/3 兵力和全师伤亡计入本表

苏军兵力

步兵第 375 师

　　反坦克歼击炮兵第 1240 团

　　反坦克歼击炮兵第 1667 团

　　反坦克枪第 137 营

　　喷火第 88 连

　　喷火第 192 连

　　高射炮兵第 26 师第 1363 团

　　装甲列车第 60 营

近卫步兵第 93 师

近卫步兵第 51 师 1/3 兵力（近卫步兵第 158 团）

近卫步兵第 89 师（只计入伤亡和俘敌数）

❀ 行军中的坦克损失

坦克第18军的报告很好地展示了行军中机械故障造成的损失情况。该军起初大约有91辆T-34、62辆T-70和21辆丘吉尔坦克。他们于7月7日04:30接到出发命令，10:30离开罗索什地域，行军230千米，到7月8日22:00有44辆T-34、45辆T-70和15辆丘吉尔到达集结地域。也就是说最初的174辆坦克中有70辆在行军中掉队或失去行动力，这多少有些令人吃惊。正如军长巴哈罗夫少将所说："这样困难的行军不能不对军的物资状况造成严重影响，也会大大增加抛锚作战和运输车辆的数量。"[101]

7月9日，坦克第18军于拂晓出发，至18:00完成了70—75千米的行军。该军在23:20报告称有46辆T-34、52辆T-70和17辆丘吉尔。坦克第110旅有16辆T-34、18辆T-70和6门高射炮。坦克第170旅有14辆T-34、17辆T-70和29辆小汽车，其余坦克由于各种机械故障仍在路上。坦克第181旅有16辆T-34、17辆T-70，还有9辆T-34和7门高射炮落在后面。独立近卫突破重型坦克第36团现有18辆丘吉尔，其中17辆正常，1辆需要小修。他们还有3辆装甲汽车（其中1辆待修）、1辆摩托车、35辆小汽车和3辆特种汽车。侦察第119营有15辆装甲汽车和19辆装甲人员输送车，另有1辆装甲人员输送车和1辆轮式车辆没到。独立摩托车第78营有57辆摩托车、4辆装甲汽车和7辆运输车到达，余者还在路上。此时坦克数量较前一天有所增加，原因显然是抛锚的坦克归队了。不过还是可以看出，任何装甲部队哪怕只是挪个窝也会出现暂时的损失。以上车辆需要为次日（7月10日）早晨的战斗做好准备。[102]

次日16:20，坦克第110旅报告有20辆T-34和14辆T-70，另有12辆T-34和7辆T-70在路上，"由于技术故障抛锚而掉队"。坦克第170旅有16辆T-34和4辆T-70掉队，而坦克第181旅有13辆T-34、2辆T-70、30辆卡车和17辆小汽车由于技术故障掉队。独立近卫突破重型坦克第36团现有18辆坦克，还有3辆在路上。独立装甲汽车侦察第29营尚有15辆BA-64装甲汽车、19辆装甲人员输送车和8辆卡车，而独立摩托车第78营现有60辆摩托车、12辆装甲汽车和7辆运输卡车。该部于前一天在别列尼希诺一带实施侦察时损失了2辆摩托车。

到7月11日16:00，坦克第110旅实力增加到24辆T-34（其中22辆正常），还有21辆T-70可出动。坦克第170旅有22辆T-34和17辆T-70，而坦克第181旅有24辆T-34和20辆T-70。独立近卫突破重型坦克第36团有19辆丘吉尔（其中1

辆抛锚）和 2 辆 BA-64 装甲汽车。独立装甲汽车侦察第 29 营现有 17 辆 BA-64 装甲汽车、20 辆装甲人员输送车和 2 辆摩托车，而独立摩托车第 78 营实力增加到 12 辆 BA-64 装甲汽车和 65 辆摩托车，其中 63 辆可出动。[103]

该军各部装备情况如下：

	T-34	T-70	丘吉尔	BA-64	装甲人员输送车	摩托车
坦克第 110 旅						
总数	32	21				
可出动数						
7 月 8 日						
7 月 9 日	16	18				
7 月 10 日	20	14				
7 月 11 日	22	21				
坦克第 170 旅						
总数	30	21				
可出动数						
7 月 8 日						
7 月 9 日	14	17				
7 月 10 日						
7 月 11 日	22	17				
坦克第 181 旅						
总数	29	20				
可出动数						
7 月 8 日						
7 月 9 日	16	17				
7 月 10 日						
7 月 11 日	24	20				
独立近卫突破重型坦克第 36 团						
总数			21	3	-	不详
可出动数						
7 月 8 日			15			
7 月 9 日			17	2	-	1
7 月 10 日			18			
7 月 11 日			18	2	-	1*

（续表）

	T-34	T-70	丘吉尔	BA-64	装甲人员输送车	摩托车
独立装甲汽车侦察第 29 营						
总数				17	20	
可出动数						
7 月 8 日						
7 月 9 日				15	19	
7 月 10 日				15	19	
7 月 11 日				17	20	
独立摩托车第 78 营						
总数				12	-	不详
可出动数						
7 月 8 日						
7 月 9 日				4	-	57
7 月 10 日				12	-	60
7 月 11 日				12	-	63
全军						
总数	91	62	21	32	20	不详
可出动数						
7 月 8 日	44	45	15			
7 月 9 日	46	52	17	21	19	58
7 月 10 日						
7 月 11 日	68	50	18	31	20	64

* 推断数据。

坦克第 29 军情况类似，3 个坦克旅在 7 月 10 日手头有 120 辆 T-34 和 75 辆 T-70，另有 8 辆 T-34 和 3 辆 T-70 "耽搁了"，次日有 8 辆 T-34 和 4 辆 T-70 正在维修（此时手头只剩 74 辆了）。

瓦列里·扎穆林有类似的分析。他对坦克第 29 军的描述是这样的：

从坦克数量来看，基里琴科的坦克第 29 军最多，此外，其技术勤务的准备工作和行军的组织要好于其他部队。经过首次 150 千米快速变更部署后，部队的 220

多辆战斗车辆中只有 12 辆坦克和 1 辆 SU-76 自行火炮抛锚。根据坦克第 29 军司令部 7 月 10 日 12:00 的第 88 号作战报告，部队可出动数量如下：123 辆 T-34 坦克、8 辆 SU-76 自行火炮、81 辆 T-70 坦克和 12 门 122 毫米榴弹炮。鉴于其顺利完成了这项艰难的任务，而事故数量又微乎其微，近卫坦克第 5 集团军司令部向 I. F. 基里琴科少将及坦克第 29 军全体官兵表示了感谢。

至于其他部队，故障车辆的比例要高得多，尤其是近卫机械化第 5 军。到 7 月 10 日 16:00，近卫机械化第 11 和第 12 旅，以及近卫坦克第 24 旅总共只剩 62 辆 T-34 和 T-70 坦克。

在从奥斯特罗戈日斯克前往普罗霍罗夫卡车站的 3 个军、2 个自行火炮团、近卫坦克第 53 团和独立近卫摩托车第 1 团共有 721 辆装甲车辆，其中 198 辆坦克和自行火炮落在后面，占总数的 27.5%。此外，到 7 月 11 日晚，有 24 辆坦克归队，但立即被送修。这样在近卫坦克第 5 集团军的变更部署过程中，共有 227 辆坦克和自行火炮抛锚或无法正常运行，将近全集团军实力的 1/3（31.5%）。然而多亏维修勤务部门的加紧工作，等到集团军投入战斗之时，大约 50% 的故障车辆恢复了正常。根据集团军司令部的说法，共有 101 辆此类车辆正在返回集团军。[①104]

不过，近卫机械化第 5 军的行军距离要超过坦克第 29 军。该军是行军的先头部队。特鲁凡诺夫支队作为集团军的先遣支队一路到达奥博扬以西超过 5 千米的特鲁别日。该军最远到达了奥博扬以东 10 千米处的博布雷舍沃。随后，他们又不得不一路开会普罗霍罗夫卡地域。坦克第 18 军则从别尔哥罗德东偏东南 200 多千米外的罗索什出发。他们的行军距离也超过了坦克第 29 军。[105]

补给问题

此外，似乎坦克第 18 军在机动过程中没有进行补给。其补给品清单清楚地表明了这一问题：

---

① 译者注：原文有部分省略内容，译者根据《打破神话：普罗霍罗夫卡坦克战，库尔斯克，1943 年 7 月：作战记述》英文版将省略部分补充完整。

	坦克弹药	坦克油料	食品（日份）
坦克第 110 旅			
7 月 9 日	2	1.3	10
7 月 10 日	2	1.3	7
7 月 11 日	2	2	6
坦克第 170 旅			
7 月 9 日	1.5	1	4
7 月 10 日	1.5	1	4
7 月 11 日	1.5	1	5
坦克第 181 旅			
7 月 9 日	1.5	0.75	3
7 月 10 日	1.5	0.5	3
7 月 11 日	1.5	0.5	7
独立近卫突破重型坦克第 36 团			
7 月 9 日	2.5	1.3	14
7 月 10 日	2.5	1	面包 2，其余 11
7 月 11 日	2.5	1	面包 1，其余 10
摩托化步兵第 32 旅			
7 月 9 日	1	0.3	4
7 月 10 日	1	1	3
7 月 11 日	1，120 毫米迫击炮弹 0.75	1	3
独立装甲汽车侦察第 29 营			
7 月 9 日	2	2	2
7 月 10 日	2	2.1	2
7 月 11 日	2	3.5	5
独立摩托车第 78 营			
7 月 9 日	1.5	2	7
7 月 10 日	2	0.5	2
7 月 11 日	2	3.5	2
迫击炮兵第 292 团			
7 月 9 日	1	1	3
7 月 10 日	1	1	2
7 月 11 日	1.25	0.5	3
高射炮兵第 1694 团			
7 月 9 日	1	1.5	2

（续表）

	坦克弹药	坦克油料	食品（日份）
7月10日	1.5	1	3
7月11日	1.5	0.75	2
独立通信第419营			
7月9日	1	1.5	2
7月10日	1	1.5	2
7月11日	1	0	2
独立工兵第115营			
7月9日	2	0.2	8
7月10日	2	2	7
7月11日	2	1	6
反坦克歼击炮兵第1000团			
7月9日			
7月10日	1.5	2	5
7月11日	1.5	2	4

由上可知，虽然补充了部分油料和食品，但数量不多，也未普遍发放。弹药补给少之又少。这就造成摩托化步兵第32旅投入战斗时每门120毫米迫击炮仅有80发炮弹。坦克第181旅平均每辆坦克的油料只能跑225千米左右。[106]这个数据是根据《夏季干燥天气在中等质量未铺面道路条件下行驶》计算出来的。[107]实际上在作战条件下迎着敌人前进的消耗可能达到正常情况下的2.5倍。[108]坦克第18军原定首日行军20千米。虽然得到的补给品数量充足，但如果补给工作受到干扰，几天后还是会遇到麻烦。

坦克第29军的补给情况要好一些，因为他的3个坦克旅在7月10日和11日分别有1.3和3个弹药基数、1和2.5个汽油基数、1和3.2个柴油基数、5和110日份食品。而迫击炮兵第271团则只有1.0个弹药基数，自行火炮第1446团（SU-122）有1.4个弹药基数。

注释

1. 格奥尔基·伊谢尔松（Георгий Самойлович Иссерсон）《防御战役原则》（*Основной Оборонительной Операции*）（1938 年工农红军总参学院出版）第 54 页，1938 年工农红军总参军事学院出版。由理查德·哈里森博士翻译。

2. 瓦列里·尼古拉耶维奇·扎穆林著《打破神话：普罗霍罗夫卡坦克战，库尔斯克，1943 年 7 月：作战记述》第 262—263 页指出："很难列出沃罗涅日方面军作出反击决定并采取准备措施的时间线。可惜我在研究过程中没有发现任何概要图或作战行动计划文本。"他曾于 1996—2009 年间担任普罗霍罗夫卡战场国家军事历史博物馆保护区（Государственный военно-исторический музей-заповедник Прохоровское поле）负责科学工作的主任和副主任。

3. 见戴维·M. 格兰斯和哈罗德·S. 奥伦斯坦著《库尔斯克会战 1943：苏联总参研究》第 108 页。作出反击决定的时间出自苏军总参 1944 年 3 月—4 月编写的关于库尔斯克会战的著作。译文为："7 月 11 日晚，方面军司令为了应急，决心发动反攻……"

   瓦列里·尼古拉耶维奇·扎穆林著《打破神话：普罗霍罗夫卡坦克战，库尔斯克，1943 年 7 月：作战记述》第 263 页引用了 1962 年出版的官方伟大卫国战争史："7 月 10 日晚，沃罗涅日方面军军事委员会……根据与大本营达成的共识，沃罗涅日方面军司令部决心在 7 月 12 日早晨发动强大的反击……"

   另一方面，根据罗特米斯特罗夫战后的记述，他在 7 月 10 日白天被叫到奥博扬附近与瓦图京见面。他们确实讨论了在普罗霍罗夫卡发动反击，而且罗特米斯特罗夫领受了战斗命令，并于下午回到了自己的指挥所（见瓦列里·尼古拉耶维奇·扎穆林著《打破神话：普罗霍罗夫卡坦克战，库尔斯克，1943 年 7 月：作战记述》第 268—269 页）。他的部分说法可能是编出来的。

   可能 7 月 12 日早晨进攻的决心是在 7 月 10 日晚作出，或至少得到了大本营的审核。暂时没有找到可以确认这点的一手文献。

4. 约翰·埃里克森著《柏林之路：续写斯大林的对德战争》第 106 页。

5. 本书没有对 SS 第 2 装甲军西面的这些作战行动以及后续的托尔斯托耶树林之战做进一步的研究。深度分析可见拙著《库尔斯克：普罗霍罗夫卡之战》。

6. 斯维尔德洛夫上校在 1994 年 10 月说了这句话，当时我拿出了我对比德军飞机实际损失和苏方宣称战果的对比结果。具体对比见拙著《库尔斯克：普罗霍罗夫卡之战》第 839—840 页。

7. 请特别注意拙著《库尔斯克：普罗霍罗夫卡之战》第 872—879 页的"坦克损失与情报报告对比表"。

8. 见《1943 年 7 月 7 日—24 日近卫坦克第 5 集团军战斗行动》，集团军司令罗特米斯特罗夫中将和军事委员会委员彼得·格里戈里耶维奇·格里申（Петр Григорьевич Гришин）少将于 1943 年 9 月 30 日提交。国防部中央档案馆，第 332 全宗，第 4948 目录，第 19 卷宗，第 1—3 页。

9. 我们最初的档案研究工作是在 1993—1996 年由伏龙芝军事学院退役教授费奥多尔·斯维尔德洛夫带领的研究小组完成的，本书就是献给他的。至 2002 年，他还进行了额外的研究，例如采访老战士、搜集地图等。

10. 他给出的国防部中央档案馆档案编号为近卫坦克第 5 集团军全宗、第 4948 目录、第 67 卷宗第 12 页。

11. 见《1943 年 7 月 7 日—24 日近卫坦克第 5 集团军战斗行动》第 3—5 页，以及国防部中央档案馆，坦克第 18 军全宗，第 1 目录，第 26 卷宗，第 6—7 页。

12. 见《1943 年 7 月 7 日—24 日近卫坦克第 5 集团军战斗行动》第 6 页。

13. 情况简介和行军距离出自《1943 年 7 月 7 日—24 日近卫坦克第 5 集团军战斗行动》第 1—6 页。

14. 扎多夫著《四年的战争》（*Четыре Года Войны*）（莫斯科，军事出版社，1978 年）第 86—87 页。

15. "行进间进入战斗"的说法出自扎多夫著《四年的战争》第 90 页。

16. 扎多夫著《四年的战争》第 91 页。

17. 瓦图京战后给斯大林的报告第 68 页声称，部队在进攻开始时只有 0.5 个弹药基数。这肯定是 7 月 12 日日终前的真实情况，但似乎在此之前也是如此。部队在动身出发前应该有1个弹药基数（见下文）。

近卫步兵第42师提到他们在7月6日有1个弹药基数，而7月13日"在射击地点"只有0.6个炮弹基数，另有0.5个"在路上"。他们在7月14日再次报告称有1个弹药基数（见国防部中央档案馆，第42全宗，第3目录，卷宗不详，第310—313、327、321页）。近卫步兵第97师提到该师在7月10日时尤为缺少交通工具，无法补充必需的军需物资，其两个团的迫击炮、反坦克炮和火炮弹药基数只有0.2个。该师最初只有299辆两轮马车（cart）、773匹马和74辆汽车（见国防部中央档案馆，第1271全宗，第1目录，第3卷宗，第22—29页）。近卫步兵第66师只有229辆四轮马车（wagon）、63辆汽车和826匹马，而按照编制，他们应该有1892匹马（见国防部中央档案馆，第1197全宗，第1目录，第55卷宗，第2、第3、第5页）。近卫空降兵第6师在7月10日只有146辆双马马车、24辆单马马车、794匹马和65辆汽车（见国防部中央档案馆，第1312全宗，第1目录，第35卷宗，第80、83页）。

18. 见国防部中央档案馆，第1312全宗，第1目录，第35卷宗，第80、83页，以及第1271全宗，第1目录，第33卷宗，第132—133页。近卫步兵第66师报告称，他们在7月10日时有5522人、5548支轻武器，而在7月1日时有7781人，7月10日时有8744人（见国防部中央档案馆，第1197全宗，第1目录，第55卷宗，第2、第3、第5页）。

19. 见国防部中央档案馆，第1319全宗，第1目录，第4卷宗，第44—45页；第1075全宗，第1目录，第6卷宗，第250—254页；第1197全宗，第1目录，第55卷宗，第2、第3、第5页；第1271全宗，第1目录，第33卷宗，第132—133页。

20. 根据国防部中央档案馆，第328全宗，第4852目录，第83卷宗，第10页，近卫第5集团军档案显示命令于13:15时被修改。扎多夫著《四年的战争》第91页表示，命令是在夜间收到的。这里提到的可能是20:40专门发出的攻击命令。

21. 引自纳乌姆·阿龙诺维奇·奥尔洛夫1999年在以色列内塔尼亚写给费奥多尔·斯维尔德洛夫上校的信。

22. 瓦列里·阿基莫夫（Valerii Akimov）上校于1998年11月15日在莫斯科对克拉夫丘克上校进行了采访。不过克拉夫丘克当时已经是一名有经验的指挥员了，他曾从哈尔科夫退向伏尔加河，又参加了斯大林格勒城下反攻的北翼部分。库尔斯克会战后，他一路征战，于1945年在易北河与美军会师。以上校军衔退役，居住在莫斯科。

23. 约翰·埃里克森著《柏林之路：续写斯大林的对德战争》第106页，以及戴维·M.格兰斯和哈罗德·S.奥伦斯坦著《库尔斯克会战1943：苏联总参研究》第93和105页。

24. 戴维·M.格兰斯和哈罗德·S.奥伦斯坦著《库尔斯克会战1943：苏联总参研究》第93页。

25. 约翰·埃里克森著《柏林之路：续写斯大林的对德战争》第106页，以及戴维·M.格兰斯和哈罗德·S.奥伦斯坦著《库尔斯克会战1943：苏联总参研究》第93和106页。

26. 戴维·M.格兰斯和哈罗德·S.奥伦斯坦著《库尔斯克会战1943：苏联总参研究》第93页。

27. 例如帕特里克·阿格特著的警卫旗队师装甲团指挥官约阿希姆·派佩尔传记德文版——《约阿希姆·派佩尔：警卫旗队师装甲团指挥官》（Jochen Peiper: Kommandeur, Panzerregiment, Leibstandarte）第132—143页。

28. 我们获得的苏军档案就是如此描述其位置情况的。这样的描述没什么实际用处，我们也并不清楚他们所说的地图是什么或比例尺如何，在找到更准确描述之前我们只能保留原文。当时我们也无法抄录近卫步兵第97师的档案。

29. 关于摩托化步兵第11旅的部署情况引自瓦列里·尼古拉耶维奇·扎穆林著《打破神话：普罗霍罗夫卡坦克战，库尔斯克，1943年7月：作战记述》第380页。在第383页还有更详细的介绍：

苏军在此地的防御有两个梯队。潘秋霍夫（G. G. Pantiukhov）中校的近卫步兵第52师作为第一梯队。近卫步兵第151团掩护克柳奇以北500米高地到226.6高地西南坡之间地段。具有战术重要性的韦肖雷村就位于该地段上。一旦丢掉这个小村庄及其北面2.5千米处的236.7高地，敌人就可以冲向卡尔塔舍夫卡，并杀到近卫第5集团军后方。近卫步兵第155团防守226.6高地本身，其防御正面朝向西南，即科兹洛夫卡、瓦西里耶夫卡和安德烈耶夫卡方向。近卫步兵第153团的阵地位于226.6高地西南坡只波列扎夫之间。摩托化步兵第 11 旅的摩托化步兵第 3 营在 226.6 高地顶上掘壕防御，而步兵第 2 营①把守瓦西里耶夫卡和安德烈耶夫卡东南侧，掩护普肖尔河上的桥梁。近卫步兵第 95 师位于第二梯队。其近卫步兵第 290 团位于下面一线：韦肖雷南边—克柳奇—克柳奇东南树林。近卫步兵第 284 团把守 236.7 高地—伏罗希洛夫国营农场—243.5 高地之间地段。在 7 月 12 日早晨之前，其近卫步兵第 287 团一直在十月国营农场东北面，与近卫空降兵第 9 师的近卫空降兵第 26 团并肩战斗，以保卫该国营农场和 252.2 高地。7 月 12 日 08:00 许，该部退至韦肖雷地域，担任师长的预备队。7 月 11 日 22:15，扎多夫中将派斯米尔诺夫（M. N. Smirnov）上校的近卫空降兵第 6 师前往中奥利尚卡—243.5 高地—奥斯特列尼基地域。近卫空降兵第 6 师成为集团军的后备力量。

30. 笔者不清楚这些装甲力量隶属哪支部队，但应该属于坦克第 99 旅。该旅在 7 月 11 日 07:00 之前位于这一地域，但据报告，他们在 12 日 19:00 之前已经在克拉斯诺耶集结。该旅在 7 月 11 日 07:00 至 7 月 12 日 19:00 之间损失了 12 辆坦克。见国防部中央档案馆，第 3407 全宗，第 1 目录，第 108 卷宗，第 195—216 页。

31. 见国防部中央档案馆的近卫第 5 集团军档案，第 328 全宗，第 4852 目录，第 83 卷宗，第 16 页。

32. 关于近卫步兵第 290 团的战斗情况出自瓦列里·尼古拉耶维奇·扎穆林著《打破神话：普罗霍罗夫卡坦克战，库尔斯克，1943 年 7 月：作战记述》第 385—387 页。我们的库尔斯克数据库研究没有找到这个惩戒连。②

33. 瓦列里·尼古拉耶维奇·扎穆林著《打破神话：普罗霍罗夫卡坦克战，库尔斯克，1943 年 7 月：作战记述》第 386 页。资料来源为师长的报告。③

34. 1943 年 7 月 14 日，该旅的政治副旅长科瓦廖夫（Kovalev）少校写了一份材料：

1943 年 7 月 12 日，敌人对我旅防御发动了坚决的进攻，主要打击红十月村和 226.6 高地。敌人以 64 辆坦克引导一个团的兵力发动了进攻。

经过 5 个小时的连续激战，甚至包括堑壕肉搏战，由于我右翼近卫步兵第 95 师近卫步兵第 156 团，以及左翼近卫步兵第 52 师近卫步兵第 151 团缺乏坚定性，后撤时暴露了我军两翼，敌人坦克和摩托化步兵成功突入我防御纵深，并继续向我正面、两翼和后方发动进攻，扩大攻势。在接下来的 2 个小时里，摩托化步兵 2 营和 3 营在完全被围的情况下战斗，而摩托化步兵 1 营也在被半包围的情况下奋战。由于敌众我寡，武器损坏，我旅被击退，并在炮兵掩护下撤出战斗，将防线移交给近卫步兵第 95 师和近卫步兵第 42 师……

……各部人员在战斗中表现出了优秀的战斗训练水平，政治和士气情况也非常高涨。

尽管有旅里的这些积极因素，但也有一些贪生怕死的犯罪行径。摩托化步兵 1 营营长季托夫上尉和他的参谋长布加尔斯基上尉在激烈战斗的高潮逃离了指挥所。营长季托夫同志完全失去了对人员的控制，最后来到了另一支部队的指挥所，而他的参谋长布加尔斯基上尉则完全跑到了营后方地域，此后两天的激战中，他再也没有出现在战场上。多亏负责训练的副营长接手指挥全营战斗，该营继续执行领受的任务。

对上述指挥员贪生怕死犯罪情况的审查正在进行中，军事法庭会立案审理。

详见《打破神话：普罗霍罗夫卡坦克战，库尔斯克，1943 年 7 月：作战记述》第 389 页。

35. 见瓦列里·尼古拉耶维奇·扎穆林著《打破神话：普罗霍罗夫卡坦克战，库尔斯克，1943 年 7 月：作战记述》第 388 页，部分内容引自扎多夫回忆录。这里没有清楚说明德军从 226.6 高地向 237.6 高地推进了多远。二者相距 4 千米多一点。扎多夫认为战斗发生在"高地南坡"。那么战斗应该发生在高地顶部 1 千米范围内，

---

① 译者注：即摩托化步兵第 2 营。

② 译者注：资料来源为近卫步兵第 95 师的战斗日志（国防部中央档案馆，近卫步兵第 95 师全宗，第 1 目录，第 25 卷宗，第 107 页）。这份日志指出，德军以 1 个连的冲锋枪手和 18 辆坦克从克柳奇东面树林向韦肖雷发动进攻，苏军使用火炮、迫击炮和反坦克枪打退了德军。

③ 译者注：见国防部中央档案馆，近卫步兵第 95 师全宗，第 2 目录，第 59 卷宗，第 168 页。师长利亚霍夫（A. N. Liakhov）上校指出，费奥多尔·米哈伊洛维奇·扎亚尔内称坐装甲车逃到第二梯队。

446

即韦肖雷东侧。这就意味着髑髅师有能力顶着近卫步兵第 33 军的进攻向北推进 3 千米以上。

36. 据报告，7 月 11 日和 12 日共有 96 人死亡、132 人负伤。7 月 11 日有 34 人死亡、79 人负伤、5 匹马死亡。

37. 该师给出的 7 月 11 日—14 日减员数字为 948 人死亡、1469 人负伤、729 人失踪，另有 56 匹马死亡、82 匹负伤。既然 7 月 11 日—12 日共有 96 人死亡、132 人负伤，那么 7 月 13 日—14 日共减员 2918 人。但似乎后两天的战斗并不比 7 月 12 日激烈得多。

38. 见瓦列里·尼古拉耶维奇·扎穆林著《打破神话：普罗霍罗夫卡坦克战，库尔斯克，1943 年 7 月：作战记述》第 390 页，出自近卫步兵第 52 师的一份报告。
此外，扎穆林还指出："上述文件没有明确说明此时在河弯曲部各个河谷和高地正在发生什么事情。报告作者是近卫步兵第 52 师的参谋军官们，他们只是在旁边的战线上观察战斗情况。这份作战总结的读者会在脑海中形成一种印象，即这些坦克未遇任何抵抗，在高地附近'大摇大摆地晃悠了'一个小时，然后自行决定转头进入洼地。"不过，笔者觉得他并不完全相信这份记录的说法。

39. 近卫步兵第 95 师日志中就有一个典型案例："当师抵达防区时只有 1—1.5 个弹药基数，（在 7 月 12 日早晨）已经消耗了一天的量。尽管已经请求调拨运输车辆以便从集团军一级库存中补充弹药，但上级指挥员没有提供任何帮助。1943 年 7 月 11 日可用的 10 辆卡车已经前往集团军仓库领取弹药，最后一批于 1943 年 7 月 12 日 22:00 空车返回。上述这一切都影响了战斗的进行。此外，我们的航空兵两次攻击了我们的步兵和炮兵的战斗队形，结果两辆牵引车加上其拖运的炮弹都被炸成碎片；此外还有人员损失。"见瓦列里·尼古拉耶维奇·扎穆林著《打破神话：普罗霍罗夫卡坦克战，库尔斯克，1943 年 7 月：作战记述》第 389 页。

40. 扎多夫著《四年的战争》第 93 页。

41. 瓦列里·尼古拉耶维奇·扎穆林著《打破神话：普罗霍罗夫卡坦克战，库尔斯克，1943 年 7 月：作战记述》第 399 页也有同样的说法，并指出罗特米斯特罗夫对此处活动的说法有误。

42. 见瓦列里·尼古拉耶维奇·扎穆林著《打破神话：普罗霍罗夫卡坦克战，库尔斯克，1943 年 7 月：作战记述》第 392 页。第 399 页指出近卫步兵第 284 团 1 营、2 营和 3 营当日分别有 137 人、51 人和 8 人阵亡。

43. 见瓦列里·尼古拉耶维奇·扎穆林著《打破神话：普罗霍罗夫卡坦克战，库尔斯克，1943 年 7 月：作战记述》第 394 页。苏联时代很多著作认为近卫军少校列温（A. P. Revin）代替倒下的瞄准手战时牺牲。这种羊化式说法在苏联时代作品中相当常见。

44. 这条线距离 236.7 和 235.3 高地约有两千米。SS 第 2 装甲军 1943 年 7 月 12 日态势图（见 402 页）显示，他们当时就在这 线，但有箭头指向 235.3 高地。

45. "死亡冲锋"这个说法出自艾伦·克拉克（Alan Clark）著《巴巴罗萨：俄德冲突，1941—1945》（*Barbarossa: The Russian-German Conflict, 1941–45*）第 337 页，以及其他人的著作。

46. 7 月 10 日的 10 日状况报告看来记录的是 7 月 11 日的战车状况。报告指出还有 1 辆Ⅵ号坦克可以出动，这样德军战车损失就有 56 和 57 两种可能，我们取较高的数字。

47. 榴弹炮兵第 522 团有 12 门 203 毫米炮，榴弹炮兵第 1148 团有 18 门 152 毫米炮，加农炮兵第 142 团有 18 门 122 毫米炮，加农炮兵第 93 团有 18 门 122 毫米炮。

48. 集团军的火箭炮部队包括装备 24 门 M-13 的近卫迫击炮兵第 16 团、装备 24 门 M-13 的近卫迫击炮兵第 80 团、装备 24 门 M-13 的近卫迫击炮兵第 76 团、合计装备 16 门 M-13 的 2 个独立近卫迫击炮兵营。

49. 笔者计算的依据为运输时的全部炮弹重量（比炮弹实际重要大），与计算德军弹药量的方法一致。

50. 此处为库尔斯克数据库计算结果，依据为德军后勤记录。算法依据为运输时的全部炮弹重量（比炮弹实际重量要大）。SS 第 2 装甲军报告称，其在 7 月 12 日发射了 738 吨弹药，而 11 日则发射了 619 吨。见美国国家档案馆微缩胶片（NAM）T.354，R607 第 517 和 521 页。

51. 瓦列里·尼古拉耶维奇·扎穆林著《打破神话：普罗霍罗夫卡坦克战，库尔斯克，1943 年 7 月：作战记述》第 310 页指出："其（指坦克第 18 军）战斗队形为 3 个梯队：第一梯队为坦克第 181 旅（44 辆坦克）和坦克第 170 旅（39 辆坦克），并得到独立近卫重型坦克第 36 团（19 辆丘吉尔坦克）的支援；第二梯队为摩托化步兵第 32 旅（无坦克）；第三梯队为担任军先遣支队的坦克旅（38 辆坦克）"。

52. 见瓦列里·尼古拉耶维奇·扎穆林著《打破神话：普罗霍罗夫卡坦克战，库尔斯克，1943年7月：作战记述》第340页。

53. 近卫炮兵第91团在7月12日报告称，他们在支援近卫步兵第127和第136团进攻时发射了213发122毫米炮弹、740发76毫米炮弹，剩下667发122毫米炮弹、3282发76毫米炮弹（见国防部中央档案馆，第42全宗，第3目录，第?卷宗，第4页）。

   据报告，近卫步兵第132团在7月13日时位于普肖尔河北岸。我们不清楚7月12日时该团的位置，但看来他们当天没有参加任何战斗。近卫步兵第127、第136和第132团的减员报告时间段分别为7月10日—15日、7月12日—14日、7月13日—14日（见国防部中央档案馆，第注释42全宗，第?目录，第21卷宗，第277、278和280页）。

54. 见《坦克第18军的战斗行动，1943年7月12日—24日》（国防部中央档案馆，坦克第18军全宗，第1目录，第48卷宗，第7页）。

55. 见瓦列里·尼古拉耶维奇·扎穆林著《打破神话：普罗霍罗夫卡坦克战，库尔斯克，1943年7月：作战记述》第342页。

56. 见瓦列里·尼古拉耶维奇·扎穆林著《打破神话：普罗霍罗夫卡坦克战，库尔斯克，1943年7月：作战记述》第345页。资料来源未给出，但我们猜测出自巴斯卡科夫的著述。

57. 见瓦列里·尼古拉耶维奇·扎穆林著《打破神话：普罗霍罗夫卡坦克战，库尔斯克，1943年7月：作战记述》第347页。

58. 我们对此并不十分清楚。髑髅师装甲团有1个重型坦克连（"虎"式坦克）和2个营（各3个连——1个中型坦克连加1个轻型坦克连）。整个装甲群上午时应该在普肖尔河北岸。"虎"式坦克在此次战斗中应该一直待在北岸的226.6高地地域。也许装甲其余所有或部分兵力（1个营？）已经移动到了南岸？当天下午，"装甲群"再次向东北面进攻，也就是说整个装甲再次出现在北岸。此外，髑髅师参与防守博戈罗季茨科耶的还有一个突击炮营（Ⅲ号突击炮）和一个坦克歼击连（"黄鼠狼"坦克歼击车），也许在场的装甲力量只有这些。

59. 瓦列里·尼古拉耶维奇·扎穆林著《打破神话：普罗霍罗夫卡坦克战，库尔斯克，1943年7月：作战记述》第309—310页认为："其（坦克第29军）战斗队形分为第一梯队的坦克第32旅（63辆坦克）和坦克第25旅（69辆坦克），以及第二梯队的坦克第31旅（67辆坦克）。"

60. 根据库尔斯克数据库，重型自行火炮第1529团装备一辆KV-1和11辆SU-152。我们的记录显示该团无损失。自行火炮第1446团可出动的有8辆SU-76和12辆SU-122。根据瓦列里·尼古拉耶维奇·扎穆林著《打破神话：普罗霍罗夫卡坦克战，库尔斯克，1943年7月：作战记述》第204、206和300页，重型自行火炮第1529团直到7月12日18:00才抵达普罗霍罗夫卡地域。由于德军出现在勒扎韦茨，导致后勤分队在半路停了下来，所以该团炮弹数有限。该团此前在近卫第7集团军编成内行动。

61. 各营战斗情况的详情参考瓦列里·尼古拉耶维奇·扎穆林著《打破神话：普罗霍罗夫卡坦克战，库尔斯克，1943年7月：作战记述》第314页。T-34数量也出自扎穆林著作。笔者不清楚是否有T-70坦克随同。

62. 见鲁道夫·冯·里宾特洛甫发表于1989年7—8月第7—8期《志愿者》（Der Freiwillige）第52-56页的《讲述战争史：在普罗霍罗夫卡重生》（Erzaehlende Kriegsgeschichte: New geboren-bei Prochorowka）。感谢军事历史研究局（Militärgeschichtliches Forschungsamt，位于德国波茨坦）的上校卡尔-海因茨·弗里泽尔博士慷慨提供资料。他在2002年1月30日找到了一份德军侦察地图，图上显示了这条防坦克壕，与其文章说法吻合。负责文章翻译的主要是退役少将迪特尔·布兰德。

   文章结尾号召向"保罗·豪塞尔的社会组织"捐款。不过从文章中对地形和其他细节的描述来看，基本上是对其目击情况的可靠介绍，而不是一份政治或宣传文章。1921年出生的冯·里宾特洛甫上尉是臭名昭著的纳粹德国外交部长约阿希姆·冯·里宾特洛甫（在纽伦堡受审，1946年被绞死。）之子。

   笔者删除了背景交代和一些啰嗦的用词。

63. 退役少将迪特尔·布兰德于2002年9月对鲁道夫·冯·里宾特洛甫先生进行了采访。里宾特洛甫先生对于在《志愿者》杂志上的描述没有补充，但确认了其准确性。他确实和自己那天的驾驶员再次探讨了这一问题，并明确表示防坦克壕后面有2个坦克连，只有他们的连朝252.2高地开去。参见退役少将迪特尔·布兰德2002年9月26日给克里斯托弗·A.劳伦斯的信。

关于警卫旗队师当天活动没有可靠的详细描述。当时倒是有一些报道介绍了德军在普罗霍罗夫卡如何英勇奋战。但请谨慎对待这些纳粹时期的宣传作品。

64. 据 2002 年 9 月对鲁道夫·冯·里宾特洛甫的采访，以及迪特尔·布兰德 2002 年 10 月 7 日给克里斯托弗·A. 劳伦斯的信。另参见卡尔 - 海因茨·弗里泽尔博士主编《德国和第二次世界大战》第 8 卷《东线 1943—1944：东方和邻近战线的战争》（*The Eastern Front 1943-1944: The War in the East and on the Neighbouring Fronts*）（英国牛津，牛津大学出版社，2017 年）第 124—127 页。他认为装备 4 辆"虎"式坦克的连在战斗期间赶到，并在师左翼展开（见第 126 页）。就我们所知，警卫旗队师在 7 月 11 日有 4 辆"虎"式坦克，7 月 12 日只剩 3 辆，其中 1 辆被击伤（见库尔斯克数据库）。

65. 见小乔治·M. 奈普《决断乌克兰：1943 年夏的党卫军第 2 装甲军和国防军第 3 装甲军》第 40 页和弗朗茨·库罗夫斯基《坦克王牌》（Panzer Aces）（纽约，巴伦出版社，2002 年版和加拿大，温尼伯，J. J. 费多罗维奇出版社，1992 年版）第 200 页。

66. 瓦列里·尼古拉耶维奇·扎穆林著《打破神话：普罗霍罗夫卡坦克战，库尔斯克，1943 年 7 月：作战记述》第 327—328 页。作者没有给出资料来源，只说"引自笔者个人档案"。

67. 瓦列里·尼古拉耶维奇·扎穆林著《打破神话：普罗霍罗夫卡坦克战，库尔斯克，1943 年 7 月：作战记述》第 325 页。

68. 铁路线西面是坦克第 32 旅。其下属 2 营参加了对 252.2 高地和十月国营农场的进攻。为其提供支援的是自行火炮第 1446 团的 3 个连（另 2 个连支援坦克第 25 旅）。其 1 营部分兵力（15 辆 T-34）越过铁路线，奔向共青团员国营农场。在其左侧、铁路线以东进攻的是坦克第 25 旅。不久后，坦克第 31 旅也参与进攻了 252.2 高地和十月国营农场。

69. 瓦列里·尼古拉耶维奇·扎穆林著《打破神话：普罗霍罗夫卡坦克战，库尔斯克，1943 年 7 月：作战记述》第 327—328 页。

70. 见缴获的德军档案。美国国家档案馆微缩胶片（NAM）T.313, R389。

71. 瓦列里·尼古拉耶维奇·扎穆林著《打破神话：普罗霍罗夫卡坦克战，库尔斯克，1943 年 7 月：作战记述》第 334 页。

72. 根据近卫坦克第 5 集团军档案，时间为 14:00，而罗特米斯特罗夫认为是 14:30。
瓦列里·尼古拉耶维奇·扎穆林著《打破神话：普罗霍罗夫卡坦克战，库尔斯克，1943 年 7 月：作战记述》第 314—326 页介绍了坦克第 32 旅 1 营和摩托化步兵第 53 旅一部最初突入共青团员国营农场的情况。

73. 瓦列里·尼古拉耶维奇·扎穆林著《打破神话：普罗霍罗夫卡坦克战，库尔斯克，1943 年 7 月：作战记述》第 319—320 页。

74. 瓦列里·尼古拉耶维奇·扎穆林著《打破神话：普罗霍罗夫卡坦克战，库尔斯克，1943 年 7 月：作战记述》第 320 页。

75. 瓦列里·尼古拉耶维奇·扎穆林著《打破神话：普罗霍罗夫卡坦克战，库尔斯克，1943 年 7 月：作战记述》第 326 页。

76. 见罗特米斯特罗夫和格里申提交的《1943 年 7 月 7 日—24 日近卫坦克第 5 集团军战斗行动》第 9 页。

77. 根据坦克第 2 军 7 月 12 日 07:00 的第 138 号作战总结，坦克第 99 旅有 10 辆 T-34 和 10 辆 T-70 可以出动。坦克第 26 旅有 6 辆 T-34 和 8 辆 T-70 可以出动。坦克第 169 旅有 14 辆 T-34 和 4 辆 T-70 可以出动。此外，独立近卫突破重型坦克第 15 团有 3 辆丘吉尔可以出动。详见瓦列里·尼古拉耶维奇·扎穆林著《打破神话：普罗霍罗夫卡坦克战，库尔斯克，1943 年 7 月：作战记述》第 369 页。

78. 瓦列里·尼古拉耶维奇·扎穆林著《打破神话：普罗霍罗夫卡坦克战，库尔斯克，1943 年 7 月：作战记述》第 376—377 页认为该旅坚守斯托热沃耶，至迟到 18:00，被围部队坚持战斗到 20:00 甚至更晚。

79. 坦克第 18 军报告指出："到日终时（并未给出确切时间），已经抵达博戈罗季茨科耶教堂以东 200 米—瓦西里耶夫卡南侧—普列斯特诺耶的两座风力磨坊—延伸至安德烈耶夫卡东南河谷北坡—十月国营农场一线。"（国防部中央档案馆，坦克第 18 军全宗，第 1 目录，第 48 卷宗，第 7 页）笔者认为博戈罗季茨科耶教堂即图上瓦西里耶夫卡以西河谷正西、科兹洛夫卡和瓦西里耶夫卡之间的教堂。坦克第 18 军 1943 年 7 月 13 日 03:00 的第 38 号作战报告指出："撞上敌人精心组织的抵抗，在 217.9 高地—241.6 高地一线还有进入掩体的坦克和突击炮。"报告接着指出："我（巴哈罗夫）已经命令军所属部队在下面一线转入防御。"报告随后给出了部队位置：摩托化步兵第 32 旅以及坦克第 170 旅和近卫重型坦克第 36 团位于瓦西里耶夫卡中央—米哈伊洛夫卡—普列斯特诺耶；坦克第 181 旅位于彼得罗夫卡地域；坦克第 110 旅位于彼得罗夫卡（不含）—别列戈沃耶地域。（国防部中央档案馆，坦克第 18 军全宗，第 1 目录，第 26 卷宗，第 10 页）

近卫坦克第 5 集团军在 19:00 的报告指出："军进一步的推进被敌人格列兹诺耶地域强大的炮兵和迫击炮火力、博戈罗季茨科耶地域的坦克火力所阻。"07:00 的报告指出坦克第 18 军"至 7 月 12 日日终时拿下了瓦西里耶夫卡东侧，但遭到瓦西里耶夫卡西侧地域敌炮兵和坦克火力阻止，无法继续前进。"（1943 年 7 月 12 日 19:00 的 1 号报告和 7 月 13 日 07:00 的 2 号报告，见国防部中央档案馆，第 332 全宗，第 4948 目录，第 82 卷宗，第 1—2 页）

瓦列里·尼古拉耶维奇·扎穆林著《打破神话：普罗霍罗夫卡坦克战，库尔斯克，1943 年 7 月：作战记述》第 354 页援引了近卫坦克第 5 集团军的一份非常相似的报告，但说法略有不同，报告指出："至 18:00，（坦克第 18）军各旅已经完全占领瓦西里耶夫卡，并到达科兹洛夫卡。"这话说得有些乐观了。报告随后指出："军长命令各部在已经到达的战线掘壕，并组织环形防御。"随后给出的部队位置与坦克第 18 军 1943 年 7 月 13 日 03:00 的第 38 号作战报告一样。似乎坦克第 18 军并未"到达"科兹洛夫卡。

1943 年 9 月 30 日编写的《1943 年 7 月 7 日—24 日近卫坦克第 5 集团军战斗行动》也指出："军所属各旅于 7 月 12 日 18:00 最终占领瓦西里耶夫卡，并到达科兹洛夫卡。军在 217.9 高地—科兹洛夫卡西南 3 千米处—241.6 高地的（德军）战线上遭遇了敌突击炮、进入掩体的坦克的猛烈的火力抵抗和凶猛的空军轰炸，无法继续前进。"（见国防部中央档案馆，第 332 全宗，第 4948 目录，第 19 卷宗，第 8 页）

80. 瓦列里·尼古拉耶维奇·扎穆林著《打破神话：普罗霍罗夫卡坦克战，库尔斯克，1943 年 7 月：作战记述》第 336 页认为坦克第 18 军损失了 43 辆 T-34、辆 T-70 和 17 辆 Mk-Ⅳ坦克，合计 84 辆。人员方面减员 471 人，其中不可归队减员为 271 人。

81. 引自 1943 年 7 月 12 日 24:00 的第 75 号战斗报告（国防部中央档案馆，坦克第 29 军全宗，第 1 目录，第 6 卷宗，第 93 页）。在 1943 年 7 月 14 日 04:00 的第 91 号报告中，7 月 12 日损失为 517 人死亡或失踪、572 人负伤（国防部中央档案馆，坦克第 29 军全宗，第 1 目录，第 6 卷宗，第 104 页）。瓦列里·尼古拉耶维奇·扎穆林著《打破神话：普罗霍罗夫卡坦克战，库尔斯克，1943 年 7 月：作战记述》第 326 页认为共减员 1122 人，其中 393 人牺牲。

82. 瓦列里·尼古拉耶维奇·扎穆林著《打破神话：普罗霍罗夫卡坦克战，库尔斯克，1943 年 7 月：作战记述》第 335 页认为坦克第 29 军在 7 月 12 日的损失为"……1991 人，其中 11033 人牺牲或失踪。在参战的 199 辆战斗车辆中，有 153 辆失去战斗力"。第 336 页表格显示损失为 109 辆 T-34 和 44 辆 T-70。

83. 退役准将冈特·贝尔于 1999 年 2 月 21 日在明斯特（Münster）接受了退役少将布兰德的采访。贝尔于 1923 年 10 月 19 日出生，18 岁志愿加入党卫军。在柏林州的利希特费尔德（Lichterfelde）通过了警卫旗队的训练，之后进入警卫营，在帝国总理府站岗。但从 1943 年 2 月起，他进入警卫旗队师装甲群，参加了哈尔科夫附近的冬季攻势（曼施泰因的反击）。在库尔斯克会战期间，他成为相当于中士的党卫队候补军官，在警卫旗队装甲团 2 营某连担任炮手。7 月 6 日起，在进攻期间，他成了车长。

库尔斯克之后，他在突击炮营服役，到战争结束时军衔为党卫队少尉，职务为连长。曾获得过一级和二级铁十字勋章、银质战伤章、银质和铜制坦克章。

他于战后在德国边防警察单位服役，1956 年进入西德军队担任坦克连长，军衔为上尉。后历任营长、装甲旅旅长，最终担任了第 1 装甲师副师长。1984 年左右以准将军衔退役。

84. 海因茨·马赫尔先生于 1999 年 3 月 3 日接受了退役少将布兰德的采访。他于 1919 年 12 月 31 日出生，1939 年 4 月 3 日加入党卫军，参加过波兰、南斯拉夫、俄罗斯之战，库尔斯克会战后参加过诺曼底之战。1943 年晋升为军官。在库尔斯克会战时，他是帝国师"德意志"团第 16 连的中尉连长。该连是团属工兵连。

他在战时获得过骑士十字（哈尔科夫）、橡叶饰（诺曼底）、金质德意志十字勋章、一级和二级铁十字勋章、金质近战勋饰、普通突击章、金质战伤章①。

关于党卫队中级突击队长海因茨·马赫尔的照片可见布鲁斯·夸里（Bruce Quarrie）著《希特勒的武士：战斗中的党卫军》（Hitler's Samurai, The Waffen-SS in Action）第 55 页。

85. 这应该是布尔杰伊内自作主张。他在 06:00 发出了如下消息："致瓦京京、什捷夫涅夫、罗特米斯特罗夫：敌人已经以坦克占领了勒扎韦茨和伦金卡，正向卢夫杰耶夫卡和普洛塔前进。我已经决定将近卫坦克第 26 旅部署在普洛塔东面和东南面。"见瓦列里·尼古拉耶维奇·扎穆林著《打破神话：普罗霍罗夫卡坦克战，库尔斯克，1943 年 7 月：作战记述》第 363 页。

86. 德军档案中对此次进攻的记录非常之少，例如齐姆克主要根据德方资料编写的《斯大林格勒到柏林：德国在东线的失败》甚至根本没有提到普罗霍罗夫卡之战或 7 月 12 日的其他任何战斗。

87. 瓦列里·尼古拉耶维奇·扎穆林著《打破神话：普罗霍罗夫卡坦克战，库尔斯克，1943 年 7 月：作战记述》第 366 页。关于飞机型号的评论是笔者加上的。早在 1943 年 1 月 18 日，意大利的 C.200 和 C.202 飞机就撤出了东线。

88. 坦克第 99 旅在 7 月 12 日 19:00 位于克拉斯诺耶，此时已经有坦克损失。也许该部还是积极参与了进攻。为了便于数据分析，我们还是将坦克第 99 旅算作与髑髅师交战，而非与帝国师交战。

89. 根据库尔斯克数据库，坦克第 2 军当天损失了不下 10 辆坦克。瓦列里·尼古拉耶维奇·扎穆林著《打破神话：普罗霍罗夫卡坦克战，库尔斯克，1943 年 7 月：作战记述》第 378 页认为坦克第 99 旅损失了 7 辆 T-34 和 1 辆 T-70。

90. 引自库尔斯克数据库。

91. 退役准将肯齐奥拉在 1999 年 3 月 4 日在吕内堡（Lüneburg）接受了布兰德少将的采访。肯齐奥拉将军生于 1925 年 2 月 12 日，1943 年 2 月 1 日参军，起初担任突击炮手，7 月 6 日期担任"虎"式坦克车长。哈尔科夫会战期间加入帝国师突击炮营。他是营长座车的炮手。战时获得一级和二级铁十字勋章、金质坦克章、战伤章。战后在联邦德国国防军历任营长和旅长，1985 年以准将军衔退役。

92. 美国国家档案馆微缩胶片（NAM）T313、R389。

93. 笔者这样推断的部分原因是当天有 8 辆 III 号长身管型、32 辆 IV 号长身管型、9 辆 VI 号"虎"式和 10 号 III 号突击炮在修，然后根据以往损失数与被击毁数的比例推算。

94. 所有数据均出自库尔斯克数据库。12 日与 13 日战车数之差略小于 12 日损失数，原因在于部分车辆修理完毕归队，或者实力和损失统计有误差。

95. 警卫旗队师宣称击毁 192 辆出自美国国家档案馆微缩胶片（NAM）T354、R605、第 000698 页的 7 月 13 日每日报告。SS 第 2 装甲军 7 月 13 日 21:00（柏林时间）的每日情报汇总显示，警卫旗队师、帝国师和髑髅师的战果分别为 185 辆、3 辆和 61 辆（美国国家档案馆微缩胶片 T354、R605、第 000710 页）。

96. 瓦列里·尼古拉耶维奇·扎穆林著《打破神话：普罗霍罗夫卡坦克战，库尔斯克，1943 年 7 月：作战记述》第 324 页提供了其中一名俘虏的姓名和报告。这名战俘是 SS 第 2 装甲掷弹兵团 2 营 6 连的党卫队突击队员卡尔·乌亨普芬尼希（Karl Wuhenpfennig）。

97. 瓦列里·尼古拉耶维奇·扎穆林著《打破神话：普罗霍罗夫卡坦克战，库尔斯克，1943 年 7 月：作战记述》第 286 页表示重型自行火炮第 1529 团并未参战："原计划用该团加强坦克第 29 军，在主要突击方向上作战。然而该团直到 7 月 12 日 18:00 才抵达普罗霍罗夫卡地域，而且炮弹数量有限（由于德军出现在勒扎韦茨，导致后勤分队在半路停了下来）。因此该团并未参加当天的战斗。"

98. 该旅在 7 月 11 日正在防守别尼希诺至捷捷列维诺外围一线。他们应当将防线移交给步兵第 183 师，然而不知何故，步兵第 183 师在 7 月 11 日"拒绝接管这一地段"。推断这一工作时在 7 月 11 日或 12 日某个时间完成的，然后与敌人脱离了接触。我们手头没有近卫摩托化步兵第 6 旅和迫击炮兵第 454 团在 7 月 16 日

---

① 译者注：另外还有击毁坦克臂章。

14:00 之前的任何记录，到这时他们仍然在近卫坦克第 5 集团军地段上的德拉内（Dranyi）—259.2 高地南坡—泽廖内（Zelenyi）。这一地域位于普罗霍罗夫卡以东四千米处。他们于 7 月 18 日于近卫坦克第 5 军主力会合。

99. 7 月 12 日的每日日志称，通过"快速追击"（德文 schnellem Nachstossen）拿下了戈斯季谢沃。"快速追击"就表明在狭窄正面实施突破后还有后续行动。从另一方面来看，如果记录有笔误，那就应该是 "Nachtstossen"，即戈斯季谢沃是通过快速的夜间进攻（7 月 11 日晚至 12 日凌晨）拿下的。我们不清楚到底应该是哪种情况。见美国国家档案馆微缩胶片 T314、R194、第 948 页。

100. 至少第 3 装甲军一份报告上的时间是这样显示的。这一战斗可能发生得更早。见美国国家档案馆微缩胶片 T314、R194、第 948 页。

101. 见《坦克第 18 军的战斗行动，1943 年 7 月 12 日—24 日》（国防部中央档案馆，坦克第 18 军全宗，第 1 目录，第 48 卷宗，第 4 页）。

102. 见《坦克第 18 军司令部 1943 年 7 月 9 日 22:30 第 34 号作战报告》（国防部中央档案馆，坦克第 18 军全宗，第 1 目录，第 26 卷宗，第 6 页）。

103. 后面两天的数据引自《坦克第 18 军司令部 1943 年 7 月 10 日 16:20 第 35 号作战报告》和《坦克第 18 军司令部 1943 年 7 月 22 日 16:00 第 36 号作战报告》（国防部中央档案馆，坦克第 18 军全宗，第 1 目录，第 26 卷宗，第 7—8 页）。

104. 瓦列里·尼古拉耶维奇·扎穆林著《打破神话：普罗霍罗夫卡坦克战，库尔斯克，1943 年 7 月：作战记述》第 167 页。部队番号经过修改，以便符合本书体例。

105. 见《库尔斯克：普罗霍罗夫卡之战》第 914 页。

106. 该数据是关于 T-70 坦克的。T-34 应是 232.5 千米。见《库尔斯克会战最终报告：南线，验证数据库》（迪普伊研究院，弗吉尼亚州麦克莱恩，1996 年 9 月 27 日）（*Final Report for the Battle of Kursk; Southern Front: A Validation Data Base* (The Dupuy Institute, McLean, VA., 27 September 1996)）第 46—51 页。

107. 见《战术——技术简明指南，苏联国防委员会》（莫斯科，1943 年）（*Brief Tactical-Technical Guide, National Commission for the Defense of the USSR*）。

108. 见《库尔斯克会战最终报告：南线，验证数据库》第 46 页。

党卫军装甲军停止进攻：
1943年7月13日

祈祷书是给娘们和穿女式短裤的人看的。我们讨厌熏香的臭味儿，这会毁灭德意志的灵魂，正如犹太人会毁灭种族。我们信仰上帝本人，不信他儿子，因为那属于偶像崇拜和多神教。我们信仰我们的元首和我们祖国的伟大。我们只为这些而战，不为别的。如果我们终将因此而死，那我们也不会喊着"圣母玛利亚保佑我们"。我们会像活着时一样从容。我们会用最后一口气喊出："阿道夫·希特勒！"

——特奥多尔·艾克（1892—1943年），党卫队髑髅系统创始人，1940年[1]

毋庸置疑，苏军前一天大规模装甲冲锋的体量和凶猛程度让党卫军大吃一惊。不过，德国人还是准备好了次日继续进攻，而进攻主要是由髑髅师发动的突击。SS 装甲部队第 2 装甲军当天只出动了髑髅师发动突击，以合围普罗霍罗夫卡以北，这样双钳就只剩下了一个。另外两个师在髑髅师得手前固守现有阵地。

　　与此同时，在 7 月 12 日上午，冯·曼施泰因已经命令第 24 装甲军于 13 日晚从哈尔科夫附近出发，前往别尔哥罗德以西地域。他非但没被打败，反而一心想着继续推进，并等着另外两个师上来助阵。

髑髅师撤了！
226.6 高地之战

　　在前一天，髑髅师的推进迫使苏军投入近卫机械化第 5 军的近卫坦克第 24 旅和近卫机械化第 10 旅。这些兵力不容小觑，其中至少包括了 84 辆 T-34 和 16 辆 T-70。他们在前一个晚上进入阵地，但其参战程度不详。

　　髑髅师接到的命令是在 7 月 13 日以右翼兵力继续向东北面进攻，直至普肖尔河河谷，而以全部装甲单位沿普肖尔河以北山脊，冲到别列戈沃耶—卡尔塔舍夫卡公路。他们之后将向东南面强渡普肖尔河，会同警卫旗队师，消灭彼得罗夫卡东南和西南之敌。左翼兵力则固守现有阵地，并与第 11 装甲师保持密切联系。

　　普肖尔河北岸苏军在得到装甲部队的加强后发动了进攻。根据德军的说法，苏军在普肖尔河以北发动了三次进攻，其中一次是在普列列斯特诺耶地域在坦克的支援下发起的猛烈进攻，还有一次是 15 辆坦克从 236.7 高地冲向安德烈耶夫卡以北的进攻。德军承认"敌人在桥头堡取得了暂时的胜利"。苏军还在韦肖雷地域发动了强大的攻势，以两个步兵团和 60 辆坦克攻击了桥头堡的西面部分。

　　7 月 12 日下午，髑髅师装甲群向别列戈沃耶—卡尔塔舍夫卡公路发动攻击。髑髅师在 22:45（莫斯科时间 7 月 13 日 00:45）时声称其装甲群已经抵达公路。他们成功切断了公路，尽管强敌在侧，并且已经与苏军坦克兵交上了火。然而，到了 7 月 13 日早晨，孤立无援的髑髅师装甲群面对北面苏军装甲部队的反击，不得不退到已经扩大了的桥头堡。到 10:00（莫斯科时间 12:00）时，髑髅师装甲群已经从别列戈沃耶—卡尔塔舍夫卡公路退到了 226.6 高地后面，尽管人们总是觉得装甲群应该冲在全师最前面，但他们却一路逃了六千米！

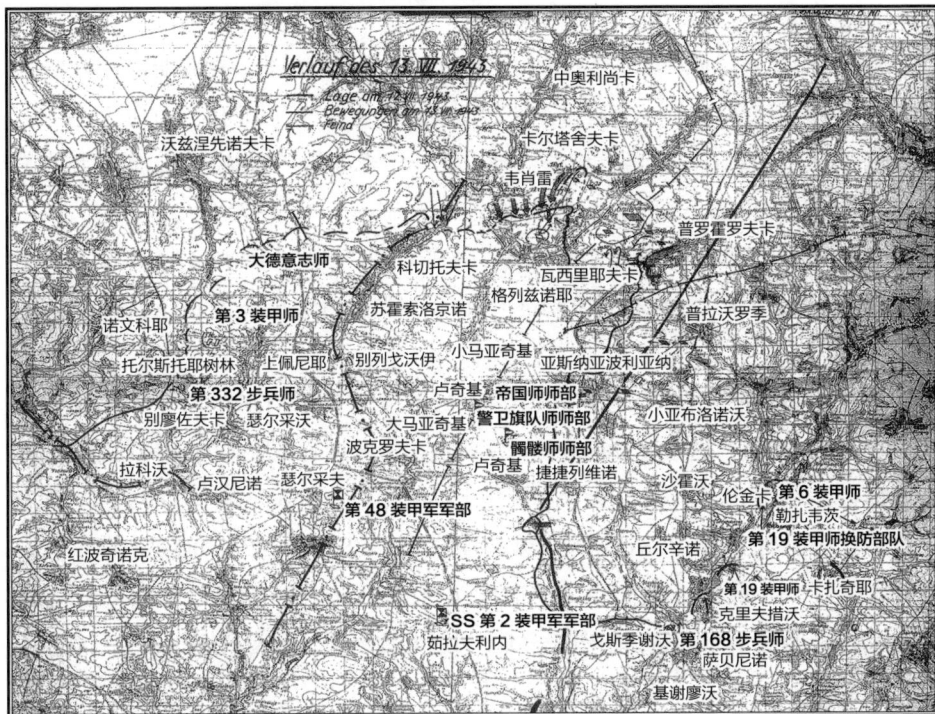

SS 第 2 装甲军 1943 年 7 月 13 日态势图

近卫步兵第 95 师在 11:00 时已经到达了 226.6 高地北坡，又于 11:15 时夺取了德军第一道堑壕。[2] 德军坦克在 11:30 向东坡发动反击，至 12:00 时到达东北坡。11:00（莫斯科时间 13:00），髑髅师报告称他们封闭了突破口。12:30（莫斯科时间 14:30），近卫步兵第 95 师报告称，德军打退了苏军师属部队，夺回了 226.6 高地，将他们逼到了高地北坡。显然，在 226.6 高地上有一场装甲战，但髑髅师在报告中却没怎么提及此战。德军在记录中指出，他们于 11:35（莫斯科时间 13:35）时截获了苏军电报，电报中提到德军已经集结到 226.6 高地，以及苏军观察到高地西面有 20 辆 "虎" 式坦克（髑髅师仅有的 12 辆 "虎" 式坦克，当天应该只有一半可出动）。13:23（莫斯科时间 15:23），德军截获的苏军电报再次声称，他们观察到 20 辆德军大型坦克，不过这些坦克此时已经位于 226.6 高地东坡和南坡，而苏军坦克正带头向其发起进攻。这肯定是近卫坦克第 24 旅，因报告称其 "将敌人逐出了波列扎耶夫—

455

226.6 高地地域"。

髑髅师显然在 226.6 高地之战中占了便宜。因为根据报告，在莫斯科时间 15:00 时，近卫步兵第 290 团仍在韦肖雷东边，而前一天还在普肖尔河河谷的近卫步兵第 287 团此时位于 226.6 高地西北坡与高地以北一千米处的三岔口之间，近卫坦克第 24 旅则位于高地以北 2.5 千米处的洼地内。

与此同时，髑髅师沿普肖尔河推进，并在 11:00（莫斯科时间 13:00）时从安德烈耶夫卡东面 200 米远处向村子发动进攻。由于左翼压力太大，此次进攻要么被击退，要么停滞不前。

与髑髅师的左翼对峙的是近卫步兵第 97 师，该师于莫斯科时间 10:00 发动进攻，但一无所获。然而，这些进攻也迫使德军将突击炮营调到髑髅师的左翼来加强侦察营。苏军在火炮和火箭炮的强大火力掩护下不断从伊林斯基向德军发动进攻，加上苏军突破了科切托夫卡，这让德军非常头疼。不过，这最后的一个问题由德军第 11 装甲师在 11:23（莫斯科时间 13:23）时发动的反击解决了。莫斯科时间 17:00，近卫步兵第 97 师位于 209.3 高地南坡—红十月村北边一线，距离科切托夫卡只有几千米。这样看来，该师当天主要是与髑髅师交手。

到 11:15（莫斯科时间 13:15）时，德军上级指挥官（冯·曼施泰因和霍特）对髑髅师的进攻已经不抱希望，转而决定让帝国师于下午从普罗霍罗夫卡以南，向普拉沃罗李进攻。SS 第 2 装甲军第一次夺取普罗霍罗夫卡下的企图落空了。

不过，当天在桥头堡的战斗并未停止。近卫步兵第 33 军在下午发动了进攻。德军拼死抵抗，并发动了多次反击。因此，近卫步兵第 33 军没有取得任何进展。髑髅师报告称，他们于 14:45（莫斯科时间 16:45）时遭到攻击，而苏军团级兵力于 15:45（莫斯科时间 17:45）时又从韦肖雷向 226.6 高地发动进攻。髑髅师在 16:15（莫斯科时间 18:15）时截获的苏军电报宣称"无论如何也要粉碎桥头堡。"

到 17:00，近卫步兵第 95 师仍在韦肖雷南侧—226.6 高地以北一千米处三岔口—波列扎耶夫西侧一线战斗。近卫步兵第 42 师则占据波列扎耶夫—米哈伊洛夫卡—米哈伊洛夫卡东南河谷一线。苦战多日的近卫步兵第 52 师仍未参与交战。该师在 15:00 时成为近卫第 5 集团军预备队的一部分，但在当天一直停留在原阵地上。

17:25（莫斯科时间 19:25），苏军在 226.6 高地西北实现局部突破。这让髑髅师感到大事不妙，他们立即报告称他们遇到了大量苏军步兵，并请求支援。17:30（莫斯科时间 19:30），原计划支援帝国师进攻的轰炸机群被调去支援髑髅师。到 18:45（莫斯科时间 20:45）时，髑髅师终于堵上了口子，恢复了原阵地，但仍未看到空军的影子。

德军当天应该还发动了一次进攻，因为坦克第 18 军报告称，德军 10 辆 "'虎' 式坦克" 和自动枪手于莫斯科时间 17:30 在彼得罗夫卡以北打开突破口，到达了通往亚历山德罗夫卡的公路（普罗霍罗夫卡的别称）。坦克第 18 军的炮兵朝其实施了射击。德军报告中并未提到这次突破，这显然是因为他们没有取得什么成果。[3]

经过调整部署，苏军一支装甲部队于莫斯科时间 19:00 对位于克柳奇—红十月村地域的敌军发动了进攻。这支部队应该是近卫坦克第 24 旅，他们当天损失了 306 人和 34 辆 T-34（该部队共有 56 辆 T-34）。髑髅师声称在当天苏军的某次进攻中，其坦克歼击营 2 连在 20 分钟内击毁了 38 辆苏军坦克。

在苏军进攻部队左翼提供支援的是近卫步兵第 42 师所部，他们于 10:00 展开攻击。其近卫步兵第 132 团将德军逐出了波列扎耶夫。该师当天损失很少。

苏军近卫机械化第 10 旅在 7 月 13 日只损失了 5 人，在 13—16 日也只损失了 131 人。他们还报告称，他们在 13—16 日只损失了 11 辆坦克（10 辆 T-34 和 1 辆 T-70）。因此，该旅当天应该没有怎么参战。[4] 到日终时，该旅再次成为指挥员的预备队。另外，仍然位于中奥利尚卡—243.5 高地—奥斯特列尼基的近卫空降兵第 6 师实际也没参战，不过其炮兵应该提供了一些支援。[5]

德军被击退六千米并被赶下 226.6 高地这件事极具戏剧性，但却未被很好地记录下来。此事之后，苏军旋即被打退。德军在这天一开始就被苏军（当然包括近卫坦克第 24 旅）的翼侧打击击退。苏军投入的主要是步兵。而德国人也提到，与前一天相比，苏军在其战线上不顾一切地投入了（比坦克）更多步兵，减少了坦克的投入，而坦克也只是用来支援步兵的。不过，苏军损失了 2007 人和 45 辆坦克，德军损失了 160 人和 29 辆坦克。这样看来，近卫第 5 集团军虽然付出了很大代价，但打赢了仗。这并未影响德军向兵力两倍于己的敌军发动进攻。

髑髅师当天几乎没有取得任何进展，而且很可能损失了不少坦克装甲车辆。这场戏剧性的拉锯战最终让交战双方陷入了僵持。到日终时，近卫机械化第 10 旅移动到日洛莫斯特诺耶地域并转入集团军预备队，当天可能再也没有怎么参与战斗。

髑髅师在 7 月 12 和 13 日共损失了 57 辆战车，其中有不少肯定是在 7 月 13 日损失的。从 7 月 5 日发起进攻到 7 月 10 日强渡普肖尔河，髑髅师共损失了 64 辆战车（15 辆修复归队）。在普肖尔河两岸三天（7 月 11—13 日）的交战中，髑髅师又损失了 60 辆（21 辆修复归队）。到 13 日日终时，髑髅师的战车数量下降到最初的 47%，而该师的人数应该下降到了 88%。虽然普罗霍罗夫卡之战远谈不上是德军坦克的"死亡冲锋"，但髑髅师对普肖尔河北岸的进攻无疑让德军付出了惨痛的代价，削弱了其进攻力量。这主要归功于扎多夫的近卫第 5 集团军，可能还有坦克第 181 旅，以及发起反击的近卫坦克第 24 旅。

不过，近卫第 5 集团军显然也受制于一些因素，无法建立起最有效的防御。他们在战后的报告中再次抱怨了这一点：

> 20:00，集团军参谋长通知各军和师的参谋长，尽管他多次下达指示，但他们给出的消息仍不能令人满意。集团军司令部最近两天都没有收到一条描述战斗进程的消息，也没有收到一份有关作战或侦察的报告。
>
> 各军和师的司令部已经忘掉了他们的主要责任，即准确及时地向上级汇报情况。不断向我们报告敌我态势的职责根本没有得到履行。
>
> 对于可能影响司令部决策的战斗和敌人的数据，应当立即向上级司令部汇报。[6]

普罗霍罗夫卡坦克战场总览

经过普罗霍罗夫卡坦克战场上激动人心而又血腥的战斗之后，坦克第 18 军和第 29 军奉命于夜间沿着新战线收拢部队，调整部署，以便次日早晨继续进攻。坦克第 18 军接到的命令是掩护彼得罗夫卡北侧—181.9 高地一线，以确保近卫坦克第 24 旅安全抵达伏罗希洛夫国营农场地域。德军在夜间活动不积极。

尽管坦克第 18 军和第 29 军都接到了 7 月 13 日展开进攻的命令，但实际上，他们整天都在防御，没有大规模投入战斗。坦克第 18 军位于彼得罗夫卡—米哈伊洛夫卡之间。莫斯科时间 16:00，该军的摩步第 32 旅走在前面，其麾下的两个营、一个自动枪手连、一个侦察连都位于普肖尔河—博戈罗季茨科耶村中心—瓦西里耶夫卡教堂以东 200 米—瓦西里耶夫卡南面一线。这样，髑髅师的桥头堡就一直有被切断的危险。摩步第 32 旅的其他部队和坦克第 170 旅在东面的普列列斯特诺耶两座风力磨坊—252.2 高地北坡—十月国营农场西侧一线。为其提供支援的独立近卫重型坦克第 36 团的 5 辆丘吉尔坦克位于普列列斯特诺耶西南侧。坦克第 110 旅位于181.9高地以东，他们和位于彼得罗夫卡的坦克第181旅一起防止髑髅师从北面冲向普罗霍罗夫卡。独立摩托车第78营和独立装甲汽车侦察第29营2连在伏罗希洛夫国营农场地域设防。

此时，近卫步兵第42师仍在配合坦克第18军，其近卫步兵第132团在普肖尔河北岸与髑髅师作战，近卫步兵第127团在瓦西里耶夫卡村中的街道上战斗，而近卫步兵第136团则在十月国营农场西南道路一线巩固防御。该师当天损失不大。

坦克第29军和重型自行火炮第1529团位于十月国营农场东北1千米处洼地—亚姆基—斯托罗热沃耶东南0.5千米处洼地（近卫坦克第5集团军仍然声称该军控制着252.2高地）。摩步第53旅位于十月国营农场东南0.5千米处—亚姆基西南侧一线。该旅在夜间组织了反坦克防御。该旅右侧的坦克第31旅位于十月国营农场东北0.5千米处洼地—公路一线。据报告，该旅在13:00时有8辆T-34和20辆T-70可出战，于夜间从战场上回收了8辆T-34。坦克第32旅退出了战斗，并于09:00在普罗霍罗夫卡以西一千米处集结。此时，该旅还剩12辆T-34。重型自行火炮第1529团位于普罗霍罗夫卡。坦克第25旅及其摩步第50营共有11辆T-70和2门反坦克炮，他们正在斯托罗热沃耶以东一千米处防御。坦克第25旅忙着挖战壕，回收和维修被毁伤的武器装备。他们接到要在16:00进攻共青团员国营农场的命令。然而，进攻并未展开。21:00，在亚姆基以南两千米处树木茂盛的河谷内，坦克第25旅占领了防御阵地，其右翼延伸到了通向普拉沃罗季和雅墙惜拉多人卜的河谷，全旅面向西面和西南面。在他们左翼的是坦克第2军的坦克第26旅，该旅也面向西面。

与上述部队在一起的还有近卫空降兵第9师。该师位于米哈伊洛夫卡—铁路路基—亚姆基一线，其第一梯队是近卫空降兵第23团和第28团，第二梯队是第26团。据报告，该师缺少弹药，尤其是反坦克炮的炮弹和反坦克枪的子弹，而且也没有"莫洛托夫鸡尾酒"了。

昨天的大战后，控制着坦克战场的是德军的警卫旗队师，以及帝国师的主力。警卫旗队师报告称夜间很平静。05:30（莫斯科时间07:30），苏军出动了两个连，沿普罗霍罗夫卡—捷捷列维诺公路实施战斗侦察。

SS第2装甲军命令警卫旗队师于10:30（莫斯科时间12:30）时出动坦克展开进攻。坦克第18军报告称，敌人出动强大的坦克和步兵部队，从安德烈耶夫卡以南山谷向波列扎耶夫和彼得罗夫卡发起攻击。由于苏军在十月国营农场正南面的北坡（即德军视角的反斜面）构筑了宽大的坦克和反坦克炮的防线，德军放弃了这次进攻。这道防线彻底封住了高地顶部。由于这里的地形被分割开来，德军无法绕开拦在这里的苏军。①

德军的这份报告实际上与坦克第 18 军的报告相吻合。坦克第 18 军报告称，他们沿着 252.2 高地北坡一线布防，而摩步第 32 旅和坦克第 170 旅，他们的部分兵力在普列列斯特诺耶两座风力磨坊—252.2 高地北坡—十月国营农场西侧一线防守。这就构成了一条从普列列斯特诺耶到 252.2 高地的反斜面反坦克防线。这样，反斜面南面的德军就只能在十月国营农场以南 0.5—1 千米处。在有些地方，双方的战线可能相距不到 500 米，252.2 高地以西的棱线就横亘在他们之间。这道棱线只是从地面微微隆起，但也足以将二者分开。也许，苏德两军都没有实际控制 252.2 高地——这个暴露在双方观察和直接火力威胁下的山顶。警卫旗队师左翼的剩余部分似乎一直沿着反斜面向西延伸。这就使得两军相距很近，但两军的主力又都不在对方的视线范围内。

实际上，警卫旗队师的进攻已经停止了。不过，这不是因为苏军的进攻和反击打得狠，而是因为警卫旗队师守得稳。警卫旗队师 7 月 13 日的战车数量相当于 7 月 12 日的 93%[7]，而坦克第 18 军和第 29 军在 7 月 12 日共有 191 辆 T-34，在 7 月 13 日只剩 46 辆。这道防线既然能在 7 月 13 日将德军的进攻挡住，就能在 7 月 12 日将其挡住。

坦克第 29 军也声称，德军于 11:30 和 15:00 分别向斯大林斯科耶分场和亚姆基发动了进攻。苏军此时尚未展开进攻。12:30（莫斯科时间 14:30），他们出动团级兵力的步兵发起进攻，并且还得到来自普罗霍罗夫卡和公路两侧的强大的炮火掩护和近距离空中支援。12:40（莫斯科时间 14:40），这次攻击被师里防御作战的联合火力轻松击退。

莫斯科时间 18:00，坦克第 18 军出动近卫机械化第 10 旅下属的近卫坦克第 51 团（在普肖尔河右岸布防）坦克第 3 连发动了进攻。该连奉命进攻已经被坦克第 18

---

① 译者注：这段除了关于坦克第 18 军的那句话，均引自施塔德勒所著的《1943 年对库尔斯克的进攻》第 111 页。施塔德勒的原文为"军里曾要求 10:30 出动坦克进攻，但苏军以十月国营农场南面的北坡（反斜面）为起点构筑了坦克和反坦克炮防线，彻底控制了高地的棱线。由于地形被分割开来，无法实施迂回"。这里应该是指 252.2 高地北面的一道东西方向的山沟。苏军在 7 月 12 日也因无法逾越这里而集中向 252.2 高地方向行进，然后再分别冲向十月国营农场和 252.2 高地。德军势必只能正面硬冲，无法迂回包抄。

军所部和近卫炮兵第 27 团拿下了的彼得罗夫卡。结果，有 2 辆 T-34 被炮兵团击毁，另有 1 辆被烧毁。事故原因在于友邻部队缺乏无线电通信。

此时，正在前线和右翼构筑工事的警卫旗师队奉命守住现有战线。他们准备配合髑髅师消灭东北面的苏军。

该师这天在斯托罗热沃耶以南略微向前推进了一点（800 米），然后停了下来。显然，至少到此时，SS 第 2 装甲军在这一地域再也冲不动了。

警卫旗队师第 2 装甲营的冈特·贝尔当天离开了战场：

医疗护理工作做得确实不错。7 月 13 日，我因腹部挨了两枪，身负重伤。我坐在摩托车的边斗里，被送到了伤员处理站，在那里得到了一些临时的护理。然后，我被一架容克 -52 运输机送到文尼察军用医院。当晚，我就做了手术。

唯一的问题是，苏联人会专门射击我们战场上的救护车，而且常常将其击毁。之前，我在其他任何地方都没见过这种情况。

帝国师的"进攻"

帝国师当天也没有什么动作。03:15（莫斯科时间 05:15），一个带着"一支步枪和一个背包"的俄国人朝帝国师指挥所的卫兵开了枪，然后跑掉了。德国人认为他是一名游击队员。

除此以外，这个晚上很平静，直到早晨才有一些活动。07:00（莫斯科时间 09:00），元首团 2 营打退了由苏军步兵和 7 辆坦克发起的进攻。08:30（莫斯科时间 10:30），苏军又出动营级兵力，在亚斯纳亚波利亚纳达成局部突破。德军发动了反击，将其击退。德军的观察飞机发现，普拉沃罗季地域的苏军在坦克的掩护下退向东北面。德军认为，苏军是在总撤退，而早晨的那两次进攻只是为了打掩护。与此同时，情况已经越来越明了，髑髅师在这天进攻不会有什么结果。因此，在 11:15（莫斯科时间 13:15）时，德军第 4 装甲集团军在听取了 SS 第 2 装甲军的汇报后，命令其停止北面的髑髅师的进攻，而让南面的帝国师出击。这次进攻将于 14:30（莫斯科时间 16:30）时展开，第 8 航空军会在 14:00（莫斯科时间 16:00）时提供空中支援。由于天气恶劣，德军的俯冲轰炸机无法出动，但其他对地攻击机可以出动。帝国师打算让装甲群沿别列尼希诺—伊万诺夫卡进攻，占领普拉沃罗季西南高地。然而，由于地面过于泥泞，这次进攻被叫停。

之后，帝国师又制订了新的进攻方案，即以元首团 1 营为主，卷击伊万诺夫斯基移民新村以南的铁路路基地域—别列尼希诺正北一线的苏军阵地。位于元首团 1 营左翼的德意志团 3 营则以维诺格拉多夫卡以西高地的东坡为轴心迂回，并与元首团 1 营保持联系。他们在夺取这片适合作为坦克进攻跳板的地域后，会先实施侦察，然后出动坦克穿过维诺格拉多夫卡，向普拉沃罗季西南高地进攻。

到 15:50（莫斯科时间 17:50）时，帝国师仍未发起进攻，而原计划对其提供支援的航空军于 17:30（莫斯科时间 19:30）时被分配去协助髑髅师防御桥头堡。帝国师只发起了初步进攻，于 19:30（莫斯科时间 21:30）时夺取了伊万诺夫卡以北 1.5 千米处的一片小树林。防守此地的苏军以步兵为主，没有多少坦克。地面上仍然有很多水。当天的进攻被推迟到次日 04:00（莫斯科时间 06:00）。

帝国师当天的进攻没有取得什么战果。因此，他们就忙着准备次日的进攻。帝国师的库尔特·考夫曼也在当天的进攻行列中，他回忆道：

7 月 13 日前一夜下了很大的雨，不过相对来说，敌人没有什么动作。还未铺好的补给道路转瞬间变成了泥塘。这导致补给被耽搁了。我们排的半履带补给车直到早晨三四点才带来一些给养、弹药和油料。我们已经等得不耐烦了，因为我们此时已经接到要在当天继续进攻的命令。命令要求我们取道伊万诺夫卡，沿着普拉沃罗季方向，向东北延伸的棱线进攻。黎明时分，敌人再次在我们的地段上频繁活动起来。我们在中午之前不得不打退一些零星的进攻。第一次进攻是在上午六七点时开始的。我们看到苏军的 7 辆坦克在支援一个步兵团。它们很远就遭到我方坦克射击，被炸成了碎片。然后，他们的步兵团就停止了攻击。我们接到了在下午进攻的命令。我们的 20 毫米高射炮组 ① 现在归元首团 1 营指挥，奉命在卷击铁路沿线的敌阵地时提供支援。我们很快就得知，我们只需要对付步兵。然而，与之前类似的交战相比，这次交战陷入了停滞。敌军的一些抵抗团体不仅构筑了良好工事，而且经过了伪装，要与之交战是非常困难的。敌人顽强不屈，愿意拼尽最后一发子弹。在我们营拿下

---

① 译者注：原文为"section"，即"分排"，但德军没有这种编制，应该指的是每门炮的操作人员小组。

462

这里和伊万诺夫卡北面森林的时候，已经是晚上了。我们在森林边缘建起了阵地。

德军报告称，苏军当天没有多大反应，他们只以 4 辆坦克在别列尼希诺以南发动了袭击，以步兵从维诺格拉多夫卡以东发动了袭击。帝国师声称，苏军被轻松击退。

这并不完全属实。苏军坦克第 2 军对斯托罗热沃耶发动了一次进攻。莫斯科时间 10:00，其坦克第 169 旅位于斯托罗热沃耶以东高地，坦克第 99 旅和第 26 旅则位于斯托罗热沃耶西南 1.5 千米处的山谷内（一直到维诺格拉多夫卡北侧），摩步第 56 旅位于斯托罗热沃耶"西北" 1.5 千米处的洼地内（这就是说，他们位于斯托罗热沃耶树林的西北面，也许档案指的是斯托罗热沃耶的东南面）。[8] 他们要攻击的是斯托罗热沃耶及其北面树林。

我们手头的苏军档案没有提及此次进攻的详情。另一位作者找到了坦克第 99 旅和第 69 集团军的报告。这位作者发现此次进攻命令的传达有延迟。罗特米斯特罗夫于 03:35 发布作战命令，要求坦克第 2 军在 08:00 发动进攻，并从 06:00 起，每两小时提供一次进展报告。然而，这道命令直到 06:40 才传达给坦克第 2 军。等坦克第 99 旅接到进攻命令时已经是 08:00 了。摩步第 58 旅旅部在 08:30 才接到命令。军将进攻推迟到了 10:30。[9] 这种延迟的例子不是个案。

苏军各坦克旅于 10:15 在出发地集结，但摩步第 58 旅直到 14:00 才到那里。于是，各坦克旅在没有步兵的情况下发起了攻击。

帝国师"德意志"团工兵连长海因茨·马赫尔回忆道：

我们接着在斯托罗热沃耶地域准备防御，因为我们预计敌人要在 13 日发动大规模进攻。我的连就这样被部署在最前线，我们的地段大约有 1300 英尺（约 396 米）宽。我们挖了三排散兵坑，间隔在 30—50 英尺（约 9—15 米）。战线上还有一些以前的散兵坑。那天最糟糕的是突降暴雨。我们的散兵坑很快就被淹没了。我们的防御准备自然也得到了炮兵前进观察员和我们的坦克的协助，他们占领了我们后面更远处的阵地。

在我所在的地段，敌坦克于 13 日发动了进攻。它们一次又一次地高速驶来，冲过我们的阵地。很多敌坦克都被我方坦克摧毁。我们在近距离作战中击毁了 3 辆敌坦克。我们也遭受了伤亡，因为他们的坦克在碾过我们的散兵坑之后还要转个圈，好让散兵坑的侧壁坍塌，把坑里的士兵活埋。

在两次近距离作战中，我们炸断了敌坦克的履带，使其失去了行动力，但无法拯救我们自己的战友。接着，敌坦克就被我们的突击炮击毁了。

这种情况与苏军坦克第99旅记录中描述的情况类似。该记录指出："我军坦克和步兵在此方向上的反复进攻并不顺利。对手处于有利位置，他们设置了观察所，布置了火炮和迫击炮的射击阵地，还布设了雷场。因此，我军无法进攻斯托罗热沃耶。在伊万诺夫斯基移民新村以东的树林处，我军进攻部队遭到了尤为猛烈的火力攻击。" [10]

不过，根据坦克第2军每日可出动坦克报告，苏军在7月13日似乎只损失了6辆T-70坦克。

在帝国师南面的是第167步兵师的第339步兵团。晚上，一直作为师预备队的第331步兵团被派到前线，去接管第339步兵团的右翼。这样，之前被派到同一地段的侦察中队和第627工兵营也可以被替换下来。这个晚上很平静，不过德军侦察机报告称，04:50（莫斯科时间06:50），该师正前方仍有不少装甲车辆，其中别列尼希诺附近的铁路路侧处有15辆坦克，加里宁有20辆坦克，伊万诺夫卡有40辆坦克。

在坦克第2军南面的是近卫坦克第2军。该军宣称，他们在当天拿下了亚斯纳亚波利亚纳、加里宁及其南面两千米处的高地之后，遭到了德军反击。除此之外，关于当天的其他记录就没有什么了。莫斯科时间20:00，他们声称打退了德军坦克和步兵的联合进攻，守住了维诺格拉多夫卡。21:00，罗特米斯特罗夫命令该军阻止德军在斯托罗热沃耶—伦金卡一线达成突破。7月14日02:00，该军在维诺格拉多夫卡—别列尼希诺—沙霍沃一线防守，并与退出维诺格拉多夫卡的近卫坦克第25旅在小亚布洛诺沃和普洛塔之间集结。该旅在这里待得不久，于早晨就返回了维诺格拉多夫卡。

德军第167步兵师此时有两个团参战。据德方报告，北面的第339步兵团在早晨的扫荡作战中捕获了大量俘虏，缴获了不少武器装备。第339步兵团和第238炮兵团原定于14:00（莫斯科时间16:00）时支援帝国师进攻普拉沃罗季，但帝国师并没进攻。集团军于17:25（莫斯科时间19:25）时通知第167步兵师在党卫军进攻得

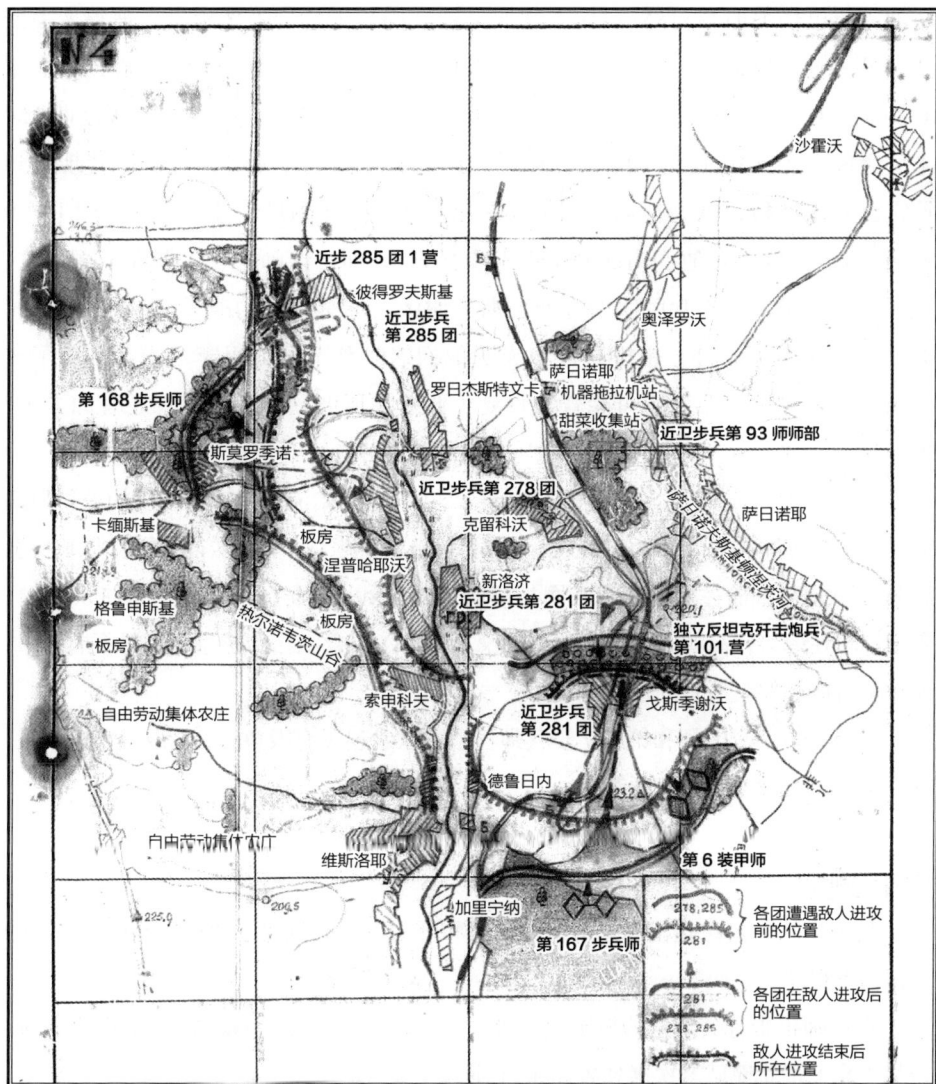

近卫步兵第 93 师的防御编成示意图，1943 年 7 月 13 日

手后也加入进攻。这次进攻随后被推迟到了 7 月 14 日。

　　苏军第 69 集团军在这一地域还有 3 个师迎击 SS 第 2 装甲军。报告显示他们在 14:30 发动了反击，步兵第 183 师进攻加里宁和萨巴切夫斯基，但被"挡住了"。[11] 苏军步兵第 48 军的报告显示，这 3 个师此后在 243.0 高地边缘—加里宁东侧—萨巴切夫斯基村外—210.7高地—+2.0岗丘上的埋石图根点—彼得罗夫斯基村外—涅普哈耶沃一线防守。步兵第183师仍位于这条战线的北边。步兵第375师位于中央，其步兵第1241团位于苏哈亚普洛塔河谷东坡—兵营以西150米处之间。步兵第1243团位于210.7高地上至北面一千米处，其两个营现转到沙霍沃东南设防，因为他们受到了德军第3装甲军的威胁。步兵第1245团位于210.7高地西坡。在他们南面的是近卫步兵第93师，该师当天主要在南面进攻，试图从德军第168步兵师手中夺回戈斯季谢沃。苏军此时的战线与前一天19:00的战线差不多。另外，也没有迹象表明他们这时拿下了加里宁，或者推进了多少距离。近卫坦克第2军可能曾经收复了亚斯纳亚波利亚纳，或许还有加里宁，但是没能守住。

第167步兵师在10:30（莫斯科时间12:30）也开始清理中央地段上的彼得罗夫斯基。由于苏军构筑了很好的堑壕，并对其加以伪装，德军进展得很慢。师长特里恩贝格因此亲自前往第331步兵团指挥所督战。到13:30（莫斯科时间15:30）时，由于苏军在地势较高的东岸猛烈射击，德军第331步兵团伤亡惨重，不得不撤下来，停止了对彼得罗夫斯基的进攻。

总体来说，帝国师和第167步兵师在当天只发起了有限攻击，没取得太大战果。苏军也没怎么进攻，一无所获。

空中支援

警卫旗队师再次指出苏军对地攻击机和歼击机活动频繁。他们抱怨德国空军的支援力度很弱。

帝国师报告称其上空的德军侦察机不少。该师还报告称苏联空军活动频繁，卢奇基（北）正北地域多次遭到轰炸和扫射。

德军高射炮当天击伤了己方的3架He-126侦察机。当天晚些时候，他们又差点朝己方侦察机开火。由于He-126是一种上单翼双座飞机，苏德两军都再无与之类似的机型。德军为何会出这种错误，这很难解释。

坦克第29军报告称，德军飞机在其头顶实施了侦察，并轰炸了坦克第31旅。近卫空降兵第9师声称，由10—12架德军飞机组成的机群轰炸和扫射了该师的下属部队。

第 167 步兵师的防守

第 167 步兵师的战线仍然长达 27 千米。该师当天只进行了有限的战斗，没有太大动作。一直作为师预备队的第 331 步兵团在前一晚被调上前线，替下第 339 步兵团的右翼。这样也就换下了之前被派往同一地段的侦察中队和第 627 工兵营。这两个团的活动已经在前文做了描述。

07:20（莫斯科时间 09:20），在南面，第 315 步兵团报告称，第 168 步兵师被迫进入戈斯季谢沃南边的防御阵地。该师的第 417 步兵团在 7 月 12 日 13:00（莫斯科时间 15:00）时接到命令，即他们要将一个加强营留在戈斯季谢沃，让主力前往北顿涅茨河东岸的霍赫洛沃（戈斯季谢沃以南七千米处），负责掩护第 3 装甲军的左翼。根据报告，苏军以班、排为单位，正在向南进发，第 168 步兵师担心苏军会从两个师的结合部渗透进来。08:30（莫斯科时间 10:30），第 4 装甲集团军命令第 238 侦察营将一个中队配属给第 315 步兵团，以掩护两个师的结合部。该中队被派往德鲁日内地域。第 315 步兵团自黎明开始就在肃清顿涅茨河西岸的苏军残部，但按照其说法，他们在下午遭遇到英勇而坚决的抵抗。

第 339 步兵团应该参加原定于 14:00（莫斯科时间 16:00）时的对普拉沃罗季的进攻。此次进攻最终被推迟到了次日。

❦ 226.6 高地之战，1943 年 7 月 13 日

时长：一天　　　正面宽度：16.6 千米　　　地形：丘陵、混合地形

	进攻方	防御方
部队番号	髑髅师	近卫步兵第 95 师等
配属兵力	见下文	见下文
总兵力	18308	37210
装甲车（辆）	106	100（含 16 辆轻型坦克）
火炮（门）	150	415
空军（架次）	57	44
减员（人）	160（24 人阵亡、136 人负伤）	2007（558 人阵亡、1132 人负伤、317 人失踪）
战车损失（辆）	29	45
火炮损失（门）	1	6
俘虏（人）	不详	5（在抓获的俘虏中，有 3 名是已经脱离战斗的近卫空降兵第 6 师的战果）

德军配属兵力

第 1 教导火箭炮团 2 营

SS 第 2 装甲军火箭炮营

第 86 工兵营 B 型架桥纵队（不含）

苏军兵力

近卫步兵第 42 师 1/3 兵力（近卫步兵第 132 团）

近卫步兵第 95 师

迫击炮兵第 469 团

反坦克歼击炮兵第 301 团的 2 个炮兵连于 7 月 13 日调离（不含）

来自近卫机械化第 5 军

近卫坦克第 24 旅

近卫机械化第 10 旅

近卫步兵第 97 师

    高射炮兵第 29 师第 1372 团

    迫击炮兵第 12 旅（欠第 189 团，该团于 7 月 13 日调离）

近卫步兵第 52 师

    反坦克枪第 133 营

    喷火第 75 连

    喷火第 95 连

    近卫步兵第 51 师近卫步兵第 156 团某营（不含）

来自坦克第 10 军

    摩步第 11 旅

    迫击炮兵第 287 团

坦克第 29 军

    重型自行火炮第 1529 团

    近卫迫击炮兵第 76 团

近卫步兵第 42 师 2/3 兵力（近卫步兵第 127 团和第 136 团）

近卫空降兵第 9 师

    反坦克歼击炮兵第 301 团两个炮兵连（7 月 13 日调离）

✤ 普罗霍罗夫卡坦克战场总览，1943 年 7 月 13 日

时长：一天　　　　正面宽度：11.0 千米　　　　地形：丘陵，荒地

天气：严重影响部队补给的瓢泼大雨

	进攻方	防御方
部队番号	警卫旗队师	坦克第 18 军、坦克第 29 军、近卫步兵第 42 师、近卫空降兵第 9 师
配属兵力	见下文	见下文
总兵力	21279	32447
装甲车（辆）	92（含 6 辆轻型坦克）	149（含 74 辆轻型坦克）
火炮（门）	189	320
空军（架次）	17	44
减员（人）	326（64 人阵亡、260 人负伤、2 人失踪）	901（243 人阵亡、607 人负伤、51 人失踪）
战车损失（辆）	0	7
火炮损失（门）	1	8
俘虏（人）	不详	4

德军配属兵力

第 55 火箭炮团

第 861 轻型野战榴弹炮兵营

第 1 教导火箭炮团 1 营（7 月 12 日配属）

苏军兵力

坦克第 18 军（不含坦克第 181 旅）

反坦克歼击炮兵第 736 营

近卫迫击炮兵第 80 团

❋ 帝国师的"进攻"，1943 年 7 月 13 日

时长:一天　　　　正面宽度：8.5 千米　　　　地形:丘陵、混合地形

天气:闷、多云、冷，下午有阵雨

	进攻方	防御方
部队番号	帝国师	近卫坦克第 2 军、近卫步兵第 183 师、坦克第 2 军
配属兵力	见下文	见下文
总兵力	18959	24421
装甲车（辆）	116	90（含 48 辆轻型坦克）
火炮（门）	143	173
空军（架次）	0	42
减员（人）	61（17 人阵亡、44 人负伤）	951（272 人阵亡、575 人负伤、104 人失踪）
战车损失（辆）	4	9
火炮损失（门）	1	10
俘虏（人）	不详	2

德军配属兵力

第 1 教导火箭炮团 3 营

第 818 炮兵团 3 营

苏军兵力

近卫坦克第 2 军（欠近卫坦克第 26 旅）

反坦克歼击炮兵第 1076 团（7 月 13 日调离，计入本表）

反坦克歼击炮兵第 1510 团

反坦克歼击炮兵第 755 营

近卫迫击炮兵第 16 团

步兵第 183 师

坦克第 2 军

❀ 第 167 步兵师的防守，1943 年 7 月 13 日

时长：一天　　　　正面宽度：27.2 千米　　　　地形：丘陵，混合地形

天气：多云，偶有降雨，导致道路状况差

	进攻方	防御方
部队番号	第 167 步兵师	步兵第 375 师、近卫步兵第 93 师
配属兵力	见下文	见下文
总兵力	12769	14188
装甲车（辆）	0	0
火炮（门）	97	88
空军（架次）	0	0
减员（人）	104（26 人阵亡、73 人负伤、5 人失踪）	109（18 人阵亡、55 人负伤、36 人失踪）
火炮损失（门）	3	0
俘虏（人）	不详	1

德军配属兵力

第 1 教导火箭炮团 1 营（7 月 13 日调离，此处不计）

苏军兵力

步兵第 375 师

反坦克歼击炮兵第 1240 团

反坦克歼击炮兵第 1667 团（7 月 13 日调离，此处不计）

反坦克枪第 137 营

喷火第 88 连

喷火第 192 连

高射炮兵第 26 师第 1363 团

装甲列车第 60 营

近卫步兵第 93 师 2/3 兵力（不计减员）

近卫步兵第 51 师 1/3 兵力（近卫步兵第 158 团）

❀ 希望

坦克第29军卫生营的军医、卫生勤务上尉济娜伊达·伊万诺夫娜·纳杰日达[12]，她回忆道：

我当时在普罗霍罗夫卡以北一千米处的树林中。7月12日晚，我们的卫生营就在那里。我们的坦克军在我们前方和右侧占据着作战出发线。

那时，我已经是一名有经验的医生了。1941年秋，我从卫生学校一毕业，就立即上了前线。在前线的服役不是一般的服役，服役一年能顶三年，很锻炼人。我们先是遭到敌机空袭，然后又遭到敌坦克的进攻。具体情况我不记得了，但那之后，我们的军又向前推进了。随着时间推移，我们每个小时接收到的伤员越来越多。伤员是被汽车、马车和担架送来的。他们不止有坦克手，还有炮兵、步兵，甚至还有两名飞行员。受伤最严重的是坦克手，很多人被严重烧伤。我们立即将他们送进手术室，先输血，后手术，然后用救护车将他们送往方面军医院。我们没有足够的浓缩血浆，而伤员在不断增多。我认为军的各旅在进攻过程中损失很大，很多坦克都着火了。我们别无选择，卫生员，后来还有医生都来给伤员献血。献血的步骤很简单。卫生员躺在伤员旁边的工作台上，通过输血管将她的血液直接导入伤员体内。每人每次献血200毫升。如果这还不够，另一名卫生员或医生就会来献血。

在斯大林格勒会战期间，我在近卫第2集团军医院工作。当时，集团军抵挡德国人包围在城内后，正在抗击曼施泰因的坦克进攻。尽管那次战斗很激烈，但是伤员要少得多。

7月13日，伤员数量激增。集团军又给我们派了一个汽车连去运送伤员。7月14日也一样。我和其他外科医生从7月12日早晨开始，不分白天黑夜地忙着工作，直到7月14日晚才休息了一个小时。之后，我们就能多歇会儿了。

7月13日下午，卫生员将一名高级中尉送到我的手术台上。这名中尉高大帅气。他的肩头重了一枪，并且双手有烧伤。轮到我献血了。我的血输给了他。按理说，我们献了血之后应该休息休息，但当时那种情况都由不得我们浪费时间。我给他做了手术，进行了包扎。之后，他就被送走了。

你能想象得到吗？等到1943年11月还是12月，当我们已经在第聂伯河后面时，他居然到我们的卫生营找到了我。他跟我说，他就是尼古拉·米哈伊洛维奇·纳杰日金（Nikolai Mikhailovich Nadezhdin），高级中尉。我当然一眼就认出了他。他已经被任命为坦克第 29 军某旅的副参谋长了。六个月后，当我们的集团军转入预备队的时候，我们结婚了。很可惜，尼古拉现在已经过世了。他在莫斯科的坦克兵学院工作了很多年，我也在那里当过医生。我们过得很幸福。这并不奇怪，因为尼古拉身上流有我的血！

注:纳杰日达这个姓源自俄文单词"希望"。

注释

1. 克里斯·曼（Chris Mann）博士著《党卫队髑髅：髑髅师历史，1940—1945》（MBI 出版公司，明尼苏达州圣保罗，2001 年）第 42 页。

2. 罗特米斯特罗夫在 12:40 向瓦图京报告称："在扎多夫的地段，波波夫的（近卫）步兵（第 33）军于 7 月 13 日 11:00 转入进攻。推迟进攻的原因在于炮弹短缺。我本人和波波夫同志就在科雷特诺耶（Korytnoe，位于别列戈沃耶以北三千米处），我命令（近卫）坦克第 24 旅、（近卫）坦克第 51 团和自行火炮团与步兵一起转入进攻……时间是 11:00，任务是消灭波列扎耶夫—克柳奇——226.6 高地的敌军坦克集团。"引自瓦列里·尼古拉耶维奇·扎穆林著《打破神话：普罗霍罗夫卡坦克战，库尔斯克，1943 年 7 月：作战记述》第 462 页。
报告称，近卫步兵第 33 军的近卫步兵第 95 师在 11:00 时已经到达 226.6 高地北坡（近卫第 5 集团军档案，国防部中央档案馆，第 328 全宗，第 4852 目录，第 83 卷宗，第 20 页），那么他们发起进攻的时间应该在此之前。近卫步兵第 33 军司令部位于科雷特诺耶南侧河谷。近卫步兵第 95 师报告称，他们于 11:15 夺取了德军第一道堑壕（第 1267 全宗，第 1 目录，第 25 卷宗）。近卫步兵第 97 师称其在 10:00 发动进攻，"但没有进展，仍待在原地"（第 1267 全宗，第 1 目录，第 3 卷宗）。近卫步兵第 95 师作战日志显示，他们于 10:10—11:15 在 226.6 高地一带与德军交火（瓦列里·尼古拉耶维奇·扎穆林著《打破神话：普罗霍罗夫卡坦克战，库尔斯克，1943 年 7 月：作战记述》第 463 页）。注意，在同一份日志中，近卫步兵第 95 师在当天晚些时候的战斗间歇里，调走了大量武器、弹药和 20 辆坦克（瓦列里·尼古拉耶维奇·扎穆林著《打破神话：普罗霍罗夫卡坦克战，库尔斯克，1943 年 7 月：作战记述》第 464 页）。显然，这些坦克不属于步兵师。

3. 瓦列里·尼古拉耶维奇·扎穆林著《打破神话：普罗霍罗夫卡坦克战，库尔斯克，1943 年 7 月：作战记述》第 465 页有一份类似的报告，但出自近卫步兵第 33 军。报告显示："根据（近卫步兵第 42 师）师部消息，在髑髅师的一次反击中，6 辆敌坦克突入团阵地，一路冲到了普罗霍罗夫卡—卡尔塔舍夫卡公路，并在那里遭到团预备队的火力拦阻，被迫退回出发线。"

4. 不过出于种种原因，我们将该旅全部的坦克损失都计入当天的这次战斗。

5. 该师报告显示：7 月 12 日有 2 人阵亡、15 人负伤，另有 1 门 45 毫米炮被击毁；7 月 13 日有 8 人负伤、1 门 45 毫米炮损毁；7 月 14 日有 4 人阵亡、23 人负伤、15 匹马死亡、2 匹马负伤。这是该师全部的损失情况。

6. 国防部中央档案馆，第 328 全宗，第 4852 目录，第 83 卷宗，第 20 页，近卫第 5 集团军档案。

7. 如果将 7 月 12 日日终时的 92 辆战车数量（7 月 13 日无修复归队的车辆），与 7 月 11 日日终时的 99 辆战车加上 12 日修复归队的 12 辆战车之和相比，这个比例则为 83%。

8. 国防部中央档案馆，第 3407 全宗，第 1 目录，第 108 卷宗，第 195—216 页。

9. 瓦列里·尼古拉耶维奇·扎穆林著《打破神话：普罗霍罗夫卡坦克战，库尔斯克，1943 年 7 月：作战记述》第 469 页。他指出："坦克第 2 军 7 月 13 日 16:00 的作战总结对此（指此次进攻）只字不提。"

10. 瓦列里·尼古拉耶维奇·扎穆林著《打破神话：普罗霍罗夫卡坦克战，库尔斯克，1943 年 7 月：作战记述》第 469—470 页。第 69 集团军只提了一句："由于没有任何步兵的掩护和炮兵的支援，坦克第 2 军各坦克旅停止了推进。"

11. 苏军报告显示其拿下了"克林基"（Klinki），我们认为这可能是"加里宁"（Kalinin）的笔误（《第 69 集团军司令部 1943 年 7 月 5—18 日作战报告》，国防部中央档案馆，第 426 全宗，第 10753 目录，第 98 卷宗，第 2—4 页）。

12. 济娜伊达·伊万诺夫娜·纳杰日达（Zinaida Ivanovna Nadezhdina）于 1919 年生于莫斯科，在 1999 年接受了涅松诺夫少将的采访。

苏联反击第 3 装甲军：
1943 年 7 月 12—13 日

第十一章

　　首先，我注意到大量卡车，它们全都是美国产的。在我看来，每一辆卡车好像都是美国造的……这是我第一次意识到，苏联从美国人那里得到了多么巨大的支援啊。同时，我也意识到在俄罗斯的心脏地带，我们不只是和俄国人作战。不过，我们也从美国对苏联的支援中获得了一些好处，因为我们缴获了大量美国野战口粮。这对我们非常有利。但总体来说，美国对苏联的这种大力支援非常令人震惊。这多少引发了一些不安情绪，也让我们产生了一些别的想法。

　　　　　　——阿尔弗雷德·鲁贝尔，第 503 重装甲（"虎"式坦克）营[1]

第 3 装甲军这天仍在进攻。因此，该军在 7 月 12 日继续向前推进，取得了一定进展。他们没有因为苏军的反击而停滞或停止。被调去抗击第 3 装甲军的苏军尚未到位。他们将在 7 月 13 日出击。

第 69 集团军调整部署

7 月 11 日晚上，第 69 集团军司令瓦西里·克留琼金中将决定让集团军在 7 月 11 日晚至 12 日凌晨撤过北顿涅茨河，重新调整部署。[2] 近卫步兵第 305 师和坦克第 96 旅退到预先准备的维波尔佐夫卡（Vypolzovka）—亚历山德罗夫卡（Aleksandrovka）—第一新阿列克谢耶夫斯基移民新（1st Novo-Alekseyevskii Vyselok）村—波德苏穆基（Podsumki）—新斯洛博德卡（Novoslobodka）一线。这一线是相当靠后的二线阵地。近卫步兵第 94 师将其两个步兵团部署在步兵第 305 师前方很远的舒霍夫采沃（Shukhovtsevo）—马济金诺—舍伊诺—乌沙科沃（Ushakovo）一线，将第三个步兵团部署在普洛斯科耶—新谢洛夫卡（位于科连河畔）一线的后方阵地。步兵第 107 师目前仍作为第二梯队，位于拉祖姆纳亚河谷—舒霍夫采沃—格列米亚切—普洛斯科耶一线。这些部队牢牢地挡在了第 3 装甲军的东北面。德军放弃了向这里推进的打算。

保卫北顿涅茨河一线的是近卫步兵第 92 师，他们位于韦林（Verin）—波克罗夫卡—伦金卡—勒扎韦茨—阿夫杰耶夫卡一线。这样部署也是为了防止德军向东北面冲击。之前撤出战斗的近卫步兵第 81 师，现在位于斯特列利尼科夫（Strel'nikov）—晓洛科沃—伦金卡一线。近卫步兵第 89 师在基谢廖沃—克里夫措沃一线布防。近卫步兵第 93 师则位于 SS 第 2 装甲军右翼的罗日杰斯特文卡—德鲁日内一线。此时没有什么大部队防守戈斯季谢沃南面的"内裤"树林，尽管这里应该是近卫步兵第 89 师的地盘。顿涅茨河三角地带尖端的防守漏洞已经显露无遗！

近卫步兵第 89 师此时将其两个步兵团撤到顿涅茨河三角地带内，布置在丘尔辛诺—晓洛科沃一线。该师已经与近卫步兵第 273 团失去了联系。该师耗尽了弹药、食品和油料，但还有将近 8000 人。缺乏补给的问题同样困扰着近卫步兵第 81 师。补给不足这个问题实在说不通，因为有道路从普罗霍罗夫卡通往戈斯季谢沃，然后经过基谢廖沃、霍赫洛沃、希申诺和别尔哥罗德旧城。此外，什利亚霍沃耶—远伊古缅卡—旧城的道路也不错。这样的道路网可以保障这些部队的供给，而且这些道路在会战头几天也没被德军切断。部队补给不足的问题出在红军的后勤体系上，也许是运输工具不足、库存有限或优先级不高。而近卫步兵第89师一直能补充兵员。[3]

近卫步兵第89师师部在前一天晚上还被吓了一跳。[①]7月12日02:00，该师部车队在撤往新奥斯科奇诺耶时被德军坦克纵队拦住了去路。他们不得不在夜间突出合围，于黎明时又退回到普洛塔。

第69集团军也要解决擅自撤退的问题。早上，克留琼金中将命令集团军锄奸处（SMERSH，俄文"Смерть шпионам"的缩写，意为"杀死间谍"）建立拦截支队。后来的一份报告显示了其工作成果，报告称他们"在7月12日一天内就扣留了2842人。……从1943年7月12日05:00开始的大量指战员逃离战场的行为，……截至同日16:00已经基本停止，不久后彻底停止。"[4]

步兵第375师在前一天被击退到后方很远的地方。现在，他们被派到西面，向SS第2装甲军发动反击。和该师一起的还有近卫步兵第93师。瓦图京还命令第69集团军从应该在新斯洛博德卡西南侧集结的近卫第5集团军中抽调力量，组建一支机动支队。

此时，坦克第2军和近卫坦克第2军已经被配属给近卫坦克第5集团军，第69集团军手头的装甲部队可能只有独立坦克第96旅和坦克第148团了。其中，独立坦克第96旅只剩7辆T-34和5辆T70[5]，坦克第148团只剩1辆可出战的T70[6]。

特鲁法诺夫支队和近卫机械化第5军

近卫坦克第5集团军打算于7月12日拂晓，以3支坦克/机械化部队出击。其中，离普罗霍罗夫卡最近的坦克第18军和第29军在第一梯队，离普罗霍洛夫卡较远的部队则担任集团军预备队。这样，近卫机械化第5军在7月11日24:00集结在索科洛夫卡—德拉内—克拉斯诺耶—维瑟普诺伊—萨盖达奇诺耶—卡梅舍夫卡地域，即普罗霍罗夫卡以东四千米处。他们作为集团军的第二梯队，负责在坦克第29军和

---

① 译者注：7月11日19:00，位于基谢廖沃的近卫步兵第89师师部遭遇德军空袭，有3人死亡、6人负伤。师长谢留金上校决定将师部转移到近卫步兵第81师防区内的新奥斯科奇诺耶。在转移途中，师部和教导营都遭遇了德军第6装甲师的夜袭部队，双方旋即大打出手。德军主力绕过苏军，朝勒扎韦茨前进。谢留金在转移过程中两次遭遇德军坦克，和全师失去了联系，在整整14小时内都没有下达任何指示。事后，他在给步兵第48军军长的报告中声称，他遭遇到了德军的"300辆坦克"。

配属过来的近卫坦克第 2 军的后方发展胜利。

此时，特鲁法诺夫的"先遣支队"位于集团军行军纵队的后方，准备离开奥博扬一带，转入集团军预备队，在普拉沃罗季地域掩护集团军左翼。

7 月 12 日早晨，苏军统帅部担心第 3 装甲军的威胁。瓦图京的对策是将近卫坦克第 5 集团军的进攻发起时间由 10:00 提前到 08:30，然后取消第二梯队，将特鲁法诺夫的先遣支队派往东面，将近卫机械化第 11 旅和第 12 旅派往南面。这样就只剩近卫机械化第 10 旅和近卫坦克第 24 旅来加强进攻力量。只要进攻不被叫停，他们实际上是沃罗涅日方面军仅有的未投入战斗的新锐力量了。

此时，特鲁法诺夫少将除了指挥近卫摩托车第 1 团、近卫坦克第 53 团、反坦克歼击炮兵第 689 团、榴弹炮兵第 678 团的一个炮兵连，还加强了近卫机械化第 11 旅、近卫机械化第 12 旅、步兵第 375 师的一个团、近卫步兵第 92 师和近卫坦克第 2 军的近卫坦克第 26 旅，他打算消灭伦金卡—勒扎韦茨地域之敌（步兵第 375 师再也没有转回南面）。特鲁法诺夫支队此时距离伦金卡桥头堡还有 16 千米的路程。该支队最初的部队此时已经比集团军的其他部队走了更远的路程。近卫摩托车第 1 团有 7 辆 T-34、18 辆装甲汽车、217 辆摩托车和 20 辆吉普车（美制 1/4 吨吉普）。近卫坦克第 53 团有 28 辆 T-34 和 9 辆 T-70。反坦克歼击炮兵第 689 团有 20 门 45 毫米炮，榴弹炮兵连正常情况下应该有 4 门 122 毫米榴弹炮。[7]

特鲁法诺大支队没有直接应对南方的威胁，而是向东行进，在德军东北面的大波季亚鲁吉（Bolshiye Podyarugi）一带占领防御阵地。然后他们向南实施侦察，以确定德军位置。近卫坦克第 53 团移动到新赫梅列沃伊（Novo-Khmelevoi，该村位于亚历山德罗夫卡东北四千米处），并在晚些时候对亚历山德罗夫卡发动了一次进攻。[8]

在官方记录中，有关近卫坦克第 53 团当天战果的记录有些含糊，这可能是为了掩饰一场尴尬的战斗。该团在进攻前要穿过近卫步兵第 92 师的阵地，然而他们并不知道有步兵在这里设防。17:00—18:00，该团开始向第 1 新阿列克谢耶斯基移民新村方向进攻。坦克纵队在朝亚历山德罗夫卡以北的 241.5 高地前进时，向近卫步兵第 92 师的阵地和亚历山德罗夫卡地域的坦克第 96 旅开火。[①] 苏军开始自相

---

① 译者注：17:30 左右，德军第 6 装甲师也从 241.5 高地向亚历山德罗夫卡发动进攻。

残杀，而伊尔 -2 也空袭了近卫步兵第 92 师的阵地。直到上级军官大力干预，这场混战才结束。[9]

近卫坦克第 53 团于 19:00 许穿过亚历山德罗夫卡，和德军坦克交上了火。一份报告指出："由于侦察不力，我们的部队错误地暴露了侧翼。"该团不久被命令撤回出发阵地。晚上，该团又奉命前往卡扎奇耶。这样，他们在 20:00 穿过亚历山德罗夫卡北侧时，遭到了德军坦克的射击。团长的座车被打穿，团长本人也身负重伤。之后，全团在亚历山德罗夫卡西侧和西南侧占领了防御阵地。他们当天损失了 11 辆坦克。[10]

与此同时，近卫机械化第 5 军余部进入了更关键的阵地。在迫击炮兵第 285 团的支援下，近卫机械化第 11 旅、近卫机械化第 12 旅和自行火炮第 1447 团将进攻安德烈耶夫卡—伦金卡—勒扎韦茨地域之敌。根据报告，他们在 7 月 13 日 07:00 已经到达这一线，正沿着伦金卡北侧一线和维波尔佐夫卡—亚历山德罗夫卡公路巩固防御。他们还得到了近卫坦克第 2 军的近卫坦克第 26 旅的增援。该旅之前被派往沙霍沃，掩护北面道路，而军的另外两个旅则派往西面进攻。到日终时，近卫坦克第 26 旅是该军唯一一支实力较强的旅，他们有 30 辆 T-34 和 9 辆 T-70。他们当天应该没有参战。[11]

7 月 12 日 19:00，近卫机械化第 5 军的其他部队，即近卫机械化第 10 旅和近卫坦克第 24 旅，仍集中在普罗霍罗夫卡以东的巴肖恩科夫——巴赫捷耶夫卡——山肖克—波戈列洛夫卡一带。他们接到命令，要于 20:00 在韦肖雷以西的河谷地域进攻德军，近卫第 5 集团军就在这里与髑髅师战斗。近卫坦克第 24 旅赶赴伏罗希洛夫国营农场，准备攻击国营农场以西一千米处树林方向上的德军，并防止德军向东面和东北面推进。但他们当天应该没有怎么参与交战。

当罗特米斯特罗夫的近卫坦克第 5 集团军主力发动愚蠢的装甲冲锋，付出无谓的代价之时，近卫机械化第 5 军却分散在三个地点。除去特鲁法诺夫支队，近卫机械化第 5 军当天损失了 2 辆 T-34（其中一辆触雷）、2 辆 T-70（触雷）和 1 门高射炮。这些装备具体属于哪个旅，或者被谁的地雷炸毁，都不得而知。

在后来的苏联战史研究中，特鲁法诺夫支队及其抗击第 3 装甲军的战斗成了普罗霍罗夫卡传奇的一个重要组成部分。特鲁法诺夫手头的兵力确实有所增加，但这会给人的一种错觉，认为他的支队才是普罗霍罗夫卡之战的关键。[12] 正是近卫机械化第5军在南线抗击第3装甲军，才导致一些历史学家将普罗霍罗夫卡之战定为两天（7月12—13日）乃至更久，并将德军的两个装甲军（SS第2装甲军和国防军第3装甲军）都算在内。当然，第3装甲军的行动也确实影响到了苏军对SS第2装甲军的作战。

实际上，特鲁法诺夫支队作为东北面防御部队的后盾，并不在德军第3装甲军的主攻方向上。但作为4个加强坦克/机械化旅的指挥员，特鲁法诺夫少将也确实起到了重要作用。尽管如此，特鲁法诺夫支队的作用还是被过分夸大了。该支队实际上并没有比近卫机械化第5军的其他旅更重要。当时，抗击德军第3装甲军的苏军有18支部队（近卫步兵第15师、第73师、第78师、第81师、第89师、第92师和第94师，步兵第107师、第305师和第375师，独立坦克第96旅，坦克第148团、第167团和第262团，反坦克歼击炮兵第10旅、第30旅和第31旅，自行火炮第1438团）。特鲁法诺夫支队毕竟只是参与防御的200个旅、团中的一个旅级部队。[①] 他们既不在关键的节点上，也不在敌人的主攻方向上；既没有付出特别大的代价，也没有取得了不得的战果。

戈斯季谢沃

如前一章所述，第168步兵师的第417步兵团已经在前一天渡过利波维顿涅茨河和北顿涅茨河，进入顿涅茨河三角地带。现在，德军位于彼得罗帕夫洛夫卡以北的"内裤"树林的西南部。他们穿过树林，继续进攻，并在树林中不时遭到苏军的激烈抵抗。但这些苏军在激烈的肉搏战中被肃清了。在到达树林北边后，该团的1营继续向东北面前进，进攻戈斯季谢沃东南两千米处的小树林，顺利拿下了树林边上的堑壕。一些俄国人从树林北边逃到了戈斯季谢沃。德军继续追击，并在没有遇到什么抵抗的情况下拿下了戈斯季谢沃。德军声称在"内裤"树林的进攻中，苏军有200人被俘，被打死的则难以计数。

---

① 译者注：有意思的是，作者在前文说特鲁法诺夫少将指挥着多个部队，那明明相当于一个加强的坦克/机械化军，或者德军的一个装甲师。然而，作者在这里却按照特鲁法诺夫支队的最初兵力，认为该支队只是一支旅级部队。相比之下，扎穆林在《打碎神话》第415—416页的分析更合理一些。虽然按照罗特米斯特罗夫的命令，特鲁法诺夫支队的兵力激增，但该支队并没有统一的指挥机关，其部队也分散在奥博扬至亚历山德罗夫卡之间的地域内。在7月12日的战斗中，近卫坦克第26旅仍受近卫坦克第2军副军长波洛斯科夫上校的指挥，而两个机械化旅则受近卫机械化第5军副军长列少将的指挥。从第69集团军抽调的步兵可能也仍受克留琼金的指挥。

在没有装甲部队支援的情况下，德军的这次团级进攻顺利地扫清了 SS 第 2 装甲军七千米的侧翼，这是肯普夫集团军级支队连续战斗几天也没能做到的。显然，苏军第 69 集团军不想放弃这里，因为近卫步兵第 93 师当天还在进攻，其南翼就在涅普哈耶沃以西一千米处。这里本该由近卫步兵第 89 师把守，但近卫步兵第 93 师在报告中称第 89 师"擅自撤退了"。此举显然给苏军的防线开了一个口子。

7 月 11 日，近卫步兵第 89 师师长将师部撤到后方，导致他与友邻部队及军部失去了联系。他随即擅自决定将近卫步兵第 267 团从北顿涅茨河畔的加里宁（？）—基谢廖沃一线撤出。正如瓦图京在 7 月 21 日的一份命令中所说，"敌人利用近卫步兵第 267 团撤退之机占领了曾由该团把守的森林，导致另一个师无法执行战斗命令。"[13]

一个没有坦克支援的德军步兵团的进攻本可以被轻松击退。然而，第 417 步兵团在这一天里实际上推进了将近八千米，而近卫步兵第 89 师却没有遭受很大损失。近卫步兵第 93 师的侧翼变得很薄弱。由于第 417 步兵团是在 7 月 11 日下午拿下的彼得罗帕夫洛夫卡，这次撤退应该与贝克的夜袭（见后文）没有关系，况且撤退是在 7 月 11 日下午早些时候开始的。

第 168 步兵师还得到了第 167 步兵师的协助。第 69 集团军的报告指出，德军一个连的步兵在维斯洛耶渡过利波维顿涅茨河，进攻戈斯季谢沃南面高地。与此同时，另一个连从西面树林逼近索申科夫。随后，第 417 步兵团继续前进，并在戈斯季谢沃以北和北顿涅茨河东岸的克里夫措沃—萨瓦尼诺—基谢廖沃一线建立屏护阵地。

与此同时，第 168 步兵师余部仍在掩护第 3 装甲军的东翼。第 442 步兵团已经移动到该军的另一侧，在卡扎奇耶—科敏捷尔恩（Komintern）一线的拉祖姆纳亚河畔建立屏护阵地，而第 429 步兵团在集结到上奥利尚涅茨地域后，准备夺取亚历山德罗夫卡。第 248 侦察营经过苦战，肃清了兹纳缅卡（Znamenka）树林东面、西面和西北面的敌人，并占领了新奥斯科奇诺耶。他们都声称自己俘虏了很多苏军。

此次行动再次引发了第 3 装甲军和肯普夫将军的争论。第 3 装甲军于 7 月 12 日 13:00（莫斯科时间 15:00）决定让第 417 步兵团的一个加强营留在戈斯季谢沃，让该团余部前往霍赫洛沃。另外两个步兵团和侦察营换下第 7 装甲师所部，以掩护右翼。肯普夫将军对掩护侧翼的方案表示反对。他认为该师应让 2/3 的兵力前往顿涅茨河畔，1/3 的兵力前往拉祖姆纳亚河地域。随后，他将方案调整为 1/3 的兵力前往顿涅茨河，1/3 的兵力前往拉祖姆纳亚河掩护侧翼，而一个团级集群留在上奥利尚涅茨地域做预备队。[14]

这样，第 168 步兵师现在实际上有一个步兵团在掩护 SS 第 2 装甲军的部分右翼，有另外两个团在掩护第 3 装甲军右翼，以便该军的装甲师可以继续前进。

第 19 装甲师扫荡北顿涅茨河

07:45（莫斯科时间 09:45），第 19 装甲师的第 73 装甲掷弹兵团和第 74 装甲掷弹兵团开始向北进攻。第 73 装甲掷弹兵团向反抗很弱的苏军挺进，该团右翼由第 19 装甲侦察营负责掩护。在扫清了很多雷场之后，该团穿过了萨贝尼诺，然后右转，沿北顿涅茨河向东北前进，夺取了克里夫措沃和斯特列利尼科夫，于 14:15（莫斯科时间 16:15）时到达勒扎韦茨。在这里，他们遇到了第 6 装甲师所部。

在肃清萨贝尼诺东南的树林之后，第 74 装甲掷弹兵团从该村的东边经过，在第 73 装甲掷弹兵团后面占领了阵地。当天晚些时候，第 73 装甲掷弹兵团与第 74 装甲掷弹兵团的一个营接手了伦金卡桥头堡并将其扩大。这一地域原先是由近卫步兵第 92 师和第 81 师把守的。

自 7 月 5 日起就参战的近卫步兵第 81 师打得可圈可点，但其指挥系统却在这天出了点问题。近卫步兵第 235 团 2 营本该把守北顿涅茨河西岸的晓洛科次渔场，防止德军渡河。但根据师长的报告，"领受命令并占领防御区后，2 营营长戈什捷纳尔（Goshtenar）没有采取任何措施防止敌军渡河。此外，当微不足道的敌军出现之时，他可耻地离开了战场，在没有团长命令的情况下撤退了。戈什捷纳尔忘记了斯大林格勒会战的光荣传统，不光彩地逃离了战场，而他的营被刚刚赶来的师参谋长斯韦特尼克（Svetnik）少校和政治处主任、近卫军中校博利沙科夫（Bol'shakov）拦住，退回了原阵地。戈什捷纳尔表现得像个懦夫，他背叛了祖国。……由于未接到命令就擅自放弃任务地段且可耻地逃离战场，近卫红旗步兵第 235 团 2 营营长将被送交军事法庭接受审判。"[15]

当天晚些时候，德军的桥头堡受到了近卫机械化第 11 旅和第 12 旅的进攻压力。根据第 69 集团军的说法，他们到日终时拿下了伦金卡和希佩，并让近卫机械化第 11 旅的两个营和近卫机械化第 12 旅的一个营把守这里。其他营集结在阿夫杰耶夫卡。其他二手资料也保留了此说法。[16] 不过到日终时，这两个村子应该还在德军手里。

没有迹象表明德军被赶出了伦金卡。[17]

近卫坦克第 5 集团军 1943 年 7 月 13 日 07:00 的第 2 号作战报告显示："近卫机械化第 5 军（近卫机械化第 11 旅和第 12 旅）到达伦金卡北侧—维波尔佐夫卡—亚历山德罗夫卡公路一线并在此设防，……前一天，敌军的 4 辆坦克和 4 门火炮被击毁。损失如下：2 辆 T-34（其中一辆触雷）、2 辆 T-70（触雷）、1 门高射炮。"[18]

近卫机械化第 11 旅报告称其在 7 月 12 日损失了 354 人，而近卫机械化第 12 旅报告称其在 7 月 12—16 日死伤了 244 人。[19]

第 6 装甲师渡过北顿涅茨河

大约在前一晚的 22:00（莫斯科时间 7 月 12 日 00:00），第 6 装甲师让装甲战斗群前往卡扎奇耶。随后，奥佩尔恩装甲战斗群的一支特遣队在夜间发动奇袭，夺取了勒扎韦茨西北面北顿涅茨河畔的一个渡河点。

这次夜袭由少校弗朗茨·贝克博士领导。他将第 11 装甲团 2 营和第 114 装甲掷弹兵团 2 营组成了特遣队，而且特遣队中还有几辆"虎"式坦克。走在特遣队纵队前方的是缴获的 T-34 坦克。随后，特遣队于夜间悄悄穿过苏军战线，朝桥头驶去。然而，那辆充当"特洛伊木马"的 T-34 坦克因出现故障而失去了行动能力，特遣队不得不停下来将其推到路边。特遣队得以继续前进，然后通过奇袭，在勒扎韦茨夺取了渡河口，尽管主要的桥梁被炸掉了。[20]

第 503 重装甲营 1 连的阿尔弗雷德·鲁贝尔[21]回忆道：

7 月 11 日晚至 12 日凌晨，我参加了第 11 装甲团向勒扎韦茨的夜袭，领队的是贝克少校。很多文学作品已经对这次战斗做了不少介绍。此次攻击是为了追击撤退的苏军。当天晚上很暗，能见度较低，但没有雾。

这次夜袭穿过了七个俄罗斯村庄。我们的特遣队可能有 20 辆坦克。这些坦克很轻松地就将队伍拖成了整整一千米的长队，而我们就沿着道路护送坦克，所以整个行动更像是夜间行军，而不是进攻。我不记得我们像很多引人入胜的作品所描写的那样插进了俄军纵队。直到天蒙蒙亮的时候，我们才意识到我们进入了俄军纵队中间，双方自然立即就交上了火。我觉得我们占了上风，这主要是因为俄国人立刻就逃走了，简直就像慌了神一样。[22]

根据第 11 装甲团的作战日志，战斗群由第 7 装甲连带头，然后依次是第 114 装甲掷弹兵团 7 连、第 8 装甲连、第 114 装甲掷弹兵团 2 营余部，最后是"虎"式坦克。他们于 00:30（莫斯科时间 02:30）时穿过库拉科夫卡时，没有遇到任何苏军。他们于 00:40（莫斯科时间 02:40）时到达了勒扎韦茨，然后穿过该村，朝桥驶去。此时，勒扎韦茨仍有苏军的流动巡逻队和马车。突然有一辆车抛锚，战斗群纵队断开了。战斗群的前队遇上了一队搭载苏军步兵的 T-34 坦克。他们本打算蒙混过去，然而战斗群的其他人员跟了上来，双方随即展开了交战。德军宣称其击毁了 10 辆 T-34 和 1 辆 T-70，其中的 5 辆是由贝克少校和措贝尔（Zobel）少尉的部队在近战中击毁的。[23] 德军随后拿下了勒扎韦茨，并继续前进。2 营的步兵通过被摧毁的桥，在对岸建立了桥头堡。05:00，1 营也赶到了勒扎韦茨并增援桥头堡。[24]

随后，德军在白天顶住了苏军炮兵和坦克的火力，守住了桥头堡。由于第 6 装甲师占领了勒扎韦茨，桥头堡还得以扩大。此外，第 6 装甲师还在伦金卡建立了另一个桥头堡。位于伦金卡的部队被第 19 装甲师替换了下来，并在韦西洛克（Vessilok）西北面又建了一个桥头堡。与此同时，师主力军——包括曾与第 168 步兵师在南面并肩作战的部队——进入了卡扎奇耶—库拉科夫卡地域。上午，奥佩尔恩战斗群的坦克在这一地域与苏军坦克陷入了混战。

翁赖因战斗群（第 4 装甲掷弹兵团）的主力在早晨进入上奥利尚涅茨地域，战斗群的部分兵力仍在什利亚霍沃耶东南部清理撤亡的苏军。昆廷战斗群（第 6 装甲侦察营）让其部分兵力在什利亚霍沃耶以东掩护侧翼，这本是第 7 装甲师所部的任务，但后者压根没去执行。侦察兵们在第 1 新阿列克谢耶夫斯基移民新村和亚历山德罗夫卡发现了苏军。按照早晨的报告，这里应该空无一人才对，而现在却不断有苏军赶来，他们至少有 25 辆坦克。这些苏军分别是位于斯维里多沃（Sviridovo）到阿列克谢耶夫卡一线的步兵第 305 师、位于维波尔佐夫卡到第 1 新阿列克谢耶夫斯基移民新村的近卫步兵第 92 师，以及坦克第 96 旅（只剩 12—16 辆坦克）。步兵第 107 师当天可能参战了，但记录只提到其步兵第 522 团放弃了上奥利尚涅茨，并集结在了后方的扎亚奇耶（Zayach'e，位于上奥利尚涅茨以东 10 千米处）。到日终时，该师全部 3 个步兵团均退到了第二梯队。与此同时，昆廷战斗群也退向加里宁纳。

为了消除苏军进攻对师侧翼的威胁，翁赖因战斗群接管了昆廷战斗群的部分兵力和一些突击炮，并奉命立即进攻第 1 新阿列克谢耶夫斯基移民新村和亚历山德罗夫卡。当天,在这些村子展开的战斗一直在进行。到日终时,战线已位于卡扎奇耶—库拉科夫卡—维波尔佐夫卡—伦金卡正南。重要的是,第3装甲军在三个地点上渡过了北顿涅茨河。

阿尔弗雷德·鲁贝尔回忆了那几天与第6装甲师一起前进的情况:

我记不清进攻的时间和地点了。根据一份显示每日进展的文件,我的连和我被安排在下列地点进行战斗:7月5日,米哈伊洛夫卡;7月6日,拉祖姆诺耶;7月7日,亚斯特列博沃;7月7日,上奥利尚涅茨;7月12日,库拉科夫卡。最激烈的战斗发生在7月11日和12日。

我只能有个大概的印象。进攻一直向东北方向进行。我觉得我们在格涅拉洛夫卡(Generalovka,该村位于拉祖姆诺耶和别洛夫斯卡亚之间)打垮了敌人的工事之后,再次获得了自由活动的空间。

敌人似乎正在按照计划躲避我们。我们看到长长的苏军纵队,朝其打了几发高爆弹,但很快就没再射击,因为我们甚至没有足够的炮弹。

首先,我注意到大量卡车,它们全都是美国产的。在我看来,每一辆卡车好像都是美国造的。另外,我们在那时候首次遭遇3辆丘吉尔坦克,我们很快就将其击毁。后来,我们还看到了美制"谢尔曼"坦克和"李将军"坦克。不过,这些对我们来说都不是什么需要认真对待的对手。我们有时会用带延时引信的高爆弹朝谢尔曼坦克射击。炮弹击穿了谢尔曼坦克薄弱的装甲,并在坦克内部炸开,使得敌人无法战斗。有些日子,敌人有一半的坦克都是美国产的。

这是我第一次意识到,苏联从美国人那里得到了多么巨大的支援啊。同时,我也意识到在俄罗斯的心脏地带,我们不只是和俄国人作战。不过,我们也从美国对苏联的支援中获得了一些好处,因为我们缴获了大量美国野战口粮。这对我们非常有利。但总体来说,美国对苏联的这种大力支援非常令人震惊。这多少引发了一些不安情绪,也让我们产生了一些别的想法。

在接下来的几天里,我们快速推进。"虎"式坦克连常常作为第11装甲团的前锋。大多数时候,师的装甲阵形里会有第4装甲掷弹兵团的装甲人员输送车营。我们在运用这样的装甲阵形时采用了经典的进攻方式。我们会在很窄的正面上接敌。接敌时,我们后方很远的地方也有部队集结。这样,我们就不用担心侧翼或后方有威胁。

在这种楔形阵形中，我们总是位于师主力的前方。

然而，没有任何大胆的苏军指挥员会利用这个楔形阵形，从侧翼远处发动进攻将我们切断。相反，敌人总是从一个阵地退向下一个阵地。没有任何苏军下级指挥员尝试从正面牵制我们，同时以其主力攻击我军侧后。因此，只在正面展开交火，我们是有优势的。我们接着会在战场上实施机动，袭击敌侧翼。这一招屡试不爽。

就这样，我们从没遇到特别的挑战。总之，敌人一直在用我们在无数次交战中已经司空见惯了的老套路。

实际上，苏军在库尔斯克会战期间还没有谢尔曼坦克，但他们确实在这一地域投入了格兰特坦克和丘吉尔坦克。格兰特坦克的装甲比谢尔曼的更薄。

显然，德国空军没有接到己方部队已在勒扎韦茨占领桥头堡的通知。7 月 12 日 10:20（莫斯科时间 12:20），德军 He-111 轰炸机误将桥头堡的德军装甲部队当成苏军，对桥头堡进行了轰炸。[25] 当时，许纳斯多夫将军正在他的指挥车边上与参谋军官和指挥官们开会。在这次轰炸中，德军有 15 人被炸死、49 人被炸伤。其中，第 114 装甲掷弹兵团团长罗加拉·冯·比贝尔施泰因（Rogalla von Bieberstein）少校被炸死，第 11 装甲团团长冯·奥佩尔恩 - 布罗尼科夫斯基上校和许纳斯多夫将军被炸伤。仅受轻伤的贝克接替了冯·奥佩尔恩 - 布罗尼科夫斯基。如果这一说法是准确的，那么该师一天之内就损失了两名团长。但德力的记录显示，此事发生在 7 月 13 日（见后文关于 7 月 13 日的叙述）。[26]

❋ 戈斯季谢沃（1），第 168 步兵师，1943 年 7 月 12 日

第 417 步兵团的行动并入第 167 步兵师的战斗中（见第九章）。另外两个团当天没有大规模参战。

德军配属兵力

第 228 突击炮营 2 连，有 6 门突击炮

第 61 高炮团 1 营某轻型高炮连（7 月 12 日配属）

仍未归建的部队

第 248 工兵营（欠 3 个连）

第 429 步兵团（欠 1 个营）

✿ 第 19 装甲师扫荡北顿涅茨河，1943 年 7 月 12 日

时长：一天　　　正面宽度：7.8 千米　　　地形：丘陵，混合地形

天气：凉，多云，有阵雨，正午气温：17℃　　　道路状况：好

	进攻方	防御方
部队番号	第 19 装甲师	近卫步兵第 81 师
配属兵力	见下文	见下文
总兵力	17884	6229
装甲车（辆）	27（含 5 辆轻型坦克）	0
火炮（门）	150	31
空军（架次）	0	昼间 33、夜间 5
减员（人）	37（5 人死亡、30 人负伤、2 人失踪）	655（161 人死亡、336 人负伤、158 人失踪）
战车损失（辆）	2	6
火炮损失（门）	2	6
俘虏（人）	不详	1

德军配属兵力

第 70 工兵营

第 411 工兵营第 2 B 型架桥纵队

第 842 工兵营 J 型架桥纵队

第 52 火箭炮团（7 月 12 日配属，计入本表）

第 61 高炮团 1 营（欠 1 个连）

　　第 61 高炮团 1 营轻型高炮连（7 月 12 日调走，计入本表）

第 429 步兵团（来自第 168 步兵师），欠 1 个营

调走的部队

第 19 装甲炮兵团观测炮兵连

苏军增援兵力

近卫机械化第 11 旅

近卫机械化第 12 旅

❊ 第 6 装甲师渡过北顿涅茨河，1943 年 7 月 12 日

时长：一天　　　正面宽度：12.2 千米　　　地形：丘陵，混合地形

天气：偶有小雨，凉。正午气温：17℃　　　道路状况：好

	进攻方	防御方
部队番号	第 6 装甲师	近卫步兵第 92 师、步兵第 305、步兵第 107 师
配属兵力	见下文	见下文
总兵力	21000	23225
装甲车（辆）	67（含 4 辆轻型坦克）	12（含 5 辆轻型坦克）
火炮（门）	140	205
空军（架次）	0	昼间 35、夜间 5
减员（人）	108（18 人死亡、88 人负伤、2 人失踪）	725（126 人死亡、521 负伤、78 人失踪）
战车损失（辆）	11	14
火炮损失（门）	1	14
俘虏（人）	不详	4

德军配属兵力

第 62 炮兵团 2 营——7 月 12 日配属

第 54 火箭炮团 2 营——7 月 12 日配属

第 54 火箭炮团 8 营

第 54 火箭炮团团部——7 月 12 日配属

第 43 高炮团 2 营

第 91 高炮团轻型高炮营——7 月 12 日配属

第 204 情报队——7 月 12 日配属

第 228 突击炮营（欠第 2 连）

第 503 重装甲营 1 连（计入本表）

第 503 重装甲营 2 连（计入本表）

第 503 重装甲营营部（计入本表）

调走的部队

第 76 装甲炮兵团观测炮兵连（计入本表）

苏军兵力

近卫步兵第 92 师

坦克第 96 旅

步兵第 305 师

反坦克歼击炮兵第 1658 团——7 月 12 日调离（计入本表）

坦克第 148 团——7 月 12 日配属（此处不计）

步兵第 107 师

迫击炮兵第 496 团

反坦克枪第 123 营

反坦克枪第 130 营

近卫坦克第 53 团（只计入损失）

❀ 米亚索耶多沃，1943 年 7 月 12 日

时长：一天 　　正面宽度：5.5 千米 　　　地形：丘陵，混合地形

天气：凉，多云。正午气温：17℃ 　　　道路状况：好

	进攻方	防御方
部队番号	第 7 装甲师	近卫步兵第 94 师
配属兵力	见下文	坦克第 148 团（调离——不计）
总兵力	17779	8326
装甲车（辆）	49（含 4 辆轻型坦克）	0
火炮（门）	135	61
空军（架次）	0	昼间 11、夜间 40
减员（人）	19（3 人死亡、15 人负伤、1 人失踪）	485（158 人死亡、263 负伤、64 人失踪）
火炮损失（门）	1	9
俘虏（人）	不详	0

德军配属兵力

第 9 工兵营 B 型架桥纵队

第 505 工兵营第 1 B 型架桥纵队

第 843 工兵营 J 型架桥纵队

调走的部队

第 78 炮兵团观测炮兵连

团级战斗群（7 月 12 日调离，计入本表）

第 99 高炮团团部

第 38 高炮团 1 营

第 38 高炮团 2 营

第 91 高炮团轻型高炮营（7 月 12 日调离，不计入本表）

第 62 炮兵团 2 营（7 月 12 日调离，不计入本表）

第 54 火箭炮团 1 营

第 54 火箭炮团 2 营（7 月 12 日调离，不计入本表）

第 54 火箭炮团团部（7 月 12 日调离，不计入本表）

第 204 情报队（7 月 12 日调离，不计入本表）

第 503 重装甲营 3 连（7 月 12 日调离，不计入本表）

德军第 3 装甲军直属部队

第 601 工兵团团部

第 674 工兵团团部

第 925 架桥指挥部

第 127 工兵营（欠 1 个连）

第 531 架桥营

第 110 工兵营 B 型架桥纵队

第 602 工兵营 B 型架桥纵队

第 538 筑路营的 1 个连

第 153 高炮团团部

第 3 炮兵指挥部

第 612 炮兵团团部

第 62 炮兵团 2 营

第 71 炮兵团 2 营

第 857 重型炮兵团

第 52 火箭炮团团部——7 月 12 日配属到下属部队

第 52 火箭炮团 1 营——7 月 12 日配属到下属部队

第 52 火箭炮团 2 营——7 月 12 日配属到下属部队

第 52 火箭炮团 3 营——7 月 12 日配属到下属部队

第 13 轻型观测炮兵连的 1 个排

第 19 装甲炮兵团观测炮兵连（第 19 装甲师）

第 76 装甲炮兵团观测炮兵连（第 6 装甲师）

第 2 油料纵队

第 545 装甲抢修排

第 503 重装甲营营部——7 月 12 日配属

第 503 重装甲营 1 连——7 月 12 日配属

第 503 重装甲营 2 连——7 月 12 日配属

第 503 重装甲营 3 连——7 月 12 日配属

团级战斗群（第 7 装甲师）——7 月 12 日配属

最后，苏军在 18:00 再次向勒扎韦茨发动了一次进攻。德军宣称，他们在此次攻击中击毁了 3 辆 T-34。[27]

晚上 20:00，在反坦克歼击炮兵第 689 团的 3 个炮兵连的支援下，特鲁法诺夫支队的近卫坦克第 53 团向亚历山德罗夫卡发动了进攻。该团于 22:00（近卫坦克第 5 集团军战斗日志显示的是 20:00）到达亚历山德罗夫卡北侧，接着遭到村子西南 1.5 千米处洼地内的 28 辆德军坦克（其中 8 辆为"虎"式坦克）的突然袭击。这是苏军的说法。不算黄鼠狼坦克歼击车或者自行火炮的话，德军第 6 装甲师大约有 24 辆坦克可出动。第 503 重装甲营也只有 17 辆"虎"式坦克可出动。战斗持续到 22:15，近卫坦克第 53 团的 13 辆坦克随后在亚历山德罗夫卡西侧和西南侧建立防御，而该团的 6 辆 T-34 和 7 辆 T-70 位于新赫梅列沃伊（Novo-Khmelevoi，位于亚历山德罗夫卡东北 5.2 千米处）西侧和西南侧 ①。近卫坦克第 53 团损失了 9 辆 T-34 和 3 辆 T-70，但他们却宣称自己击毁了 9 辆德军坦克，包括 2 辆"虎"式坦克。[28] 估计第 6 装甲师在 7 月 12 日损失了 3 辆坦克，而第 503 重装甲营损失了 6 辆"虎"式坦克。苏军的反坦克歼击炮兵团第 689 团当天损失了 5 门火炮，12 日和 13 日共损失了 12 门 45 毫米反坦克炮。近卫坦克第 53 团当天损失 9 辆 T-34 和 3 辆 T-70，另有 5 人牺牲、7 人负伤、10 人失踪，这些数据可能包含了 7 月 13 日的损失。

米亚索耶多沃

第 7 装甲师于 7 月 11 日深夜展开进攻，占领了米亚索耶多沃北半部分，并在 12 日上午肃清了该镇和靴形树林内的敌人。正午时分，师后勤军官报告称，他们在靴形树林内缴获大量苏军装备，请求军缴获装备回收部门派人过来支援。布赖特在战后的叙述中提到了此事，认为他们取得了一场重大胜利，使这段战线平静了下来，从而让该师可以转向北面。[29]

配属该师的第 168 步兵师所部，其任务是肃清米亚索耶多沃和加里宁纳之间的拉祖姆纳亚河谷。中午时分，该师被第 198 步兵师所部替换下来。师主力穿过梅利霍沃，前往卡扎奇耶。由一个装甲掷弹兵团、一个坦克连和一个炮兵营组成的团级

---

① 译者注：近卫坦克第 5 集团军战斗日志和《近卫坦克第 5 集团军的战斗行动》均显示的是 7 辆 T-34 和 6 辆 T-70。

战斗群留在亚斯特列博沃，归军直接控制。

近卫步兵第 94 师正在 205.6 高地(马济金诺东北偏北 1.5 千米处)—马济金诺—舍伊诺—乌沙科沃一线防御。据报告，他们当天打退了德军步兵和坦克的多次进攻。

7 月 11 日应该是苏军反坦克歼击炮兵第 31 旅参战的最后一天。该旅在 11 日撤退休整，其"余部"于 12 日集结在普罗霍德诺耶（科连河后面），损失很大，正在核实中。坦克第 148 团也是如此，他们奉命前往大普辛卡，随后转到卡扎奇耶，以便与步兵第 305 师会合。该团还剩 3 辆 T-34 和 1 辆 T-70，全部需要维修。这些坦克和 4 个反坦克枪小组在团副参谋长带领下，到达卡扎奇耶地域。此后，该团退出了库尔斯克会战。

空中支援

第 19 装甲师报告称，苏联空军在夜间有活动。苏联空军的近距离空中支援在早晨和中午都十分活跃，并且轰炸了师的炮兵阵地。德国空军只出动了很少的侦察机和战斗机。

第 6 装甲师报告称，苏联空军的活动频率和往常差不多。第 7 装甲师则认为苏联空军在 11 日晚至 12 日凌晨活动频繁。

德军这天显然得到了苏军的一些空中支援（指苏军当天的多次误击）。根据近卫机械化第 11 旅的报告，12 架伊尔-2 在 12:11 对其发动了进攻，另有 30 架伊尔-2 在 12:30 赶来进攻。夜间，一架乌-2 向友军投掷了燃烧弹。该旅位于勒扎韦茨和伦金卡地域。位于勒扎韦茨的德军第 6 装甲师指挥所也遭到了己方一个 He-111 中队的误击（见上文）。[30]

第 3 装甲军进攻顿涅茨河三角地带，1943 年 7 月 13 日

苏军 7 月 12 日的撤军使德军向前推进了一大段距离，并在北顿涅茨河西岸建立了多个据点。近卫步兵第 94 师、步兵第 305 师和步兵第 107 师(近卫步兵第 35 军)正在防备德军向东北面突击，而位于顿涅茨河三角地带的大部分苏军坦克在 7 月 12 日都在进攻 SS 第 2 装甲军。这就导致苏军防线上开了一个口子，德军可以抓住战机向北推进。德军实际上是在近卫步兵第 35 军的正面做了一个横向机动。

德军装甲部队，尤其是第 6 装甲师，突然发现自己可以冲向北面，渡过北

顿涅茨河，而苏军只有侧面的近卫步兵第 35 军在进攻，正面的苏军（近卫步兵第 81 师、第 89 师和第 92 师）要么在撤退，要么已经消耗很大。本来，北顿涅茨河的北岸不仅地势较高，而且其面前的河面宽阔，地势也开阔，是个易守难攻的据点。但不知为何，苏军没有在这里建立一条可靠而完备的防线，因此德军第 168 步兵师、第 19 装甲师和第 6 装甲师在 7 月 12 日没花多大力气，就渡过了北顿涅茨河。

特鲁法诺夫的 3 个加强旅姗姗来迟，已经来不及阻挡德军，而且他们主要在防止德军向东北面进攻，这就导致伦金卡西南地域有些空虚。德军只要能守住伦金卡，就可以卷击顿涅茨河三角地带中苏军的侧翼。

苏军的对策自然是反击，他们在 7 月 13 日就是这么做的。如果近卫第 7 集团军和第 69 集团军的司令能提前在两军的结合处布置包括坦克在内的适当兵力，以防止敌人向北突击，那就再好不过了。

7 月 12 日，当第 48 装甲军和 SS 第 2 装甲军还在苦苦支撑之时，第 3 装甲军已经取得了很大进展，他们在三个地点渡过了北顿涅茨河。次日，第 3 装甲军在整个战线上都遭到了进攻，所以该军这天的进展不大，但他们仍然对顿涅茨河三角地带内的苏军构成威胁。

第 69 集团军的困境

此时，第 69 集团军正在与德军的两个装甲军交战，并且还面临着来自三个方向的威胁。步兵第 48 军有 3 个师在西面对战 SS 第 2 装甲军，有 2 个师在南面对战第 3 装甲军。在他们中间还有德军的第 417 步兵团。由于第 69 集团军（至少是近卫步兵第 89 师）犯了大错，这就导致第 417 步兵团在前一天轻松地冲进了戈斯季谢沃。这样，近卫步兵第 93 师遭到包抄，被迫转向南面，以应对这一威胁。

德军在伦金卡建立了一个桥头堡，他们在这里可以用 2 个装甲师发动攻击。不过，第 69 集团军还是得到了近卫机械化第 5 军主力的一定支援。这些部队正进入自己的地段，准备对德军桥头堡发动反击。

在第 3 装甲军东侧的是近卫步兵第 35 军的 4 个师，有特鲁法诺夫支队做后盾，他们的地段相对安全。总体来说，第 3 装甲军和劳斯军现在吸引了近卫步兵第 35 军的全部 3 个师、第 69 集团军的 4 个师、近卫第 6 集团军的 1 个师、近卫第 6 集团军的 1 个坦克旅和近卫机械化第 5 军的 4 个坦克 / 机械化旅。

戈斯季谢沃

顿涅茨河三角地带南端的关键点在于戈斯季谢沃南面的高地和溪流。戈斯季谢沃及其北面的树林可以成为卷击顿涅茨河三角地带内的苏军的跳板。德军在 7 月 5 日首次尝试以第 6 装甲师突破旧城附近的第一道防线，但很快就失败了。此后，德军在该方向上再没怎么努力，直到第 168 步兵师于 7 月 11 日开始推进。该师迅速打开通道，经过突袭，于 12 日拿下了戈斯季谢沃。

然而，对于第 417 步兵团来说，戈斯季谢沃攻下来容易，守住难。苏军在 7 月 12 日晚发动了两次进攻，即分别从戈斯季谢沃北面与西北面实施的强力试探进攻，但均被击退。不过，第 417 步兵团只留下一个加强营来守戈斯季谢沃，主力则前往北顿涅茨河一线的克里夫措沃、萨贝尼诺和基谢廖沃。

次日，近卫步兵第 93 师赶来报仇，在被"挡住"之前拿下了戈斯季谢沃和德鲁日内。该师此前并未遭受过很大损失，但在当天却有 130 人牺牲、718 人负伤。第 417 步兵团被赶出了戈斯季谢沃，最后在"内裤"树林的北边防守。苏军随后在"内裤"树林和戈斯季谢沃之间的 223.3 高地两侧构筑工事。第 69 集团军在其记录中根本没有提到这次胜利，因为他们声称没有收到步兵第 48 军关于敌我情况的报告。此时，步兵第 48 军司令部位于小亚布洛诺沃（普洛塔附近），第 69 集团军司令部位于科罗恰，二者仅相距 35 千米。

第 168 步兵师所在的其他地段都很平静。第 417 步兵团继续在戈斯季谢沃附近和东北面八千米左右的斯特列利尼科夫防守，另外两个步兵团远在东面的拉祖姆纳亚河一线防守军侧翼。其中，第 442 步兵团位于卡扎奇耶南边—科敏捷尔恩桥（卡扎奇耶南面 7.5 千米处），正面宽约九千米。第 429 步兵团在兹纳缅卡以西的树林集结后，占领了科敏捷尔恩桥（不含）—斯维谢夫河谷（梅利霍沃东南约三千米处）以南 500 米处，正面宽约 8.5 千米。

桥头堡之战

第 19 装甲师的任务就是保住前一天抢来的桥头堡。7 月 13 日早晨，第 73 装甲掷弹兵团和第 74 装甲掷弹兵团占领了扩大的桥头堡，第 19 装甲侦察营则掩护师的两翼。侦察营与第 11 装甲团（第 6 装甲师）在勒扎韦茨建立了联系。

在萨日诺耶、沙霍沃和晓洛科沃地域的是苏军的近卫步兵第 81 师和第 89 师。前者位于晓洛科沃西侧 100 米处—沙霍沃以东 200 米处之间，把守着沙霍沃西南侧，而后者则把守着晓洛科沃以西的河边至萨日诺耶一线。近卫步兵第 89 师的防线仍然完整，该师此时尚有 7805 名官兵。[31] 第 69 集团军的报告显示，德军以小股部队向沙霍沃和洛莫沃（Lomovo）发动攻击，双方展开了交火。

柏林时间 02:30（莫斯科时间 04:30），苏军出动 6 辆坦克，沿北顿涅茨河两岸南下，进攻德军的伦金卡桥头堡。他们进村后冲到桥头，将桥头堡切成了两段。第 74 装甲掷弹兵团团部和把守此地的 3 营被分隔开来。在与苏军步兵交火并击毁一辆坦克后，第 74 装甲掷弹兵团团部退到了东岸。

莫斯科时间 04:00，近卫坦克第 2 军报告称，德军坦克和步兵在晓洛科沃地域渡过北顿涅茨河，攻击了近卫坦克第 26 旅。苏军损失了 2 辆 T-34，才将其击退。该旅报告称，在 20:30—21:30，德军坦克和步兵再次从晓洛科沃向其发动进攻。

7 月 13 日 07:00，近卫机械化第 11 旅和第 12 旅到达伦金卡北侧一线和维波尔佐夫卡—亚历山德罗夫卡公路。他们遭到包括第 27 装甲团（此时只剩 31 辆坦克）、第 6 装甲师第 114 装甲掷弹兵团 1 营和第 19 装甲侦察营在内的里希特战斗群发动的反击。该战斗群肃清了桥头，并在日终时迫使苏军退到村子中央（这暗示了苏军已经拿下了村子）。德军宣称他们打坏了 4 辆反击的苏军坦克。战斗大约在 19:00（莫斯科时间 21:00）时彻底结束。此时，与霍斯特战斗群（应该是第 73 装甲掷弹兵团）的联系在右翼也建立起来。[32] 苏军在进攻时有强大的炮火支援。里希特和副官韦斯特霍芬上尉都被打伤。弗朗茨·冯·门茨（Franz von Mentz）少校接管了第 74 装甲掷弹兵团和里希特战斗群。

苏军最初的进攻应该比较顺利，因为德军用了大部分兵力去应对更明显的威胁。第 74 装甲掷弹兵团的 1 营和 2 营被配属给第 73 团，以掩护师右翼。他们当面是沙霍沃以东 300 米处的苏军阵地。双方相安无事。直到晚上，苏军发动了进攻。

第 19 装甲侦察营余部正在掩护第 6 装甲师的地段，而摩托车连（2 连）在晓洛科沃建立了一个小的桥头堡。近卫机械化第 11 旅和近卫坦克第 26 旅奉命将该桥头堡消灭，但他们似乎并未发动进攻。到当天日终时，近卫机械化第 11 旅位于伦金卡—希佩—库兹明卡（Kuzminka）一线，近卫机械化第 12 旅则在前者左侧的勒扎韦茨—

维波尔佐夫卡一线。近卫机械化第 11 旅当天上报减员 414 人。[33]

与此同时，师属工兵营当天在勒扎韦茨建起一座承重 24 吨的桥梁，而苏军炮兵一直朝该桥射击。06:00（莫斯科时间 08:00）时许，德军的 6 架 He-111 误炸友军，给友军造成了严重的伤亡。

第 6 装甲师向东北面推进

位于伦金卡桥头堡以南的第 6 装甲师的部队在夜间被换下来，前去把守维波尔佐夫卡—勒扎韦茨西南一线。据报告，苏军在这里的炮兵和反坦克炮的火力很猛烈。

从 7 月 13 日开始，师主力准备在卡扎奇耶—维波尔佐夫卡地域，配合右翼的第 7 装甲师消灭亚历山德罗夫卡周围的苏军军一级的兵力。该师在希佩桥头堡还有一个营。到 09:00（莫斯科时间 11:00）时，德军准备从卡扎奇耶—库拉科夫卡地域向 241.5 高地发动进攻。

这天，苏军的大量步兵和装甲部队向德军发起反击，并向前推进。按照第 6 装甲师的说法，随之而来的还有苏军"压倒性"的空军的轰炸和扫射。苏军重点进攻卡扎奇耶，给德军造成严重损失。位于勒扎韦茨的德军"虎"式坦克营称其遭到友军飞机的攻击，人员和装备都损失很大。德国空军这次"卓有成效"的空袭造成德军 5 名军官、15 名士官（或士兵）死亡，7 名军官、49 名士官（或士兵）受伤。[34]

勒扎韦茨桥头堡再次遭到攻击，德军称其缴获 3 辆 T-34，但是这次由于处于不利位置，他们损失了 4 辆坦克。第 11 装甲团的日志也显示，己方阵地遭到友军轰炸机误炸，损失很大。团长冯·奥佩尔恩 - 布罗尼科夫斯基上校和副官中尉古克尔（Guckel）被炸伤。贝克少校接手指挥装甲团。18:00（莫斯科时间 20:00）时许，贝克少校率领装甲团前往克拉克夫卡集结，准备进攻亚历山德罗夫卡。许纳斯多夫当天也遭遇苏军空袭，受到轻伤。次日，许纳斯多夫在前线被击中头部，受到重伤。[35]

有关许纳斯多夫受重伤的说法，一说他是被苏军狙击手击中的，一说他是被弹片所伤。许纳斯多夫随后被送往哈尔科夫，一名脑科专家也乘飞机赶来。许纳斯多夫的妻子奥达（Oda）——主管德国红十字会前线康复中心——此时也赶过来照顾他。但许纳斯多夫一直没有恢复意识，最后死于 7 月 17 日 18:30（莫斯科时间 20:30），时年44岁。[36] 该师装甲团随即以他命名。第4装甲掷弹兵团团长马丁·翁赖因上校暂时代理师长。

7月13日14:00，近卫步兵第92师拿下维波尔佐夫卡，并继续向勒扎韦茨进攻。17:00，该师位于维波尔佐夫卡—亚历山德罗夫卡村外一线。和该师在一起的坦克第96旅，正在241.5高地（亚历山德罗夫卡以北）防守。

特鲁法诺夫支队一直把守在大波季亚鲁吉和新赫梅列沃伊，而独立近卫坦克第53团在前一夜进攻了亚历山德罗夫卡地域。他们当天在阿夫杰耶夫卡—亚历山德罗夫卡—新赫梅列沃伊一线防守，并且打退了德军坦克和步兵的多次进攻。反坦克歼击炮兵第689团在7月12日损失了5门炮，在12日和13日共损失了12门45毫米反坦克炮。

虽然在亚历山德罗夫卡附近发生了一次坦克战，但是由于苏军的反击和第7装甲师进攻222.1高地失利，德军并没有进攻亚历山德罗夫卡。

近卫步兵第94师进攻

第198步兵师前来换防后，第7装甲师终于可以恢复进攻了。师主力于7月12日晚至13日晨集结到了卡扎奇耶、上奥利尚涅茨和远伊古缅卡地域，准备执行下一个任务。该师部分兵力在当天剩余时间里仍在赶往集结地。

04:00，近卫步兵第94师从舍伊诺附近的拉祖姆纳亚河谷发动突袭，深入第3装甲军侧翼。德军第58装甲工兵营，以及第54火箭炮团2营的部分兵力坚持防御，终于挡住了苏军的进攻。格尔塞默战斗群（第74装甲掷弹兵团2营和第6装甲掷弹兵团1营）立即从行进转入反击。苏军从刚占领的阵地上赶了出去，经过一场苦战后，被消灭了。德军宣称其俘虏了200人，打死了400人。根据不少战俘的说法，此次进攻是近卫步兵第94师近卫步兵第286团的最后一战。格尔塞默战斗群余部和第7装甲侦察营在梅利霍沃—科敏捷尔恩—卡扎奇耶一线掩护军侧翼。近卫步兵第94师随后组织防御。我们在核对了苏军记录后认为，该师当天损失的人数大约为129人。[37] 德军可能夸大其词了。我们手头的苏军报告没有提到这次进攻。[38]

据报告，近卫步兵第94师的一个连在11:00位于科敏捷尔恩以东路口，以保持与步兵第107师的联系。另有一个营于11:00到达梅利霍沃东侧，未遇到较大抵抗。该师为了与近卫第 7 集团军保持联系，派出一个步兵营前往 210.3 高地及其西面树林的北边。

第 7 装甲师上午接到命令，要出动一个团级集群协助第 6 装甲师进攻。由于地形不利和苏军活动的阻碍，他们直到 16:15（莫斯科时间 18:15）才到达进攻出发阵地。与此同时，第 168 步兵师奉命于下午替下格尔塞默战斗群。

尽管进行了"基本的准备"，但该加强团级战斗群从勒扎韦茨经维波尔佐夫卡向东北面的进攻并不顺利。来自北顿涅茨河西岸高地上的侧射火力打断了德军的进攻。苏联空军猛烈打击沿途的德军及其集结地域，试图干扰德军行军，并消灭集中在一起的德军车辆。该师的人员和车辆都损失很大。

据说，当天上午在阿夫杰耶夫卡村及其附近也有战斗，但具体情况难以查明。7 月 12 日 22:00，近卫机械化第 12 旅的一个支队（近卫坦克第 55 团的两个坦克连、摩步 1 营、一个 76 毫米炮兵连、一个 120 毫米迫击炮兵连和一个反坦克枪排）似乎前往了阿夫杰耶夫卡。该支队于拂晓到达阿夫杰耶夫卡村，并投入战斗。后来发生了什么很难说，因为苏联时代的记录应该夸大其词了（一个坦克连宣称在一天内消灭了德军 28 辆坦克和突击炮）。[39]

步兵第 107 师位于斯维里多沃 — 拉祖姆纳亚河谷 — 格列米亚切（Gremyache）— 洛莫沃 — 普洛斯科耶一线。该师声称德军 15 辆坦克和一个连的自动枪手从舒霍夫平沃发动的进攻被打退，该师当天上报减员 10 人，不过我们怀疑这个数字偏小。[40] 步兵第 305 师也位于这一地域。他们在夜间调整了部署，于 7 月 13 日 07:00 巩固了亚历山德罗夫卡 — 斯维里多沃一线。到 19:00，他们在亚历山德罗夫卡 — 斯维里多沃 — 波德苏穆基 — 阿列克谢耶夫卡 — 普洛斯科耶一线防御。这条防线的一部分就背靠科连河。第 69 集团军表示步兵第 305 师当天没有参战。

空中支援

德军第 168 步兵师报告称，苏联空军在夜间频繁地轰炸和扫射，重点攻击卡扎奇耶 — 勒扎韦茨地域和位于远伊古缅卡 — 科敏捷尔恩桥的前线。

第 19 装甲师的报告指出，苏联空军在 7 月 12 日晚活动频繁。整个 7 月 13 日，苏军都有大量近距离空中支援。德军战斗机和侦察机也有一些活动。

第 6 装甲师认为苏联空军"势不可挡"，并且实施了轰炸和扫射。苏联空军重点攻击卡扎奇耶，给德军造成了很大损失。位于勒扎韦茨的"虎"式坦克营声称，他们遭到友军飞机的攻击，人员和装备损失很大。特鲁法诺夫支队的近卫坦克第53团报告称，德军飞机进行了一系列打击。

第7装甲师报告称，苏联空军对其前进道路和集结地域进行了猛烈攻击。

近卫步兵第35军的战斗日志称，德军对维波尔佐夫卡和亚历山德罗夫卡地域发动了两次大规模空袭，共出动了250架次Ju-86轰炸机和Ju-88轰炸机。这个数字应该有所夸大。其中，在16:00的空袭中，近卫坦克第55团团长（米哈伊尔·约瑟福维奇·戈尔德贝格中校）因被弹片击中而牺牲。[41]

方向问题

此时有必要思考一下第3装甲军的意图和作战方向。第168步兵师已经抽调一个步兵团渡过北顿涅茨河，结果却使该师处于孤立无援的境地，而不得不让另外两个步兵团去掩护第3装甲军的右翼。因此，第168步兵师在7月13日无法守住戈斯季谢沃。此外，德军虽然在伦金卡一带建立了几个有用的桥头堡，但在这里却只有一个装甲师。而另外两个装甲师和"虎"式坦克营则继续向东北面推进。此举虽然可以吸引、也确实牵制了近卫机械化第5军的部分兵力，但是无法起到掩护第4装甲集团军侧翼的作用。要起到这个作用，他们要么从南面卷击顿涅茨河三角地带（即穿过戈斯李谢沃），要么从伦金卡向沙霍沃推进，然后沿着公路直扑普罗霍罗夫卡（沙霍沃以北约18千米处）。无论采取哪种方案，或者双管齐下，只要行动顺利，他们就能肃清顿涅茨河三角地带，让SS第2装甲军右翼的部队可以抽身出来。

然而，第3装甲军没有这样做，等到他们准备去帮助SS第2装甲军的时候已经太晚了。警卫旗队师在7月11日停止了进攻，髑髅师在7月13日停止了前进，只有帝国师还在往普罗霍罗夫卡南面冲击。不过，第3装甲军可以选择冲向沙霍沃，策应帝国师，但现在即使这么做也落后于计划了。SS第2装甲军的进攻势头早在7月6日就开始有所减弱，而髑髅师此时不得不派出主力去掩护侧翼，无法向前推进。第3装甲军只有在7月6日或7日就渡过北顿涅茨河，迫使髑髅师面前的苏军撤退，才能真正帮上党卫军的忙。这样，党卫军就可以让其全部3个师向前推进。毋庸置疑，第3装甲军从未达到这一目标。

第3装甲军虽然最终渡过了北顿涅茨河，但仍将主要精力用于对战近卫第7集团军。这导致第 3 装甲军无法增援近卫第 6 集团军。不仅如此，第 3 装甲军还把第 69 集团军的 4 个师和近卫第 6 集团军的一两个师吸引到了自己所在的地域。近卫步兵第 35 军的 2 个师也被吸引到第 3 装甲军的地域，该军的全部 3 个师在 7 月 13 日都被吸引到了那里。第 3 装甲军还使罗特米斯特罗夫无法动用近卫机械化第 5 军。这样看来，第 3 装甲军还是对第 4 装甲集团军的进攻起到了协助作用，但其主要任务，即掩护第 4 装甲集团军侧翼，却没有完成。此外，第 3 装甲军还付出了很大代价，其 3 个装甲师是南线 9 个装甲（或装甲掷弹兵）师中损失最惨重的。总之，第 3 装甲军本可起到更大作用，也不必付出这么大的代价。此外，每个装甲军军长都各打各的。这个问题也导致整个攻势的效果大打折扣。因此，德军有时只能用 9 个装甲师中的 4 个来保持进攻，余者都在忙着掩护侧翼或在侧翼到处"收人头"。

这样，第 3 装甲军现在实际上是在越过勒扎韦茨，沿着北顿涅茨河向东北面推进。这就进一步扩大了顿涅茨河三角地带，给苏军制造了一个巨大的防御任务，并且还要使其付出相当大的代价。从这个角度来说，第 3 装甲军的行动已经不是为了帮助第 4 装甲集团军达成突破，而是为了人量杀伤苏军。

❊ 戈斯季谢沃（2），1943 年 7 月 13 日

时长：一天　　　　正面宽度：6.0 千米　　　　地形：丘陵，混合地形

天气：多云，有风，凉；下午有雨　正午气温：19℃　　道路状况：可通行

	进攻方	防御方
部队番号	近卫步兵第 93 师近卫步兵第 281 团	第 168 步兵师第 417 步兵团
配属兵力	见下文	见下文
总兵力	3011	4649
装甲车（辆）	0	0
火炮（门）	23	36
空军（架次）	0	0
减员（人）	848（130 人死亡、718 人负伤）	115（18 人死亡、94 人负伤、3 人失踪）
火炮损失（门）	8	0
俘虏（人）	0	不详

备注：苏军进攻兵力应该超过表格中列出的一个团的兵力（约一个师 1/3 的兵力）。

❄ 拉祖姆纳亚河防御，1943 年 7 月 13 日

时长：一天　　　正面宽度：17.5 千米　　　地形：丘陵，混合地形

天气：多云，有风，凉；下午有雨　正午气温：19℃　道路状况：可通行

	进攻方	防御方
部队番号	无	第 168 步兵师（欠第 417 步兵团）
配属兵力		见下文
总兵力	0	10784
装甲车（辆）	0	6
火炮（门）	0	81
空军（架次）	25（夜间）	0
减员（人）	0	4（1 人死亡、3 人负伤）
俘虏（人）	0	不详

德军配属兵力
第 228 突击炮营 2 连

第 61 高炮团轻型高炮连

第 38 高炮团 1 营（7 月 13 日配属）

仍未回归建制的部队
第 248 工兵营（欠 3 个连，该营计入本表）

第 429 步兵团（欠 1 个营，该团计入本表）

❈ 桥头堡之战，1943 年 7 月 13 日

时长: 一天　　　　正面宽度: 7.8 千米　　　　地形: 丘陵，混合地形

天气: 阴天，有风，凉; 下午偶尔有雨　正午气温: 19℃　道路状况: 可通行

	进攻方	防御方
部队番号	第 19 装甲师	近卫步兵第 81 师、近卫步兵第 89 师、近卫坦克第 26 旅、近卫机械化第 11 旅
配属兵力	见下文	见下文
总兵力	16488	17402
装甲车（辆）	37（含 5 辆轻型坦克）	74（含 21 辆轻型坦克）
火炮（门）	129	103
空军（架次）	40	昼间 63、夜间 25
减员（人）	34（4 人死亡、29 人负伤、1 人失踪）	1007（215 人死亡、505 人负伤、287 人失踪）[42]
战车损失（辆）	7	10
火炮损失（门）	0	6
俘虏（人）	不详	2

德军配属兵力

第 70 工兵营

第 411 工兵营第 2 B 型架桥纵队

第 842 工兵营 J 型架桥纵队

第 52 火箭炮团

第 61 高炮团 1 营（欠 1 个连）

第 429 步兵团（来自第 168 步兵师），欠 1 个营（不计入本表）

第 114 装甲掷弹兵团 1 营（来自第 6 装甲师，7 月 13 日再次配属，不计入本表）

调走的部队

第 19 装甲炮兵团观测炮兵连

苏军兵力

近卫步兵第 81 师

近卫步兵第 89 师

近卫坦克第 26 旅

　　　+近卫坦克第 47 团的 2 辆丘吉尔坦克

近卫机械化第 11 旅

❋ 第6装甲师向东北面推进，1943年7月13日

时长：一天　　　正面宽度：9.6千米　　　地形：丘陵，混合地形

天气：多云，有风，凉　正午气温：19℃　道路状况：好

	进攻方	防御方
部队番号	第6装甲师	近卫步兵第92师、 近卫机械化第12旅和特鲁法诺夫支队
配属兵力	见下文	见下文
总兵力	21716	12577
装甲车（辆）	60（含4辆轻型坦克）	77（含20辆轻型坦克）
火炮（门）	139	75
空军（架次）	28	昼间63、误击12、夜间25
减员（人）	109（19人死亡、89人负伤、1人失踪）	213（58人死亡、116人负伤、39人失踪）
战车损失（辆）	12	17
火炮损失（门）	2	3
俘虏（人）	不详	0

德军配属兵力

第62炮兵团2营

第54火箭炮团2营

第54火箭炮团3营

第54火箭炮团团部

第43高炮团2营

第91高炮团轻型高炮营

第204情报队（不计）

第228突击炮营（欠第2连）

第503重装甲营（7月13日配属，计入本表）

调走的部队

第76装甲炮兵团观测炮兵连（计入本表）

第114装甲掷弹兵团1营（第6装甲师）——7月13日调离（计入本表）

苏军兵力

近卫步兵第92师

近卫迫击炮兵第315团——7月13日
配属（计入本表）

坦克第96旅

近卫机械化第12旅

特鲁法诺夫支队

✤ 近卫步兵第 94 师的进攻，1943 年 7 月 13 日

时长:一天　　　　正面宽度: 4.3 千米　　　　地形:丘陵，混合地形

天气:凉，有风，凉　正午气温: 19℃　　　道路状况:可通行

	进攻方	防御方
部队番号	近卫步兵第 94 师、步兵第 107 师	第 7 装甲师
配属兵力	见下文	见下文
总兵力	17085	17196
装甲车（辆）	0	51（含 4 辆轻型坦克）
火炮（门）	144	143
空军（架次）	昼间 62、夜间 25	39
减员（人）	474（40 人死亡、157 人负伤、277 人失踪）	18（3 人死亡、15 人负伤）
战车损失（辆）	0	10
火炮损失（门）	12	0
俘房（人）	1（步兵第 305 师的战果）	200

德军配属兵力

第 9 工兵营 B 型架桥纵队

第 505 工兵营第 1 B 型架桥纵队

第 843 工兵营 J 型架桥纵队

第 99 高炮团团部

第 38 高炮团 1 营——7 月 13 日调离（不计）

第 38 高炮团 2 营

第 54 火箭炮团 1 营

第 54 火箭炮团 2 营——7 月 12 日调离（计入本表）

调走的部队

第 78 炮兵团观测炮兵连（计入本表）

团级战斗群——7 月 12 日调离（计入本表）

苏军兵力

近卫步兵第 94 师

步兵第 107 师

迫击炮兵第 496 团

反坦克枪第 123 营

反坦克枪第 130 营

德军第 3 装甲军直属部队

第 601 工兵团团部

第 674 工兵团团部

第 925 架桥指挥部

第 127 工兵营（欠 1 个连）

第 531 架桥营

第 110 工兵营 B 型架桥纵队

第 602 工兵营 B 型架桥纵队

第 538 筑路营的 1 个连

第 153 高炮团团部

第 3 炮兵指挥部

第 612 炮兵团团部

第 62 炮兵团 2 营

第 71 炮兵团 2 营

第 857 重型炮兵团

第 13 轻型观测炮兵连的一个排

第 19 装甲炮兵团观测炮兵连（第 19 装甲师）

第 76 装甲炮兵团观测炮兵连（第 6 装甲师）

第 2 油料纵队

第 545 装甲抢修排

第 503 重装甲营营部——7 月 13 日配属到下属部队

第 503 重装甲营 1 连——7 月 13 日配属到下属部队

第 503 重装甲营 2 连——7 月 13 日配属到下属部队

第 503 重装甲营 3 连——7 月 13 日配属到下属部队

团级战斗群（来自第 7 装甲师）

注释

1. 退役中校阿尔弗雷德·鲁贝尔（Alfred Rubbel）于1999年5月10日接受了布兰德少将的采访。
2. 戴维·M.格兰斯和哈罗德·S.奥伦斯坦著《库尔斯克会战1943：苏联总参研究》第110页。
3. 他们在7月5日补充了35人，在7月10日补充了76匹马，在7月15日之前的五天内补充了164人。
4. 瓦列里·尼古拉耶维奇·扎穆林著《打破神话：普罗霍罗夫卡坦克战，库尔斯克，1943年7月：作战记述》第410页。共建立了七个拦截支队，每个支队有9人。
5. 报告显示，他们在7月11日损失了13辆T-34和2辆T-60，加上进攻后的其他损失，他们的实力就降到了这一水平。他们报告称其在7月12日有14辆T-34和3辆T-70，但这应该是日终时的数据。他们很可能算上了修复的车辆（国防部中央档案馆，第3191全宗，第1目录，第3卷宗，第15—16页）。
6. 我们手头的报告显示，该团剩下3辆T-34（全部在修）和1辆T-70。库尔斯克数据库假定这辆T-70在修，但实际上可能是可以出动的（国防部中央档案馆，独立坦克第148团全宗，第661360目录，第3卷宗，第80—82页）。
7. 这些数据出自我们手头的集团军和团的档案。扎穆林所著的《普罗霍罗夫卡：大战中不为人知的战斗》第318页显示，7月11日15:00（从奥博扬到战场的最后一次行军之前），近卫摩托车第1团的T-34有6辆可出动、2辆在途、2辆在修，而近卫坦克第53团有39辆可出动的T-34、3辆在途的T-34和1辆可出动的T-70。这种说法就和我们手头的五份近卫坦克第5集团军的报告和两份近卫坦克第53团的报告中的说法产生了矛盾。这些报告显示，该团在7月12—17日有6—9辆T-70。

   戴维·M.格兰斯和乔纳森·M.豪斯所著的《库尔斯克会战》第416页注释31认为，特鲁法诺夫先遣支队的"核心"是"21辆KV重型坦克"。这显然是不准确的。
8. 关于该团当天的参战程度仍有一些疑问。近卫坦克第5集团军7月13日07:00的报告称："近卫坦克第53团正在新赫梅列沃伊地域战斗。损失情况有待统计。"19:00的报告又称："近卫坦克第53团进攻了亚历山德罗夫卡地域之敌……损失了9辆T-34和3辆T-70，有5人阵亡、7人负伤、10人失踪。"（国防部中央档案馆，第332全宗，第4948目录，第82卷宗，第2—3页）。该团自己的报告显示："在7月12日晚至次日凌晨，团在亚历山德罗夫卡以西投入战斗。"（国防部中央档案馆，近卫坦克第53团全宗，第20831目录，第1卷宗，第22—29页）

   还有资料声称，该团于7月12日20:00投入战斗，进攻了亚历山德罗夫卡附近的德军，损失了11辆坦克。见扎穆林和洛普霍夫斯基的《普罗霍罗夫卡交战：神话和事实》。

   罗特米斯特罗夫的报告指出，近卫机械化第11旅于7月12日从北面拿下了伦金卡，近卫机械化第12旅则将敌人赶下了222.1高地，并收复了维波尔佐夫卡。至于先遣支队，报告只说其"到14:30离开了奥博扬，并在大波季亚鲁吉地域集结"（罗特米斯特罗夫和格里申提交的《1943年7月7—24日近卫坦克第5集团军战斗行动》）。大波季亚鲁吉远在后方。

   至于7月13日，罗特米斯特罗夫的报告显示，近卫坦克第53团在亚历山德罗夫卡地域进攻，损失了9辆T-34和3辆T-70。进攻部队于22:00到达亚历山德罗夫卡北侧，直到22:15才停止进攻。我们怀疑这里所说的应该是7月12日的事情，而非7月13日的。

   我们的结论是，特鲁法诺夫支队确实在7月12日20:00—22:15对亚历山德罗夫卡发动了进攻，并损失了12辆坦克。他们在7月13日19:00上报的损失应该是7月12日的损失。
9. 瓦列里·尼古拉耶维奇·扎穆林著《打破神话：普罗霍罗夫卡坦克战，库尔斯克，1943年7月：作战记述》第421—423页，资料主要来自第69集团军根据步兵第48军的文件编写的报告。
10. 瓦列里·尼古拉耶维奇·扎穆林著《打破神话：普罗霍罗夫卡坦克战，库尔斯克，1943年7月：作战记述》第422—423页。邻近的反坦克歼击炮兵第10团的报告认为时间为19:00，而且此时进攻的苏军共有18辆坦克。损失11辆坦克的说法出自扎穆林，这个说法与我们手头的其他记录没有太大冲突。根据我们手头的档案《1943

年 7 月 7—24 日近卫坦克第 5 集团军战斗行动》第 2—3 页），库尔斯克数据库将损失的坦克记为 12 辆。

11. 罗特米斯特罗夫在《1943 年 7 月 7—24 日近卫坦克第 5 集团军战斗行动》第 10 页声称，"特鲁法诺夫将军所部及时赶到，并在日终时挡住了敌人的进攻。到 18:00，得到迫击炮兵第 285 团一个炮兵营（detachment）加强的近卫机械化第 11 旅，会同近卫坦克第 26 旅，冒着敌人的射击向前推进，从北面拿下了伦金卡。"
"得到自行火炮第 1447 团 9 辆自行火炮加强的近卫机械化第 12 旅，将敌人赶下了 222.1 高地，夺取了维波尔佐夫卡，前出到维波尔佐夫卡东南两千米处的道路。"
这份报告夸大了当天的战果。例如，瓦列里·尼古拉耶维奇·扎穆林著《打破神话：普罗霍罗夫卡坦克战，库尔斯克，1943 年 7 月：作战记述》第 420 页认为，近卫机械化第 12 旅到日终时拿下了 222.1 高地，"成功前出到维波尔佐夫卡以北两千米处的道路，然后遇到凶猛的炮兵火力，被迫掘壕防御"。

12. 例如，埃里克森在《柏林之路：续写斯大林的对德战争》第 110 页写道："特鲁法诺夫将军麾下的新锐各旅从行进转入进攻，将德军部队赶回了北顿涅茨河对岸，并赶出了雷金卡村（原文如此）。"格兰斯和豪斯所著的《库尔斯克会战》第 204 页认为，他们的进攻"将德军逐出了雷金卡（原文如此）"，并导致了一场"旋风般的战斗"。近卫机械化第 5 军当天只损失了 4 辆坦克，其中 3 辆触雷。这场"旋风般的战斗"好像也不过如此。

13. 扎穆林在《打破神话》第 406 页认为，近卫步兵第 89 师师长谢留金上校"丧失了理智"，他让师部向南运动，结果遇上了德军坦克。他接着援引了瓦图京在 1943 年 7 月 21 日做的第 000194 号报告。
瓦图京接着指出："在得知敌坦克出现在上奥利尚涅茨地域后，谢留金上校放弃了对师各部的指挥，接管了教导营，并带领该营撤往卡扎奇耶地域，打算在那里设立新的指挥所。在前往卡扎奇耶的途中，谢留金他们撞上了敌坦克，被迫退至勒扎韦茨地域。他们在那里再次遭遇敌军坦克，被迫撤退。由于与各部切断了联系，谢留金连续 14 小时没有下达任何指示。"

14. 美国国家档案馆微缩胶片（NAM）T314，R194，第 948 页。

15. 瓦列里·尼古拉耶维奇·扎穆林著《打破神话：普罗霍罗夫卡坦克战，库尔斯克，1943 年 7 月：作战记述》第 425 页中援引了师长伊万·康斯坦丁诺维奇·莫罗佐夫（I. M. Morozov）少将 1943 年 7 月 13 日的第 083 号命令。至于军事法庭如何判决是非常令人感兴趣的一件事。
瓦列里·尼古拉耶维奇·扎穆林在同一页上提到："实际上，第 69 集团军的每个师都有部队表现出了脆弱的一面，无论是那些已经苦战多日、严重受损的部队，还是那些刚进入主要防线上的部队。根据观察，部队出现的撤退哪怕他们停止了用面对所有敌对对手而承受着巨大的压力之时，也发生在少数指挥员具有怯懦的时候。"

16. "1944 年总参研究"的说法更夸张，苏军不仅将德军赶出了伦金卡，使其退至北顿涅茨河东岸的原始防御地域，还"沉重打击了"第 73 装甲掷弹兵团和第 74 装甲掷弹兵团。后面这件事情显然没有发生过。总参研究还说，有一个旅到达了勒扎韦茨以南两千米处的 216.0 高地，近卫步兵第 92 师就在伦金卡—勒扎韦茨一线占领防御。见戴维·M. 格兰斯和哈罗德·S. 奥伦斯坦著《库尔斯克会战 1943：苏联总参研究》第 113 页。

17. 瓦列里·尼古拉耶维奇·扎穆林在书中也打算说明这一问题。他认为，近卫机械化第 11 旅在莫斯科时间 15:25 已将希佩的德军逐出，并于 19:00 占领了伦金卡。他确实提到，第 19 装甲师的战斗群无法从其西岸阵地上被赶走。他还指出，只有近卫机械化第 11 旅政治处主任的一份报告简要介绍了战斗过程。他接着援引这份报告，尽管该报告并未显示伦金卡或希佩被拿下了。见《打破神话：普罗霍罗夫卡坦克战，库尔斯克，1943 年 7 月：作战记述》第 417—419 页。
鉴于德方记录没有提到丢了伦金卡，而且根据报告，近卫机械化第 11 旅和第 12 旅在次日早晨 07:00 的时候位于伦金卡北侧—维波尔佐夫卡—亚历山德罗夫卡公路一线，他们似乎并没有拿下伦金卡。德军报告显示，7 月 13 日早晨，第 6 装甲师的一个营也在希佩桥头堡。

18. 见国防部中央档案馆，第 332 全宗，第 4948 目录，第 82 卷宗，第 2 页。这是整个近卫机械化第 5 军的战果和损失，含近卫机械化第 10 旅和近卫坦克第 24 旅的战果和损失。由于报告中这两个旅在 7 月 12 日没有任何损失，所有战果和损失很可能都属于此战。

19. 见国防部中央档案馆，第 332 全宗，第 1943 目录，第 80 卷宗，第 14—17 页。

20. 罗宾·克罗斯著《堡垒：库尔斯克会战》第 207—209 页。

21. 退役中校阿尔弗雷德·鲁贝尔于 1999 年 5 月 10 日接受了布兰德少将的采访。鲁贝尔先生生于 1921 年 6 月 18 日，于 1939 年 5 月 12 日志愿从军。他随第 6 装甲师第 11 装甲团参加过莫斯科和高加索之战，历任装填手、炮手和车长。他在库尔斯克会战前转入第 503 重装甲营。

    到战争结束时，鲁贝尔先生在匈牙利担任第 503 重装甲（"虎"式坦克）营的副官。他曾获得一级铁十字勋章、二级铁十字勋章、三级坦克章（50 次突击）。在库尔斯克会战中，他参加了 7 月 5 日（米哈伊洛夫卡）、6 日（拉祖姆诺耶）、7 日（亚斯特列博沃）、11 日（上奥利尚涅茨）、12 日（克留科沃）和 8 月 12 日（杰尔加奇以北）的战斗。

    战后，鲁贝尔先生先是务农，后又加入西德陆军，升到营长和某装甲训练学校的教学组指挥官，退役后被坦克研发企业聘用。

22. 有关贝克少校的奇袭，在罗宾·克罗斯所著的《堡垒：库尔斯克会战》第 207—209 页、库罗夫斯基所著的《坦克王牌》2002 年版（巴伦坦出版社）的第 60—61 页或 1992 年版（J.J. 费多罗维奇出版社）的第 59 页都有更加生动的描述。这些描述也许有夸张的成分。库罗夫斯基声称自己依据贝克博士的日记"重新构建"了对此战的叙述，但这份"重新构建"的叙述是打了引号的。在他的这本著作中，关于此战的描述以及其他一些描述的准确性非常令人怀疑。

    在苏军方面也有关于德军在夜间行军时使用几辆 T-34 打头阵的记录。德军在库拉科夫卡遇上了近卫步兵第 89 师教导营的纵队，这些苏军步兵此时正往相反的方向行进（能见度 50 米）。擦肩而过的两个队列在极近的距离上展开了交战。苏军的这份记录和鲁贝尔等德国方面的记述有部分矛盾之处。见瓦列里·尼古拉耶维奇·扎穆林著《打破神话：普罗霍罗夫卡坦克战，库尔斯克，1943 年 7 月：作战记述》第 404—405 页。此说法出自教导营副营长米哈伊尔·格奥尔吉维奇·博耶夫（M. G. Boev），他当时走在苏军纵队的最前面。

    扎穆林在第 407 页还引用了瓦图京 7 月 21 日的报告，其中提到了近卫步兵第 89 师师长：

    "谢留金上校放弃了对师各部的指挥，接管了教导营，并带领其撤往卡扎奇耶地域。他打算在那里设立新的指挥所。在向卡扎耶方向行进的途中，谢留金撞上了敌坦克，被逼到了勒扎韦茨地域。在那里，他再次遭遇敌军坦克，并被迫撤退。"

    扎穆林在这一页还援引了一份谢留金给步兵第 48 军军长的报告：

    "根据军长的命令，师部要转移到新奥斯科奇诺耶地域。1943 年 7 月 12 日 02:00，载着师部人员的座车被 300 辆敌坦克组成的纵队切断。指挥和参谋人员在敌坦克击毁其座车之前弃车。

    "到了黎明，除作战处副处长、近卫军上尉列别坚科（Lebedenko）和师地形测量员、高级中尉列夫琴科（Levchenko）以外，师部突围至普洛塔，恢复了正常……

    "和师部一起转移的师属专业分队损失特别严重，正在整顿。……损失情况待确定。"

    这么看来，近卫步兵第 89 师部和教导营在莫斯科时间 02:00 遭遇了德军坦克纵队，然后被德军击溃。他们可能遭遇的是贝克特遣队的后半部分，因为德军已于柏林时间 00:40（莫斯科时间 02:40）时将前线推进到了勒扎韦茨。

23. 上述说法出自德军第 6 装甲师第 11 装甲团的作战日志。瓦列里·尼古拉耶维奇·扎穆林著《打破神话：普罗霍罗夫卡坦克战，库尔斯克，1943 年 7 月：作战记述》第 407 页认为："坦克第 96 旅的坦克第 331 营在勒扎韦茨遭遇了敌人的两支坦克纵队，大约有 40 辆车。该营的 6 辆 T-34 和反坦克歼击炮兵连一门炮的炮手正从基谢廖沃撤时，碰上了敌人的车队。在随后的夜战中，坦克手们成功打坏第 6 装甲师的 9 辆战斗车辆。然后，该营穿过大波季亚鲁吉，于 1943 年 7 月 12 日 04:00 到达亚历山德罗夫卡，并在这里建立防御。"

    如果他们遇到的还是贝克的纵队，那么德军和苏军各自宣称的战果似乎都有所夸大。

    这里有两个地名需要说明。一是基谢廖沃的西面和北偏西北面有两个地方也称"基谢廖沃"。7 月 11 日，谢留金的师部位于北偏西北面的"基谢廖沃"，距马顿涅茨河东岸的大居民点约 1.5 千米。二是在卡扎奇耶的北面和西北面各有一个"库拉科夫卡"，距离勒扎韦茨分别为 3.5 千米和 6.5 千米。考虑到夜间行军速度不快，贝克少校应该是从上奥利尚涅茨北面出发，经过西北面较大的库拉科夫卡之后遇上了苏军，并被苏军识破。谢留金在逃到普洛塔后，向步兵第 48 军军长谎称自己当时打算将师部移到新奥斯科奇诺耶。实际上，瓦图京已经在 7 月 21 日查明，谢留金要将师部挪到更后方的卡扎奇耶。根据综合教导营副营长博耶夫少校的回忆，师部和教导营等应该是往东北面行军。谢留金不知道卡扎奇耶即将被第 6 装甲师第 4 装甲掷弹兵团拿下。在接受上级审查时，他也许故意混淆了两个库拉科夫卡，而实际上想将师部放在卡扎奇耶西北面，距离前线再远一些的位置上。扎穆林指出，近卫步兵第 89 师的师部等在库拉科夫卡以北与敌交火，而坦克第 96 旅坦克第 331 营在勒扎韦茨也遇上了德军。该旅经过一小时的战斗，毁坏了 9 辆敌坦克，到 04:00 时穿过大波季亚鲁吉后到达亚历山德罗夫卡。但大波季亚鲁吉远在北面，绕道这里实在没有必要。考虑到德军车队很长，德军应该既遭遇了近卫步兵第 89 师师部，也遇上了坦克第 96 旅。德军可能被亚布采夫上尉的教导营识破，但德军前锋的坦克冲了过去。然后，德军又在勒扎韦茨附近遇上了坦克第 96 旅的坦克第 331 营。

24. 托马斯·L. 延茨著《装甲兵：德国坦克兵创建和作战运用完全指南，1933—1945》第 90 页。

25. 攻击时间出自瓦列里·尼古拉耶维奇·扎穆林著《打破神话：普罗霍罗夫卡坦克战，库尔斯克，1943 年 7 月：作战记述》第 419 页。资料来源于第 8 航空军 7 月 13 日晚的一份报告。报告认为，由于天气较差、能见度较低，加上导航不力，一个迷航的 He-111 中队进入了勒扎韦茨地域，然后发生了误炸。当天 16:35（莫斯科时间 18:35），针对此事的调查认为，由于采取了一切预防措施，没有人犯有疏忽大意的罪行。
关于此事的大部分记述都认为，此次误炸的原因在于德国空军事先没有接到通知。如果这份报告是准确的，那么原因仅仅是能见度较低时的导航错误。

26. 罗宾·克罗斯著《堡垒：库尔斯克会战》第 209 页、库罗夫斯基著《坦克王牌》第 62—63 页。库罗夫斯基宣称是一架迷航的 He-111。而他在《坦克王牌 2》第 547—548 页认为，冯·奥佩尔恩 - 布罗尼科夫斯基当时奉命去向负伤的许纳斯多夫汇报工作，其座车在走捷径穿过苏军阵地时被一门苏军反坦克炮击中。在这两本书中，库罗夫斯基的说法自相矛盾。

27. 托马斯·L. 延茨著《装甲兵：德国坦克兵创建和作战运用完全指南，1933—1945》第 90 页。资料出自第 11 装甲团作战日志。

28. 此次进攻的详情出自罗米斯特罗夫 9 月 30 日的报告。尽管有关此次进攻的描述被放在了 7 月 13 日的报告里，但我们认为这里描述的是 7 月 12 日晚的战斗。[①] 具体原因见本章注释 8。

29. 赫尔晶·布赖特著《1943 年 7 月哈尔科夫会战期间装甲军突破俄军纵深梯次防御》第 9 页。

30. 瓦列里·尼古拉耶维奇·扎穆林著《打破神话：普罗霍罗夫卡坦克战，库尔斯克，1943 年 7 月：作战记述》第 419 页。有关苏联空军的误击，见近卫机械化第 11 旅政治处主任的报告。德军误击的情况出自第 8 航空军 7 月 13 日晚编写的报告。扎穆林引用的这份德军报告出自德米特里·鲍里索维奇·哈扎诺夫（Д. Б. Хазанов）和维塔利·格里戈里耶维奇·戈尔巴奇（В. Г. Горбач）合著的《奥廖尔—库尔斯克突出部上的空战：防御阶段》[Авиация в битве над Орловско-Курской дугой. Оборонительный период（莫斯科，2004 年）] 第 169 页。我们在建立库尔斯克数据库时没有找到第 8 航空军的记录。

31. 然而，这个数据与 7 月 15 日的一模一样，记录可能有误。

32. 约翰内斯·霍斯特（Johannes Horst）少校自 1943 年 4 月起，担任第 73 装甲掷弹兵团 2 营营长。

33. 见国防部中央档案馆，第 332 全宗，第 1943 目录，第 80 卷宗，第 14—17 页。

34. 鉴于伤亡数字相近，笔者怀疑此处提到的数据仍是其他作者（克罗斯、库罗夫斯基）所说的发生在 7 月 12 日那次空袭的数据。笔者在部队档案中没有看到 7 月 12 日空袭的记录。

35. 见第 3 装甲军 7 月 13 日和 14 日的作战日志 [美国国家档案馆微缩胶片（NAM）T314，R194，第 000954 页、第 000964 页]。

36. 罗宾·克罗斯著《堡垒：库尔斯克会战》第 207—208 页、库罗夫斯基著《坦克王牌》第 63—64 页都认为，

---

① 译者注：近卫坦克第 5 集团军在战斗日志中清楚无误地写明了这是 7 月 12 日的情况，只是在编写时将 7 月 12 日和 13 日的情况合在了一起，但都标注了具体的日期和时间。罗特米斯特罗夫 9 月 30 日提交给斯大林的报告与集团军战斗日志在细节上有不少出入，例如前者说的 28 辆坦克中有 8 辆"虎"式坦克，而后者则认为那 8 辆坦克是 IV 号。作者在这里主要援引的是前者。

许纳斯多夫被苏军狙击手击中了头部。库罗夫斯基所著的《坦克王牌2》第548页认为他的座车被击中，一块弹片打穿了他的钢盔。由于后者出版较晚，所以这种说法可能是库罗夫斯基对其早先说法的一种修正。托马斯·L.延茨所著的《装甲兵：德国坦克兵创建和作战运用完全指南，1933—1945》第92页给出了他死亡的时间。

37. 该师在7月5—16日共有516人死亡、1562人负伤、681人失踪（国防部中央档案馆，第1264全宗，第1目录，第9卷宗，第144页）；在7月13日有31人死亡、98人负伤，其中近卫步兵第283团有5人死亡、10人负伤，第286团有10人死亡、50人负伤，第288团有16人死亡、38人负伤。没有迹象表明该师损失了很多装备（国防部中央档案馆，第1264全宗，第1目录，第9卷宗，第107—147页）。

不过，我们认为记录不准确。如果我们用7月5—16日报告中单日减员的总数减去7月7—10日报告汇总的减员数，那么单日和其他多日的减员汇总报告至少统计了250人。部队总兵力的下降也显示出，部队7月5—16日损失的人数至少与汇总报告的减员人数相当，甚至更多。因此，我们非常怀疑近卫步兵第94师当天的减员报告不完整，尤其是他们没有上报失踪人数。

38. 第69集团军7月13日07:00的报告显示，该师正在马济金诺—拉祖姆纳亚河东岸一线—舍伊诺西北两千米处河谷—乌沙科沃中央等地防御。该报告还指出，"该师并不积极"（国防部中央档案馆，第69集团军全宗，第10753目录，第133卷宗，第22页）。

39. 瓦列里·尼古拉耶维奇·扎穆林在《打破神话：普罗霍罗夫卡坦克战，库尔斯克，1943年7月：作战记述》第478—479页引述的苏联时期的二手资料。

40. 该师报告显示，7月9—20日共减员596人。该师还报告，7月5日有8342名官兵和188名平民伤亡，7月10日有8130名官兵伤亡，7月15日有7533名官兵和184名平民伤亡（国防部中央档案馆，第1296全宗，第1目录，第52卷宗，第125、127、129、132和135页）。这样，该师官兵与平民共减少了813人。其他档案显示，该师在7月15日共有7128人，减员934人（国防部中央档案馆，第906全宗，第1目录，第211卷宗，第204、235、239、244、245和249页）。我们虽然不知道该师每日减员的具体情况，但怀疑该师在7月13日不可能只减员10人。

41. 瓦列里·尼古拉耶维奇·扎穆林著《打破神话：普罗霍罗夫卡坦克战，库尔斯克，1943年7月：作战记述》第479—480页。苏军统计的架次应该有所夸大，因为德军第8航空军当天共出动俯冲轰炸机239架次、轰炸机60架次，而且这些轰炸机执行的多个任务都是为了支援3个装甲军的进攻。

42. 苏军当天的损失明显很大。近卫机械化第11旅报告减员414人（国防部中央档案馆，第332全宗，第1943目录，第80卷宗，第14—17页）。近卫步兵第89师在7月13日只有一份累计减员的报告作为我们估算的依据（国防部中央档案馆，第1252全宗，第1目录，第60卷宗，第223页）。近卫步兵第81师的损失也是基于当日减员报告累计的。近卫步兵第81师当天可能没有大规模参战。德军这一时期的损失明显很少。第19装甲师在7月5—9日减员1728人，在7月5—20日减员2118人（266人死亡、1758人负伤、94人失踪），二者相差390人。这样算来，7月10—20日，第19装甲师日均减员35人。

普罗霍罗夫卡之战的后果：
1943年7月13日

第十二章

1943年7月12日，坦克、步兵和航空兵在别尔哥罗德方向上发生了人类有史以来最血腥、最残酷的碰撞，而这一天也将被载入伟大卫国战争的史册。这是最紧张的一天，两支庞大的军队——训练有素的法西斯军队和近卫坦克第5集团军部队——撞在了一起。

——巴哈罗夫少将或他的司令部成员，坦克第18军，1943年[1]

普罗霍罗夫卡之战既不是德军坦克的"死亡冲锋",也不是一场"旋风般"的大规模坦克战。此战中,德国陆军并未遭遇决定性失败。如果不看损失,苏军在此战中也谈不上遭到了决定性失败。战场上并没有留下 400 辆被击毁的德军坦克,肯定也没留下 100 辆"虎"式坦克。德军即使再进行一次坚决的推进,也无法让苏军土崩瓦解。苏军在这次无谓的反击中只是白白葬送了大量官兵的性命,浪费了大量物资和装备。他们本可以通过防御完成预定目标,减少人员伤亡。

7 月 12 日,苏军在整个战线上大概损失了 21277 人(4829 人牺牲、12900 人负伤、3548 人失踪),德军损失了 2702 人(487 人死亡、2129 人负伤、86 人失踪)。苏德的减员比为 7.88 : 1。无疑,这天是德军交换比最好的一天。自进攻以来,每日的减员情况见表 12.1。

苏德两军死亡和失踪的人数(纯减员)之比十分显著。见表 12.2。

苏德两军战车损失比(与减员比的情况类似)。见表 12.3。

飞机损失的情况有所不同,因为苏联空军在头三天出动的架次数最多。见表 12.4。

德军的地面进攻被挡住了。德军的两个步兵军在战斗中没有太多事情可做。第 52 步兵军的 3 个师无法取得任何重大进展,他们在支援德军坦克进攻时也没有表现得很好。右翼劳斯军的 3 个师虽然没把战线拉得那么长,但表现得也差不多。

表 12.1 苏德减员数及其比值

日期	苏军减员	德军减员	比值
7 月 5 日	10745	6368	1.69 : 1
7 月 6 日	9597	3939	2.44 : 1
7 月 7 日	8720	3223	2.71 : 1
7 月 8 日	9321	2911	3.20 : 1
7 月 9 日	9106	2647	3.44 : 1
7 月 10 日	9639	1850	5.21 : 1
7 月 11 日	8657	2308	3.75 : 1
7 月 12 日	21277	2702	7.88 : 1
7 月 13 日	11551	1869	6.18 : 1
总计	98613	27817	3.55 : 1

表 12.2 苏德死亡失踪数及其比值

日期	苏军死亡、失踪人数	德军死亡、失踪人数	比值
7月5日	6217	1243	5.00：1
7月6日	5424	765	7.09：1
7月7日	4436	575	7.71：1
7月8日	4231	598	7.08：1
7月9日	4495	551	8.16：1
7月10日	4765	344	13.85：1
7月11日	3971	413	9.62：1
7月12日	8377	573	14.62：1
7月13日	4335	351	12.35：1
总计	46251	5413	8.54：1

表 12.3 苏德战车损失数及其比值

日期	苏军战车损失	德军战车损失	比值
7月4日	0	4	—
7月5日	92	251	0.37：1
7月6日	244	276	0.88：1
7月7日	189	167	1.13：1
7月8日	380	117	3.25：1
7月9日	293	162	1.81：1
7月10日	148	54	2.74：1
7月11日	152	93	1.63：1
7月12日	416	122	3.41：1
7月13日	141	81	1.74：1
总计	2055	1327	1.55：1

表 12.4 苏德飞机损失数及其比值

日期	苏军飞机损失	德军飞机损失	比值
7月4日	4	3	1.3：1
7月5日	187	19	9.8：1
7月6日	79	7	11.3：1
7月7日	87	10	8.7：1
7月8日	61	5	12.2：1
7月9日	46	11	4.2：1
7月10日	25	3	8.3：1

（续表）

日期	苏军飞机损失	德军飞机损失	比值
7月11日	19	14	1.4∶1
7月12日	31	11	2.8∶1
7月13日	28	5	5.6∶1
总计	567	88	6.4∶1

　　德军继续推进的任务只能落在3个装甲军的身上。其中，第48装甲军尚有事可做。第3装甲师主要掩护侧翼，但仍有63%的坦克和97%的兵员。[2]由于韦斯特霍芬谨慎地保存实力，第3装甲师仍然保持了很强的战斗力，但即便向前推进，该师也只能去掩护左翼。7月12日，第3装甲师和大德意志师与侧翼的苏军缠上了。德军本打算当天调大德意志师向北进攻，但是由于苏军发动了反击，进攻计划只得取消。德军在7月13日也没有变更部署，他们要向北推进也得等到7月14日以后了。

　　如果没有大德意志师的支援，第11装甲师也不会向前推进。实际上，他们一直待在科切托夫卡，忙着保障右翼的安全。第48装甲军的进攻明显陷入停顿，除非部队调整部署，否则该军无法前进。即便该军做好了准备，其当面仍有大量苏军部队，该军能否取得进展仍然值得怀疑。

　　至于SS第2装甲军，阿道夫·希特勒警卫旗队师被苏军彻底挡住了。在髑髅师顺利迂回并破坏当面的苏军阵地之前，警卫旗队师只能待在原地。然而，髑髅师在7月13日被苏军击退，并且损失了不少战车。髑髅师的战车数量从7月10日晚的116辆下降到7月13日晚的77辆。[3]髑髅师的进攻显然失败了。帝国师也只能实施局部进攻，尽管其打算在7月14日达成更大的目标。从诸多方面来看，SS第2装甲军和第48装甲军的情况差不多，两支装甲军虽然还可以进攻，并且经过适当的准备可以取得一定进展，但要达成突破或给苏军造成重大伤亡却没有多大希望。要大量杀伤苏军，这两支装甲军最好是在侧翼位置上出击，因为苏军在那里处于不利地位。但这样做对两支装甲军向前推进没有太大帮助。德军的进攻基本上已经失败了。

　　第3装甲军已经被严重削弱。其机动力量的战车数已经下降到最初的34%，人数下降到92%。[4]该军忙着合围顿涅茨河三角地带的苏军，却仍未突破近卫第7集团军的第二防御地带。此外，该军位于普罗霍罗夫卡以南20千米处，刚在北顿涅

518

茨河西岸建立了几个桥头堡。因此，该军此时仍有一些战机，而且其全部 3 个装甲师都可以投入战斗，但整支部队已经被削弱，且孤军奋战，对苏军的威胁有限。

总体来说，不管有没有普罗霍罗夫卡之战，德军的进攻虽然尚未彻底停止，却已经失败了。这场战斗尚未结束，因为在西面的托尔斯托耶树林，以及 SS 第 2 装甲军和第 3 装甲军之间的巨大突出部——笔者称之为"顿涅茨河三角地带"，苏德两军仍在混战。

朱可夫到了

朱可夫表示，他于 7 月 12 日在布良斯克方面军指挥所接到斯大林的电话，需要飞往普罗霍罗夫卡地域，"那里正在进行一场激烈的坦克战"。[5] 朱可夫的任务是研究当前态势，协调沃罗涅日和草原方面军的行动。

7 月 13 日，朱可夫元帅到达沃罗涅日方面军第 69 集团军司令部，草原方面军司令科涅夫上将也在这里。显然，科涅夫的在场让朱可夫颇为不快。朱可夫在其回忆录中提了一句，"他们（指科涅夫等人）已知道我被授权指挥这两个方面军。"这句话曾被删去。[6] 第 69 集团军司令部在整个会战期间一直待在大后方的科罗恰。

当天傍晚，朱可夫在第 69 集团军指挥所见到了华西列夫斯基元帅。朱可夫了解了当前的态势，并表示他"完全赞同"华西列夫斯基的措施。华西列夫斯基按照斯大林的指示，前往西南方面军组织反攻。届时，沃罗涅日方面军和草原方面军也会转入这次反攻。[7] 斯大林再次让高级军事指挥员到处挪窝。

斯大林打来电话

1964 年夏，费奥多尔·斯维尔德洛夫上校陪同国防部部长助理、装甲坦克兵主帅帕维尔·阿列克谢耶维奇·罗特米斯特罗夫乘坐火车前往列宁格勒。斯维尔德洛夫上校在罗特米斯特罗夫元帅旁边的包厢，包厢内还有两位女士。为了给女士们留一些空间，他去过道上站着。罗特米斯特罗夫元帅看到了他，便邀请他到自己的私人包厢内喝茶。火车在夜色中前行，两人一杯接一杯地喝着热茶。罗特米斯特罗夫元帅向斯维尔德洛夫上校讲述了他的战争经历。斯维尔德洛夫上校如此回忆道：

我问他，他觉得哪次胜仗最重要。他回答说，当然是 1943 年 7 月 12 日库尔斯克会战期间的普罗霍罗夫卡遭遇战。这是第二次世界大战中规模最大的坦克战。"当时，我指挥着加强了两个坦克军的近卫坦克第 5 集团军。我们打垮了妄图冲向库尔斯克的法西斯大规模坦克集团，胜利结束了防御战，"他说道，"希特勒分子损失了400 辆坦克和自行火炮，其中有 100 辆是专门为此战生产的"虎"式坦克。此战之后，他们被迫放弃继续进攻，而且他们 1943 年夏季的战略计划整个都破产了。我们的坦克集团军就这样顺利地完成了战略任务，说实话，我们的损失不比德国人的少。当然，这事你不知道，别人也不知道。"

说到这儿，罗特米斯特罗夫停顿了很长时间，然后露出了神秘的笑容，说道："但是现在，战争结束 20 年了，我可以告诉你，当斯大林发现我们的损失之后，他大发雷霆。他在 7 月 13 日打电话给我说：'我给你一个坦克集团军用于反攻，以便你拿下哈尔科夫。你看你现在损失了半个集团军。为此，我要解除你的职务，兴许还要送你上法庭。'总参谋长华西列夫斯基元帅救了我。次日，他将真实情况向斯大林做了汇报。斯大林稍微平静下来，再也没有提起这事，但他从不原谅任何事情。方面军司令瓦图京还提出授予我一级苏沃洛夫勋章，但我没拿到，不过这不重要。在取得一系列重大胜利之后，我们近卫坦克第 5 集团军于 1944 年夏顺利地进攻了白俄罗斯和立陶宛，还参与了解放明斯克和维尔纽斯。集团军当时只有两个坦克军，因为斯大林不会再给我们一个，尽管我向他请求过多次。斯大林还认为我军的进攻速度不够快，就解除了我的职务。如我所说，他从不原谅任何事情，也不会忘掉任何事情。我曾经当过苏联驻德军队集群装甲坦克和机械化兵司令，后来又担任了国防部部长助理，并被授予了装甲坦克兵主帅军衔。斯大林已经死了 10 年了，但他对我的无端伤害却令我难以忘怀。"

罗特米斯特罗夫沉默了一会儿，然后说："我又有点烦了。最好去睡觉吧。"[8]

神话的出炉

笔者不知道华西列夫斯基在 7 月 14 日对斯大林说了什么，也不知道苏联指挥层是否意识到他们与对手相比是多么差劲。现在只有官方的回忆录，这些指挥员在当天日终时是真的认为自己取得了一场决定性胜利，还是对于如此惨重的损失而感到不安，抑或是认识到他们刚刚白白浪费了这么多生命，却没有什么收获。这些都很难说清楚。显然，斯大林的直觉告诉他，此次行动消耗太大了。

不过，罗特米斯特罗夫不是普罗霍罗夫卡地域最高级的指挥员。进攻的决定是由瓦图京、华西列夫斯基和他们的参谋长伊万诺夫中将，还有赫鲁晓夫等政治军官一起做出的。如果罗特米斯特罗夫要被解职或受审，那瓦图京、华西列夫斯基和赫鲁晓夫难道能逃脱干系？按照大清洗的经验，受审的人就可能遭到最严厉的惩罚，而他的陈年旧事和关系网又会在之后被当作其他人的罪证。一个吃过败仗的人会受到很多潜在的负面影响。

恐怕是为了保护罗特米斯特罗夫、他的上级以及所有相关人员，此战的一些细节已经被掩盖起来了。

我们也必须理解斯大林治下的军事艺术实践。从 1937 年起，斯大林出于"政治"原因，逮捕了红军将近 75% 的师级以上指挥员，并在大部分时候将其处决。逮捕的进程在 1937 年后大为减缓，但是到了 1941 年，在前线失利后，他逮捕并处决了西方面军司令德米特里·格里戈里耶维奇·帕夫洛夫大将（D. G. Pavlov）及其手下或指挥下的其他四名将领。[9]1941 年后，被逮捕或处决的将领数量显著减少，战争期间再也没有重要的军事首长被捕。[10]

不过在帕夫洛夫被处决两年后，在大清洗仅仅过去六年后，大家仍然非常担心自己被捕。因此，苏联军官团的人非常热衷于防止自己被捕，结果苏军形成了在官方报告中撒谎的习惯。这样做是很有必要的，也是苏军体系的重要组成部分。

显然，军官们不会在一些很容易核对的信息上作假，比如兵力、损失、位置等。部队需要上报这些与作战相关的信息，以确定兵员补充、补给、战斗力等。这些信息也很容易被核实，与之相关的报告就不能太离谱，而事实上也确实如此。

报告中的曲笔之处在于对事情的描述和对敌人损失的记录。在苏军的记录中，这两方面的事实一般都会被歪曲。在很多情况下，苏军部队都宣称他们发动了进攻，但无论是这支部队的记录还是当面的德军的记录都没有明显的减员情况。而且到日终时，双方部队都还待在原地。

这一点清楚地体现在苏联方面所宣称的德军损失上，而且本书也已提供了一些例证。这并不意味着其他集团军没有夸大德军损失。这是很平常的事情，所有集团军都在一定程度上夸大了敌军的实力和损失。这是侦察报告中的常见错误，有时也是上级授意的。因此，历史学家不应只看其中一方对敌军实力和损失的记录。苏军的特别之处在于他们夸大其词的程度和一致性。无论形势如何，苏军报告的敌军损失几乎总是比自己损失的多。对历史学家们来说，问题还在于苏联时代的二手文献一直将这些说法当成事实。

因此，由于苏联体制的性质使然，加上罗特米斯特罗夫接到了斯大林的电话，出现谎报军情的情况就可以理解了。唯一的问题是始作俑者是谁。

罗特米斯特罗夫在1943年9月30日的报告中记录了普罗霍罗夫卡之战。如果将这份报告与拙著《库尔斯克：普罗霍罗夫卡之战》附录七中更接近现在的记述进行比对，就可以发现，这份报告中的声明、推断和谬误在苏联时代的记述中都有所体现。这份题为《1943年7月7—24日近卫坦克第5集团军战斗行动》的报告，是由集团军司令罗特米斯特罗夫中将和军事委员会委员格里申少将在9月30日编写而成的。[11] 报告声称①：

正向奥博扬推进之敌在伊夫尼亚以南地域遭到重创。他们在调整部署后试图向普罗霍罗夫卡发动主要突击，其任务是从东面迂回奥博扬，并继续向库尔斯克推进。为此，敌人投入阿道夫·希特勒师、"SS"装甲师、髑髅师、帝国师等。

敌人准备突向普罗霍罗夫卡。情报显示，敌人在这一地域集结了相当多的装甲、摩托化步兵、炮兵和迫击炮部队。

在这一地域共有7个装甲师：第3装甲师、第11装甲师、"SS"大德意志师、SS阿道夫·希特勒师、SS髑髅师、帝国师，第七个师番号不明。

还有4个步兵师：第255步兵师、第167步兵师、第168步兵师，第四个师番号不明。

除此之外，第17装甲师、SS维京师和第16摩托化师也已经从南方赶来。

总体来说，敌人有1000辆坦克，其中150—200辆是"虎"式坦克。敌人还有大量火炮、迫击炮，其中有多达3个团的"六管火箭炮"。

直接与集团军交战的700—800辆敌坦克，包括大德意志师、阿道夫·希特勒师、帝国师、第6装甲师、第11装甲师和第19装甲师的坦克。它们还得到了大量轰炸航空兵的支援……

---

① 译者注：此处，作者的译文与档案有一些不符之处，译者均按档案原文翻译。

08:30，经过短暂的炮火准备后，各军转入进攻。

我们后来才知道，德军统帅部也在同一时间沿此方向进攻，他们沿铁路线朝普罗霍罗夫卡发动了主要突击，目的是不惜一切代价占领普罗霍罗夫卡，为进一步进攻库尔斯克建立跳板。

于是，一场不寻常的大规模坦克战爆发了。双方在战线的狭窄地段上投入了1500多辆坦克，还有大量各种型号的火炮、迫击炮和飞机……

敌人沿铁路线朝普罗霍罗夫卡发动了主要突击，妄图打垮我军的抵抗，从行进间占领普罗霍罗夫卡……

敌人在普罗霍罗夫卡地域遭到反击。他们受到沉重打击，并且开始动摇。他们想找到我军战线上的薄弱环节。敌人在维波尔佐夫卡—阿夫杰耶夫卡地域达成突破后，开始向这个方向投入兵力，想要沿着北顿涅茨河发展进攻，前出到集团军的后方。这样就对我方形成了严重威胁。

特鲁法诺夫将军所部及时赶到，到日终时挡住了敌人的进攻……

近卫坦克第5集团军进攻行动的第一阶段可以被认为是在7月14日晚结束的。

由于集团军的进攻行动，敌人损失惨重，不得不停止进攻。然而，敌人试图在打得比较顺利的友军的地段进攻。结果，集团军部分兵力被投入到敌人侧翼的战斗中，集团军的中央暂时转入防御，巩固已有战果。集团军的出现出乎敌人意料，原因在于集团军快速从奥斯科尔或旧奥斯克—罗索什地域转移到了战场

集团军迅速而有组织地集结到这一地域，让德军感到非常突然。

德军在受到重大打击后变得动摇了，并开始寻找我方薄弱点。7月13—14日，他们发现了我方薄弱点。同时，他们开始在维波尔佐夫卡—阿夫杰耶夫卡—大波季亚鲁吉地域进攻我们的左翼。

他们在韦肖雷—波列扎耶夫北侧方向渐渐钻入近卫第5集团军的地段。多亏我们及时采取措施，敌人打垮集团军侧翼的所有企图都失败了……

7月12—16日，集团军的部队给敌人的技术装备和有生力量造成了巨大损失。

集团军摧毁了德军552辆坦克（包括93辆"虎"式坦克），压制了45个炮兵连和29个迫击炮连，摧毁了769辆运送人员和货物的汽车，炸掉了10个弹药库，击落了55架飞机，消灭了15620名官兵。

敌人损失巨大。他们别无选择，只得撤向别尔哥罗德—托马罗夫卡防御阵地……

7月13日，近卫坦克第5集团军勇猛地与敌人精选的装甲师和步兵师作战，使敌人的有生力量和技术装备都遭受严重损失。

在战役的各个阶段中，集团军运用了各种战术。集团军在执行进攻任务时撞上了敌军。敌军也投入了大量坦克和步兵进攻集团军，并且还得到了大量航空兵的支援。有几天，在各军战斗队形的上空共有1500架次敌机出现。

7月12日，伟大卫国战争史上规模最大的坦克战爆发了，双方参战的坦克共有1500辆。

在给敌人有生力量和技术装备造成巨大损失，并迟滞了敌人的进一步推进后，集团军不得不暂时转入防御，击退敌人凶猛的反击，以及敌人在战线的某些地段上的进攻……

《瓦图京给斯大林的战后报告》也支持这一说法：

SS第2装甲军和第17装甲师正沿着狭窄的正面，朝普罗霍罗夫卡南面不远处的罗特米斯特罗夫前进。他们与罗特米斯特罗夫的坦克集团军（加强有坦克第2军和近卫坦克第2军）发生了遭遇战。于是，双方在一片很小的战场上爆发了激烈的大规模坦克战。

敌人在这里吃了败仗，但罗特米斯特罗夫也有损失，而且没有推进……

与此同时，卡图科夫和奇斯佳科夫对敌第48装甲军发动了一系列进攻，使其遭受严重损失。

由于这些战斗，敌人的主力被打得血流成河，四处溃逃。7月13日，敌人对普罗霍罗夫卡、奥博扬和伊夫尼亚方向只进行了微弱的进攻。7月14日，敌人转入防御，只对克留琼金采取了积极的行动。然而，敌人显然在对克留琼金的行动中也失去了冲劲，其力量已经被耗尽了……

敌人在7月4—22日的损失如下：

被打死、打伤的敌人——135000人；
被击落、击伤的敌机——917架；
（翻译缺失）

需要指出的是，不少被毁伤的敌坦克很快就被修复了……

敌人在撤退时将装备——火炮、汽车等军事装备，大部分已经损坏——留在了战场上。他们撤走了很多被打坏的坦克和汽车。[12]

看来，普罗霍罗夫卡神话是罗特米斯特罗夫创造的，并且得到了上级的默许和支持。后来，罗特米斯特罗夫于1958—1964年担任装甲坦克兵军事学院院长；华西列夫斯基于1949—1953年担任苏联武装力量部长、国防部长；朱可夫于1955—1957年担任国防部长；赫鲁晓夫于1953—1964年领导苏联。1965年5月7日，更加保守的勃列日涅夫政权授予罗特米斯特罗夫"苏联英雄"称号，并且开始将5月9日定为"胜利日"，举行了官方庆典。随着时间流逝，普罗霍罗夫卡神话成了苏联军事历史的一部分。[①]

希特勒召见曼施泰因

7月13日，冯·曼施泰因和中央集团军群司令冯·克卢格被召往东普鲁士的希特勒司令部，研讨进攻情况。会议一开始，希特勒就宣布盟军已经在西西里岛登陆，形势已经发生了巨大转变。意大利人根本不想抵抗，西西里岛很快会失守。希特勒认为盟军下一步很可能登陆巴尔干半岛或意大利南部，所以有必要在那里组建新的集团军。他决定从东线抽调兵力，所以"保垒"行动可能需要停止。此事是曼施泰因之前就担心过的，因此他建议提前进攻。[13] 实际上，盟军于7月9日就在西西里岛东南面登陆，此时有8个师已经上岛，其当面有两个德军装甲师和十个战备不足的意大利师。盟军在7月10日拿下了这一地区的主要港口——锡拉库萨（Syracuse）。美军在7月11日打退了德军两个装甲师和一个强烈反击的意大利军。盟军已经在西西里岛南面三分之一的地域站稳了脚跟，并不断推进。

与此同时，克卢格报告称，他的部队没有任何进展，他此时还不得不抽调机动

---

① 译者注：关于普罗霍罗夫卡神话的诞生，可参见扎穆林《普罗霍罗夫卡：神话的诞生和演变》，以及译者和陈星波合著的《钢铁、鲜血、神话：党卫军第2装甲军与库尔斯克南线之战》第393—401页。此外，经常把"不惜一切代价"挂在嘴边的斯大林被近卫坦克第5集团军的损失惊呆了，他派联共（布）中央委员会书记、国防委员会成员马林科夫带领一个委员会前去查明原因。该委员会的报告迄今仍未公开，但其结论却很清楚，即1943年7月12日的普罗霍罗夫卡之战是作战行动不顺利的典型。然而，这不是罗特米斯特罗夫第一次见到马林科夫及其委员会。1942年9月初，罗特米斯特罗夫指挥坦克第7军对斯大林格勒地域的德军发起反击，使该军156辆坦克损毁。当时，罗特米斯特罗夫就受到了马林科夫及其委员会的审查。

部队去阻击奥廖尔突出部北面的苏军。他觉得，"堡垒"行动无法继续下去了，甚至在一段时间后也无法恢复。[14] 实际上，德军在北面的攻势早在 7 月 9 日就打不下去了，他们一直陷在波内里（Ponyri）的战斗中。此外，苏军西方面军的 2 个集团军和 2 个坦克军，与布良斯克方面军的 3 个集团军和 2 个坦克军，从北面发动了强大的反攻。随着苏军预备队和中央方面军的兵力加入进来，这一反攻的攻势只会越来越强。因此，克卢格看不到打下去还有什么希望，必须彻底停止进攻。他甚至觉得整个战线可能都要土崩瓦解了。由于北线的进攻已经失败，南线的任何进攻都无法改变"堡垒"行动已经失败的事实。虽然希特勒拿西西里岛作为取消"堡垒"行动的理由，但这并不是"堡垒"行动失败的原因。

另一方面，曼施泰因觉得在他的地段上，战斗已经达到了高潮。他坚持认为，此时放弃行动就等于"将胜利扔掉"。他希望继续打下去，直到彻底打垮苏军机动预备队。[15]

然而，考虑到地中海的威胁以及中央集团军群面临的问题，希特勒执意取消"堡垒"行动。不过，他也允许南方集团军群继续攻击，直到其摧毁苏军装甲预备队。[16]

这样，"堡垒"行动在南方得以继续，其目的变成了大量杀伤苏军。结果就是在侧翼进行了两场大规模战斗——西侧的托尔斯托耶树林之战和东侧的顿涅茨河三角地带之战。在 7 月 13 日的东普鲁士会议之前，这两场战斗就已经开始了。在托尔斯托耶树林一带，第 48 装甲军于 7 月 12 日下午被迫北上，转而向西进攻。他们在 7 月 13 日全力向这一方向攻击。而在东面，7 月 13 日，髑髅师在普罗霍罗夫卡附近的进攻已暂停，德军开始准备肃清顿涅茨河三角地带，以便从南面进攻普罗霍罗夫卡。因此，7 月 13 日的会议结论对 7 月 15 日之前的地面战斗没有任何影响。

实际上，7 月 13 日的会议结论改变的是 7 月 15 日之后的进攻重点，即由向前进攻改为再次向西进攻。此次进攻的代号为"罗兰"行动（Roland），该行动计划于 7 月 18 日实施。

第 24 装甲军出动

另外，曼施泰因的预备队终于出动了。7 月 9 日 17:00（莫斯科时间 19:00），维京师和第 24 装甲军的第 23 装甲师奉命前往哈尔科夫，并于 7 月 10 日从第 1 装甲集团军转入南方集团军群。他们于 7 月 12 日 03:00（莫斯科时间 05:00）时到达哈尔科夫一带。7 月 13 日时，维京师有 45 辆坦克、6 辆突击炮和 5 辆"黄鼠狼"，而第 23 装甲师有 57 辆坦克和 7 辆突击炮。第 23 装甲师兵力尚且充足，而已经虚弱的维京师在 7 月 13 日时还缺 2602 人。[17]7 月 12 日 09:20（莫斯科时间 11:20，这些部队接到命令，要在 7 月 13 日晚进入别尔哥罗德地域。

　　除此以外，南方集团军群几乎没有其他预备队了。尽管他们有长达 650 千米的战线，但在这整个地区，他们也只有这些预备队了。在投入第 24 装甲军和第 198 步兵师后，德军在另外一条长约 600 千米的战线上只剩下第 17 装甲师和第 16 装甲掷弹兵师。他们明显力不从心了。

　　7 月 12 日 22:20（莫斯科时间 7 月 13 日 00:20），德军起草并发布了行军命令。但部队直到 7 月 13 日夜间才动身。7 月 14 日 05:30（莫斯科时间 07:30），德军的两个师仍未离开哈尔科夫地域。其中，维京师集结在哈尔科夫以北的利普齐（Liptsy）地域，而第 23 装甲师集结在哈尔科夫以南的梅列法（Merefa）地域。

　　第 23 装甲师于 7 月 14 日夜间进入阿列克谢耶夫卡（Alekseyevka）以南的地域，他们在 7 月 15 日 21:00（莫斯科时间 23:00）时仍在这里。第 24 装甲军司令部于 7 月 15 日 13:15（莫斯科时间 15:15）移动到第 48 装甲军的后方。维京师已经进入别尔哥罗德以西的地域。

　　7 月 16 日 21:00（莫斯科时间 23:00），进攻被取消，两个师奉命南下，转入第 1 装甲集团军。[18] 在曼施泰因的回忆录中，他抱怨希特勒没有将这支部队用于自己的攻势中。[19]

　　7 月 17 日，苏军西南方面军发动了伊久姆—巴尔文科沃进攻战役。这可不是一次小规模的进攻战役，它由近卫第 1 集团军和近卫第 8 集团军带头，由坦克第 23 军、近卫机械化第 1 军和空军第 17 集团军提供支援。南方面军也会在同一天发动米乌斯河进攻战役。他们最初会投入近卫第 2 集团军、突击第 5 集团军、第 28 集团军，还会得到近卫机械化第 2 军和近卫机械化第 4 军的支援。

　　第 24 装甲军的两个师转向南方。维京师于 7 月 18 日在第 1 装甲集团军的地域投入战斗，和第 17 装甲师一起阻击苏军。第 23 装甲师则去了更南面的第 6 集团军的地域，于 7 月 16 日投入战斗。在同一地域的第 16 装甲掷弹兵师，于前一天投入了战斗。

总结

我们以四张图来做总结。第一张是苏联时期的图表，显示的是沃罗涅日方面军在库尔斯克会战期间得到增援的情况。第二张和第三张分别是 7 月 12 日和 13 日的战车实力对比图。最后一张图显示的是双方的战车损失情况，该图依据的资料来自库尔斯克数据库。

本图表中的损失包含：第 11 装甲师在 7 月 13 日损伤的一辆"熊蜂"150 毫米自行榴弹炮、帝国师在 7 月 12 日损伤的一辆"熊蜂"、警卫旗队师在 7 月 13 日损伤的一辆"黄蜂"105 毫米自行榴弹炮。这些自行火炮可能是因机械故障而损坏的。

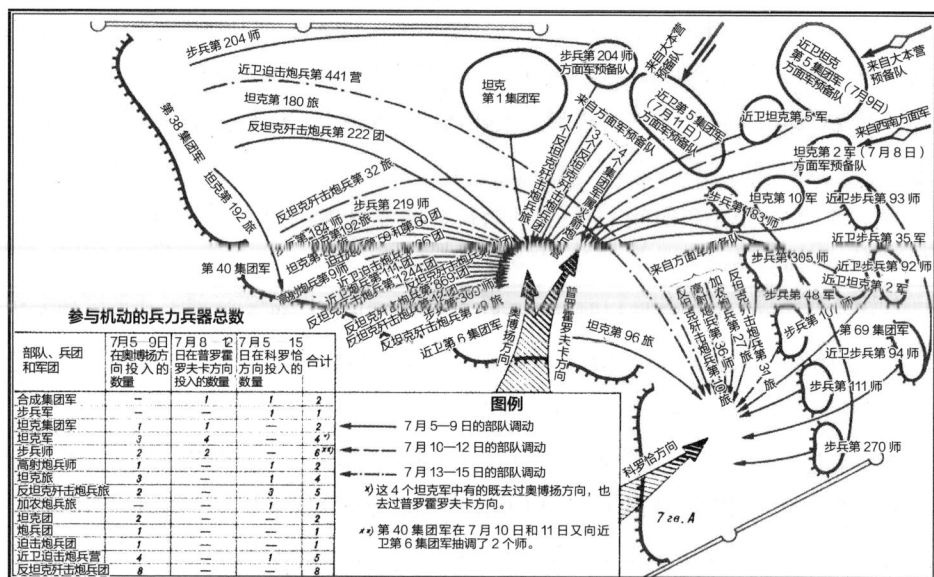

参与机动的兵力兵器总数

部队、兵团和军团	7月5—9日在奥博扬方向投入的数量	7月8—12日在普罗霍罗夫卡方向投入的数量	7月5—15日在科罗恰方向投入的数量	合计
合成集团军	—	1	1	2
步兵军	—	1	—	1
坦克集团军	1	—	—	1
坦克军	2	4	—	4
步兵军	1	2	1	6
高射炮兵师	1	—	—	1
坦克师	1	—	1	2
反坦克歼击炮兵旅	2	—	3	5
加农炮兵旅	1	—	—	1
坦克团	2	—	—	2
炮兵团	1	—	—	1
迫击炮兵团	1	—	—	1
近卫迫击炮兵营	1	—	—	1
反坦克歼击炮兵团	8	—	—	8

图例

→ 7 月 5—9 日的部队调动
→ 7 月 10—12 日的部队调动
→ 7 月 13—15 日的部队调动

这 4 个坦克军中有的既去过奥博扬方向，也去过普罗霍罗夫卡方向。

第 40 集团军于 7 月 10 和 11 日又向近卫第 6 集团军抽调了 2 个师。

步兵第 204 师
近卫迫击炮兵第 441 营
坦克第 180 旅
反坦克歼击炮兵第 222 团
第 38 集团军　坦克第 192 旅
反坦克歼击炮兵第 32 旅　步兵第 219 师
第 40 集团军
坦克　第 1 集团军
步兵第 204 师方面军预备队
近卫坦克第 5 集团军方面军预备队（7 月 9 日）
近卫坦克第 5 军
坦克第 2 军（7 月 8 日）方面军预备队
坦克第 10 军　近卫步兵第 93 师
步兵第 183 师
近卫步兵第 35 军
步兵第 305 师　近卫步兵第 92 师
步兵第 48 军　近卫第 2 军
步兵第 69 集团军
近卫步兵第 94 师
近卫第 6 集团军
坦克第 96 旅
科罗恰方向
步兵第 111 师
普罗霍罗夫卡方向
步兵第 270 师

苏军资料中的库尔斯克会战期间的增援情况[20]

近卫坦克第 5 集团军
401

特鲁法诺夫支队

沃罗涅日方面军直属
25

坦克第 10 军
181

坦克第 1 集团军
226
（165+61 加强）

坦克第 180 旅

近卫第 5 集团军
4

坦克第 2 军
51

第 38 集团军
0

近卫坦克第 5 军
9

近卫第 6 集团军
8

近卫坦克第 2 军
82

第 40 集团军
11

第 2 集团军

第 69 集团军
49

第 52 步兵军
0

第 48 装甲军
294

SS 第 2 装甲军
408

第 3 装甲军
177

坦克第 167 团

自行火炮
第 1529 团

第 4 装甲集团军

劳斯军 33

近卫第 7 集团军
68

肯普夫集团军级支队

德军 912 辆坦克对阵苏军 1115 辆坦克
数量比为 0.82：1

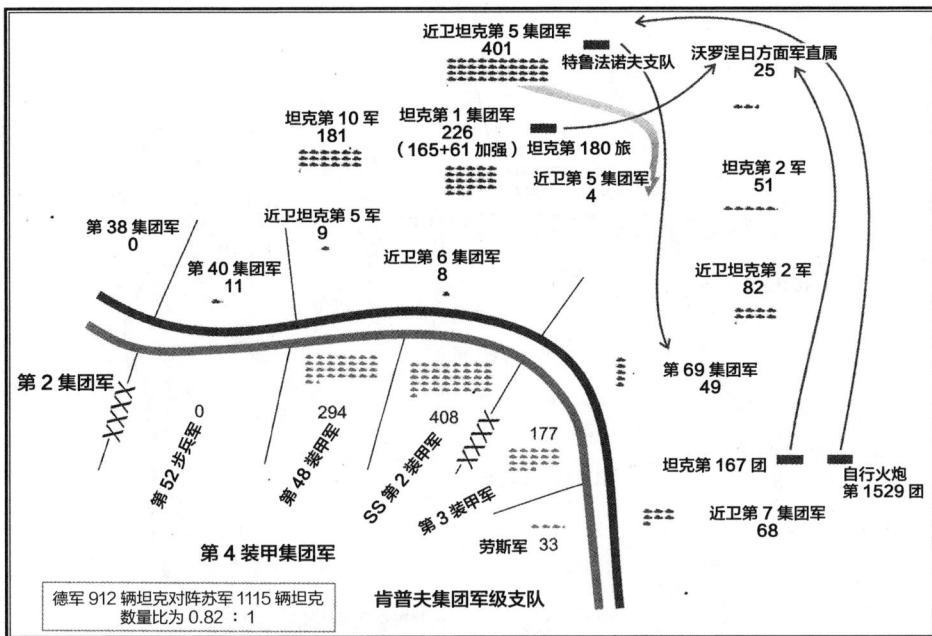

1943 年 7 月 12 日晚，库尔斯克南线战车实力对比

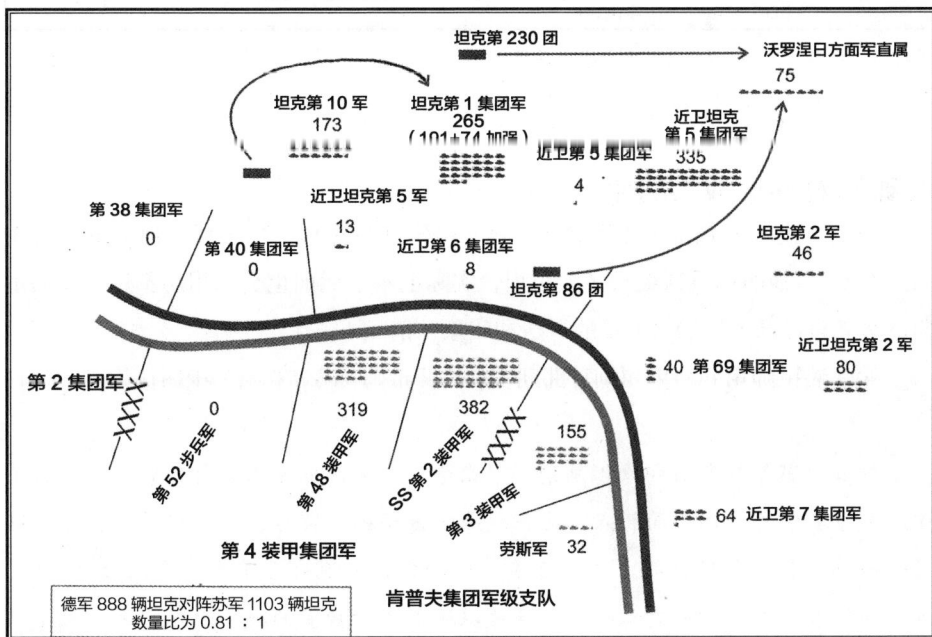

坦克第 230 团

沃罗涅日方面军直属
75

坦克第 10 军
173

坦克第 1 集团军
265
（101+74 加强）

近卫坦克
第 5 集团军
335

近卫第 5 集团军
4

近卫坦克第 5 军
13

第 38 集团军
0

第 40 集团军
0

近卫第 6 集团军
8

坦克第 86 团

坦克第 2 军
46

第 2 集团军

近卫坦克第 2 军
80

40 第 69 集团军

第 52 步兵军
0

第 48 装甲军
319

SS 第 2 装甲军
382

第 3 装甲军
155

64 近卫第 7 集团军

第 4 装甲集团军

劳斯军 32

肯普夫集团军级支队

德军 888 辆坦克对阵苏军 1103 辆坦克
数量比为 0.81：1

1943 年 7 月 13 日晚，库尔斯克南线战车实力对比

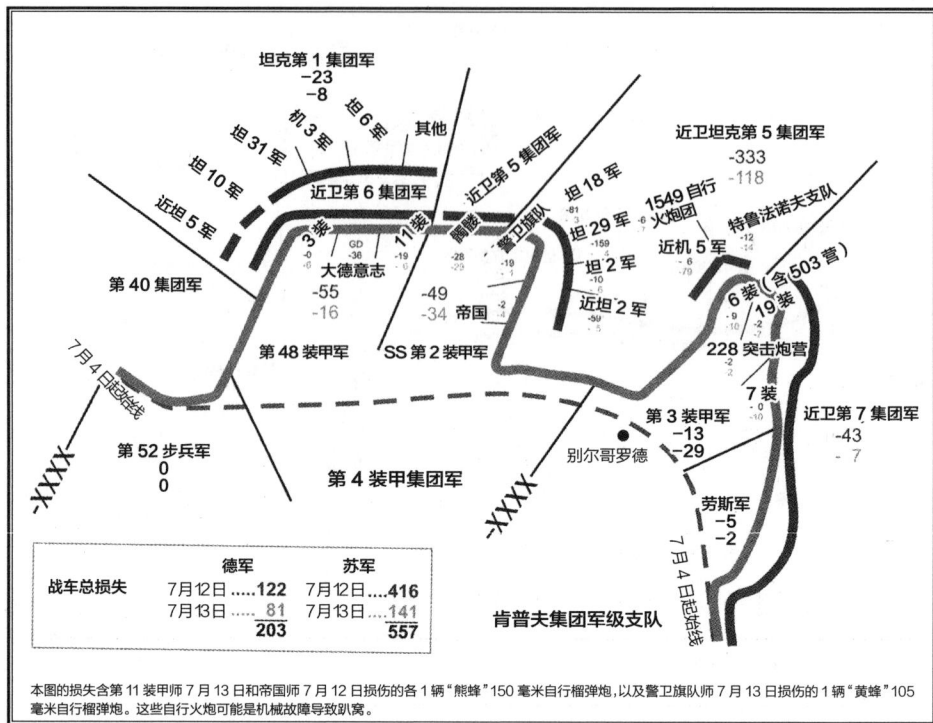

1943 年 7 月 12—13 日，库尔斯克南线战车损失情况

坦克第 1 集团军 −23 −8
坦 6 军　其他
机 3 军
坦 31 军
坦 10 军
近坦 5 军
近卫第 6 集团军
近卫第 5 集团军
坦 18 军
1549 自行火炮团
特鲁法诺夫支队
近卫坦克第 5 集团军 −333 −118
近机 5 军
3 装　GD −36　11 装　警卫旗队
坦 29 军
坦 2 军
近坦 2 军
大德意志 −55 −16
帝国 −49 −34
6 装（含 503 营）−19 装
228 突击炮营
7 装
第 40 集团军
第 48 装甲军
SS 第 2 装甲军
第 3 装甲军 −13 −29
近卫第 7 集团军 −43 −7
别尔哥罗德
7 月 4 日起始线
第 52 步兵军 0 0
第 4 装甲集团军
劳斯军 −5 −2
7 月 4 日起始线
肯普夫集团军级支队

战车总损失	德军	苏军
7 月 12 日	122	416
7 月 13 日	81	141
	203	557

本图的损失含第 11 装甲师 7 月 13 日和帝国师 7 月 12 日损伤的各 1 辆"熊蜂"150 毫米自行榴弹炮，以及警卫旗队师 7 月 13 日损伤的 1 辆"黄蜂"105毫米自行榴弹炮。这些自行火炮可能是机械故障导致趴窝。

1943 年 7 月 12—13 日，库尔斯克南线战车损失情况

❀ 德军对苏军战士的印象

在西方出版的众多二手资料中，冯·梅伦廷将军似乎已经成了研究苏军战士的"专家"。他的那段话被太多人引用，实际上本书后面也会引用。不过，我们也向德军老兵咨询了他们对苏军的看法和印象，请见下文。

第 3 装甲师第 6 装甲团副官弗朗茨 - 约阿希姆·冯·罗德[21]少尉认为：

把我对苏军的所有印象汇总到一起来看，一名苏联军人在打仗时就表现出了这所有印象中的一切正面特点。他在战斗中很坚强、英勇，敢于牺牲自我，能够忍受一切痛苦，也很机智。即便负伤，他也会顽强地战斗下去。在此次战役中，苏军部队看上去比以前更积极。这点可以从变节者数量的减少上看出来。无论从哪个方面看，苏军部队的装备都更好。不过，等级较低的官兵还是有个明显的缺点，那就是他们的指挥风格在一定程度上仍然一成不变。

尽管我们对苏联军人的评价很高，但我们仍然觉得我们在战场上更有优势。这不是没有道理的，因为我们决定了所有交战都对我方有利，即便有时我们的损失也很大。我们总是能主宰战场。如果说"堡垒"行动仍然不顺利的话，那么问题也是出在战役和战略层面上，而不是出在战斗部队上。

大德意志突击炮营营长彼得·弗朗茨[22]上尉认为：

总而言之，作为一支身经百战的部队，我们觉得我们比苏军更有优势。这并不意味着俄国士兵就缺乏勇气或者不够坚强。事实恰好相反，只是他们的士兵没有得到很好的领导。

大德意志掷弹兵团3营营长阿尔弗雷德·贝格曼[23]上尉认为：

我们在此次战役中遇到了顽强的对手，他们打得很勇猛。然而，我们总是觉得我们比他们强。这点可以从实际作战上看出来。对于苏联军人常常表现出来的英勇牺牲精神，我们毫不怀疑，但在部队配合、下级层面的领导上，我们做得更好。除此之外，个别苏联军人，有时是一小群人，会到我们这边来，我们每个士兵都认为这清楚地表明了我们在对的一边。

第110装甲掷弹兵团1营营长卡尔·蒂梅[24]上尉认为：

我想重申的是，苏联士兵打得极其顽强。与其他战斗相比，我们在这次战斗中抓到的停虏较少。敌人要么战至最后一人，要么按照预定计划撤退。

第11装甲师第119装甲炮兵团的瓦尔特·舍费尔-克内特[25]少尉认为：

经过多年战斗，苏军变得越来越顽强。但我们也从未觉得自己不占优势。然而，由于苏联人能调动的物资更多，要解决他们变得越来越难了。这在"堡垒"行动结束、我们失去战役主动权后达到了顶点。之后，苏军在物资上越来越具有压倒性的优势。

苏军士兵叛逃过来是很常见的事情。他们总会有一些人过来。不过，我从没看到他们整支部队叛逃。

我不记得我们师有人逃到苏军那边。对此，我也不想断言，我只是不知道有这种事情发生过。即便有，那也只是个别现象。

在第52步兵军和第48装甲军的作战地域内，苏军宣称他们在7月4—18日俘虏了227名德军，其中有4人投诚。当面的德军则宣称他们俘虏了12436名苏军官兵，其中有599名变节。二战中苏德两军在士气和凝聚力方面的差距从这里也可以反映出来。

警卫旗队师装甲团2营坦克车长冈特·贝尔认为：

我没法说出苏联军人的哪次（英勇）行为，但我想强调的是，敌人在7月10日、11日和12日打得勇猛到令人难以置信。实际上，他们像疯子一样在打仗。

帝国师高炮营的库尔特·A.考夫曼上校（退役）给出了不同的看法：

苏军部队的凝聚力远不如我们那么强。有好几天我都看到俄国人成群结队地投降。这与其他人说的苏军士兵会英勇地战至最后一人形成了鲜明对比。

有件事在我的记忆里留下了特别深的印象。有天晚上，我在炮位上放哨，我想我当时是在卢奇基地域。在那儿，我听到远处传来的俄罗斯民歌，我们德国人对这歌也很熟悉。合唱声越来越近了！我叫醒战友们，并在炮位上做好了准备。接着，我们就看到了令人哭笑不得的一幕。唱歌的是20个或者30个俄国士兵。我们朝他们喊话，他们立即做出反应。他们朝着我们走过来，并自愿听从命令。这队人显然打算变节投降。他们似乎觉得他们唱的民歌可以替代口令，而且他们显然相信德军不会朝唱歌的俄国人开火。

对于我和我的战友们来说，他们的这种行为简直不可思议。

我们总是能俘获大量战俘。我不记得是谁带他们去了后方，这一般是步兵的差事。我们高射炮营的人从不搭理这种事情。

第 503 重装甲营 3 连的里夏德·冯·罗森少尉的看法是：

我想再强调一次，像我们这种层级较低的指挥，比如排长，当然也包括连长，都没有想到会遇到这么激烈的战斗，也没想到敌人会如此坚定。这让我们很惊讶，俄国人打得这么狠，仿佛只是为了赢得我们的敬意。

然而，这并不会消除我们优于对手的坚定信念。我们一直觉得我们占据优势。毕竟，我们"虎"式坦克营的一些车长击杀的敌坦克已经超过了 100 辆。

第 503 重装甲营 1 连的阿尔弗雷德·鲁贝尔的看法是：

普通俄国军人打得很顽强，很勇敢。他们宁可在自己的阵地上被打死，也不愿逃跑。然而，如果叛逃的趋势出现了，这或多或少会引发一种群体效应——群体内的每个人会感到恐惧并试图逃跑。在逆境中的表现上，俄国士兵要比我们自己的士兵好得多。

当恐惧占据了脑海，任何人都会不知所措。没什么人有胆量主动去干点什么。在我们这里，情况有所不同。我们的下级指挥主要是那些身经百战的士官，他们会主动站出来维持秩序，防止出错。不过，总体来说，俄国军人打得很顽强。和 1941 年与 1942 年的战局相比，这一点变得越来越明显了。

俄国士兵是利用环境、伪装阵地和将就凑合的大师，天下无出其右。

与我们的士官相比，苏军下级指挥的领导能力不强。在"堡垒"行动中，我们第一次感觉到坦克是有车长指挥的。这显然是为了消除苏联装甲部队的一个主要弊病。然而，所谓战争艺术的知识，敌人掌握得还不是很好，而这可以称得上是我们下级指挥人员的第二天性。这些知识包括，比如在进攻期间以配合队形前进等。

作为战场上的一支军事力量，我们总是觉得自己比敌人有优势。这倒不是我们自大，而是可以从我们每天的战斗中观察到的。我们在部队指挥、武器使用技能和诸兵种配合上都有优势。对于我来说，决定性的因素似乎是从最低级的坦克车长到士兵都受过的训练，那就是要根据自己的判断来做出与总体目标相关的决定。我们的优势就在于此，而不在于勇敢。俄国士兵也不缺乏勇敢。

❀ 其他著作对俄国战士的看法

根据 84 名苏军老战士的访谈内容（很多没有收入本书）和 28 名德军老兵的访谈内容，我们可以了解到人们在战斗时的信仰和动机。很多关于东线的著作都研究过俄国战士的性格。其中，库尔斯克会战期间的第 48 装甲军参谋长弗里德里希·威廉·冯·梅伦廷少将在《装甲战》中认为：

在西方文化圈中，没有人了解这些在欧洲边界上生长繁衍的亚洲人的性格……俄国人下一步会干什么没法判断。他会从一个极端跳到另一个极端。根据经验，我们很容易预知其他任何国家的士兵会做什么，但没法预知俄国士兵的行动。他的品质就如同他那辽阔无垠的国家一样，不同寻常而又复杂。他有耐心，有超乎想象的忍耐力。他无比勇敢而大胆，但有时也是可耻的懦夫。曾以惊人的勇气多次击退德军进攻的俄军部队，有时也会被一小支突击队吓得逃之夭夭。有的营在前一天一听见枪响就怕了，在第二天却又像疯了一样地顽强战斗。俄国人是非常难以捉摸的。他今天不在乎侧翼是否受到威胁，明天却又因侧翼暴露而吓得发抖；他无视公认的战术原则，却又生搬硬套自己的野战条例。这种态度的关键也许在于，俄国士兵不是善于独立思考的士兵，而是情绪化的受害者。这是西方人分析不出来的。他本质上是个原始人，天性无畏，受到某些情感和直觉的支配。他的个性在集体中很容易被磨灭，其吃苦耐劳的能力也是在几个世纪的艰难困苦中磨砺出来的。由于这些品质的固有力量，俄国士兵在很多方面比更有独立思考能力的西方军人强。西方士兵只能靠更高的智力和更好的精神训练来弥补自身的不足。

俄国士兵还有一个特点就是生死看淡。西方人对此完全无法理解。俄国士兵在踏过几百名战友的尸体时丝毫不为所动，在埋葬死去的同胞时同样淡然处之，在面对自己的死亡时也毫不畏惧。对他而言，生命没有特殊的价值，是一件可以被轻易丢弃的东西。

俄国士兵也以同样冷漠的态度忍受严寒与酷热、饥饿与口渴。闻所未闻的艰难丝毫不会影响他的心灵。他缺乏因虔信宗教或自我道德约束而带来的稳定品行，他时而野蛮凶残，时而真诚和善。和一群乌合之众凑在一起时，他就满心仇恨，无比残忍；独自一个人时，他又和蔼大方。这些特性也体现在亚洲部分的俄罗斯人、蒙古人、土库曼人、乌兹别克人，以及乌拉尔山以西的斯拉夫人的身上……

在某种程度上，俄国人优良的军事品质因其迟钝、冥顽不灵和天生懒散而大打折扣。[26]

艾伯特·西顿上校（个人背景信息未知）在1971年出版的《苏德战争，1941—1945》中也对俄国士兵进行了描述：

大俄罗斯人的突出特点是顽固、狡猾和有耐力。这些品质是在恶劣的气候、贫瘠的土地、亚洲人的入侵、鞑靼人的统治下形成的。此外，大量芬兰血统的混入可能也是影响这些品质形成的一个因素。大俄罗斯士兵并不缺乏勇气，他很坚韧。无论是不是共产党员，他都是深爱自己家乡的爱国者。他轻信别人，很容易被政委的宣传左右。不管属于哪个民族，大部分红军战士都是如此。他对军人生活没有很大兴趣，只是默默忍受着。除非有军官和政委逼迫，否则他就没什么战斗力，会变得邋邋遢遢、自由散漫、无法无天或麻木不仁。所有俄国人都让人难以捉摸，他们常常阴晴不定，这一特性体现在其在二战时的战斗方式上。一支部队有时会无比顽强，死战到底，有时却集体撂挑子或溜之大吉。总体来说，他们更擅长防御而非进攻。他们往往头脑迟钝、动作迟缓、慢条斯理、谨小慎微，吃尽了消极被动、创造性和主动性不足的亏……

……另外一个主要组成部分就是乌克兰人。和波兰人的民族性类似，乌克兰人聪明、机敏、勇敢、欢乐，有派头和活力。他们不像大俄罗斯人那样呆头呆脑的。白俄罗斯人通常不如乌克兰人和大俄罗斯人……[27]

总之，这些说法虽然反映了个人的观点，但也带有种族主义色彩。

注释

1. 《坦克第 18 军的战斗行动，1943 年 7 月 12—24 日》（国防部中央档案馆，坦克第 18 军全宗，第 1 目录，第 48 卷宗，第 10 页）。

2. 根据库尔斯克数据库的数据，该师在 7 月 4 日有 77 辆坦克、4 辆"黄鼠狼"和 2 辆 III 号突击炮，在 7 月 13 日有 48 辆坦克、10 辆"黄鼠狼"和 1 辆 III 号突击炮。

3. 根据库尔斯克数据库的数据，该师在 7 月 10 日有 84 辆坦克（包括 3 辆"虎"式坦克）、21 辆 III 号突击炮和 11 辆"黄鼠狼"。7 月 13 日，该师有 55 辆坦克（包括 1 辆"虎"式坦克）、20 辆 III 号突击炮和 2 辆"黄鼠狼"。在此期间，该师还有 6 辆"熊蜂"150 毫米自行榴弹炮和 12 辆"黄蜂"105 毫米自行榴弹炮。

4. 这里只计算其下属的 4 个师以及配属的"虎"式坦克和突击炮营，不含配属的炮兵、高炮、工兵、指挥部等数量可观的部队。其坦克和突击炮的总数从 396 辆减至 133 辆，此处未计入 18 辆自行火炮。

5. 不清楚这是朱可夫本人对战况的描述，还是他对斯大林电话内容的转述。见格奥尔基·康斯坦丁诺维奇·朱可夫著《朱可夫元帅最重大的会战》第 240—241 页。

6. 格奥尔基·康斯坦丁诺维奇·朱可夫著《回忆与思考》第 11 版第 55 页。这句话暗示了科涅夫与朱可夫之间的摩擦，以及会面发生在第 69 集团军司令部而非方面军司令部。朱可夫的回忆录的早期版本将其删除了。

7. 格奥尔基·康斯坦丁诺维奇·朱可夫著《朱可夫元帅最重大的会战》第 240—241 页。

8. 此处依据的是三份资料：笔者、理查德·哈里森与斯维尔德洛夫上校在 1993 年 10 月下旬的谈话，斯维尔德洛夫上校根据我的请求于 1993 年 11 月 21 日写给理查德·哈里森的信，斯维尔德洛夫上校著《苏联统帅们鲜为人知的事情》[Неизвестное о советских полководцах（莫斯科，1995 年）] 第 56 页。

9. 被处决的还有西方面军参谋长克利莫夫斯基赫（V. E. Klimovskikh）少将、炮兵主任克利奇（N. A. Klich）中将、通讯主任格里戈里耶夫（A. T. Grigoryev）少将、第 4 集团军司令科罗布科夫（A. A. Korobkov）少将。

10. 不过在 1941 年，有 27 名苏联将军被处决，包括 1941 年参战和战前被捕的人员。资料来源：亚历山大·阿列克谢耶维奇·佩琼金（А. А. Печенкин）《将军不只牺牲在战场》[Генералы погибали не только в боях（《独立新闻》，2005 年 6 月 17 日）]。

    网站 http://handbook.rkka.ru 列出了被捕将军的名单。名单显示，1937 年镇压了 3 名苏联元帅（全部被处决或死于狱中）、15 名一级和二级集团军级别的指挥员（全部被处决或死于狱中）、66 名军级指挥员（62 人被处决或死于狱中）、168 名师级指挥员（147 人被处决或死于狱中）、338 名旅级指挥员（289 人被处决或死于狱中）。他们大部分是在 1937 年和 1938 年被处决的。两名回到部队的旅级指挥员后来叛逃到德军方面，在战后又被苏联抓获并处决。

    网站上列出了战争期间被捕的 94 名将官名单：1 名大将（被处决）、2 名上将（均被处决）、20 名中将（16 人被处决或死于狱中）、71 名少将（至少 53 人被处决或死于狱中）。这份名单显然还不完整，不过里面的所有人都是在 1941 年被捕的，其中的大多数在当年或次年的头两个月被处决。

11. 国防部中央档案馆，第 332 全宗，第 4948 目录，第 19 卷宗，第 5—21 页。

12. 《瓦图京给斯大林的战后报告》第 68—70 页。

13. 埃里希·冯·曼施泰因著《失去的胜利》[Lost Victories（亨利·雷格内里公司，芝加哥，1958 年）] 第 448 页。

14. 曼施泰因著《失去的胜利》第 449 页。

15. 曼施泰因著《失去的胜利》第 449 页。尼克劳斯·冯·贝洛（Nicolaus von Below）著《在希特勒身边：希特勒的空军副官回忆录，1937—1945》（绿山图书，伦敦，2001 年）第 174 页认为，曼施泰因无条件地支持继续进攻，但克卢格怀疑自己能否挡住苏军进攻，并且希望取消行动。

16. 曼施泰因著《失去的胜利》第 449 页。

17. 详情见笔者所著的《库尔斯克：普罗霍罗夫卡之战》第三章。

18. 第 24 装甲军司令部作战日志第一部分，第 2/43 号，第 49 页（美国国家档案馆微缩胶片 T314，R719，第

000065 页）。有些作者认为日期应该更早，例如格兰斯和豪斯在《库尔斯克会战》第 245 页写道："早在 7 月 14 日，希特勒就指示第 24 装甲军转入预备队，进入第 1 装甲军后方伊久姆附近的北顿涅茨河一线。"

19. 曼施泰因著《失去的胜利》第 453 页。

20. 康斯坦丁·斯捷潘诺维奇·科尔加诺夫（K. S. Kolganov）主编的《1941—1945 伟大卫国战争年代苏军战术的发展》[*Развитие тактики Советской Армии в годы Великой Отечественной войны 1941–1945 гг.*（莫斯科，军事出版社，1958 年）] 第 873 页。

21. 退役少将弗朗茨 - 约阿希姆·冯·罗德（Franz-Joachim von Rodde）于 1999 年 5 月 6 日接受了布兰德少将的采访。冯·罗德将军生于 1922 年 11 月 25 日，于 1940 年 10 月志愿当兵。他在 1941 年俄国战役期间是一名士官、坦克车长。1942 年 2 月，他在哈尔科夫接受了军官训练，于同年夏季在高加索、捷列克（Terek）河和亚速海（Azov）地域担任排长。他参加过 1942 年底至 1943 年初的撤退战斗，并于 1943 年 7 月成为第 6 装甲团团长施密特·奥特上校的参谋军官。冯·罗德将军一生获得过一级铁十字勋章、二级铁十字勋章、金质战伤章和坦克战证章（50 次）。

战后，他先是务农，然后加入了西德陆军，晋升为少将，担任指挥职务，最后成为第 3 装甲师师长。

22. 彼得·弗朗茨（Peter Frantz）先生于 1999 年 4 月 20 日接受了布兰德少将的采访。弗朗茨先生 1917 年 7 月 24 日生于莱比锡。他于 1936 年志愿参军，后在驻扎于德累斯顿的第 4 炮兵团当见习军官。他于 1939 年在新组建的突击炮单位服役，于 1940 年 3 月开始在大德意志摩托化步兵团第 16 连（突击炮连）担任排长，并且随团参加过法国战局、巴尔干战局和 1941—1943 年的俄国战局。1942 年 4 月大德意志师组建后，他在该师服役。他起初担任连长，然后在 1943 年 1 月 4 日—1944 年年间担任师属突击炮营营长。

之后，他接受了总参军官训练。到战争结束时，他在某装甲军担任第 3 总参军官（Ic）（G4）[1]。他获得过二级铁十字勋章（波兰）、一级铁十字勋章（法国）、陆军总司令嘉奖证书（俄国，1941 年）、金质德意志十字勋章（俄国，1941/1942 年）、骑士十字级铁十字勋章（俄国，1942 年）、橡叶饰（俄国，1943 年 2 月冬季攻势）和战伤章（五次）。

战后，他在制药行业当经理，后加入西德陆军，担任后备军官，逐渐升任装甲旅旅长和副师长职务。

23. 退役总参上校阿尔弗雷德·贝格曼（Alfred Bergemann）于 1999 年 10 月 2 日接受了布兰德少将的采访。贝格曼上校生于 1915 年 10 月 10 日，于 1935 年 4 月 1 日当兵，起初在埃尔福特（Erfurt）的第 16 骑兵团服役。第 3 装甲师组建后，他加入该师第 3 摩托车营，作为负有特别任务的参谋军官参加了波兰战局。之后，贝格曼先生志愿加入空军，接受了侦察机中队观察员的训练。1942 年 4 月 1 日，他又回到陆军，在大德意志师服役，起初为尉官（lieutenant），职务是第 3 总参军官（Ic）（G4）。受伤后，他从 1943 年春季起进入师第 1 总参军官的后备干部队伍。

1943 年 7 月，在大德意志师开始集结备战后，贝格曼先生被任命为师第 1 总参军官（Ia）（G3），后被改为后备干部（以接替阵亡或受伤的指挥官）。从"堡垒"行动的第三天起，他成为大德意志团 3 营营长。

1943 年 8 月，贝格曼先生在第二次受伤后接受了总参军官训练，在某步兵军担任军需长（G4）和作战处长（G3）。他获得过金质德意志十字勋章、一级铁十字勋章、二级铁十字勋章、战伤章。

贝格曼先生自 1956 年起成为西德陆军军官，在北约中欧联合部队（AFCENT）司令部任职，最后在位于波恩（Bonn）的联邦德国国防部担任负责北约事务的部门主管，于 1974 年退役。

24. 卡尔·蒂梅（Karl Thieme）先生由于年纪太大且有病在身，只接受了书信采访。布兰德少将在 1999 年 3 月和 4 月与其进行了通信。蒂梅先生生于 1914 年 5 月 28 日，于 1936 年 1 月 10 日参军。他参加过波兰战局、占领丹麦战役、法国战局、巴尔干战局，然后自 1941 年 6 月起参加俄国战局，于 1943 年 7 月任第 11

---

① 译者注：作者备注的 Ic 与 G4 矛盾。在德军指挥机关中，Ia、Ib 和 Ic 各代表第 1 总参军官、第 2 总参军官、第 3 总参军官，分别相当于参谋长、军需长 / 后勤处长、情报处长，而美军的 G1、G2、G3、G4 分别为负责人事、情报、作战与计划、后勤的助理参谋长。后面的注释中也有类似的矛盾，不再说明。

装甲师第110装甲掷弹兵团1营的上尉营长。

战争期间，蒂梅先生从少尉排长晋升到中校团长。他获得过一级铁十字勋章、二级铁十字勋章、坦克战证章、近战勋饰、金质德意志十字勋章、双剑橡叶饰骑士十字、保加利亚王国的勇敢勋章。

战后，蒂梅先生担任联邦德国铁路美军联络办公室主管。

25. 瓦尔特·舍费尔-克内特（Walther Schaefer-Kehnert）教授于1999年10月21日接受了布兰德少将的采访。舍费尔-克内特先生生于1918年2月5日，于1939年被动员入伍。他接受了后备军官训练，参加了法国、巴尔干和俄国战局。他于1941—1944年在第11装甲师第119装甲炮兵团服役，在库尔斯克会战期间是第119装甲炮兵团2营4连的中尉连长。

之后，舍费尔-克内特先生参加了西线的诺曼底之战，以及穿过法国的撤退和雷马根（Remagen）大桥之战。战争结束时，他为第11装甲师某炮兵营营长，其军衔为后备少校。战争期间，他四次负伤。他获得过金质德意志十字勋章、一级铁十字勋章、二级铁十字勋章、战伤章。

战后，舍费尔-克内特先生学习农业，并在哥廷根担任教授，后在多个国家为世界银行工作多年。

1943年7月13—15日，舍费尔-克内特教授在前线写了两封信，描述了7月4日起发生的事件。

26. 梅伦廷著《装甲战》[*Panzer Battles*（纽约，巴伦坦出版社，1984年）] 第349—352页。

27. 艾伯特·西顿著《苏德战争，1941—1945》[*The Russo-German War 1941—1945*（加利福尼亚州，普雷西迪奥出版社，1971年）] 第96—97页。笔者在引用时调整了段落顺序。

战场照片

所有照片均为党卫队摄影师拍摄，几乎拍摄的都是党卫军部队。大部分 7 月 19 日及之前的照片应该是关于库尔斯克战场的。原照片无图注，但给出了摄影师的姓名，如赫尔曼·格勒讷特（Hermann Groenert）、维利·默茨（Willi Merz）、马克思·比舍尔（Max Büschel）。

"虎"式坦克，格勒讷特，1943 年 7 月 19 日

"虎"式坦克，格勒讷特，1943 年 7 月 16 日

"虎"式坦克，格勒讷特，1943 年 7 月 16 日

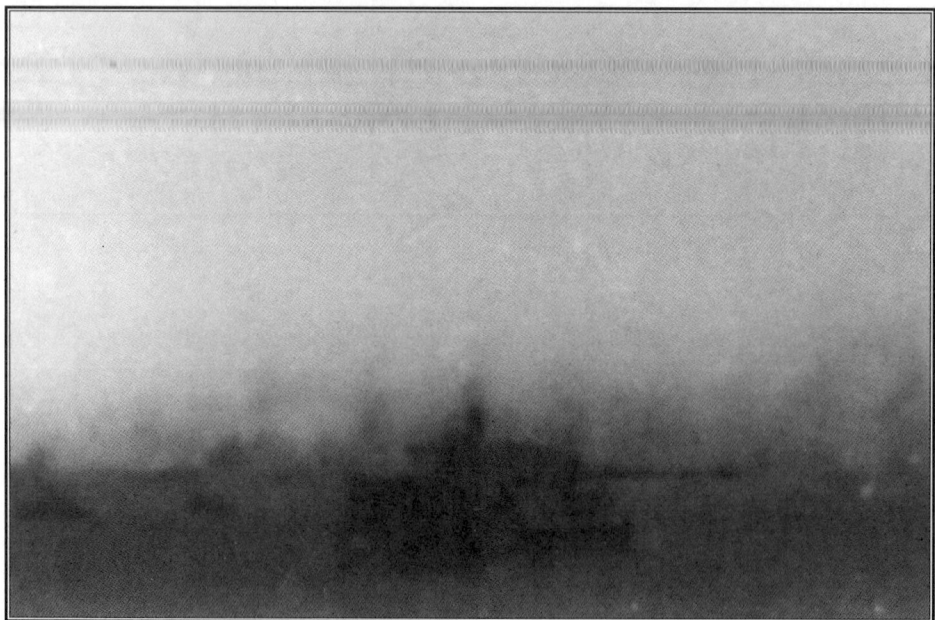

战斗中的坦克，位于前方和中央的为"虎"式坦克，格勒讷特，1943 年 7 月 16 日

前线的一辆IV号坦克，默茨，1943年7月16日

战斗中的一辆IV号坦克，默茨，1943年7月16日

战斗中的一辆IV号坦克，默茨，1943年7月16日

IV号坦克，比舍尔，1943年7月13日

Ⅲ号坦克，格勒讷特，1943 年 7 月 16 日

Ⅲ号坦克，坎茨勒（Cantzler），1943 年 7 月 19 日

前线的德军坦克，默茨，1943 年 7 月 16 日

图片显示的地方似乎是库尔斯克战场，默茨，1943 年 7 月 15 日

Ⅲ号突击炮正在通过工兵开辟的防坦克壕通路，格勒讷特，1943年7月19日

Ⅲ号突击炮，比舍尔，1943年7月15日

Ⅲ号突击炮，比舍尔，1943年7月15日

Ⅲ号突击炮，比舍尔，1943年7月15日

"黄鼠狼"坦克歼击车，格勒讷特，1943 年 7 月 16 日

"黄鼠狼"坦克歼击车，比舍尔，1943 年 7 月 15 日

"黄鼠狼"坦克歼击车，劳克斯（Laux），1943 年 7 月 13 日

两辆"黄鼠狼"坦克歼击车，比舍尔，1943 年 7 月 13 日。大部分 7 月的战车照片均以后部视角拍摄

自行火炮阵地，克林（Kling），1943 年 7 月 13 日

德军自行火炮，比舍尔，1943 年 7 月 15 日

行军中的德军自行火炮，克林，1943 年 7 月 13 日

行军中的德军自行火炮，克林，1943 年 7 月 13 日

德军自行火炮展开，克林，1943 年 7 月 13 日

照片显示的地方应该是库尔斯克战场，比舍尔，1943 年 7 月 10 日

德军装甲部队，比舍尔，1943 年 7 月 10 日

搭载武器的半履带车，格勒讷特，1943 年 8 月 18 日（该照片可能摄于库尔斯克攻势之后）

搭载武器的半履带车，克林，1943 年 7 月 13 日

德军半履带车和步兵，克林，1943 年 7 月 17 日

德军装甲车，克林，1943 年 7 月 13 日

德军装甲车，格勒讷特，1943年8月18日（该照片可能摄于库尔斯克攻势之后）

摩托车，比舍尔，1943年7月19日

德军炮兵，比舍尔，1943年7月10日

德军炮兵，比舍尔，1943 年 7 月 10 日

火炮阵地，坎茨勒，1943 年 7 月 19 日

火箭炮和Ⅲ号突击炮，比舍尔，1943年7月15日

火箭炮射击，比舍尔，1943年7月15日

火箭弹的尾迹，默茨，1943 年 7 月 16 日

战斗景象，默茨，1943 年 7 月 15 日

德军迫击炮阵地，盖克（Geyk），1943年5月19日

"早上好……"，H. 阿伦斯（H. Ahrens），1943年5月12日（这名德军袖标上的"Reinhard Heydrich"表明，他来自SS第6"北方"师的SS第6"赖因哈德·海德里希"山地猎兵团，但该团此时应该在芬兰）。

迫击炮弹上写的是"……斯大林同志"，H. 阿伦斯（H. Ahrens），1943 年 5 月 12 日

半履带车和牵引式反坦克炮，格勒讷特，1943 年 7 月 16 日

562

德军Ⅲ号坦克和牵引式反坦克炮，默茨，1943年7月16日

德军20毫米高射炮，默茨，1943年7月15日

德军高射机枪，比舍尔，1943 年 7 月 19 日

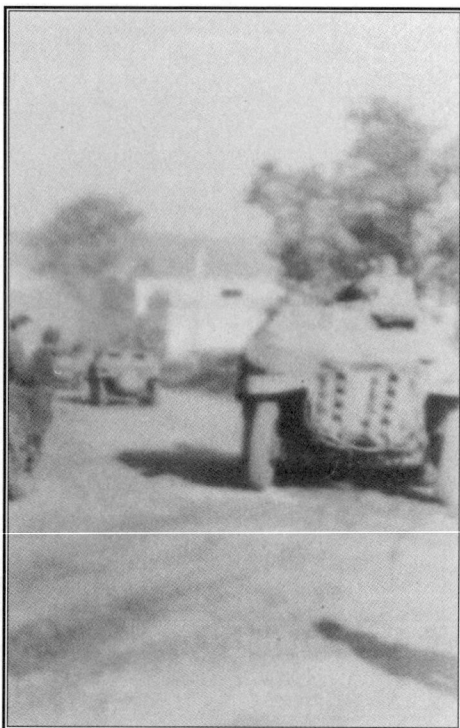

满载步兵的半履带车穿过村庄，默茨，1943 年 7 月 16 日

德军步兵在前进，格勒讷特，1943 年 7 月 19 日

位于库尔斯克的步兵，格勒讷特，1943 年 7 月 19 日

步兵穿过村庄，格勒讷特，1943 年 7 月 16 日

防坦克壕内的德军步兵，格勒讷特，1943 年 7 月 19 日

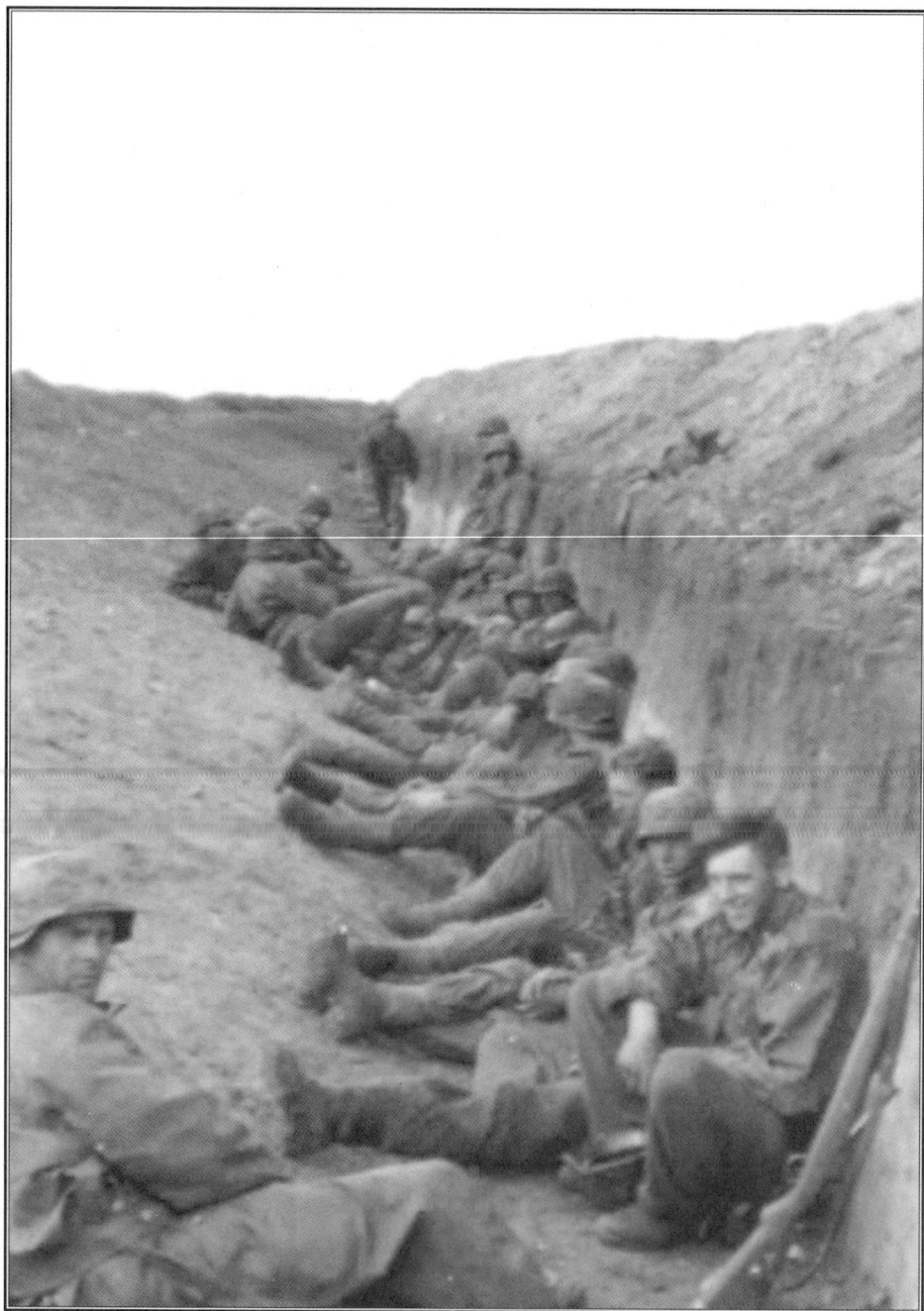

防坦克壕内的德军步兵，比舍尔，1943 年 7 月 10 日

一名手提 MG42 的德军机枪手，克林，1943 年 7 月 13 日

德军 MG34 机枪手，比舍尔，1943 年 7 月 15 日

斯图卡俯冲轰炸机，比舍尔，1943 年 7 月 19 日

地面上的战斗机，劳克斯，1943 年 7 月 14 日

路口的交通管制，比舍尔，1943 年 7 月 13 日

投降的苏军（总是很好的宣传素材），默茨，1943 年 7 月 15 日

苏军 T–34 坦克的正面，比舍尔，1943 年 7 月 15 日

苏军 T–34 坦克的后面，比舍尔，1943 年 7 月 15 日

苏军 T–34 坦克的侧面，比舍尔，1943 年 7 月 15 日

德军使用缴获的 T-34，比舍尔，1943 年 7 月 10 日

苏军的丘吉尔坦克，比舍尔，1943 年 7 月 10 日

指挥人员照片

南方集团军群司令、陆军元帅埃里希·冯·曼施泰因，1943年2月4日

曼施泰因，1942年（大约）

肯普夫集团军级支队司令、装甲兵将军维尔纳·肯普夫，日期不详。照片源自土耳其语维基百科

第4装甲集团军司令、上将赫尔曼·霍特，1938年12月15日

曼施泰因在战场上，1942年5月21日

沃罗涅日方面军司令尼古拉·费
奥多罗维奇·瓦图京，1943 年

尼古拉·费奥多罗维奇·瓦图京，1943 年

瓦图京的参谋长谢苗·帕夫洛维
奇·伊万诺夫（1907—1993 年），
1943 年

瓦图京，右边是其参谋长伊万诺夫，1943 年 6 月

瓦图京（右）和赫鲁晓夫在前线，1943 年 6 月

尼基塔·谢尔盖耶维奇·赫鲁晓夫在前线，1943 年 6 月。从右至左依次是近卫步兵第 22 军军长尼古拉·博列斯拉沃维奇·伊比扬斯基少将、近卫第 6 集团军司令伊万·米哈伊洛维奇·奇斯佳科夫中将、赫鲁晓夫中将

打野战电话的是赫鲁晓夫（右一），站着且戴着眼镜的是近卫坦克第 5 集团军司令罗特米斯特罗夫（右三），1943 年 7 月 15 日。《打破神话：普罗霍罗夫卡坦克战，库尔斯克，1943 年 7 月：作战记述》第 264 页中这张照片的图注是：1943 年 7 月 10 日，赫鲁晓夫通过电话向斯大林报告，近卫坦克第 5 集团军已经抵达普罗霍罗夫卡车站地域。坐在他边上的是沃罗涅日方面军装甲坦克和机械化兵司令安德烈·德米特里耶维奇·什捷夫涅夫（A. D. Shtevnev）中将。站在什捷夫涅夫右边的是近卫坦克第 5 集团军司令罗特米斯特罗夫中将，再往右是沃罗涅日方面军副司令约瑟夫·罗季翁诺维奇·阿帕纳先科（I. P. Apanasenko）大将（照片来自俄罗斯国家电影照片资料档案馆）。7 月 10 日，近卫坦克第 5 集团军尚未到达普罗霍罗夫卡车站。根据罗特米斯特罗夫战后的回忆，他是在 7 月 10 日白天在奥博扬与瓦图京会面的。他们商讨了普罗霍罗夫卡反击计划，罗特米斯特罗夫受领了战斗命令，并于下午返回指挥所（见《打破神话：普罗霍罗夫卡坦克战，库尔斯克，1943 年 7 月：作战记述》第 268—269 页）。该照片应该是在会议期间拍摄的，当然也可能是之后拍摄的

位于莫斯科新圣女公墓的赫鲁晓夫墓。塔季扬娜·S. 劳伦斯拍摄

德军第 8 航空军军长汉斯·赛德曼少将。该照片大概摄于 1944 年 9 月

赛德曼，1944 年 11 月 30 日

红军空军第 2 集团军司令斯捷潘·阿基莫维奇·克拉索夫斯基（S. A. Kravsovskii），1943 年

红军空军第 17 集团军司令弗拉季米尔·亚历山德罗维奇·苏杰茨（V. A. Sudets），1945 年

红军空军第 5 集团军司令谢尔盖·康德拉季耶维奇·戈留诺夫（S. K. Goryunov），1945 年

德军第 3 装甲军军长、装甲兵将军赫尔曼·布赖特（照片拍摄时，他为少将）

SS 第 2 装甲军军长、党卫队中级地域总队长兼党卫军将军保罗·"爸爸"·豪塞尔 [豪塞尔的绰号是"豪塞尔爸爸"（ Papa Hausser ），该照片可能摄于 1943 年 7 月 15 日之后]

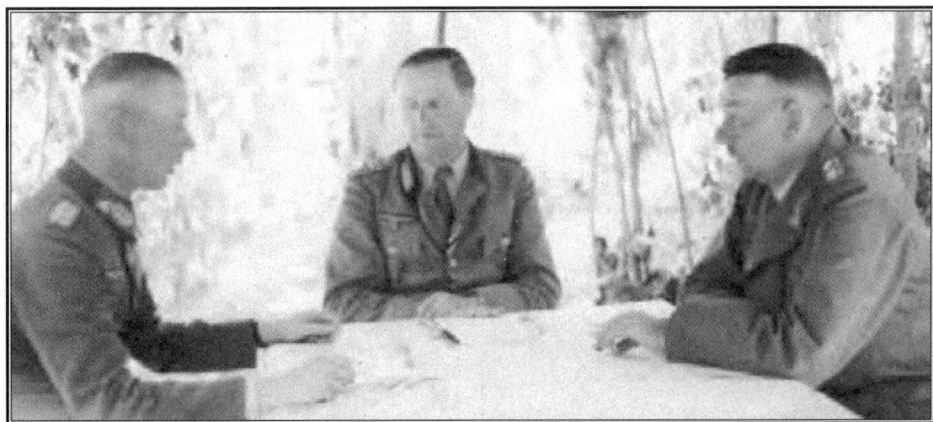

维尔纳·肯普夫将军（右）与赫尔曼·布赖特（中）和第 168 步兵师师长瓦尔特·哈莱斯·博利厄少将（左）商讨情况，1943 年 6 月 21 日。照片源自维基百科

近卫第 6 集团军司令伊万·米哈伊洛维奇·奇斯佳科夫中将，1944 年

近卫第 7 集团军司令米哈伊尔·斯捷潘诺维奇·舒米洛夫中将，1943 年 10 月

第 69 集团军司令瓦西里·德米特里耶维奇·克留琼金中将，1943 年 5 月

近卫坦克第 5 集团军司令帕威尔·阿列克谢耶维奇·罗特米斯特罗夫中将，1943 年

罗特米斯特罗夫中将，1943 年

位于莫斯科新圣女公墓的罗特米斯特罗夫墓。塔季扬娜·S. 劳伦斯拍摄

近卫第 5 集团军司令阿列克谢·谢苗诺维奇·扎多夫中将，1943 年

第 167 步兵师师长沃尔夫－京特·特里恩贝格中将，1943 年 5 月 15 日。照片源自维基百科引用的德国联邦档案馆的资料

警卫旗队师师长、党卫队区队长特奥多尔·威施（Theodore Wisch），1941 年 9 月。汉斯·霍夫曼（Hans Hoffman）拍摄。照片源自维基百科

帝国师师长、党卫队地域总队长兼党卫军中将瓦尔特·克吕格尔（Walter Krüger），1943 年 9 月 6 日

髑髅师长、党卫队区队长赫尔曼·普里斯（Hermann Priess）。拍摄日期不详。照片源自俄语维基百科

第6装甲师师长瓦尔特·冯·许纳斯多夫中将。拍摄日期不详。照片源自维基百科引用的德国联邦档案馆的资料

第7装甲师师长、中将冯·丰克男爵。汉斯·霍夫曼拍摄，日期不详。照片标有"丰克中将"（GeneralLtn. Funk）

第6装甲师第4装甲掷弹兵团团长马丁·翁赖因上校（左）

第 19 装甲师师长古斯塔夫·施密特（Gustav Schmidt）中将，1943 年 3 月 10 日

近卫坦克第 2 军军长阿列克谢·谢苗诺维奇·布尔杰伊内上校，1943 年 9 月

坦克第 2 军军长亚历山大·费奥多罗维奇·波波夫少将，1943 年 9 月

坦克第 10 军军长瓦西里·格拉西莫维奇·布尔科夫少将，1943 年 4 月

坦克第 18 军军长鲍里斯·谢尔盖耶维奇·巴哈罗夫少将，1943 年

坦克第 29 军军长伊万·费奥多罗维奇·基里琴科少将，
1943 年 8 月

近卫机械化第 5 军军长鲍里斯·米哈伊洛维奇·斯克沃
尔措夫少将，1943 年 6 月

第 6 装甲师第 11 装甲团第 2 营营
长、少校弗朗茨·贝克博士。他最
终获得了双剑橡叶饰骑士十字级铁
十字勋章。照片源自维基百科

髑髅师髑髅装甲掷弹兵团团长、党
卫队上级突击大队长奥托·鲍姆，
1942 年 5 月 19 日

髑髅师"特奥多尔·艾克"装甲掷
弹兵团团长、党卫队旗队长赫尔穆
特·贝克尔（Hellmuth Becker）

帝国师德意志装甲掷弹兵团团长、党卫队旗队长海因茨·哈梅尔（Heinz Harmel）

第 503 重装甲营营长、上尉克莱门斯－海因里希·冯·卡格内克伯爵，1944 年 7 月

阿道夫·希特勒警卫旗队师第 1 装甲掷弹兵团 3 营营长、党卫队突击大队长约阿希姆·派佩尔，1943 年。照片源自维基百科引用的德国联邦档案馆的资料

第 7 装甲师第 25 装甲团团长阿德尔贝特·舒尔茨中校，1944 年 1 月 10 日

舒尔茨上校，1944 年 1 月

"元首"装甲掷弹兵团团长西尔韦斯特·施塔德勒，1943 年 9 月 27 日

德军王牌坦克手和骑士十字勋章获得者

鲁道夫·冯·里宾特洛甫，1943 年 7 月 23 日

施陶德格尔，1943 年 7 月 23 日

米夏埃尔·维特曼，1944 年 1 月 24 日

维特曼，1944 年

维特曼，1944 年 11 月

德军飞行员和王牌飞行员

阿尔弗雷德··德鲁舍尔（Alfred Druschel）上尉，第1俯冲轰炸机联队第1大队

迪特里希·赫拉巴克（Dietrich Hrabak）少校，第52战斗机联队，1943年4月22日

赫拉巴克，1943年11月27日

哈特曼上校，第52战斗机联队，1944年9月

瓦尔特·克鲁平斯基（Walter Krupinski），第52战斗机联队。拍摄日期不详。照片源自维基百科

威廉·莱姆克（Wilhelm Lemke）上尉，第 3 战斗机联队，1943 年 11 月 27 日

京特·拉尔，第 52 战斗机联队，1942 年 11 月 3 日

约阿希姆·基施纳（Joachim Kirschner）上尉，第 3 战斗机联队。汉斯·霍夫曼拍摄，日期不详

汉斯－乌尔里希·鲁德尔（Hans-Ulrich Rudel）少校，1944 年 7 月前

鲁德尔，1943年11月27日

鲁德尔，1945年

伊万·尼基托维奇·科热杜布
（1920—1991年）墓。科热杜布
是二战苏联红军空军头号王牌，获
得过三次苏联英雄的称号。娜塔
莉亚·古谢娃（Natalia Guseva）
拍摄

尼古拉·德米特里耶维奇·古拉
耶夫半身像。歼击航空兵第27
团的古拉耶夫是苏联红军空军的
王牌，获得过两次苏联英雄的称
号。照片源自国家英雄网（www.
warheroes.ru）

基里尔·阿列克谢耶维奇·叶夫斯
季格涅耶夫（1917—1996年）墓。
叶夫斯季格涅耶夫是苏联红军空军
的王牌，获得过两次苏联英雄的称
号。照片源自国家英雄网（www.
warheroes.ru）

肃清顿涅茨河三角地带：
1943 年 7 月 14—15 日

　　7 月 15 日中午，全营再次试图占领普拉沃罗季……在接下来的几个小时内又爆发了装甲战，我们只能在边上看热闹。我们从一位坦克被击毁、跟我们待了一会儿的乘员那儿得知，苏联人到 7 月 14 日已经总共损失了 450 辆坦克。他们的预备队似乎无穷无尽，因为苏军的反击总是有大量装甲战车支援。

——库尔特·A.考夫曼，SS 帝国装甲掷弹兵师顿涅茨河三角地带就像一块楔子，插在第4装甲集团军和肯普夫集团军级支队之间。第3装甲军和SS第2装甲军各有30千米左右的战线位于这里。在三角地带内，苏军的补给主要是从普罗霍罗夫卡向南的公路运来的。除此之外，在普拉沃罗季以南，从西面通向三角地带内的公路只有两条公路，一是从格涅兹季洛夫卡到普洛塔的公路，一是从北顿涅茨河岸边穿过伦金卡、希佩、沙霍沃和普洛塔的公路①。这些公路现在均被德军的桥头堡卡住。近卫步兵第81师和第89师已经在抱怨补给不足了，不过这与公路网被切断似乎没什么关系。现在，问题变得更严重了，第69集团军不仅很难获取食物，还很难得到弹药等其他物资补给。至于如何后送伤员，不得而知。三角地带内共有5个步兵师和2个坦克军。

SS第2装甲军进攻

　　7月14—15日这两天的战斗将是SS第2装甲军在普罗霍罗夫卡一带最后的进攻战斗。髑髅师和警卫旗队师将会继续防守，而帝国师试图在普罗霍罗夫卡以南展开进攻。

髑髅师

　　现在，SS第2装甲军的主攻方向转移到了右翼，髑髅师转而防御北翼（左翼）。该师此时将战线拉长到近17千米。他们整人都在面对苏军步兵和坦克的进攻，而绝大部分进攻发生在髑髅团的地段（战线北侧）。

　　10:30，近卫第5集团军在整个战线上发起进攻。近卫步兵第33军声称，他们遭到德军的猛烈抵抗，然后被德军猛烈的空袭打退。在其右翼的仍然是近卫步兵第97师。该师声称，他们遭到德军的猛烈抵抗，未能取得进展，而且他们当天有61人阵亡、345人负伤。在中央，近卫步兵第95师于13:00打退了德军从226.6高地发动的一次反击，此外就没有取得任何进展了。该师在7月14日有21人死亡、315人负伤，但补充了100名斯摩棱斯克射击—机枪学校（由于德军入侵，学校已搬离斯摩棱斯克）的学员。其左翼的近卫步兵第42师在13:30打退了德军从瓦西里耶夫

---

① 译者注：第一条公路从东面进入三角地带，第二条公路并不经过希佩。

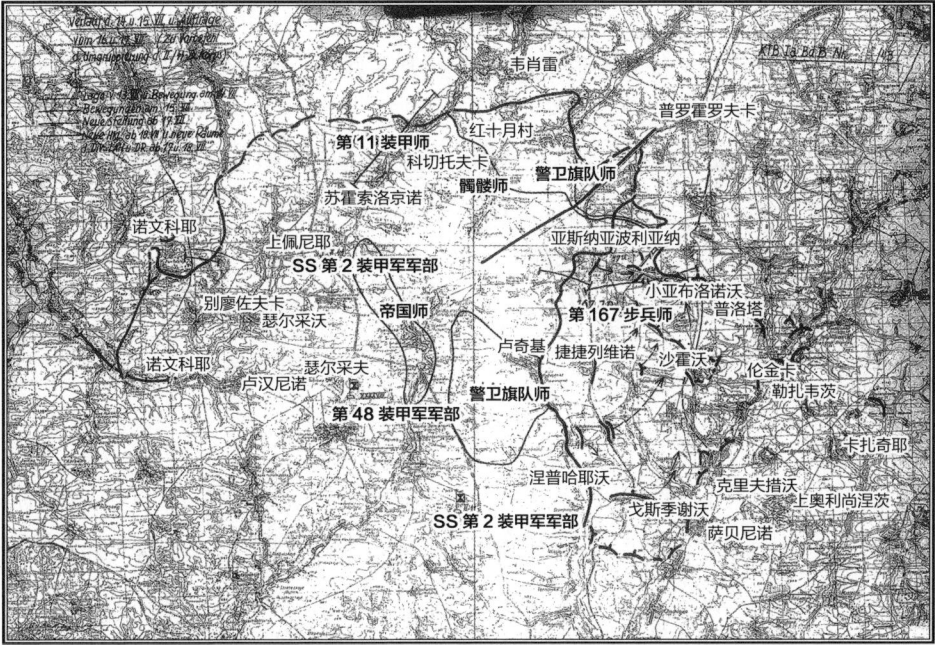

SS 第 2 装甲军 1943 年 7 月 15 日态势图

卡教堂发动的一次反击，之后再没取得任何进展。近卫步兵第 52 师位于近卫步兵第 95 师的后方，属于第二梯队。近卫坦克第 24 旅和近卫机械化第 10 旅也在这一地域。

髑髅师报告称，在整个战线上都有炮兵和步兵的骚扰射击。09:45（莫斯科时间 11:45），8 辆苏军坦克攻击了"艾克"团。10:45（莫斯科时间 12:45），苏军一个营又对该团发动了进攻。12:25（莫斯科时间 14:25），韦肖雷西半部分有一个营的苏军在没有坦克的支援下，进攻了髑髅团 3 营。13:25（莫斯科时间 15:25），这次进攻被德军的炮兵和步兵的猛烈火力击退了。13:00（莫斯科时间 15:00），髑髅师得到空中支援，一群 He-111 攻击了韦肖雷东北面的苏军坦克集结点，俯冲轰炸机则打击了韦肖雷以东的河谷和树林。苏军的歼击机偶尔会飞过头顶。

第 4 装甲集团军此时担心髑髅师当面的苏军的实力正在增长，普肖尔河北岸的桥头堡可能不保。

次日，苏德双方都没有积极行动。髑髅师继续在这一地段防守。其报告显示，苏军这天的火炮和迫击炮的火力都非常猛烈。11:00（莫斯科时间 13:00），髑髅团

595

右翼遭到苏军的一个连和 3 辆坦克从东北面发起的进攻。德军使用各种型号的火炮将其击退。这次进攻可能是由近卫步兵第 95 师发起的，因为他们在报告中称，希望拿下 226.6 高地。[1]

早晨 05:00，近卫步兵第 42 师被撤出一线，转隶近卫坦克第 5 集团军，前往普拉沃罗季迎击帝国师。他们的防线被近卫空降兵第 9 师接管。近卫步兵第 52 师从彼得罗夫卡前往 252.4 高地，协助掩护近卫步兵第 42 师撤离。这一地域现在没有多少活动。近卫第 5 集团军自 7 月 11 日起就一直掌握着新锐的近卫空降兵第 6 师，并将其作为预备队。

空中支援

7 月 14 日下午，髑髅师得到了 He-111 和俯冲轰炸机的大量支援。该师报告称，偶尔有苏军歼击机飞过头顶。该师还宣称其击落了两架伊尔 -2。苏军近卫步兵第 95 师提到德军有空中支援。

次日，髑髅师报告称，苏联空军活动频繁。15:00（莫斯科时间 17:00），该师高炮营宣称击落一架伊尔 -2。

警卫旗队师按兵不动

在 7 月 12—13 日等待髑髅师迂回普罗霍罗夫卡北面的苏军阵地后，警卫旗队师继续按兵不动，等着帝国师迂回普罗霍罗夫卡南面的苏军阵地。他们当天的命令是继续防守现有阵地，并且准备在帝国师从普拉沃罗季向普罗霍罗夫卡发起进攻并创造战机后，以右翼从亚姆基向普罗霍罗夫卡进攻。

在夜间和早晨，苏军实施了零星的试探行动。苏军的火炮和迫击炮从 10:00（莫斯科时间 12:00）开始，进行了一整天的袭扰射击。下午，苏军的两个连从米哈伊洛夫卡出动，对警卫旗队师侦察营实施了一次战斗侦察，但被德军炮兵压制住了。

与此同时，德军侦察兵发现，苏军在亚姆基有新的坦克集结点，公路两侧和十月国营农场以南的苏军正在加固工事，在米哈伊洛夫卡也有大量苏军步兵集结。警卫旗队师炮兵团朝米哈伊洛夫卡集中射击，迫使那里的苏军暂时撤退。只剩 38 辆 T-34、46 辆 T-70 和 7 辆"丘吉尔"的坦克第 18 军，仍然挤在普肖尔河岸边。该军的坦克第 181 旅和第 110 旅位于彼得罗夫卡和别列戈沃耶，而独立装甲汽车侦察第

29营和独立摩托车第78营在伏罗希洛夫国营农场,防止髑髅师冲到普罗霍罗夫卡北面。坦克第18军当天不时遭到德军火箭炮的轰炸,其战线先是位于安德烈耶夫卡西北侧—瓦西里耶夫卡东南侧—米哈伊洛夫卡南侧,然后位于安德烈耶夫卡以东河谷北边山咀—普列列斯特诺耶两座风力磨坊—252.2高地西北坡一线—十月国营农场外围。摩步第32旅2营不再伸入西面,威胁髑髅师后方,而是在7月13日夜至14日凌晨打退德军的三次进攻后,退到了安德烈耶夫卡和瓦西里耶夫卡。到日终时,坦克第170旅按照罗特米斯特罗夫的命令前往莫尔多夫卡,转入预备队。

坦克第29军和近卫空降兵第9师挡在路上,防止德军冲向普罗霍罗夫卡。近卫空降兵第9师还集结在铁路线以南的245.8高地附近树林—斯托罗热沃耶—伊万诺夫斯基移民新村地域。该师现在得到了很好的保障,有了一个弹药基数的弹药(不过仍没有"莫洛托夫鸡尾酒"),还可以每天吃上三顿热饭。

坦克第29军整晚都在巩固防御阵地。该军现在有33辆T-34、39辆T-70、1辆KV-1、3辆SU-122和5辆SU-76。其坦克第31旅和摩步第53旅位于十月国营农场东北500米处至亚姆基一线。坦克第25旅位于斯托罗热沃耶以东一千米处。坦克第32旅进入了顿涅茨河三角地带,位于小亚布洛诺沃—日洛莫斯特诺耶一线。此时,重型自行火炮第1529团也进入了普罗霍罗夫卡地域的射击阵地,以支援坦克第29军。

第二天(7月15日),警卫旗队师仍然没有出击。该师接到的命令是等帝国师拿下普拉沃罗季之后进攻亚姆基,具体进攻时间未定。

与此同时,师左翼部队继续防守现有阵地。由加强有重武器和自行火炮营的装甲团和一个半履带车连组成的装甲群,将于02:30(莫斯科时间04:30)出发,穿过伊万诺夫卡,前往该村东面两千米处的234.9高地正西处。随后,该装甲群转由军直接指挥,与帝国师所部一起向南进攻。

当天,该师不断遭到火炮和迫击炮的袭扰。最猛烈的火力来自斯大林斯科耶分场以南的树林的东边。德军有伤亡。苏军在这天进行了多次侦察和试探,出动的兵力最多的时候达到了两个连的兵力。但这些侦察和试探都以失败告终。

与此同时,警卫旗队师装甲群按照军的命令,在恶劣天气下艰难行军,到达了伊万诺夫卡以东地域。14:30(莫斯科时间16:30),除一个装甲连以外,该装甲群转由装甲军直接控制。随后,军部叫停了装甲团的进攻。

挡在普罗霍罗夫卡前面的仍然是苏军的坦克第18军、坦克第29军，以及近卫空降兵第9师。坦克第18军的第一梯队只有摩步第32旅和独立近卫重型坦克第36团（丘吉尔坦克），而坦克第110旅和第181旅待在别列戈沃耶（Gergovoe）和彼得罗夫卡地域。坦克第170旅还在莫尔多夫卡地域（普罗霍罗夫卡正东）充当预备队，该旅之后南下，前往新谢洛夫卡以北三千米处的242.7高地。坦克第29军仍在原地，而近卫空降兵第9师的部分兵力到了普肖尔河北岸，其下属的近卫空降兵第

✿ 第一次防守普肖尔河桥头堡，1943 年 7 月 14 日

时长：一天　　　正面宽度：16.6 千米　　　地形：丘陵，混合地形

天气：阴有阵雨　　道路状况：部分地段难以通行

	进攻方	防御方
部队番号	近卫步兵第 95 师等	髑髅师
配属兵力	见下文	见下文
总兵力	33139	18148
装甲车（辆）	66（含 16 辆轻型坦克）	77
火炮（门）	303	149
空军（架次）	15	73
减员（人）	1942（497 人阵亡、1141 人负伤、304 人失踪）	175（20 人阵亡、154 人负伤、1 人失踪）
战车损失（辆）	0	8
火炮损失（门）	8	2
俘虏（人）	5	不详

德军配属兵力

第 1 教导火箭炮团 2 营

SS 第 2 装甲军属火箭炮营

第 86 工兵营 B 型架桥纵队（不含）

苏军兵力

近卫步兵第 42 师 1/3 兵力（近卫步兵第 132 团）

26团换下了近卫步兵第42师。

坦克第18军宣称,德军60辆坦克和1个营的"自动枪手"从科兹洛夫卡以南的山谷向摩托化步兵第32旅所部发动了进攻。多亏了10辆丘吉尔坦克和该所部反坦克炮的设伏,德军被击退,并且损失了3辆"虎"式坦克。德方报告中没有提到这次进攻,而且也没有记录这些损失。[2]

近卫步兵第 95 师
迫击炮兵第 469 团

来自近卫机械化第 5 军
近卫坦克第 24 旅

近卫机械化第 10 旅

近卫步兵第 97 师
高射炮兵第 29 师第 1372 团

迫击炮兵第 12 旅(第 189 团于 7 月 13 日调离,该旅余部于 7 月 14 日调离)(不含)

近卫步兵第 52 师
反坦克枪第 133 营

喷火第 75 连

喷火第 95 连

近卫步兵第 51 师近卫步兵第 156 团某营(不含)

来自坦克第 10 军
摩步第 11 旅

迫击炮兵第 287 团

空中支援

　　警卫旗队师报告称，德国空军当天活动频繁，尤其是在帝国师的上空，苏军歼击机偶尔也会飞过头顶。坦克第 29 军报告称，他们从 08:00 开始遭到德军多个机群的轰炸，这些机群都是由 12—20 架飞机组成的。

　　次日，德军指出苏联空军活动频繁。14:30，大批 Ju-88 轰炸了普罗霍罗夫卡。坦克第 18 军抱怨德军对自己实施了多次强大的空中打击。

✤ 第二次防守普肖尔河桥头堡，1943 年 7 月 15 日

时长：一天	正面宽度：16.6 千米	地形：丘陵，混合地形
天气：暴雨	道路状况：极为泥泞，只有部分地段可以通行轮式车辆	

	进攻方	防御方
部队番号	近卫步兵第 95 师等	髑髅师
配属兵力	见下文	见下文
总兵力	25287	17975
装甲车（辆）	22	76
火炮（门）	279	107
空军（架次）	21	0
减员（人）	183（29 人阵亡、137 人负伤、17 人失踪）	65（19 人阵亡、46 人负伤）
战车损失（辆）	0	1
火炮损失（门）	0	0
飞机损失（架）	1	0
俘虏（人）	2	不详

德军配属兵力

第 1 教导火箭炮团 2 营

SS 第 2 装甲军属火箭炮营

第 86 工兵营 B 型架桥纵队（不含）

苏军兵力

近卫步兵第 42 师 1/3 兵力（近卫步兵第 132 团）（不含）

帝国师转入进攻

在警卫旗队师和髑髅师分别于 7 月 11 日和 13 日陷入停顿后，帝国师终于开始试图迂回普罗霍罗夫卡。该师打算先拿下维诺格拉多夫卡—伊万诺夫卡一线以东的苏军阵地，然后让装甲团突向普拉沃罗季。德军坦克的第一个目标是普拉沃罗季，而全师会做好准备，冲向普罗霍罗夫卡，尽可能出其不意地将其拿下。如果这次进攻得手，顿涅茨河三角地带会变得岌岌可危，因为如此一来，主要的道路就被切断了。

近卫步兵第 95 师
>　迫击炮兵第 469 团

来自近卫机械化第 5 军
>　近卫坦克第 24 旅

近卫步兵第 97 师
>　高射炮兵第 29 师第 1372 团
>　近卫迫击炮兵第 66 团（7 月 15 日配属，计入本表）

近卫步兵第 52 师
>　反坦克枪第 133 营
>　喷火第 75 连
>　喷火第 95 连
>　近卫步兵第 51 师近卫步兵第 156 团某营（不含）

来自坦克第 10 军
>　摩步第 11 旅
>>　迫击炮兵第 287 团

✿ 第二天监视普罗霍罗夫卡坦克战场，1943 年 7 月 14 日

时长：一天　　　　正面宽度：11.7 千米　　　　地形：丘陵

天气：彻底放晴

	进攻方	防御方
部队番号	警卫旗队师	坦克第 18 军、坦克第 29 军、近卫步兵第 42 师、近卫空降兵第 9 师
配属兵力	见下文	见下文
总兵力	20952	31782
装甲车（辆）	92（含 6 辆轻型坦克）	169（含 78 辆轻型坦克）
火炮（门）	187	303
空军（架次）	24	0
减员（人）	151（21 人阵亡、114 人负伤、16 人失踪）	661（144 人阵亡、467 人负伤、50 人失踪）
战车损失（辆）	0	1
火炮损失（门）	2	5
俘虏（人）	不详	3

德军配属兵力

第 55 火箭炮团

第 861 轻型野战榴弹炮兵营

第 1 教导火箭炮团 1 营

苏军兵力

坦克第 18 军

　　反坦克歼击炮兵第 736 营

　　近卫迫击炮兵第 80 团

坦克第 29 军

　　重型自行火炮第 1529 团

　　近卫迫击炮兵第 76 团

近卫步兵第 42 师 2/3 兵力（近卫步兵第 127 团和第 136 团）

　　反坦克歼击炮兵第 301 团（7 月 14 日配属，计入本表）

近卫空降兵第 9 师

在炮兵团和火炮团短暂的火力准备后，帝国师于 04:00（莫斯科时间 06:00）展开进攻。[3] 元首团的 1 营和 3 营从北面向别列尼希诺进发，然后从西面翻越铁路路基。在克服苏军的顽强抵抗并穿过大面积雷场后，进攻部队于 07:00（莫斯科时间 09:00）突入别列尼希诺的北面。与此同时，位于小亚布洛诺沃—普洛塔地域的近卫坦克第 25 旅，被近卫坦克第 2 军军长布尔杰伊内调回，在 07:00 抵达了维诺格拉多夫卡的西面。

经过火炮、迫击炮和飞机的轮番狂轰滥炸后，德军于 08:00（莫斯科时间 10:00）出动坦克，进攻了由步兵第 183 师和近卫坦克第 2 军把守的别列尼希诺。经过“激烈的战斗”，德军于 08:30 占领了别列尼希诺火车站。随后，苏德两军展开了残酷的巷战。德军宣称在近距离作战中摧毁了 12 辆苏军坦克。然后，他们沿着山谷 [波洛维克特征地（ur. Polovik）] 向东面的维诺格拉多夫卡前进，同时在伊万诺夫斯基移民新村以东的树林中集结坦克和摩托化步兵。11:45，苏军报告称，大约有 20 辆德军坦克在伊万诺夫卡地域达成突破。按照苏军的说法，德军的火炮和迫击炮又进行了一轮射击，并且还得到了 100 架次飞机的支援。苏军估计的飞机架次数应该是对的，因为德军在 10:00（莫斯科时间 12:00）时出动了 3 个俯冲轰炸机大队支援帝国师。

德军在 11:30（莫斯科时间 13:30）时拿下了别列尼希诺。德军步兵得到了炮兵火力的有力支援。近卫坦克第 4 旅和第 25 旅顶不住德军的进攻，在损失了 12 辆 T-34 和 9 辆 T-70 之后退到了维诺格拉多夫卡—伊万诺夫卡一线。近卫摩托化步兵第 4 旅仍在坚守伊万诺夫卡—别列尼希诺以南五千米处兵营一线。

近卫坦克第 2 军下属的近卫坦克第 4 旅现在位于伊万诺夫卡，近卫坦克第 25 旅位于伊万诺夫卡南侧—列斯基以东一千米处高地的斜面一线，近卫摩步第 4 旅把守着列斯基以西一千米处无名高地—225.0 高地西北坡一线。近卫坦克第 2 军的近卫坦克第 26 旅仍在沙霍沃，从南面防御德军的攻击。此时，近卫坦克第 2 军全军还有 33 辆 T-34、24 辆 T-70 和 2 辆丘吉尔坦克，但大部分 T-34 属于南面的近卫坦克第 26 旅。

到 12:45，帝国师装甲团的先头部队已经集结到别列尼希诺东边，准备在炮兵消灭列斯基的侧射火力之后，穿过伊万诺夫卡，前往 234.9 高地。装甲团随后应当占领高地。

✵ 第三天监视普罗霍罗夫卡坦克战场，1943年7月15日

时长：一天　　　　正面宽度：11.7千米　　　　地形：丘陵

天气：倾盆大雨　　道路状况：变成泥潭，无法通行

	进攻方	防御方
部队番号	警卫旗队师	坦克第18军、坦克第29军、 近卫空降兵第9师
配属兵力	见下文	见下文
总兵力	20800	26226
装甲车（辆）	97（含6辆轻型坦克）	182（含85辆轻型坦克）
火炮（门）	187	256
空军（架次）	0	21
减员（人）	130（24人阵亡、103人负伤、3人失踪）	158（35人阵亡、123人负伤）
战车损失（辆）	9[4]	1
火炮损失（门）	3	0
俘虏（人）	不详	3

德军配属兵力

第55火箭炮团

第861轻型野战榴弹炮兵营

第1教导火箭炮团1营

苏军兵力

坦克第18军

反坦克歼击炮兵第736营

近卫迫击炮兵第80团

坦克第29军

重型自行火炮第1529团

近卫迫击炮兵第76团

近卫空降兵第9师

✦ 帝国师向普拉沃罗季进攻，1943 年 7 月 14 日

时长：一天	正面宽度：8.5 千米	地形：丘陵
天气：晴朗	道路状况：路面逐渐干透	

	进攻方	防御方
部队番号	帝国师	近卫坦克第 2 军、步兵第 183 师和坦克第 2 军
配属兵力	见下文	见下文
总兵力	18881	23715
装甲车（辆）	120	83（含 42 辆轻型坦克）
火炮（门）	142	176
空军（架次）	189	0
减员（人）	287（58 人阵亡、229 人负伤）	1298（436 人阵亡、766 人负伤、96 人失踪）
战车损失（辆）	4	10
火炮损失（门）	0	17
俘虏（人）	不详	1

德军配属兵力

第 1 教导火箭炮团 3 营

第 818 炮兵团 3 营

苏军兵力

近卫坦克第 2 军（欠近卫坦克第 26 旅和 2 辆丘吉尔坦克）

反坦克歼击炮兵第 1510 团（7 月 14 日调离，计入本表）

反坦克歼击炮兵第 755 营

近卫迫击炮兵第 16 团

步兵第 183 师

反坦克歼击炮兵第 32 旅第 1852 团（7 月 14 日配属，计入本表）

坦克第 2 军

✤ 暂缓向普拉沃罗季进攻，1943 年 7 月 15 日

时长：一天　　　　正面宽度：8.3 千米　　　　地形：丘陵

天气：上午大雨，下午放晴　　　道路状况：泥泞

	进攻方	防御方
部队番号	帝国师	近卫坦克第 2 军、步兵第 183 师和坦克第 2 军
配属兵力	见下文	见下文
总兵力	18576	26292
装甲车（辆）	128	112（含 53 辆轻型坦克）
火炮（门）	142	177
空军（架次）	30	昼间 21、夜间 30
减员（人）	114（26 人阵亡、88 人负伤）	248（62 人阵亡、170 人负伤、16 人失踪）
战车损失（辆）	17	14
火炮损失（门）	0	1
俘虏（人）	不详	0

德军配属兵力

第 1 教导火箭炮团 3 营

第 818 炮兵团 3 营

苏军兵力

近卫坦克第 2 军（欠近卫坦克第 26 旅和 2 辆丘吉尔坦克）

反坦克歼击炮兵第 301 团（7 月 15 日配属，计入本表）

反坦克歼击炮兵第 755 营

近卫迫击炮兵第 16 团

步兵第 183 师

反坦克歼击炮兵第 32 旅第 1852 团

坦克第 2 军

机械化第 10 旅

德军从西面进攻，到达了别列尼希诺南面的 220.3 高地。第 167 步兵师也参与了这次朝铁路发起的进攻。

曾配属给元首团的高射炮炮兵考夫曼这样回忆道（他可能参考了其熟悉的部队记录）：

我们的炮长、党卫队副小队长[①]特伦克尔（Trenkel）在夜里出现，给我们讲了下形势。他说，根据最新报告，我们地段上的敌人正在后退，估计到第二天早晨，我们就能继续进攻了。我们从上午四点（莫斯科时间 06:00）开始就向东行进。我们的中间目标是到达别列尼希诺和后面的上升高地，以便我们随后向普拉沃罗季的推进。从七点一直到中午，在别列尼希诺经过了极其紧张的巷战，该村子被拿下了。这天上午，掷弹兵们在近距离战斗中击毁了 12 辆坦克。下午早些时候，我们从别列尼希诺出发，继续进攻。我们的两翼进行了猛烈的射击，拿下了伊万诺夫卡。接着，我们跟随一个配属给 1 营的装甲连行动，到达了列斯基东北面的一处高地。那晚，我们尝试从那里向普拉沃罗季推进。然而，由于大雨让地面变得很软，所有行动不得不取消。

德军的进攻停顿下来。帝国师报告称，装甲群于 13:00（莫斯科时间 15:00）开始向东移动，但是遭到来自列斯基的侧射火力的猛力打击。然后由于某种原因，军在 13:30—17:05（莫斯科时间 15:30—19:05）没有得到帝国师的任何消息，但军表示坦克已经在 17:00（莫斯科时间 19:00）时出发了。与此同时，第 3 装甲军在 16:16（莫斯科时间 18:16）时报告称，其坦克正在向 234.9 高地进发，他们想知道帝国师的前锋在何处。

帝国师在 13:30—17:05（莫斯科时间 15:30—19:05）应该没有取得太大进展。15:00，步兵第 183 师报告称，他们正"牢牢地"把守着 234.9 高地—列斯基一线。该师和近卫坦克第 2 军得到了坦克第 2 军的支援，不过坦克第 2 军当天应该没有投入战斗。他们此时位于普拉沃罗季以西高地—维诺格拉多夫卡一线，仍有 24 辆

---

① 译者注：原文为"section commander SS Sergeant"，但德军中没有分排（section）编制，因此其指的应该是单门炮的指挥人员。

T-34、24 辆 T-70 和 4 辆丘吉尔坦克。另外，在后方的新谢洛夫卡地域附近还有近卫机械化第 10 旅。

17:00（莫斯科时间 19:00），帝国师加强装甲团在猛烈的炮兵火力准备后，终于得以继续前进。18:00，德军飞机恢复了对近卫坦克第 2 军所部的“大规模”打击，对位于日洛莫斯特诺耶的军部进行了三次打击。18:30，德军在大量轰炸机和对地攻击机的配合下发动了一次进攻。德军坦克在列斯基和 234.9 高地方向上突破了步兵第 183 师的防线，同时还进攻了维诺格拉多夫卡和伊万诺夫卡。德军步兵通过快速突击，分别在 17:15（莫斯科时间 19:15）和 18:25（莫斯科时间 20:25）占领了伊万诺夫卡和 234.9 高地，而坦克直到 18:50（莫斯科时间 20:50）才赶来。军随后命令继续作战，以便在夜里拿下普拉沃罗季。德军继续向北进攻。黄昏时分，德军在日洛莫斯特诺耶（242.1 高地南面）以西 2.5 千米处与苏军坦克交火。

帝国师又接到命令，要在夜里继续进攻，拿下普拉沃罗季及其正北面高地，之后要与警卫旗队师装甲群一起向南进攻，并尽量与第 3 装甲军建立联系。但帝国师在进攻一开始就不顺利，他们在拿下伊万诺夫卡—维诺格拉多夫卡一线以东较高的山脊线之后就停了下来。

21:00，近卫坦克第 2 军在遭受很大损失后，退到了普拉沃罗季西南—日洛莫斯特诺耶—小亚布洛诺沃—沙霍沃一线。罗特米斯特罗夫再次调预备队的近卫机械化第 10 旅，从季哈亚帕金纳地域（普罗霍罗夫卡东北两千米处）前往日洛莫斯特诺耶和新谢洛夫卡地域。近卫坦克第 26 旅在沙霍沃抵挡第 3 装甲军。但在 18:30 之后的某个时刻，该旅的坦克第 2 营①从沙霍沃移动到了 234.9 高地—小亚布洛诺沃一线，以巩固近卫坦克第 2 军西南面的阵地。此举大大削弱了该军在沙霍沃的防御，造成了致命的错误。

德军在夜间击败近卫坦克第 2 军，拿下了维诺格拉多夫卡、伊万诺夫卡、列斯基和沙霍沃，但没有顺利拿下普拉沃罗季。近卫坦克第 2 军退到了普拉沃罗季西南高地—日洛莫斯特诺耶—小亚布洛诺沃—沙霍沃以北一千米处高地一线。根据报告，该军当晚（可能加上白天？）损失了 17 辆 T-34 和 9 辆 T-70。

① 译者注：作者原文为“该旅的第二个团”。但实际上，红军的坦克旅通常下辖 2—3 个坦克营和一个摩托化步兵营。在下文的翻译中，类似的问题将一律修正，不再说明。

坦克第 2 军再次投入战斗，支援近卫坦克第 2 军，打退了德军步兵和坦克从斯托罗热沃耶以北的树林发起的一次进攻。该军集结在斯托罗热沃耶以东两千米处。此时，近卫坦克第 5 集团军和第 69 集团军差点失去了对通向顿涅茨河三角地带的公路的控制，近卫步兵第 81 师、第 89 师和第 93 师，以及步兵第 375 师有被孤立的危险。

次日早晨，帝国师继续进攻，以肃清三角地带。他们在夜里就将进攻方向转向南面，朝日洛莫斯特诺耶—普拉沃罗季公路推进，不再前往普罗霍罗夫卡。由于天气原因，进攻很晚才开始。05:00（莫斯科时间 07:00），各团动身前往 234.9 高地—232.2 高地—龟形树林（位于维诺格拉多夫卡东南边）东部边缘—维诺格拉多夫卡以东—242.1 高地—维诺格拉多夫卡以北 1.5 千米处高地—斯托罗热沃耶东侧之间的安全线。由于路况很差，特别是在山谷地带，重武器很难运输，炮兵也无法转移阵地。这些转移工作直到 12:00（莫斯科时间 14:00）时才完成。此外，德军在普拉沃罗季当面遇到了很深的雷场和一道防坦克壕。12:30（莫斯科时间 14:30），帝国师报告称，进攻陷入停滞。维诺格拉多夫卡周围全是水，运送补给和增援部队的困难极大，而且苏军在 242.7 高地还有强大的反坦克防御和对空防御。他们的结论是，进攻只能在夜间展开。

当帝国师在准备进攻时，其当面的形势正在快速发生变化，因为第 3 装甲军现在对战斗进程有了非常直接的影响。第 69 集团军几天来一直在"V"形地带内奋战，其西面是党卫军，南面和东南面是第 3 装甲军。由于前一天晚上，帝国师和第 7 装甲师分别在西面和南面不断进攻，这块阵地变得岌岌可危。沃罗涅日方面军不得不组织退却，以防部队被合围。然而不巧的是，此时天公不作美，泥泞的地面既迟滞了德军的进攻，也妨碍了苏军步兵师重武器的后撤。

当天某个时刻，在帝国师和第 167 步兵师的当面，苏军步兵第 48 军的 3 个步兵师开始撤退。SS 第 2 装甲军没有认真进行追击。不过，帝国师的目标——普拉沃罗季仍然控制在苏军步兵第 183 师、坦克第 29 军部分兵力、坦克第 2 军和近卫坦克第 2 军的手里。

步兵第 183 师仍然控制着斯托罗热沃耶东南地域，但其防线现在向东南延伸至日洛莫斯特诺耶，然后向东延伸到新谢洛夫卡。为其做后盾的是近卫机械化第 10 旅。该旅声称，他们在 7 月 15 日将德军赶出了日洛莫斯特诺耶，又于晚些时候在普洛塔一带与德军交火。这天一开始，坦克第 2 军将全部 4 个旅集结在斯托罗热沃耶以东两千米处。到日终时，其中 2 个旅（坦克第 169 旅和摩步第 58 旅）在斯托罗热沃耶东南两千米处，而坦克第 26 旅和坦克第 99 旅则前往普拉沃罗季地域，转入了机动坦克预备队。虽然该军在报告中宣称当天打退了斯托罗热沃耶和维诺格拉多夫卡地域之敌的一次进攻，但其可出动的坦克数和前一天几乎一样。

近卫坦克第 2 军在前一天晚上撤退后，停在了普洛塔西南高地—日洛莫斯特诺耶—小亚布洛诺沃—沙霍沃以北一千米处高地一线。他们准备早晨发动反击，以恢复态势。到 07:00，该军面向南方，建立了梯次防御。近卫坦克第 4 旅和第 25 旅（合计只剩 7 辆 T-34 和 5 辆 T-70）在 242.7 高地—普拉沃罗季西南 1.5 千米一线担任第二梯队。近卫摩步第 4 旅位于小亚布洛诺沃西北侧和南侧—普洛塔一线。近卫坦克第 26 旅位于小亚布洛诺沃—普洛塔一线。他们现在面对的主要是德军第 3 装甲军。

12:00（莫斯科时间 14:00），帝国师装甲团的一个战斗群在小亚布洛诺沃地域与第 7 装甲师建立了联系，并封锁了南面地域。到 14:30（莫斯科时间 16:30）时，第 167 步兵师兵不血刃地拿下了帝国师右翼的列斯基。这样看来，顿涅茨河三角地带内的苏军在德军到来之前就撤了出去。由于战线缩短，帝国师工兵营和半履带车营得以执行其他任务。

德军宣称，苏军在普拉沃罗季南面和西南面的防御得以加强，是因为他们投入了更多的反坦克炮、高射炮和坦克部队。但实际上，德军看到的主要是之前分散了的近卫坦克第 5 集团军和第 69 集团军的部队，他们当时只是集中起来了而已。下午，德军看到苏军在城市的整个边缘"疯狂地"构筑工事。德军随即朝其开炮射击。

经过一场短暂的坦克战，苏军从 242.7 高地（普拉沃罗季西南 1.5 千米处）撤退了。下午，为了在夜间进攻普拉沃罗季以南的几个高地（特别是 242.7 高地），得到加强的德意志团正在进行准备。德军计划向普拉沃罗季方向进攻，打击维诺格拉多夫卡地域的坦克第 29 军，以及斯托罗热沃耶和维诺格拉多夫卡地域的坦克第 2 军。德军最初将进攻时间定在次日 02:00（莫斯科时间 7 月 16 日 04:00），但在当晚 20:45（莫斯科时间 7 月 15 日 22:45）时，集团军下达了新的命令，要求守住并巩固现有战线。党卫军占领普罗霍罗夫卡的最后一次尝试就这样结束了。

考夫曼继续回忆道：

7月15日中午，我们营再次试图占领普拉沃罗季。但面对敌人集中的防御火力，进攻很快就打不下去了，我们不得不就地挖掘掩体。我们挖掘掩体的顺序与往常一样：每个人先是各忙各的，给自己挖掩体，然后大家一起给半履带车挖。在接下来的几个小时内又爆发了装甲战，我们只能在边上看热闹。我们从一位坦克被击毁、跟我们待了一会儿的乘员那儿得知，苏联人到7月14日已经总共损失了450辆坦克。他们的预备队似乎无穷无尽，因为苏军的反击总是有大量装甲战车支援。敌人同时攻击我们楔形进攻队形的矛头和两翼。和往常一样，这让我们在接下来的几天里陷入了非常危险的境地。尽管损失很大，苏军近卫营（guards battalions）还是一直试图冲破我们的阵地。他们有时离我们的阵地很近了，但我们以集中火力射击他们，就会粉碎其进攻。结果，苏军步兵的损失非常惊人。

空中支援

帝国师称赞了俯冲轰炸机飞行员们"坚持不懈的攻击"。德国空军在很大程度上降低了步兵的任务难度。大量敌歼击机也在战场上空实施防御。苏军声称，德国空军有50架飞机在7月14日09:10轰炸了普拉沃罗季，有大量轰炸机在11:30再次攻击了普拉沃罗季。德军报告认为，苏联空军在7月15日没有什么活动。

普罗霍罗夫卡之战总结

7月15日，德军不再试图占领普罗霍罗夫卡。这个村子至少在7月10日前都是SS第2装甲军的主要目标，髑髅师为了从西北面迂回252.4高地，就是在这天渡过了普肖尔河。7月11日，髑髅师继续渡河，而警卫旗队师则直扑普罗霍罗夫卡，占领了其西南面的252.2高地。帝国师在右翼支援进攻。

在接下来的7月12日，苏军发动了坦克进攻，阻止了警卫旗队师和帝国师的前进，但没能挡住髑髅师。髑髅师在7月12日和13日继续进攻，最后由于战车损失严重而停止了进攻。在随后的两天（7月14—15日）里，在正面和左翼的进攻失败后，右翼的帝国师试图从南面占领普罗霍罗夫卡。尽管第3装甲军的侧翼进攻干扰了防御的苏军，但德军的进攻仍未成功。由于苏军在普拉沃罗季集结了大量兵力，德军不太愿意发起强攻。

表 13.1 列出了德军在上述进攻中的损失情况。在 7 月 5—9 日这五天里，髑髅师损失了 804 人、64 辆战车，警卫旗队师损失了 1612 人、105 辆战车，帝国师损失了 1137 人、101 辆战车，3 个师平均每天损失 1184 人、90 辆战车。[5] 表 13.1 的减员情况清楚地表明了，进攻普罗霍罗夫卡的强度与突破前两道防御地带的强度是一致的，但进攻普罗霍罗夫卡损失的战车明显要少很多。此外，攻势前五天的战斗与普罗霍罗夫卡周边的战斗同样重要。战车的损失情况尤其能够反映二者的重要性！

表 13.1 SS 第 2 装甲军进攻普罗霍罗夫卡一带时的损失

	髑髅师		警卫旗队师		帝国师	
	减员 (人)	战车损失 (辆)	减员 (人)	战车损失 (辆)	减员 (人)	战车损失 (辆)
7 月 10 日	374	0	55	2	112	1
7 月 11 日	461	3	337	11	221	2
7 月 12 日	316	28	374	19	243	1
7 月 13 日	160	29	326	0	61	4
7 月 14 日	175	8	151	0	287	4
7 月 15 日	65	1	130	9	114	17
合计	1551	69	1373	41	1038	29

SS 第 2 装甲军在八天内试图从三个方向占领普罗霍罗夫卡。全部进攻均以失败告终。该军最后停顿下来。实际上，他们已经被防御的苏军牢牢挡住了。德军失利的原因不在于德军缺乏冲劲，不在于阿道夫·希特勒叫停了进攻！德军也没有被罗特米斯特罗夫 7 月 12 日的反击挫败。罗特米斯特罗夫为了不值一提的军事优势，白白浪费了俄国人的生命。实际上，德军的进攻是被苏军的步兵、反坦克炮、炮兵和坦克的坚强防御挡住的。

在著名的普罗霍罗夫卡之战后，德军又继续进攻了整整三天。在此期间，德军损失的战车数超过了 7 月 12 日（德国坦克在这天发起了所谓的 "死亡冲锋"）损失的战车数。SS 第 2 装甲军在库尔斯克的进攻就这样结束了。

第 167 步兵师

与此同时，第 167 步兵师继续负责连接两个军级支队（第 4 装甲集团军和肯普夫集团）的侧翼。除该师的两翼遭到火炮和火箭炮的射击，右翼有许多敌人的试探活动以外，7月13日晚至14日凌晨还算平静。

上午08:30（莫斯科时间10:30），第167步兵师请求空中支援，以便肃清在涅普哈耶沃（此处可能是苏军已有的阵地，而非新的突破口）达成突破的苏军。该师接到通知，由于天气不良，飞机无法起飞，而且该师有能力阻止苏军取得更大进展。将苏军打退没有必要。

08:45（莫斯科时间10:45），第167步兵师报告称，他们在清理顿涅茨河西岸时损失惨重。第4装甲集团军要求该师只有在当面之敌抵抗轻微之时，才可以继续推进。与此同时，该师在等待党卫军发起进攻。10:15（莫斯科时间12:15），据报告，帝国师在进攻别列尼希诺时遭遇了猛烈抵抗，而且还遭到了列斯基和捷捷列维诺方向上的侧射火力打击。因此，第167步兵师在校射飞机的协助下，奉命以炮兵为帝国师提供支援。10:30（莫斯科时间12:30），第339步兵团接到命令，待党卫军拿下别列尼希诺后，他们要以左翼攻击加里宁以东的树林来支援党卫军。观察人员发现大批俄国人离开列斯基，前往北面和东北面。

党卫军于11:30（莫斯科时间13:30）时拿下别列尼希诺。但出于某些原因，第167步兵师直到12:00（莫斯科时间14:00）才得到这一消息。12:15（莫斯科时间14:15），第339步兵团左翼开始向别列尼希诺以南的高地推进，并在整个战线上派出了侦察分队。据报告，该团左翼于13:50（莫斯科时间15:50）时出发，遭到捷捷列维诺和铁路路基方向上的侧射火力的猛烈打击。根据帝国师的要求，第167步兵师属炮兵团向列斯基以北的高地发射了烟幕弹。到17:00（莫斯科时间19:00）时，第339步兵团左翼到达别列尼希诺以南两千米处的铁路路基。苏军占据着铁路以西高地上几个预有准备的防御阵地，使德军当天无法在此处前进。

把守列斯基的是红军步兵第183师。在南面的捷捷列维诺附近的是步兵第375师，他们报告称当天在其战线上没有什么活动。但是当天肯定发生了一些事情，因为档案显示他们当天减员101人或1009人！ [6] 近卫步兵第93师在捷捷列维诺以南至戈斯季谢沃一线防守，他们当天也没有什么活动。

当天，第167步兵师还进攻了罗日杰斯特文卡，但被击退。德国空军一整天都很活跃。苏联空军几乎没有活动，只是对前线进行了一些轰炸。

7月14日晚至15日凌晨平静地过去了，只有苏军的一些侦察兵在活动。第

✤ 第 167 步兵师，1943 年 7 月 14 日

时长：一天　　　正面宽度：27.2 千米　　　地形：丘陵，混合地形

天气：很凉，能见度差

	进攻方	防御方
部队番号	第 167 步兵师	步兵第 375 师、近卫步兵第 93 师
配属兵力	无	见下文
总兵力	13109	14075
装甲车（辆）	0	0
火炮（门）	94	88
空军（架次）	0	0
减员（人）	104（26 人阵亡、73 人负伤、5 人失踪）	1094（405 人阵亡、664 人负伤、25 人失踪）
火炮损失（门）	0	4
俘虏（人）	不详	2

苏军兵力

步兵第 375 师

反坦克歼击炮兵第 1240 团

反坦克枪第 137 营

喷火第 88 连

喷火第 192 连

高射炮兵第 26 师第 1363 团

装甲列车第 60 营

近卫步兵第 93 师 2/3 兵力（不计减员）

近卫步兵第 51 师 1/3 兵力（近卫步兵第 158 团）

331 步兵团延伸其左翼战线，准备次日夺取列斯基附近高地。炮兵也赶来支援。

08:00（莫斯科时间 10:00），报告称苏军正在放弃北顿涅茨河西岸。08:03（莫斯科时间 10:03），第 4 装甲集团军（乐观地）认为苏军已经被围困在顿涅茨河三角地带内，并命令第 167 步兵师会同第 168 步兵师向北卷击铁路和利波维顿涅茨河之间的苏军阵地。然而，这样的行动需要部队彻底变更部署，而第 167 步兵师仍将力量集中于左翼以进攻列斯基附近高地，于是师长特里恩贝格决定继续进攻列斯基。在第 331 步兵团开始集结的同时，第 315 步兵团向东前进，消灭苏军。第 331 步兵团于 09:00（莫斯科时间 11:00）时接到命令，他们要将撤退的苏军逼到东面的第 315 步兵团处，拿下 225.0 高地，然后与列斯基附近的第 339 步兵团会合。第 315 步兵团接到的命令是向铁路推进，同时派一个连南下戈斯季谢沃。

12:00（莫斯科时间 14:00），第 339 步兵团报告称其正在前进。该团左翼已经到达防御薄弱的列斯基。13:30（莫斯科时间 15:30），第 315 步兵团部分兵力渡过顿涅茨河，于 13:40（莫斯科时间 15:40）时到达捷捷列维诺。14:15（莫斯科时间 16:15），第 331 步兵团接到占领普洛塔南面和北顿涅茨河以西高地的命令。到 14:50（莫斯科时间 16:50）时，第 167 步兵师已经到达晓洛科沃—沙霍沃—列斯基以东高地一线。师属炮兵（第 238 炮兵团）向前转移阵地以支援推进，其中轻型炮兵营就在战线后方不远处，而重型炮兵营位于沃洛布耶夫卡（Volobuyevka）附近地段的中央。

17:00（莫斯科时间 19:00），第 167 步兵师的右翼还在渡萨日诺夫斯基顿涅茨河，左翼则位于列斯基附近高地。不过报告称，该师不仅与右翼的第 168 步兵师和左翼的 SS 第 2 装甲军的联系很差，而且对肯普夫集团军级支队所在地段的总体情况也不了解。18:00（莫斯科时间 20:00），第 315 步兵团接到命令，要求他们撤出一线，到克列伊缅诺沃、丘尔辛诺和萨日诺耶地域集结，"因为形势表明，该师应当改变进攻方向"。

第 167 步兵师表现出了相当大的独立性和主动性。他们占领了苏军撤出的阵地，并建立了新的战线。现在，他们的正面约有 27 千米宽。他们当天没有大规模交战。

❄ 第 167 步兵师，1943 年 7 月 15 日

时长：一天　　　　　正面宽度：27.2 千米　　　　　地形：丘陵，混合地形

天气：多云，偶有雷阵雨　　　　道路状况：有改善

	进攻方	防御方
部队番号	第 167 步兵师	步兵第 375 师、近卫步兵第 93 师
配属兵力	无	见下文
总兵力	13005	12976
装甲车（辆）	0	0
火炮（门）	94	84
空军（架次）	0	0
减员（人）	104（26 人阵亡、73 人负伤、5 人失踪）	1143（44 人阵亡、147 人负伤、952 人失踪）
火炮损失（门）	0	10
俘虏（人）	不详	0

苏军兵力

步兵第 375 师

反坦克歼击炮兵第 1240 团

反坦克枪第 137 营

喷火第 88 连

喷火第 192 连

高射炮兵第 26 师第 1363 团

装甲列车第 60 营

近卫步兵第 93 师 2/3 兵力（计入 2/3 减员）

近卫步兵第 51 师 1/3 兵力（近卫步兵第 158 团）

第 3 装甲军的作战行动

到目前为止，第 3 装甲军的作战行动对于整个攻势已经没有太大价值了。诚然，第 3 装甲军和劳斯军一起牵制了当面的苏军，其中包括整个近卫第 7 集团军及其配属的 2 个坦克旅和 2 个坦克团，还牵制了近卫第 6 集团军的 2 个师（近卫步兵第 89 师和步兵第 375 师）、第 69 集团军的 4 个师、近卫步兵第 35 军的 3 个师以及近卫机械化第 5 军的主力。尽管第 3 装甲军付出了很大努力，却没有取得多大成果，更何况他们和劳斯军的损失都很大。第 3 装甲军作战行动的唯一重大作用是将帮助肃清顿涅茨河三角地带。

然而在 7 月 14 日的大部分时间里，第 3 装甲军并没花什么精力去进攻三角地带。第 168 步兵师继续向戈斯季谢沃施加压力，而第 19 装甲师忙着确保桥头堡的安全。第 6 装甲师和第 7 装甲师仍在东面，并且继续向东面和东北面推进，深入近卫第 7 集团军的第二防御地带。第 3 装甲军当天很晚才向北进攻，并且打得出奇地顺利。

戈斯季谢沃

第 417 步兵团在上午对内裤形树林的北侧发动了一次强大的试探性进攻，前出到 223.2 高地以东的树林的北侧，并夺回了该高地。德军俘虏了 22 人，围捕了 38 名变节者。7 月 14 日晚上，第 417 步兵团的侦察兵前出到戈斯季谢沃，打垮了苏军的抵抗，到达戈斯季谢沃东面出口以南 1.2 千米处的北面林带—223.2 高地以北 200 米处一线。戈斯季谢沃和村子南面的车站都有大量苏军把守。

除了近卫步兵第 93 师，近卫步兵第 89 师的近卫步兵第 267 团也在戈斯季谢沃南侧—223.2 高地南坡—沙霍沃东侧一线布防。[7] 他们报告称，德军占领了德鲁日内。

伦金卡桥头堡

第 19 装甲师当天接到的命令是守住桥头堡。显然，这里在前一天受到了威胁。如果苏军抵抗微弱，那么第 19 装甲师应当将桥头堡扩大到晓洛科沃以西两千米处的树林。

前一天的战斗在 19:00（莫斯科时间 21:00）时许结束，苏军被里希特战斗群（现由冯·门茨少校指挥）赶出了桥头堡。夜间有少量苏军飞机轰炸了桥头堡和补给线。当晚，第 19 装甲工兵营终于在勒扎韦茨建好了承重 24 吨的桥梁。从天亮到中午，苏联空军不断攻击第 19 装甲师所在地段，有时打得很猛烈。

　　作为伦金卡桥头堡扫荡行动的一部分，德军于 7 月 14 日早些时候进攻了希佩。经过激烈的战斗，德军打垮了苏军的顽强防御，占领了村子。在坦克的支援下，德军打退了苏军在沙霍沃以东的树林和（德军左翼所在的）晓洛科沃东北面的多次反击，以及一次团级兵力的进攻。根据德方的说法，苏军伤亡惨重，很多人被俘。据报告，苏军随后再次集结在沙霍沃东北较大的山谷中，有不下 10 辆坦克。第 69 集团军报告指出，德军以一个团的步兵和 50 辆坦克从晓洛科沃和伦金卡向沙霍沃推进。不过，第 19 装甲师此时只有 37 辆战车可以出动，其中有 5 辆是 I 号和 II 号。

　　在晓洛科沃桥头堡以西被树木覆盖的山谷内，苏军围歼了德军的一支侦察分队。第 19 装甲侦察营的一名士官被苏军俘虏。在晓洛科沃以南，试图渡河的苏军侦察分队被第 19 装甲侦察营的补给人员消灭或打退了。

　　在德军这些桥头堡的对面有近卫步兵第 89 师的两个步兵团。其中，近卫步兵第 270 团位于戈斯季谢沃东南树林—萨日诺耶东面部分—克里夫措沃西北树林一线，近卫步兵第 273 团位于克里夫措沃西北—克列伊缅诺沃东南一千米处树林一线。尽管近卫步兵第 273 团声称他们在进攻克里夫措沃和斯特列利尼科夫，但该师当天的伤亡人数总计不到 100 人。按照他们的说法，到日终时，德军已经成功控制了伦金卡、希佩、沙霍沃和克里夫措沃。近卫步兵第 81 师把守晓洛科沃—沙霍沃一线。近卫坦克第 26 旅仍在沙霍沃以南与德军对峙。

第 7 装甲师再次进攻

　　7 月 14 日，第 7 装甲师与第 6 装甲师一起再次发动进攻，不过其进攻方向仍然是东面和东北面。这次进攻对于帝国师或第 4 装甲集团军来说没有什么直接的帮助。第 7 装甲师的任务是取道维波尔佐夫卡、红旗（Krasnoye Znamya）村和 222.1 高地（勒扎韦茨东北偏东四千米处），从背后打击亚历山德罗夫卡（222.1 高地东南偏南四千米处）附近的苏军。

　　第 7 装甲师在夜间组建了一个新的战斗群，以替下取道维波尔佐夫卡和红旗村、杀向 222.1 高地的战斗群。新战斗群的任务是从库拉科夫卡向东北出击，越过 218.0 高地，占领 222.1 高地。05:30（莫斯科时间 07:30），左翼战斗群出发。经过非常激烈的战斗，他们于 07:30（莫斯科时间 09:30）时拿下红旗村，但未能在 07:15（莫斯科时间 09:15）时占领安德烈耶夫卡。这迫使第 6 装甲师取消了进攻亚历山德罗夫卡的计划。该战斗群的部分兵力继续进攻，从东南面冲进了安德烈耶夫卡，消灭了苏军强大的坦克部队中的 7 辆坦克（德军的说法）。该战斗群在冲过大量雷场后，于 10:15（莫斯科时间 12:15）到达 222.1 高地。

右翼战斗群在穿过从维波尔佐夫卡和红旗村向东南延伸的两道山沟之后，朝 222.1 高地前进，并占领了 222.1 高地以东高地。在此次行动中，他们最远冲到了卡扎奇耶以北约七千米处的 222.1 高地—224.3 高地一线。

在这一地域防守的苏军是近卫步兵第 92 师、特鲁法诺夫机动集群的近卫机械化第 11 旅和第 12 旅，以及特鲁法诺夫的先遣支队①。近卫步兵第 92 师最终后退到 222.1 高地—+1.5 岗丘上埋石图根点一线。这样，该师主力主要面对的是德军第 6 装甲师。北顿涅茨河对岸的近卫机械化第 11 旅在 135.09 高地南坡—库兹明卡东南侧一线防御。近卫机械化第 12 旅是第 7 装甲师的主要对手。该旅在日终时位于阿夫杰耶夫卡。特鲁法诺夫支队迎战第 6 装甲师，损失了 14 辆 T-34（均为不可恢复损失，可能是前一天的损失），之后撤出了亚历山德罗夫卡。[8] 该支队此时还有 18 辆 T-34 和 6 辆 T-70。近卫摩托车第 1 团位于 223.5 高地—新赫梅列沃伊西侧一线，而近卫坦克第 53 团把守在新赫梅列沃伊西南侧。[9] 特鲁法诺夫支队宣称他们击毁了 20 辆德军坦克，其中 10 辆为"虎"式坦克。但实际上，7 月 13 日和 14 日，第 6 装甲师损失了约 6 辆战车，整个第 503 重装甲营损失了约 11 辆"虎"式坦克。[10]

第 69 集团军的记录显示，德军一个团的步兵在 60 辆坦克（含 10 辆"虎"式坦克）的支援下，沿伦金卡—维波尔佐夫卡—红旗村—222.1 高地—新赫梅列沃伊方向展开了进攻。第 7 装甲师当天只有 41 辆战车可出动，并且可能只有 3 辆"虎"式坦克可出动。12:00，德军占领了维波尔佐夫卡。第 69 集团军报告称，他们在 16:30 挡住了德军的进攻。实际上，德军只是停了下来，转而向北进攻。他们早该这么做了。所以胜利归功于特鲁法诺夫支队的说法还是夸大其词了。

第 3 装甲军军长布赖特在其战后的文章中确实声称他们又取得了一次重大胜利。第 6 装甲师和第 7 装甲师通过密切配合，消灭了大量苏军坦克。接下来的问题

---

① 译者注：近卫坦克第 5 集团军称其为"特鲁法诺夫少将支队"，第 69 集团军在报告中则称其为"特鲁法诺夫少将机动集群"。

就是他们应该如何发展胜利，是向东占领科罗恰，还是按原计划转向西北。"尽管向科罗恰进攻完全可行"，但南方集团军群还是决定向西北面推进。[11]

第 3 装甲军下令变更部署。14:00（莫斯科时间 16:00），第 7 装甲侦察营 1 连被派往晓洛科沃桥头堡。该营主力后来也奉命增援该桥头堡，并对晓洛科沃以南的树林展开侦察。这项侦察任务一直持续到晚上。师主力从 15:15（莫斯科时间 17:15）开始进入桥头堡。第 7 装甲师最终准备好了向北推进。他们将从晓洛科沃桥头堡向西面和西北面进攻，扑向新谢洛夫卡和日洛莫斯特诺耶。

德军此次进攻非常顺利，有力地破坏了第 69 集团军的阵地。舒尔茨战斗群于 7 月 14 日 20:00—21:30（莫斯科时间 22:00—23:30）占领了沙霍沃。桥头堡当面的近卫步兵第 81 师向后撤退了，但他们不应为此受到苛责。自 7 月 5 日起，该师就一直在进行激烈的战斗，并且还被包围过一次。他们的表现不输于苏军其他任何一个师。近卫步兵第 81 当天损失了 130 人。报告称，到 20:00，德军将该师部队逐出了沙霍沃—克列伊缅诺沃，并前出到了小亚布洛诺沃。

现在只剩近卫坦克第 26 旅在防守沙霍沃，但他们面对的是伦金卡桥头堡。为了巩固西南面的阵地，近卫坦克第 2 军军长布尔杰伊内在 18:30 时派该旅的坦克第 2 营前往 234.9 高地—小亚布洛诺沃地域。这就使沙霍沃一带的防御就变得十分薄弱。21:30，他们报告称，德军向沙霍沃发动了进攻。该旅的坦克第 1 营此时有 9 辆 T-34 和 2 辆丘吉尔坦克。他们抵挡了德军二个小时，还是被迫撤退，开沿着 237.1 高地东北面岗丘上埋石图根点—波克罗夫卡（北顿涅茨河支流岸边）一线占领阵地。近卫坦克第 5 集团军声称进攻沙霍沃的德军有两个步兵营和 50 辆坦克。

苏军防线突然瓦解是他们自己的失误造成的。但鉴于顿涅茨河三角地带多处遭到德军进攻，加上这里易攻难守，苏军防线的最终瓦解也并不令人感到意外。德军在当天晚些时候取得的胜利决定了顿涅茨河三角地带之战的最终结果，而这基本上只是由一个虚弱的装甲师独自做到的。近卫坦克第 26 旅在最不恰当的时候，抽调坦克第 2 营应对 SS 第 2 装甲军。这无疑削弱了沙霍沃的防御。面对敌人的多路进攻，布尔杰伊内很难在 11 千米宽的正面上做到面面俱到。根本问题似乎出在第 69 集团军身上。他们将大部分增援部队和装甲部队派去支援近卫步兵第 45 军，以阻止德军东北面的进攻。他们把重点搞错了。

第 7 装甲师也有一些问题，比如逃跑的苏军纷纷穿过该师后方的主要补给公路，并暂时将其切断了。[12]

德军随后派第58装甲工兵营和第7装甲掷弹兵团2营乘夜渡过北顿涅茨河，增援桥头堡。位于安德烈耶夫卡以南高地的施泰因克勒战斗群应当紧随其后，但第6装甲师所部迟迟未能将其换下。直到16:00（莫斯科时间18:00）晚些时候才开始换防。

亚历山德罗夫卡

第6装甲师要在07:15（莫斯科时间09:15）时进攻亚历山德罗夫卡，占领后面不远处的241.5高地，然后穿过新赫梅列沃伊，冲到233.1高地。之后，该师应当掩护装甲军的东翼。这意味着，他们要突入苏军防线约七千米。笔者不清楚为何此举需要在建立防线以及第3装甲军转向北面进攻之前完成。

夜晚很平静地过去了，但苏联空军的活动一直没停。拂晓时，对第6装甲师所在地段的轰炸仍在继续。该师接近了进攻亚历山德罗夫卡的集结地域。

第6装甲侦察营（昆廷战斗群）于早晨遭到右侧斯维里多沃方向的炮火打击。据报告，苏军在拉祖姆纳亚河谷的两个湖的北面构筑工事，并在235高地以西一千米处布雷[①]。

在猛烈的炮火准备后，贝克战斗群（弗朗茨·贝克少校于7月12日接替冯·奥佩尔恩 - 布罗尼科夫斯基上校，开始指挥第11装甲团和以该团为核心的装甲战斗群）和翁赖因战斗群（第4装甲掷弹兵团）于07:00（莫斯科时间09:00）开始进攻。防守的步兵第305师报告称，德军于莫斯科时间07:30，以一个团的兵力和50辆坦克发动了进攻。不过，德军当天只有28辆战车可出动，另外还有屈指可数的几辆"虎"式坦克可出动。经过苦战（第4装甲掷弹兵团在亚历山德罗夫卡南面打得尤为艰难），德军拿下了该村。苏军的坦克第96旅损失了4辆T-34坦克。

苏军声称德军重整旗鼓，在莫斯科时间13:00时再次向新赫梅列沃伊和斯维里多沃方向展开进攻。贝克装甲战斗群随后越过241.5高地，向231.5高地（两个高地相距1.25千米）展开攻击。德军宣称他们击毁了苏军25辆坦克、41门反坦克炮和12门野战炮。第69集团军声称其在16:30时挡住了德军。18:00，步兵第305师

---

① 译者注：在这两个湖的北面有步兵第107师的步兵第516团、步兵第305师的步兵第1002团和第1000团。235高地一带属于步兵第516团的防区。

❀ 戈斯季谢沃（3），1943年7月14日

时长：一天	正面宽度：6.0千米	地形：丘陵，混合
天气：晴朗温暖	道路状况：良好	

	进攻方	防御方
部队番号	第168步兵师第417步兵团	近卫步兵第93师近卫步兵第281团、近卫步兵第89师近卫步兵第267团
配属兵力	无	无
总兵力	4534	4292
装甲车（辆）	0	0
火炮（门）	36	33
空军（架次）	0	夜间24
减员（人）	117（19人阵亡、95人负伤、3人失踪）	359（78人阵亡、260人负伤、21人失踪）
火炮损失（门）	1	3
俘虏（人）	60（含38名变节者）	0

在+1.5岗丘上埋石图根点（241.5高地与231.5高地的中点）—斯维里多沃—波德苏穆基一线防御。这样看来，他们仍然位于231.5高地前面。

随后，第6装甲师按照装甲军的命令，在卡扎奇耶以东高地—亚历山德罗夫卡—241.5高地—222.1高地—红旗村一线建立防御。位于红旗村的第7装甲师的部分兵力被换下。第503重装甲营重归第3装甲军指挥。

近卫步兵第35军的另外两个师位于第6装甲师的东面和东南面，基本上都不在该师的进攻方向上。步兵第107师仍在原地，其步兵第516团位于列别德基（Lebedki）河谷—拉祖姆纳亚河谷的南面湖泊东岸一线。显然，该团参与了与第6装甲师的交战，因为步兵第504团面向西南，其右翼防线从南面湖泊开始，一直向东南延伸至洛莫沃、格列米亚切和普洛斯科耶，而步兵第522团则位于扎亚奇耶西侧[①]。实际上，步兵第107师的两个团在科连河前方构成了第二梯队。此时，经过

[①] 译者注：相关档案资料（ЦАМО, Фонд: 426, Опись: 10753, Дело: 263）显示，步兵第522团的防线位于扎亚奇耶城中。

重组的坦克第148团回到前线支援他们，该团的2辆T-34和1辆T-70开进了波德苏穆基果园。对于步兵第516团来说，当天的战斗非常残酷，他们在7月14日损失的人数多达228人。[13] 由于步兵第107师的防线在7月13日已经延伸到了斯维里多沃，所以与第6装甲师战斗的苏军部队恐怕不止一个团。

❀ 拉祖姆纳亚河一线防御，1943年7月14日

时长：一天 　　　　正面宽度：17.5千米 　　　　地形：丘陵，混合

天气：晴朗、温暖 　道路状况：良好

	进攻方	防御方
部队番号	近卫步兵第94师	第168步兵师（欠第417步兵团）
配属兵力	无	见下文
总兵力	7462	9666
装甲车（辆）	0	6
火炮（门）	46	72
空军（架次）	夜间24	0
减员（人）	76（14人死亡、43人负伤、19人失踪）[14]	0
战车损失（辆）	0	0
火炮损失（门）	1	0
俘虏（人）	0	不详

德军配属兵力

第228突击炮营2连

第61高炮团轻型高炮连（不计入本表）

第38高炮团1营（7月14日调离，不计入本表）

仍未回归建制的部队

第248工兵营（欠3个连，该营计入本表）

第429步兵团（欠1个营，该团计入本表）

❀ 伦金卡桥头堡之战，1943 年 7 月 14 日

时长：一天	正面宽度：4.8 千米	地形：丘陵，混合地形
天气：明媚干燥。正午气温为 21℃		道路状况：良好

	进攻方	防御方
部队番号	第 19 装甲师	近卫步兵第 89 师、近卫坦克第 26 旅、近卫机械化第 11 旅
配属兵力	见下文	见下文
总兵力	16458	8553
装甲车（辆）	37（含 5 辆轻型坦克）	64（含 21 辆轻型坦克）
火炮（门）	129	56
空军（架次）	29	7 昼间 5、夜间 48
减员（人）	41（7 人死亡、32 人负伤、2 人失踪）	500（119 人死亡、288 人负伤、93 人失踪）[15]
战车损失（辆）	0	32
火炮损失（门）	1	2
俘虏（人）	不详	3

德军配属兵力

第 70 工兵营

第 411 工兵营第 2 B 型架桥纵队

第 842 工兵营 J 型架桥纵队

第 52 火箭炮团

第 61 高炮团 1 营（欠 1 个连）

第 429 步兵团（第 168 步兵师），欠 1 个营（该团不计入本表）

第 114 装甲掷弹兵团 1 营（来自第 6 装甲师，不计入本表）

调走的部队

第 19 装甲炮兵团观测炮兵连（计入本表）

第 78 装甲炮兵团观测炮兵连（计入本表）

团级集群（计入本表）

苏军兵力

近卫步兵第 89 师 2/3 兵力

近卫坦克第 26 旅

　　+ 近卫坦克第 47 团 2 辆丘吉尔坦克

近卫机械化第 11 旅

✿ 第 7 装甲师再次进攻（2），1943 年 7 月 14 日

时长：从 15:00—21:30（莫斯科时间 17:00—23:30），共计 6.5 小时

正面宽度：2.0 千米　　　地形：丘陵，混合地形

天气：逐渐多云。正午气温为 17℃　　　道路状况：良好

	进攻方	防御方
部队番号	第 7 装甲师	近卫步兵第 81 师
配属兵力	见下文	无
总兵力	17694	5708
装甲车（辆）	32（含 4 辆轻型坦克）	0
火炮（门）	133	23
空军（架次）	0	夜间 48
减员（人）	11（1 人死亡、10 人负伤）	237（57 人死亡、73 人负伤、106 人失踪）
战车损失（辆）	0	0
火炮损失（门）	0	4
俘虏（人）	不详	0

德军配属兵力

如前文，除了第 38 高炮团 1 营——7 月 14 日 16:00（莫斯科时间 18:00）时配属（计入本表）

❧ 亚历山德罗夫卡，1943 年 7 月 14 日

时长：一天　　　　　　正面宽度：11.7 千米　　　　　　地形：丘陵，混合地形

天气：大雨，下午放晴，到日终时变得明媚干燥。正午气温为 21℃

道路状况：陡峭地段难以通行，到日终时转好

	进攻方	防御方
部队番号	第 6 装甲师	近卫步兵第 92 师、步兵第 305 师等
配属兵力	见下文	见下文
总兵力	21612	19444
装甲车（辆）	48（含 4 辆轻型坦克）	40（含 9 辆轻型坦克）
火炮（门）	137	152
空军（架次）	29	昼间 87、夜间 48
减员（人）	110（18 人死亡、90 人负伤、2 人失踪）	945（182 人死亡、596 负伤、167 人失踪）
战车损失（辆）	8	4
火炮损失（门）	0	17
俘虏（人）	不详	1

德军配属兵力

第 62 炮兵团 2 营

第 54 火箭炮团 2 营

第 54 火箭炮团 8 营

第 54 火箭炮团团部

第 43 高炮团 2 营

第 91 高炮团轻型高炮营

第 204 情报队

第 228 突击炮营（欠第 2 连）

第 503 重装甲营——7 月 14 日调离

（计入本表）

苏军兵力

近卫步兵第 92 师

坦克第 96 旅

——7 月 14 日调离（计入本表）

近卫迫击炮兵第 315 团

步兵第 305 师

坦克第 148 团（不计入本表）

特鲁法诺夫支队

步兵第 107 师 1/3 兵力
（全师损失计入本表）

反坦克枪第 123 营

反坦克枪第 130 营

迫击炮兵第 496 团

调走的部队

第 76 装甲炮兵团观测炮兵连（计入本表）

第 114 装甲掷弹兵团 1 营（来自第 6 装甲师，计入本表）

德军第 3 装甲军直属部队

第 601 工兵团团部（7 月 14 日调离该军）

第 674 工兵团团部

第 925 架桥指挥部

第 127 工兵营（欠 1 个连，该营 7 月 14 日调离该军）

第 531 架桥营（7 月 14 日调离该军）

第 110 工兵营 B 型架桥纵队（7 月 14 日调离该军）

第 602 工兵营 B 型架桥纵队

第 538 筑路营的 1 个连（7 月 14 日调离该军）

第 153 高炮团团部

第 3 炮兵指挥部

第 612 炮兵团团部

第 62 炮兵团 2 营

第 71 炮兵团 2 营

第 857 重型炮兵团

第 13 轻型观测炮兵连的一个排

第 19 装甲炮兵团观测炮兵连（第 19 装甲师）

第 76 装甲炮兵团观测炮兵连（第 6 装甲师）

第 2 油料纵队

第 545 装甲抢修排

第 503 重装甲营——7 月 14 日配属

团级战斗群（第 7 装甲师）

近卫步兵第 94 师仍然守在科敏捷尔恩以南 500 米处（附近有路口）—马济金诺—舍伊诺—舍伊诺南边果园一线，以及乌沙科沃和 210.3 高地东南坡。据报告，该师当天无减员。在这两个师当面的是德军第 168 步兵师。

第 168 步兵师余部

第 168 步兵师的另外两个步兵团继续把守装甲军右翼。第 429 步兵团在夜间打退了苏军侦察分队对其左翼的进攻。除此之外，该师没有上报任何活动情况。

空中支援

第 19 装甲师报告称，夜间有少量苏联飞机轰炸了桥头堡和补给地域。从黎明到上午，苏联空军对该师地段进行了连续的、有时还很猛烈的空袭。第 7 装甲师报告称，苏联空军在夜间和早晨的活动十分频繁。第 6 装甲师报告称，苏联空军在夜间不停活动，对该师地段的轰炸一直持续到了黎明。第 168 步兵师报告称，苏联空军夜间在拉祖姆纳亚河一带活动频繁。

第 3 装甲军最终向北进攻

7 月 15 日，也就是进攻开始后的第十天，第 3 装甲军终于肃清了顿涅茨河三角地带。该军随即命令第 417 步兵团、第 7 装甲师和第 19 装甲师向北推进，而第 6 装甲师与第 168 步兵师的主力一起负责掩护右翼。

苏军撤退了

由于德军在 7 月 14 日深夜的推进，苏军近卫步兵第 81 师、近卫步兵第 89 师、近卫步兵第 93 师和步兵第 375 师被包围了。他们当天的活动没有留下什么记录。步兵第 48 军在 7 月 15 日早晨命令部队撤退。近卫步兵第 89 师报告称其被包围了，但到 22:00，他们已经撤到了新谢洛夫卡—库兹明卡一线。近卫步兵第 93 师则一整天都"在合围圈中战斗"。报告显示，他们到 7 月 16 日已经"离开包围圈"，撤到了普拉沃罗季—远多尔日克一线。[16]

这次撤退对于部队来说是灾难性的。其中，近卫步兵第 89 师的情况见表13.2。[17]

表 13.2 近卫步兵第 89 师上报的人员和装备情况

	7 月 15 日	7 月 16 日
人数	7805	4379
马匹	1095	895
机枪	443	170
反坦克枪	260	154
50 毫米迫击炮	52	5
82 毫米迫击炮	82	6
120 毫米迫击炮	24	18
45 毫米炮	26	20
76 毫米团属火炮	12	9
76 毫米师属火炮	17	17
122 毫米炮	2	2
汽车	57	52

其他师的损失情况也类似，尽管没有明确的记录。据估计，在 7 月 15—16 日撤出顿涅茨河三角地带的过程中，4 个步兵师至少损失了下列装备：156 挺机枪、258 支反坦克枪、29 门 45 毫米反坦克炮、19 门 76 毫米炮、77 门 50 毫米迫击炮、95 门 82 毫米迫击炮、14 门 120 毫米迫击炮和 4 门 122 毫米炮。实际损失应该更多，因为我们将步兵第 375 师和近卫步兵第 81 师的大部分损失都计入了这几天的战斗损失内。以上损失没有计入步兵第 48 军的步兵第 183 师的损失，因为该师已经被击退，并在普拉沃罗季正面防御。该师实际上在负责掩护撤退。

各部在退到新战线上之后立即着手构筑工事，恢复秩序。夜间没有战斗。到 7 月 16 日 02:00，步兵第 183 师把守在斯托罗热沃耶东南山谷—日洛莫斯特诺耶—新谢洛夫卡村外一线。其他 4 个师就是在这条战线上或其后方撤退的。步兵第 375 师位于新谢洛夫卡。近卫步兵第 89 师位于北顿涅茨河东岸的韦林—希佩村外一线。据报告，该师当天虽然仍在一线，但没有战斗。近卫步兵第 81 师位于后方的波多利希地域（在北顿涅茨河畔，战场的东北面），其师部在多尔吉。显然，该师此时已经退出了战斗。在 7 月 16 日某时，撤退得最远的近卫步兵第 93 师位于普拉沃罗季—远多尔日克一线。随后，他们又撤到克拉斯诺耶，退出了战斗。

实际上，苏军放弃了日洛莫斯特诺耶以南和北顿涅茨河北面支流（在希佩汇入北顿涅茨河）以西的顿涅茨河三角地带。现在，步兵第 48 军的战线上有步兵第 183

师、步兵第 375 师和近卫步兵第 89 师。近卫步兵第 81 师和第 93 师退到后方，再也没有投入战斗。

戈斯季谢沃

当近卫步兵第 93 师撤退之时，第 417 步兵团谨慎地尾随其后。他们上午在克里夫措沃西北面的树林打垮了苏军微弱的抵抗。德军声称其俘虏了 13 人，打死了 15 人。16:30（莫斯科时间 18:30），第 417 步兵团再次占领了戈斯季谢沃。接着，第 417 步兵团和第 248 侦察营继续向北进攻，在萨日诺耶渡过萨日诺夫斯基顿涅茨河与第 167 步兵师建立了联系。

第 7 装甲师向北推进

7 月 15 日 04:00（莫斯科时间 06:00），第 7 装甲师从沙霍沃向北进攻。该师的大部分坦克与舒尔茨战斗群一起，迫使苏军退到了日洛莫斯特诺耶—新谢洛夫卡一线。近卫坦克第 26 旅于 06:00 遭到攻击。他们没能顶住德军的突击，退到了 247.7 高地—普洛塔东北一千米处的无名高地一线。德军在莫斯科时间 06:45 占领了小亚布洛诺沃和普洛塔。[18] 近卫坦克第 26 旅的坦克第 2 营于 09:00（莫斯科时间 11:00）时被赶下 247.7 高地。[19] 09:00（莫斯科时间 11:00），帝国师报告称，他们已经与第 7 装甲师建立联系，但没有提供细节。

12:00 之后，德军坦克两次进攻新谢洛夫卡。近卫坦克第 26 旅发动反击，前进了 300 米。12:00（莫斯科时间 14:00），帝国师装甲战斗群在小亚布洛诺沃与第 7 装甲师建立了联系。这样一来，南面地域被完全分割开来。第 7 装甲侦察营紧随本师之后，然后上前负责肃清通往普拉沃罗季的道路。他们声称自己很快就占领了该村！鉴于其防御部署的情况，这有些令人难以置信。格莱塞梅战斗群（第 6 装甲掷弹兵团）负责掩护沙霍沃的西面和西南面。

近卫步兵第 81 师这天似乎失踪了。据报告，该师的部队在 7 月 14 日 20:00 被德军赶出了沙霍沃—克列伊缅诺沃地域，前出到了小亚布洛诺沃。该师报告称，他们于 7 月 14 日在克列伊缅诺沃地域被包围，于 7 月 15 日突围至波多利希地域。波多利希在克列伊缅诺沃东北面约 20 千米远处！该师在战线后方待了几天。他们得到了近卫步兵第 89 师的掩护，后者在 22:00 时位于新谢洛夫卡—库兹明卡一线。此后，近卫步兵第 81 师再没投入战斗。

　　罗特米斯特罗夫随后命令近卫坦克第 2 军发动反击。近卫坦克第 25 旅进入远多尔日克南侧，向小亚布洛诺沃发动了进攻。近卫坦克第 26 旅进入新谢洛夫卡西南 1.5 千米处的树林，并朝普洛塔发动进攻。近卫摩步第 4 旅前进到普洛塔以北高地的北坡，准备在上述两个坦克旅的后面进攻。近卫坦克第 4 旅集结在波多利希，以便维修装备。德军报告称，强大的苏军步兵部队在坦克的支援下对小亚布洛诺沃和普洛塔发起了反击，但被击退。近卫坦克第 2 军报告称，他们当天损失了 7 辆 T-34 和 3 辆 T-70。不过根据兵力情况来推测，他们至少损失了 16 辆坦克。

　　德军侦察营派出的小分队发现在新谢洛夫卡一带有大量苏军，空中侦察也在普拉沃罗季和新谢洛夫卡以北的地域发现了 92—150 辆苏军坦克。这些苏军显然来自多个部队，其中有正在进入这一地域的近卫机械化第 10 旅，还有坦克第 2 军（部分兵力）和近卫坦克第 2 军（全部兵力）。尽管如此，舒尔茨战斗群还是在 16:30（莫斯科时间 18:30）时对重兵把守的新谢洛夫卡发动了进攻，但没有取得任何进展。到日终时，第 7 装甲师的战线位于普洛塔—247.7 高地—小亚布洛诺沃一线。大雨影响了重武器、火炮和高射炮的前送，尤其是在北顿涅茨河的几个渡河点。

第 19 装甲师冲出桥头堡

　　第 3 装甲军发动了夜间进攻，以冲出桥头堡。霍斯特战斗群（第 73 装甲掷弹兵团、第 74 装甲掷弹兵团和一个装甲攻击群）于 7 月 14 日 20:00（莫斯科时间 22:00）出动，以支援第 7 装甲师对北面和西北面的进攻。他们于 23:00（莫斯科时间 7 月 15 日 01:00）到达沙霍沃东北面的 #600 高地（具体位置无法查明）。7 月 14 日 22:00（莫斯科时间 7 月 15 日 00:00），门茨战斗群（第 19 装甲侦察营和第 114 装甲掷弹兵团 1 营）夺取了希佩北面的 205 高地（或许是位于希佩北面的 +1.0 岗丘上埋石图根点以东几十米远处的 205.1 高地？）。

　　在霍斯特战斗群的支援下，门茨战斗群于 07:00 向库兹明卡前进。包括近卫机械化第 11 旅在内的苏军死守预有准备的阵地，但库兹明卡西北面的 225 高地（等高线 225）还是被占领了。苏军在下午晚些时候从北面发动了一次反击。

　　在第 27 装甲团的支援下，霍斯特战斗群开始扫荡沙霍沃东北面的大山沟及其北面丘陵地域的残敌。苏军的抵抗被肃清。第 74 装甲掷弹兵团回归门茨战斗群，而霍斯特战斗群接到的任务是掩护这支部队的侧翼，防备敌人在波克罗夫卡（北顿涅茨河岸边）—普洛塔一线的进攻。

第19装甲侦察营进入了沙霍沃—克列伊缅诺沃东南面的树林一线的指定位置。德军还有2个火箭炮营、5个炮兵营和4个高炮连进入了北顿涅茨河西岸的阵地。这天，第19装甲师的几个桥头堡不断遭到苏军火炮、反坦克炮和迫击炮的袭扰。

第6装甲师把守侧翼

第6装甲师报告称，他们停止了一切进攻行动，开始构筑工事，防守现有位置，其装甲团后撤并转入了预备队。他们当天一直在防御苏军坦克的猛烈进攻。222.1高地被苏军突破，但德军最终封闭了突破口。

在德军第168步兵师的两个步兵团和第6装甲师当面的是特鲁法诺夫支队，其中包括近卫机械化第12旅、近卫步兵第35军（由近卫步兵第92师、近卫步兵第94师、步兵第107师、步兵第305师和坦克第96旅组成）。步兵第107师和步兵第305师报告称，他们当天没有战斗，不过步兵第305师在7月15日昼间可能已经遭受了严重的损失。[20] 步兵第107师的步兵第522团（欠1个营）被配属给步兵第305师，然后被派去防御新赫梅列沃伊。他们行军了13千米，到达了新阵地，但仍然位于前线的后方。不过，与之前所在的扎亚奇耶相比，他们还是离前线近了一些。除此以外，第69集团军的报告认为该师当天没有别的活动。坦克第96旅的5辆T-34和3辆T-70提供了火力支援。

近卫步兵第92师报告称，他们在08:00打退了德军一个连的"自动枪手"发起的进攻。这些敌人分成小股部队，试图前出到222.1高地。下午，德军再次以1.5个步兵团的兵力和60辆坦克，从维波尔佐夫卡及其东北面的河谷朝222.1高地和新赫梅列沃伊方向发动进攻。当天，德军有坦克支援的一个团向马济金诺方向发起两次进攻，但被近卫步兵第94师打退。这些应该是一些具有一定规模的战斗，因为近卫步兵第92师和第94师在7月15日分别损失了400人和760人。[21]

防御什利亚霍沃和科敏捷尔恩

凌晨02:30（莫斯科时间04:30），大约一个营的苏军渗透进了马济金诺以西的什利亚霍沃 - 科敏捷尔恩地域附近的河谷。德军发动了反击。扫荡行动从晚上一直持续到第二天早晨，德军共俘获 54 人。德军声称苏军损失惨重。苏军以一个连的兵力在拉耶夫卡东南 1.5 千米处的河谷内侦察和试探，但被德军打退了。此外，大约也是在 02:30，苏军的两个连进攻了德军在什利亚霍沃及其北面湖泊之间的阵地。德军迅速发动反击，将其击退。德军宣称其俘虏了 61 人，清点出 35 具尸体。总体来说（仅这天？），第 168 步兵师声称苏军有 127 人被俘、23 人变节、199 人被打死。

空中支援

第 168 步兵师和第 19 装甲师报告称，苏军在夜间进行了猛烈轰炸。第 7 装甲师也报告称，苏军在夜间进行了多次轰炸。

顿涅茨河三角地带肃清行动的总结

参与肃清顿涅茨河三角地带的主要有 5 个师——帝国师、第 7 装甲师、第 19 装甲师、第 167 步兵师和第 168 步兵师。由于苏军决定撤退，所以尽管天气和道路条件都很差，德军也能相对轻松地行动，他们在 7 月 14 日晚和 15 日上午取得了很大进展。然而，这并不意味着他们在普拉沃罗季当面的苏军防御阵地上也取得了进展。7 月 15 日下午，德军再次停顿下来。

无疑，顿涅茨河三角地带再也没有什么价值了。帝国师在三角地带的底边推进，第 3 装甲军的各师则在三角地带的东南边推进。他们在这里的防守已经变得相当困难。苏军把守顿涅茨河三角地带的主要目的——拉长和威胁 SS 第 2 装甲军的侧翼——已经达到了。既然德军暂停了对普罗霍罗夫卡的进攻，那死守三角地带的理由也就没有了。此外，这里的苏军部队状态很差，已无力守住此地，因为沃罗涅日方面军没有为他们提供良好的补给，很多师的粮秣弹药都是他们战斗初期带去的。

鉴于以上因素，顿涅茨河三角地带内的部队需要换下来。撤出来就更简单了。因此，撤退是最明智的决定。问题在于三角地带内的苏军没有后撤全部重武器所需的机动车辆。天公不作美，降雨让道路变得难以通行。因此，苏军很多部队在撤退时不得不丢弃大量火炮等重武器。这才是德军肃清顿涅茨河三角地带的真正战果。7 月 14—16 日，苏军的 5 个师和 2 个坦克军在三角地带内损失了 7162 人。[22] 我们将其中的 3539 人记录为失踪，而该失踪人数几乎占到减员总数的一半。相比之下，苏军当面的德军（7 月 14—15 日的帝国师、第 167 步兵师、第 168 步兵师和第 19

装甲师，7月15日的第7装甲师）这两天损失了931人。[23]实际上，苏联人损失最多的是重武器。我们对此尽可能地做了统计，苏军这些部队共损失了234挺机枪、344支反坦克枪、44门45毫米反坦克炮、29门76毫米炮、97门50毫米迫击炮、127门82毫米迫击炮、27门120毫米迫击炮、6门122毫米炮、20辆T-34（8辆被击毁）、19辆T-70（8辆被击毁）和4辆BA-64（2辆被击毁）。第3装甲军和帝国师声称，他们俘虏了不下2238人（包括342名变节者），缴获了361挺机枪、151支反坦克枪、55门45毫米反坦克炮、33门76毫米炮、6门50毫米迫击炮、48门82毫米迫击炮、41门类型不明的迫击炮、13门120毫米迫击炮、4门122毫米炮、96辆坦克（含2辆T-34）、8门高射炮和5架飞机。[24]

　　显然，苏军撤退是必要的，但其执行过程存在问题，也很仓促。苏军应当在这些部队撤出前为其提供运输车辆。在7月14日晚上之前，顿涅茨河三角地带南面的压力不大，苏军完全应该先撤出一部分炮兵。况且大部分炮兵的弹药已经不多，苏军完全可以先撤出1/3或1/2的炮兵，并将炮弹留给留守的炮兵。这样不但不会降低留守部队的战斗力，还可以节省很多炮弹。总体来说，苏军撤退的计划和组织都一塌糊涂。

❀ 戈斯季谢沃（4），1943年7月15日

时长：一天　　　　正面宽度：6.0千米　　　　地形：丘陵，混合地形

天气：大雨，下午逐渐放晴

道路状况：可通行，但由于有雨，通行难度很大，陡坡无法通行

	进攻方	防御方
部队番号	第168步兵师第417步兵团	近卫步兵第93师近卫步兵第281团、近卫步兵第89师近卫步兵第267团
配属兵力	无	无
总兵力	4417	3923
装甲车（辆）	0	0
火炮（门）	35	30
空军（架次）	0	夜间14
减员（人）	38（6人死亡、31人负伤、1人失踪）	634（42人死亡、70人负伤、522人失踪）
火炮损失（门）	0	4
俘虏（人）	不详	0

❀ 防守什利亚霍沃和科敏捷尔恩，1943 年 7 月 15 日

时长：一天　　　　正面宽度：17.5 千米　　　　地形：丘陵，混合地形

天气：大雨，下午逐渐放晴

道路状况：可通行，但由于有雨，通行难度很大，陡坡无法通行

	进攻方	防御方
部队番号	近卫步兵第 94 师、步兵第 107 师	第 168 步兵师（欠第 417 步兵团）
配属兵力	见下文	见下文
总兵力	13735	9665
装甲车（辆）	0	6
火炮（门）	110	72
空军（架次）	夜间 15	0
减员（人）	768（100 人死亡、351 人负伤、317 人失踪）	87（12 人死亡、63 人负伤、3 人失踪）
战车损失（辆）	0	0
火炮损失（门）	13	0
俘虏（人）	0	150（含 23 名变节者）

德军配属兵力

第 228 突击炮营 2 连（可出动 9 辆突击炮）

第 61 高炮团轻型高炮连（不计入本表）

仍未回归建制的部队

第 248 工兵营（欠 3 个连，该营计入本表）

第 429 步兵团（欠 1 个营，该团计入本表）

苏军兵力

近卫步兵第 94 师

步兵第 107 师（不含步兵第 522 团，即 1/3 兵力）

　　反坦克枪第 123 营

　　反坦克枪第 130 营（7 月 15 日调离，计入本表）

　　迫击炮兵第 496 团（7 月 15 日调离，计入本表）

❖ 第 7 装甲师再次进攻，1943 年 7 月 14 日

时长：一天　　　　　正面宽度：20.4 千米　　　　　地形：丘陵，混合地形

天气：有雨，下午放晴，正午气温为 17℃

道路状况：轮式车辆在通过道路和铁路时遇到极大困难，通行十分费力

	进攻方	防御方
部队番号	第 7 装甲师	近卫步兵第 81 师、近卫坦克第 26 旅 ＋近卫坦克第 47 团 2 辆丘吉尔坦克
配属兵力	见下文	无
总兵力	18337	6735
装甲车（辆）	33（含 4 辆轻型坦克）	32（含 7 辆轻型坦克）
火炮（门）	141	23
空军（架次）	30	夜间 29
减员（人）	25（3 人死亡、22 人负伤）	215（215 人失踪）
战车损失（辆）	3	12
火炮损失（门）	0	3
俘虏（人）	不详	0

德军配属兵力

第 9 工兵营 B 型架桥纵队

第 505 工兵营第 1 B 型架桥纵队

第 843 工兵营 J 型架桥纵队

第 99 高炮团团部

第 38 高炮团 1 营

第 38 高炮团 2 营

第 62 炮兵团 2 营——7 月 15 日配属（计入本表）

第 54 火箭炮团 1 营

调走的部队

第 78 装甲炮兵团观测炮兵连（计入本表）

团级战斗群（计入本表）

❀ 第19装甲师冲出桥头堡，1943年7月15日

时长：一天　　　　正面宽度：17.9千米　　　地形：丘陵，混合地形

天气：降雨　　　　道路状况：路面较软，但可以通行

	进攻方	防御方
部队番号	第19装甲师	近卫步兵第89师（2/3），近卫机械化第11旅
配属兵力	见下文	无
总兵力	16421	6784
装甲车（辆）	37（含5辆轻型坦克）	0？
火炮（门）	128	51
空军（架次）	30	夜间29
减员（人）	34（4人死亡、29人负伤、1人失踪）	622（145人死亡、303人负伤、174人失踪）
战车损失（辆）	5	0
火炮损失（门）	0	1
俘虏（人）	不详	1

德军配属兵力

第70工兵营

第411工兵营第2B型架桥纵队

第842工兵营J型架桥纵队

第52火箭炮团

第61高炮团1营（欠1个连）

第429步兵团（第168步兵师），欠1个营（该团不计入本表）

第114装甲掷弹兵团1营（来自第6装甲师，不计入本表）

调走的部队

第19装甲炮兵团观测炮兵连

❋ 第 6 装甲师防守侧翼，1943 年 7 月 15 日

时长：一天　　　　正面宽度：10.0 千米　　　　地形：丘陵，混合地形

天气：上午有雨，下午放晴，到日终时变得明媚干燥。正午气温为 17℃

道路状况：只有履带式车辆和全轮驱动轮式车辆可以通行

	进攻方	防御方
部队番号	近卫步兵第 92 师等	第 6 装甲师
配属兵力	见下文	见下文
总兵力	18500	19850
装甲车（辆）	45（含 14 辆轻型坦克）	37（含 4 辆轻型坦克）
火炮（门）	108	129
空军（架次）	昼间 4、夜间 29	29
减员（人）	708（158 人死亡、472 人负伤、103 人失踪）	103（16 人死亡、86 人负、1 人失踪）
战车损失（辆）	9	15
火炮损失（门）	13	0
俘虏（人）	1＋1（步兵第 305 师抓获的飞行员）	不详

德军配属兵力

第 62 炮兵团 2 营（7 月 15 日调离，不计入本表）

第 54 火箭炮团 2 营

第 54 火箭炮团 3 营

第 54 火箭炮团团部

第 43 高炮团 2 营

第 91 高炮团轻型高炮营

第 204 情报队

第 228 突击炮营（欠第 2 连）

调走的部队

第 76 装甲炮兵团观测炮兵连

第 114 装甲掷弹兵团 1 营（第 6 装甲师）

德军第 3 装甲军直属部队

第 674 工兵团团部

第 925 架桥指挥部

第 602 工兵营 B 型架桥纵队

第 153 高炮团团部

第 3 炮兵指挥部

第 612 炮兵团团部

第 62 炮兵团 2 营

第 71 炮兵团 2 营

第 857 重型炮兵团

第 13 轻型观测炮兵连的一个排

第 19 装甲炮兵团观测炮兵连（第 19 装甲师）

第 76 装甲炮兵团观测炮兵连（第 6 装甲师）

第 2 油料纵队

第 545 装甲抢修排

第 503 重装甲营

团级战斗群（第 7 装甲师）

苏军兵力

近卫步兵第 92 师

　　坦克第 96 旅—7 月 14 日调离（计入本表）

　　近卫迫击炮兵第 315 团

步兵第 305 师

近卫机械化第 12 旅

特鲁法诺夫支队

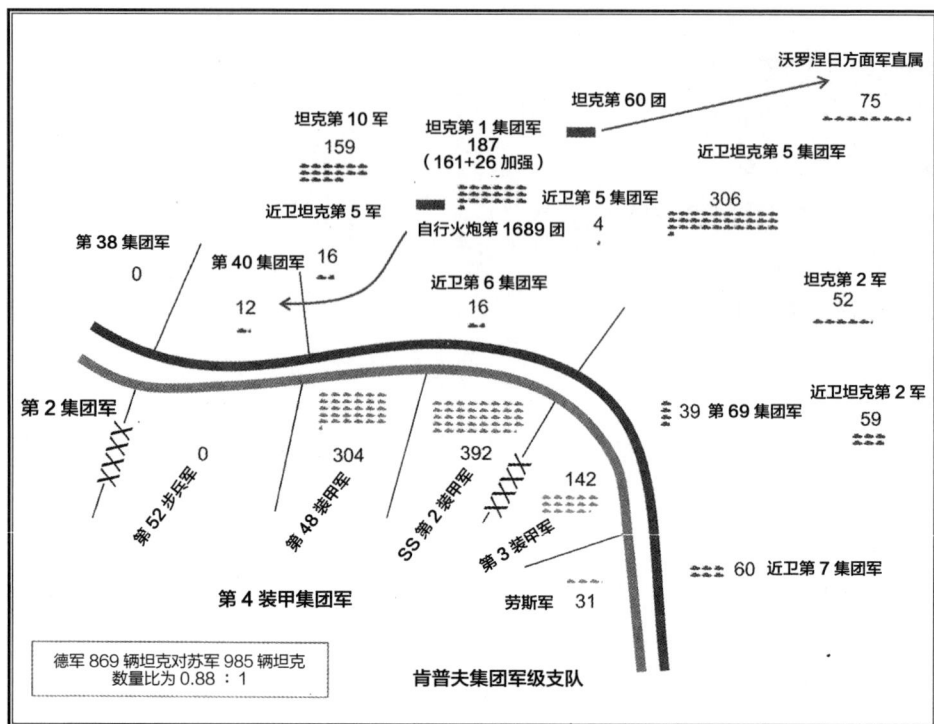

坦克第 60 团

沃罗涅日方面军直属
75

坦克第 10 军
159

坦克第 1 集团军
187
（161+26 加强）

近卫坦克第 5 集团军
306

近卫坦克第 5 军

近卫第 5 集团军
4

自行火炮第 1689 团

第 38 集团军
0

第 40 集团军
16

12

近卫第 6 集团军
16

坦克第 2 军
52

第 2 集团军

第 52 步兵军
0

第 48 装甲军
304

SS 第 2 装甲军
392

第 3 装甲军
142

近卫坦克第 2 军
59

39 第 69 集团军

60 近卫第 7 集团军

劳斯军
31

第 4 装甲集团军

肯普夫集团军级支队

德军 869 辆坦克对苏军 985 辆坦克
数量比为 0.88：1

1943 年 7 月 14 日晚，库尔斯克南线战车实力对比

　　由于顿涅茨河三角地带的威胁已经被消除，德军第 3 装甲军终于可以履行其主要任务，即掩护第 4 装甲集团军右翼。然而，这已经不重要了，因为德军的攻势已经暂停（甚至被取消了）。总体来说，虽然第 3 装甲军打得高潮迭起，打得非常残酷，但这并不符合总体计划，也没能帮助德军达成突破。这不是中下层指挥官的过错，而是由两个问题造成的，一是冯·曼施泰因、霍特和肯普夫制定的最初计划本身有缺陷，一是肯普夫和布赖特在执行过程中也存在问题。

　　第 3 装甲军的作战日志提到肯普夫和布赖特意见不一。这表明二者眼界不同。布赖特在头三天的突破和发展胜利都卓有成效。肯普夫也正确地意识到，该军如果要帮助友军就需要向北进攻。但最终，第 3 装甲军只顾着自己的小打小闹，让第 4 装甲集团军独自突破苏军防线。笔者很想知道，第 3 装甲军为何在 7 月 13—15 日花费如此大的精力向东北面推进。

德军 815 辆坦克对苏军 962 辆坦克
数量比为 0.85：1

沃罗涅日方面军直属 75

坦克第 10 军 130

坦克第 1 集团军 204 （175+29 加强）

近卫第 5 集团军 4

近卫坦克第 5 集团军 293

近卫坦克第 5 军 18

坦克第 2 军 49

第 38 集团军 0

第 40 集团军 12

近卫第 6 集团军 16

近卫坦克第 2 军 57

第 2 集团军

第 52 步兵军 0

266

387

34 第 69 集团军

130

70 近卫第 7 集团军

第 48 装甲军

SS 第 2 装甲军

第 3 装甲军

第 4 装甲集团军

劳斯军 32

肯普夫集团军级支队

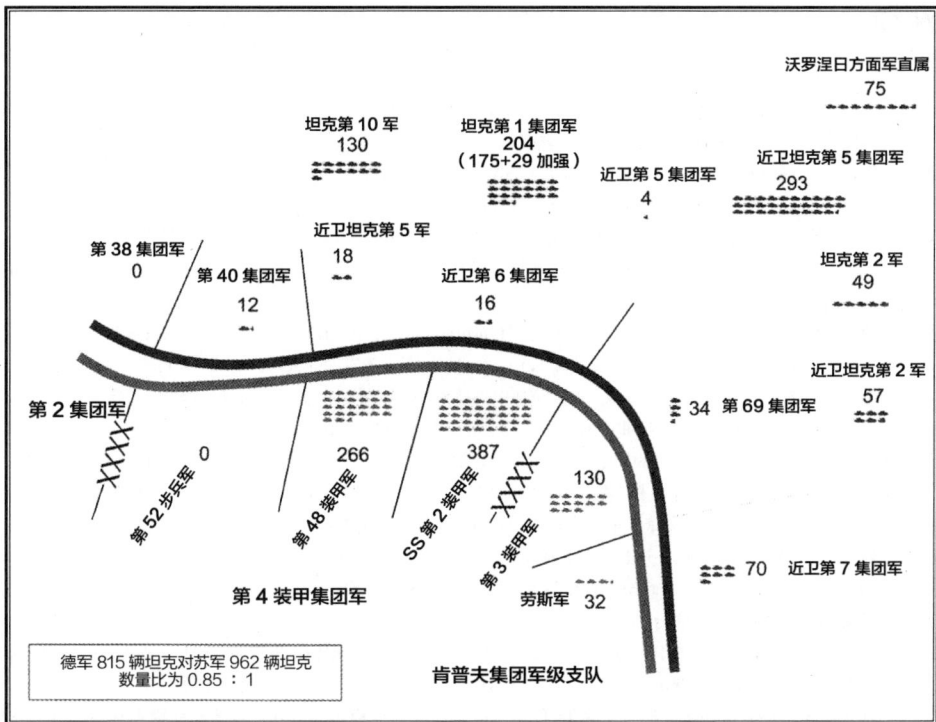

1943 年 7 月 15 日晚，库尔斯克南线战车实力对比

总结

在这两天中，战线发生了剧烈的变化。德军 7 月 15 日清理侧翼的行动取得了很大进展。

不过，这并没有让德军向前推进，也没有很大地改变双方的兵力对比。从战车数量来看，在这两天内，形势没有发生根本性的变化。

虽然德军的进攻终于肃清了侧翼，但这并没有大大改善局面。大量苏军兵力在德军的突破口上展开并构筑工事。此外，苏军在局部还有预备队，虽说这些预备队很多已经战斗了很久，非常疲倦了。

注释

1. 还有报告显示，该师想在7月15日晚至16日凌晨拿下该高地。笔者不确定这两份报告所说的进攻指的是两次单独的进攻，还是只在夜间展开的一次进攻。

2. 有报告显示，警卫旗队师在7月15日损失了4辆Ⅳ号和3辆突击炮，但该师当日可出动的战车数没有发生变化。

3. 也有报告认为，进攻发起时间为03:55（莫斯科时间05:55）。

4. 据报告，当天损失了3辆Ⅲ号突击炮和4辆Ⅳ号坦克，但每日报告显示的战车保有量没有变化或有所增加。

5. 战车损失不含自行火炮（黄蜂自行榴弹炮、蟋蟀自行步兵炮和熊蜂自行榴弹炮）和炮兵观察坦克的损失，但包含突击炮和"黄鼠狼"坦克歼击车的损失。

6. 该师报告显示，他们在7月14日有17人阵亡、51人负伤、33人失踪，其阵地位置不变（见国防部中央档案馆，第1696全宗，第1目录，第36卷宗，第250—251页）。军当天有385人阵亡、624人负伤，步兵第183师和近卫步兵第93师的损失要少得多（见国防部中央档案馆，第932全宗，第1目录，第23卷宗，第12页）。我们没有理由怀疑步兵第183师和近卫步兵第93师的报告。显然，步兵第375师在库尔斯克损失惨重：7月6—18日共减员4898人（见国防部中央档案馆，第932全宗，第1目录，第23卷宗，第19页），总兵力从7月1日的8727人（见国防部中央档案馆，第872全宗，第1目录，第468卷宗，第12页）下降到7月18日的3768人（见国防部中央档案馆，第426全宗，第10753目录，第110卷宗，第4页）。笔者不清楚这损失的一千多人是该师当天损失的，还是前一天损失的。

7. 该团声称，他们在7月13日晚至次日凌晨发动了进攻，将德军逐出了戈斯季谢沃。但这次进攻似乎是近卫步兵第93师于7月13日所为。

8. 关于此事有一些疑问。此处引用的是7月14日19:00的损失报告，但似乎报告显示的是之前报告的内容。这些损失具体是哪天的很难确定。

   不管怎么说，特鲁法诺夫支队在7月14日之后应该没有大规模参与战斗，其大部分损失是在7月12日20:00至7月14日某时之间造成的。

9. 近卫坦克第5集团军的档案显示，该团在7月14日19:00、7月15日07:00、7月16日04:00和7月17日04:00可出动的坦克数均为18辆T-34和6辆T-70。但该团自己的报告却指出，他们在7月13日有6辆T-34和7辆T-70可出动。然后，他们又称自己卷入了业力山德罗夫卡以北的坦克战，几乎损失了全部坦克，只剩一辆T-34！他们在7月14日死伤了35人。该团被缩减到一个坦克连和一个混编步兵连（国防部中央档案馆，近卫坦克第53团全宗，第20831目录，第1卷宗，第22—29页）。

10. 第503重装甲营的最后一份兵力报告是7月10日的。此时，他们有23辆坦克。我们认为这也是该营7月11日的坦克数量。他们在7月11日07:25（莫斯科时间09:25）时报告称，"虎"式坦克有17辆配属给了第6装甲师，3辆给了第7装甲师，1辆给了第19装甲师。7月11日晚些时候，该营配属给第6装甲师装甲连的坦克数量增加到19辆。7月14日，全营共有6辆"虎"式坦克可以出动。

11. 赫尔曼·布赖特著《1943年7月哈尔科夫会战期间装甲军突破俄军纵深梯次防御》第10页。

12. 赫尔曼·布赖特在《1943年7月哈尔科夫会战期间装甲军突破俄军纵深梯次防御》第10页指出："7月13日，面对装甲军的突破，敌人进行了猛烈的空袭，并对北面战线发动了反击，而且试图从东面破坏装甲军的补给道路。敌人于7月13日在梅利霍沃地域达成突破，不过德军作战部队的后方分队发动反击，很快就将敌人从这里赶了出去。"

13. 数据出自1943年7月16日04:00第00304号报告。这仍然是一份很模糊的一天半前的减员报告（国防部中央档案馆，第69集团军全宗，第10753目录，第133卷宗，第36页）。

14. 第69集团军于7月16日04:00报告称，近卫步兵第94师在7月14—15日共减员836人；而在23:30又报告称，该师在7月15日的战斗中损失了760人（国防部中央档案馆，第69集团军全宗，第10753目录，第133卷宗，第36—40页）。

15. 显然，苏军这天损失很多。近卫机械化第 11 旅上报减员 394 人（国防部中央档案馆，第 332 全宗，第 1943 目录，第 80 卷宗，第 14—17 页）；近卫步兵第 89 师上报其有 35 人阵亡、60 人负伤（国防部中央档案馆，第 1252 全宗，第 1 目录，第 22 卷宗，第 13 页）。德军在这一时期的损失明显少，第 19 装甲师在 7 月 5—9 日减员 1728 人，在 7 月 5—20 日减员 2118 人（266 人死亡、1758 人负伤、94 人失踪）。这样算来，该师在 7 月 10—20 日减员 390 人，平均每日减员 35 人。

16. 格兰斯和豪斯在《库尔斯克会战》第 222 页指出，在其 7 月 15 日的地图上确实显示了沙霍沃以南有部队被包围，但没有注明被围部队的番号。

17. 见国防部中央档案馆，第 1252 全宗，第 1 目录，第 60 卷宗，第 220 页。

18. 第 7 装甲师报告称，他们在柏林时间 06:05（莫斯科时间 08:05）时到达小亚布洛诺沃—普洛塔之间的高地，于 08:00（莫斯科时间 10:00）时肃清了这两个村庄。

19. 苏方档案显示的是莫斯科时间 10:00。对于同一事件发生的时间，双方的记录难得一致。

20. 第 69 集团军在 7 月 16 日 04:00 第 00304 号作战报告中指出："该师当天没有战斗。该师在 7 月 14—15 日损失了 505 人。"（国防部中央档案馆，第 69 集团军全宗，第 10753 目录，第 133 卷宗，第 36 页）库尔斯克数据库的资料显示，该师当天损失很大，而且数据库的数据反映的是 24 小时内的损失情况。

21. 见国防部中央档案馆，第 69 集团军全宗，第 10753 目录，第 133 卷宗，第 36 页。近卫步兵第 92 师在 7 月 16 日 04:00 报告称，他们在 7 月 14—15 日的战斗中损失了 400 人。该师又在 7 月 16 日 23:30 报告称，他们在 7 月 15 日的战斗中损失了 400 人。笔者不清楚这上报的伤亡者是否是同一批。该师的总损失非常大。

22. 不含坦克第 29 军和近卫机械化第 5 军的近卫机械化第 10 旅的减员。该数据是根据多份报告统计得出的。没有报告给出这方面的统计数据。

23. 只有帝国师有每日损失报告。其他 4 个师只报告了几天内的总损失。因此，这一数据是将总损失平均到每日得出的。

24. 第 3 装甲军这段时期的总损失没有报告。但在 7 月 14 日 22:45（莫斯科时间 7 月 15 日 00:45）时，第 168 步兵师报告其俘虏了 190 人（含 7 名变节者），缴获了 2 挺机枪、15 支反坦克枪、2 门 45 毫米反坦克炮、6 门 50 毫米迫击炮、5 门 82 毫米迫击炮、4 门 120 毫米迫击炮。

    7 月 15 日 21:30（莫斯科时间 23:30），第 7 装甲师报告称，他们俘虏了 119 人（含 32 名变节者），缴获了 45 挺机枪、23 门 82 毫米迫击炮和 1 辆 T-34；第 19 装甲师报告称，他们俘虏了 246 人（含 51 名变节者），缴获了 5 挺机枪、2 门 76 毫米炮、2 门 82 毫米迫击炮和 5 辆坦克（含 1 辆 T-34），第 168 步兵师报告其俘虏了 64 人（含 45 名变节者）。

    7 月 16 日 21:30（莫斯科时间 23:30），第 7 装甲师报告称其俘虏了 770 人（含 111 名变节者）；第 19 装甲师报告称，他们俘虏了 180 人（含 29 名变节者），缴获了 14 挺机枪、7 支反坦克枪、19 门 45 毫米反坦克炮、14 门 82 毫米迫击炮、1 门 120 毫米迫击炮；第 168 步兵师报告，他们俘虏了 201 人（含 49 名变节者），缴获了 38 挺机枪、20 支反坦克枪、5 门 45 毫米反坦克炮、7 门 76 毫米炮、4 门 82 毫米迫击炮、8 门 120 毫米迫击炮。

    将以上数据汇总，德军共俘虏了 1760 人（含 324 名变节者），缴获了 104 挺机枪、42 支反坦克枪、26 门 45 毫米反坦克炮、9 门 76 毫米炮、6 门 50 毫米迫击炮、48 门 82 毫米迫击炮、13 门 120 毫米迫击炮和 6 辆坦克（含 2 辆 T-34）。

    肯普夫集团军级支队在 7 月 14 日报告称，他们俘虏了大约 1220 人，击毁（kill）了 60 辆坦克、18 门火炮、58 门反坦克炮、35 门迫击炮和 19 支反坦克枪。他们又在 7 月 15 日报告称，他们俘虏了 1040 人，缴获了 5 门火炮、29 门反坦克炮、16 门迫击炮、27 挺机枪和 10 支反坦克枪。

    帝国师在 7 月 14 日报告称，他们俘虏了 230 人、18 名逃兵，缴获了 5 架飞机、75 辆坦克、8 门反坦克炮、32 支反坦克枪、90 挺机枪和 6 门高射炮。另一份关于 7 月 14 日的报告显示，该师只有 25 辆坦克和 12 门反坦克炮（其中 6 门为 76 毫米炮）。7 月 14 日和 15 日夜间的报告显示，该师缴获了 15 辆坦克、4 门火炮、2 门高射炮、41 门反坦克炮（其中 18 门为 76 毫米炮）、41 门迫击炮、77 支反坦克枪和 167 挺机枪。该师报告称其在 7 月 15 日俘虏了 248 人。

静静的战场：
1943年7月16—17日

他于1918年10月阵亡。那天，整个前线寂静无声。陆军报告（Heeresbericht）上只有一句话：西线无战事。

他向前倒下，像是趴在地上睡着了。如果把他翻过来，人们会发现他大概并没遭受太久的痛苦——他脸上的表情很镇定，仿佛他对这样结束感到满意。

——埃里希·玛利亚·雷马克（摘自1929年的小说《西线无战事》）[1]

到 7 月 16 日，战场已经稳定下来。苏军在 7 月 12 日和 13 日的进攻并没有阻止德军在两翼肃清托尔斯托耶树林和顿涅茨河三角地带。现在，战线已经稳定下来，战事也暂时停止，双方都在思考下一步的行动。瓦图京命令近卫第 5 集团军及其友邻部队实施静态防御。[2]

"罗兰"行动

7 月 16 日早晨，德军计划将左翼的大德意志师换下来。但到 09:30 时，霍特到达第 48 装甲军指挥所，然后又下令停止换防。霍特取消了在普肖尔河北岸的进攻，并且制定了一个新计划，即让整个集团军转向西面。他的想法是卷击苏军坦克第 1集团军，迫使其远离普肖尔河，然后将其歼灭。第 4 装甲集团军的第 8 号命令表明，此次行动的意图是向北进攻，以围歼普肖尔河以南的苏军，然后突向西面。

进攻将由第 48 装甲军的两个师（第 7 装甲师和大德意志师）最先发起。待第 48 装甲军转向西面后，SS 第 2 装甲军会掩护其推进，并以主力沿其北面和东北面的侧翼，前进到普肖尔河南岸高地。第 11 装甲师会被配属给 SS 第 2 装甲军。第 7装甲师会转隶给第 48 装甲军，该师会进入卡林诺夫卡南边，发起进攻。不过该师现在的战力有限，他们在 7 月 17 日大概只有 34 辆战车可以出动。

第 7 装甲师和大德意志师应当沿 232.8 高地—卡林诺夫卡—247.0 高地一线进攻，占领高尔基以东和苌涅先诺夫卡西南的高地（即从苌涅先诺夫卡西南和东北的高地）。这样一来，他们就沿着一条七千米长的战线向西北面进攻，而战线右侧的三千米是从新谢洛夫卡西北面一直到卡林诺夫卡，左侧的两千米在克鲁格利克以南。第 3 装甲师一开始将待在原地，掩护托尔斯托耶树林。该师不久会加入进攻，向诺文科耶东北面高地推进。第 332 步兵师将再次被配属给第 48 装甲军，并掩护其西翼。德军进攻的最初目标是占领奥博扬南面和东南面的高地。与此同时，第 52步兵军应当牵制住其当面的苏军，以便第 48 装甲军随后将其歼灭。在第 48 装甲军转向西面后，SS 第 2 装甲军的帝国师将与第 11 装甲师一起，从 227.0 高地—248.3高地—马林诺夫卡地域的火车站一线出发，占领奥尔洛夫卡以东和以北的高地。警卫旗队师也会加入科切托夫卡以西的作战行动。

结果，德军的 3 个装甲军在 7 月 16 日没有积极作战，而是在为新任务做准备。然后，他们在 7 月 17 日开始变更部署。帝国师、警卫旗队师（欠 1 个团）和第 7

装甲师应当撤出一线，转向西面。帝国师进入第 11 装甲师后方，而髑髅师于 7 月 17 日晚至 18 日凌晨从普肖尔河桥头堡撤出。这些装甲部队会在 7 月 17 日进行休整，补充物资，于 7 月 18 日开始进攻。

7 月 16 日晚 23:00（莫斯科时间 7 月 17 日 01:00），第 48 装甲军接到命令，他们要为"罗兰"行动做准备，该行动将取代"堡垒"行动。然而，"罗兰"行动却在即将开始之时被取消了。7 月 17 日 09:00（莫斯科时间 11:00），集团军参谋长弗里德里希·凡戈尔少将向第 48 装甲军解释了取消进攻的原因。他指出，大家可以看到"堡垒"行动已经无法继续进行下去了。莫德尔的中央集团军群遭遇当面苏军异常强大的抵抗，而且其在奥廖尔以北的侧翼也遭到苏军的威胁，因此他们无法冲向库尔斯克。两支大军在库尔斯克"迅速会师"完全不可能实现了。

德军认为"罗兰"行动本可以消灭"大量敌军"。"显然"，这一行动被取消是因为苏军在米乌斯河（Mius）和伊久姆（Izyum）地域发动了进攻。美英盟军在几天前登陆西西里岛"可能也影响了这一决策"。如凡戈尔所说，保住或继续扩大到手的有限成果，要付出的代价必须放在战略态势下进行考量。

这样，南线的所有大规模进攻行动都被取消了。集团军取消进攻的命令于 11:00（莫斯科时间 13:00）时传达到军一级，于 13:00（莫斯科时间 15:00）时传达到师一级。苏军显然也知道德军取消了进攻，因为第 48 装甲军截获的苏军无线电报表明，苏军截获的德军电报声称德军领导层正在将第 1 装甲集团军部队撤出奥博扬地域。这是一份德军广播电报，并且极有可能是明文发布的。不过，第 48 装甲军的通信军官认为该电报不是自己的军发布的。

如果"罗兰"行动最终得以实施，其效果如何，这令人非常感兴趣。不过，行动的最开始还是只有两个师发起进攻，他们必然会一头撞上位于 247.0 高地—232.8 高地之间的大量苏军。这两个师都不在最佳状态，而把守这一地域的苏军虽然也战斗了多日，但是依然保持了很强的战斗力。

至于此次行动如何能消灭"大量敌军"则不得而知。德军只是横扫坦克第 10 军以及为其提供支援的步兵而已。其中包括步兵第 204 师，还有位于其后方的近卫步兵第 67 师和步兵第 219 师。他们也会进入上述阵地。不过，苏军在这里有一定的纵深，机械化第 3 军和近卫步兵第 51 师仍在后方。无疑，德军还需要进行更多的战斗，但这些战斗对他们来说不是特别有利。他们最终会与苏军的 4 个坦克/机械化军（近卫坦克第5军、坦克第6军、坦克第10军和机械化第3军）交手。此外，德军还可能与近卫第6集团军的4—6个步兵师，以及配属给近卫坦克第5军的2个步兵师交战。除非德军继续向西进攻（其意图似乎也是如此），穿过第40集团军，杀进第38集团军阵地，或转向南面攻击第40集团军后方，否则他们没有什么特别的优势，也不会对苏军形成包抄之势。

当然，正如7月13—14日在托尔斯托耶树林的那样，德军的两个师在这一侧的进攻还是能够向前推进的。这里的地形更开阔，更利于推进。然而，此时的德军装甲部队已被严重削弱，他们能否打垮近卫坦克第5军、坦克第6军和坦克第10军就很难说了。这3个军在7月17日时有182辆战车，而德军第7装甲师和大德意志师只有147辆。[3]此外，德军也无法阻止苏军机械化第3军和坦克第31军（7月17日合计有168辆战车）加入战斗。当然，德军仍然可以威胁第40集团军，并给苏军造成严重伤亡，尤其是在苏军选择对其右翼——第11装甲师和帝国师进攻的地段——发动反击时。

这一地域的战略价值也极为有限。如果能赶走苏军第38集团军和第40集团军，南线德军可以推进30多千米，但德军此时的战线长度比7月4日的战线长度短不到哪里去。德军也许可以再重创苏军的3个坦克军，而且其中的2个已经消耗很大了。德军可以让苏军的几个步兵师陷入不利境地。德军也可能再次形成一个合围圈，并且取得一定战果，但这要看其推进的速度和苏军能否快速撤出第40集团军和第38集团军的部队。这要再花费3—4天的时间，德军也要付出一定代价。此外，由于第8航空军的大量部队已被调走，而当面的苏联空军还很强大，德军在空中也会面临困难。

最终，德军选择撤出苦战到手的土地。既然"罗兰"行动已被取消，那么撤退自然是必要的，因为自7月4日起，德军战线就不断被拉长。在库尔斯克会战后，德军的1个装甲师（警卫旗队师，他们将坦克等装备留给了帝国师和髑髅师）被派到意大利；另外3个装甲师（帝国师、髑髅师和第3装甲师）则南下，于7月30日对米乌斯河的突破口实施反击。其他5个装甲师继续待在别尔哥罗德地域。无疑，继续展开"罗兰"行动会让这些师无法及时赶到指定地域，还会进一步削弱这些师。虽然迟到对意大利战局没有任何影响，但南下米乌斯河的3个师如果迟到4—5天的话，就会让苏军有更多机会扩大突破口和发展胜利。如果不做详细分析，德军继续实施"罗兰"行动与苏军在米乌斯河获得4—5天时间，哪个的影响更大就无法确定。此外，7月12日的交换比表明，德军在防御时要比在进攻时表现得更好。一面进攻好整以暇的苏军，只求消耗其力量，一面放任苏军的3个集团军在战线的另一处撕开口子，从战略上来看，这样做还是有风险的。

冯·曼施泰因在其回忆录中抱怨"罗兰"行动不该被取消。[4]他在回忆录中也提到，这是一次以消耗苏军预备队为目的的继续进攻行动。[5]既然部队已经奉命后撤，冯·曼施泰因也没法投入其预备队（他们从7月17日起被投入到米乌斯河，防止苏军继续突破），继续行动已无意义。

SS第2装甲军后撤

在接下来的两天中，SS第2装甲军退出了战斗。髑髅师奉命将所有非必要的车辆和重武器立即撤到普肖尔河南岸。该师准备在7月17日晚至18日凌晨将最后一批部队撤出。

髑髅师防守

髑髅师在7月16日报告称，其整个战线都遭到了苏军火炮和迫击炮的袭扰。02:00—06:00，近卫步兵第95师以一个营和一个加强连的兵力对226.6高地地域实施了侦察，但被德军火力击退。[6]苏军夺取了226.6高地西南面的第一道堑壕，前进了300—400米，但随即在226.6高地的东南面遭到反击。德军宣称其打死了50人，俘虏了6人，缴获了2门反坦克炮。11:20（莫斯科时间13:20），髑髅师炮兵团炮轰了米哈伊洛夫卡东北面的苏军集结点。按照他们的说法，苏军被"炸得粉碎"。

夜间，近卫步兵第95师换下把守在226.6高地北坡的近卫步兵第26团的一个营。上午，近卫第5集团军一直在坚守防御，加固工事。下午，集团军派出侦察支队，以监视德军撤退。髑髅师报告称，7月17日只有零星的火炮和迫击炮的袭扰。11:30（莫斯科时间13:30），苏军的两个连从东面向"艾克"团发起进攻，德军使用各种武器将其击退。近卫步兵第95师的侦察支队打退了德军装甲部队的一次反击，并于16:00许在226.6高地西坡战斗。

❧第三次防守普肖尔河桥头堡，1943 年 7 月 16—17 日

时长：两天   正面宽度：16.6 千米   地形：丘陵，混合地形

天气与道路状况：7 月 16 日，多云转晴，有阵雨，部分地区道路仍然泥泞；7 月 17 日，干燥，更明媚，路面干燥

	进攻方	防御方
部队番号	近卫步兵第 95 师等	髑髅师
配属兵力	见下文	见下文
总兵力	25108	17910
装甲车（辆）	22	80
火炮（门）	279	147
空军（架次）	0	0
减员（人）	195（42 人死亡、153 人负伤）	147（22 人死亡、120 负伤、5 人失踪）
战车损失（辆）	0	2
火炮损失（门）	0	2
俘虏（人）	3	不详

德军配属兵力

第 1 教导火箭炮团 2 营

SS 第 2 装甲军属火箭炮营

第 86 工兵营 B 型架桥纵队（不含）

第 55 火箭炮团 3 营（7 月 17 日配属——不计入本表）

警卫旗队师某团（7 月 17 日配属——不计入本表）

下午，髑髅师开始放弃部分阵地，并接管了警卫旗队师的部分防线。苏军随即展开了战斗侦察，以 10—15 辆坦克支援一个营，进攻了桥头堡东南面。这里还有警卫旗队师的部分兵力。该师在夜间继续撤退，而近卫第 5 集团军就在一旁监视。他们于 23:10 再次以大约 2 个连的兵力攻击了髑髅团左翼。22:10（莫斯科时间 7 月 18 日 00:10），负责掩护的德军装甲团渡过了普肖尔河，德军开始忙着拆除桥梁。23:55（莫斯科时间 7 月 18 日 01:55），德军按照预定计划完成了撤退行动。

苏军兵力

近卫步兵第 42 师 1/3 兵力（近卫步兵第 132 团）（不含）

近卫步兵第 95 师

迫击炮兵第 469 团（7 月 17 日调离）

来自近卫机械化第 5 军

近卫坦克第 24 旅

近卫步兵第 97 师

高射炮兵第 29 师第 1372 团

近卫迫击炮兵第 66 团（7 月 17 日调离）

迫击炮兵第 12 旅第 210 团（7 月 17 日调离，不计入本表）

近卫步兵第 52 师

反坦克枪第 133 营

喷火第 75 连

喷火第 95 连

近卫步兵第 51 师近卫步兵第 156 团某营（不含）

来自坦克第 10 军

摩步第 11 旅

迫击炮兵第 287 团

空中支援

髑髅师在 7 月 16 日报告称，苏联空军活动频繁，有 284 架飞机飞过该师上空 24 次。次日，他们的报告再次提到苏联空军活动频繁。

警卫旗队师

警卫旗队师自 7 月 11 日以来一直按兵不动，他们在 7 月 16 日也是如此。夜间，他们遭到了很强的火炮和迫击炮的袭扰。与此同时，苏军展开了不少侦察活动，航空兵也进行了大量夜袭。摩步第 32 旅的摩步第 3 营在 02:00 发动攻击，将德军赶出了米哈伊洛夫卡东南河谷的南坡。

苏军整天都在进行不同强度的火力袭扰。警卫旗队师的侦察分队对米哈伊洛夫卡一带进行了侦察，发现那里不仅有苏军重兵把守，而且有完备的工事。他们当面的近卫空降兵第 9 师、坦克第 18 军和坦克第 29 军仍待在原地。坦克第 29 军声称，他们打退了德军步兵在斯托罗热沃耶东北面的进攻，还有德军坦克从维诺格拉多夫卡东南树林发动的进攻。

当晚，随着夜幕降临，警卫旗队师开始撤往 258.2 高地东边—瓦西里耶夫卡东边一线。近卫空降兵第 9 师在记录中提到，德军在 7 月 17 日 05:00 时撤退，近卫空降兵第 26 团随后跟进，并带着 2 个营于 08:00 前出至 252.2 高地的南坡和西南坡。18:00，该师派出多个小分队追击，但是根据德军的说法，苏军的行动并不坚决。整个白天，警卫旗队师只遭到火炮和迫击炮微弱的袭扰。夜间，除了留在后面的一个团，全师已完成撤退任务。

到 7 月 17 日日终时，警卫旗队师已后撤了六千米，近卫空降兵第 9 师的侦察支队已前出到安德烈耶夫卡东南河谷—斯大林斯科耶分场一线。警卫旗队师的后卫团于 7 月 17 日晚至 18 日凌晨撤出战线。

7 月 16 日 21:00—22:00，坦克第 18 军也开始撤退，其阵地被移交给近卫空降兵第 9 师。到 7 月 17 日日终时，该军集结在小普辛卡、高奥利尚卡[①] 和 222.0 高地等地域。近卫重型坦克第 36 团被留在普列列斯特诺耶南侧。该团在 7 月 17 日 18:30 打退了来自普罗霍罗夫卡方向的 5 辆德军坦克（苏方估计）的进攻。坦克第 18 军恢复了一些实力，他们此时有 49 辆 T-34 和 45 辆 T-70 可出动。

近卫步兵第 35 军的活动

与 7 月 16—17 日在 226.6 高地进行了有限规模战斗的近卫步兵第 95 师不同，

[①] 译者注：在奥利尚卡河沿岸有小普辛卡、中奥利尚卡和上奥利尚卡，在普肖尔河边有小普辛卡和高奥利尚卡。在苏军的相关资料中，还有与上奥利尚卡（Верхняя Ольшанка）同义的"Вышняя Ольшанка"（高奥利尚卡）。由于"Верхняя"和"Вышняя"均表示"最上层、上层"，在作地名前缀时均译为"上"。此处，为避免地名混淆，译者将普肖尔河畔的"Вышняя Ольшанка"译为"高奥利尚卡"。

近卫步兵第 35 军余部在这天几乎原地不动。近卫步兵第 95 师和近卫空降兵第 9 师仍在第一梯队，而近卫步兵第 42 师与近卫步兵第 52 师在彼得罗夫卡—252.4 高地一线担任第二梯队。集团军预备队——尚未投入战斗的近卫空降兵第 6 师也待在原地。负责支援该军的近卫坦克第 24 旅把守在伏罗希洛夫国营农场地域。7 月 17 日下午，近卫步兵第 95 师和近卫步兵第 42 师派兵侦察和试探了德军战线。近卫步兵第 42 师在 7 月 17 日派出两个营，参加了维诺格拉多夫卡附近的战斗。

空中支援

警卫旗队师报告称，苏联空军在 7 月 16 日活动频繁，而己方活动不多，双方在 7 月 17 日出动的飞机都不多。坦克第 29 军报告称，自己的阵地在 16 日遭到德军机群的四次轰炸，该机群由 60 架飞机组成。

SS 第 2 装甲军在 7 与 16 日报告称，苏军以强大的航空兵攻击了警卫旗队师和帝国师的地域，出动的轰炸机和对地攻击机一波接着一波。

帝国师

与友邻的警卫旗队师一样，帝国师也是在 7 月 16 日防守，7 月 17 日撤退的。

7 月 16 日白天，苏联空军用大型炸弹轰炸了帝国师的防线，并且还对其进行了扫射。这次进攻造成了大量减员（今天减员 224 人）和装备损失。这可能是苏联空军在此战中规模最大的集中攻击。参战的飞机包括一些伊尔 -2 和估计不少于 100 架的佩 -2 轰炸机。空军第 2 集团军的报告显示，轰炸航空兵第 1 军的 103 架飞机，向别列尼希诺、加里宁、伊万诺夫卡、奥泽罗夫斯基、贝科夫卡、斯特列列茨科耶、红乌兹利夫和恰帕耶夫等地域出动了 159 架次。其中，前四个地点属于帝国师的地域，后两个地点属于第 332 步兵师的地域。轰炸航空兵第 1 军投掷了 8 枚 250 千克炸弹、768 枚 100 千克炸弹和大量质量更小的炸弹。他们虽然得到了很好的护航，但损失仍然不小，因为 103 架佩 -2 就损失了 11 架。

与此同时，帝国师继续准备撤退，前往后方集结地域。部分兵力在下午早些时候就开始动身了。

在这一周首次参战并首次被打伤的考夫曼，正在准备庆祝自己 18 岁的生日。

❦ 第四天监视普罗霍罗夫卡坦克战场，1943 年 7 月 16 日

时长：一天　　　正面宽度：9.8 千米　　　地形：丘陵，无遮蔽　　　天气：少云

	进攻方	防御方
部队番号	坦克第 18 军、坦克第 29 军、近卫空降兵第 9 师	警卫旗队师
配属兵力	见下文	见下文
总兵力	25805	20669
装甲车（辆）	201（含 85 辆轻型坦克）	105（含 6 辆轻型坦克）
火炮（门）	254	184
空军（架次）	0	90
减员（人）	177（41 人死亡、136 人负伤）	105（16 人死亡、86 人负伤、3 人失踪）
战车损失（辆）	1	2
火炮损失（门）	1	2
俘虏（人）	4	不详

德军配属兵力

第 55 火箭炮团

第 861 轻型野战榴弹炮兵营

第 1 教导火箭炮团 1 营

苏军兵力

坦克第 18 军

反坦克歼击炮兵第 736 营

近卫迫击炮兵第 80 团

坦克第 29 军

重型自行火炮第 1529 团

近卫迫击炮兵第 76 团

反坦克歼击炮兵第 747 营（7 月 16 日配属，计入本表）

近卫空降兵第 9 师

我对 7 月 16 日印象很深，因为那天是我的生日。天一亮，我们就不断遭到敌军的战斗机和对地攻击机的打击。由于我们营在开阔地上，大量伤亡是难免的。只要是我们的炮管打得着的东西，我们都会开火射击。我们常常会看到炮弹打中了敌机，但也会发现炮弹被伊柳辛 -2 的装甲机身弹开。两名送弹手不知疲倦地给弹匣上弹。每次交战后，我都必须换下过热的炮管。我们装备上的 3 个炮管再没机会冷却下来了。我们一般会戴上石棉手套换炮管，但在激战正酣时，我已经将手套抛在脑后，结果我的两个手掌被波纹把手烫伤，皮肤上留下了非常整齐的图案。这让我一直忘不了 1943 年的那个生日。

次日早晨，帝国师已经被第 167 步兵师换下。换防工作于 03:00（莫斯科时间 05:00）开始。到 06:00（莫斯科时间 08:00）时，"元首"团的换防工作已经完成。

"德意志"团遇到了一些麻烦。接替他们的团于 06:15（莫斯科时间 08:15）时就位，而"德意志"团在 07:00（莫斯科时间 09:00）时才开始撤退。不过由于两团的分界线不明确，第 167 步兵师一直没将 3 连换下来。该连最后成功与敌脱离接触，但历经了艰辛，还付出了一定代价。苏军步兵尾随追击，并一直将尾随距离保持在手榴弹的投掷距离以内。

到 15:00（莫斯科时间 17:00）时，除了少数部队，帝国师大部已经抵达后方约 20 千米处的波克罗夫卡一带。到 7 月 16 日晚至 17 日凌晨，帝国师完成后撤，退出了库尔斯克会战。考夫曼回忆道：

7 月 17 日我们后撤时发生了一件意外的事情。一个步兵师接管了我们的地段。换防工作有序进行，没有受到敌人的骚扰。我们在装甲部队的编成内行军到卢奇基以南的后备地域。在这里，我们的连司务长（德语的"Spicss"）在晚上出现在我们面前，给我们发放军队小卖部的东西，其中有香烟、巧克力、糖果等，这些都是我们很久没有享受到的好东西，有些上面还标有"仅供前线将士！"的字样。此外，每个人都分到了一瓶杜松子酒，是"爷爷"牌的。我清楚地记得这种柔和、有香甜果味的烈酒。

自"堡垒"行动以来，我们第 14 高炮连终于再次聚在了一起。此时，每个人都知道了我们自己的损失。在战斗中，我们失去了 14 名炮手，损失了 12 门 20 毫米高射炮。还有 14 人被送进了野战医院。我们也不知道他们中有谁活了下来。5 门装在半履带车上的火炮都损失掉了。因此，我们的战斗力量差不多只剩最初的一半。那天晚上的气氛也和 7 月 4 日晚的极度亢奋形成了鲜明对比。那晚的气氛很诡异，没有人说话，每个人都只是面面相觑，没有任何笑声。我们虽然远没达到精神崩溃的地步，但被苦闷萦绕，同时心里还有一个问题，那就是为什么打中的是我的战友而不是自己。

7 日，帝国师一直待在后方，没有参加任何战斗。

SS 第 2 装甲军变更部署

SS 第 2 装甲军后撤的意图是释放兵力，以便在 7 月 18 日发动进攻。但在上午，进攻被取消了。14:00（莫斯科时间 7 月 17 日 16:00），军部接到集团军命令，要求警卫旗队师和帝国师前往别尔哥罗德以西和西南的地域。行军应在夜暗条件下进行，大部分行军任务应于 7 月 17 日晚至 18 日凌晨完成，余者应在 18 日晚至 19 日凌晨完成。

第 167 步兵师接管一线

7 月 15 日晚至 16 日凌晨平静地过去了。第 167 步兵师现在把守着列斯基一沙霍沃一线。上午，列斯基地域遭到苏联空军的密集轰炸，而该师仍试图肃清铁路以东地域。

SS 第 2 装甲军在 13:20（莫斯科时间 15:20）时报告称，16 日晚至 17 日凌晨，该军位于亚斯纳亚波利亚纳和维诺格拉多夫卡地域的部分兵力，会被第 167 步兵师换下。第 167 步兵师一直向第 4 装甲集团军司令部询问这一活动的详情，并请求得到具体命令。但司令部直到 15:00（莫斯科时间 17:00）时才答复说，该师届时会再次被配属给 SS 第 2 装甲军。一个小时后，该师反而被配属给了肯普夫集团军级支队的第 3 装甲军。结果，该师当天什么也没有做成。

当晚，第 4 装甲集团军命令第 167 步兵师在夜间换下帝国师、第 7 装甲军和第 19 装甲军所部。但由于天降大雨，路面积水，各部无法及时接收换防细节，换防行动遇到了非常大的困难。

✾ 撤出普罗霍罗夫卡坦克战场，1943 年 7 月 17 日

时长：一天　　　正面宽度：9.8 千米　　　地形：丘陵，无遮蔽

天气：多云，干燥　　　道路状况：良好

	进攻方	防御方
部队番号	坦克第 18 军和第 29 军、近卫空降兵第 9 师	警卫旗队师
配属兵力	见下文	见下文
总兵力	25628	20563
装甲车（辆）	206（含 89 辆轻型坦克）	117（含 6 辆轻型坦克）
火炮（门）	253	182
空军（架次）	0	0
减员（人）	5（2 人死亡、3 人负伤）	41（5 人死亡、34 人负伤、2 人失踪）
战车损失（辆）	1	3
火炮损失（门）	2	1
俘虏（人）	6	不详

德军配属兵力

第 55 火箭炮团

第 861 轻型野战榴弹炮兵营

第 1 教导火箭炮团 1 营

第 55 火箭炮团 3 营（7 月 17 日调离，仍计入本表）

警卫旗队师某团（7 月 17 日调离，仍计入本表）

苏军兵力

坦克第 18 军

　　反坦克歼击炮兵第 736 营

　　近卫迫击炮兵第 80 团

坦克第 29 军

　　重型自行火炮第 1529 团

　　近卫迫击炮兵第 76 团

　　反坦克歼击炮兵第 747 营

　　反坦克歼击炮兵第 32 旅第 1852 团（7 月 17 日配属，不计）

近卫空降兵第 9 师

❀ 帝国师按兵不动，1943 年 7 月 16 日

时长：一天　　　正面宽度：10.3 千米　　　地形：丘陵，混合地形

天气：晴，干燥，少云

道路状况：略泥泞，但正在迅速变干，河谷地带仍然十分泥泞

	进攻方	防御方
部队番号	步兵第 183 师、坦克第 2 军	帝国师
配属兵力	见下文	见下文
总兵力	13489	18445
装甲车（辆）	49（含 21 辆轻型坦克）	112
火炮（门）	101	142
空军（架次）	昼间 116、夜间 43	0
减员（人）	30（9 人死亡、21 人负伤）	224（58 人死亡、166 人负伤）
战车损失（辆）	1	6
火炮损失（门）	0	0
俘虏（人）	2	不详

德军配属兵力

第 1 教导火箭炮团 3 营

第 818 炮兵团 3 营

苏军兵力

步兵第 183 师

　　反坦克歼击炮兵第 32 旅第 1852 团（7 月 16 日调离，计入本表）

坦克第 2 军

16 日晚至 17 日凌晨，苏军对第 167 步兵师后方的地域实施了多次轰炸，尤其是卢奇基和雅科夫列沃一带。从苏军的架势来看，第 167 步兵师的左翼可能随时会遭到进攻。7 月 16 日晚到 17 日早晨，该师接管了第 7 装甲师的地段，以及第 19 装甲师和帝国师的部分地段。德军计划换防工作应于 08:00 完成。此时，第 167 步兵师还配属有第 54 火箭炮团、第 228 突击炮营和一些高炮单位。此外，该师还得到了第 3 装甲军第 3 炮兵指挥部下属部队和第 19 装甲师装甲反应部队（armored reaction force）的支援。

　　这天，整个前线一直遭到苏军火炮、火箭炮和迫击炮的狂轰滥炸。下午，3—4 个苏军坦克集群从普拉沃罗季向西南出击。17:20（莫斯科时间 19:20），苏军两个营在 28 辆坦克（德军估计）的支援下，进攻了克鲁托伊山谷（Krutoi）一带的第 339 步兵团。17:40（莫斯科时间 19:40），第 167 步兵师请求将位于普洛塔的"虎"式坦克连（此时已配属给该师）投入战斗，以抵挡苏军的进攻。这一请求直到 18:25（莫斯科时间 20:25）时才被批准。与此同时，从 18:00（莫斯科时间 20:00）起，该师的炮兵团（第 238 炮兵团与第 40 炮兵团）的轻型炮兵营朝苏军步兵射击，而重型炮兵营向苏军坦克射击。警卫旗队师也投入突击炮营，阻击苏军。18:50（莫斯科时间 20:50），第 167 步兵师的第 238 坦克歼击营奉命前去阻击维诺格拉多夫卡的苏军坦克。18:55（莫斯科时间 20:55），承受苏军主要突击的第 339 步兵团报告称，苏军有 5 辆坦克被击毁，另有 2 辆被地雷炸坏。

　　19:40（莫斯科时间 21:40），第 167 步兵师师长特里恩贝格中将抵达该团指挥所，指示"虎"式坦克连前往亚斯纳亚波利亚纳附近的树林，这样他们就能支援任何一个侧翼。此时，苏军步兵正在伊万诺夫斯基移民新村沿着铁路路基展开进攻，苏军坦克也很有可能会对公路发动攻击。德军最终于 20:00（莫斯科时间 22:00）时击退了苏军坦克对维诺格拉多夫卡的攻击。第 167 步兵师得知（从俘虏口中？），苏军已经注意到党卫军正在换防，进攻是为了试探新部队的反坦克防御情况。

近卫坦克第 5 集团军再次进攻

　　7 月 17 日，苏军空中侦察注意到，德军的坦克和卡车正在南下别尔哥罗德和托马罗夫卡。10:00，罗特米斯特罗夫命令各坦克军再次前进，以占领维诺格拉多夫卡、伊万诺夫卡、别列尼希诺，并前出到铁路沿线。

❀帝国师撤退，1943年7月17日

	时长：一天	正面宽度：不详	地形：丘陵，混合地形
	天气：晴，干燥	道路状况：干燥，良好	

	进攻方	防御方
部队番号	步兵第183师、坦克第2军	帝国师
配属兵力	见下文	见下文
总兵力	13888	18203
装甲车（辆）	68（含27辆轻型坦克）	116
火炮（门）	114	143
空军（架次）	0	0
减员（人）	106（31人死亡、62人负伤、13人失踪）	36（10人死亡、23人负伤、3人失踪）
战车损失（辆）	6	4
火炮损失（门）	0	0
俘虏（人）	0	不详

德军配属兵力

第1教导火箭炮团3营

第818炮兵团3营

苏军兵力

步兵第183师

坦克第2军

　　反坦克歼击炮兵第32旅第1850团（7月17日配属，计入本表）

　　反坦克歼击炮兵第32旅第1854团（7月17日配属，计入本表）

坦克第29军的任务是和坦克第2军一起，夺取斯大林斯科耶分场、246.5高地（位于两个国营农场之间的铁路线上）和共青团员国营农场。他们于12:00出击。到18:00，坦克第31旅的先遣部队到达了十月国营农场以南一千米处。他们于20:00拿下了斯大林斯科耶分场，并最终到达了分场以西的铁路线。坦克第25旅于18:00到达斯托罗热沃耶以西一千米处树林的西南边，于日终时到达伊万诺夫斯基移民新村。摩步第53旅的先遣部队于18:00到达斯托罗热沃耶以北树林中间的空地，于20:00拿下了共青团员国营农场东北二千米处的241.6高地，并且肃清了斯托罗热沃耶以北的树林。在日终时，该旅到达了共青团员国营农场以东铁路线，其先遣部队则位于共青团员国营农场地域。此时，坦克第29军有42辆T-34、50辆T-70、1辆KV-1、4辆SU-122和6辆SU-76。

坦克第2军于7月16日把守在亚姆基—维诺格拉多夫卡一线，于17日17:00开始推进，其任务是占领维诺格拉多夫卡，前出到铁路沿线。近卫步兵第42师近卫步兵第127团的两个营被配属给该军，以组建追击支队。这两个营也加入了进攻，于18:00在维诺格拉多夫卡北侧与敌交战。在进攻维诺格拉多夫卡时，打头阵的坦克第99旅发现，村子东边有地雷，而且有德军炮兵掩护。有6辆T-34被地雷炸坏。7月18日02:00，坦克第2军所部仍在维诺格拉多夫卡的东边。此时，该军还有31辆T-34、24辆T-70、5辆丘吉尔坦克。

近卫坦克第2军在7月16日也没有动作。据他们报告，在7月16日10:50，德军步兵从新谢洛夫卡方向沿普洛塔以北山谷发动了一次进攻，但没有得手。7月17日19:00，罗特米斯特罗夫命令该军前进，占领伊万诺夫卡和别列尼希诺，前出到铁路沿线。21:00，近卫坦克第25旅占领了普拉沃罗季东南侧；近卫坦克第26旅到达远多尔日克（普拉沃罗季正南）；近卫摩步第4旅占领了212.0高地—日洛莫斯特诺耶南侧一线，并且准备发动攻击，占领伊万诺夫卡和别列尼希诺。该军的炮兵集中支援进攻，而近卫坦克第4旅在前一天将剩下的坦克移交给了近卫坦克第25旅，然后待在了后方。到7月18日02:00，近卫坦克第2军的部队顶着德军火炮和迫击炮的密集火力，前出到伊万诺夫卡以东二千米处的234.9高地。该军此时有45辆T-34和18辆T-70。

近卫机械化第10旅在7月16日把守着日洛莫斯特诺耶，于17日前往普洛塔以北。近卫坦克第24旅从近卫步兵第33军的后方抽调出来，前往远多尔日克。

✿ 第 167 步兵师接管战线第一天，1943 年 7 月 16 日

时长：一天　　　正面宽度：29.8 千米　　　地形：丘陵，混合地形

天气：多云程度有变，昼间晚些时候有雷阵雨

道路状况：至夜间，道路变得非常泥泞

	进攻方	防御方
部队番号	第 167 步兵师	步兵第 375 师、近卫步兵第 93 师
配属兵力	无	见下文
总兵力	12900	11419
装甲车（辆）	0	0
火炮（门）	94	75
空军（架次）	0	昼间 36、夜间 43
减员（人）	104（26 人死亡、73 人负伤、5 人失踪）	1353（1353 人失踪）[7]
火炮损失（门）	0	13
俘虏（人）	不详	0

苏军兵力

步兵第 375 师

反坦克歼击炮兵第 1240 团

反坦克枪第 137 营

喷火第 88 连

喷火第 192 连

高射炮兵第 26 师第 1363 团

装甲列车第 60 营

近卫步兵第 93 师

总体来说，双方在这次行动中的伤亡都不大，这显然是一次对撤退之敌的有限进攻。

空中支援

据苏军报告，德军 25 架 Ju-88 在 7 月 16 日 07:30 轰炸了近卫坦克第 2 军。11:35 左右，又有 50—60 架德军飞机轰炸了该军阵地。从 13:00 开始，德军不断以 5—15 架飞机组成的编队轰炸近卫坦克第 2 军。尽管如此，该军当天只有 4 人牺牲、11 人负伤。

近卫坦克第 2 军的报告显示，7 月 17 日，德国空军只进行了单架次的侦察飞行。

第 3 装甲军

第 3 装甲军现在仍在进行一些小规模的肃清战场的行动，但基本上已经结束了战斗。该军是全部 3 个装甲军中损失最严重的。他们现在被留下来防守战线，而其他实力和战斗力更强的装甲掷弹兵师则撤出一线。第 7 装甲师实际上已经撤出一线，所以被调往第 4 装甲集团军的地段。其他部队则留在原地防御。

第 7 装甲师

夜间，第 7 装甲师把守着普洛塔—小亚布洛诺沃一线的阵地，并打退了苏军对其右翼的几次攻击。06:50（莫斯科时间 08:50），该师被转隶给第 4 装甲集团军，但仍负责防守现有阵地。该师在 09:30（莫斯科时间 11:30）时再次打退了苏军对其右翼的进攻。在当天余下的时间里，苏军再也没有进攻。

7 月 16 日晚至 17 日凌晨，第 167 步兵师进入第 7 装甲师的阵地。苏军在大约 23 辆坦克的支援下，向维诺格拉多夫卡两侧发动了强大的进攻，打乱了德军的行动。第 7 装甲师将其击退后，继续前往后方的奥利霍夫卡（Ol'khovka）地域，并在这里临时集结。次日，他们仍在这一地域。

✿ 第 167 步兵师接管战线第二天，1943 年 7 月 17 日

时长：一天　　　正面宽度：16.4 千米　　　地形：丘陵，混合地形

天气：多云（程度有变），后转晴，局部有雨，正午气温为 20℃　道路状况："4 级"

	进攻方	防御方
部队番号	步兵第 375 师等	第 167 步兵师
配属兵力	见下文	见下文
总兵力	4890	15590
装甲车（辆）	0	9
火炮（门）	139	139
空军（架次）	0	0
减员（人）	0	105（26 人死亡、74 人负伤、5 人失踪）
战车损失（辆）	0	1
火炮损失（门）	0	0
俘虏（人）	0	不详

德军配属兵力（均为 7 月 17 日配属）[8]

第 228 突击炮营（欠 1 个连）

第 54 火箭炮团 1 营

第 54 火箭炮团 2 营

第 38 高炮营 1 连

第 54 火箭炮团团部

苏军兵力

步兵第 375 师

反坦克歼击炮兵第 1240 团

反坦克枪第 137 营

喷火第 88 连

喷火第 192 连

高射炮兵第 26 师第 1363 团

装甲列车第 60 营

在同一地域的部队

近卫坦克第 2 军（计入与第 7 装甲师的战斗）

第 19 装甲师

第 19 装甲师也原地不动，等待第 167 步兵师所部换防。夜间，第 19 装甲师打退了苏军从库兹明卡和普洛塔发起的有坦克支援的进攻。炮兵朝苏军的集结地域和行军纵队开火。苏军在北顿涅茨河河谷附近山谷内增兵。从 7 月 15 日晚到 16 日早晨，苏联空军不断对该师的前线和后方展开攻击。德国空军"几乎没出场"。

08:25（莫斯科时间 10:25），苏军在坦克支援下从北面向库兹明卡附近发起进攻，但被第 19 装甲师打退。德军声称一辆 T-34 在近距离战斗中被击毁。尽管集结地域遭到德军猛烈炮击，但苏军于 09:00（莫斯科时间 11:00）时再次以强大的步兵部队从普洛塔以北山谷出击。此次进攻最终还是被德军击退。

当晚非常平静。次日，第 19 装甲师所部被第 167 步兵师换下。不过据苏军报告，7 月 16 日 23:00，近卫机械化第 11 旅打退了德军步兵和坦克从维波尔佐夫卡向北面发起的进攻。德军报告称，他们在换防过程中（第 19 装甲侦察营替换第 114 装甲掷弹兵团 1 营），击退了库兹明卡方向上苏军一个连的进攻。之后，换防工作按照计划继续进行。7 月 17 日 03:00（莫斯科时间 05:00），该师开始接管新的防线。在当天余下的时间里，他们就在略微缩短的战线上防守，没有大的活动。

第 6 装甲师

在接下来的两天里，第 6 装甲师和前一天一样继续防御。此时，勒扎韦茨以东四千米处的 222.1 高地是苏德双方争夺的焦点。德军于 7 月 14 日将其拿下，苏军在 7 月 15 日试图将其收复，双方在 7 月 16—17 日展开了拉锯战。该高地在这四天里被易手了几次，已经无法统计，但至少被易手了五次。在 7 月 16 日一开始，222.1 高地被控制在德军手里。

苏军在夜间以连级兵力对 222.1 高地展开试探，接着在 7 月 16 日上午猛烈炮击第 6 装甲师。中午时分，苏军再次对 222.1 高地西北 700 米处的 224.3 高地发动进攻，但被德军炮兵和步兵的猛烈火力挡住。苏军第 69 集团军报告称，4:00，德军的一个营在 10 辆坦克的支援下进攻了 222.1 高地。08:30，近卫步兵第 92 师将其击退。09:20，德军派出一个连对该高地展开了侦察。当天，在第 69 集团军战线的其他地段上都没有积极的战斗行动。

✿ 第 7 装甲师按兵不动，1943 年 7 月 16 日

时长：一天　　　　正面宽度：9.1 千米　　　地形：丘陵，混合地形

天气：有云，局部有小雨　　　道理状况：除少数地点外，状况良好

	进攻方	防御方
部队番号	近卫坦克第 2 军、近卫机械化第 10 旅	第 7 装甲师
配属兵力	见下文	见下文
总兵力	13817	18647
装甲车（辆）	95（含 32 辆轻型坦克）	42（含 4 辆轻型坦克）
火炮（门）	79	141
空军（架次）	昼间 10、夜间 43	82
减员（人）	68（17 人死亡、44 人负伤、7 人失踪）	33（3 人死亡、29 人负伤、1 人失踪）
战车损失（辆）	5	0
火炮损失（门）	2	0
俘虏（人）	0	不详

德军配属兵力

第 9 工兵营 B 型架桥纵队

第 505 工兵营第 1 B 型架桥纵队

第 843 工兵营 J 型架桥纵队

第 99 高炮团团部

第 38 高炮团 1 营

第 38 高炮团 2 营

第 62 炮兵团 2 营

第 54 火箭炮团 1 营

第 503 重装甲营某连——7 月 16 日配属 [13]

调走的部队

第 78 装甲炮兵团观测炮兵连（计入本表）

团级战斗群（计入本表）——几乎可以肯定此时已经返回原单位

苏军兵力

近卫坦克第 2 军

    反坦克歼击炮兵第 301 团

    反坦克歼击炮兵第 755 营

    近卫迫击炮兵第 16 团

近卫机械化第 10 旅

在同一地域的部队

步兵第 375 师（计入与第 167 步兵师的战斗）

近卫步兵第 93 师（计入与第 167 步兵师的战斗）

17:00（莫斯科时间 19:00）时许，一个坦克连和第 114 装甲掷弹兵团 2 营对 222.1 高地发起进攻，以策应第 4 装甲掷弹兵团 1 营的进攻。德军在高地上遇到了苏军强大的坦克部队，损失了 2 辆坦克 [9]，但似乎最终占领了高地。随后，苏军于 7 月 16 日 20:00（莫斯科时间 22:00）时进攻了 222.1 高地和 224.3 高地，但被击退了。

7 月 17 日 02:50—11:00[①]，苏军一个连的步兵在没有坦克支援的情况下，进攻了 241.5 高地（在 222.1 高地东南近四千米处）的第 4 装甲掷弹兵团。苏军的第一次进攻打开了一个很小的突破口。03:10，德军立即以一个坦克连、突击炮和第 4 装甲掷弹兵团 2 营发动了反击，堵上了口子。苏军的第二次进攻也被打退。装甲团随后转入预备队，只留一个排协助防御高地。[10]

中午时分，一支由步兵和坦克组成的苏军部队从波多罗日纳亚（Poddorozhnaya）树林一带向 222.1 高地发动进攻。这片树林和山谷 [波多罗日纳亚山谷（Яр Поддорожная），位于 222.1 高地北面，南北走向，其南部有一片树林] 距离该高地山顶不到 200 米。这次进攻被得到师属炮兵支援的德军坦克挫败。苏军装甲部队在 17:45 也进攻了 222.1 高地。德军装甲团接到了警报，但他们还没到达现场，步兵就已将苏军击退了。[11]

第 168 步兵师

第 168 步兵师现在要防守 33 千米长的战线，而其当面有大量敌军。夜间，一个连级规模的苏军分队（60 人）试图从卡扎奇耶东南面山谷渗透进来，但被该师击退。德军俘虏了 6 人。一支实力不明的苏军部队进攻了第 442 步兵团右翼，但在 01:00（莫斯科时间 03:00）时被击退。除零星的火炮和迫击炮的射击，以及双方的积极侦察以外，报告对这天晚上、次日白天、次日夜晚以及 7 月 17 日的其他活动就没怎么描述了。

第 69 集团军

第 69 集团军认为他们已经让敌人精疲力竭，还提到 7 月 15 日晚至 16 日凌晨，他们发现敌人在伦金卡—勒扎韦茨—维波尔佐夫卡一线构筑工事。在近卫坦克第 5

---

① 译者注：这段和下一段的时间，作者没有给出具体时区。译者推断作者引用的是德军档案，使用的是柏林时间，因此相应的莫斯科时间依次为 04:50—13:00、05:10、19:45。

集团军部分兵力的支援下，第69集团军在现有阵地按兵不动，并继续加固工事。

步兵第48军的步兵第183师此时位于战线北面，他们大部分时间都在这一地域（普拉沃罗季西南的维诺格拉多夫卡、日洛莫斯特诺耶和远多尔日克一带）战斗。在其西南面的是位于远多尔日克和新谢洛夫卡地域的步兵第375师。该师在这段时间没有上报任何减员。其邻近的近卫步兵第89师，除了有7月17日进攻库兹明卡的记录，就没有其他活动的记录了。据报告，近卫机械化第11旅也在这一地域内作战。历经苦战的近卫步兵第81师则待在后方。对于他们来说，战斗已经结束了。近卫步兵第93师于7月17日从克拉斯诺耶转移到大波季亚鲁吉，做近卫步兵第92师的后盾。

近卫步兵第35军的战线也同样相对平静。该军的近卫步兵第92师和第94师、步兵第107师和第305师均原地不动。步兵第107师的步兵第522团后撤至托涅尼科耶（Tonen'koye）—多尔戈耶（Dolgoye）地域。唯一一次规模较大的战斗是7月16日上午的222.1高地之战，参战的有近卫步兵第92师和特鲁法诺夫支队，包括近卫机械化第12旅。

第53集团军到达

草原方面军出动了五个集团军——近卫第5集团军、近卫坦克第5集团军、第47集团军、第27集团军和第53集团军——支援沃罗涅日方面军。战斗开始时，位于近卫第5集团军北面的第53集团军，其编成内有7个步兵师和近卫坦克第4军。他们一开始就比近卫坦克第5集团军更接近普罗霍罗夫卡。统率第53集团军的是伊万·梅福季耶维奇·马纳加罗夫（Ivan Mefodyevich Managarov）中将。

7月9日早晨，第53集团军的3个师奉命向西移动，前往谢伊姆河岸边。他们于7月12日23:00到达指定位置。这样，集团军距离一线只有不到40千米。行军的先头部队是步兵第252师。7月15日，该师被转隶给近卫步兵第35军。据报告，该师当时有7477人，并且备齐了各种武器。[12] 该师于7月17日集结到普罗霍罗夫卡东北6—10千米处。

为了避免有人担心沃罗涅日方面军已经濒临灭亡，并且可能被南方集团军群的致命一击击垮，苏联统帅部已经准备好调动第53集团军及其7个步兵师顶上来。其先头部队已经赶来。另外，近卫第5集团军也掌握着相对较强的近卫步兵第42

坦克第 1 集团军
288
（259+29 加强）

坦克第 10 军
104

沃罗涅日方面军直属
75

近卫坦克第 5 集团军
312

第 38 集团军
0

第 40 集团军
12

近卫坦克第 5 军
18

近卫第 5 集团军
4

近卫第 6 集团军
16

坦克第 2 军
68

近卫坦克第 2 军
63

第 2 集团军

第 52 步兵军

0

309

420

34 第 69 集团军

136

75 近卫第 7 集团军

第 48 装甲军

SS 第 2 装甲军

第 3 装甲军

劳斯军 32

第 4 装甲集团军

德军 897 辆坦克对阵苏军 1069 辆坦克
数量比为 0.84 : 1

肯普夫集团军级支队

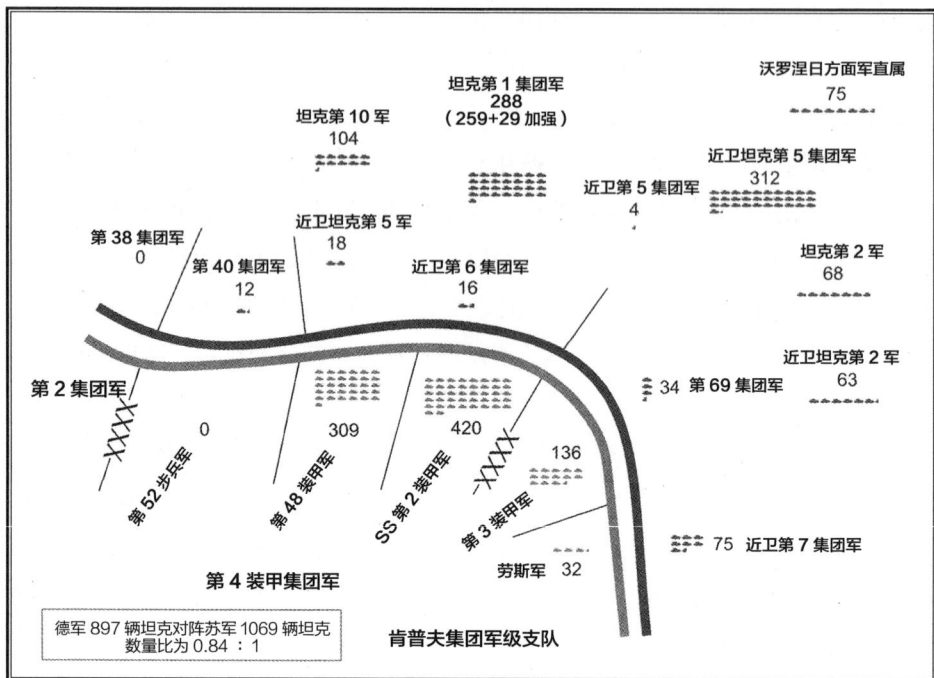

1943 年 7 月 16 日晚，库尔斯克南线战车实力对比

师和新锐的近卫空降兵第 6 师。除此之外，沃罗涅日方面军还有大量损失惨重的部队，其中包括坦克第 31 军，还有近卫步兵第 51 师、第 52 师、第 81 师和第 93 师。这些部队都在后方休整，他们可以再次投入战斗。和第 53 集团军一起出发的还有机械化第 1 军。同时，在库尔斯克附近集结的是第 27 集团军和近卫坦克第 4 军，在科罗恰的是第 47 集团军和近卫机械化第 3 军。

空中支援

第 168 步兵师报告称，苏联空军在 7 月 15 日晚至 16 日凌晨积极实施轰炸和扫射，但在次日晚上就没怎么出动。第 7 装甲师也认为，苏军战机在 7 月 15 日晚至 16 日凌晨活动频繁。第 19 装甲师报告称，在 7 月 15 日晚和 16 日上午，其前线和后方多次遭到苏联空军的攻击。德国空军"几乎没出场"。

次日，他们报告称，苏军飞机活动不多，德军飞机没有露面。第 6 装甲师报告

坦克第 10 军
78

坦克第 1 集团军
282
（253+29 加强）

近卫第 5 集团军
4

近卫坦克第 5 集团军
354

沃罗涅日方面军直属
75

近卫坦克第 5 军
18

第 38 集团军
0

第 40 集团军
12

近卫第 6 集团军
16
（加上坦 10 军为 94 辆）

坦克第 2 军
68

第 2 集团军

特鲁法诺夫支队
14 第 69 集团军

近卫坦克第 2 军
63

第 52 步兵军
0

348

438

142

79 近卫第 7 集团军

第 48 装甲军

SS 第 2 装甲军

第 3 装甲军

第 4 装甲集团军

劳斯军 34

肯普夫集团军级支队

德军 962 辆坦克对阵苏军 1063 辆坦克
数量比为 0.90：1

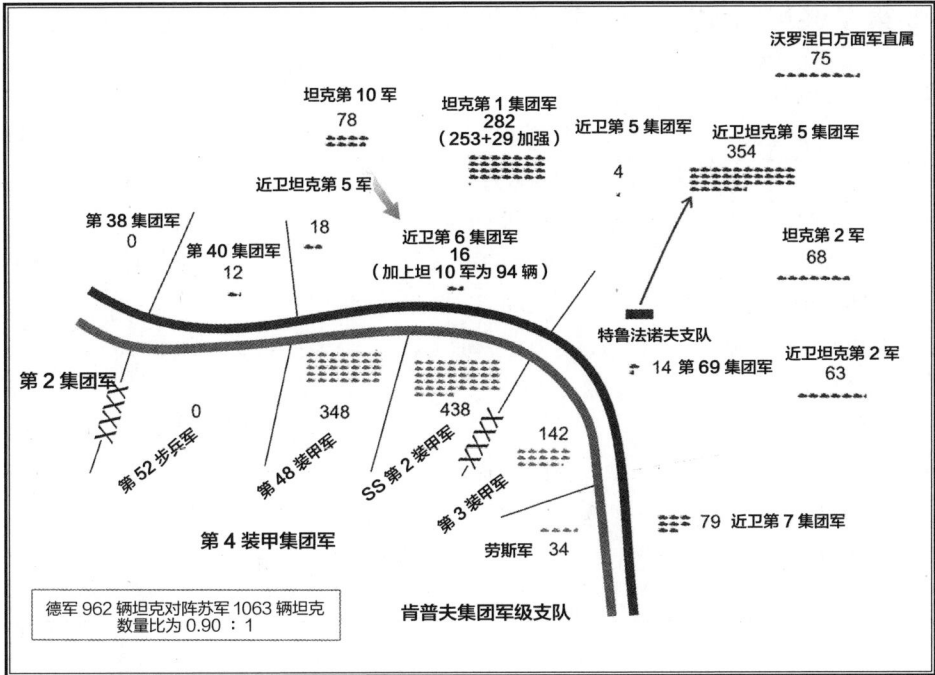

1943 年 7 月 17 日晚，库尔斯克南线战车实力对比

称，苏联空军在 7 月 16 日晚至 17 日凌晨活动频繁，但不如前一晚频繁。

总结

　　战线逐渐平静了下来。在这两天里，真正的转折点是德军将制空权拱手让给了苏军。7 月 16 日，德军第 8 航空军抱怨道，他们在战斗机消耗殆尽的情况下已经无法全面防御苏联空军的进攻。此外，苏联空军这天还集中攻击了帝国师。苏联空军出动如此大量的战机盯着一个地方打，这还是头一次。不过，苏军虽然掌握了制空权，但在之后的几天都没有继续发动这样的空袭。

　　7 月 17 日，德国空军没怎么出现在战场上。他们当天只出动了 138 架次，损失了 5 架飞机。制空权和主动权实际上已经落到了苏联人的手里。德军战机现在都被调到北面和南面，去应对苏军制造的新威胁。

✤ 第 7 装甲师撤退，1943 年 7 月 17 日

时长：一天　　　　正面宽度：9.1 千米　　　　地形：丘陵，混合地形

天气：有云，夜间有零星小雨

	进攻方	防御方
部队番号	近卫坦克第 2 军、近卫机械化第 10 旅	第 7 装甲师
配属兵力	同前一天	见下文
总兵力	13749	16633
装甲车（辆）	96（含 33 辆轻型坦克）	33（含 4 辆轻型坦克）
火炮（门）	96	114
空军（架次）	0	0
减员（人）	16（2 人死亡、14 人负伤）	18（3 人死亡、15 人负伤）
战车损失（辆）	0	0
火炮损失（门）	0	0
俘虏（人）	0	不详

德军配属兵

第 9 工兵营 B 型架桥纵队

第 505 工兵营第 1 B 型架桥纵队

第 843 工兵营 J 型架桥纵队

第 99 高炮团团部

第 38 高炮团 1 营（7 月 17 日调离，不含）

第 38 高炮团 2 营

第 62 炮兵团 2 营

第 54 火箭炮团 1 营（7 月 17 日调离，不含）

第 503 重装甲营某连（7 月 17 日调离，不含）

调走的部队

第 78 装甲炮兵团观测炮兵连（计入本表）

❀ 第19装甲师按兵不动，1943年7月16—17日

时长：两天　　　　正面宽度：10.9千米　　　　地形：丘陵，混合地形

天气：7月17日，晴，阳光明媚；正午气温为23℃　　道路状况：良好

	进攻方	防御方
部队番号	近卫步兵第89师、近卫机械化第11旅	第19装甲师
配属兵力	无	见下文
总兵力	8060	16391
装甲车（辆）	0	35（含5辆轻型坦克）
火炮（门）	69	128
空军（架次）	43（夜间）	0
减员（人）	281（15人死亡、160人负伤、106人失踪）	78（9人死亡、66人负伤、3人失踪）
战车损失（辆）	0	5
火炮损失（门）	11	1
俘虏（人）	0	不详

德军配属兵力

第70工兵营

第411工兵营第2B型架桥纵队

第842工兵营J型架桥纵队

第52火箭炮团

第61高炮团1营（欠1个连）

第429步兵团（来自第168步兵师），欠1个营

第114装甲掷弹兵团1营（来自第6装甲师，7月16日调离，不计计入本表）

调走的部队

第19装甲炮兵团观测炮兵连（计入本表）

第 6 装甲师不动，1943 年 7 月 16—17 日

时长：两天　　　正面宽度：14.4 千米　　　地形：丘陵，混合地形

天气与道路状况：7 月 16 日，晴，温暖干燥，道路已经变干；7 月 17 日，阳光明媚，温暖干燥，正午气温为 23℃，道路状况良好

	进攻方	防御方
部队番号	近卫步兵第 92 师、步兵第 305 师、特鲁法诺夫支队、近卫机械化第 12 旅	第 6 装甲师
配属兵力	近卫迫击炮兵第 315 团	见下文
总兵力	16757	19752
装甲车（辆）	21（含 6 辆轻型坦克）	23（含 2 辆轻型坦克）
火炮（门）	92	129
空军（架次）	昼间 38、夜间 137	0
减员（人）	191（47 人死亡、106 人负伤、38 人失踪）	207（32 人死亡、172 人负伤、4 人失踪）
战车损失（辆）	0	1
火炮损失（门）	1	3
俘虏（人）	3	不详

德军配属兵力

第 54 火箭炮团 2 营（7 月 17 日调离）

第 54 火箭炮团 3 营

第 54 火箭炮团团部（7 月 17 日调离）

第 43 高炮团 2 营

第 91 高炮团轻型高炮营

第 204 情报队

第 228 突击炮营（欠第 2 连，7 月 17 日调离）

调走的部队

第 76 装甲炮兵团观测炮兵连

第 114 装甲掷弹兵团 1 营（来自第 6 装甲师，7 月 16 日再次配属）

❀ 第168步兵师不动，1943年7月16—17日

时长：两天　　　　正面宽度：32.8千米　　　　地形：丘陵，混合地形

天气与道路状况：7月16日，零星有云，局部有阵雨，道路状况良好，部分地段除外；7月17日，少云，温暖，正午气温为23℃，道路状况良好

	进攻方	防御方
部队番号	近卫步兵第94师、步兵第107师	第168步兵师
配属兵力	见下文	见下文
总兵力	11938	13965
装甲车（辆）	0	8
火炮（门）	69	107
空军（架次）	33（夜间）	0
减员（人）	129（14人死亡、77人负伤、38人失踪）	232（37人死亡、189人负伤、6人失踪）
战车损失（辆）	0	0
火炮损失（门）	1	0
俘虏（人）	2	不详

德军配属兵力

第228突击炮营2连（8辆突击炮）

第61高炮团1营轻型高炮连

仍未回归建制的部队

第248工兵营（欠3个连，计入本表）

第429步兵团（欠1个营，计入本表）

根据推断，第417步兵团已经回归建制。

德军第3装甲军直属部队

第674工兵团团部

第925架桥指挥部

第602工兵营B型架桥纵队

第 153 高炮团团部

第 3 炮兵指挥部

第 612 炮兵团团部

第 62 炮兵团 2 营

第 71 炮兵团 2 营

第 857 重型炮兵团

第 13 轻型观测炮兵连的一个排

第 19 装甲炮兵团观测炮兵连（第 19 装甲师）

第 76 装甲炮兵团观测炮兵连（第 6 装甲师）

第 2 油料纵队

第 545 装甲抢修排

第 503 重装甲营

　　第 503 重装甲营某连（7 月 16 日调离，17 日回归）

团级战斗群（第 7 装甲师）

第 167 步兵师 7 月 16 日转隶该军

第 7 装甲师 7 月 17 日调离该军

苏军兵力

近卫步兵第 94 师

步兵第 107 师（欠步兵第 522 团，即 1/3 兵力）

反坦克枪第 123 营

坦克第 148 团（7 月 16 日配属，不计入本表）

✲ 致第 4 装甲集团军、肯普夫集团军级支队和第 4 航空舰队的官兵

经过激烈的猛攻和艰苦的战斗，你们突破了敌人为向集团军群中央发起大规模装甲攻势而构筑的坚固的筑垒阵地。在第 4 航空舰队所属部队的密切配合下，你们粉碎了大部分敌军部队。

你们前方的敌人有 10 个坦克和机械化军。在你们的突击下，敌人损失了 2000 辆坦克，这相当于其坦克总数的 2/3。此外，敌人还损失了 1500 门反坦克炮，以及 80—100 个炮兵营的火炮。现在，你们抓获了 32000 名俘虏，清点出 18000 具敌人的尸体，所以敌人的损失应该不下 10 万。你们和第 4 航空舰队所属部队还摧毁了至少 1000 架敌机。因此，你们的苦战达到了目的。

我感谢你们和你们航空舰队的战友。你们在战斗中是那么英勇、无私和无畏。

与此同时，敌人为了弥补在此次猛烈进攻中遭受的损失，正在战线的其他地点发动进攻。但是，他还是无法忘记那些被你们消灭的部队。

我知道，你们一如既往地愿意迎接现在摆在你们面前的挑战，而且不会辜负我们那些已经倒下的英雄们。

签名：冯·曼施泰因

陆军元帅兼

南方集团军群司令

我很高兴能将上述贺词转达给装甲集团军。

签名：霍特

上将兼

第 4 装甲集团军司令

作者注： 这份致辞发布于 1943 年 7 月 20 日。这显然是为了给这场失败的攻势涂脂抹粉。致辞中给出的数据却出奇地准确。曼施泰因和他的司令部声称其面对的是 10 个坦克和机械化军，这是对的。他们声称击毁 2000 辆敌坦克。根据我们的统计，苏军有 1392 辆坦克被击毁或被丢弃，有 1092 辆坦克被击伤。他们声称敌人损失了 1500 门反坦克炮。根据我们的统计，苏军的 45 毫米、57 毫米和 76 毫米反坦克炮有 1476 门被击毁、294 门被击伤。他们声称俘虏了 32000 人。这个数字也无可

置疑，因为我们的统计数据显示，苏军有 32801 人被俘。他们声称打死了 18000 人，而我们的统计结果为 27046 人。他们认为苏军减员不下 10 万人，我们的统计结果为 126808 人，而且这个数字也许还偏小了。他们声称击毁了 1000 架飞机，我们的统计结果则为 665 架。我们统计的时间范围为 1943 年 7 月 4—18 日（见拙著《库尔斯克：普罗霍罗夫卡之战》附录三、附录四）。

总体来说，这份致辞对于形势的描述非常准确，尤其是苏军对南方集团军群中央的进攻被推迟到了 1943 年 8 月 3 日。然而，这仍然是一场失败的攻势，而且即将到来的是一场他们无法抵挡的反攻。

❋ 疲倦

一切军事行动都有一个隐含的限制条件，那就是人类本身的极限。人们会疲倦，需要吃，需要睡，会有压力，会生病，需要休息。最重要的是，他们不想死。因此，战争远远不是一场血腥的军事演习那么简单。

从 7 月 5 日至 7 月 15 日，战场上的士兵们一直在战斗。这 11 天紧张的作战，给参战人员的身心都造成了巨大影响。进行再多的训练或增强体能，人们都无法消除休息和睡眠这样的基本需求。德军选择的方式是稳扎稳打，他们尽力让自己人每晚都得到休息。这样，他们在未来几天才能够继续战斗。

德军在报告中第一次提到人员疲劳是在 7 月 9 日，在第 4 装甲集团军司令霍特和第 48 装甲军军长冯·克诺贝尔斯多夫的对话中。此时，他们已经在讨论要放缓作战节奏，以保护经过了四天激烈战斗的部队。霍特下令以后不要大清早就发动进攻，这样部队就能在晚上休息一下。他担心部队官兵会过于疲劳。

由于不断的战斗渐渐让官兵们精疲力竭，德军报告也越来越多地提到人员疲倦的问题。据说就是因为这个问题，大德意志装甲团在 7 月 14 日损失了 5 辆坦克，然后撤出了战斗。不过，德国陆军还是尽量放慢节奏，以便让部队得到休息。很多部队在每天夜幕降临时就会停止战斗，从而可以得到休息。

接受采访的德国老兵声称，他们在战斗中没有疲倦的问题。这可能是因为从库尔斯克会战到采访，中间间隔了 56 年。不过，我们还是可以看一下他们的说法。

第 3 装甲师第 6 装甲团副官冯·罗德少尉回忆道：

行动期间的压力并不比以前的大多少，但不管怎么说，行动还是很紧张的。在接连战斗了四五天后，我们的坦克乘员还是有了点这方面的迹象。夏季炎热的天气和无数雷阵雨后的潮湿都是令人难以忍受的。不过，我不记得有因精疲力竭而造成的减员。

然而，一天的战斗还是会让你累成狗（dog-tired）。作为一名参谋军官，我负责管理作战日志，所以上士（staff sergeant）每天晚上都会过来，要求我写每日报告。很多时候，我写上一两页就倒在桌子上睡着了。我写的东西恐怕也没有太大意义。我们经常会在几天后才完成作战日志的最终稿，但那时，我们已经记不得发生过什么事情了。在阅读下级指挥官写的作战日志时，这一切都必须考虑进去。

本书各章引用的主要是师、军和集团军的每日报告，所以这些报告并不总是完整的。

大德意志师突击炮营营长弗朗茨上尉回忆道：

我没发现我的部队有任何压力太大或战斗疲劳的迹象。这很可能是因为"堡垒"行动并不是我们最棘手的任务。我总是坚持让突击炮在夜间撤出最前线，这样乘员们就能睡上几个小时。没必要让突击炮一直待在前线，因为我们没有任何夜战能力。

大德意志掷弹兵团3营营长阿尔弗雷德·贝格曼上尉认为：

虽然我们在交战中遇到了很多挑战，但与过去的经历相比，这还不是最糟糕的。在行动期间，我从来没看到任何领导人有战斗疲劳或精神失常的问题。紧接而来的1943年7月底和8月的撤退战算得上是很紧张的。不过，即使与"堡垒"行动中遇到的最小麻烦相比，这些战斗也算不得什么。

我一直领导我的营，直到在阿赫特尔卡（Akhtyrka）负伤。撤退战斗往往关乎生死存亡。我们在"堡垒"行动期间从来没有这种感觉。

警卫旗队装甲团2营的坦克车长冈特·贝尔认为：

只要一停火，上级就命令我们睡觉，只留一个人守着无线电台。实际上，我们在会战的日子里过得还不错。

帝国师"元首"团高炮连的考夫曼认为：

我们在整场会战中的行动没有受到任何大的干扰。晚上的事情无非是补给到了或者要站岗放哨。过了几天，我们才感到有压力。除了睡眠不足，炎热的天气也在消耗我们的精力。在作战的短暂间歇中，士兵们不一会儿就睡着了。这种现象很常见。有一次还在战斗中，我们的半履带车驾驶员在射击的短暂空当里都打起了盹。在明明有更好的路线可走，他却走直线的时候，我们才意识到他睡了。要叫醒他可不容易。有天晚上，我自己就在站岗的时候睡着了，然后倒在了地上。我都不知道自己在地上睡了多久。谢天谢地，我的炮长把我弄醒，然后有些粗鲁地让我清醒起来。实际上，放哨时睡觉可是大错。我本该受到严厉的惩罚，但我的炮长没有打报告，他太了解我们的感受了。

最后，第503重装甲营的阿尔弗雷德·鲁贝尔认为：

对于我们的战斗部队来说，这些日子的压力着实很大。这也与天气炎热有关。只要有空，我们一定要睡上一觉。不过，我没发现有人因为疲劳或精神压力过大而捅娄子。

注释

1. 埃里希·玛利亚·雷马克（Erich Maria Remarque，1898—1970）在 1927 年秋，用六周的时间完成了《西线无战事》。该小说于 1928 年底连载于柏林《福斯报》，又于 1929 年 1 月正式出版。雷马克的著作在 1933 年被纳粹当局查禁，并在纳粹的焚书仪式上当众烧毁。他本人于 1933 年离开德国，于 1939 年离开欧洲，但他的妹妹埃尔弗里德·绍尔茨（Elfriede Scholz，生于 1903 年）却留在了德国。1943 年，绍尔茨因私下说战争已经输了而被捕，在当年 12 月 16 日被处决。

2. 扎多夫著《四年的战争》第 95 页。

3. 含 40 辆黄蜂自行榴弹炮、蟋蟀式自行步兵炮和熊蜂自行榴弹炮，以及 5 辆炮兵观察坦克。

4. 曼施泰因著《失去的胜利》第 449 页。

5. 很多作者似乎都没有注意到这一点。戴维·M. 格兰斯和乔纳森·M. 豪斯著《库尔斯克会战》第 219—223 页简要介绍了"罗兰"行动，塞特林和弗兰克森著《库尔斯克 1943：统计分析》第 98 页也对此一笔带过。他们都认为这是 SS 第 2 装甲军的行动。奈普和齐姆克的著作对此略有提及，但没给出行动代号。其他大部分著作都不提及这一点。

6. 德军报告提到，02:00（莫斯科时间 04:00），苏军两个连从韦肖雷以东河谷向髑髅师战线中央发动了进攻。

7. 近卫步兵第 93 师报告称，他们于 7 月 15 日"在包围圈中战斗"，于 7 月 16 日"离开了包围圈"，撤到了普拉沃罗季—远多尔日克一线（见国防部中央档案馆，第 1262 全宗，第 1 目录，第 9 卷宗）。7 月 16 日 23:30，第 69 集团军报告称，近卫步兵第 93 师正在克拉斯诺耶地域休整（见国防部中央档案馆，第 69 集团军全宗，第 10753 目录，第 133 卷宗，第 38 页）。

   据报告，该师于 7 月 5 日有 9426 人，在 7 月 20 日有 5168 人（见国防部中央档案馆，第 906 全宗，第 1 目录，第 211 卷宗）。这意味着，他们在战斗中至少损失了 4258 人。根据 7 月 7—14 日和 7 月 18 日的每日减员报告，该师合计减员 1551 人（269 人死亡、1271 人负伤、11 人失踪），远少于 4258 人。报告中缺失的减员应该属于失踪减员，这些减员被平均分到 7 月 15 日和 16 日的减员中，技术装备的损失也按这种方法计算。

8. 第 54 火箭炮团是在 11:00（莫斯科时间 13:00）配属过来的，第 228 突击炮营是在 12:00（莫斯科时间 14:00）配属过来的（见美国国家档案馆微缩胶片，T315，R1482）。第 3 装甲军军长 7 月 17 日的报告显示，领取配给的人数为 17000 人。这显然包含了配属部队的人（见美国国家档案馆微缩胶片，T314，R198）。

9. 托马斯·L. 延茨著《装甲兵：德国坦克兵创建和作战运用完全指南，1933—1945》第 92 页。

10. 装甲团转入预备队的说法出自托马斯·L. 延茨著《装甲兵：德国坦克兵创建和作战运用完全指南，1933—1945》第 92 页。

11. 托马斯·L. 延茨著《装甲兵：德国坦克兵创建和作战运用完全指南，1933—1945》第 92 页认为，进攻时间为 17:00（莫斯科时间 19:00）。

12. 他们报告称，7 月 15 日有 4242 支步枪、2110 挺冲锋枪、495 挺轻机枪、111 挺重机枪、2 挺高射机枪、43 门 50 毫米迫击炮、74 门 82 毫米迫击炮、21 门 120 毫米迫击炮、48 门 45 毫米炮、31 门 76 毫米炮、12 门 122 毫米榴弹炮和 209 支反坦克枪。7 月 15 日有 7500 人、900 匹马和 147 支自动步枪，其余装备数量不变。

13. 第 3 装甲军 7 月 15 日的命令提到，有一个"虎"式坦克连（"大约有 9 辆'虎'式坦克"）应当配属给第 7 装甲师。该连应该于 7 月 16 日早些时候在沙霍沃向该师报道。这就是说，"虎"式坦克营实际上只剩一个连可以出击，另外两个连则忙着抢修坦克（推测已经退出战斗）。

德军撤退：
1943 年 7 月 18—24 日

第十五章

"德军夏季攻势总是成功，苏军总是被迫撤退"的神话从此被打破。

——约瑟夫·斯大林，1943 年 7 月 24 日 [1]

SS 第 2 装甲军

SS 第 2 装甲军现在已经撤下两个师。随着装甲军退出战斗，髑髅师被转隶给第 48 装甲军。当晚，警卫旗队师和帝国师将履带式车辆装到前往顿涅茨盆地的火车上。然后，这两个师行军到别尔哥罗德西南地域，再前往哈尔科夫。

近卫第 5 集团军前进

近卫第 5 集团军在前一天虽然前进了，但有些犹豫不决，并且仍在加固工事。直到 7 月 17 日日终时，该集团军得到的航空侦察情报显示德军在撤退，因此司令扎多夫命令每个师派出一支由不下 3 个营组成的且加强有炮兵的先遣支队，跟踪并袭扰德军后卫。

近卫步兵第 33 军的任务是占领 226.6 高地和克柳奇，肃清普肖尔河北岸和 245.8 高地。在 7 月 17 日夜幕降临前，他们对这一带实施了侦察，并在进攻前组织了两分钟的炮火准备。进攻于 05:00 打响。近卫步兵第 95 师推进了四千米，占领了普肖尔河沿岸村镇和 226.6 高地。与此同时，近卫空降兵第 9 师和近卫步兵第 42 师趁着罗特米斯特罗夫所部后方发展胜利，派出先遣侦察支队追击撤退之敌。到 20:00，这些侦察支队前出到 217.9 高地—224.5 高地—258.2 高地—维诺格拉多夫卡。苏军的胜利也伴随着代价。近卫步兵第 95 师的报告显示，他们在 7 月 18 日有 20 人阵亡、141 人负伤，近卫步兵第 42 师有 36 人阵亡、67 人负伤。

髑髅师的防御

髑髅师于 24:00（莫斯科时间 7 月 18 日 02:00）时撤出普肖尔河桥头堡，并摧毁了桥梁。该师当天在防御苏军的多次进攻。苏军在拂晓前出动一个营的步兵攻击髑髅团，但被击退。11:30（莫斯科时间 7 月 18 日 13:30），大约 30 辆苏军坦克突破了第 167 步兵师和髑髅团的结合部。这次进攻被髑髅装甲团 1 连的反击击退。苏军坦克向东撤退。13:00（莫斯科时间 15:00），苏军再次进攻了髑髅团，但德军在炮兵团 3 营的协助下将其粉碎。

与此同时，苏军转而攻击"艾克"团。14:00（莫斯科时间 16:00），苏军 30 辆坦克发动进攻，其中 10 辆突入防线。德军在炮兵和步兵重武器的配合下，封闭了突破口，打退了苏军。按照德军报告的说法，苏军损失惨重。

✵ 朱可夫的桥

近卫步兵第 95 师作战处长瓦连京·维克多罗维奇·斯涅吉廖夫少校[2]回忆道：

1943 年 7 月 18 日，在打败德军坦克和步兵的大规模反击后，我们师进行了炮火准备，从韦肖雷地域开始进攻。师部分兵力强渡普肖尔河，并继续往南，进攻格列兹诺耶。师长和我在普肖尔河另一侧的一个观察点上，这里处在一个较高的位置上。在我们身后，第二梯队的各营和炮兵就在由我们的工程兵构筑的桥上渡河。突然，一辆威利斯（美制吉普车）到了我们的观察点。我向外看了一眼，发现朱可夫元帅正从车上下来。我这辈子还是头一次看到他，但立即就把他认了出来，因为到处都有他的照片。在他身边的是一名矮小又很瘦的中校（也许是朱可夫的副官）。师长利亚霍夫（A.N. 利亚霍夫上校）也看见了朱可夫元帅。他跳出堑壕，朝元帅跑了过去，然后向元帅汇报他的师进攻执行的情况。朱可夫打断了他，并询问了部队渡过普肖尔河的情况。利亚霍夫上校向他做了介绍，并将桥指给他看。朱可夫仔细地看了看，然后命令一个工程兵营去加固桥梁，并且要求他们在满是淤泥的北岸放置原木。"会有很多坦克通过这座桥。"他说。然后，他点点头，说了声再见就走了。他过来显然只是为了检查普肖尔河的渡河点。这样大的首长居然还要在意这些细节！

14:20（莫斯科时间 16:20），苏军坦克又在伊万诺夫斯基移民新村集结。同时，一个营的步兵在坦克的支援下进攻了"艾克"团。这次进攻再次被德军炮兵和步兵重武器击退。14:30（莫斯科时间 16:30），苏军在坦克的支援下，从位于共青团员国营农场的林带出发，攻击了"艾克"团。15:30（莫斯科时间 17:30），"艾克"团再次遭到攻击。15 辆苏军坦克突破了防线，其中 4 辆被德军的防御火力击毁。苏军随后停止了进攻，并撤了回去。与此同时，髑髅师的坦克打退了有苏军坦克支援的进攻，并击毁了 7 辆苏军坦克。德军声称，苏军当天出动了 70—80 辆坦克，其中的 35 辆被反坦克炮和装甲团的反击摧毁。虽然这只是德军的一面之词，但苏军当天损失了不下 32 辆坦克。这从侧面印证了德军说法的准确性。

空中支援

髑髅师报告称，其上空当天有 66 架苏军飞机分 10 次飞过。第 167 步兵师报告称，苏联空军在 05:00（莫斯科时间 7 月 18 日 07:00）之后活动频繁。

罗特米斯特罗夫向前推进

罗特米斯特罗夫继续让坦克第 29 军向前推进，并且让坦克第 18 军再次投入战斗。04:00，坦克第 29 军开始在共青团员国营农场方向上进攻，经过激战后拿下了该地。不过，该军在捷捷列维诺—维诺格拉多夫卡一线遇到了激烈的抵抗，在到达

❦ 髑髅师的防御，1943 年 7 月 18 日

时长：一天	正面宽度：16.6 千米	地形：丘陵，空旷

天气：更明媚，偶有大雨

	进攻方	防御方
部队番号	近卫步兵第 33 军、坦克第 29 军、坦克第 18 军	髑髅师
配属兵力	见下文	见下文
总兵力	46001	17060
装甲车（辆）	219（含 95 辆轻型坦克）	98
火炮（门）	423	129
空军（架次）	0	0
减员（人）	890（323 人死亡、564 人负伤、3 人失踪）	123（21 人死亡、99 人负伤、3 人失踪）
战车损失（辆）	38	2
火炮损失（门）	2	2
俘虏（人）	7	不详

德军配属兵力

第 1 教导火箭炮团 2 营（7 月 18 日调离——不计入本表）

SS 第 2 装甲军属火箭炮营

第 86 工兵营 B 型架桥纵队（不含）

第 55 火箭炮团 3 营（7 月 18 日调离——不计入本表）

警卫旗队师某团（7 月 18 日调离——不计入本表）

258.2 高地东坡时又被德军火炮和迫击炮的猛烈火力挡住了。18:00，坦克第 29 军在 258.2 高地上挤作一团，坦克第 31 旅在高地的北坡，摩步第 53 旅在东北坡，坦克第 25 旅在东坡。他们这天虽然止步于此，但也将地盘扩大到了伊万诺夫斯基移民新村及其南面两千米处的岔路口。坦克第 29 军当天损失了 7 辆 T-34 和 11 辆 T-70，其中的 3 辆 T-34 和 4 辆 T-70 是被击毁的。

坦克第 18 军再次投入战斗，为其打头阵的是摩步第 32 旅，该军一开始跟在坦克第 29 军后面。11:00，坦克第 18 军在炮兵的支援下从共青团员国营农场出击，机动到了坦克第 29 军的右侧。他们遭到 258.2 高地上的德军发起的猛烈射击，但其坦

苏军兵力

近卫步兵第 97 师
> 高射炮兵第 29 师第 1372 团
> 迫击炮兵第 12 旅第 210 团（7 月 17 日配属，不计入本表）

近卫步兵第 95 师

近卫步兵第 42 师

近卫空降兵第 9 师

坦克第 29 军
> 重型自行火炮第 1529 团
> 近卫迫击炮兵第 76 团
> 反坦克枪第 747 营
> 反坦克歼击炮兵第 32 旅第 1852 团（7 月 17 日配属，不计入本表）

坦克第 18 军
> 反坦克枪第 736 营
> 近卫迫击炮兵第 80 团（7 月 18 日调离，不计入本表）
> 近卫迫击炮兵第 80 团第 361 营（7 月 18 日配属，不计入本表）

克第 110 旅前出到了莫洛扎瓦亚山沟，而另外 3 个旅前出到了 258.2 高地北坡。由于缺少榴弹炮，坦克第 18 军所属部队及其手头的炮兵无力压制 258.2 高地上的加强火力点，该军只有将摩步第 32 旅投入战斗。他们声称在日终时拿下了高地。然而，该高地在日终时似乎仍被德军控制着。坦克第 18 军至少损失了 11 辆 T-34 和 3 辆 T-70（有 5 辆 T-34 和 1 辆 T-70 是被击毁的）。

与 7 月 12 日相比，苏军在这次进攻中以较小的损失取得了较大的战果。不过，他们还是被德军重创，其交换比也很难看。这都是因为苏军当面只有髑髅师。

罗特米斯特罗夫的其他部队进攻的是德军第 167 步兵师。展开进攻的是坦克第 2 军和近卫坦克第 2 军。近卫机械化第 5 军集结在普拉沃罗季、日洛莫斯特诺耶、远多尔日克和克拉斯诺耶等地域，担任集团军第二梯队。该军已经准备好加入进攻，但当天没有前进。特鲁法诺夫支队集结于普里兹纳奇诺耶，担任罗特米斯特罗夫的预备队。

总体来说，苏军的目的是让坦克第 18 军和坦克第 29 军在共青团员国营农场—卢奇基方向上进攻，以切断奥博扬—别尔哥罗德公路，让坦克第 2 军、近卫坦克第 2 军和近卫机械化第 5 军在列斯基—捷捷列维诺（南）—斯莫罗季诺方向上进攻。他们随后将准备挺进别尔哥罗德。

警卫旗队师和帝国师撤退

在髑髅师防守的同时，警卫旗队师继续撤向别尔哥罗德以西地域。尽管沿途遭到苏军的几次轰炸，但是该师并未受到较大影响，其行军过程比较顺利。包括突击炮营在内的部分兵力仍待在原地。

帝国师也撤回到托马罗夫卡以南地域。由于桥梁问题，撤退延误了一些时间。此外，05:00—06:00（莫斯科时间 7 月 18 日 07:00—08:00），波克罗夫卡附近的公路遭到苏军轰炸机的攻击。装甲团和突击炮营仍待在波克罗夫卡一带，没有出发。

考夫曼回忆了帝国师遭到的炮击：

7 月 18 日，我们跟着全师进入哈尔科夫以北地域，并且在此集结，准备进攻已经冲到这里的敌军。我们在挖掘散兵坑时遇到了很大的困难，因为泥土里全是石头。我们只能草草了事。半夜时分，一架飞机扔下十枚带降落伞的照明弹，将我们所在

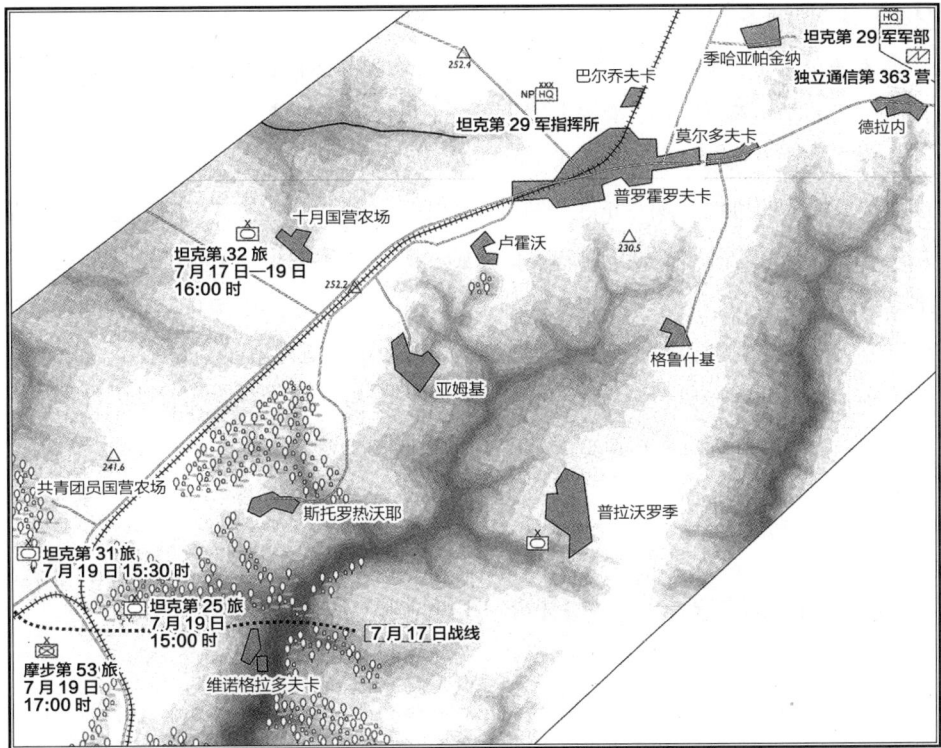

坦克第29军的战斗，1943年7月17—19日

的地段照得亮如白昼。过了一会儿，带有炸药和磷的喀秋莎火箭弹幕接踵而至。我们紧紧趴在浅浅的小坑里，觉得自己大限已至。弹幕只持续了几分钟。然而，对我们来说，这几分钟却像是永远那么漫长。虽然我们这些炮手又一次走了大运，但掷弹兵们却遭受了很大的损失。之后再没发生什么事情。

7月19日也没有与敌交火。那天天气很闷，阴云密布。

警卫旗队师报告称，他们在7月18日死伤了2人，在7月19—24日有21人被打死、36人负伤、23人失踪，其中的7月20日有21人被打死、10人负伤、23人失踪。帝国师在7月18日有1人被打死、8人负伤，在7月19—23日有1人被打死、16人负伤。

242.1 高地之战

人生不公平，战争更不公平。倒霉的步兵遭受的伤亡总是最多的。现在，装甲兵们打完了仗，撤到后方享清福去了，只留下可怜的步兵把守前线。

第 167 步兵师在 20:00（莫斯科时间 7 月 17 日 22:00）时打退了苏军坦克对维诺格拉多夫卡的进攻，现在正在等待苏军的下一轮进攻。坦克第 2 军和近卫坦克第 2 军都在集中力量，准备进攻第 167 步兵师。其中，坦克第 2 军将进攻部队集结于维诺格拉多夫卡和伊万诺夫卡，准备进攻第 339 步兵团；近卫坦克第 2 军准备进攻位于维诺格拉多夫卡和日洛莫斯特诺耶之间的 242.1 高地和第 331 步兵团。

01:00（莫斯科时间 7 月 18 日 03:00），第 339 步兵团右翼遭到有装甲支援的两个苏军步兵团的进攻。苏军在维诺格拉多夫卡北边达成突破，但被德军的反击击退。

✿ 242.1 高地之战，1943 年 7 月 18 日

时长：一天　　　正面宽度：16.4 千米　　　地形：丘陵，混合地形

天气：多云且更热，有雷阵雨，正午气温为 20℃　道路状况：无变化

	进攻方	防御方
部队番号	步兵第 183 师、坦克第 2 军、近卫坦克第 2 军	第 167 步兵师
配属兵力	见下文	见下文
总兵力	24539	17481
装甲车（辆）	131（含 47 辆轻型坦克）	18
火炮（门）	191	147
空军（架次）	昼间 23、夜间 12	0
减员（人）	1069（311 人死亡、633 人负伤、125 人失踪）	190（37 人死亡、150 负伤、3 人失踪）
战车损失（辆）	43	1
火炮损失（门）	19	0
俘房（人）	1	不详

德军配属兵力（均为 7 月 17 日配属）

第 228 突击炮营（欠 1 个连，该营 7 月 18 日调离，不计入本表）

第 54 火箭炮团 1 营

坦克第 2 军接到命令，于 04:00 发动进攻。07:30（莫斯科时间 09:30），第 339 步兵团报告称，大量苏军坦克在普拉沃罗季公路一带活动。一些报告声称，该师战线上共有 100—120 辆苏军坦克！12:15（莫斯科时间 14:15），第 19 装甲师的一支反击部队到达第 167 步兵师的地域。13:00（莫斯科时间 15:00），正当其指挥官在师部了解情况时，苏军再次出动 38 辆坦克和搭乘卡车的步兵，进攻了第 339 步兵团左翼。与此同时，德军在日洛莫斯特诺耶也发现了 30—40 辆苏军坦克。德军呼叫近距离空中支援，但没有得到回应。第 167 步兵师火力全开，并在坦克的支援下发动反击，然后将苏军击退。

坦克第 2 军当天（7 月 18 日）前进了 3—4 千米。其摩步第 56 旅和坦克第 169 旅在 24:00（莫斯科时间 7 月 19 日 00:00）之前，到达了伊万诺夫卡以北 500 米处

第 54 火箭炮团 2 营

第 38 高炮营 1 连

第 54 火箭炮团团部

第 503 重装甲营 1 连（7 月 18 日配属）

第 127 工兵营（7 月 18 日配属）

第 38 高炮团 2 营（7 月 18 日配属）

苏军兵力

步兵第 183 师

坦克第 2 军

反坦克歼击炮兵第 32 旅第 1850 团（7 月 17 日配属，计入本表）

反坦克歼击炮兵第 32 旅第 1854 团（7 月 17 日配属，计入本表）

近卫坦克第 2 军

反坦克歼击炮兵第 301 团

反坦克歼击炮兵第 755 营

近卫迫击炮兵第 16 团

近卫迫击炮兵第 80 团（7 月 18 日配属，计入本表）

铁路路基——伊万诺夫斯基移民新村以东无名高地北坡一线。坦克第99旅前出到亚斯纳亚波利亚纳以东两千米处铁路路基处。坦克第26旅在维诺格拉多夫卡激战一天后，从北面迂回，前出到共青团员国营农场以东500米处铁路路基。该军当天损失了2辆T-34、7辆T-70（估计）。步兵第183师也声称当天进攻了维诺格拉多夫卡，但没有进展。

近卫坦克第2军以近卫坦克第25旅和第26旅进攻242.1高地，以近卫摩步第4旅掩护左翼。不出德军所料，苏军坦克从01:00（莫斯科时间7月18日03:00）开始，向第331步兵团左翼的242.1高地发起进攻。03:00，近卫坦克第2军的先遣支队报告称，他们在242.1高地地域遭遇德军，并将德军挤到了一旁，占领了高地。03:30，该先遣支队遭到德军反击，被迫撤到高地北坡。德军报告称，他们发动的反击肃清了突入防线的3辆苏军坦克，"虎"式坦克连（第503重装甲营1连）随后前往242.1高地。

04:30，近卫坦克第25旅和第26旅在炮火的掩护下，克服了谢米多布诺耶树林（ур. Семидобное）方向上的德军火炮、迫击炮和坦克的火力干扰，再次对高地发动了进攻。05:20（莫斯科时间07:20），德军报告显示，30辆苏军坦克搭载着步兵，进攻了第331步兵团左翼。05:00（莫斯科时间07:00），第228突击炮营也进入了242.1高地——维诺格拉多夫卡地域，与"虎"式坦克会合，并且加强第339步兵团和第331步兵团的结合部。07:00，近卫坦克第25旅已经前进到谢米多布诺耶树林东北100米处，而近卫坦克第26旅到达了树林东边的路口处。06:00（莫斯科时间08:00），第167步兵师请求近距离空中支援和第7装甲师的援助，但为时已晚，因为苏军已经打垮了该师在242.1高地的防线。"虎"式坦克击毁许多苏军坦克，余下的苏军坦克向北撤退。不过，苏军的两个步兵营仍在继续进攻，炮兵也在猛烈轰击第339步兵团右翼。到09:30，近卫坦克第2军再次拿下242.1高地。德军报告称，自天亮以后，苏联空军大批出动，实施了轰炸。

第228突击炮营在接到一堆命令后，于10:00（莫斯科时间12:00）退出了战斗，开始前往第52步兵军的地域。这样，德军两个步兵团的结合部变得十分薄弱，苏军再次出动坦克进攻那里，并在那里撕开了一道口子。在这千钧一发之际，师属第238侦察营的部分兵力发动反击，化险为夷。随后，突击炮营接到命令，要在13:00（莫斯科时间15:00）之前脱离战斗，前往洛索沃（Losovo）地域支援第52步兵军。

❖ 第 19 装甲师按兵不动，1943 年 7 月 18 日

时长：一天　　　　正面宽度：6.3 千米　　　　地形：丘陵，混合地形

天气：阴有阵雨，正午气温为 20℃　　　　道路状况：良好

	进攻方	防御方
部队番号	近卫步兵第 89 师	第 19 装甲师
配属兵力	无	见下文
总兵力	5396	16321
装甲车（辆）	0	30（含 5 辆轻型坦克）
火炮（门）	48	127
空军（架次）	0	0
减员（人）	0	37（5 人死亡、30 负伤、2 人失踪）
战车损失（辆）	0	0
火炮损失（门）	1	0
俘虏（人）	0	不详

德军配属兵力

第 70 工兵营

第 411 工兵营第 2 B 型架桥纵队

第 842 工兵营 J 型架桥纵队

第 52 火箭炮团

第 61 高炮团 1 营（欠 1 个连）

第 429 步兵团（第 168 步兵师），欠 1 个营（该团不计入本表）

调走的部队

第 19 装甲炮兵团观测炮兵连

09:30，德军 17 辆坦克（苏军估计）和大量步兵从 234.9 高地后面，向近卫坦克第 2 军发起反击。此外，在维诺格拉多夫卡的 6 辆德军坦克也支援了此次反击，并且还得到了火炮和迫击炮的强大支援。苏军各坦克旅在人员和技术装备上都损失惨重，退回了 242.1 高地东北坡。

13:30，苏军各旅再次进攻 242.1 高地，前出到高地西南坡，但再次遭到火炮和迫击炮的猛烈打击。经过四小时的战斗，各旅在受到损失后被迫退回东北坡，再次巩固防御，并继续与德军对射。242.1 高地在一天内被六度易手！

第 503 重装甲营 1 连声称其击毁了 30 辆苏军坦克，第 167 步兵师的步兵声称其击毁了 6 辆苏军坦克。近卫坦克第 2 军当天损失了 29 辆 T-34 和 2 辆 T-70。

14:30（莫斯科时间 16:30），第 127 工兵营部分人员奉命在师战线的前方布雷；第 538 筑路营奉命修筑防御工事，并改善师地域内的道路状况。晚上，苏军反复出击，占领了该师防线。德军开始构筑新的防线，为次日的战斗进行试射，并打算在 7 月 19 日夜间撤往"布伦希尔德"（Brunhilde）防线。日终时，德军注意到在维诺格拉多夫卡和日洛莫斯特诺耶以南的进攻中苏军的步兵最多，因此推断这些地方很可能会有更多进攻。苏军步兵第 375 师报告称，他们前出到日洛莫斯特诺耶以南山谷的北坡，但无法继续前进了。

第 3 装甲军

当 SS 第 2 装甲军撤出战斗之时，第 3 装甲军所部仍在坚守战线，并开始慢慢退向别尔哥罗德。

第 7 装甲师准备下一道防线

此时，已经位于后方的第 7 装甲师应当进入第 48 装甲军的地域，参加"罗兰"行动。因此，他们接到的命令是从 232.8 高地—卡林诺夫卡—247.0 高地一线出发，占领高尔基以东高地和沃兹涅先诺夫卡西南。

然而，这个目标有些过于乐观，因为第 7 装甲师此时只有 48 辆坦克和"黄鼠狼"可出动。但这还不是最关键的，由于路面软烂，该师一时半会儿还无法去换下新谢洛夫卡以西的大德意志师。

在"罗兰"行动取消后,第 7 装甲师又奉命在米哈伊洛夫卡集体农庄以东建立防御阵地。该农庄位于雅科夫列沃正北,在普罗霍罗夫卡西南 12 千米处。德军打算在 7 月 20 日撤到米哈伊洛夫卡—卢奇基一线,而这段防线的起点正好是第 7 装甲师修筑的。这段防线位于 SS 第 2 装甲军的地段内,可掩护警卫旗队师和帝国师撤退。第 7 装甲师当天没有进行任何战斗。

第 19 装甲师准备撤退

第 19 装甲师的正面缩短后,该师位于普洛塔正东至库兹明卡一线。当天,双方除了互相进行干扰射击,基本上没有其他活动。第 52 火箭炮营的 1 营和 2 营声称自己以精准的射击炸掉了当面的苏军目标。德军第 19 装甲工兵营的多个爆破班,摧毁了后方一切无法回收的武器装备。

第 6 装甲师准备撤退

第 6 装甲师奉命于当天撤出一线,并组建一支快速反应部队,以便在军里应对苏军的突破。03:00(莫斯科时间 05:00),苏军从东北面进攻了亚历山德罗夫卡,并一直冲到了德军阵地前 20 米处,但最后被打退。德军声称,苏军在这次失败的进攻中有 120 人被打死。德军俘虏了 6 人。根据德军的说法,有一些手拿武器的妇女也参加了进攻。在这次进攻之后,德军发现,一个活着的女人就在她战友们的遗体下方。这个说法没有得到苏军记录的印证,而且苏军根本就没有这次进攻的记录。笔者无法确认苏军此次进攻的队伍里都是妇女,还是只有一名妇女,其余全是男人。不过,后者的可能性更大。

当天,第 6 装甲师在位于新奥斯科奇诺耶和克里夫措沃的集结地域,组建了一支快速反应部队。该部队的指挥官听命于第 168 步兵师。这支部队应该不大,因为该师此时只有 17 辆坦克可出动。[3]

从 7 月 18 日晚至 19 日凌晨,第 6 装甲师于 02:00(莫斯科时间 7 月 19 日 04:00)时在 222.1 高地遭到进攻,而进攻的苏军大约有两个连的兵力。进攻方打开了一个很小的突破口,但很快就被击退。[4]

第 168 步兵师防守

第 168 步兵师当天仍待在原地。除了有一些空中活动，夜晚非常平静。该师在夜间调整部署，换下了一支部队。一支大约有 15 名侦察兵的苏军队伍试图渗透第 442 步兵团的防线，但很快被击退。

白天就更平静了，偶有火炮和迫击炮射击。第 651 工兵营所部奉命清理苏军雷场，并在师现有的防线前方布雷。第 576 筑路营奉命在该师地段改善道路和筑路。

第 69 集团军

当天，第 69 集团军也在防守日洛莫斯特诺耶—列别德基山谷一线。[5] 除步兵第 183 师进攻了维诺格拉多夫卡以外，其他部队当天没有进行大规模战斗。步兵第 375 师推进到日洛莫斯特诺耶以南山谷的北坡。另外 8 个师当天基本没有上报任何活动[6]，近卫步兵第 92 师和第 93 师只是略微调整了位置。7 月 17 日晚至 18 日凌晨，损失惨重的近卫步兵第 92 师，接管了损失很大的近卫步兵第 93 师在阿夫杰耶夫卡向东至新赫梅列沃伊之间的波多罗日内深谷（Яр Поддорожная）—茹拉夫利内深谷（Яр Журавлиный）一线的阵地。这里位于阿夫杰耶夫卡东南。近卫步兵第 92 师的东西两边分别为步兵第 375 师和近卫步兵第 93 师。近卫步兵第 93 师的两个团前出至红旗村，在格涅兹季洛夫卡西南 400 米处—阿夫杰耶夫卡东南侧—红旗村东南一千米处—222.1 高地西南坡—茹拉夫利内山谷一线展开。近卫步兵第 93 师上报当天有 4 人负伤。近卫步兵第 92 师在当天可能也有减员，但没有上报。步兵第 107 师虽然在 7 月 17 日被转隶给近卫步兵第 35 军，但是仍在之前的拉祖姆纳亚河谷一线防守。在其左边的近卫步兵第 94 师将战线延伸到了 210.3 高地—阿尔卡季耶夫卡（Arkadyevka）。这条战线在阿尔卡季耶夫卡与近卫步兵第 15 师的防线连上了。

空中支援

第 168 步兵师报告称，苏联空军在夜间有些活动，并且轰炸了该师地段。第 19 装甲师报告称，苏联空军夜间活动不多。05:30（莫斯科时间 7 月 18 日 07:30），大批苏军轰炸机猛烈地打击了该师的炮兵和高炮阵地。第 272 高炮营击落了一架佩 -2。第 6 装甲师报告称，夜间有少许空军活动。第 168 步兵师报告称，苏联空军在白天的活动强度有所减弱。

❄ 第6装甲师准备后撤，1943年7月18日

时长：一天　　　　正面宽度：14.4千米　　　　地形：丘陵，混合地形

天气：多云，炎热，有雷阵雨，正午气温为20℃

道路状况：坡度较大地段难以通车

	进攻方	防御方
部队番号	近卫步兵第92、近卫步兵第93师、步兵第305师	第6装甲师
配属兵力	无	见下文
总兵力	15407	18404
装甲车（辆）	0	23（含2辆轻型坦克）
火炮（门）	79	108
空军（架次）	0	0
减员（人）	4（4人负伤）	103（15人死亡、86人负伤、2人失踪）
战车损失（辆）	0	0
火炮损失（门）	18[7]	0
俘虏（人）	1	不详

德军配属兵力

第54火箭炮团3营

第43高炮团2营

第91高炮团轻型高炮营

第204情报队

调走的部队

第76装甲炮兵团观测炮兵连

❋ 第168步兵师不动，1943年7月18日

时长：一天　　　　正面宽度：32.8千米　　　　地形：丘陵，混合地形

天气：晴朗温暖，晚些时候有雷雨，正午气温为20℃

道路状况：雷雨过后，局部道路泥泞

	进攻方	防御方
部队番号	近卫步兵第94师、步兵第107师	第168步兵师
配属兵力	无	见下文
总兵力	11806	14044
装甲车（辆）	0	0
火炮（门）	68	107
空军（架次）	12（夜间）	0
减员（人）	43（7人死亡、25人负伤、11人失踪）	117（19人死亡、95人负伤、3人失踪）
战车损失（辆）	0	0
火炮损失（门）	1	4
俘虏（人）	0	不详

德军配属兵力

第228突击炮营2连（7月18日调离，不计入本表）

第61高炮团1营轻型高炮连（不计入本表）

仍未回归建制的部队

第248工兵营（欠3个连，该营计入本表）

第429步兵团（欠1个营，该团计入本表）

第7装甲师配属兵力

第9工兵营B型架桥纵队

第505工兵营第1B型架桥纵队

第843工兵营J型架桥纵队

第99高炮团团部（7月18日调离）

第38高炮团2营（7月18日调离）

第62炮兵团2营

德军调走的部队

第 78 装甲炮兵团观测炮兵连

团级战斗群

第 3 装甲军直属部队

第 674 工兵团团部

第 925 架桥指挥部

第 602 工兵营 B 型架桥纵队

第 153 高炮团团部

第 3 炮兵指挥部

第 612 炮兵团团部

第 62 炮兵团 2 营

第 71 炮兵团 2 营

第 857 重型炮兵团

第 13 轻型观测炮兵连的一个排

第 19 装甲炮兵团观测炮兵连（第 19 装甲师）

第 76 装甲炮兵团观测炮兵连（第 6 装甲师）

第 2 油料纵队

第 545 装甲抢修排

第 503 重装甲营

团级战斗群（第 7 装甲师）

第 167 步兵师（7 月 16 日转隶该军）

第 7 装甲师（7 月 17 日调离该军）

苏军兵力

近卫步兵第 94 师

步兵第 107 师（不含步兵第 522 团，即 1/3 兵力）

　　　反坦克枪第 123 营

　　　坦克第 148 团（不计）

后方地域

德军不仅在撤退，也在转移后方地域。第 3 装甲军 7 月 18 日的命令在 00:30（莫斯科时间 7 月 18 日 02:30）发布，其部分内容如下：

> 1.）转移：所有 10 岁以上的男性和所有有劳动能力的女性平民，都应通过行军路线的一侧撤往后方。类似地，所有牲畜都应转移。
>
> 别尔哥罗德城防司令负责管理平民。

这当然不算什么新鲜事，很多德军部队都接到了类似的命令。这一严酷的事实可以让人们看出德国剥削东方的本性。不过，命令的执行情况有些令人困惑，例如作战日志指出，7 月 18 日 18:15（莫斯科时间 20:15）"必须立即停止难民返回。集团军必须为平民架桥。" 22:55（莫斯科时间 7 月 19 日 00:55），军的作战军官打电话重申了军的命令，即 "……所有兵役年龄的男性和 10 岁以上的男性，以及所有体格健全、适合劳动的女性，都应抓起来，送往顿涅茨河以西。" 7 月 19 日 06:00（莫斯科时间 08:00）的作战日志提到，军的军需官与肯普夫集团军级支队商讨平民转移事宜，"……别尔哥罗德城防司令会提供接收营地，运送平民的工作由集团军群执行。"

至于平民有多少被转移，又有多少能在战后回到家乡，我们不得而知。

德军撤退情况，7 月 18 日的总结

在苏军 8 月 3 日反攻之前，7 月 18 日是库尔斯克会战南线激战的最后一天。苏联人的历史著作常常声称，是他们 7 月 18—24 日的进攻迫使德军退回别尔哥罗德的。德方则声称他们是自行撤退的。无疑，在 7 月 16—17 日的平静期之后，双方在 7 月 18 日进行了最后一轮的作战活动，之后又逐渐沉寂了下来。

7 月 16 日和 17 日，德军在整个战线上死亡、负伤和失踪的人数是 1950 人，而苏军方面是 4456 人。7 月 18 日，德军和苏军各损失了 888 人和 4150 人。对苏军来说，这天的战斗显得更加激烈，但其当天的损失与 7 月 5—15 日中任何一天的损失相比，都要少得多。在激烈程度上，这天的战斗也无法与 7 月 12 日和 13 日的战斗相提并论，苏军这天的进攻要克制得多。例如，苏德 7 月 12 日的战损比为 8.5：1，而 7 月 18

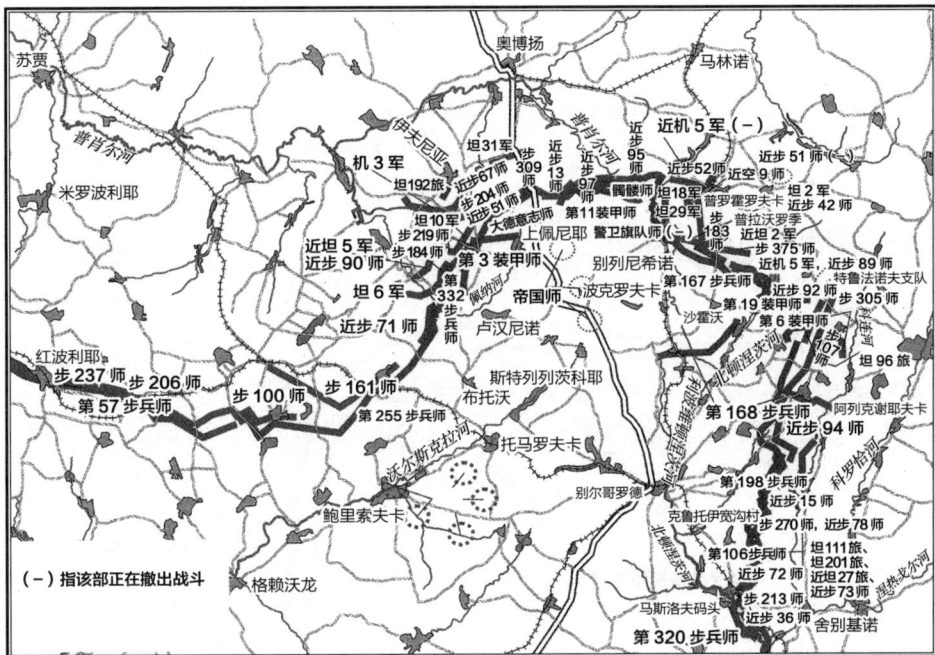

1943 年 7 月 18 日态势图

日的战损比为 4.7 ：1。

德军一线防御部队此时只剩 14 个师。3 个较大的装甲掷弹兵师已经后撤，不过仍然可以随时返回战场。

第 27 集团军和第 53 集团军前出

为了应对德军的进攻，苏军又利用 3 个集团军建立了新的防线，每个集团军都加强有 1 个坦克/机械化军。7 月 14 日，下辖 6 个步兵师和 1 个坦克旅的第 27 集团军，到达奥博扬以北，掩护库尔斯克。近卫坦克第 4 军于 7 月 11 日到达了奥博扬和库尔斯克之间的地域。这些兵力将会南下，于 7 月 19 日早晨到达奥博扬西南面的普肖尔河南岸。[9]

下辖 7 个步兵师和机械化第 1 军的第 53 集团军位于普罗霍罗夫卡后面，涅恰耶沃—布尼诺（Bunino）之间的谢伊姆河岸边。他们自 7 月 12 日起就在那里了。然后，他们会在 7 月 16 日 08:00 之前，在斯科罗德诺耶一带集结。[10]

沃罗涅日方面军直属
75

坦克第 10 军
78

坦克第 1 集团军
341
（312+29 加强）

近卫第 5 集团军
4

近卫坦克第 5 集团军
332

近卫坦克第 5 军
34

近卫第 6 集团军
16

坦克第 2 军
69

第 38 集团军
0

第 40 集团军
12

近卫坦克第 2 军
31

第 2 集团军

22 第 69 集团军

第 52 步兵军　0

350

449

166

SS 第 2 装甲军

第 48 装甲军

第 3 装甲军

80 近卫第 7 集团军

第 4 装甲集团军

劳斯军　32

德军 997 辆坦克对阵苏军 1094 辆坦克
数量比为 0.91：1

肯普夫集团军级支队

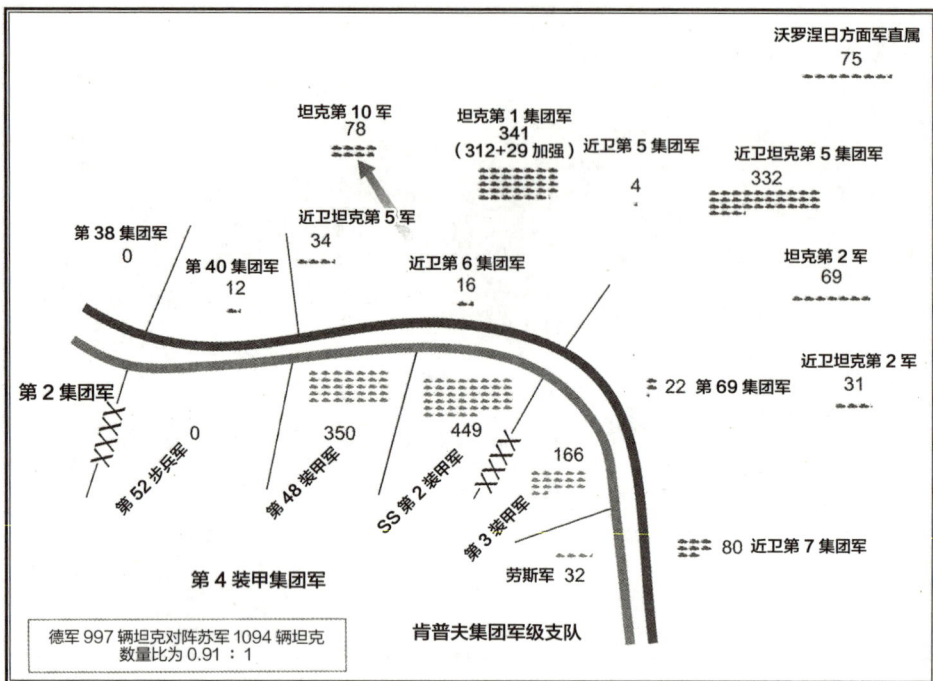

1943 年 7 月 18 日晚，库尔斯克南线的战车实力对比

　　7 月 18 日，朱可夫和华西列夫斯基监督了第 69 集团军、近卫第 5 集团军和近卫坦克第 5 集团军的进攻，并观察了坦克第 18 军和第 29 军在共青团员国营农场和伊万诺夫斯基移民新村的战斗情况。扎多夫和罗特米斯特罗夫的部队只前进了 4—5 千米，这点进展有些难看。近卫第 6 集团军也只拿下了上佩尼耶地域的一个高地。朱可夫和华西列夫斯基认为奇斯佳科夫的部队已经极度疲劳，于是决定从马纳加罗夫中将的第 53 集团军中抽调部分兵力。[11] 因此，在接下来的几天里，近卫第 6 集团军只进行了规模有限的战斗。

　　下辖 6 个步兵师和近卫机械化第 3 军的第 47 集团军，于 7 月 14 日和 15 日在科罗恰一带集结，并且此时仍在那里。

德军的撤退方案

　　由于道路数量有限，加上天气恶劣，德军的撤退受到影响。16:30（莫斯科时间 18:30），集团军命令进行总撤退。17:10（莫斯科时间 19:10），该命令被撤销，各师排好队伍，略微向后移动。18:00（莫斯科时间 20:00），第 11 装甲师和髑髅师被转隶给第 48 装甲军。德军计划在 7 月 19 日和 20 日建立一系列防线，以便部队在夜间后撤。各部奉命要将被放弃地域内的所有桥梁摧毁，所有村庄烧光。一切不能回收的车辆都要摧毁。

7 月 18 日晚至 19 日凌晨，第 4 装甲集团军（实际是第 48 装甲军）的战线位于捷捷列维诺正北的 258.2 高地—244.5 高地—239.6 高地—韦肖雷北边—索罗京诺学校—240.4 高地以南路口—251.4 高地—+1.8 岗丘上埋石图根点—258.5 高地一线。7 月 19 日晚至 20 日凌晨，该军的战线位于卢奇基西南一千米处树林北边—米哈伊洛夫卡集体农庄—254.5 高地—230.1 高地—瑟尔采沃以南丘陵—斯皮钦（Spitsin）以北丘陵—234.8 高地—恰帕耶夫东南丘陵。这基本上就是 7 月 6 日的战线。在到达这一线后，髑髅师应当与敌人脱离接触，撤往后方。

此时，由于天气和交通的影响，道路变得十分松软，轮式和履带式车辆也只能离开道路，在野地里通行。日落时分又下起了大雨，德军数以千计的各种车辆在所有大小道路上挤作一团。这些车有的属于师和集团军的部队，有的属于后勤和空军，还有的属于通信兵，它们的前进速度"只能用米来衡量"。

撤退，7 月 19—24 日

在这六天里，德军进行了有序的撤退。由于库尔斯克数据库只有截至 7 月 18 日的数据，我们手头没有撤退期间双方的详细记录。不过，这些相关记录肯定是存在的，留待其他人去全面挖掘。我们手头的资料表明，德军这六天的损失不会高于 7 月 18 日的损失。7 月 18 日应该是撤退期间战斗最激烈的一天，而且苏军在得知德军仍然要进行一定的战斗后，并没有更加积极地展开进攻。这样做非常明智，尽管与普罗霍罗夫卡的另一个神话产生了矛盾。德军得以继续将装甲部队撤出战斗。髑髅师、第 7 装甲师和第 19 装甲师于 7 月 20 日晚撤到后备阵地。只有第 3 装甲师、第 11 装甲师和第 6 装甲师还在一线。

停止推进

正在推进的苏军仍未到达最初位置。德军在其出发线以北 4—5 千米处的低矮丘陵上仍维持着一道良好的防线。此时，德军只有11个师把守防线，即3个装甲师（第6装甲师、第11装甲师和第6装甲师）和全部8个步兵师（第57步兵师、第255步兵师、第332步兵师、第167步兵师、第168步兵师、第198步兵师、第106步兵师和第320步兵师）。第11装甲师和第19装甲师进入后备阵地，只有第6装甲师还在一线。德军成功与敌人脱离了接触，并将全部4个装甲掷弹兵师和2个装甲师撤往后方。这几个装甲师现在归第52步兵军指挥。苏军也将全部装甲兵团撤出一线，布置在战线中央，与近卫第5集团军在一起。

随后，沃罗涅日方面军在新的阵地巩固防御，由于"敌人将我们原有的阵地和雷场用于防御，继续前进变得十分困难。因此，在这一线继续使用坦克师是不明智的。"瓦图京命令近卫坦克第5集团军撤出一线，进行休整，并补充油料、弹药和食品。扎多夫的近卫第5集团军接管了他们的阵地。坦克第2军和近卫坦克第2军被配属给扎多夫。罗特米斯特罗夫所部当夜撤到了后方。

在修正版的《回忆与思考》中，朱可夫认为苏军没能积极追击德军的原因不仅在于近卫第6集团军、近卫第7集团军和坦克第1集团军极度疲惫，还在于"近卫坦克第5集团军不够积极"。朱可夫就此次追击和其他事项对罗特米斯特罗夫的批评，在1992年之前出版的所有《回忆与思考》中均被删除了。[12]

近卫第6集团军、近卫第7集团军和坦克第1集团军在追击过程中的作用有限。正如朱可夫所说，他们已经精疲力竭了。另一方面，斯大林要求沃罗涅日方面军和草原方面军在7月23—24日转入反攻。经过反复讨论，斯大林再次被劝住了。这些部队需要补充燃料、弹药和其他物资。他们需要组织进攻、进行侦察和调整部署，尤其是炮兵和坦克部队。斯大林给了他们八天时间。[13]

库尔斯克会战的这一阶段显然已经结束了。欧洲第一个法西斯独裁者的政权也倒台了。7月24日，意大利国王解除了墨索里尼意大利武装力量总司令的职务。次日，墨索里尼被捕。

亲爱的爸妈：

从前线向你们致意！

我终于能在晚上休息一下了。在过去的两个星期里，我们在库尔斯克以南作战。我们的团消灭了50辆德军坦克，但我们差不多损失了所有坦克。步兵经常撤退，所以我们得自己抗击德军坦克。我们打得很勇猛，挡住了德国人。我最好的朋友，来自哈尔科夫的维克多·霍缅科去世了。他直接朝德军坦克射击，并将其打着了。燃烧的坦克就直接朝他压了过去。我们部队现在正在调整部署。我们拥有了更多的武器和兵力。

亲爱的爸妈，这是一场大胜仗。我们不久会在我们心爱的哈尔科夫团聚。拥抱和亲吻。

谢苗

这封信是某反坦克歼击炮兵团的炮兵连长谢苗·莫伊谢耶维奇·戈夫兹曼（Semen Moiseyevich Govzman）在 1943 年 7 月 18 日写的。这也是他最后的一封家书，因为他在 1943 年 7 月 25 日的战斗中牺牲了。[14]

❀ 扎多夫的分析

以下内容出自扎多夫的回忆录：

我们这些普罗霍罗夫卡之战的直接参与者经常被问到一个问题，那就是沃罗涅日方面军各集团军在 7 月 12—23 日的反击过程中为何（推进得）如此之慢。

我尝试以我在近卫第 5 集团军的经历来回答这个问题。在我看来，一个原因在于，敌人虽然在进攻中损失很大，但是仍有很多兵力，特别是坦克和飞机，可以进行积极防御。德国法西斯军队拼命地抵抗我们的进攻部队，他们经常以 30 辆甚至更多的坦克组成的坦克群发动反击。

与此同时，近卫第 5 集团军的部队在长达 50 多千米的宽大战线上进攻，而且由于只有建制内不多的兵力和武器，部队没有足够的火力杀伤敌人。比如，我手头只有两个集团军属的反坦克歼击炮兵团、一个近卫迫击炮兵团、一个加强的迫击炮兵旅，并且只有 0.5 个弹药基数。由于各步兵师缺乏支援步兵的坦克，这严重影响了我们前进的速度。

我认为有必要指出另一个原因。集团军被投入战斗，但我们并不清楚这一地段的态势。实际上，这里的态势极为困难和紧张。集团军司令部无法定时从方面军司

705

令部得到敌人和友军的情报。造成这种情况的原因显然在于敌人正在不断向前推进。不能说我们不关心当面的事态。7月11日，我在搜集情报时见到了近卫第6集团军副司令特鲁布尼科夫（K. P. Trubnikov）中将3。他的情报在某种程度上帮助我们确定了集团军下一步行动的细节。

我记得7月16日那天，最高统帅部大本营代表兼最高副统帅朱可夫元帅抵达了我的指挥所。他很想知道，集团军是如何被组织起来并参与到7月12日的反击的。他、我和集团军炮兵司令波鲁埃克托夫（G. V. Poluektov）少将讨论了这一问题。当我们独处的时候，朱可夫对集团军投入战斗的组织工作非常不满，并且狠狠地训斥了我，因为这样一个齐装满员、训练有素的集团军在被投入战斗时，却没有坦克加强，没有足够的火炮，并且极度缺乏弹药补给。格奥尔吉·康斯坦丁诺维奇（朱可夫）最后说道：

"如果方面军司令部因为种种原因未能及时给集团军提供所有必需的东西，那么你就应该坚持向方面军司令提出要求。或者，在极端的情况下，你还可以求助于最高统帅部大本营。集团军的司令、军长以及师长要为集团军部队及其任务的完成负首要责任。"

整个战争期间，我都记得朱可夫元帅的建议，并以此为指导。顺便说一下。当时，我的脑子里根本就没有要向最高统帅部大本营请求提供情报和帮助的想法。[15]

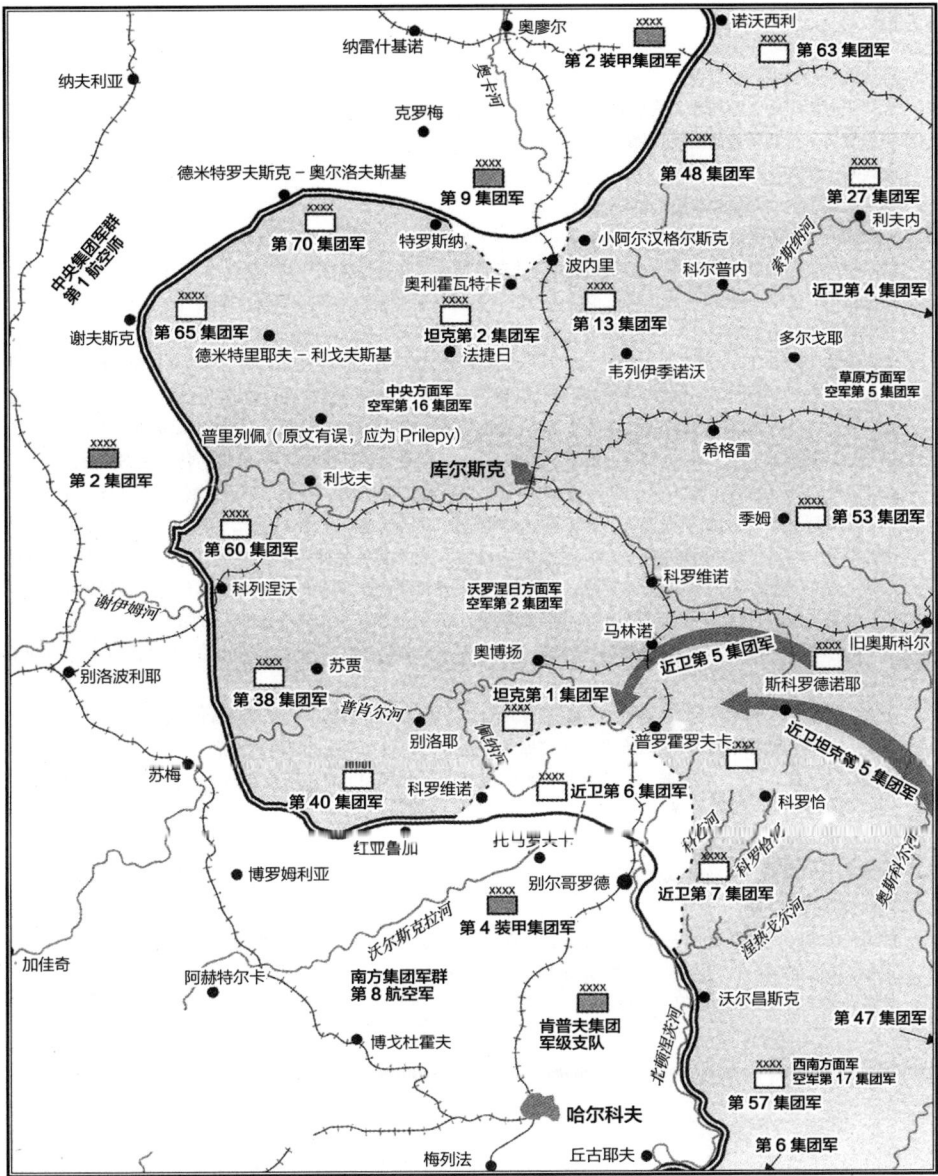

纳夫利亚

中央集团军群
第 1 航空师

谢夫斯克

第 2 集团军

别洛波利耶

苏梅

加佳奇

阿赫特尔卡

博戈杜霍夫

奥廖尔

纳雷什基诺

克罗梅

德米特罗夫斯克 - 奥尔洛夫斯基

第 70 集团军

特罗斯纳

奥利霍瓦特卡

德米特里耶夫 - 利戈夫斯基

第 65 集团军

普里列佩（原文有误，应为 Prilepy）

利戈夫

科列涅沃

谢伊姆河

第 60 集团军

苏贾

第 38 集团军

普肖尔河

别洛耶

科罗维诺

第 40 集团军

红亚鲁加

比利哥大士

博罗姆利亚

沃尔斯克拉河

诺沃西利

第 2 装甲集团军

第 63 集团军

第 48 集团军

第 27 集团军

利夫内

第 9 集团军

小阿尔汉格尔斯克

波内里

科尔普内

索斯纳河

近卫第 4 集团军

坦克第 2 集团军

法捷日

第 13 集团军

韦列伊季诺沃

多尔戈耶

草原方面军
空军第 5 集团军

中央方面军
空军第 16 集团军

希格雷

库尔斯克

季姆

第 53 集团军

沃罗涅日方面军
空军第 2 集团军

奥博扬

坦克第 1 集团军

佩纳河

近卫第 6 集团军

科罗维诺

普罗霍罗夫卡

近卫第 7 集团军

别尔哥罗德

第 4 装甲集团军

南方集团军群
第 8 航空军

肯普夫集团
军级支队

哈尔科夫

梅列法

丘古耶夫

马林诺

科罗维诺

旧奥斯科尔

斯科罗德诺耶

近卫第 5 集团军

近卫坦克第 5 集团军

科尔河

科罗恰

科罗恰河

涅热戈尔河

奥斯科尔河

沃尔昌斯克

第 47 集团军

北顿涅茨河

西南方面军
空军第 17 集团军

第 57 集团军

第 6 集团军

1943 年 7 月 5—17 日，德军攻势情况

707

注释

1. 出自庆祝库尔斯克胜利那天的官方命令。这句话是斯大林亲自加上去的。见格奥尔基·康斯坦丁诺维奇·朱可夫著《朱可夫元帅最重大的会战》第 200 页。

2. 瓦连京·维克多罗维奇·斯涅吉廖夫（Valentin Viktorovich Snegirev）少校 1918 年生于莫斯科，于 1999 年接受了费奥多尔·斯维尔德洛夫上校的采访。

3. 此外还有 8 辆黄鼠狼坦克歼击车。

4. 托马斯·L. 延茨著《装甲兵：德国坦克兵创建和作战运用完全指南，1933—1945》第 92 页。

5. 此处依据的是第 69 集团军的档案。步兵第 107 师和近卫步兵第 94 师军在列别德基山谷（Lebedki，位于卡扎奇耶以东）以南。他们当天应该解除了与第 69 集团军的隶属关系，不过仍留在原阵地。

6. 我们知道，步兵第 48 军下辖步兵第 183 师、步兵第 375 师、近卫步兵第 81 师、近卫步兵第 89 师和近卫步兵第 93 师；近卫步兵第 35 军下辖步兵第 305 师、近卫步兵第 92 师和近卫步兵第 94 师。近卫步兵第 35 军在 7 月 15 日还下辖第 53 集团军转隶的步兵第 252 师。步兵第 107 师在 7 月 17 日不再隶属于近卫步兵第 35 军，但没有转移阵地，于 7 月 20 日又回归近卫步兵第 35 军。配属给近卫步兵第 35 军的特鲁法诺夫支队于 7 月 17 日回归近卫坦克第 5 集团军。另外，第 47 集团军的步兵第 337 师也在 7 月 20 日转隶给了近卫步兵第 35 军。

7. 我们根据近卫步兵第 35 军报告（见国防部中央档案馆，第 906 全宗，第 1 目录，第 211 卷宗），将其中的近卫步兵第 93 师 7 月 17 日的数据与该师在 7 月 18 日报告的数据（见国防部中央档案馆，第 1262 全宗，第 1 目录，第 27 卷宗，第 107 页）进行对比，得出了这些重炮损失。对于火炮损失了 18 门这个数据，我们猜测这仅仅是平账后的数据，而不是当天的实际损失数。我们还怀疑苏军当天少报了人员损失。

8. 第 3 装甲军每日作战日志 [美国国家档案馆微缩胶片（NAM）T314，R198，第 000096 页、第 000893 页和第 000894 页]。

9. 戴维·M. 格兰斯和哈罗德·S. 奥伦斯坦著《库尔斯克会战 1943：苏联总参研究》第 93 页。

10. 戴维·M. 格兰斯和哈罗德·S. 奥伦斯坦著《库尔斯克会战 1943：苏联总参研究》第 93 页。

11. 格奥尔基·康斯坦丁诺维奇·朱可夫著《在库尔斯克突出部》（《库尔斯克会战》，莫斯科，进步出版社，1974 年英文版）第 49 页。

12. 见《回忆与思考》第 11 版第 58 页。

13. 格奥尔基·康斯坦丁诺维奇·朱可夫著《在库尔斯克突出部》（《库尔斯克会战》，莫斯科，进步出版社，1974 年英文版）第 51 页。

14. 感谢他的孙女、来自哈尔科夫的玛利亚·金兹布尔克（Maria Ginzburk）慷慨地提供了这封信。这封信是费奥多尔·斯维尔德洛夫上校于 1998 年 12 月 19 日转发给我的。

15. 扎多夫著《四年的战争》第 96—98 页。

总结

我和华西列夫斯基正在向他（斯大林）汇报。华西列夫斯基报告的是真实情况，这与我们的预期和意图都不符合。德军做的与我们推断和希望的正好相反。这份令人不快的报告把斯大林气坏了。他走到华西列夫斯基面前，突然问道：

"您在为谁工作，华西列夫斯基同志？"

他不明白是怎么一回事，问："这是什么意思，斯大林同志？"

"您在为谁工作，是英国人还是德国人？"

华西列夫斯基重复道："我不明白你的意思，斯大林同志。"

"您不明白？您做了这么一份报告，就好像您在为英国人工作……"

华西列夫斯基的脸变得煞白。这次交谈突然中断后，我们坐上了同一辆车。他过了很长一段时间才缓过来。

——苏联元帅格奥尔基·康斯坦丁诺维奇·朱可夫，时间地点不详[1]

库尔斯克会战的德军进攻阶段在 7 月 15 日结束了。到 7 月 20 日，德军已将 5 个师调往其他战线作战。到 7 月 24 日，德军已后撤到出发线之前几千米处。守卫这条战线的部队从左到右依次是第 57 步兵师、第 255 步兵师、第 332 步兵师、第 167 步兵师、第 168 步兵师、第 198 步兵师、第 106 步兵师和第 320 步兵师，在他们的后面有第 6 装甲师、第 11 装甲师和第 19 装甲师提供支援。4 个较大的装甲掷弹兵师和 2 个装甲师被调往其他战线。

在上述部队中，只有阿道夫·希特勒警卫旗队装甲掷弹兵师和 SS 第 2 装甲军司令部前往意大利。该师于 7 月 27 日和 28 日在斯大林诺（Stalino）登上火车，离开东线，前往奥地利的因斯布鲁克（Innsbruck），其先头部队于 8 月 3 日抵达。随后，该师经过行军，进入意大利北部，于 8 月 8 日进入波河流域。

损失相对不大的第 3 装甲师被转隶给了 SS 第 2 装甲军。7 月 30 日，该军在南面发动了一次短促的反攻，以恢复米乌斯河以西的防线。反攻于 8 月 2 日结束，该军撤回哈尔科夫。SS 第 2 装甲军司令部不带任何师就前往意大利，于 8 月 14 日接管了警卫旗队师。第 3 装甲军接管了哈尔科夫一带的 3 个师。

大德意志师和第 7 装甲师也留在了东线。大德意志师北上，支援正在节节败退的中央集团军群。他们不久会再次投入战斗，抵挡沃罗涅日方面军和草原方面军发起的库尔斯克反攻。8 月初，他们与第 3 装甲军的 3 个师和维京师会合。到 8 月 9 日，除了警卫旗队师，所有参加过库尔斯克攻势的师都再次投入战斗，抵挡苏军的反攻。维京师也赶来增援。原本作为曼施泰因预备队的第 24 装甲军已经南下伊久姆，去填补苏军凿开的窟窿，并于 7 月 19 日就投入了战斗。

这轮洗牌让别尔哥罗德一带的德军防线在遇到苏军的进攻时会变得十分脆弱，而苏军也确实在 8 月 3 日转入了进攻。

人员损失

7 月 4—18 日，在别尔哥罗德的攻势期间，德军南方集团军群损失了 34381 人，而苏军至少损失了 126808 人。

苏德减员比为 3.69∶1，德军占优。更夸张的是不可归队减员的数量，苏军有 59847 人死亡和失踪，德军有 6754 人死亡和失踪，苏德减员比为 8.86∶1。

	总减员数	死亡	负伤	失踪
德军	34381	5612	27627	1142
苏军	126808	27046	66961	32801

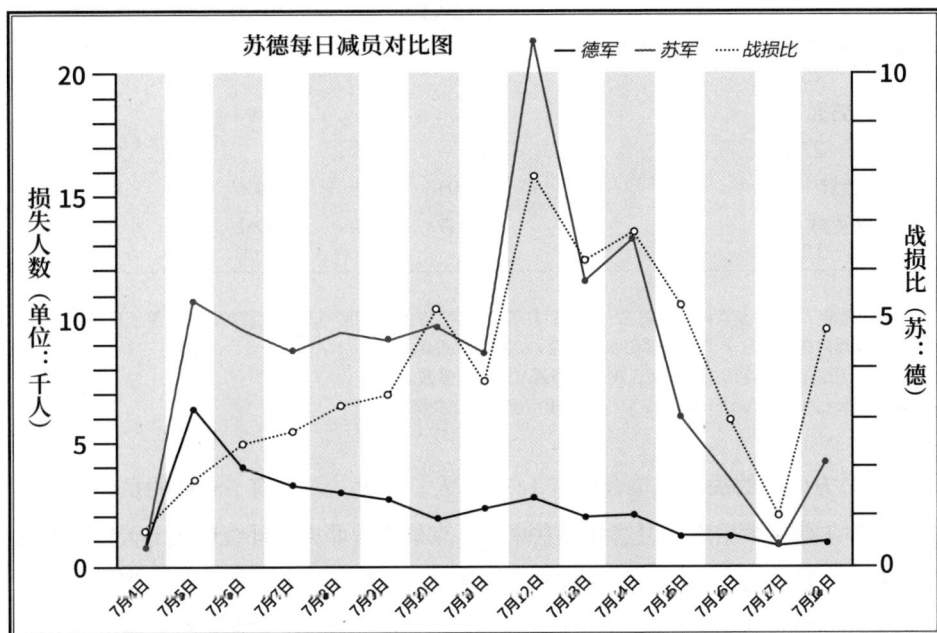

苏德每日减员对比图 —— 德军 —— 苏军 ······ 战损比

该图表明，苏德减员比在进攻最初的几天（7月4—6日）相对较小，在接下来的几天（7月7—11日）就超过了3∶1，在7月12日竟增加到7.88∶1。苏德不可归队减员比就更夸张了，为14.62∶1。该比值在接下来的几天里（7月13—17日）有所下降。等到苏军再次进攻时，减员比显示出苏军处于更加不利的地位。

这些损失数据依据的是所有参战师及其配属部队的数据。因此，即使它们有一些错误，这些错误也可忽略不计。苏联的沃罗涅日方面军和草原方面军的档案仍未解密，所以我们无法得知具体情况。不过，克里沃舍耶夫根据方面军的档案，在其著作中给出了汇总数据[①]。沃罗涅日方面军和草原方面军在7月5—23日的损失数据

[①] 译者注：在本书书后的参考文献中，克里沃舍耶夫的著作有两本。虽然作者在本段的注释中未写明汇总数据来自哪本书，但两本书中的相关数据是相同的。

见表16.1。[2]

表16.1 克里沃舍耶夫的减员数与库尔斯克数据库的减员数对比

	总兵力	"不可归队"减员 （死亡和失踪）	卫生减员 （负伤）	其他损失 （DNBI）
沃罗涅日方面军 （7月5—23日）	534700*	27542	46350	3889
草原方面军 （7月9—23日）	—	27452	42606	4670
合计		54994	88956	8559
库尔斯克数据库 （7月4—18日）		59847	66961	1116

该总兵力包含了35个步兵师（含第38集团军）、5个坦克/机械化军和6个坦克旅的兵力。至于草原方面军，
其所有参战兵力应该包含7个步兵师和5个坦克/机械化军的兵力。
苏军统计的卫生减员包含伤员和病员，其中伤员通常占绝大多数。
DNBI（Disease and Non-battle Injuries）表示患病和非战伤的减员。

两个方面军的战斗减员合计有143950人。可见，至少有20000的负伤人员没有计入库尔斯克数据库。但这并不意味着，克里沃舍耶夫额外统计的五天里就有这么多负伤人员，因为在不可归队减员的数量上，克里沃舍耶夫统计的数据与库尔斯克数据库的数据相差不大，只少了近5000人。也许很多失踪官兵后来被当作伤员来统计。但我们仍然可以断定，苏军这里的减员数低于其实际减员数。这种差异主要体现在伤员数上。[3]

装甲损失

进攻开始时，德军有1707辆战车，而苏军只有1537辆，双方战车数量比约为1.11∶1。[4] 不过，按照苏军的防御计划，大部分苏军战车直到7月6日才加入战斗。大约七天后，就在普罗霍罗夫卡之战之前，德军战车数量在7月11日减少到978辆，而苏军有1481辆，双方战车数量比约为0.66∶1。[5] 7月12日之后，战车数量比显示出德军再次处于有利地位。7月13日，苏德的战车数量分别为888辆和1103辆，比值为0.81∶1。[6] 最后，随着双方都抢修了自己的战车，战车数量比进一步向德军倾斜。7月18日，苏德的战车数量分别为997辆和1094辆，比值为0.91∶1。[7]

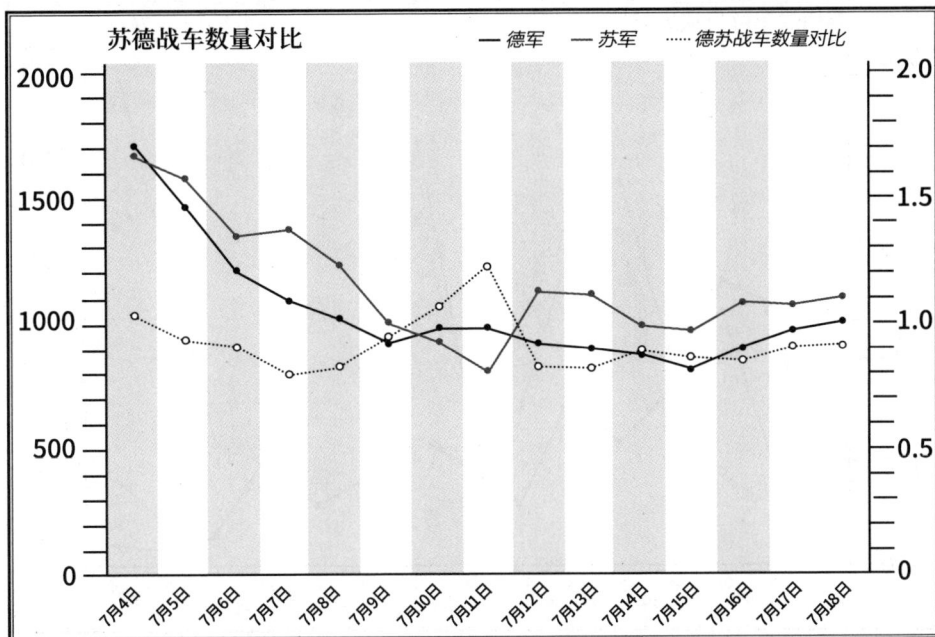

苏德战车数量对比 — 德军 — 苏军 ……德苏战车数量对比

相较于减员比，苏军的战车交换比要好一些。因被击毁、被击伤或出现机械故障而损失的战车，苏军有 2471 辆，德军有 1536 辆，双方战车交换比约为 1.61 ：1。由于德军有每日可用战车数量报告，所以其战车损失数比较准确，苏军的统计却比较零散，并且由于苏军被击伤的战车数一般是根据两份报告计算出的差值，其实际被击伤的战车的数量可能会略多一些。不过，这些数据与已经找到的档案数据接近，它们肯定与事实相去不远。

德军更善于维持战车数量，因为他们更善于维修战车，并使其重返战场。他们也更注意节约使用装甲战车，从未像苏军那样有时一天损失的战车数量就多得吓人。在为期两个星期的作战中，德军有些师被击伤的战车数超过了该师最初的战车数量，但该师的总兵力从未降到一半以下。因此，德国陆军总是可以保持相当强的进攻能力，可出动战车的数量在进攻结束时（7 月 15 日日终时）仍占最初战车数量的 48%。

苏军在维持战车数量方面就做得没那么好。在防御阶段中，苏军被击毁和被丢弃的战车数量超过了被击伤和被回收的战车数量。此外，红军的维修部门无法像德

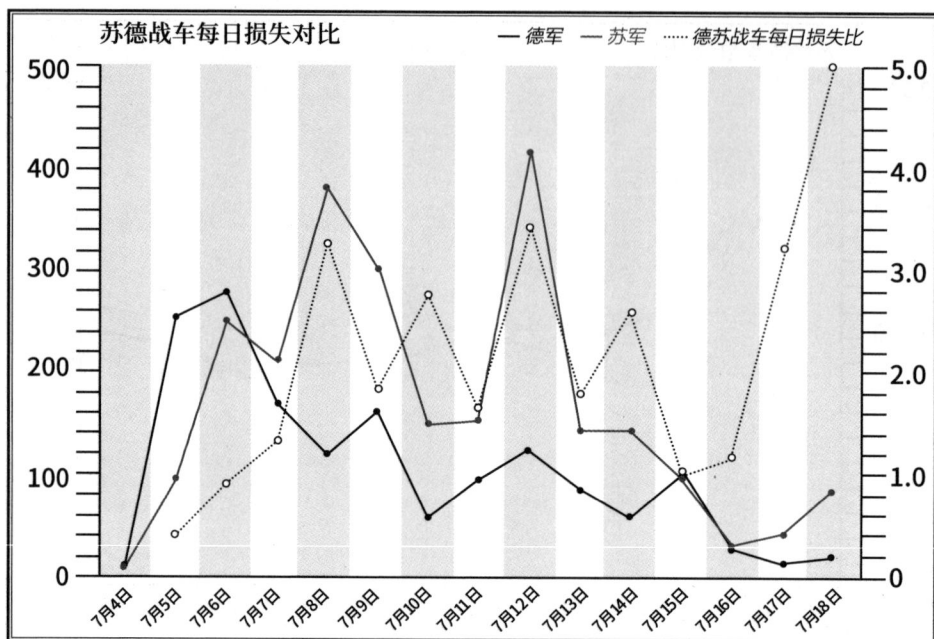

苏德战车每日损失对比　　　　　—— 德军　—— 苏军　……德苏战车每日损失比

军那样迅速而系统地将战车送回原部队。而且每日战车损失率过高，超出了苏军回收和维修的能力范围。德国各师的战车数量可以在战场平静下来时逐渐增多。苏军只有在撤出战斗后才能大量补充修复的战车。苏联的坦克军一般有 20 辆没有坦克手的备用坦克，这些坦克可用来弥补一定的损失。苏军的初始战车数量并未将这些备用坦克计入在内，至于备用坦克何时会被用上也不得而知。苏军也会以独立的坦克团和坦克旅来加强军，然后会将此情况记录在案。

兵力对比

最后，德军在战役前两天还有一个优势，即他们可以展开全部 16 个师，进攻沃罗涅日方面军，而后者需要花上几天时间，才能让所有部队投入战斗。在会战第一天，德军有 14 个师在进攻，而当面的苏军只有 7 个师，整个战线的兵力对比为2.46：1。因此，总兵力并不等于每天实际投入交战的兵力。随着战斗继续进行，德军发现兵力对比的天平越来越倾向于苏军。在苏军准备好投入草原方面军所部之时，德苏 7 月 11 日实际投入战场的兵力对比只有 1.29：1。在近卫坦克第 5 集团

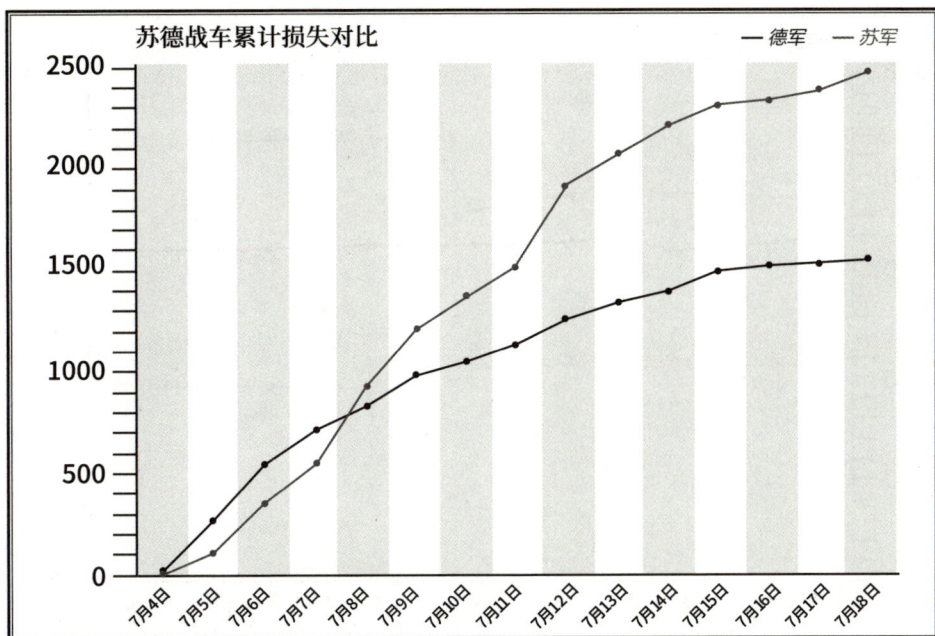

苏德战车累计损失对比　　　━ 德军　　━ 苏军

军和近卫第 5 集团军参战之后，德苏 7 月 12 日的兵力对比变成了 0.88∶1，这是自开战以来德军最差的兵力对比。此后，尽管苏军在 7 月 12 日和 13 日蒙受了巨大损失，德苏兵力对比仍在 1∶1 左右。双方后来都将各自的部队撤出一线，所以当苏军在 7 月 18 日进攻时，德苏兵力对比大约为 1.01∶1。当然，这也意味着苏军在进攻中不会占到什么便宜。

德军有可能达成突破吗？

有些作者持这样一种论调，即德军眼看就要取胜，只是希特勒决定叫停进攻才让德军没有获胜。[8] 支持这种论调的一个论点是，德军即将突破苏军的防御阵地，再投入第 24 装甲军的两个师肯定会达成突破。还有一个比较保守的论点是，德军本可以将苏军坦克第 1 集团军和近卫坦克第 5 集团军耗尽，并摧毁苏军的进攻力量。要成功实现这一目标，这差不多需要德军达成局部突破，并对苏军形成局部合围。曼施泰因表示："就我自己的集团军群而言，我指出会战现在正在关键点上，现在放弃战斗就等于将胜利白白扔掉。在彻底打败敌人已经投入的机动预备队之前，我们

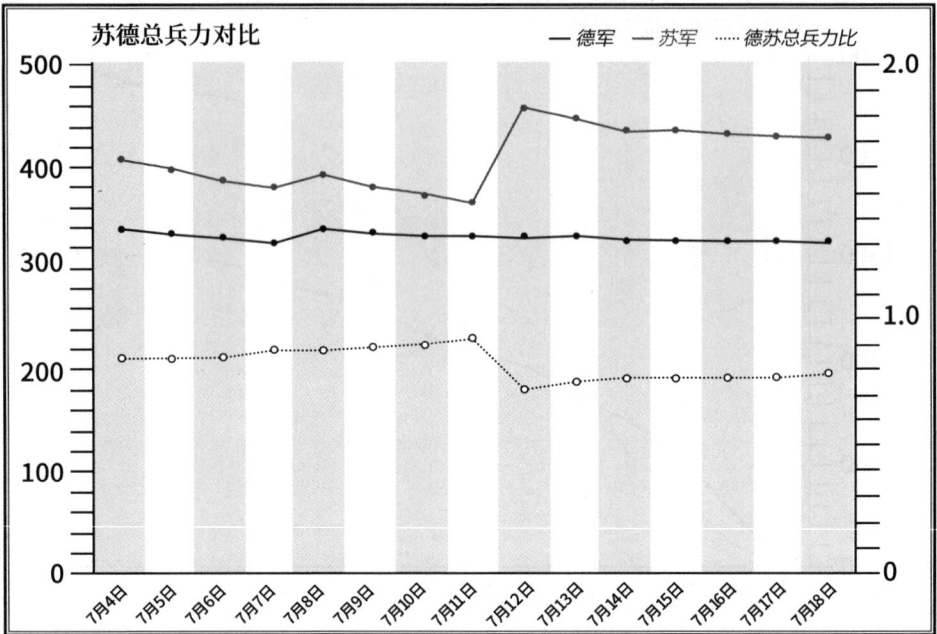

苏德总兵力对比　　　　　德军　苏军　德苏总兵力比

（纵轴左：500 400 300 200 100 0；右：2.0 1.0 0）

7月4日 7月5日 7月6日 7月7日 7月8日 7月9日 7月10日 7月11日 7月12日 7月13日 7月14日 7月15日 7月16日 7月17日 7月18日

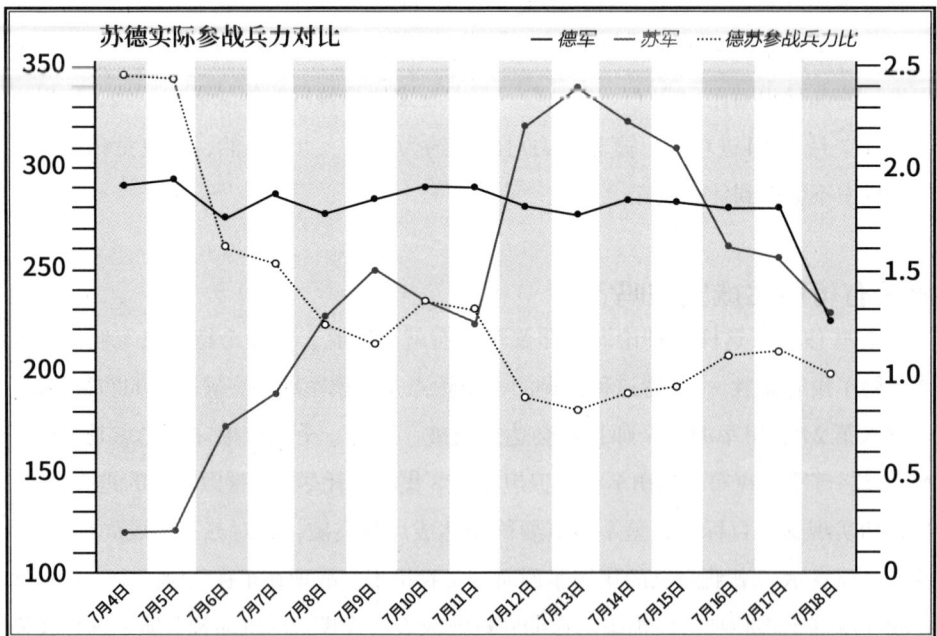

苏德实际参战兵力对比　　　　　德军　苏军　德苏参战兵力比

（纵轴左：350 300 250 200 150 100；右：2.5 2.0 1.5 1.0 0.5 0）

7月4日 7月5日 7月6日 7月7日 7月8日 7月9日 7月10日 7月11日 7月12日 7月13日 7月14日 7月15日 7月16日 7月17日 7月18日

无论如何也不该放走敌人。不过，希特勒考虑到地中海的形势和中央集团军群的情况，还是坚持停止'堡垒'行动。他做出的唯一让步是，允许南方集团军群继续进攻，直到粉碎敌人的装甲预备队为止。事实上，最后这一目标也没有达成，因为仅仅几天后，集团军群就奉命将几个装甲师转隶给了中央集团军群。"[9]

第一个论点，即德军能够达成突破，有两个问题：一是德军是否真的即将达成突破；二是在库尔斯克会战的南北两面都有交战的大背景下，这样的突破是否有意义。

希特勒在7月13日"取消"了进攻。曼施泰因在7月9日晚调动了第24装甲军。他们于7月12日到达哈尔科夫，于7月15日在别尔哥罗德地域展开。这支预备队包括了维京师（只有56辆坦克和突击炮）和第23装甲师（有64辆坦克和突击炮）。到7月13日夜，曼施泰因的全部进攻力量（第4装甲集团军和肯普夫集团军级支队的两个军）共有888辆战车。因此，投入这两个师会让战车数量增加120辆，即增加13.5%，而火炮和步兵增加的比例更小些。这虽然是一个重要的补充，但也就增加了10%多一点，好像也不足以让天平明显向着德军倾斜。

接下来的问题是将这两个师放在哪里。我们在档案中没有找到明确的答案，但从两个师7月15日的展开位置来看，他们应该都进入了第4装甲集团军的地域，每个装甲军分到一个师。当然，他们也可以被集中投入到战线上的某一处。无论哪种做法，都有一定道理。

让我们从左往右依次看下，第4装甲集团军的6个装甲/装甲掷弹兵师的状态。7月13日夜，第3装甲师在与突入德军侧翼的红军坦克第10军奋战。他们对抗的是坦克第10军等部，但他们在7月15日只有51辆坦克、突击炮和自行反坦克炮可出动。在肃清侧翼突破口后，该师将会一直掩护侧翼，直到7月22日。

大德意志师7月13日也在坦克第10军打开的口子处战斗。该师直到7月15日才退出这条战线并转入进攻。7月15日，该师有84辆坦克、突击炮和自行反坦克炮，以及21辆豹式坦克可出动。此外，他们还有28辆自行火炮。在第3装甲师掩护其左翼之时，大德意志师可以转入进攻。

第11装甲师在7月11日暂时停止了前进，并且在接下来的三天里都没有任何进展。在这一地段上，该师当面之敌有2.66∶1的兵力优势（见拙著《库尔斯克：普罗霍罗夫卡之战》第二十一章科切托夫卡交战部分）。该师在7月15日有80辆各种型号的坦克和自行火炮。

髑髅师在7月12日当天一直在进攻。他们于7月13日又发起进攻，但被击退。他们在这两天的战斗中至少损失了57辆战车，到7月15日时只剩85辆坦克、突击炮和自行反坦克炮，还有18辆自行火炮。该师暂停推进，无法继续进攻。在其地段上，苏军有1.41∶1的兵力优势（见本书第十三章）。

警卫旗队师在7月11日得以推进，但是推进得相当慢，部分原因在于两翼的党卫师没跟上来，主要原因则在于其当面的苏军很强。该师在随后的三天都没有推进，也没打算推进。在他们的地段上，苏军虽然只有1.26∶1的兵力优势，但在7月15日时有114辆坦克、突击炮和自行反坦克炮，还有25辆自行火炮。其当面的苏军阵地虽然地势开阔，但沟壑纵横，还有严密的防守，任何直接冲向普罗霍罗夫卡的进攻必定都要付出很大代价。因此，德军在这一地段上也暂停了进攻。

帝国师在7月14日和15日继续进攻，并不断推进，但其战果也很有限。由于向北进攻受阻，该师在7月15日也暂时停止了前进。不过在7月15日日终时，该师还有120辆坦克、突击炮和自行反坦克炮，以及25辆自行火炮。

显然，要拿这6个师继续进攻的话，德军也不会有太大进展。要想向前推进（而不是仅仅清理侧翼），德军就需要将2个新锐师投入战斗。将这些新锐师投入到第3装甲师、帝国师和警卫旗队师的地段上没什么用。因此，最有可能的做法是，将第24装甲军放在大德意志师和第11装甲师的中间（从克鲁格利克向244.8高地进攻），或第11装甲师和髑髅师的中间（从韦肖雷向彼得罗夫卡进攻）。或者，他们也可以在每个地段派一个师，这样就有两个师（大德意志师和第23装甲师）在第48装甲军的地段上同时发起进攻，还有两个师（髑髅师和维京师）在SS第2装甲军的地段上同时发起较弱的进攻。

将第24装甲军拆散的好处是可以加强德军两场独立的进攻。在第48装甲军的地段上，德军可集中169辆战车（不含自行火炮）、35000人，以对抗红军的130辆战车和22000人（见《库尔斯克：普罗霍罗夫卡之战》第二十章）。红军在这一地域的第二梯队和预备队包括机械化第2军的其余部队、坦克第31军、近卫步兵第67师和近卫步兵第51师（超过120辆战车和23000人）。加上这些兵力的话，德苏兵力对比还不到0.8∶1。根据类似兵力对比时的战斗情况来推断，德军只能取得微不足道的进展，尽管他们仍会保持不错的交换比。

在 SS 第 2 装甲军的地域内，髑髅师和维京师合计有 141 辆战车（不含自行火炮）和不到 35000 人，其当面的红军有 20 辆战车和 25000 人。这个地域内还有红军的第二梯队和预备队，其中包括近卫空降兵第 6 师、近卫坦克第 24 旅，很可能还有近卫步兵第 42 师和近卫机械化第 10 旅（超过 70 辆战车和 21000 人）。[10]如果这些部队也加入战斗，德苏兵力对比就会下降到 0.76 ∶ 1。根据以往类似兵力对比时的战斗情况来判断，德军只能取得微不足道的进展，尽管他们仍会保持非常好的交换比。

如果德军实施两场进攻，再加上第 11 装甲师的进攻，这等于是 5 个师的攻势。但在进攻的头两天，在前方苏军阵地被德军两翼进攻打垮之前，第 11 装甲师进攻的力度会十分有限。一旦拿下库拉索夫卡、弗拉季米罗夫卡、244.8 高地、244.3 高地和韦肖雷（这些地点是普肖尔河南岸一系列的制高点，德军拿下这一线后即可凭高视下，直扑普肖尔河），前方的地势会非常适合德军渡过普肖尔河。这也意味着，德军会在接下来的 5—10 千米内占有优势。下一道地势较高的天然防线就是从奥博扬的普肖尔河向东直到奥利尚卡之间的这道防线，这又是一道很大的河谷。德军的进攻可能会将苏军逼到普肖尔河河谷与下一道天然防线之间的地带，并导致其增派援军。

还有一个方案就是将两个师集中在一个地段上，此举似有不妥。首先，这会导致德军只剩一场进攻，而使苏军可以将所有预备队集中在一点上，从而更容易对抗德军。其次，德军这样做只能加强 1 个军的进攻，并且只能以 3 个师（而不是 5 个师）出击，而另一个军只能按兵不动。最后，韦肖雷地域的道路和后勤网极为有限，在这里再投入两个师只会给补给带来更多麻烦。此外，这里的进攻正面大约只有 8 千米，而克鲁格利克—244.8 高地一线的进攻正面约为 11 千米。综合考虑道路网、正面宽度和地形等因素，选择在这一地域进攻似乎是更合适的方案。因此，我们首先来分析这个方案。

在这种情况下，进攻的 3 个师共有 50000 人和 225 辆战车，其当面的苏军大约有 45000 人和 230 辆战车，德苏兵力对比约为 1.1 ∶ 1。如果苏军不及时应对，德军就可能在一两天内达成突破。

那么，除了第二梯队的力量，苏军手上还有什么可以用来应对这一威胁呢？

在第 48 装甲军的地段上，坦克第 6 军正在休整和维修坦克，他们（7 月 15 日有 6966 人和 48 辆战车）可以被调过来并投入战斗。另外，如果不加强 SS 第 2 装甲军地段上的进攻，苏军还可以抽调近卫空降兵第 6 师、近卫步兵第 42 师、近卫坦克第 24 旅和近卫机械化第 10 旅。加上这些部队的 28000 人和 120 辆战车后，德苏兵力对比就降到了 0.7 ：1。因此，德军 3 个师的进攻几乎一定会在几天内止步于普肖尔河。

如果在 SS 第 2 装甲军的地段上以 3 个师出击，那么苏军的第二梯队和尚未参战的部队就包括了近卫空降兵第 6 师、近卫步兵第 42 师、坦克第 31 军，以及近卫机械化第 5 军部分兵力。他们可以被抽调到那里进行巩固防御。假设变更部署需要花费 1—2 天的时间，那么在 7 月 16—17 日期间，德军还要面对 26000 人和 140 辆战车，德苏兵力对比就不会超过 1 ：1。当然，德军在战车方面有 205 ： 160 的优势。不过，所有迹象都表明这次进攻仍然会被顶住，尽管德军可以给苏军造成很大损失，但德军会损失更多战车。毕竟，7 月 12—13 日，髑髅师在这一地域损失了 57 辆战车，其中一些无疑是被装甲战车数量占劣势的敌人毁伤的。

一个支持德军就在胜利边缘的人会觉得，德军新锐的第 24 装甲军应当集中在普肖尔河以南，通过髑髅师的阵地发起进攻。[11]7 月 15 日，德军这 3 个师共有不到 50000 人和 205 辆战车。他们将对阵近卫第 5 集团军中更强的部队，其中包括上一段列出的所有预备队。这个问题实际上已经在上一段被探讨过了，只不过这个建议的进攻正面更窄而已。在这一地域内，苏军还有已经非常疲惫的近卫步兵第 52 师，以及来自第 53 集团军的新锐步兵第 252 师。

将进攻正面局限在八千米内，德军无疑可以取得一定进展，但损失也会相当大。髑髅师在 7 月 10—15 日的战斗中已经损失了 1551 人和 69 辆战车。苏军在防线后方有奥博扬通往上奥利尚卡的公路，可以很方便地调动装甲部队来挫败德军的进攻。距离这里最近的是坦克第 31 军，以及近卫机械化第 5 军部分兵力，他们合计约有 140 辆战车。他们应该可以撑到下一批部队赶来。很明显，即便德军可以在普肖尔河北岸桥头堡增加两个师，并且准备在 7 月 15 日上午发动进攻，德军的进攻也不得不停下来。由于此时的天气比较湿润，总有大雨，地面不便通行，这些因素会进一步制约德军的进攻速度，也会让苏军有更充足的反应时间。

最后，在肃清顿涅茨河三角地带后，德军在 7 月 15 日只抽出了第 167 步兵师。

其他师还是在一线。相反，苏军却换下了已经人困马乏的近卫步兵第89师、近卫步兵第81师、近卫步兵第93师和步兵第375师。当然，任何从顿涅茨河三角地带中抽出来的德军部队都可以再次投入进攻，但鉴于当时的形势，他们应该还是会被派去掩护侧翼。随着德军不断推进，两翼各需要一个师来掩护。因此，这些德军的援军不会被用来增强进攻力量，但可以让进攻部队不必分身去掩护侧翼，并放心大胆地向前进攻。

总体来说，沃罗涅日方面军以其手头的资源可以控制住局面。德军再投入2个师也只能将苏军击退5—10千米，然后德军会再次暂停进攻，因为苏军拥有更多的援军，占据更易守难攻的地形。下辖7个师的第53集团军已经在涅恰耶沃和布尼诺之间的谢伊姆河岸边展开。该集团军还加强有机械化第1军。7月15日，该集团军的部分兵力还在行军中，至少步兵第252师已经距离前线不到40千米了。这些部队的兵力合计超过70000人，会极大地改变兵力对比。如果这还不够，苏军手头还有两个步兵集团军。位于右侧的第27集团军下辖6个步兵师和1个坦克旅。7月14日，该集团军位于库尔斯克，其前方是近卫坦克第4军。位于左侧的第47集团军下辖6个步兵师，并加强有近卫机械化第3军。该集团军于7月14日晚至15日凌晨接近科罗恰地域。这3个集团军共有19个步兵师、3个坦克和机械化军、1个坦克旅，要对付增加了2个较弱的装甲师的德军是绰绰有余的。

如果还需要更多兵力，西南方面军还有3个骑兵军，他们的兵力合计不下50000人和300辆战车。自7月12日起，近卫第4集团军开始在库尔斯克以东下车。此外，在库尔斯克突出部北面还有一些装甲部队，包括坦克第3军、第9军、第16军和第19军，以及大量小规模部队。其中一些部队可以很方便地南下，穿过库尔斯克，协助防御德军的进攻。另外，苏军此时正准备在奥廖尔以东投入近卫坦克第3集团军。该集团军下辖3个坦克和机械化军，一共拥有731辆坦克和自行火炮。[12]他们于7月14日被转隶给布良斯克方面军，直到7月19日才投入战斗。[13]如果有必要，他们也可以南下。当然，他们会到得晚一些，其队形也会比较乱。虽然这会大大减轻德军第9集团军的压力，但即便如此，第9集团军也没有能力阻止苏军调兵。这样看来，苏军最多可以抽调19个步兵师、3个骑兵军和10个坦克和机械化军，来对付德军增加的2个装甲师。德军根本不可能达成真正有效的突破。德军别的预备队只有第 17 装甲师（78 辆战车）和第 16 装甲掷弹兵师（36 辆战车），以及零零散散的突击炮或坦克歼击车部队。[14] 第 17 装甲师位于哈尔科夫东南 140 多千米远的巴尔文科沃以东，该师实际上是除维京师和第 23 装甲师以外唯一较强的装甲预备队了。如果将其投入进攻，那么南方集团军群在 650 千米的战线上就没有任何装甲预备队了。第 16 装甲掷弹兵师更弱，离得也更远。

既然突破非常不现实，那么对于突破产生的作用的探讨就只能是纯理论性的。不过，我们可以假定苏军统帅部举棋不定（这种情况此时不太可能发生），没有继续向突出部增兵。但此时，苏军在下一梯队里还有 3 个集团军和 3 个坦克军。这让人很难相信德军还能打开突破口。假设德军成功冲到了奥博扬乃至库尔斯克前面的防线，他们面对的局面仍然十分困难。德军的北面铁钳已经被顶住，奥廖尔突出部在 7 月 12 日遭到进攻。从别尔哥罗德到库尔斯克大约有 130 千米之遥。这样，德军至少需要 4 个师的兵力去到左翼（第 255 步兵师、第 332 步兵师和第 3 装甲师已经在这样做了），至少需要 8 个师去保护右翼（第 320 步兵师、第 106 步兵师、第 198 步兵师、第 168 步兵师、第 6 装甲师、第 19 装甲师和第 7 装甲师已经在这样做了）。等他们前出到库尔斯克时，向前进攻的部队已经不会超过 5 个师（含第 24 装甲军的两个师）。要冲到第 9 集团军的战线上并形成包围圈的话，他们还要继续向北推进 80 千米，并且需要更多的部队来掩护侧翼。这样，如果苏军惊慌失措并向后撤退（而非调兵迎击），那么第 70 集团军、第 65 集团军和第 60 集团军肯定可以避免被围，留在包围圈里的就只有第 38 集团军的 5 个师和第 40 集团军剩下的 4 个师。不过，苏军的几个集团军此时正在向奥廖尔挺进，苏军在哈尔科夫当面也集结了重兵，因此德军这个包围圈的维持时间和实际效果都会受到限制。事实上，在北面铁钳已经停止推进的情况下，德军的南方铁钳要冲过库尔斯克是非常值得怀疑的，也是很冒险的。

最后，德军也逐渐失去了空中支援。由于北方形势发生变化，德军在 7 月 15 日左右抽调了 500 多架飞机北上。德军第 8 航空军在 7 月 13 日有 1000 多架飞机，但在 7 月 16 日只剩不到 500 架飞机，实力下降了一半以上，而且这立即反应在他们自 7 月 15 日起出动的飞机架次上。德国空军出动的架次数在 7 月 14 日为 1452 架次，在 7 月 15 日仅为 706 架次，而在 7 月 17 日白天骤降至 138 架次。相反，其当面的苏联空军却逐渐转入积极进攻，并在 7 月 17 日出动了将近 500 架次的战机。所以最重要的一点在于,随着德军逐渐前进,他们要么会失去空中支援,可能还会失去制空权,要么被迫不用空军去加强奥廖尔一带的防御,从而导致那里出现更多问题,局势变得更加复杂。相比之下,苏军仍然可以投入整个空军第2集团军,也可以选择投入空军第5集团军,还可以根据需要投入空军第16集团军。这样,苏军就可以在德军进攻地域的上空获得空中优势。从7月16日开始,苏军在库尔斯克地域出动的对地攻击架次超过了德军出动的架次。

鉴于以上所有因素,德军即将达成突破的说法可以被轻易驳斥。[15]

尽管如此,曼施泰因仍想继续打下去,以进一步消耗苏军预备队。德军似乎已经在很大程度上做到了这一点。苏军现在就在德军面前云集重兵。德军不仅再也无法取得较好的交换比,而且很难达成突破并包抄合围苏军。如果不能撕开口子,德军就不能形成合围圈,也无法在交换比上占到很大便宜。因此,德军继续进攻并不能极大地消耗苏军实力。要继续杀伤苏军,最好办法是肃清托尔斯托耶树林一带和顿涅茨河三角地带。在此之后,任何行动的开头都需要先发动正面强攻,以打开突破口。从会战前几天的经验来看,德军直到第三天才会取得比较好看的交换比,那时他们已经突破了苏军防线。因此,我们又回到强行撕开口子以取得战果的老路上来。此时,整个战线上的德苏兵力对比为 0.92∶1,这远小于 7 月 5 日会战开始时的 2.50∶1。所以德军突破的程度就会低得多,其交换比也一定会远小于 2∶1。既然德军的想法是发动"罗兰"行动以消耗苏军实力,那么德军在得到第 24 装甲军之后也会将其投入此战。他们也许可以在 247.0 高地—232.8 高地(即克鲁格利克—新谢洛夫卡)达成突破。德军随后可以转而进攻第 40 集团军,也许还以进攻第 38 集团军。如果德军能够将其严密合围(不太可能),第 40 集团军的 4 个师、第 38 集团军的 5 个师会面临危险,苏军的减员数就会超过 70000 人。如此一来,德军就要出动 7 个师,对严阵以待之敌实施七天的进攻行动。这 7 个师在 7 月 5—11 日的战斗中损失了 10602 人,苏德减员比为 7∶1。[16]假设德军的包围圈不完美,有半数之敌突围,那么苏德减员比为 3.5∶1。

从交换比来看,德军占优,而且在苏军发动进攻的 7 月 12 日,苏军与德军的减员比竟超过了 8∶1。因此,为了给苏军造成更大的损失,比起继续进攻以消耗苏军,德军还不如坚守防御,坐等苏军进攻(苏军于 8 月 3 日转入进攻)。

我们只能得出这样一个结论,即投入预备队继续进攻,德军既不能达成重大突破或建立很大的包围圈，也不能取得比进行适当防御时更好的交换比。因此，继续进攻没有意义。实际上，德军在 7 月 13 日停止主要进攻但允许清理侧翼，这也许是当时最佳的决策。

如果苏军在 7 月 12—13 日不进攻呢？

苏军在 7 月 12 日选择在宽大正面发动进攻显然是个错误。在草原方面军所部和其他增援部队抵达之后，德军已经不可能达成突破了。苏军在 7 月 12 日的进攻中损失了 21277 人和 416 辆战车，而德军损失了 2702 人和大约 122 辆战车。苏德减员比约为 8：1，战车损失比约为 3.4：1。在之前三天（7 月 9—11 日）的战斗中，苏军损失了 27402 人和 522 辆战车，而德军损失了 6805 人和 309 辆战车。[17] 等到近卫第 5 集团军和近卫坦克第 5 集团军赶来后，苏军的防御形势和兵力都得到了改善。可以确定的是，如果苏军在 7 月 12—13 日坚守防御，德军的进攻会被挡住，而这两天的减员比与前三天的减员比相比不会有太大变化。这样一来，假设德军的损失不变，苏军就可以少损失 10000 多人和至少 210 辆战车。[18] 沃罗涅日方面军在 7 月 12—13 日的进攻不过是白白浪费俄国人的生命。

希特勒取消攻势是对的吗？

这个问题的令人不解之处，主要在了希特勒在 7 月 13 日取消的是什么。北线的"堡垒"行动被彻底取消，但在南线，德军可以继续打到 7 月 17 日，也就是在这个时候，希特勒才开始从曼施泰因处抽调了几个师。这显然是曼施泰因的说法。

实际上，希特勒真正取消的是"罗兰"行动。德军再以 7—9 个师继续进攻，可能会取得更多战果，但是会在一个星期之内被挡住。之后，进攻就只能暂停。此次行动因兵力被抽调去其他战线而被取消，这虽然使德军丧失了继续杀伤苏军的机会，但不会让德军将胜利拱手让人。

曼施泰因在苏军发动自杀性进攻后的第二天（7 月 13 日）与希特勒会面。这天，苏军的交换比最难看。在苏德减员比约为 8：1，战车损失比约为 3.4：1 的情况下，如果苏军能继续进行这样的宽大正面进攻，那么德军继续进攻还是非常有利的。但现在很明显的是，苏军不会继续这样的进攻了，并且最终转入了更加被动的防御。面对这样合理且足够强大的防御，德军发动进攻不会占到什么便宜。

不过,德军还是有机会在两翼进一步杀伤苏军,曼施泰因无疑也需要解决这些战斗。这就是他获准去做的事情。无论整个攻势是否被取消,他只有先解决了两翼的战斗,才能继续前进。如果曼施泰因向希特勒请求批准的是这些战斗(事实似乎也是如此),那么这个请求还是很合理的。但如果他请求继续向北推进,那这个请求就不太明智了。

希特勒决定取消攻势,这当然无可厚非。攻势显然已经失败了。在北线,莫德尔差不多回到了出发线。在南线,曼施泰因取得了很大战果,但进攻却暂停了。德军虽然有能力继续向北推进,特别是他们再投入第 24 装甲军的话,但是不可能达成突破。

希特勒停止进攻还有一个原因,即盟军正在登陆西西里岛。他确实需要加强西西里岛的防御,并支持一下意大利盟友。他明白,在北非的惨败之后,意大利即将退出战争。虽然这个盟友的价值相当值得怀疑,但意大利仍是德军最大的盟友。即便不能向东线提供部队,意大利人也仍然可以在其他战线投入大约 60 个师。希特勒确实需要从东线抽调部队前往西线。这也是为什么国防军最高统帅部最初支持夏初在东线发动攻势以拉平战线。

最终,从东线调往意大利的只有警卫旗队师和 SS 第 2 装甲军军部。这使得很多苏联历史学家完全不认为西西里登陆是希特勒终止攻势的原因。然而,这是希特勒给出的理由,而且无论它是对是错,都很可能反映了他当时的真实想法。

真正的问题在于时机,因为库尔斯克攻势被推迟了太久,而盟军又恰好在攻势期间实施了登陆。因此,希特勒再也不可能等到东线战线缩短后,再调兵向西。从东线抽调任何兵力都是以被抽调地段会面临压力为代价的。结果,等这些部队到达意大利时已经太晚了,他们已经来不及拯救西西里岛和墨索里尼了。盟军于 7 月 9 日登陆西西里岛,直到 8 月 17 日才进入墨西拿(Messina),也就是在此时,他们才算控制了西西里岛。7 月 24 日,墨索里尼被推翻。9 月 3 日,英军从墨西拿飞往意大利。9 月 8 日,自 7 月 25 日起就与盟军协商的意大利政府终于求和。警卫旗队师直到 8 月 8 日才抵达意大利北部的波河流域。如果希特勒想利用东线攻势取得一些成果,他就要在盟军登陆西西里岛之前很久就发动并结束进攻。因为一旦墨索里尼完了,希特勒也就失去了意大利。

不过,国防军最高统帅部和希特勒本来打算从东线继续抽调兵力。然而,苏军却在 8 月发动了压倒性的大规模进攻，动摇了苏德战场的整个南半部分。实际上，希特勒打算调往西面的部队不得不返回东线，试图拼死顶住苏军的进攻。结果，恰恰相反的是，苏军的进攻帮助了西线的盟军。实际上，希特勒没有发动库尔斯克会战，然后将部队调往西线支援意大利人，而是停止了库尔斯克攻势，原因部分在于盟军的登陆，还在于东线局势不断恶化，使他无法继续向西线抽调大量兵力。这样，他同时在两个战线上都遭遇了失败。

曼施泰因希望继续进攻的另一个理由是交换比比较有利，他认为德军可以在死伤、失踪的总数上取得 1∶4 的优势。[19] 但实际上，7 月 4—18 日的苏德总减员比只有 3.69∶1。不算苏军犯下大错的 7 月 12—14 日的减员的话，苏德总减员比就下降到了大约 2.90∶1。据此可以推断，德军继续进攻不会取得那样的结果。此外，帮助德军取得那样高的交换比的三个主要条件已经不复存在。首先，在德军最初集中兵力进攻时，苏军部署不当，虽然展开了两个梯队，也没有正确地配置装甲预备队。其次，苏军总是无视实际情况就发动进攻，尤其是在 7 月 12 日发动了疯狂的进攻，这严重消耗了其实力。苏军进攻最猛烈的那几天（7 月 6 日、8 日和 12 日），也是其交换比非常差的几天。最后，德军已经肃清了托尔斯托耶树林和顿涅茨河三角地带，他们可以在这两处以较小的代价包抄合围苏军薄弱的侧翼阵地。这两个不利于防守的阵地是之前进攻的结果，现在已经不复存在。因此，苏军此时的防御足以与德军的力量相抗衡，苏军在合适的地点有合适的兵力，没有明显孤立的部队，没有暴露的侧翼和弱点。因此，德军很难继续取得之前那样大的交换比了。

希特勒决定停止库尔斯克攻势，是因为总的进攻方案已经失败，其他战线需要部队，而他想调兵去意大利。他的这个决定是非常合理的。不过，由于苏军转入进攻，德军并没有大举向意大利调兵。最后，南方集团军群被沃罗涅日方面军和草原方面军挡住了。希特勒的决定不过是反映了这一显而易见的事实而已。

反攻

库尔斯克会战包含四场独立的大规模战役。会战的第一阶段包括了北线第 9 集团军在 7 月 5—11 日对中央方面军的进攻，以及南线第 4 装甲集团军和肯普夫集团军级支队在 7 月 4—17 日对沃罗涅日方面军的进攻。会战的第二阶段包括了北线苏军三个方面军在 7 月 12 日—8 月 18 日对德军两个集团军的反攻（"库图佐夫"战役），以及南线苏军三个方面军（草原方面军、沃罗涅日方面军和西南方面军）在 8 月 3—23 日对德军两个集团军的反攻（"鲁缅采夫"行动）。

　　本书关注的是德军在南线的攻势。根据克里沃舍耶夫的说法，苏军在南线有 534700 人参战，损失了 143950 人。北线苏军有 738000 人参与防御，损失了 33897 人。苏军两次反攻的规模要远大于德军攻势的规模。北线苏军共有 1287600 人参与进攻，损失 429890 人，而南线苏军有不下 1144000 人参与进攻，损失 255566 人。[20] 还没有任何一本书对这两次反攻进行了充分的介绍。

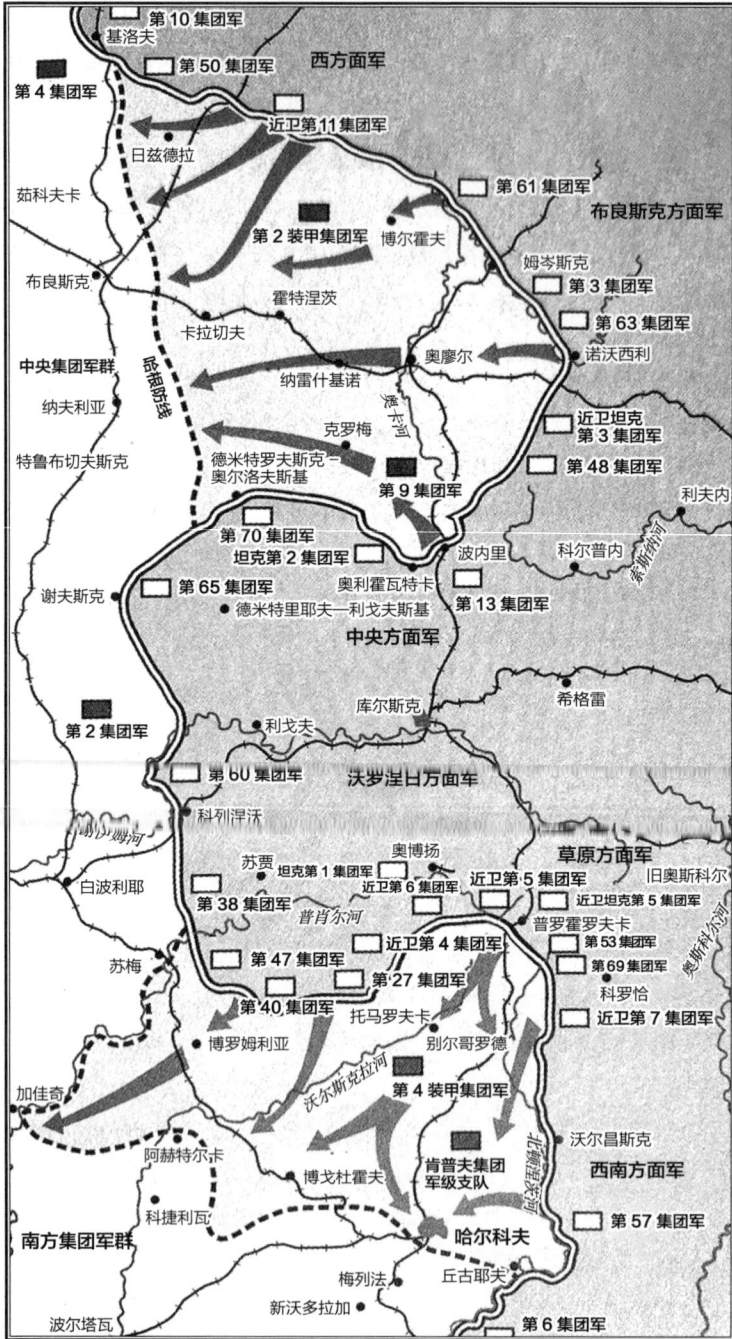

第10集团军
基洛夫
第50集团军
西方面军
第4集团军
近卫第11集团军
日兹德拉
第61集团军
布良斯克方面军
茹科夫卡
第2装甲集团军
博尔霍夫
姆岑斯克
第3集团军
布良斯克
霍特涅茨
奥廖尔
第63集团军
中央集团军群
卡拉切夫
诺沃西利
纳夫利亚
纳雷什基诺
近卫坦克
第3集团军
特鲁布切夫斯克
克罗梅
第48集团军
德米特罗夫斯克—
奥尔洛夫斯基
第9集团军
利夫内
第70集团军
坦克第2集团军
波内里
科尔普内
谢夫斯克
第65集团军
奥利霍瓦特卡
第13集团军
德米特里耶夫—利戈夫斯基
中央方面军
第2集团军
库尔斯克
利戈夫
希格雷
第60集团军
沃罗涅日方面军
科列涅沃
草原方面军
苏贾
坦克第1集团军
奥博扬
近卫第5集团军
旧奥斯科尔
白波利耶
近卫第6集团军
近卫坦克第5集团军
第38集团军
普肖尔河
普罗霍罗夫卡
第53集团军
苏梅
第47集团军
近卫第4集团军
第69集团军
第27集团军
科罗恰
第40集团军
托马罗夫卡
近卫第7集团军
加佳奇
博罗姆利亚
别尔哥罗德
沃尔斯克拉河
第4装甲集团军
阿赫特尔卡
沃尔昌斯克
西南方面军
科捷利瓦
博戈杜霍夫
肯普夫集团
军级支队
第57集团军
南方集团军群
哈尔科夫
梅列法
丘古耶夫
波尔塔瓦
新沃多拉加
第6集团军

1943 年 7 月 12 日—8 月 23 日，苏军反攻的情况

728

🏵 德军的补给情况

第3装甲师第6装甲团副官弗朗茨-约阿希姆·冯·罗德少尉认为：

在整个战役期间，我方补给和以往一样运转良好。我们一直从作战列车（combat trains）上获取补给。维修部门的人员有时也要付出超出常人的努力。很少有人会提到他们的牺牲，但我们装甲兵知道他们为我们做了什么。

大德意志突击炮营营长彼得·弗朗茨上尉认为：

补给工作进行得相当顺利。我不记得有哪次行动因为缺少油料或弹药而被耽搁或被取消。我们作战列车上的人把工作做得非常好。医护工作也做得很好。我听说，卫生站的医护兵在为伤兵，尤其是为步兵的伤员处理时，忙得不可开交。

大德意志炮兵团的约阿希姆·布尔夏迪[21]少尉认为：

我不记得我们有过什么麻烦。我们的补给像钟表一样很有规律，医护人员也很可靠。

我们经常将倒下的战友送到后方。对于我们连队的士官来说，妥善安葬倒下的战友是一件事关荣誉的事情。当场埋葬战死者，这种情况是很少见的。

大德意志工兵营的列兵卡尔·A.施塔克[22]认为：

我们的补给一直很好。医护工作尤其不错，这也在一定程度上增强了我们的信心。

大德意志燧发枪兵团2营6连连长奥特弗里德·埃明豪斯[23]中尉认为：

我们的补给工作，包括卫生勤务工作，运转得非常好。我不记得哪次战斗缺过弹药。

大德意志高炮营的霍斯特·诺依曼[24]少尉认为：

补给如流水一般顺畅。

大德意志掷弹兵团3营营长阿尔弗雷德·贝格曼上尉认为：

在整个战役期间，补给都很顺畅。我们虽然没有应急储备，但在战役期间没有
缺过弹药。补给品总是定期送达。卫生勤务特别值得重视，因为这对普通士兵的士
气影响很大。

第11装甲师第15装甲团2营4连连长埃伯哈德·舍内[25]少尉认为：

补给一直很好。我们的后勤士官每晚都会带着弹药、油料以及最重要的热饭出
现。这件事并不总是那么轻松，因为我们后面的地形可以为被打散的几个俄国人提
供掩蔽。好在我们的后勤士官都是老狐狸，全都是。维护梯队也是，他们总是跟在
战斗部队后方几千米处的作战列车的后面，把工作做得非常好。

伤员被护理得很好。我们团的军医经常出现在前线，帮忙将伤员从被打坏的坦
克中搬出来。我从没见过俄国人故意朝我们的救护车开火。

第11装甲师第119装甲炮兵团2营4连连长瓦尔特·舍费尔－克内特少尉认为：

对于我们炮兵来说，主要的对手自然是敌人的炮兵。我们对他们得加倍小心。
苏联空军也是重要的对手。

在"堡垒"行动的交战中，苏军炮兵手头显然有用不完的弹药。我们则主要根
据观察的情况进行射击，以确保我们手头不多的弹药都能得到有效利用。

补给总是很顺畅，也就是说，他们那边丁点大的事情会对前线的我们造成影
响。但是弹药总是不够。补给品和卫生勤务也是如此。

舍费尔－克内特博士对苏军炮兵的看法并非出自苏军档案。实际上，德军每门
火炮的炮弹数量是苏军的3—5倍。因此，虽然苏军在火炮数量上比德军多80%，
但是其实际总投射弹药重量却只有德军的43%。详情见拙著《库尔斯克：普罗霍罗

夫卡之战》附录三中的"德军和苏军炮兵弹药对比"。

警卫旗队装甲团2营坦克车长冈特·贝尔认为：

我们的补给没有任何问题。只是在最后，我们缺40号穿甲弹（Ⅳ号坦克75毫米主炮使用的PzGr.40硬芯穿甲弹）。除非得到明确命令或遇到紧急情况，我们不会使用这种炮弹。作为装甲兵，我们总是会在自己的坦克里装上几箱补给以应急。

帝国师列兵库尔特·考夫曼认为：

补给一直很顺畅。弹药和油料总是很充足。比较麻烦的是如何将补给品送到前线的火炮上。我们那些在作战列车上的人员为了完成任务，不辞劳苦。一个关键的问题是我们缺乏无线电器材。结果，我们不得不在夜里挨个去找对方。这浪费了很多时间。有时候，一门炮有好几个小时没有弹药，就是因为弹药卡车驾驶员或排通信兵找不着我们。让补给车独自在乡间穿行并不是一项很安全的任务，因为到处都是被打散的俄国人。我们的荷兰摩托车通信兵常常不得不一个人到处跑，结果在执行一次任务时被打死了。

医护工作做得也很好。至少，我们觉得自己在受伤后会被很快救起，而且会得到专业治疗。虽然我们高炮连只有两名卫生兵，但当时带我们支援的部队也会为我们提供医护服务。

第503重装甲营的阿尔弗雷德·鲁贝尔认为：

整个战役期间，后勤工作一直运转得很好。我们需要什么就有什么。当时，我没有遇到缺少弹药的情况。

那些在维护梯队和维修连的人应该得到高度称赞。这些人常常付出了超人的努力，却得不到任何认可。我们的"虎"式坦克在前线需要更换发动机、变速箱、火炮以及包括履带在内的传动系统，还有光学设备。有时，我们会将差不多被打碎了的"虎"式坦克交给他们。过了几天，这些"虎"式坦克又能上战场了。

❀ 天气对战场的影响

大德意志突击炮营营长彼得·弗朗茨上尉认为：

天气并不总是有利的。我记得，有几场令人头疼的雷阵雨让泥土变成了类似于液态混凝土一样的东西。在这样的路上，履带式车辆几乎无法通行。各个山沟的谷地常常一进去就是一摊烂泥。不过，只要太阳一出来，温度就会迅速上升，土地就会再次干透。俄罗斯南方的天气就是这样。今天，我却已经想不起我们在哪天或哪次行动中受到这样的降雨的影响了。

大德意志工兵营的列兵卡尔·A.施塔克认为：

天气确实对部队的精神面貌有很大影响。有一次，倾盆大雨下个不停。地面很快就变成了黏糊糊的沼泽。因此，我们每走一步都要费很大的力气。作为一名工兵，当你待在开阔的野地上的时候，你往往只能求老天开眼。我们有时可以在车下面或一所小房子里躲躲雨，但更多时候只能在半遮半掩的地方躲雨。整个人很快就湿透了，只能蜷缩在洞里打颤，又湿又脏。首次上阵的年轻军人必须应对各种挑战，挑战之一就是在无处可躲的情况下，他们不仅要应对其面前的敌人的火力，还要在缺乏任何防护措施的情况下直面恶劣的天气。

大德意志燧发枪兵团2营6连连长奥特弗里德·埃明豪斯中尉认为：

在整个战斗期间，天气对我们来说都是很现实的问题。要是天气干燥，那么俄罗斯南方的黑土地几乎就像混凝土路面一样硬，耀眼的日光很快就会把土里的所有水分蒸发掉，而风又会把黑色的尘土吹起。然而，只要频频而至的雷阵雨到来，地面马上就会变成浓稠的"黑羹"，这严重阻碍了我们的行动。作为步兵，我们常常要面对大自然的变化无常，却没有一点防护措施。雨水时常将我们浇透。然后，我们就盼着太阳出来，好把我们身上的衣服晒干。

警卫旗队装甲团2营坦克车长冈特·贝尔认为：

由于地面很软，我们的坦克因履带过紧，发生了多次故障。下雷雨的时候得关闭无线电设备。由于在雨中看不见任何东西，所以我们不得不放弃继续行动。只有苏军步兵还能不受干扰，继续战斗。

第503重装甲营的阿尔弗雷德·鲁贝尔认为：

这几天的战斗很大程度上取决于道路状况和天气条件。在一次又一次的倾盆大雨或雷雨之后，灼人的烈日很快就会使天气变得热起来。黑土的地面一干透，就会变得像柏油碎石路面一样坚硬。只要下一阵雷雨，不到15分钟，黑土又会变软，成为黑色的泥浆。这泥浆简直能把靴子给粘下来。在这之后，只有我们的"虎"式坦克才能继续前进。一旦太阳光照下来，地面很快又会干透。

反反复复的大雨还妨碍了敌我对射，因为雨水会打在光学仪器上，让我们什么都看不见。接着，我们就得出去清洁这些仪器。这显然是一个设计缺陷，我们的解决办法是在光学仪器的上焊接一个防止雨水的盖板。

❀ 德军对战场的印象
第332步兵师第332坦克歼击营的汉斯-约阿希姆·荣格 [26] 中尉认为：

在整个进攻行动期间，最烦人的就是遭到苏军的火炮袭击，还有频繁的迫击炮射击。苏军炮兵在打击目标方面做得很出色。很明显，他们已经预先做了监视，并校射了火力。待在后方的观察员可能非常精准地引导了火力。不管怎么样，我们的进攻队形时不时地遭到密集炮火的打击。因此，让纯步兵队伍跟装甲编队配合作战是不可能的。面对这样的炮火，他们会遭受非常严重的损失。

这样的情况，我后来在7月14日就看到过。当时，我们第678步兵团应当与大德意志装甲团一起进攻。这次的进攻队形被炮火淹没，以至于坦克只能加速向前，以摆脱威胁，而缺少装甲防护的步兵则不敢离开掩体。

有件事给我留下了深刻的印象。我看到，第3装甲师某步兵单位的一名连长将手下的下级指挥官召集到一起，以便下达命令。这五六个人在灌木丛下弯着腰，放下了地图。接着，突然之间，敌人用迫击炮发动了进攻。一发迫击炮弹就在这群人的正上方炸开，将他们炸成了碎片。所有人当场死亡。

苏军的战斗机也很烦人。说实话，碰到他们的概率要小于遭到敌炮兵射击的概率，但他们总是能打我们一个措手不及。他们能够给我们的部队造成一些伤亡，尤其是我们的队伍在挤作一团时。

至于此战给我留下的其他印象，我想提一下我们的空军。"斯图卡"俯冲轰炸机给我们的进攻队伍提供了出色的火力支援。它们常常能正中目标，而且往往给敌人的阵地造成毁灭性打击。在炮兵阵地被"斯图卡"打击之后，那里就只有死人了。同样地，我们的战斗机也会掩护我们免遭敌战斗机和敌轰炸机的打击。当两个战斗机机群出现时，要不了多久，天上就没有敌机了。那几天，我亲眼看到不下30架敌机被击落。然而，我们的战斗机部队显然不够强，没法一直掩护我们这些陆军部队。这也是为什么敌人的战斗机和轰炸机能给我们的陆军部队造成一定伤亡。

第3装甲师第6装甲团副官弗朗茨-约阿希姆·冯·罗德少尉认为：

自然，最好是让装备水平和机动力差不多的部队并肩作战。这也是为什么我们这些装甲部队的人非常喜欢和"真正的"装甲掷弹兵（armored infantry）在一起，也就是那些直接在自己的装甲人员输送车里作战、在我们身边配合我们的人。不过，他们也有些问题，要么下车太晚，要么根本不会徒步作战。

与上述配合形成鲜明对比的是和常规步兵的配合，即便常规步兵的番号也是"装甲掷弹兵"。我们的坦克常常要驮着常规步兵行动，直到开火射击的时候。这些步兵下车后会紧跟在我们的坦克后面，就像蜜蜂围着蜂箱一样。要让他们明白坦克会吸引火力，所以他们得离我们的装甲车远点，这是很困难的。有时候，那些没有经验的步兵就因为这样的做法而受了重伤……

在超过1000米的距离上交火时，这些（"虎"式坦克和"豹"式坦克）的命中率都很不错，但我们一般是在300—1000米的距离上接敌。这就意味着，T-34比我们的"虎"式坦克和"豹"式坦克都要危险得多。对我们来说，我们偶尔遇到的俄国KV-1重型坦克是个大问题。

有时，返航的空军飞机确实会通知我们，敌人在其后方集结。我们的俯冲轰炸机联络军官会在他的无线电频段收到这些消息，然后把它传给我们。有时候，我们会在晚上听到敌人在集结兵力时发出的声音。40—50辆坦克在乡间疾驰、寻找掩蔽时会制造很大的噪音。根据以往的战斗经验，我们可以从这种种迹象中得出正确的结论。我们也确实有一些优秀的领导，他们对此的直觉很准……

战役头几天有两件事情，我还记忆犹新。其中一件事情是，有天晚上，我们按照习惯刚在一片开阔地上建好一个环形防御阵地。忽然，我们遭遇了一场致命的空中打击。一张名副其实的"炸弹地毯"朝我们砸了下来。在此之前，我们从未见过这么密集的炸弹。

另一件事情就是，我们在试图突破敌人的第二道防线时，与进入掩体的T-34坦克展开了激战。根据我的记忆，那是在瑟尔采夫地域。^① 在整个战役期间，我们在那里的伤亡率是最高的。

地雷障碍物与大量火炮和迫击炮的火力相结合是最危险的。与进入掩体的坦克和KV-1重型坦克交战也是很危险的。此外，苏军战斗机的空袭也值得一提，但苏军装甲部队的反击对我们来说一般不是问题。

大德意志突击炮营营长彼得·弗朗茨上尉认为：

我们突击炮营在整个战役期间的伤亡人数相对不多。我记得，敌人最危险的武器是进入掩体且只露出炮塔的坦克。俄国人通常会将其伪装得极好，这些坦克在交火时比较容易击中目标，因为它们可以以标定好的参数实施近距离射击。另外，我得提一下敌人的火炮和迫击炮，它们常常一起开火，并且总能准确命中我军。我们那些没有装甲防护的步兵只能遭受惨重的伤亡。敌人的空中力量没有起到什么决定性作用。发动进攻的敌坦克也因为战术拙劣而没有什么威胁性。

大德意志炮兵团的约阿希姆·布尔夏迪少尉认为：

我并不觉得敌人打得比以前更顽强。但我们对这么多的防御工事，以及物资上

---

① 译者注：Syirtsev，应该是佩纳河畔的瑟尔采沃。大德意志师的装甲部队在这里损失惨重，但第3装甲师实际上屯兵于卢汉尼诺一带。

的优势，特别是炮兵部队的优势感到惊讶。显然，敌人为在这些防御体系内作战做了出色的准备。

苏军炮兵打得非常精准。加上无数的迫击炮，再与地雷障碍物相结合，苏军炮兵成了我们最危险的敌人。

敌人的对地攻击机时不时地掺和地面战斗，还会在夜间投弹。不过总体而言，我们并不觉得它们起了很大作用。

大德意志燧发枪兵团2营6连连长奥特弗里德·埃明豪斯中尉认为：

说到敌人，我想重申的是，他们会坚守阵地。虽然攻克敌阵地是我们的主要任务，但这并不是造成大量伤亡的主要原因。最糟糕的情况是，我们在经过大量雷场中的一个时，会立即遭到敌人的火炮射击。这仍然清楚地印在我的记忆里。我们步兵特别害怕敌人的迫击炮和喀秋莎火箭炮。我们大部分的伤亡都是在这种情况下造成的。

我们在进攻中没有遇到任何意料之外的情况。不过，敌人又准又快地引导炮兵打击我们的部队集结点，这让我们很吃惊，并且让我们预感到我们恐怕得穿过漫长的防御体系才能杀出去。这个情况从一开始就不为我们所知。我们没有预料到的第二个情况是敌人有大量物资，特别是火炮。

真正让人吃惊的是无数掘壕防御的T-34坦克。不过这是我们的坦克需要去对付的，不归我们管。总体来说，我亲眼见过敌人的装甲部队发动了一些反击，但这并没有影响到我们这些步兵。很明显，我们的坦克和突击炮控制着战场。我还记得红空军出动了几次，他们在晚上也会出动，但对于进攻的过程影响不大。

大德意志燧发枪兵团1营营长埃贝哈德·瓦克纳格尔[27]上尉认为：

要说我参加"堡垒"行动的那三天有什么给我留下了最深刻的印象，我认为：一是相当深的梯次防御体系，这是我从没见过的；二是特别多的雷场，这是我在之前的任何战斗中都没有见过的；三是敌人极其精准和密集的炮兵火力，这表明敌人进行了大量准备工作，其防御的领导也富有谋略。

警卫旗队装甲团2营坦克车长冈特·贝尔认为：

无论什么时候碰上苏军士兵，他们都会激烈地抵抗。但这并不妨碍我们装甲部队进攻的顺利进行。后来，许多雷场和防坦克壕倒是很碍事。要越过这些障碍物，我们总是需要花费大量的时间，做大量的准备工作。

我们在与敌坦克的直接交战中有绝对的优势。我们在一次次地挫败敌人的反击的同时，没有遭受值得一提的损失。配置有反坦克炮的防线要危险得多。这些反坦克炮伪装得极好，而且只进行近距离开火。

对我们来说，最可怕的就是雷场和反坦克防线（antitank defense line）。这样的防线一般由20门反坦克炮组成，而苏军部队会让我们在极近的距离上接近他们。在这之前和之后，我都没有见过像这场战斗一样大量设置雷场的情况。因此，战斗侦察对我们来说非常重要。我们常常有很好的航空相片。和侦察机的配合很不错。在大部分情况下，我们至少会知道大面积雷场和反坦克防线的大概位置。

然后还有炮兵火力。苏军炮兵总是有条不紊地准确射击。但对我们来说，敌人的迫击炮比炮兵讨厌得多。迫击炮对我们装甲兵来说很危险，因为其弹道近乎垂直。要是一辆坦克的头顶挨上一发迫击炮弹，这辆坦克就彻底报废了。我的部队因为受到敌迫击炮的攻击，损失了2辆坦克及其乘员。我们对敌坦克总是有优势的。

敌步兵也挡不住我们。敌空军在我们的交战中起不到任何作用。我不记得有空军攻击过我们，但他们确实攻击了补给车队。

我的坦克连实际上没有特别多的伤亡。不过，与我后来看到的伤亡情况相比，我们的步兵损失惨重，他们在7月4日晚至5日凌晨遭到了敌炮兵的重击。

真正让我们吃惊的是他们雷场。其面积和规模大到不可想象。此外就没有什么让我们感到意外的了。不过在进攻的过程中，我们搞清楚了敌人手头有多少坦克。尽管我们击中了如此多的敌坦克，但其数量似乎从未减少。我们不怕敌人，但其坦克数量还是多得让人头疼。

第503重装甲营3连的里夏德·冯·罗森少尉认为：

我想再强调一次，像我们这种层级较低的指挥，比如排长，当然也包括连长，都没有想到会遇到这么激烈的战斗，也没想到敌人会如此坚定不移。这让我们很惊讶，俄国人打得这么狠，仿佛只是为了赢得我们的敬意。

然而，这并不会消除我们比对手更占优势的坚定信念。我们一直觉得我们占据优势。毕竟，我们"虎"式坦克营的一些车长已经击中了超过100辆敌坦克。不过，我们也确实注意到，敌人在整个战斗中一直有物质上的优势。对于我们来说，最危险的是敌人的SU-152突击炮和各种口径的反坦克炮。这些武器的命中率很高。有些"虎"式坦克被击穿了，以至于都不值得修了，其内部零件就会被维修连的人拆出来。不过，"虎"式坦克能够承受多次重击，让我们在战斗中有了优越感和安全感。这也是为什么我们能够滚滚向前，碾过敌人的反坦克炮防线，而这是装甲薄弱的IV号坦克做不到的，III号就更不用说了。

我记得敌人只有少量的装甲部队，而且他们在头几天根本就没有。我没见过苏军装甲部队在我们的地段上发动任何反击。我也不记得我们遇到过任何美制坦克，不过第6装甲师见到过。

在我们进攻的地段上，敌人的空军作用不大。实际上，我记得苏军飞机只有在夜间才会飞到我们阵地的上空，到处投弹。那是些被我们称为"耗子"的I-16下单翼歼击机飞机，我们在之前的战局中就对它们很熟悉了。

我没见过任何因心理压力而失败的例子。相反，我无限信任经验丰富、领导力强的第25装甲团团长舒尔茨中校。他日复一日地证明着自己的价值。

我有一份我们3连的减员清单：

7月6日	克鲁托伊宽沟村附近	死亡2人
	巴特拉茨卡亚林场附近	死亡4人
7月8日	米亚索耶多沃附近	死亡1人
7月11日	？？？	死亡1人
7月12日	？？？	死亡1人

这里面有一些是我们维修梯队的士兵，他们上前线来修理我们的坦克，但被敌军的炮火打死了。

我们总是将死者带回来，把他们埋葬在索洛米诺（Slomino）以西的塔夫罗沃（Tavrovo）的维修连附近。

第503重装甲营的阿尔弗雷德·鲁贝尔认为：

战斗任务主要由主战坦克承担。我们主宰着战场。我们也会对敌坦克的每次射击还以颜色，而且我们认为自己在交换比上占优。我记得苏军装甲部队发动过几次反击，但次数不多。我没见过苏军在反击时会让大量坦克集结在一起，并让其一边行动一边开火。

虽说我们卓越的88毫米炮使我们有了先敌开火的能力，但我很少在2500米的最远距离上与敌主战坦克交火。我将表尺设定在1000米，这样我就能在距目标500—1600米的距离上确保每一发炮弹都能击毁目标。

我们的"虎"式坦克在战斗中能承受相当多的打击。"虎"式坦克在被命中时会发出很低的爆炸声。空气中立刻会充满铁氧化物的味道，坦克内部的涂漆会裂开，而将设备固定在炮塔内部的螺栓会脱落。这也意味着乘员会有危险。因此，我们的第一反应总是挨个喊一遍，看看有没有人受伤。

对我来说，最危险的位置是车长的指挥塔。这里比车体顶部高出了整整40厘米。显然，俄国人都在传言要用反坦克枪，直接瞄准车长指挥塔。不管怎么说，我们确实遇到过指挥塔被打飞的情况。这有时也意味着车长没了，因为他的脑袋会被打掉。

我们"虎"式坦克最脆弱的部分是侧面的传动装置。

我们会得到我方炮兵的火力支援。总有一名炮兵联络军官会跟着一起上前线，这名军官有时会待在连部的"虎"式坦克里。

不过，炮兵往往很难跟上我们前进的步伐。很多时候，战斗会在我们需要炮兵支援而不得的时候爆发。

与之形成鲜明对比的是苏军炮兵，他们显然为战斗做了精心的准备。只要我们在战场上遇到坦克障碍物或其他干扰而停下来，就立即会被敌人的炮兵火力盯上。这显然是根据最准确的观测来瞄准的。如果"虎"式坦克的炮塔被直接命中，这通常意味着该坦克彻底损坏了，但并不意味着其乘员一定会死。不过多数时候，他们肯定会受重伤或被烧伤。我们总是通过前进或倒车来躲避炮兵火力的打击。最烦人的要数敌人的173毫米火炮（应该是152毫米火炮），其炮口初速和穿甲能力都非常惊人。①

除了炮兵，我最讨厌的就是他们的迫击炮。但敌人的坦克部队挡不住我们。

敌人的空军可能曾飞过我们的地域，但我不记得他们起了什么特别的作用。

我们的斯图卡俯冲轰炸机没有在我们的地段上提供不间断的支援。虽然我们时不时地看到3—5架己方飞机朝敌后目标攻击，但这些攻击都发生在离我们前锋较远的地方，不足以支援我们的推进。

"斯图卡"的炸弹对敌人队伍的影响是毁灭性的。我经过了几个被斯图卡俯冲轰炸机打击过的炮兵阵地，这里基本没有大型弹坑，只有一大圈烧焦的草。敌人炮手的尸体明显被炸弹炸开时的冲击波撕成了碎片，他们的火炮也被炸飞了。一个斯图卡轰炸机群，即便只有几架飞机，也比我们自己的炮兵强得多。

此外，完成任务并从敌人的地盘上返航的侦察机，会低空飞过我们战线，然后扔下一个装有信息的容器。这样，我们有时就能得知敌后集结地域的部队情况。

我还记得有大量雷场布设了木盒地雷。这种东西基本上到处都是。我们一直没有足够的工兵伴随左右，所以我们的装甲兵有时也得下车，用扫雷器开辟通路。这种木盒地雷对"虎"式坦克的破坏有限，因为"虎"式坦克的履带的缝隙会将地雷爆炸时所产生的大量冲击力排出。踩上地雷的"虎"式坦克从来都不会彻底损坏，但其履带和纵臂常常会损坏。这偶尔会导致坦克机动能力下降。这时，"虎"式坦克才需要送往维修连。

踩中地雷后，我的坦克拖着损伤的纵臂又跑了两天，甚至还进行了战斗侦察。

除了这种雷场，各种各样的地雷障碍物也很惊人。俄国人是设置此类障碍物的大师。有些地方到处都是绊线拉发的防步兵地雷。设置这些障碍物肯定是一项十分艰巨的任务。他们甚至还在地下埋了装满可燃油料的容器。这些容器也是由绊线触发的，其效果和火焰喷射器（即ФОГ-1和ФОГ-2地雷式喷火器）的效果是一样的。

在"堡垒"行动期间，我不记得苏军方面有太多变节分子，也不记得有大量俘虏。

我们装甲兵根本没工夫搭理这个，靠近我们的所有敌人士兵总是冲到后方，与我们的步兵接触。

---

① 译者注：德军常见的sFH 18型150毫米榴弹炮的炮口初速一般为500米/秒，而苏军的SU-152使用的ML-20型152毫米加榴炮使用穿甲弹时，炮口初速为600米/秒。

和所有德军部队一样，我们也有相当多的俄国辅助人员（Hiwis）。后来，我从编制表上得知，应当有40个俄国辅助人员。这些人和我们的关系是极为正面的。他们忠诚地服务，并且常常会待在后方的战斗列车里，但有时也会担任摩托车传令兵。有的辅助人员在哈尔科夫有亲戚，其中一些辅助人员在"堡垒"行动之后的撤退时把亲戚也带上了。

我们总是会抢回倒下的士兵。我们在带走他们时会用帐篷布将其裹住，并放在发动机盖上。这对我们来说事关荣誉。阵亡者后来会被移交给连军士长，由他负责举办体面的正式葬礼。我从没见过当场埋葬死者的情况。后来，在后撤时的激烈战斗中，我们并不总能抢回阵亡的战友。

我没发现我们部队在进攻期间的准备工作中有重大疏漏。相反，从事后看来，我必须说我们这些普通军人能够得到的信息非常有限，这是个严重的缺点。当时，我没注意到这一点，因为我们为每天的战事忙得不可开交。不过，我想说一下我们部队训练方面的两个问题。我们的"虎"式坦克偶尔会被团里的火力击中，这些火力来自于团里的坦克，尤其是突击炮。毕竟，"虎"式坦克是一种新型坦克，前线的很多士兵对它的存在一无所知。6月的时候，我们按照上面的命令造访过几个团，向他们介绍了这种坦克，但这并没有避免友军的误击。

另一个问题出在伴随我们左右进攻的无装甲步兵的身上。当时，我们会尽可能地将他们驮在我们的坦克上。当他们在战斗中不得不下车时，他们会死命地聚在我们的坦克后面。原因很清楚，那就是"虎"式坦克很像一座堡垒，会给人安全感。然而，这也是最危险的地方，因为我们自然也会吸引敌人的火力。与散布在更大地域内的步兵相比，躲在我们后面的步兵的伤亡率更高。这个坏习惯你一直改不掉，显然表明你步兵的下级领导在训练和经验方面有很大的问题。

对我来说，此次战役并不像我们后面参加的战役那样扣人心弦，比方说切尔卡瑟（Cherkassy）口袋解围①，这是一场事关40000名同志生死的战役。与此相比，在别尔哥罗德以东地域的进攻基本上和正常作战差不多，因为其目标只不过是攻城略地。这从我们有限的伤亡数量上也可以看出来。我觉得我们营彻底损失的坦克只有

---

① 译者注：即苏军所说的科尔孙—舍甫琴科夫斯基战役。这次战役发生在1944年1月24日—2月17日，第503重装甲营大约在2月2—18日参战，其34辆"虎"式坦克打得只剩6辆。鲁贝尔当时是第503重装甲营1连第114号车的车长。

四五辆。我们的交换比也不能说明我们地段上的进攻有多么激烈。就我能想到的，我们连在这些战斗中也就击毁了大约20辆敌坦克，其中大部分是在7月11日和12日被击毁的。后来，1944年10月2—16日，我们在切尔卡瑟用剩下的10辆"虎"式坦克击毁了57辆敌坦克。这些数字表明了这些战斗的激烈程度不同。不过，这次战役中其他地段的情况可能有所不同，比如几个党卫师或大德意志师的地段。

❀ 德军官兵真的觉得他们被击败了吗？

警卫旗队装甲团2营坦克车长冈特·贝尔认为：

实际上，我们认为自己一直很顺利。不过，我尤其记得前面说过的在贝科夫卡和斯大林斯克交战的情形，敌坦克的阵容就像"阅兵阵容"一样庞大。这一点在普肖尔河地段的进攻中也很显著。

7月12日晚，我们还以为会继续进攻，尤其是考虑到那天我们取得了多次胜利。我们没有那么大的伤亡，并且仍然有足够的实力去战斗。然后，在13日，我们得知进攻可能会被取消，因为在右翼的帝国师的地域已被深度突破。我们感到有些不舒服。不过，部队在前几天已经到达的位置上又停留了几天。如果他们最终真的决定放弃进攻，那是完全没道理的。

帝国师"德意志"团工兵连长、党卫队中级突击队长海因茨·马赫尔认为：

在继续进攻的日子里，我的总体印象是我们对苏军一直占上风。实际上，我们觉得我们在每次战斗中都占上风。不过，苏军的战斗精神也不一般。他们常常毫不退缩。我后来得知，他们的一些部队参加过斯大林格勒战役。他们和我们之前见过的部队在士气上大不相同。此外，敌人在物质上也有优势，其装备多到你无法想象。

帝国师的阿尔弗雷德·肯齐奥拉认为：

当我们接到撤退命令时，我记得是在7月16日，我们这个级别的人都不明白为什么会这样。我们为此感到愤愤不平。

帝国师列兵库尔特·考夫曼认为：

我们在战斗结束时觉得很沮丧，但这绝不是因为我们在战场上被击败了。相反，我们一开始就觉得自己优于敌人，而且在整个战斗过程中也是如此。每次交战是攻是守，我们都掌握着决定权。我们总是主宰着战场，尽管苏军士兵有时会表现出令人难以置信的、不怕死的英勇精神。他们常常想通过集团冲锋来打垮我们，却也因此而被大量消灭。但在战斗结束时，每个士兵都发现了一件事，那就是苏军显然有无穷无尽的预备队。我们想消灭多少敌军部队就消灭多少，他们在第二天早晨还会送上一批同样数量的新部队。

第503重装甲营的阿尔弗雷德·鲁贝尔认为：

当我们在库拉科夫卡地域的战斗逐渐停歇，并且我们与SS第2装甲军成功建立联系时，我们并不觉得这是一场败仗。在前线上和在战斗中，我们只是执行了下一道命令而已。在整个"堡垒"行动期间，我们并没觉得这是一场决定胜负的战斗而士气高涨。这是我们在俄国的第三个年头了，我们已经看惯了我们的起起落落。我们对胜利不再有过度的自信，或者说不那么确定了。我也不知道为什么，我们营的普遍看法是我们只能在1943年的夏季进行一场范围有限的攻势，以便在秋季撤到第聂伯河后面过冬。

❀ 苏军得到的教训

我们手头的苏军报告包含大量值得注意的对战斗的看法：

近卫第6集团军（奇斯佳科夫）[28]

结论：

1. 战斗表明，以防坦克支撑点的形式组织反坦克防御是完全合理的。

2. 在防御时，集团军炮兵司令部应当制订反准备方案，如果能在敌人进攻前将其实施，可收到非常好的效果，甚至可以迫使敌人推迟进攻。

3. 火炮，甚至45毫米炮，被证明它们完全可以和敌军的T-6坦克（即Ⅵ号"虎"

式坦克）作战。45 毫米炮被认为只有在距目标 150—300 米的距离上射击才有效。其他型号的火炮可以在距目标 500—700 米的距离上射击。

4. 反坦克预备队极为重要，但他们是否投入战斗，这需要在敌坦克的主要突击方向明确之后才能决定。

5. 炮兵火力在战斗中非常有效。俘虏的口供表明，敌人 70% 的损失是由炮兵火力造成的，尤其是喀秋莎火箭炮。

6. 实践表明，有必要使用各种武器系统对敌军的技术装备和人员实施直瞄射击。将武器送到前线不仅可以提高武器的效能，而且对武器的使用人员来说也是很好的训练。

7. 在进攻的第一天，我方航空兵几乎毫无作为，尤其是歼击航空兵。敌人行动顺利的主要原因在于，他们在主要突击方向上拥有很大的空中优势。

坦克第 1 集团军机械化第 3 军[29]

3. 1943 年 7 月 6 日 10:00，敌人沿军的左翼发动进攻，企图前出到别尔哥罗德—奥博扬公路。由于没有强大的炮兵，加上近卫第 6 集团军的炮兵正在撤出战斗，军无法抵挡敌人逐步逼近的纵队……

13. 军长和各旅旅长未能积极主动地使用技术装备。军没有强大的炮兵，也没有得到炮兵的支援。

14. 军的防御行动没有得到我方歼击航空兵的良好掩护。

15. 侦察部门的工作极差。我方的损失也没有留下准确记录。

近卫坦克第 5 集团军（罗特米斯特罗夫）[30]

罗特米斯特罗夫在 9 月 30 日的报告——这可能是普罗霍罗夫卡之战神话的起源——中提到[①]：

1. 大量的 T-5（"豹"式）坦克和 T-6（"虎"式）坦克——占坦克总数的

---

① 译者注：此处根据俄文档案原文译出。

744

15%—20%——给指挥机关提出了如何与其作战的问题。为了解决这一问题，需要采取下列措施：

a. T-70坦克在火力和装甲防护上都很弱，完全不适合在现代条件下作战，应当撤装。

b. T-34坦克应当进行现代化改装，安装85毫米火炮，加厚装甲。

c. 军队应配备装备了（100—107毫米口径的）大威力武器和厚达200毫米装甲的新型坦克。此外，火瞄准具应使坦克可以在距目标3000米的距离上进行准确射击。

d. T-34坦克应当在战场上进行更多的机动，实施迂回，从侧面打击德国的T-6坦克和T-5坦克。

2. 在七月的进攻中，德军只使用其航空兵，在战线狭窄地段上的浅近纵深内对我军实施了密集突击。这些突击足够密集，可以保证敌人的地面部队向前推进。

如果我们有强大的对空防御和歼击航空兵，这种突击的有效性可以被严重削弱。

在近卫坦克第5集团军作战的第一阶段，我方歼击航空兵不够积极，但在随后的日子里，这一局面得以扭转。德军轰炸机出现的频率开始降低，由敌机轰炸造成的损失也迅速减少。

工程兵在战斗中作用巨大。德军在撤退过程中尽可能地到处布雷、破坏道路并毁坏桥梁。

工兵的主要工作是扫雷、在滩河上架桥和修复道路，但先兵团的前进速度取决于工兵解决问题的速度。

组织诸兵种协同时的缺点是坦克兵和炮兵的联系不够密切。炮兵总是落在后面，在占领新的射击阵地时行动很慢，高射炮兵尤其如此。

与我方航空兵的配合也不好，结果在普罗霍罗夫卡和雅科夫列沃地域发生了几次误炸己方部队的情况。

作战经验表明，部队战前的训练体系，以及各级司令部的准备工作，都组织得非常好。军和集团军司令部实施的指挥—参谋演习可以让他们很好地融为一体，并让他们做好在困难条件下掌控战斗的准备。

在刚刚进行的战斗中，坦克兵和炮兵获得了大量与德军T-6坦克作战的经验，这种坦克已经不再是令人生畏和不可战胜的了。大量被集团军击伤和击毁的"虎"式坦克就是证据。

近卫第6集团军（扎多夫）[31]

日终时，沃罗涅日方面军司令指出，7月5—14日的战斗表明，各战斗兵种和兵团之间的协同问题未能得到足够的重视。兵团和部队的指挥员及其参谋人员没有制订各战斗兵种在整个战斗纵深内的作战活动计划，却常常将组织战斗的各种问题简化为下达作战任务。在战斗中，他们对自己部队的指挥也很差劲。

与友邻部队的沟通组织得也很差。在快速变化的形势下，这会影响指挥，导致部队之间无法配合行动。作战任务一旦确定，就应当通知负责实施的人，给他们足够的时间去组织战斗。

应当在前线组织好情报工作。预备队只有在详细了解了态势之后，才能投入战斗。

炮兵的弹药供应存在严重困难。因此，集团军司令向方面军司令报告了最高统帅部预备队的近卫炮兵团的补给严重不足的情况，以及7月15日，由于集团军炮兵仓库距离太远，122毫米火炮的弹药补给岌岌可危（每门炮只有0.1—0.2个弹药基数，即15—18发炮弹）。同时，集团军司令请求使用方面军仓库的炮弹，以便使每门炮的弹药基数增加到1个弹药基数（即900发炮弹）。[32]

18:30，为了让炮弹得到合理使用，集团军司令向军长和师长们通报了几起浪费火炮和迫击炮弹药的案例。

兵团指挥员及其炮兵司令没有制订抗击敌坦克冲击的作战计划，也没有在战斗中控制火力。在大部分案例（近卫步兵第95师和近卫空降兵第9师）中，部队用全部火炮（орудия）朝敌坦克胡乱开火，完全不注意控制火力，也不考虑距离。

由于缺乏控制，我们在三天的战斗中只击伤和烧毁108辆敌坦克，而我们自身却损失了95门火炮。[33]

到7月18日，有必要让部队携带下列弹药基数：45毫米弹药——1个弹药基数；76毫米弹药——0.8个弹药基数；122毫米弹药——0.6个弹药基数；120毫米弹药——15个弹药基数；未经集团军司令批准，不得消耗这些弹药。

苏军的总参研究也给出了涵盖范围很大的总结，此处不再复述。[34]这份文件是在将近一年后在莫斯科编写的，是一份非常特别且详尽的研究。这份文件应当被谨慎对待。

❋ 沃罗涅日方面军的损失报告 [35]

1943 年 7 月 24 日

在 1944 年 7 月 4—22 日的防御战期间，沃罗涅日方面军的损失情况如下：

1. 1943 年 7 月 4—16 日，敌人进攻阶段：

a. 人员：18097 人死亡、47272 人负伤、24851 人失踪、29 人被俘。合计 90249 人。

b. 马匹：1295 匹死亡、333 匹负伤。合计 1628 匹。

c. 装甲坦克和机械化兵部队装备：坦克有 1204 辆为不可恢复损失，有 655 辆被击伤，合计损失 1859 辆；自行火炮有 29 辆为不可恢复损失。

d. 近卫迫击炮部队装备：战车被击伤 16 辆。

e. 飞机：被击落、击伤 347 架。

f. 炮兵装备：各种口径火炮 1605 门、迫击炮 1734 门、轻机枪 4381 挺、中型机枪 1634 挺、PPSh 冲锋枪 35026 挺、步枪 40520 支、反坦克枪 3247 支。

g. 汽车：137 辆。

2. 1943 年 7 月 16—22 日，我军反攻阶段：

a. 人员：2481 人死亡、7155 人负伤、1047 人失踪。合计 10683 人。

b. 马匹：550 匹死亡、107 匹负伤。合计 657 匹。

c. 装甲坦克和机械化兵部队装备：坦克有 367 辆为不可恢复损失，有 179 辆被击伤，合计损失 516 辆；自行火炮有 28 辆为不可恢复损失，有 15 辆被击伤，合计损失 43 辆。

d. 近卫迫击炮部队装备：战车被击伤 4 辆。

e. 飞机：被击落、击伤 40 架。

f. 炮兵装备：各种口径火炮 108 门、迫击炮 162 门、轻机枪 399 挺、中型机枪 161 挺、PPSh 冲锋枪 872 挺、步枪 1612 支、反坦克枪 212 支。

g. 汽车：41 辆。

方面军参谋长

伊万诺夫中将

作战处长

捷列什金少将

注释

1. 别利亚耶娃（L.G. Belyayeva）编《朱可夫元帅：我们如何纪念他》[Маршал Жуков. Каким мы его помним（莫斯科，政治书籍出版社，1988 年）] 第 122—123 页。理查德·哈里森博士将其翻译为英文。

2. 克里沃舍夫的著作第 188 页。

3. 在综合了多份损失报告后，列夫·洛普霍夫斯基在《普罗霍罗夫卡：秘密标签已解除》（莫斯科，2005 年）第 509 页列了一个表格。各方给出的沃罗涅日方面军减员总数由低到高依次是：73892 人（克里沃舍耶夫）、74500 人（方面军司令）、100932 人（方面军参谋长）。我们不清楚上述数据统计了哪些人，统计类型是什么。在第 513 页，还有根据档案文献统计的沃罗涅日方面军和草原方面军的减员情况。其中，沃罗涅日方面军在 7 月 4—16 日有 18097 人死亡、24851 人失踪（但给出的死亡和失踪的总数却是 42977 人）、47272 人负伤（实际上就是卫生减员），在 7 月 16—22 日有 2481 人死亡、1047 人失踪、7155 人负伤。这些减员的数据出自方面军司令部的档案，合计为 110932 人。方面军在 7 月共有 30003 人死亡、31226 人失踪、92196 人负伤。这些数据出自多个档案文献。我们不清楚这些较大的减员数是否包含了草原方面军的减员。

   该表格还显示，草原方面军在 7 月 16—22 日有 6167 人死亡、2490 人失踪、25683 人负伤。方面军在 7 月共有 6258 人死亡、2490 人失踪、25792 人负伤。草原方面军死亡和失踪的人数比克里沃舍耶夫统计的 27452 人要少得多。

   我们怀疑这些数据在统计口径上有一些差异。迪普伊研究院依据各部队的报告，统计出的减员总数为 126808 人；克里沃舍耶夫依据他自己的研究成果，统计出的减员总数为 143950 人；洛普霍夫斯基依据他自己的研究（沃罗涅日方面军为 100932 人，草原方面军为 34340 人），统计出的减员总数为 135272 人，而整个 7 月的减员总数是 189038 人（沃罗涅日方面军为 154352 人，草原方面军为 34686 人）。最后这个总数似乎有些大。

4. 德军战车统计数据包括 131 辆自行火炮（黄蜂自行榴弹炮、蟋蟀自行步兵炮和熊蜂自行榴弹炮）、37 辆 III 号炮兵观察坦克、3 辆 I 号和 V 号抢修坦克。详情请见拙著《库尔斯克：普罗霍罗夫卡之战》附录三。

5. 德军战车统计数据包括 125 辆自行火炮（黄蜂自行榴弹炮、蟋蟀自行步兵炮和熊蜂自行榴弹炮）、34 辆 III 号炮兵观察坦克、4 辆 I 号和 V 号抢修坦克、3 辆 IV 号弹药输送车。详情请见拙著《库尔斯克：普罗霍罗夫卡之战》附录一。

6. 德军战车统计数据包括 122 辆自行火炮（黄蜂自行榴弹炮、蟋蟀自行步兵炮和熊蜂自行榴弹炮）、35 辆 III 号炮兵观察坦克、4 辆 I 号和 V 号抢修坦克、3 辆 IV 号弹药输送车。详情请见拙著《库尔斯克：普罗霍罗夫卡之战》附录三。

7. 德军战车统计数据包括 123 辆自行火炮（黄蜂自行榴弹炮、蟋蟀自行步兵炮和熊蜂自行榴弹炮）、35 辆 III 号炮兵观察坦克、2 辆 I 号和 V 号抢修坦克、3 辆 IV 号弹药输送车。详情请见拙著《库尔斯克：普罗霍罗夫卡之战》附录三。

8. 见小乔治·M. 奈普写的《决断乌克兰：1943 年夏的党卫军第 2 装甲军和国防军第 3 装甲军》和《库尔斯克会战再研究：德军失去的胜利》（文章在 www.theblitz.org 可见）。

9. 曼施泰因著《失去的胜利》第 449 页。

10. 根据 7 月 16 日的报告，近卫坦克第 24 旅有 22 辆 T-34，该旅在 7 月 13 日减员 306 人，在 7 月 14—16 日没有减员。近卫机械化第 10 旅有 18 辆 T-34 和 15 辆 T-70，其 7 月 13—16 日的不可归队减员数为 131 人。自行火炮第 1447 团（隶属于集团军）仍有 9 辆 SU-76 和 12 辆 SU-122，没有减员。近卫机械化第 5 军的其他部队损失惨重。见国防部中央档案馆，第 332 全宗，第 1943 目录，第 80 卷宗，第 14—17 页。一个满编的坦克旅应有 1172 人左右，一个满编的机械化旅有 3800 人左右。

11. 小乔治·M. 奈普写的《决断乌克兰：1943 年夏的党卫军第 2 装甲军和国防军第 3 装甲军》第 56—57 页。奈普表示，第 24 装甲军下辖 3 个师，其中包括第 17 装甲师。这个说法有些问题。第 17 装甲师位于巴尔文科沃以东，在哈尔科夫东南约 140 千米处。该师归第 24 装甲军指挥，可以并入德军预备队。但 7 月 13 日，该师并未接到出发命令，如果抽调该师去进攻，他们还要花费一定时间才能到达。

12. 该集团军的坦克和自行火炮的数量，出自戴维·M.格兰斯和乔纳森·M.豪斯所著的《库尔斯克会战》第58页、第230页，以及第421页的注释7。作者没有给出这个数据的具体日期，但日期应该早于1943年7月14日。第236页指出，在7月14日后不久的某个时刻，该集团军有698辆坦克和32辆自行火炮可出动（合计730辆）。

13. 戴维·M.格兰斯和乔纳森·M.豪斯著《库尔斯克会战》第235—236页，以及第421页的注释7。

14. 第17装甲师在7月3日时有4辆Ⅱ号、29辆Ⅲ号、32辆Ⅳ号和2辆T-34。见塞特林和弗兰克森著《库尔斯克1943：统计分析》第31页。奈普在《决断乌克兰：1943年夏的党卫军第2装甲军和国防军第3装甲军》第55页指出，该师在7月13日时有56辆战车，其依据是W.维克多·马德伊（W. Victor Madej）所著的《俄德战争》第31卷第93页。在7月10日时，第17装甲师有3辆Ⅱ号、46辆Ⅲ号和Ⅳ号、2辆指挥坦克、7辆炮兵观察坦克和20辆"黄鼠狼"可出动（见美国国家档案馆微缩胶片T313，R55，第000096页和第7292519页）。

根据奈普的《决断乌克兰》第80页的说法，第16装甲掷弹兵师在7月17日有29辆Ⅲ号、7辆Ⅳ号。6月30日，该师有3辆Ⅱ号、28辆Ⅲ号、9辆Ⅳ号（见美国国家档案馆微缩胶片T78，R619）。

此外，第203突击炮营和第232突击炮营在7月10日还有大约58辆突击炮可出动。第52步兵军配属的第560重型坦克歼击营有45门88毫米"胡蜂"（即"犀牛"）坦克歼击车可出动，他们在参战前当然还需要做一些现场准备工作。第6集团军地域有4个突击炮营（第209突击炮营、第210突击炮营、第236突击炮营和第243突击炮营），他们的80辆Ⅲ号突击炮准备在7月10日的进攻中出动。第15空军野战师也有5辆Ⅲ号突击炮。

15. 按照乔治·奈普关于德军即将达成突破的说法，他需要：

1) 错误地推断在普罗霍罗夫卡之战后，德军比当面的苏军装甲部队有2∶1的数量优势（见《决断乌克兰》第48页）；*

2) 宣称增援的第24装甲军有3个师，而该军实际上只有2个师（见《决断乌克兰》第55页）；

3) 无视苏军局部预备队的存在，包括一些近卫第5集团军尚未参战的师、一些已经撤出顿涅茨河三角地带的师、正在休整的装甲部队（机械化第3军、坦克第31军和坦克第6军）等等；

4) 无视第27集团军、第47集团军、第53集团军以及配属给他们的3个坦克和机械化军的存在；

5) 无视中央集团军有调动4个坦克军南下的实力；

6) 无视空中态势已经有利于苏军的事实；

7) 无视德军战线上的其他地段面临的威胁。

* 如果不深入研究其数据，此处的逻辑很难被理解。在这里，他将第48装甲军、SS第2装甲军和国防军第3装甲军的战车数量，与近卫坦克第5集团军的战车数量（可能只统计了3个坦克和机械化军的战车数）进行了对比，但没有考虑到战场上还有另外7个坦克和机械化军，以及大量坦克和自行火炮旅和团。

这一错误在格兰斯写的《从顿河到第聂伯河：1942年12月—1943年8月的苏军进攻战役》中被进一步放大。该书第361页认为："经过（7月12日）普罗霍罗夫卡的大规模坦克战之后，坦克减少了150—200辆。"相对于7月13日的数量来说，这个数量似乎太少了，这或许是7月更晚时候的数量。奈普错误地认为这是7月13日的数量。7月13日这天，不算配属的坦克第2军（46辆）、近卫坦克第2军（80辆）、重型自行火炮第1529团（1辆KV-1、11辆SU-152）和第1549团（7辆丘吉尔坦克），近卫坦克第5集团军共有340辆坦克和自行火炮可以出动（含29辆SU-76和SU-122）。

16. 其中包括501名病员和非战斗伤员。这个估计的减员数包含了第332步兵师的减员数，但不含第52步兵军的第57步兵师和第255步兵师的减员数，因为这些部队的任务是牵制当面的第40集团军。

17. 我们认为，近卫第5集团军在这三天内损失了71辆战车，其中大部分是在行军过程中损失的。

18. 如果德军在7月9—11日的交换比为1.69∶1（522∶309），并且假设其在7月12日仍然损失122辆战车，或者在7月12—13日仍然共损失203辆战车，那么苏军就会少损失210或214辆战车。

按照同样的算法来计算，苏军在7月12日可以少损失10397人。

19. 曼施泰因著《失去的胜利》第 449 页。

20. 数据引自克里沃舍耶夫著作第 187—190 页。这些数据未经反复核对，肯定有遗漏，但也确实反映了之后交战的规模和激烈程度。其中，沃罗涅日方面军和草原方面军在防御阶段统计的损失，是 7 月 5—23 日的损失。南线反攻的数据不含西南方面军的兵力和损失，因为他们是在 8 月 12 日加入进攻的。

21. 约阿希姆·布尔夏迪（Joachim Burchardi）先生于 1999 年 5 月 11 日接受了布兰德少将的采访。布尔夏迪先生于 1917 年 5 月 10 日出生在德累斯顿。他最初于 1937 年 10 月应征入伍，成为一名士兵，在 1940 年 6 月 1 日升为军官。他跟随第 4 炮兵团参与了波兰、巴尔干和 1941 年俄国的战局。

    在"堡垒"行动期间，布尔夏迪先生是大德意志师炮兵团的中尉（first lieutenant）和首席作战参谋 [Erster Ordonnannzoffizier，一般缩写为 O1，相当于参谋长的第 1 总参军官（Ia）的第一助手]。战争期间，他获得了一级铁十字勋章、二级铁十字勋章、金质德意志十字勋章和 50 次突击章。

    布尔夏迪先生在战后做了五年的战俘。之后，他接受了大学教育，于 1960 年起在西德陆军担任军官。他后来晋升为中校，最后是教授战术和后勤的教师。

22. 卡尔·A. 施塔克（Karl A. Stark）先生于 1999 年 5 月 8 日接受了布兰德少将的采访。施塔克先生生于 1924 年 4 月 20 日。他于 1942 年应征入伍，成为一名战斗工兵。自 1943 年起，他随大德意志师在俄国作战。他是战斗工兵营某连连部班的传令兵，军衔为列兵（Private）。在接受了基本训练之后，他于 1943 年进入该部，但还没有任何一线作战的经验。7 月 5 日的进攻是他第一次参加的战斗，也是他的"战火洗礼"。他在战时获得了战伤章。

    战后，施塔克先生担任了银行经理。

23. 奥特弗里德·埃明豪斯（Ottfried Emminghaus）先生于 1999 年 5 月 26 日接受了布兰德少将的采访。埃明豪斯先生于 1920 年出生于柏林。他于 1939 年 10 月 1 日加入第 59 步兵团，之后随第 19 步兵师参加了法国战局。第 19 步兵师在 1940 年后期改编为第 20 装甲师，埃明豪斯先生后来在装甲掷弹兵团担任参谋军官。俄国战局期间，他被打伤。他作为步兵，参加了法国和俄国的战局，因此有丰富的实战经验。

    自 1942 年大德意志师组建伊始，埃明豪斯先生就在该师服役，并从当年夏天起就在该师的燧发枪兵团服役。库尔斯克会战期间，他是该团 2 营 6 连的中尉连长（First Lieutenant）。

    战争期间，埃明豪斯先生获得过金质德意志十字勋章、一级铁十字勋章、二级铁十字勋章、近战勋饰和战伤章。埃明豪斯先生在战后成了销售经理和企业家。

24. 诺依曼（Horst Neumann）准将于 1999 年 8 月 21 日接受了布兰德少将的采访。霍斯特·诺依曼生于 1922 年 2 月 22 日。1939 年 9 月，他志愿参军，时年 17 岁。他在位于柯尼斯堡（即今俄罗斯的加里宁格勒）的第 37 炮兵团服役。他后来担任高射炮兵，并加入了新组建的大德意志师高射炮营。直到战争结束之前，他一直在该营服役。

    在"堡垒"行动期间，诺依曼先生是一名少尉（lieutenant），职务是大德意志师某高炮战斗小组的指挥官。他在战时获得了一级铁十字勋章、二级铁十字勋章、突击章、防空作战章、战伤章（四次负伤）和 1941 年冬季作战章。

    战后，诺依曼先生当过记者，后又加入了西德陆军。他受过总参谋部的培训，其最后的职务是作战支援部队总监（General of Combat Support Troops），军衔为准将。他于 1982 年退役。

25. 埃伯哈德·舍内（Eberhard Schoene）先生于 1999 年 4 月 1 日接受了布兰德少将的采访。舍内先生生于 1922 年 6 月 17 日，于 1941 年 1 月 2 日志愿从军。他最初在非洲服役，后于 1942 年夏作为少尉（lieutenant）随第 15 装甲团前往俄国。1942 年 7 月，他成为连长。

    此后，舍内先生一直在第 11 装甲师第 15 装甲团服役，直到战争结束。他在战时获得了一级铁十字勋章、二级铁十字勋章、坦克战证章（25 次，即需要参加 25 次坦克战）、银质战伤章（四次负伤）。

    舍内先生于战后开始从商。

26. 退役中校汉斯-约阿希姆·荣格（Hans-Joachim Jung）于 1999 年 4 月 21 日接受了布兰德少将的采访。荣格先生于 1921 年 1 月 27 日出生，于 1939 年 1 月 12 日志愿从军。他最初在第 8 坦克歼击营服役，后进入第

102 步兵师，自 1942 年 10 月起转入第 332 步兵师。1943 年 7 月，他时为第 332 步兵师坦克歼击营某连中尉连长（first lieutenant）。他于 1941 年 6 月参加俄国战局，于 1942 年春负伤，有一定的作战经验。

库尔斯克会战后，荣格先生进入大德意志装甲团服役，直到战争结束。他在战时获得了一级铁十字勋章、二级铁十字勋章、"1941/1942 东线冬季战役" 奖章（俗称 "东线奖章" 或 "冻肉章"）和战伤章。

战后，荣格先生加入西德陆军，于 1977 年以中校军衔退役。

27. 埃贝哈德·瓦克纳格尔（Eberhard Wackernagel）于 2000 年 4 月 10 日接受了布兰德少将的采访。瓦克纳格尔先生出生于 1917 年 9 月 21 日。他于 1936 年 4 月 1 日志愿参军，并成为一名候补军官。他起初在斯德丁的第 5 步兵团服役，后进入大德意志步兵团。他作为中尉排长参加了法国战局，后升任连长。接着，他参加了 1941 年的巴尔干战局，于 1941—1943 年间在苏联作战，期间多次受重伤。战争结束时，他在西线担任团长。瓦克纳格尔先生获得过金质德意志十字勋章、陆军荣誉勋饰、一级铁十字勋章、二级铁十字勋章和战伤章。

"堡垒" 行动期间，瓦克纳格尔先生为大德意志燧发枪兵团 1 营上尉营长。他自 1939 年就加入了当时的大德意志团，自 1940 年 5 月渡过马斯河时起参加了该团所有战斗。因此，瓦克纳格尔是大德意志师中一名久经沙场的、老练的指挥官。重伤治愈归队后，他于 1943 年 5 月 21 日起指挥该营。

战后，瓦克纳格尔先生学习农业。他在退休前是一家农业银行的主管。

28. 引自《近卫第 6 集团军炮兵在 1943 年 7 月 4—16 日防御战斗中的行动》，见国防部中央档案馆，第 335 全宗，第 5122 目录，第 109（1）卷宗，第 137—138 页。

29. 出自派驻坦克第 1 集团军的总参代表佩图霍夫（Petukhov）少校给派驻坦克第 1 集团军和沃罗涅日方面军总参高级代表的关于 1943 年 7 月 6—15 日机械化第 3 军战斗行动的报告。见国防部中央档案馆，第 3340 全宗，第 1 目录，第 37 卷宗，第 1—7 页。

30. 见国防部中央档案馆，第 332 全宗，第 4948 目录，第 19 卷宗，第 21—22 页。

31. 见国防部中央档案馆，第 328 全宗，第 4852 目录，第 83 卷宗，第 23—24 页。

32. 这明显是一个团拥有的弹药总数，因为一门 122 毫米榴弹炮的 1 个弹药基数对应 80 发炮弹。

33. 这里宣称的德军坦克损失明显过大。

34. 即戴维·M. 格兰斯（David M. Glantz）和哈罗德·S. 奥伦斯坦（Harold S. Orenstein）合著的《库尔斯克 1943：苏联总参研究》[Kursk 1943: The Soviet General Staff Study（自印，1997 年）]。原版为苏联国防人民委员部军事出版社 1944 年 3—4 月版的《伟大卫国战争经验研究材料汇编》第 11 卷（Сборник Материалов по Изучению Опыта Войны, Выпуск 11, Март–Апрель 1944 г. ）。

35. 引自《库尔斯克会战：文件和材料，1943 年 3 月 27 日—8 月 23 日》[《俄罗斯档案：伟大卫国战争》第 15 卷第 4—4 册（莫斯科，土壤出版社，1997 年）] 第 272—273 页给出的档案，档案编号为：国防部中央档案馆，第 203 全宗，第 2843 目录，第 301 卷宗，第 255 页。

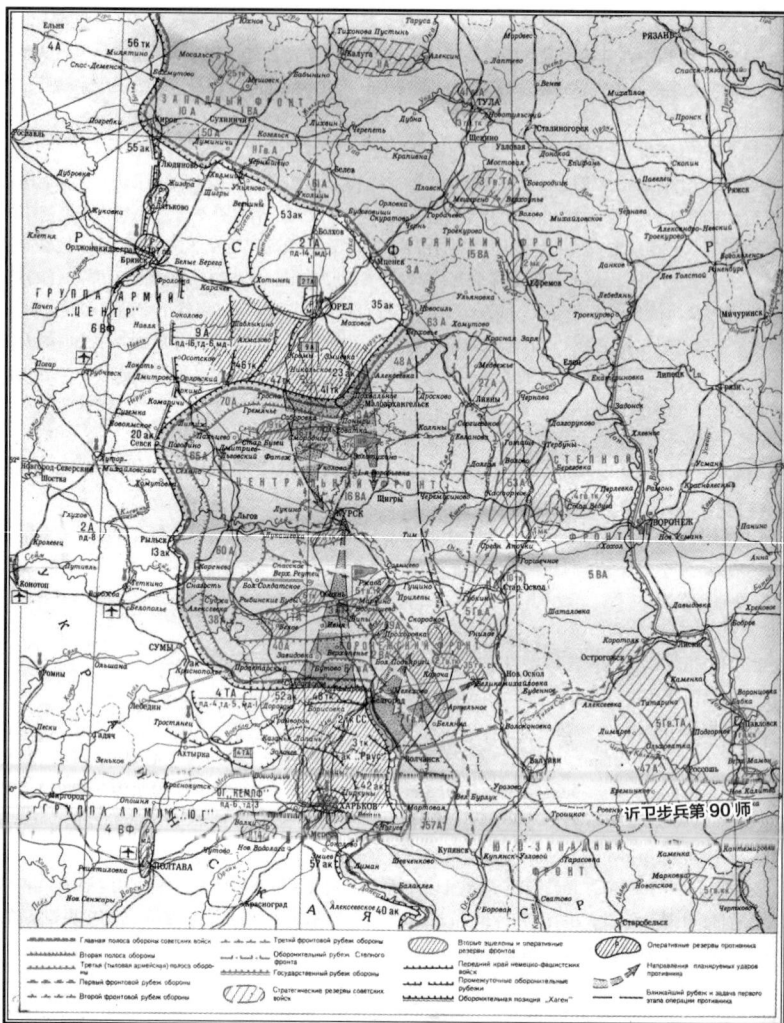

由东德译成德文版的苏联制作的库尔斯克会战图。这幅图正确显示了苏军所在位置，但对德军所在位置的标注却有很多错误。例如，图上的第 11 装甲师在哈尔科夫以西作为预备队，但该师实际上在参与进攻；第 4 装甲集团军下辖的部队，在图中标注的是 5 个装甲师和 1 个装甲掷弹兵师，而实际上是 2 个装甲师和 4 个装甲掷弹兵师；SS 第 2 装甲军进攻的地域有误；德军进攻方向有误；在波尔塔瓦附近没有第 1 装甲掷弹兵师做预备队；劳斯军的拼写方式有误等。图上显示了苏军防线的情况。底部图注依次为：第一防御地带、第二防御地带和第三防御地带（即集团军后方防御地带），方面军第一防御地区、第二防御地区和第三防御地区，草原军防御地区，国家防御地区。关于这些防线的重要性在第四章有论述。该图出自《苏联伟大卫国战争史》[Kartenband, Geschichte des Großen Vaterländischen Krieges der Sowjetunion，德意志民主共和国，柏林，军事出版社，1975—1985）]。感谢安德斯·弗兰克森（Anders Frankson）慷慨提供该图

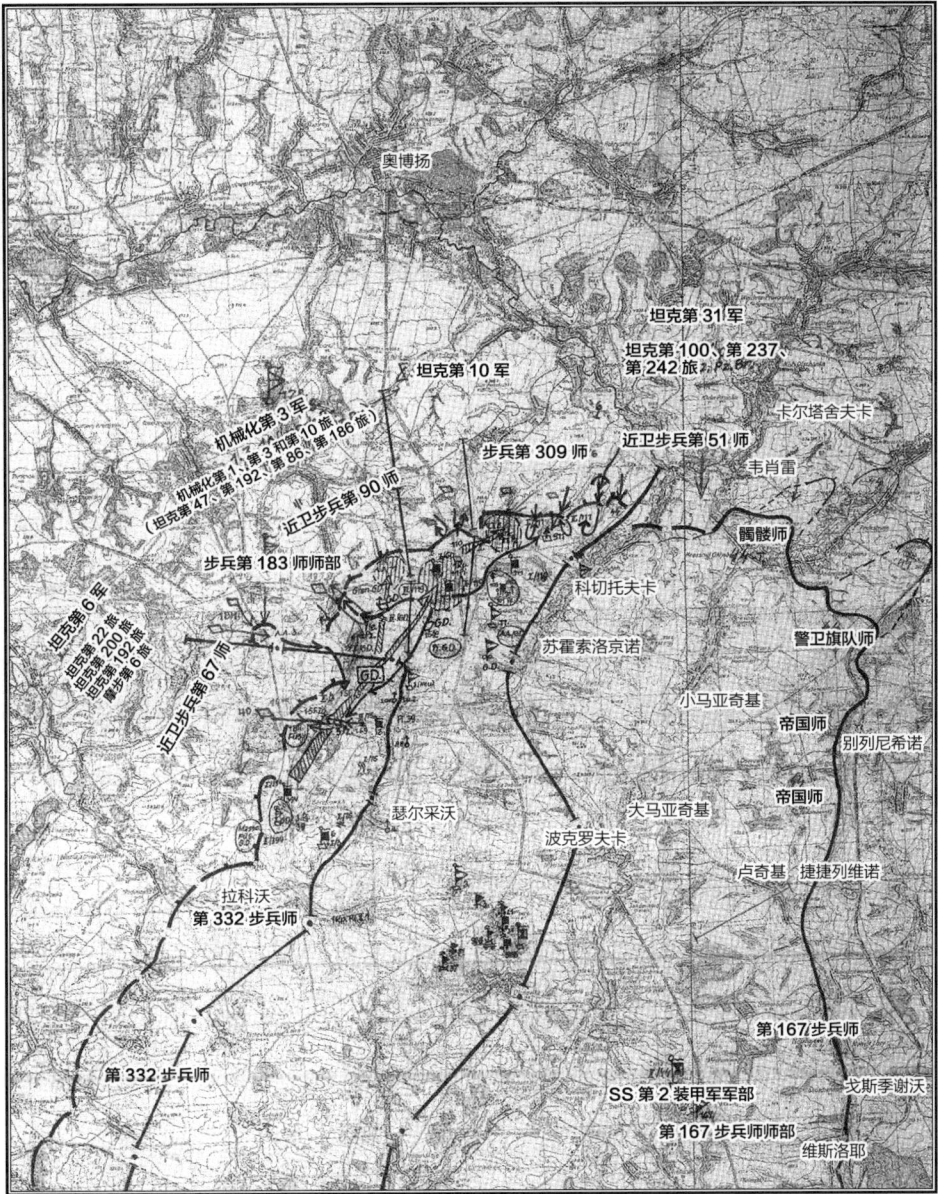

翻拍的德军第 48 装甲军 1943 年 7 月 12 日态势图。该图覆盖了第 48 装甲军和 SS 第 2 装甲军的进攻地段，其中有奥博扬（图上显示为 "Obojan"），但恰恰没有普罗霍罗夫卡。图中相邻两条网格线之间的距离代表的实际距离为两千米。该图覆盖的地理范围大致为东西 46 千米、南北 68 千米。在图上，苏军部队的番号和位置是根据当时的德军情报绘制的，其中一些有误。感谢尼克拉斯·塞特林慷慨提供该图。德国联邦档案馆军事档案馆 RH 20-8/113 和 RH 24-48/152K

德军第 48 装甲军 1943 年 7 月 13 日态势图。该图覆盖了第 48 装甲军和 SS 第 2 装甲军的进攻地段，以及第 3 装甲军先头部队和第 52 步兵军所在地段。图中有普罗霍罗夫卡（显示为 "Prochorowka"）。图中相邻两条网格线的间距代表的实际距离为两千米。该图覆盖的地理范围大致为东西 58 千米、南北 44 千米。在图上，苏军部队的番号和位置是根据当时的德军情报绘制的，其中一些有误。感谢尼克拉斯·塞特林慷慨提供该图。德国联邦档案馆军事档案馆 RH 20-8/113 和 RH 24-48/152K

754

科捷利尼科沃　半科捷利尼科沃

大克留基　上科托瓦

格列米亚奇卡

小克留基

库利加

科托瓦

鲁达韦茨

克拉斯尼科沃

赫梅列沃耶

普什卡尔纳亚

斯特列列茨卡亚村苏维埃

机器拖拉机站

奥博扬

卡扎茨卡亚

博布雷舍沃区苏维埃

特罗伊茨科耶

佐林诺

克里夫措沃

谢苗诺夫卡

阿法纳西耶沃

佐林诺村苏维埃

RUS 5701

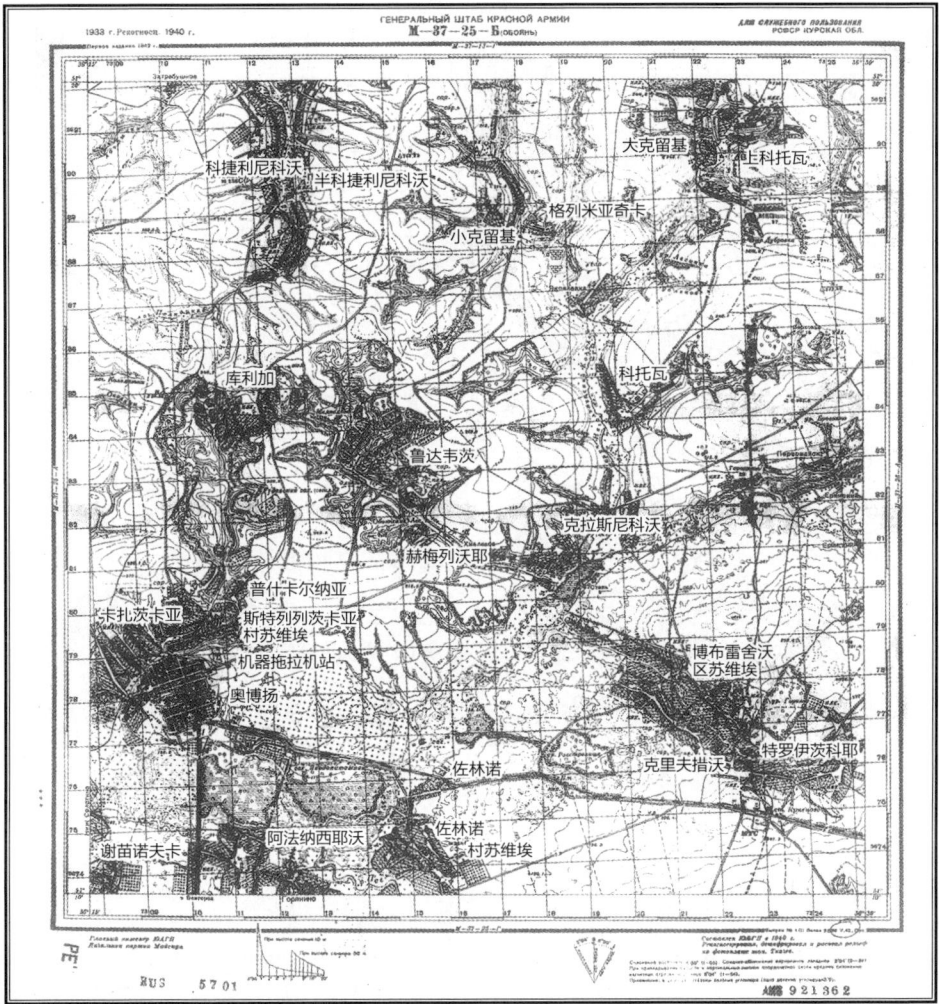

1942 年苏联红军总参谋部 M-37-25-Б 示意图，该图覆盖了奥博扬（图上显示为"Обоянь"）和普肖尔河（Псел）

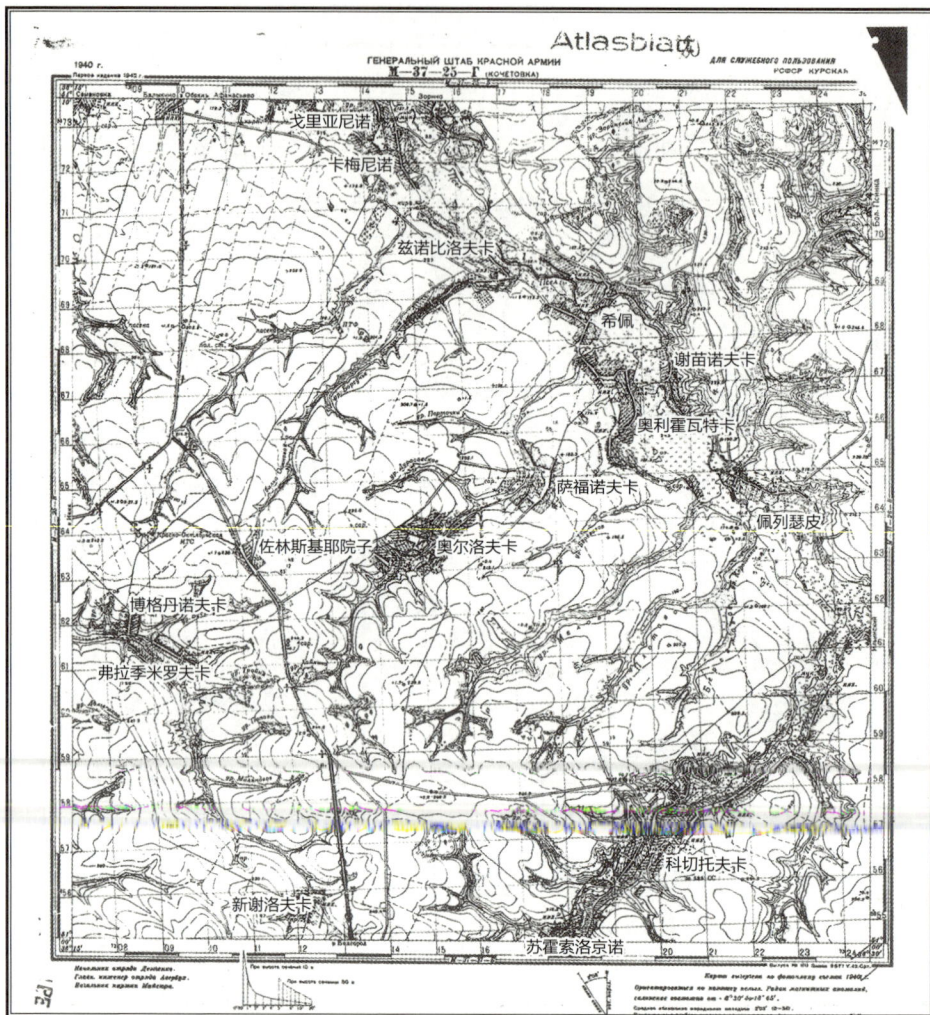

1942年苏联红军总参谋部 M-37-25-Г 示意图，该图覆盖了新谢洛夫卡（图上显示为"Новоселовка"）、科切托夫卡（Кочетовка）和普肖尔河（Псел）

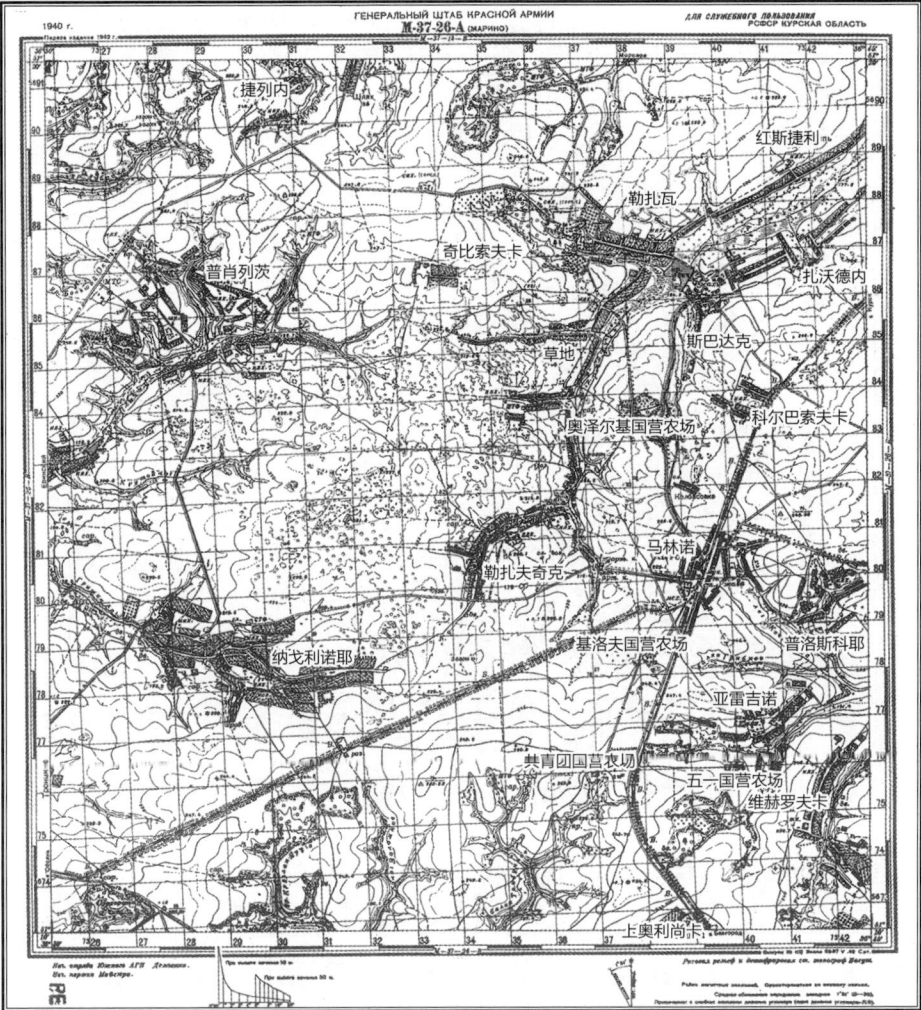

1942 年苏联红军总参谋部 M-37-26-A 示意图，该图覆盖了马林诺（Марино）及战场以北的其他地域

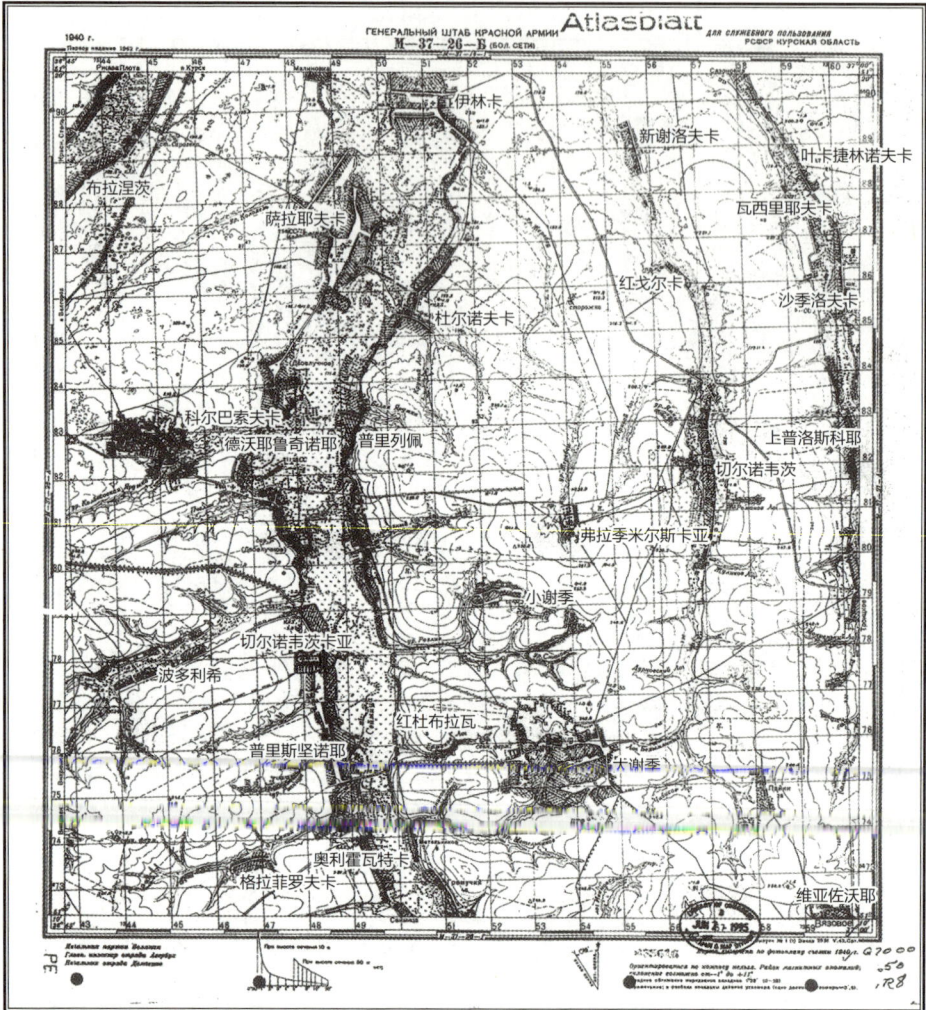

1942 年苏联红军总参谋部 M-37-26-Б 示意图，该图覆盖的地域包括顿涅茨卡亚谢伊米察河（Дон Сеймица）在内的战场东北地域

1942 年苏联红军总参谋部 M-37-26-B 示意图，该图覆盖了韦肖雷（Веселый）、普罗霍罗夫卡（Прохоровка）、业姆基（Ямки）、斯大林斯科耶国营分农场（свх.Сталинское отб）和十月国营农场（свх. Октябрьский）等地域

1942 年苏联红军总参谋部 M-37-26-Γ 示意图，该图覆盖的地域包括顿涅茨卡亚谢伊米察河（Дон Сеймица）在内的战场以东地域

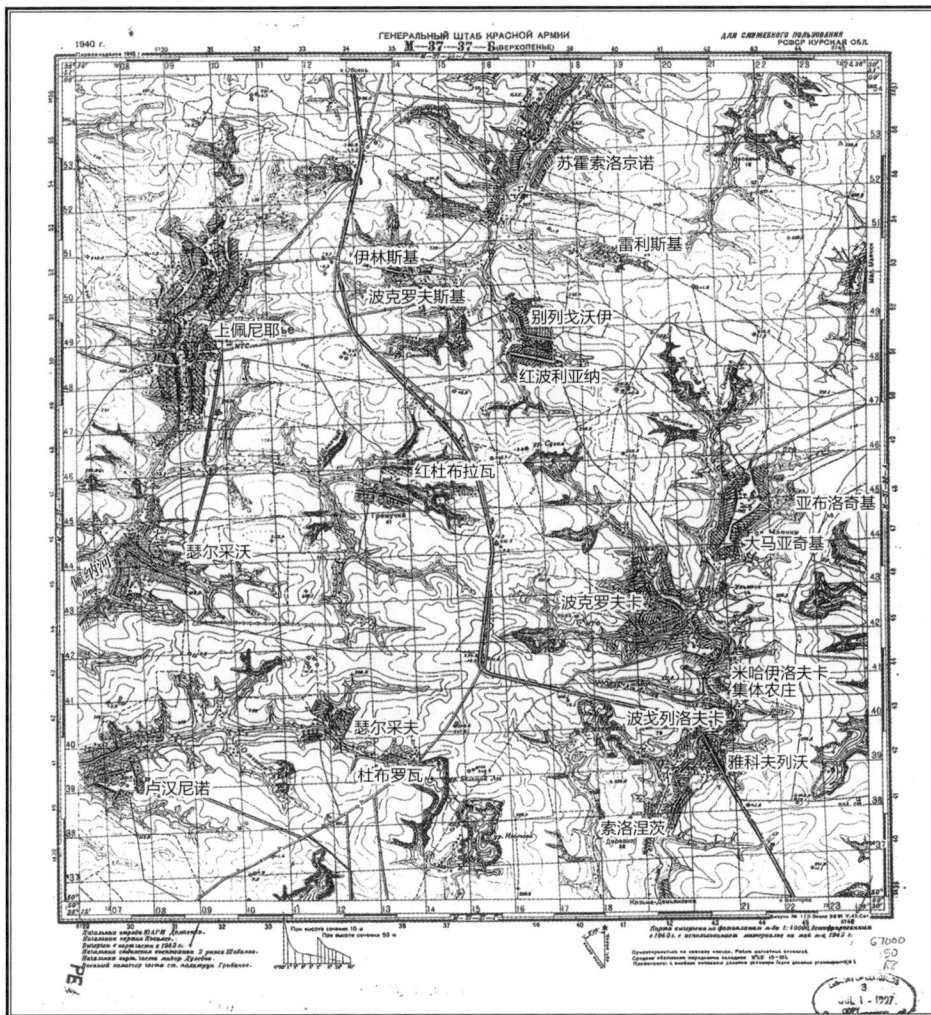

1942 年苏联红军总参谋部 M-37-37-Б 示意图，该图覆盖了卢汉尼诺（Луханино）、瑟尔采夫（Сырцев）、波克罗夫卡（Покровка）、雅科夫列沃（Яколево）、瑟尔米沃（Сырцево）和上佩尼耶（Верхопенье）等地域

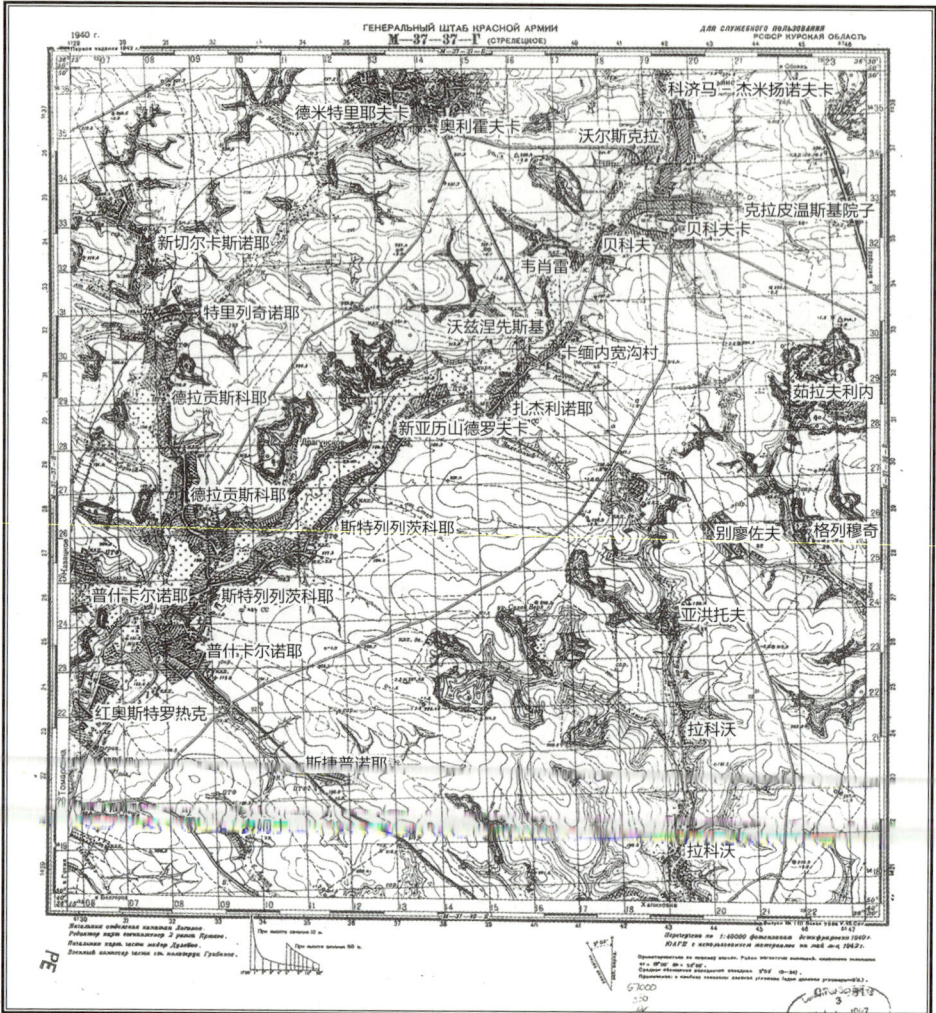

1942 年苏联红军总参谋部 M-37-37-Г 示意图，该图覆盖了德拉贡斯科耶（Драгунское）、别廖佐夫（Березов）、贝科夫卡（Быковка）和沃尔斯克拉河（Ворскла）等地域

1942 年苏联红军总参谋部 M-37-38-A 示意图，该图覆盖了卢奇基（Лучки）、捷捷列维诺（Тетеревино）、沙霍沃（Шахово）、列斯基（Лески）、亚斯纳亚波利亚纳（Ясная Поляна）、斯托罗热沃耶树林（ур. Сторожевое）、格列兹诺耶（Грезное）、普拉沃罗季（Правопоть）和萨日诺夫斯基顿涅茨河（Сажновский Донец）等地域

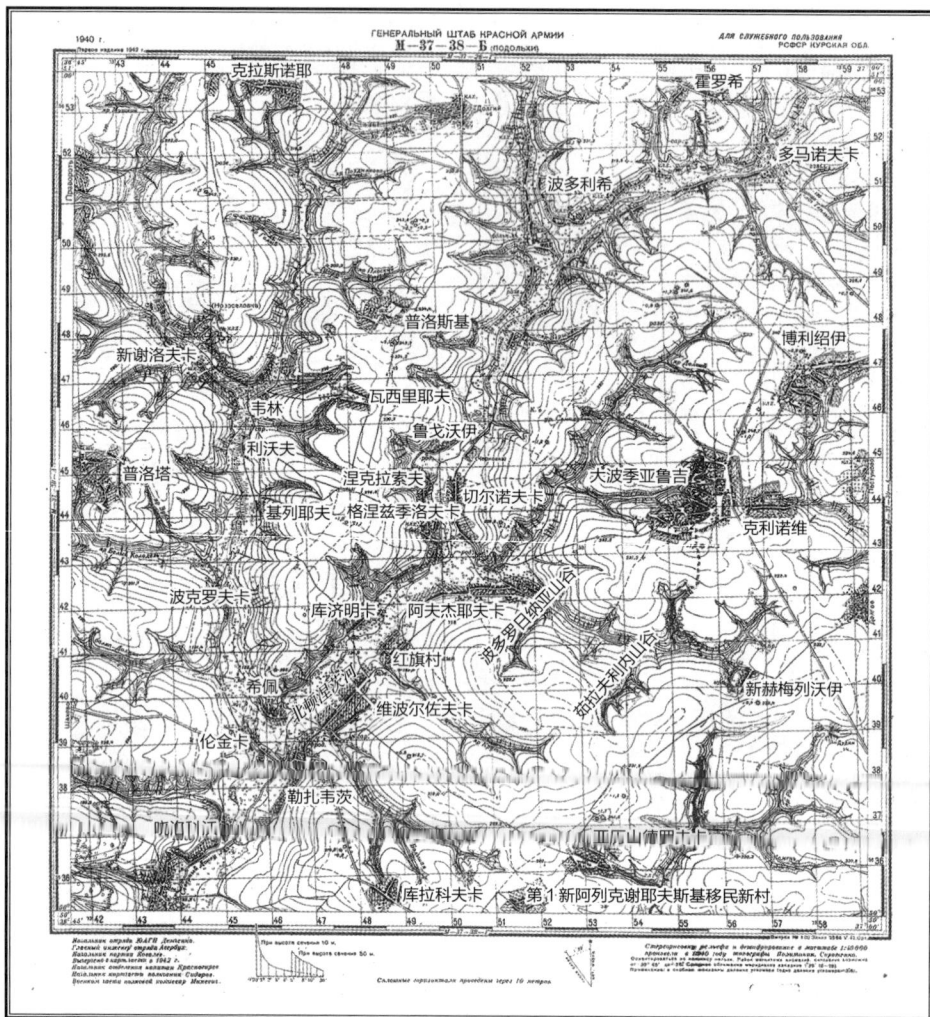

1942 年苏联红军总参谋部 M-37-38-Б 示意图，该图覆盖了晓洛科沃（Щолоково）、伦金卡（Рындинка）、阿夫杰耶夫卡（Авдеевка）和北顿涅茨河（Северный Донец）等地域

1942 年苏联红军总参谋部 M-37-38-B 示意图,该图覆盖了"自由劳动"集体农庄（клх. Смело к Труду）、绍皮诺（Шопино）、戈斯李谢沃（Гостищево）、萨贝尼诺（Сабынино）、远伊古缅卡（Дальняя Игуменка），以及利波维顿涅茨河（Липовый Донец）与北顿涅茨河（Северный Донец）的交汇处

765

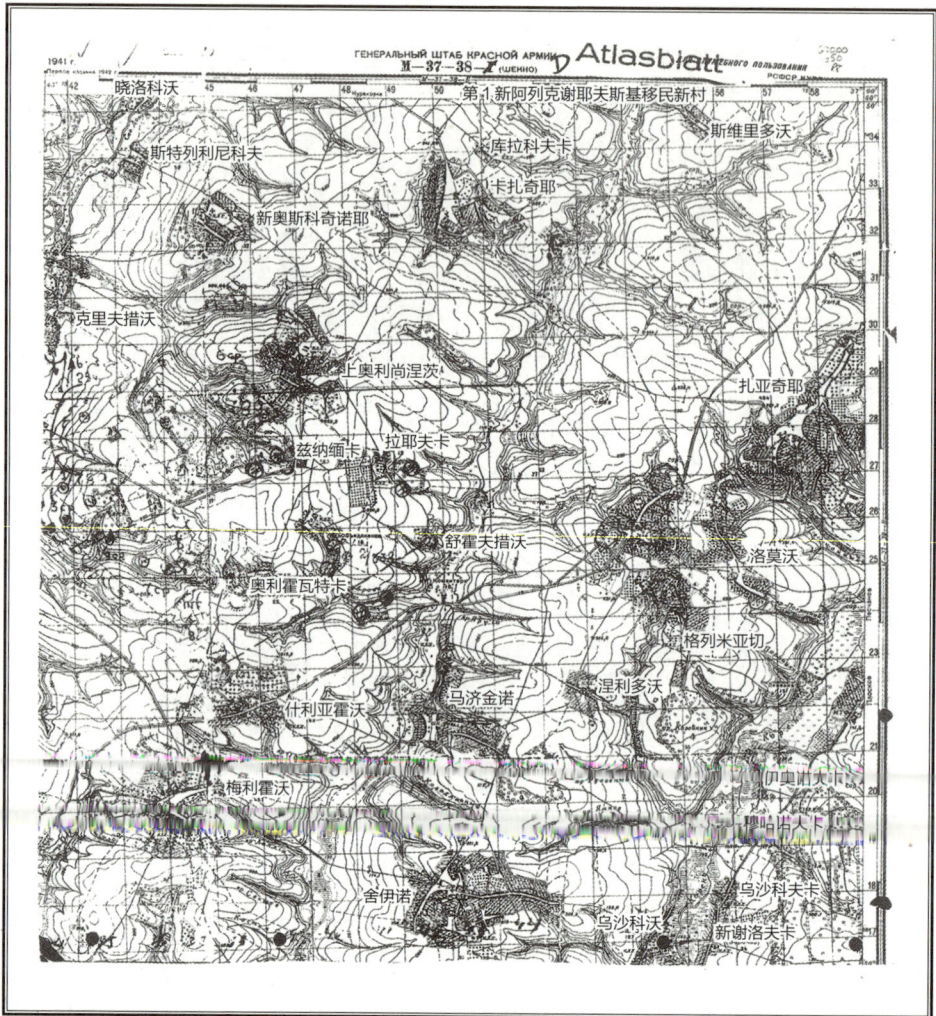

1942 年苏联红军总参谋部 M-37-38-Г 示意图，该图覆盖了梅利霍沃（Мелихово）、舍伊诺（Шеино）、上奥利尚涅茨（Верхний Ольшанец）和拉祖姆纳亚河（Разумная）、科连河（Корень）等地域

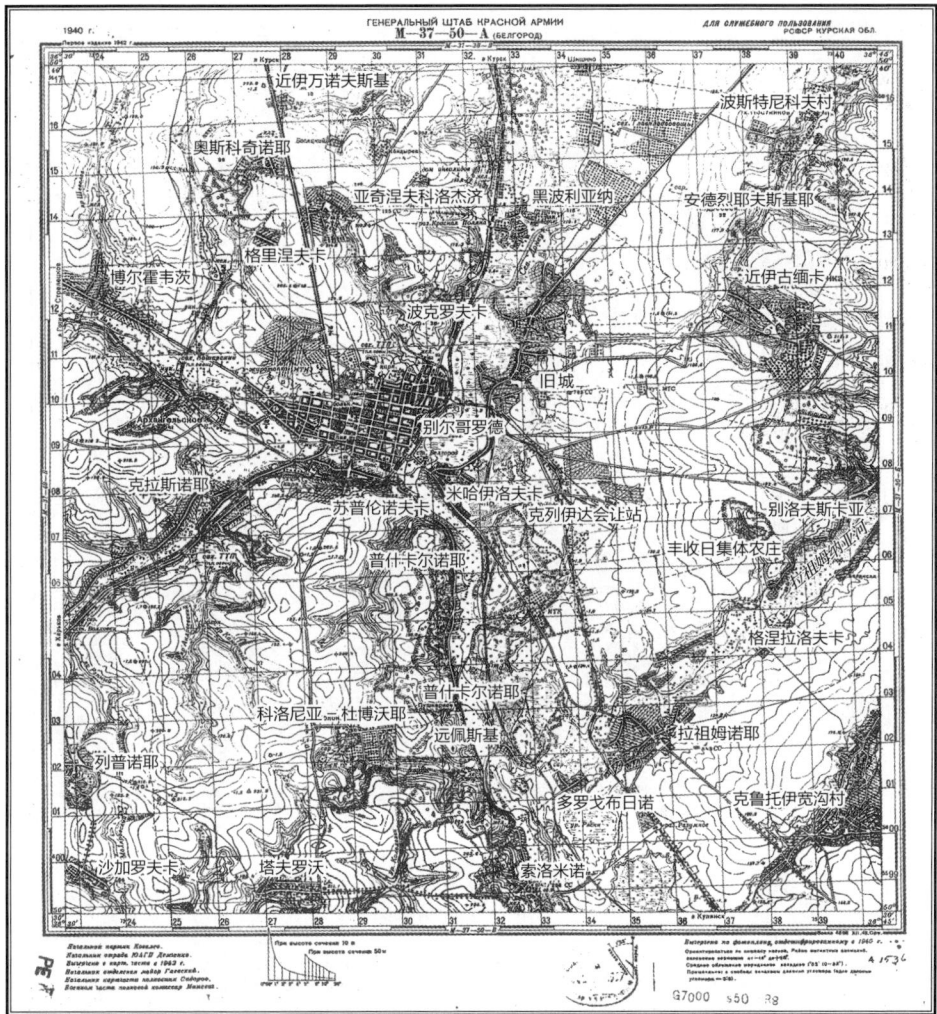

1942 年苏联红军总参谋部 M-37-50-A 示意图，该图覆盖了别尔哥罗德（Белгород）、旧城（Старый Город）、索洛米诺（Соломино）、拉祖姆诺耶（Разумное）、克鲁托伊宽沟（Крутой Лог）村、近伊古缅卡（Ближняя Игуменка）、拉祖姆纳亚河（Разумная）和北顿涅茨河（Северный Донец）等地域

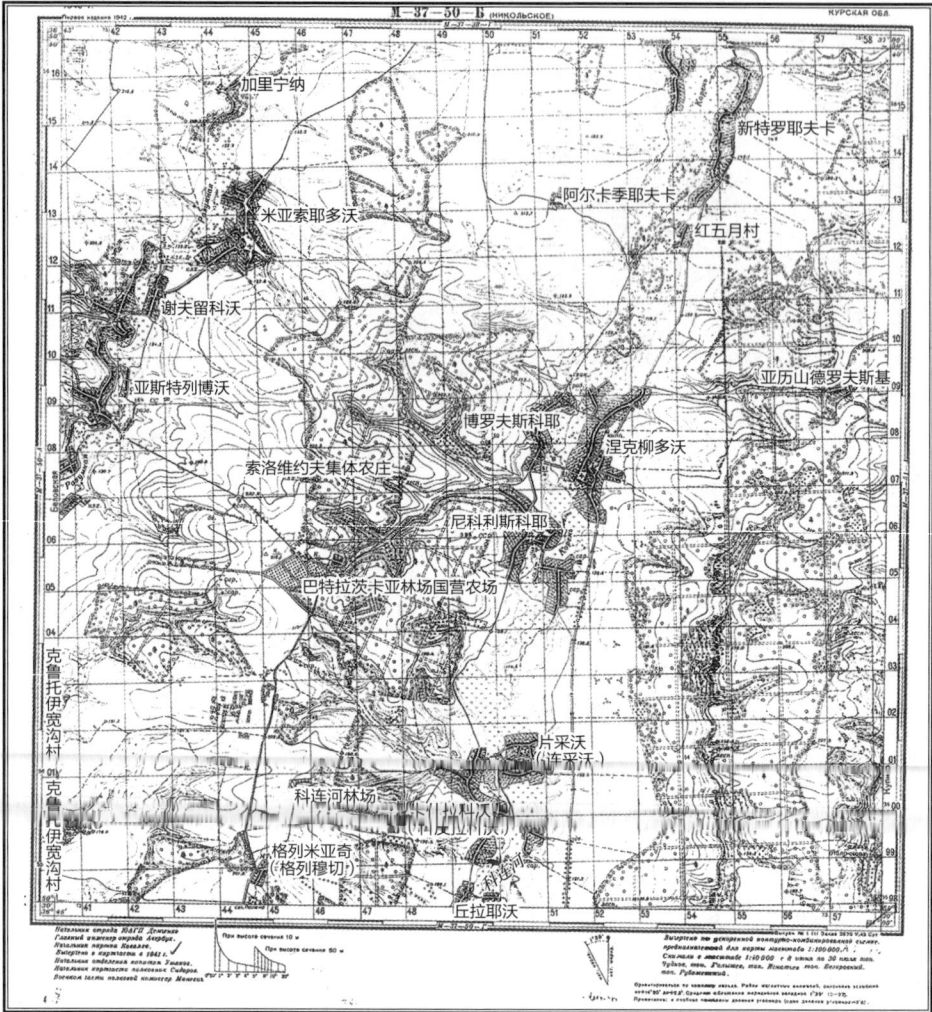

1942 年苏联红军总参谋部 M-37-50-Б 示意图，该图覆盖了格列米亚奇（*Гремячий*）、巴特拉茨卡亚林场国营农场（*свх. Батрацкая Дача*）、米亚索耶多沃（*Мясоедово*）和科连河（*Корень*）等地域

768

附录 1
各次交战情况说明

本书在用文字介绍了各次交战后，还给出了一系列表格，以便从数据分析的角度描述各次交战。这些表格依据的是双方部队的记录和我们建立的库尔斯克数据库的数据。

这些交战，一般时长为一天，通常是德军的一个师对战当面的苏军（一般多于一个师）。当然也有例外。如果一场战斗在两天之内没有太大变化，或者交战规模不大，交战时长会超过一天；如果一天之内战局突然发生了变化，交战时长就不足一天。

有时候，参战的部队不止一个师，因为德军或苏军的行动比较复杂，很难严格区分是哪支部队在打哪支部队。尤其是在第48装甲军的地域，第3装甲师和大德意志师的作战行动紧密地结合在一起，他们进攻或防御的是同一支苏军部队。在这一特殊情况下，机械化第3军在其前线上往往会与德军的多个师交战。有时候，德军参战的部队不足一个师，因为部分兵力可能被调往其他地段了。

我们通常根据德军部队的情况给出了交战的战线宽度，也根据迪普伊研究院通常采用的地形定义对作战地域做了一些基本的描述，还根据部队记录给出了天气情况。

要准确列出交战双方的作战序列也非易事。双方并不会将各自的部队按照师的左右地理边界线排齐。通常的情况是，彼此的战线会有一些重叠。如果双方比较接近，我们就假定整支部队都参与了此次交战。如果双方相隔甚远，我们有时不得不运用数学方法，将这支部队的兵力和损失平均到多次交战中。

谁攻谁守是根据双方在当天交战中的角色来确定的，但有时却很难区分，因此需要我们自行判断。配属给这些部队的兵力也会被计入。有时，配属的部队是一个部队战斗力的重要组成部分，其兵力和损失也会被计入，并列入被配属给的部队的兵力和损失中。在有些情况下，炮兵并未被配属给一些部队，却为这些部队提供了直接的火力支援。我们并不总是将这些部队计入参战序列中。

我们接着列出了双方的总兵力。这里面包括了所有师、苏军的坦克和机械化军、独立旅和团、配属的部队，有时还有提供支援的炮兵。部队的所有人员都被计入其中，无论其职能或任务为何。装甲兵和炮兵的总兵力也是如此统计的。炮兵总兵力包含所有牵引式的和装在半履带车上的75毫米及以上口径的火炮，无论其用途如何。这样，我们给出的火炮数量就包含了一些多用途武器的数量，例如德军88毫米高射炮和苏军76毫米师属火炮的数量。

空军出动架次只统计了执行直接对地支援任务的架次，不含执行截击、护航等任务的架次。虽然我们手头有出动架次的准确记录，但这些记录没有具体指出飞机出动的日期和去往的地点。因此，对各师在战斗中得到了多少架次的空中支援，我们是根据手头的资料估算出来的。估算的具体方法参见《库尔斯克：普罗霍罗夫卡之战》的附录四。这些空军出动架次的数据需要谨慎对待，因为它们一般出自部队记录，而非现场统计报告。不过，我们觉得有个估算的数据总比没有好。

减员、战车损失和火炮损失的数据都出自部队数据或以其为依据的估算数据。减员分为阵亡（KIA）、负伤（WIA）和失踪（MIA）三类。有些负伤人员会在一段时间后死亡。在失踪人员中，有些后来会被查明已经死亡，当然也有些是负了伤。通常来说，75%的失踪人员最后都是被对方俘虏的。

战车损失一般是根据每日上报的可出动战车数的变化量来计算的。因此，战车损失统计了因各种原因损失的战车，无论是战斗损失的还是非战斗损失的，是被击伤的还是被击毁的。部队的损失报告非常不可靠，通常不含被击伤的战车数，而这占了战车损失的大部分。几乎所有德军部队都会提供良好的每日可出动战车数报告。比较值得一提的例外是，髑髅师没有提供7月12日和13日的报告。苏军一般会提供每日可出动战车数报告，但有时也会连续三天不提供任何相关报告。这种情况通常发生在战斗非常激烈的时候。在这种情况下，这几天的总损失一般会被平均到这场战斗的每一天中。机械化第 3 军和坦克第 31 军就出过这种情况。

　　火炮损失往往没有很好的记录。德军一般每 10 天才有一份详细的火炮数量报告。由于德军的火炮损失不多，这个问题并不严重。苏军炮兵的报告做得很差。很多时候，我们只知道库尔斯克会战在开始时与结束时分别有多少火炮。此时，我们通常会将火炮损失与每日减员的情况联系起来，以便从战斗的总损失中推算出每日的火炮损失。

　　飞机损失的数据只是那些我们觉得多少有些可靠的报告中的数据，即飞机在执行近距离空中支援任务时损失的数据。交战双方每日损失的飞机数量，要比我们在交战表格中列出的数量多得多。

　　俘虏的数量依据的是双方报告中捕获俘虏的记录。与情报部门估计的敌军损失相比，我们觉得这些记录要可靠得多。将记录中的俘虏数量与实际失踪人数进行对比，二者有时吻合，有时相去甚远。这些数量上的差异问题，我们一般没有刻意去解决。

　　这些数据是我们对当天当地的那次战斗尽力推算出的最好结果。这些数据不见得非常准确，因为其依据的是各部队的记录，而部队并不总会准确记录每日兵力。部队经常给出的是 3—5 天的总损失，而哪天损失了多少人是由我们自己确定的。如果没有意外发生，我们通常会将几天的总损失平均到每一天。与德军相比，这种估算方式被更多地运用于苏军。

　　总体来说，德军的兵力与减员、战车的数量与损失、火炮的数量与损失都是有非常准确的记录的，而不像很多人想象的那样，是在战斗统计时凭空捏造的。不过，我们也缺少德军某几天的报告。这主要是第 3 装甲军和劳斯军 7 月 12 日之后的报告。在这种情况下，我们就必须将这段时间的总损失平均到每一天。

　　统计苏军兵力和减员的难度更大。我们有时得依靠友邻部队的情况来估算苏军的初始兵力。在战斗的头几天里，苏军部队常常不上报任何损失。直到战斗稍微平息下来后，他们才上报。事后，苏军哪天损失了多少就很难被确定，但我们根据手头的数据对此做了估算。这种估算被多次运用在很多苏军部队上报的损失上。战车和火炮的损失也是如此估算的。

　　苏军还有一个特点，那就是他们失踪的人数在早期的伤亡报告中比在后期（一般是战斗结束后）的伤亡报告中更多。这可能是因为有些人在战斗初期被暂时打散，后来又回到了原部队。有时候，他们后期上报的总兵力反而比战斗中上报的总兵力多了很多。我们怀疑，这种情况大多是因为他们很好地统计了现有人员，而未统计部队接收的大量新兵。

　　库尔斯克数据库详细给出了各部队每次交战的兵力和减员的情况。在迪普伊研究院的网站上，这个用 Access 软件制作的大型数据库可供读者查阅。该数据库1995 年的早期版本已公开，但数据库在那以后又在很大程度上得到了更新和完善，这也是写作本书的一部分工作。

　　本书提供了每日每场交战的详细兵力和损失情况。这些数据并不总是准确的，但却是我们所能收集到的最准确的数据了。如果我们在将来能得到更多信息，进行更多研究，部分数据就会被更新。无论如何，这些数据绝不能被奉为绝对的事实。

附录 2
军衔

　　本书主要涉及苏德两军的地面部队和空军部队的军衔。苏联的工农红军和红军空军使用的是同一套军衔体系。德国的陆军和空军使用的军衔体系几乎相同，其中的"帝国元帅"（Reichsmarschall）是为赫尔曼·戈林特别设置的；党卫队（Schutzstaffel）有其独特的职务衔级，其武装力量——党卫军（Waffen-SS）基本上沿用了这一衔级制度，其中的"党卫队全国领袖"（Reichsführer-SS）这个衔级只属于希姆莱一人。

1939—1945 德国军衔

等级	陆军(德文)	陆军	空军(德文)	空军	党卫军(德文)	党卫军
元帅			Reichsmarschall	帝国元帅	Reichsführer der SS	党卫队全国领袖
元帅	Generalfeldmarschall	元帅	Generalfeldmarschall	元帅		
将官	Generaloberst	上将	Generaloberst	上将	SS-Oberst-Gruppenführer und Generaloberst der Waffen-SS	党卫队高级地区队长兼党卫军上将
将官	General der	兵种将军	General der	兵种将军	SS-Obergruppenführer und General der Waffen-SS	党卫队中级地区队长兼党卫军将军
将官	Generalleutnant	中将	Generalleutnant	中将	SS-Gruppenführer und Generalleutnant der Waffen-SS	党卫队地区总队长兼党卫军中将
将官	Generalmajor	少将	Generalmajor	少将	SS-Brigadeführer und Generalmajor der Waffen-SS	党卫队旅队长兼党卫军少将
高级军官	/	/	/	/	SS-Oberführer	党卫队区队长
高级军官	Oberst	上校	Oberst	上校	SS-Standartenführer	党卫队旗队长
高级军官	Oberstleutnant	中校	Oberstleutnant	中校	SS-Obersturmbannführer	党卫队上级突击大队长
高级军官	Major	少校	Major	少校	SS-Sturmbannführer	党卫队突击大队长
低级军官	Hauptmann	上尉	Hauptmann	上尉	SS-Hauptsturmführer	党卫队上级突击队长
低级军官	Oberleutnant	中尉	Oberleutnant	中尉	SS-Obersturmführer	党卫队中级突击队长
低级军官	Leutnant	少尉	Leutnant	少尉	SS-Untersturmführer	党卫队下级突击队长

士官/军士	Stabsfeldwebel	军士长	Stabsfeldwebel	军士长	SS-Sturmscharführer	党卫队突击小队长
	Oberfeldwebel	高级上士	Oberfeldwebel	高级上士	SS-Hauptscharführer	党卫队上级小队长
	Feldwebel	上士	Feldwebel	上士	SS-Oberscharführer	党卫队中级小队长
	Unterfeldwebel	中士	Unterfeldwebel	中士	SS-Scharführer	党卫队小队长
	Unteroffizier	下士	Unteroffizier	下士	SS-Unterscharführer	党卫队副小队长
兵	Stabsgefreiter	参谋上等兵	Stabsgefreiter	参谋上等兵		
	/	/	Hauptgefreiter	一级上等兵		
	Obergefreiter	高级上等兵	Obergefreiter	高级上等兵	SS-Rottenführer	党卫队组长
	Gefreiter	上等兵	Gefreiter	上等兵	SS-Sturmmann	党卫队突击队员
	Obersoldat	高级列兵			SS-Oberschütze	党卫队高级列兵
	Soldat	列兵	Flieger	列兵	SS-Schütze	党卫队列兵

1940 年 5 月 7 日至 1945 年	
苏联工农红军	
Маршал Советского Союза	苏联元帅
Главный маршал рода войск	军兵种主帅
Маршал рода войск	军兵种元帅
Генерал армии	大将
Генерал-полковник	上将
Генерал-лейтенант	中将
Генерал-майор	少将
Полковник	上校
Подполковник	中校
Майор	少校
Капитан	上尉
Старший лейтенант	高级中尉
Лейтенант	中尉
Младший лейтенант	少尉
Старшина	军士长
Старший сержант	上士
Сержант	中士
Младший сержант	下士
Ефрейтор	上等兵
Красноармеец	红军战士

参考文献

以下参考文献包含了写作本书时引用过或参考过的文献，但未包含这一课题下的所有文献。

二手资料

Accoce, Pierre, and Pierre Quet, *A Man Called Lucy* (Berkley Medallion Books, New York, 1968).

Aganov, S. Kh., ed., *Inzhenernyie Voiska Sovetskoi Armii 1918-1945*(Voyenizdat, Moscow, 1985).

Agte, Patrick, *Jochen Peiper, Kommandeur Panzerregiment Leibstandarte* (Kurt-Vohwinckel-Verlag, 82335 Berg am Stamberger See, I. Auglage, 1998).

Agte, Patrick, *Michael Wittmann and the Tiger Commanders of the Leibstandarte* (Stackpole Press, Mechanicsburg, PA, 2006).

Amadio, Jill, *Guenther Rall: A Memoir: Luftwaffe Ace & NATO General* (Tangmere Productions, Santa Ana, CA, 2002).

Ananyev, I. M., *Tankovyie Armii v Nastuplenii* [Tanks Armies in the Offensive] (Voyenizdat, 1988).

Axell, Albert, *Stalin's War: Through the Eyes of his Commanders* (Arms and Armour, London, 1997).

Barnett, Correlli, *Hitler's Generals* (Grove Weidenfeld, New York, 1989).

The Battle of Kursk (Progress Press Publishers, USSR, 1974).

Bauer, Eddy, *Illustrated World War II Encyclopedia* (H. S. Stuttman, Inc, Westport, CT, 1978).

Bekker, Cajus, *The Luftwaffe War Diaries* (Ballantine Books, New York, 1966).

Belyayeva, L. G., ed., *Marshal Zhukov: Kakim my ego Pomnim* (Izdatelstvo Politicheskoi Literaturi, Moscow, 1988).

Bingham, James, *Infantry Tank Mk II Matilda, Armour in Profile No.15* (Great Bookham, UK, 1967).

Boog, Horst, Gerhard Krebs, Detlef Vogel, Derry Cook-Radmore (translator), *Germany and the Second World War: Volume VII: The Strategic Air War in Europe and the War in the West and East Asia, 1943–1944/5* (Oxford University Press, Oxford, 2006).

Bradley, Dermot, Karl-Friedrich Hildebrand, Markus Roverkamp, *Die Generale des Heeres 1921–1945* (Biblio Verlag, Osnabruck, 1993).

Brief Tactical-Technical Guide, *National Commission for the Defense of the USSR* (Moscow, 1943).

Bullock, Alan, Hitler and Stalin, *Parallel Lives* (Vintage Books, New York, 1993).

Butler, Rupert, *SS-Leibstandarte: The History of the First SS Division 1933–45* (MBI Publishing Company, St. Paul, MN, 2001).

Caidin, Martin, *The Tigers are Burning* (Hawthorn Books, Inc., New York, copyright 1974, pre-publication copy).

Carell, Paul, *The Scorched Earth: The Russian-German War 1943–44* (Schiffer Military/Aviation History, Atglen, PA, 1994)

Carius, Otto, *Tigers in the Mud: The Combat Career of German Panzer Commander Otto Carius* (Stackpole Books, Mechanicsburg, PA, 2003).

Chamberlain, Peter, and Chris Ellis, *British and American Tanks of World War II* (Arco Publishing Company, New York, 1969).

Chamberlain, Peter, and Hilary Doyle, technical editor Thomas L. Jentz, *Encyclopedia of German Tanks of World War Two* (Revised Edition, London, 1993).

Chaney, Otto Preston, *Zhukov* (Revised edition, University of Oklahoma Press, Norman and London, 1996).

Clark, Alan, *Barbarossa: The Russian-German Conflict, 1941–45* (Quill, New York, 1985, originally published 1965).

Clodfelter, Micheal, *Warfare and Armed Conflicts* (McFarland & Company, Inc., Jefferson, NC & London, 1992).

Comnena, Anna, The Alexiad of Anna Comnena, *translated from Greek by E. R. A. Sewter* (Penguin Books, London, 1969).

Conquest, Robert, The Great Terror, *A Reassessment* (Oxford University Press, Oxford, 1990).

Cross, Robin, *Citadel: The Battle of Kursk* (Michael O' Mara Books Limited, London, 1993).

Deutsch, Harold C., and Dennis E. Showalter, eds., What If? *Strategic Alternatives of WW II* (The Emperor' s Press, Chicago, 1997).

Drogovoz, I. *Zheleznyii Kulak RKKA: Tankovyie i Mekhanizirovannyiye Korpusa Krasnoi Armii 1932–41 gg.* (Izdatelskii dom, Moscow, 1999).

Dupuy, Trevor N., *Attrition: Forecasting Battle Casualties and Equipment Losses in Modern War* (HERO Books, Fairfax, VA, 1990).

Dupuy, R. Earnest, and Trevor N. Dupuy, *The Harper Encyclopedia of Military History* (Harper Collins Publishers, New York, 1993).

Dupuy, T. N., A Genius for War, *The German Army and General Staff, 1807–1945* (HERO Books, Fairfax, VA, 1984).

Dupuy, T. N., and Paul Martell, *Great Battles of the Eastern Front: The Soviet-German War, 1941–1945* (Bobbs-Merrill Company, Indianapolis, IN, 1982).

Dupuy, Trevor N., ed., *International Military and Defense Encyclopedia* (Brassy' s [US], Inc., Washington, New York, 1993).

Dupuy, Trevor N., David L. Bongard, Richard C. Anderson, Jr., Hitler' s Last Gamble, The Battle of the Bulge, *December 1944–January 1945* (Harper Collins Publishers, New York, 1994).

Dupuy, Trevor N., Curt Johnson, David L. Bongard, *The Harper Encyclopedia of Military Biographies* (Harper Collins Publishers, New York, 1992).

Dupuy, Trevor N., Curt Johnson, Grace P. Hayes, Dictionary of Military Terms, *A Guide to the Language of Warfare and Military Institutions* (H. W. Wilson Company, New York, 1986).

Dyer, D. P., Infantry Tank Mark III "Valentine," *Bellona Military Prints No. 34 & 38* (Great Bookham, UK, 1972 & 1974).

Ellis, John, *World War II : The Encyclopedia of Facts and Figures* (The Military Book Club, USA, 1995).

Erickson, John, *The Road to Berlin* (Phoenix Giants, London, 1996, 1983).

Ferguson, Niall, The Pity of War, *Explaining World War I* (Basic Books, New York, 1999).

Forty, George, *Tank Aces from Blitzkrieg to the Gulf War* (Sutton Publishing, Stroud, UK, 1997).

Frieser, Karl-Heinz, *Germany and the Second World War: Volume VIII: The Eastern Front 1943–1944: The War in the East and on the Neighbouring Fronts* (Oxford University Press, Oxford, 2017).

Funk & Wagnalls Standard Reference Encyclopedia (Standard Reference Works Publishing Company, Inc., New York, 1962).

Galland, Adolf, The First and the Last, *The Rise and Fall of the German Fighter Forces 1938–1945* (Bantam Books, New York, 1982).

Garlinski, Josef, *Swiss Corridor* (J. M. Dent & Sons, Ltd., London, 1981).

Glantz, David M., From the Don to the Dnepr, *Soviet Offensive Operations December 1942–August 1943* (Frank Cass, London, 1991).

Glantz, David M., *Stumbling Colossus: The Red Army on the Eve of World War* (University of Kansas Press, Lawrence, KS, 1998).

Glantz, David M., and Jonathan M. House, *The Battle of Kursk* (University of Kansas Press, Lawrence, KS, 1999).

Glantz, David M., and Jonathan House, When Titans Clash, *How the Red Army Stopped Hitler* (University Press of Kansas, Lawrence, KS, 1995).

Glantz, David M., and Harold S. Orenstein, *Kursk 1943: The Soviet General Staff Study* (self published, 1997). Originally published as Sbornik Materialov po Izucheniyu Opyita Voinyi, No 11, *Mart–Aprel 1944 g.* (Collection of Materials for the Study of War Experience, No. 11, March–April 1944) (Military Publishing House of the Peoples' Commissariat of Defense, Moscow, 1944). Full title: Upravleniye po Ispolzovaniyu Opyita Voinyi Generalnogo Shtaba Krasnoi Armii, Sbornik Materialov po Izucheniyu Opyita Voinyi, No 11, *Mart–Aprel 1944 g* (Directorate for the Use of War Experience of the Red Army General Staff, Collection of Materials for the Study of War Experience, No 11, March–April 1944).

Goode's School Atlas (Rand McNally & Company, New York, 1943).

Gorlitz, Walter, *History of the German General Staff, 1657–1945* (Praeger, New York, 1957).

Gorlitz, Walter, *Strategie der Defensive: Model* (Limes Verlag, Wiesbaden & Munchen, 1982).

Gorlov, Sergei Alekseyevich, *Sovershenno Sekretno: Alyans Moskva-Berlin, 1920–1933 gg.* (OLMA-PRESS, Moscow, 2001).

Great Patriotic War: 1941–1945 Encyclopedia (Sovetskaya Entsiklopediya, Moscow, 1985).

Halder, Franz, *The Halder War Diary* (Presidio Press, Novato, CA, 1988). Edited by Charles Burdick and Hans-Adolf Jacobsen.

Handbook on U.S.S.R. Military Forces (War Department Technical Manual TM 30-430, War Department, November 1945).

Harrison, Richard W., The Russian Way of War, *Operational Art, 1904–1940* (University Press of Kansas, Lawrence, KS, 2001).

Harrison, Richard W., *Architect of Soviet Victory in World War II : The Life and Theories of G. S. Isserson* (McFarland & Company, Jefferson, NC, 2010).

Hart, Sir Basil Liddell, editor-in-chief, *History of the Second World War* (Marshall Cavendish USA Ltd., New York, 1973; 1966).

Hart, S., and R. Hart, *German Tanks of World War II* (Brown Books, Dallas, 1998).

Hinsley, F. H., et al., *British Intelligence in the Second World War* (three volumes, HMSO, London, 1979–1988).

Hooten, E. R., Eagle in Flames, *The Fall of the Luftwaffe* (Arms & Armour Press, London, 1997).

Irving, David, *Hitler' s War* (Viking Press, New York, 1977).

Istoriya Velikoi Otechestvennoi Voinyi Sovetskogo Soyuza, 1941–45 (The History of the Great Patriotic War of the Soviet Union, 1941–45) (Voennoye Izdatelstvo, Moscow, 1960–65), Volume 3.

Istoria Vtoroi Mirovoi Voinyi, 1939–1945 (The History of the Second World War, 1939–1945) (Moscow, 1973 80, Volume 7).

Jentz, Thomas L., Germany' s Panther Tank (Schiffer Military/Aviation History, Atglen, PA, 1995).

Jentz, Thomas L., *Panzertruppen: The Complete Guide to the Creation & Combat Employment of Germany' s Tank Force, 1933–42* (Schiffer Military History, Altglen, PA, 1996).

Jentz, Thomas L., *Panzertruppen II : The Complete Guide to the Creation & Combat Employment of Germany' s Tank Force, 1943–45* (Schiffer Military History, Altglen, PA, 1996).

Jukes, Geoffrey, *Kursk: The Clash of Armor* (Ballentine Books, New York, 1969).

Jung, Hans-Joachim, *The History of PanzerRegiment Gross-Deutschland* (J.J. Fedorowicz, Winnipeg, Canada, 2000).

Just, Gunther, *Stuka Pilot Hans-Ulrich Rudel* (Schiffer Military History, Atglen, PA, 1986).

Kennedy, Paul, The Rise and Fall of the Great Powers, *Economic Change and Military Conflict from 1500 to 2000* (Random House, New York, 1987).

Khodarenok, Mikhail, *Pervaya Prokhorovka* (The First Prokhorovka), Nezavisimoye Voyennoye Obozreniye [Independent Military Review], 16 May 2003.

781

Kinder, Hermann, and Werner Hilgemann, translated by Menze, Ernest A., *The Anchor Atlas of World History* (Anchor Books, New York, 1974).

Klink, Ernst von, Das Gesetz Des Handelns, *Die Operation "Zitadelle" 1943* (Deutsche Verlags-Anstalt, Stuttgart, 1966).

Kohn, George C., *Dictionary of Wars* (Facts on File Publications, New York, 1986).

Kolomiyets, Maksim, *Panteryi na Kurskoi Duge* (Panther' s at the Kursk Bulge) (Izdatelstvo Strategiya KM, Moscow, 2002).

Kolomiyets, M., and I. Moshchanskii, *Tanki Lend-Liza* (The Tanks of Lend-Lease) (Eksprint, Moscow, 2000).

Kolomiyets, M., and M. Svirin, *Kurskaya Duga* (Kursk Bulge) (Eksprint, Moscow, 1998).

Kolganov, K. S., ed., *Razvitiye Taktiki Sovetskoi Armii v Godi Velikoi Otechestvennoi Voini* (1941–1945 gg.) (Voyenizdat, Moscow, 1958).

Koltunov, G. A., and B. G. Solovyev, *Kurskaya Bitva* (The Battle of Kursk) (Voyennoye Izdatelstvo, Moscow, 1970).

Koltunov, G. A., and B. G. Solovyev, *Ognennaya Duga* (Voyenizdat, Moscow, 1973).

Koltunov, G. A., and B. G. Solovyev, *Kurskaya Bitva* (The Battle of Kursk) (Voyennoye Izdatelstvo, Moscow, 1983).

Kries, John F., *Air Warfare and Air Base Air Defense* (Office of Air Force History, United States Air Force, Washington, DC, 1988).

Krivosheyev, G. F., ed., Grif Sekretnosti Snyat: Poteri Vooruzhennyikhsil SSSR v Voinakh, Boyevyikh Deistviyakh i Voyennyikh Konfliktakh. *Statisticheskoye Issledovaniye* (The Mark of Secrecy has been Removed: Losses of the USSR Armed Forces in Wars, Combat Actions and Military Conflicts. A Statistical Study) (Voyennoye Izdatelstvo, Moscow, 1993).

Krivosheyev, G. F., ed., *Belikaya Otechestvennaya bez Grifa Sekretnosti: Kniga Potep* (The Great Patriotic War without the Mark of Secrecy: Book of Losses) (Veche, Moscow, 2010).

KTO byil Kto v Velikoi Otechestvennoi Voine 1941–1945 (Who Was Who in the Great Patriotic War 1941–1945) (Izdatelstvo "Respublika" , Moscow, 1995).

Kurowski, *Franz, Infantry Aces* (Ballentine Books, New York, 2002).

Kurowski, Franz, *Panzer Aces* (Ballentine Books, New York, 2002) and (J. J. Fedorowicz Publishing,

Winnipeg, Canada, 1992).

Kurowski, Franz, *Panzer Aces 2* (J. J. Fedorowicz Publishing, Inc., Winnipeg, Canada, 2000).

Langer, William L., *An Encyclopedia of World History* (Houghton Mifflin Company, Boston, 1952).

Larionov, V., N. Yeronin, B. Solovyov, V. Timokhovich, *World War II : Decisive Battles of the Soviet Army* (Progress Publishers, Moscow, 1984).

Lawrence, Christopher A., *Kursk: The Battle of Prokhorovka* (Aberdeen Books, Sheridan, CO, 2015).

Lincoln, W. Bruce, Red Victory, *A History of the Russian Civil War* (Simon & Schuster, New York, 1989).

Longford, Elizabeth, *Wellington: The Years of the Sword* (World Books, Suffolk, 1971).

Lopukhovskii, Lev, *Prokhorovka: Bez Grifa Secretnosti* (Eksmo, Yauza, Moscow, 2005).

Losik, O. A., *Stroitelstvo i Boyevoye Primeneniye Sovetskikh Tankovyikh Voisk v Godyi Velikoi Oteschestvonnoi Voinyi* (Formation and Combat Use of Soviet Tank Troops During the Years of the Great Patriotic War) (Moscow, 1979).

Lucas, James, Hitler's Enforcers, *Leaders of the German War Machine 1933–1945* (Arms and Armour Press, London, 1996).

Lucas, James, War on the Eastern Front, *The German Soldier in Russia, 1941–1945* (Military Book Club, USA, 1991).

Madej, W. Victor, ed., *The Russo-German War: June 1941–June 1943* (Game Publishing Company, Allentown, PA, 1983).

Madej, W. Victor, ed., *The Russo-German War: July 1943–May 1945* (Valor Publishing Company, Allentown, Pennsylvania, 1986).

Madej, W. Victor, *Russo-German War: Summer-Autumn 1943* (Valor Publishing Company, Allentown, PA, 1987).

Mann, Chris, *SS-Totenkopf: The History of the 'Death' s Head' Division 1940–45* (MBI Publishing Company, St. Paul, MN, 2001).

Mattson, Gregory L., *SS-Das Reich: The History of the Second SS Division 1941–45* (MBI Publishing Company, St. Paul, MN, 2002).

Mawdsley, Evan, *The Russian Civil War* (Allen & Unwin, Boston, 1987).

McEvedy, Colin, and Richard Jones, *Atlas of World Population History* (Penguin Books, Ltd, Middlesex, England, 1978).

McGuirl, *Thomas* (text research), *Remy Spezzano* (photo research), et al., God, Honor, *Fatherland: A Photo History of Panzergrenadier Division Grossdeutschland on the Eastern Front 1942–1944* (RZM Imports, Inc., Southbury, CT, 1997).

Mikoyan, A. I., *Tak Byilo* (Moscow, Vagrius Publishers, 1990).

Medicus, Thomas, *In den Augen meines Grossvaters* (In the Eyes of my Grandfather) (Munich, Deutsche Verlags-Anstalt, 2004).

Muller, Richard, *The German Air War in Russia* (The Nautical & Aviation Publishing Company of America, Baltimore, MD, 1992).

Murzayev, N., *Pekhota Ognennoi Dugi: Strelkovyie Soyedineniya i Chasti v Kurskoi Bitve* (Tsentralno-Chernozemnoye Knizhnoye Izdalelstvo, Voronezh, 1987).

The Military Balance, 1997/98 (The International Institute for Strategic Studies, Oxford University Press, London, 1997).

Nechayev, Gen.Lt. E. A., ed., *Meditsinskoye Obespecheniye Sovetskoi Armii v Operatsiyakh Velikoi Otechestvennoi Voinyi, 1941–1945 gg.* (The Soviet Army's Medical Service in Operations of the Great Patriotic War, 1941–1945) (Volume I, Voyennoye Izdatelstvo, Moscow, 1991).

Naimark, Norman M., *The Russians in Germany: A History of the Soviet Zone of Occupation* (The Belknap Press of Harvard University Press, Cambridge, MA, 1997).

Newton, Steven H., *Kursk: The German View* (Da Capo Press, Boston, 2003).

Nipe, George M. Jr., *Decision in the Ukraine, Summer 1943, II SS and III Panzerkorps* (J. J. Fedorowicz Publishing, Inc. Winnipeg, Canada, 1996).

Pavlov, Ivan Vladimirovich, and Mikhail Vladimirovich Pavlov, *Sovetskiye Tanki i Samokhodno-Artilleriiskiye Ustanovki* (1939–1945 gg.) (Arsenal-Press, Moscow, 1996).

Paul, Wolfgang, *Brennpunkte: Die Geschichte der 6. Panzerdivision* (1. leichte) 1937–1945 (Krefeld, Hontges, 1977).

Perechen Obyedinenii i Soyedinenii Sovetskikh Vooruzhennyikh sil, *vkhodivshikh v sostav deistvuyushchei armii v period Velikoi Otechestvennoi voinyi 1941–1945* (Institut Voyennoi Istorii, Moscow, 1992)

Quarrie, Bruce, Hitler's Samurai, *The Waffen-SS in Action* (Arco Publishing, Inc., New York, 1983).

Ready, J. Lee, *World War Two: Nation by Nation* (Arms and Armour Press, London, 1995).

Restayn, J., and N. Moller, Operation " Citadel" : A Text and Photo Album, *Volume 2: The North.* (J.

784

J. Fedorowicz Publishing, Inc., Winnipeg, Canada, 2006).

Reynolds, Michael, The Devil's Adjutant: Jochen Peiper, *Panzer Leader* (Sarpedon, New York, 1995).

Rosen, Richard Freiherr von, *Panzer Ace: The Memoirs of an Iron Cross Panzer Commander from Barbarossa to Normandy* (Greenhill Books. London, 2018).

Ryabkov, Andrei, *Boyevoi Put divizii i brigad strelkovyikh i vozdushno-desantnyikh voisk Krasnoi Armii v Velikoi Otechestvennoi Voine* (Spravochnik, Sankt-Peterburg, 2008)

Salisbury, Harrison E., *The 900 Days: The Siege of Leningrad* (De Capo Press, New York, 1985).

Samokhodnyie Ustanovki Krasnoi Armii (The Red Army's Self-Propelled Guns) (Moscow, 1945).

Schneider, Wolfgang, *Tigers in Combat, Vol. I* (J.J. Fedorowicz Publishing, Inc., Winnipeg, Canada, 1994).

Schneider, Wolfgang, *Tigers in Combat, Vol. II* (J.J. Fedorowicz Publishing Inc., Winnipeg, Canada, 1998).

Schrank, David, *Thunder At Prokhorovka: A Combat History of Operation Citadel, Kursk, July 1943* (Helion & Company, Solihull, England, 2013).

Seaton, Albert, *The Russo-German War 1941–1945* (Presidio Press, Novato, CA, 1993, 1971).

Seidl, Hans D. Stalin's Eagles, *An Illustrated Study of the Soviet Aces of World War II and Korea* (Schiffer Military History, Atglen, PA, 1998).

Shirer, William L., The Rise and Fall of the Third Reich, *A History of Nazi Germany* (Simon and Schuster, New York, 1960).

Slaughterhouse: The Encyclopedia of the Eastern Front (The Military Book Club, Garden City, NJ, 2002).

Sokolov, B. V., *Tainyi Vtoroi Mirovoi* (Mysteries of the Second World War) (Veche, Moscow, 2000).

Spaeter, Helmuth, *The History of the PanzerKorps Gross-Deutschland, Volume 2* (J. J. Fedorowicz Publishing, Winnipeg, Canada, 1995).

Spielberger, Walter J., *Panther & Its Variants* (Schiffer Military/Aviation History, Atglen, PA, 1993).

Strokov, ed., *Istoriya Voyennogo Iskusstva* (Voyenizdat, Moscow, 1966).

Sverdlov, F. D., *Neizvestnoye o Sovetskikh Polkovodtsakh* (Unknown Facts about Soviet Captains) (Moscow, 1995).

Sverdlov, Fyodor, *Tankmen* (Novosti Press Agency Publishing House, Moscow, 1984).

Tank KV: Kratkoye Rukovodstvo Sluzhbyi (The KV Tank: A User's Manual) (Voyennoye Izdatelstvo, Moscow, 1942).

Ismagilov, R., et al., *Tanki Mira* (Tanks of the World) (Rusich, Smolensk, 2001).

Tarrant, V. E., The Red Orchestra, *The Soviet Spy Network Inside Nazi Europe* (Cassel, London, 1998).

Tarrant, V. E., Stalingrad, *Anatomy of an Agony* (Leo Cooper, London, 1992).

Taubman, William, *Khrushchev: The Man and His Era* (W.W. Norton & Co., New York, 2003).

Thomas, *Franz; Gunter Wegmann Die Ritterkreuztrager der Infanterie* (Biblio Verlag, Osnabruck, 1998).

Thomsett, Michael C., *The German Opposition to Hitler*, The Resistance, the Underground, and Assassination Plots, 1938–1945 (McFarland & Company, Inc., Jefferson, NC, 1997).

Time Almanac 1999, *Borgna Brunner, ed.* (Information Please, New York, 1998).

Toliver, Col. Raymond F., and Trevor J. Constable, *The Blond Knight of Germany* (Ballantine Books, New York, 1970).

Toliver, Col. Raymond F., and Trevor J. Constable, Horrido! *Fighter Aces of the Luftwaffe* (Bantam, New York, 1979).

Torchinov, V.A., A.M. Leontiuk, compilers, *Vokrug Stalin: Istoriko-Biograficheskii Spravochnik* (Filologicheskii Fakultet Sankt-Peterburgskogo Gosudarstvennogo Universiteta, St. Petersburg, 2000).

Tsirlin, A. D., et al., *Inzhenernyie Voiska v Boyakh za Sovetskuyu Rodinu* (Voyenizdat, Moscow, 1970).

Urlanis, B., Ts., *Istoriya Voyennyikh Poter* (History of War Losses) (Poligon, Saint Petersburg, 1994).

Voyennoye Iskusstvo vo Vtoroi Mirovoi Voine i v Poslevoyennyii Period (Strategiya i Operativnoye Iskusstvo) (Military Art in the Second World War and the Postwar Period (Strategy and Operational Art)) (Moscow, 1988).

Voyennoye Iskusstvo vo Vtoroi Mirovoi Voine (Strategiia I Operatiynoye Iskusstvo) (Military Art in the Second World War (Strategy and Operational Art)) (Moscow, 1973).

Voyenno-Istoricheskii Zhurnal (Military History Journal), 1968, Number 6. "Dokumentyi i Materialyi: Kurskaya Bitva v Tsifrakh."

Volkogonov, Dmitri, Stalin, *Triumph and Tragedy* (Prima Publishing, Rocklin, CA, 1992).

786

The War in the East. *The Russo-German Conflict, 1941–45* (Simulations Publications, Incorporated, New York, 1977).

Warlimont, Gen. Walter, *Inside Hitler's Headquarters 1939–45* (Pesidio, Novato, CA, 1964).

Weal, Elke C., John A. Weal, and Richard F. Barker, *Combat Aircraft of World War Two* (Macmillan Publishing Co., Inc., New York, 1977).

Werth, Alexander, *Russia at War, 1941–1945* (Carroll & Graf Publishers, Inc., New York, 1964, 1984).

Whiting, Charles, *Jochen Peiper: Battle Commander SS Leibstandarte Adolf Hitler* (Leo Cooper, Barnsley, South Yorkshire, 1999).

Zalesskii, K. A., *Stalin's Empire: A Biographical Encyclopedia Dictionary* (Imperiya Stalina. Biograficheskii entsiklopedicheskii Slovar) (Veche, Moscow, 2000).

Zamyatin, MG N. M., Cols P. S. Boldyirev, F. D. Vorobyev, LtCols N. F. Artemyev, I. V. Parotkin, *Bitva pod Kurskom* (The Battle of Kursk) (Voyennoye Izdatelstvo Narodnovo Komissariata Oboronyi, Moscow, 1945).

Zamulin, Valeriy, Demolishing the Myth: The Tank Battle at Prokhorovka, Kursk, *July 1943: An Operational Narrative* (Helion and Company Ltd, Solihull, UK, 2011).

Zamulin, Valerii Nikolayevich, *Prokhorovka: Neizvestnoye Srazheniye Velikoi Voinyi* (Prokhorovka: the Unknown Battle in the Great War) (Tranzitkniga, Moscow, 2005).

Zetterling, Niklas and Anders Frankson, *Kursk 1943: A Statistical Analysis* (Frank Cass, London, 2000).

Zetterling, Niklas, Normandy 1944, German Military Organiztion, *Combat Power and Organizational Effectiveness* (J. J. Fedorowicz Publishing, Inc., Winnipeg, Canada, 2000).

Zetterling, Niklas, and Anders Frankson, *The Korsun Pocket: The Encirclement and Breakout of a German Army in the East, 1944* (Casemate, Philadelphia & Newbury, 2008).

Ziemke, Earl F., *Stalingrad to Berlin: The German Defeat in the East* (Center of Military History, the United States Army, Washington, DC, 1987, 1968).

Zolotarev, V. A., G. A. Sevostyanov, eds. *Velikaya Otechestvennaya Voina, 1941–1945, Vol 2.* (Nauka, Moscow, 1998–99).

参战人员的著述

Below, Nicolaus von, *At Hitler's Side: The Memoirs of Hitler's Luftwaffe Adjutant 1937–1945* (Greenhill Books, London, 2001).

Chistyakov, Gen-Col. I. M., et al., *Po Prikazu Rodinyi* (On Orders from the Motherland) (Moscow, 1971).

Chistyakov, Col. Gen. I. M., *Sluzhim Otchizne* (We Serve the Fatherland) (Voyenizdat, Moscow 1975). Second Edition issued in 1985.

Getman, Gen. A. L., *Tanki Idut Na Berlin* (The Tanks are Heading to Berlin) (2nd edition, Moscow, 1982).

Goebbels, Joseph, *Die Tagebucher von Joseph Goebbels* (The Diary of Joseph Goebbels) (K.G. Saur, Munchen, 1993).

Guderian, Heinz, *Panzer Leader* (abridged) (Ballantine Books, New York, 1967)

Guderian, Heinz, *Panzer Leader* (The Noontide Press, Costa Mesa, CA, 1990).

Heiber, Helmut, and David M. Glantz, eds., *Hitler and His Generals: Military Conferences 1942–1945* (Enigma Books, New York, 2003).

Ivanovskii, E. F., *Tankmen Began the Attack* [Ataku Nachinali Tankistyi] (Military Publishing House (Voyennoye Izdatelstvo, Moscow, 1984).

Katukov, Marshal M. E., *Na Ostriye Glavnogo Udara* (To the Spearhead of the Main Blow) (Moscow, Voyenizdat, 1974, and 2nd edition, Moscow, 1976).

Khrushchev, *Nikita* (translated and edited by Strobe Talbott), *Khrushchev Remembers* (Little, Brown and Company, Boston, 1970).

Khrushchev, Nikita, Khrushchev Remembers, *The Glasnost Tapes* (Little, Brown and Company, Boston, 1990).

Konev, Marshal I. S., *Zapiski Komanduyushchego Frontom, 1943–1944* (A Front Commander's Notes, 1943–1944) (Moscow, 1972).

Krasovskii, Aviation Marshal S. A., *Zhizn v Aviatsii* (A Life in Aviation) (Moscow, 1960).

Krivoshein, S. M., *Ratnaya Byil* (A War Story) (Moscow, 1962).

Manstein, Erich von, *Lost Victories* (Henry Regnery Company, Chicago, 1958).

Mellenthin, MG F. W. von, *Panzer Battles* (Ballentine Books, New York, 1984).

Moskalenko, Marshal K. S., *Na Yugo-Zapadnom Napravlenii, 1943–1945* (On the Southwestern

Axis, 1943–1945) (Moscow, 1972).

Ribbentrop, Rudolf von, "Erzaehlende Kriegsgeschichte: New geboren—bei Prochorowka" (Tales of War History: Born Again—at Prokhorovka), published in "Der Freiwillige" (The Volunteer), 35th year, issue 7–8, July/August 1989.

Rotmistrov, P. A., *Tankovoye Srazheniye pod Prokhorovkoi* (The Tank Battle at Prokhorovka) (Moscow, Voyennoye Izdatelstvo, 1960).

Rotmistrov, P. A., *Stalnaya Gvardiya* (Steel Guards) (Moscow, Voyennoye Izdatelstvo, 1984).

Rudel, Hans Ulrich, *Stuka Pilot* (Bantam Books, New York, 1979, originally published 1958).

Stahlberg, Alexander, *Bounden Duty: The Memoirs of a German Officer 1932–45* (Brassey's [UK], London, 1990).

Vasilevskii, Marshal A. M., *Delo Vsei Zhizni* (The Cause of a Lifetime) (Sixth edition, Moscow, 1989).

Zhadov, Gen. A. S., *Chetyire Goda Voinyi* (Four Years of War) (Moscow 1978).

Zhukov, Marshal G. K., *Vospominaniya i Razmyishleniya* (Memoirs and Reminiscences) (Moscow, Izdatelstvo Novosti, 1971).

Zhukov, Marshal G. K., *Vospominaniya i Razmyishleniya* (Memoirs and Reminiscences) (eleventh edition, Moscow 1992).

Zhukov, G., *Reminiscences and Reflections* (Progress Publishers, Moscow, 1985).

Zhukov, Georgi K., *Marshal Zhukov's Greatest Battles* (Harper and Row, New York, 1969).

重印的档案资料

Russkii Arkhiv: Velikaya Otechestvennaya, Vol 15-4(3), Prelyudiya Kurskoi Bitvyi, Documentyi i materialyi 6 Dekabrya 1942 g.–25 Aprelya 1943 g. (Terra, Moscow, 1997).

Russkii Arkhiv: Velikaya Otechestvennaya, Vol 15-4(4), Kurskaya Bitva, Dokumentyi i materialyi 27 Marta–23 Avgusta 1943 goda (Terra, Moscow, 1997).

Russkii Arkhiv: Velikaya Otechestvennaya, Vol 16-5(3), Stavka Verkhovnogo Glavnokomandovaniya, Dokumentyi i materialyi 1943 god (Terra, Moscow, 1999).

Russkii Arkhiv: Velikaya Otechestvennaya, Vol 23-12(3), Generalnyii Shtab v Godyi Velikoi Otechestvennoi Voinyi, Dokumentyi i Materialyi 1943 god (Terra, Moscow, 1999).

限定发行的资料（迪普伊研究院和历史评估与研究组织（HERO）的报告均可在 www.dupuyinstitute.org 网站上查看）

Anderson, Richard C., Jr., "Artillery Effectiveness versus Armor," *The International TNDM Newsletter,* Volume I, Number 6, pages 26–29.

Bergstrom, Christer, Copies of research for *Black Cross, Red Star* series of books on the air war in the east, provided May 2002.

Bauman, Walter J., *Quantification of the Battle of Kursk* (U.S. Army Concepts Analysis Agency, provided in a letter to Chris Lawrence from Walter J. Bauman dated 19 August 1998).

Chrisman, Jeff, Copies of research on panzer commanders.

The Dupuy Institute, *Final Report for Capture Rate Study, Phases Ⅰ and Ⅱ* (The Dupuy Institute, McLean, VA, 6 March 2000).

The Dupuy Institute, Final Report for The Battle of Kursk; *Southern Front: A Validation Data Base* (The Dupuy Institute, McLean, VA, 1996).

The Dupuy Institute, *The Kursk Data Base* (The Dupuy Institute, McLean, VA, 1996, revised 2002). Christopher A. Lawrence, Program Manager.

The Dupuy Institute, *A Measure of the Real-world Value of Mixed Mine Systems* (The Dupuy Institute, McLean, VA, 20 June 2001).

The Dupuy Institute, *The Military Consequences of a Complete Landmine Ban* (Vietnam Veterans of America Foundation, Washington, DC, Summer 2001).

The Dupuy Institute, *Military Consequences of Landmine Restrictions* (Vietnam Veterans of America Foundation, Washington, DC, Spring 2000).

The Dupuy Institute, *Photoguide for Belgorod Trip, 18–20 September* (The Dupuy Institute, McLean, VA, 1995).

The Dupuy Institute, Soviet Barriers and Fortifications on the Southern Front, Battle of Kursk, 4–18 July 1943, *A Supplemental Appendix to the Kursk Data Base* (The Dupuy Institute, McLean, VA, 1996).

Gaetzschmann, Kurt, *Pz.Abt.51 Heerestruppe– Ⅱ ./Pz.Rgt. 33 9. Pz.Div. 1943–45* (Self-published, 1984).

Glantz, David M., Atlas and Survey: Prelude to Kursk, *The Soviet Central Front Offensive, February–March 1943* (Self-published, 1998).

Glantz, David M., *Atlas of the Battle of Kursk* (Self-published, 1997).

Glantz, David M., *Atlas of the War on the Eastern Front* (1941–1945) (Self-published, 1996).

Glantz, David M., Letter to Christopher A. Lawrence dated 14 August 1995 regarding Soviet Army order of battle and establishment (TOE) strength during the Kursk Operation.

Historical Evaluation and Research Organization (HERO), *A Study of Breakthrough Operations* (HERO, Dunn Loring, VA, October 1976).

Historical Evaluation and Research Organization (HERO), *German and Soviet Replacement Systems in World War II* (HERO, Dunn Loring, VA, July 1975).

Isserson, G. S., *Osnovyi Oboronitelnoi Operatsii* (Fundamentals of the Defensive Operation), published in 1938 by the RKKA General Staff Academy.

Jung, LtCol. Jakob, *Consumption of Ammunition by Land Forces Since 1939* (unpublished Bundeswehr study, Bergisch Gladback, FRG, 1986).

Kelley, Greg, with Jason Long, *Romanian Armour in World War II* (Web published, 5/99), (http://orbat.com/site/sturm vogel/romafv.html).

Sverdlov, Fyodor D., Unpublished research notes on Soviet captures of German Prisoner of War, faxed to *The Dupuy Institute* between 26 June 1998 and 14 August 1998.

Sverdlov, Fyodor D., Battle summary prepared for *The Dupuy Institute* (not published, 1998).

Sverdlov, Fyodor D., Interviews with Soviet soldiers and airmen at Kursk, prepared for *The Dupuy Institute* by him and associates, 1998–2000.

Sverdlov, Fyodor D., Soviet commander biographies prepared for *The Dupuy Institute* in 2000.

Whiting, Theodore E., Carrel I. Tod, and Anne P. Craft, *The United States Army in World War II, Statistics, Lend-Lease* (Office of the Chief of Military History, Washington, DC, 15 December 1952).

外军军事研究

美国陆军欧洲历史部在战后让多名德军高级军官编写了一系列报告，其中多数报告写于 1946—1948 年。这些报告非常有用，但往往也非常宽泛。它们一般倾向于反映编写者的个人观点，有时还只是根据非常有限的研究和一手资料文献编写成的。这些报告一般算是二手资料，需要谨慎对待。本书使用的报告主要为：

Breith, General der Panzertruppen Hermann, Breakthrough of a Panzer Corps Through Deeply Echeloned Russian Defense During the Battle of Kharkov in July 1943 (D-258).

Busse, General der Infantrie Theodor, *The "Zitadelle" Offensive* ("Operation Citadel"), Eastern Front, 1943 (T-26).

Guderian, Generalobert a.D Heinz, *Representation of Armored Interests,* 1938–1945 (P-041a, Historical Division, Headquarters, United States Army, Europe, 1952).

Moebius, Rolf, *German Heavy Armor* (D-226).

Poppe, Generalleutnant Friedrich, *Teilnahme der 255. Infantrerie Division an der Kursk Offesnive Juli–August 1943 mit anschliessendem ausbrechen aus einem Kessel auf Achtyrka* (Unternehmen Zitadelle) (D-336).

Seidemann, Hans, *The 'Zitadelle" Offensive, Eastern Front, 1943: Luftwaffe Participation* (manuscript T-26, written in Newstadt, 1 November 1947 by Writer No. 737, General Seidemann).

Von Strachwitz, *Hyazinth Ein Beitrag zur Geschichte des deutschen Widerstandes gegen das nationalsozialistische Regime* (A Contribution to the History of German Resistance to the National Socialist Regime) (MS #B-340, Allendorf, February 1947).

Wienskowski, Hellmuth von, *Materialsammlung fur die Darstellung des deutschen Angriffs auf Kursk (operation Zitadelle) im Juli 1943* (Chapter 12, T-9, 11 January 1953).

Wienskowski, Hellmuth von, *Materialsammlung fur die Darstellung der russischen Offensiven gegen die deutschen Heeresgruppen A, sud und Mitte vom Juli bis September 1943* (Chapter 12, T-9, 31 October 1953).

Zeltzler, Generaloberst A. D. Kurt, *Das ringen um die grossen entscheidungen im zweiten weltkriege* (D-406).

Commitment of German Armor 1943–45, MS #C-033, October 1948, author unknown, but an addendum was added by LtG. Oldwig von Natzmer, who was chief of staff of Gross Deutschland Division during Kursk.

German Order of Battle Charts (D-427).

German Tank-Strengths and Loss Statistics (P-069).

Writer No. 742, *"Zitadelle" [Operation Citadel], Fourth Panzer Army Attack, July, 1943* (T-26, Part B, Chapter II).

Writer No. 750, *The Battle Fought by the Second Panzer Army and the Ninth Army in the Orel Bend Between 5 July and 18 August, 1943* (T-26, Part B, Chapter III).

Writer No. 762, *The "Zitadelle" Offensive, Eastern Front, 1943, Luftwaffe Participation in the Area of the German OREL Armies* (T-26).

Writer No. 856, The "Zitadelle" *Offensive, Eastern Front, 1943, Sector of Provisional Army Kempf* (Part B, Chapter Ⅰ, T-26).

文章和网站

Fesenko, Col. Yu. (Doctor of technical sciences), Maj. S. Zhuravie, "The Battle of Kursk and 'Desert Storm,'" *Voyennyii Vestnik* [Military Herald], 1993, #5.

Frieser, Karl-Heinz, "Schlagen aus der Nachhand—Schlagen aus der Vorhand. Die Schlachten von Char' kov und Kursk 1943," from Foerster, Roland G., *Gezeitenwechsel im Zweiten Weltkrieg?* (Verlag E.S. Mittler & Sohn, Hamburg, 1996).

Frolov, Aleksander, "Citadel—93, The Americans are Programming the Battle of Kursk," *Sovetskaya Rossiya,* 13 July 1993.

Galitsan, Col. A., and Col. L. Pavlov, "Nekotoryie Osobennosti Operativnogo Iskusstva i Taktiki," *VoyennoIstoricheskii Zhurnal #7,* 1973.

John, Mark (Reuters), "General who foiled coup attempt on Hitler dies," *The Seattle Times,* 6 October 1997.

"General Remer, Ein Leben fur Deutschland," *National Journal.*

Holm, Michael, *The Luftwaffe 1933–45* (website).

Khrushchev, Nikita S., *Special Report to the 20th Congress of the Communist Party of the Soviet Union, Closed session, February 24-25, 1956* (The New Leader, 1962).

Koltunov, G. A., "Kursk: The Clash of Armor," article in *The History of the Second World War,* 1966. (Marshall Covendish, USA Ltd., 1974).

Kozlov, Col. L., "Sovershenstvovaniye Protivotankovoi Oboronyi Strelkovyikh Soyedinenii," *Voyenno-Istoricheskii Zhurnal #3, 1971.*

"Kurskaya Bitva v Tsifrakh," *Voyenno-Istoricheskii Zhurnal #6, 1968.*

Lee, Martin A., "The Strange Saga of Hitler' s Bodyguard," *The Consortium, 1997.*

Lexicon der Wehrmacht (http://www.lexikon-der-wehrmarcht.de).

Long, Jason, *Panzerkeil* (http://www.sturmvogel.orbat.com/Panzerkeil.html).

Miller, Michael D., Axis Biographical Research http://www.geocities.com/~orion47/).

Nipe, George M. Jr., *Kursk Reconsidered: Germany' s Lost Victory.* (Article at www.theblitz.org).

Parada, George, "Hans-Ulrich Rudel," *Achtung Panzer* website, 1999.

Pechenkin, A. A., "Generals perished not only in battles," *Nezavisimaya Gazeta* (Independent Newspaper), 17 June 2005.

Remer, Otto Ernst, "My Role in Berlin on July 20, 1944," *The Journal of Historical Review,* Volume 8, No. 1: pages 41-53.

Ritterkreuztraeger 1939–1945 (http://www.ritterkreuztraeger-1939-45.de).

RKKA in World War II (http://www.armchairgeneral.com/rkkaww2).

The Russian Battlefield (http://www.battlefield.ru).

Sazonov, Col. I., "Razvitiye Takticheskoi Oboronyi v Velikoi Otechestvennoi Voine," *Voyenno-Istoricheskii Zhurnal #9, 1968.*

Sokolov, B. V., "The Cost of War: Human Losses for the USSR and Germany, 1939–1945," *The Journal of Slavic Military Studies,* Vol. 9, No. 1 (March 1996), pp. 152–193(Frank Cass, London, 1996).

Stevenson, Richard W. "John Cairncross, Fifth Briton in Soviet Spy Ring, Dies at 82." *New York Times*, 10 October 1995.

Weber, Mark, "War Hero Fled to Spain to Avoid 'Thought Crime' Imprisonment: [Otto Ernst] Remer Dies in Exile," *The Journal of Historical Review,* Volume 17, Number 1, January/February 1998.

Wendel, Marcus, Axis History Factbook (www.axishistory.com).

Zamulin, V. N., and L. N. Lopukhovskii, "Prokhorovskoye Srazheniye. Mifyi i realnost" (Battle of Prokhorovka. Myths and Reality), *Voyenno-Istoricheskii Arkhiv [Military Historical Archives], No 9(33) Sentyabr 2002, (Tserera, Moscow, 2002 & 2003); No 10(34) Oktyabr 2002; No 11(35) Noyabr 2002; No 12(36) Dekabr 2002; No 1(37) Yanvar 2003; No 2(38) Fevral 2003; and No 3(39) Mart 2003.*

德国档案材料

作者对下列部队、机构的相关档案进行了大量研究：

陆军总司令部（OKH）

步兵总监

陆军装备主任兼后备陆军司令（Commanding General of Armaments and Replacements）

南方集团军群

第 4 装甲集团军

肯普夫集团军级支队

参战的全部 5 个军

参战的全部 17 个师

第 2 集团军（为了统计德国空军数据）

德国空军记录（NAM, T321, R154）

部分联邦德国档案馆记录

此外还有：

顿河集团军群

B 集团军群

第 1 装甲集团军

第 6 集团军

第 9 集团军

第 17 步兵军

第 24 装甲军

第 57 装甲军

虎 I 坦克操作手册（RG242, D656/27）

苏联档案材料

作者对下列部队、机构等相关档案进行了大量研究：

苏联国防委员会

空军第 2 集团军

空军第 5 集团军

空军第 17 集团军

参战的全部 7 个集团军

第 38 集团军

参战的全部 11 个步兵军

参战的全部 10 个坦克和机械化军

参战的全部 37 个空降兵师、步兵师和近卫步兵师

步兵第 252 师

参战的全部 6 个独立坦克旅

坦克第 59 团、第 60 团、第 148 团、第 167 团和第 245 团

近卫摩托车第 1 团

高射炮兵第 5 师、第 6 师、第 9 师、第 26 师和第 29 师

反坦克歼击炮兵第 14 旅、第 27 旅、第 28 旅、第 29 旅、第 30 旅、第 31 旅和第 32 旅

加农炮兵第 27 旅、第 33 旅和第 36 旅

迫击炮兵第 12 旅

29 个炮兵团、迫击炮兵团和近卫迫击炮兵团

美国档案材料（来自美国国家档案馆和国会图书馆）

Headquarters, Third United States Army, Office of the Assistant Chief of Staff, G-2, Interrogation Report No. 30, 15 August 1945. Interview conducted by Edmund L. King, Major, Infantry, Chief of Interrogation Section.

Office of Strategic Services, Research and Analysis Branch, Current Inteligence Series no. 13, "The Kursk-Orel Campaign July 5–August 10," 13 August 1943.

War Department, Officer of Assistant Chief of Staff, G-2, "Magic" Summary, Nos. 454, 455, 458, 460, 465, 468, 469, 474, 475, 483, 488, 490, 501, 502, 572 and 624 from 23 June to 10 December 1943.

1 ∶ 50,000 Soviet 1942 maps that were captured from the Germans.

1 ∶ 50,000 German 1942 maps that were copied from Russian maps.

U.S. Turkish Military Attache Report of 23 July 1943 prepared by Brigadier General Richard G. Tindall.

访谈

　　库尔斯克会战发生在 1943 年。当时，战场上的很多士兵甚至只有 17 岁。他们到现在（2000 年）至少也有 74 岁了，很多幸存老兵的岁数比这还大。本书也许是很多老兵讲述其故事的最后机会。为了写作本书，我们采访了 28 名德军老兵和 84 名苏军老兵。起初，采访只是为了给一些记述做补充，但采访到的很多故事以其深度、趣味和细节成了本书的重要组成部分。这些采访大多数都是由志愿者（一般是和作者合作的退役军人）亲自去采访的。采访没有录像，因为我们觉得这会严重妨碍交谈。不过，采访者会记笔记，之后会写一份采访稿。因此，本书"引述"的老兵的话并非直接引述的，而是经过汇总的。一些汇总的内容有时也很详尽。因此，所有访谈内容均采用不同的字体来标示，而没有加引号。实际上，受访者的话并不需要直接引述。如果有直接引述的内容，我们也都加了引号。

德军访谈资料

　　为了写作本书，我们共采访了 28 名德军老兵。唯一的采访者就是联邦德国国防军退役少将迪特尔·布兰德。布兰德将军本人认识其中的 4 名老兵，因为他们曾在战后西德的国防军中共同服役。其中，有 26 名老兵接受了当面采访，1 人接受了电话采访，1 人接受了书信采访。所有德军老兵的访谈内容都是由武尔夫 - 迪特里希·布兰德（Wulf-Deitrich Brand）翻译的。

　　德军老兵的访谈在深度和细节上都得很不错。这显然要归功于采访者。不少老兵在之前也接受过采访，其中的很多人研究过此战，有的人（荣格和拉尔）还为此写过书。因此，有些德军访谈内容有战后著述的影子。

苏军访谈资料

　　为了写作本书，我们收集了 80 多名苏军老兵的访谈记录。这些访谈是由费奥多尔·斯维尔德洛夫上校、阿纳托利·瓦伊涅尔上校、涅松诺夫少将和瓦列里·阿基莫夫上校负责的。前两位先生都是二战老兵，而阿基莫夫上校也在阿富汗打过仗。大部分苏军老兵的访谈是由塔季扬娜·S. 劳伦斯翻译的。此外，作者在前往别尔哥罗德旅行时也采访了两名苏军老兵。

　　苏军老兵的访谈在深度和细节上都无法与德军老兵的访谈相比。因此，本书使用的苏军访谈资料不如德军访谈资料多。

各章资料

本书大部分内容依据的是苏德两军的档案记录。除非脚注特别说明，第三章至第十五章都是根据部队记录和访谈内容写成的，当然写作的前提是有部队记录。为了这一项目，我们研究了双方所有参战的师、军和集团军的记录。由于篇幅所限，本书无法详细列出每段记录的档案出处。使用的记录在迪普伊研究院都有存档，并在《库尔斯克会战最终报告：南线，验证数据库》（迪普伊研究院，弗吉尼亚，麦克利恩，1996 年）中有详细列表。

7 月 12 日和 13 日战斗的描述（第九章至第十一章）得到了其他二手资料的补充。使用了这些资料的地方都做了脚注。

在第八章"空战：1943 年 7 月 9—18 日"中，德军方面的资料为现存的德国空军记录和大量二手资料，苏军方面的资料为部队记录和一些二手资料。

战略大师
利德尔·哈特经典力作

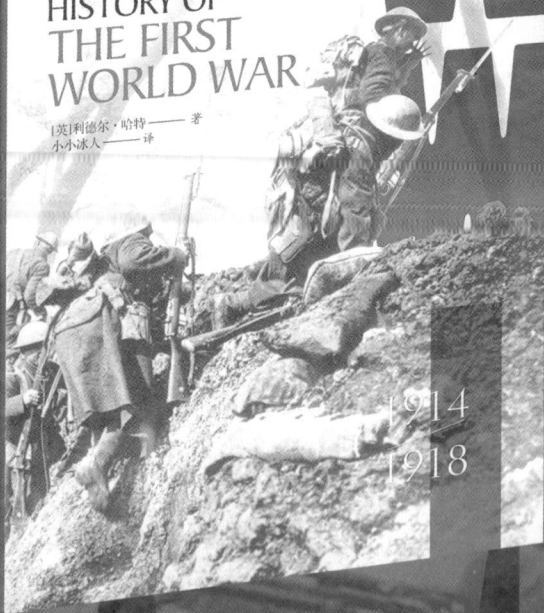

第一次
世界大战史

HISTORY OF
THE FIRST
WORLD WAR

[英]利德尔·哈特———— 著
小小冰人———— 译

1914
1918

| 勾心斗角的欧洲列强 | 轮番登场的新式武器 |
| 鲜为人知的战争真相 |

History of the First World War